世界喫煙伝播史

A Historical Study
of
the Global Propagation of Smoking

鈴木達也
Tatsuya Suzuki

思文閣出版

扉カット：国際パイプ・アカデミー会章

はじめに

わが国の喫煙伝来史にかかわる記述の多くは、江戸中期に著わされた伝聞・孫引き中心の文献から前進していなかったといえよう。その多くにみる問題点に光を当て、海外の文献・史料を参照しながら、わが国の喫煙伝来史に新たな仮説を提唱したのが前著『喫煙伝来史の研究』である。

この問題を追い続け国内外の文献・史料をさらに調査するなかで、前著に掲げた仮説を補強する多くの材料を得ることができた。欧州の文献にも問題のある記述をみるが、これらの調査過程を通して新たな発見も得られたので、改めて『世界喫煙伝播史』を執筆することにした。

本書の前編「新大陸から旧大陸へ」は、わが国へタバコ・喫煙をもたらした西欧諸国の喫煙史を、頁数が許す限り詳細に記述するとともに、その過程でみつかった解釈の誤りや事実に即しない説などを補正することに努めた。前編は、後編で展開するわが国と近隣アジア諸国への喫煙伝播を考察する上で、重要な大前提を示す目的で執筆したが、その調査と執筆には数年の時間を要した。

後編「日本への伝播そして近隣アジア諸国へ」は、前編に収載した欧州を含む西半球諸国の伝来史・喫煙史をふまえ、わが国の喫煙伝来史を再考察するとともに、新しく得られた文献・史料により前著で示した仮説を補強することを目的とした。

さらに、中国への喫煙伝播にかかわる同国の古文献の問題点を指摘した。中国の伝来史は明代の文献の一部にそのまま従う説がわが国においても大勢を占めるのだが、後編ではこの問題にも焦点を当てた。近隣アジア諸国への伝播に果たしたわが国の役割に言及しながら、中国への喫煙伝播史に時間軸上の矛盾が生じない新たな説を提示した。

前・後編を通して、これまでに発表した論考・論文を増補・改訂する形で収載したものが多いが、巻末にその一覧を掲げた。

在野の研究者である筆者には調査・研究と執筆に当てる時間に限りがあり、本書の完成には多くの年数を費やしたことになる。しかし、多くの研究者・識者の協力および助言を頂くことで、所期の予定より早く刊行にこぎ着けることができたことに感謝する。

前著に続いて本書においても、国際パイプ・アカデミー（学会）の同僚会員の協力なくしては前編の完成は困難であった。とくに前会長の Dr. P. Davey（Liverpool 大学：英国）、現会長の Dr. R. Stam（オランダ）をはじめ、ハンガリー国立博物館（ブダペスト）の美術史専攻学芸員の Dr. A. Ridovics、大英博物館学芸員の St. J. Simpson、アムステルダム・パイプ博物館館長の Dr. D. Duco など、多くの同僚会員の助言と協力そして温かな激励に対してここに謝意を表する。

フィリピンのタバコ・喫煙史について協力頂いたラサール大学の J. M. A. C. Malbarosa（マニラ）およびスペインのタバコ史に関するたびたびの意見交換と資料提供に多くの時間を割いて下さったセビーリャ大学の J. M. R. Gordillo、そして海外の文献・史料の収集に尽力頂いた国際パイプ・アカデミー創立会員の B. Rapaport（米国）に改めて感謝したい。

ヴァチカン機密文書館から教皇ウルバヌス八世勅書の写しを取り寄せて頂いた元上智大学学長・ヴァチカン市国教育省元局長の故J・ピタウ大司教には心から謝意を捧げる。

目　次

第3章　旧大陸最初の喫煙国：イングランド

第4章　ヨーロッパの集散・加工基地：オランダ

第7章　スペインへの伝播

第8章　イスラム社会・アフリカへの伝播と水パイプ

後編　日本への伝播そして近隣アジア諸国へ

凡　例

外国語名

〈人名〉

・本文中の外国人名は、可能な限り原語の発音に近いカタカナ表記で示す。スペルは、原則として（　）内に併記する。

・特記のない限り、併記または註に掲げるスペルは姓を最初に記す。（例）ウィリアム・アダムズ（Adams, William）

〈地名その他〉

・できる限り原語に近いカタカナ表記に努めるが、わが国ですでに一般的に用いられる表記がある場合はそれに従うか併記する。（例）ハウダ（Gouda＝ゴーダ）

・Sevilla（セビージャまたはセビーリヤ）はわが国ではセビリア表記が多く使用されるが、本書はセビーリャ表記を使用する。

・引用オランダ語史料・文献の綴りが現代オランダ語と異なる場合は、原文のままとした。

・わが国で良く知られる地名にはスペルの併記はしない。但し、外国語の発音が不明な場合は原語のみを記す。

年　号

・中国・朝鮮を除く外国の史料・文献などによる記述は、主として年号を西暦で示し、必要に応じて（　）内に元号を併記する。一五八二年以降の欧州の史料・文献による年号はグレゴリウス暦であるが、イングランドのユリウス暦によるものは原文のままとした。

・わが国の史料・文献にもとづく記述は、主として元号を示し、必要に応じて（　）内に西暦を記す。

・中国および朝鮮にかかわる記述は西暦を記し、必要に応じて（　）内に中国または朝鮮暦を元号と併記する。

引用・参考文献

・引用または参照文献は、国際パイプ・アカデミーが紀要（JAIP）に採用するHarvard Styleに従い、本文中に執筆者名（姓）・刊行年・頁番号を示す。すなわち、本文の行末に（執筆者姓・西暦刊行年・頁番号）の順に掲げる。

・前掲文献を反復掲載の場合は、刊行年を省略する場合がある。

・文献名は巻末の参考文献一覧（Bibliography）に掲げる。

参考文献（Bibliography）

・邦文文献・邦訳外国語文献・外国語文献ともに、著者・編者名順に掲げる。刊行年は西暦に統一した。同一年に複数の刊行文献がある場合は、年号にa・bを付ける。

・外国語文献・史料は編・著者の姓をアルファベット順、邦文および邦訳文献・史料も姓のアイウエオ順に掲げる。

初出一覧

本書に収載した筆者の既発表の論考・論文は、巻末の「主な著作・論文・初出等一覧」に掲げる。

前編

新大陸から旧大陸へ
――ヨーロッパ・イスラム社会・アフリカへの伝播――

第1章　コロンブス以前の喫煙

1　紀元前の香と喫煙（タバコ以前）

喫煙の最も古い記録としてしばしば引用されるのは、古代ギリシャの史家、「歴史の父」とされるヘロドトス（Herodotus, B.C. 484–425頃）の記述である。その著『歴史』の第一巻にはスキタイ人が木の実を火に投げ入れ、その煙に酔いしれるさまが次のように記されている（Herodotus 2006, 英訳本 Book-1, 79[202項]／McGuire 1899, 361 from Cary 1855, 88／松平 1971, 上 172–173）。

（スキタイ人と思われる）マッサゲタイの人々は非常に不思議な実をつける木を見つけていて、集まっては火の周りに車座になり、その実を投げ入れると燃えて香のような煙が立ちのぼる。その煙はギリシャ人の葡萄酒のように彼らを酔わせるのだが、投げ入れる実が多ければ多いほど酔しれ、しまいには立ちあがって踊ったり歌い出したりする。[1]（Herodotus 2006, 英訳本より拙訳）

多くはこの実を大麻とする説を唱えるが、スキタイ人の大麻については、ヘロドトスは第四巻で次のように記している（Herodotus 2006, 英訳本 Book-4 240[75項]／松平 1971, 中 51–52）。

（スキタイ人は）大麻の種子を手にすると、テントに這い入り焼けた石に投げ入れるのである。すぐさま煙が立ち上り、ギリシャの如何なる蒸し風呂にも優る蒸気を漂わせる。スキタイ人はこれを非常に好み、喜びの大声をあげて入るのである。これは、浴槽に身を沈める習慣のない彼らの沐浴である。

（英訳本2006より拙訳）

ヘロドトスのこの二つの記述は、いずれも紀元前五世紀頃のことである。

年代をさらにさかのぼると、エジプトの神殿遺跡でみつかった紀元前一三〇〇年頃のレリーフには、セトス（セティ）一世王[2]が近代のパイプによく似た形の香炉で香草を燃やし、オシリス神とホルス神に捧げる図がある（Corti 1986, 28 Fig. 2）（図1-1）。このように、エジプトでは前三〇〇〇年頃にはすでに香が使われていたとされる。

図１－１　オシリス神とホルス神に香を捧げるセトス１世王

図１－２　デルフォイ神殿遺跡

古代ギリシャの神殿でも、前六～七世紀には香草を燃やすことが行われていて、アテネから北西へ約一五〇キロに位置する、デルフォイ[3]の神殿（図1-2）では神官が幻覚を得るためにローレル（月桂樹）の葉の煙を喫っていたという。医師の倫理綱領ともいうべき「ヒポクラテスの宣誓」で知られるヒポクラテス（Hippokrates, B.C. 640-375）も、婦人病の治療に煙を喫うことを勧めていたことが知られている（Corti 1986, 23）。

『新約聖書』によれば、イエスの生誕を祝うためにベツレヘムを訪れた三人の博士は、黄金や没薬《もつ》とともに乳香を捧げている（マタイ伝福音書第二章一一節）。乳香とはカンラン科の樹から出る樹脂で、火にくべると芳香が漂う非常に高価な香物である。『旧約聖書』にも、ダビデの子であるソロモン王（B.C. 971–932頃）を訪れたシバの女王がおびただしい量の黄金と宝石に加えて香物を捧げたとする記述がある（列王紀略上第一〇章二節、歴代志略下第九章一節）。聖書には、このほかに新約・旧約併せて一二〇か所ほどに香の記述がある（秦山2007, 25–41）。ローマが香を使い始めたのは、もちろんエジプトやギリシャよりずっと後の時代だが、暴君ネロの時代の著名な博物学者プリニウス（Plinius）[4]は、咳止めにフキタンポポ[5]の煙を喫うことを次のように勧めている。

根がついたまま、この植物を乾燥して焼き、その煙をアシを通して深く吸い込むと、根深い咳が治る。

（Plinius 中里訳 2012, 縮刷版 V 1098）

煙を喫うには葦を用いるとしているので、筆者が知る限りこれが喫煙具としては最初の記述である。このように、アジアやアフリカをふくめた旧大陸の各地では、数千年も前から、乳香などの香を焚いてその芳香を嗅ぎ、アルカロイドをふくむ植物や香草・薬草の煙を喫っていたことが知られている。しかし、旧大陸にタバコの喫煙がもたらされるのは一六世紀の後半まで待つことになるのである。

煙の芳香が精神を昂揚させ、高く立ち昇る煙は神々との結びつきを演出し、これらの植物にふくまれるアルカロイドによる幻覚が超自然的世界を作りだしたのだが、アルカロイドの効用はさらに、沈痛剤や精神昂揚剤などとしての利用を広めることになる。今日では、仏教寺院で香が焚かれるほかに、カトリック教会、英国教会系の聖公会[6]、ロシアや東欧の正教会など、主教制を維持するキリスト教会で使用される。わが国では香道や茶道で用いるばかりでなく、近年のアロマ・セラピーの流行にもみられる。

2　南アメリカおよび中央アメリカの喫煙とパレンケ神殿の喫煙図

人類がタバコを用いるようになった年代は明らかではないが、一説では八〇〇〇年前とする。タバコ属（ニコティアナ＝Nicotiana）は南北アメリカおよびオーストラリアに多く自生するが、南太平洋諸島とアフリカでも各一種の固有種がみつかっている。そのうちの一種がアフリカのナミビアに自生している。そのナミビアに残る八〇〇〇年前とされるダマラランド（Damaraland）の遺跡からは、喫煙に用いたとする軟石で作った曲がった筒が出土しているが、ナミビアのタバコが固有種であると判明する一九六五年以前まではタバコ以外の喫煙用とされていた（Lowe 1990, 13–14）。しかし、この喫煙具とされる筒の喫煙痕跡の有無もふくめて、タバコに用いられたかどうかは明らかにされていない。少なくとも、この絶滅しかかっている自生種のタバコが現在、喫煙に用いられることはない。

スウェーデンのイェーテボリ（Göteborg）の民族博物館は、ボリビアのシャーマン（祈禱師）の墓から出土した小さな皮の袋を所蔵するが、タバコの茎とされるその内容物を同位元素^{14}Cで年代測定を試みたところ、西暦四〇〇年頃と判明した（Lowe 1990, 14・16）。これをストックホルムのカロリンスカ研究所（Karolinska Institute）が分析したところニコチンの含有を確認した。アイソトープによる年代測定には多少の誤差がでるものだが、これまでに確認されている最も古いタバコということになろう。

メキシコのパレンケ神殿（Palenque）にはマヤの神々の一人が「雨雲を呼ぶためにタバコの煙を吹いている図」のレリーフが残っている（図1-3）。この図はしばしば、巻いたタバコの葉あるいは真っ直ぐな筒状パイプによる喫煙図とされることが多く、タバコ史や喫煙史を扱う書物に多く掲げられる図である。

マヤの遺跡には、ほかにも喫煙図とするものが多くみつかっているが、アルフレッド・ダンヒル著とされる

図１－３　「十字の神殿」のレリーフ（パレンケ遺跡）

The Gentle Art of Smoking（1954）に、このパレンケのレリーフが一頁大の「マヤ神官喫煙図」として掲載されたことから「喫煙図」とする俗説が広まってしまった。

近年は、「L神がタバコを吹く図」としてとりあげられることも多くなったが、この図を喫煙図とするか、あるいはタバコを吹く図とするのか、そして葉巻状のタバコと筒状パイプのいずれかを問う議論が多くみられるようになった。メキシコの国際パイプ・アカデミー会員J・J・ヘレラ（Herrera, José Joaquín V.）が二〇〇四年にアカデミーへ提出した小論文（Herrera 2004, 3-23）を参照しながら、少し詳しくみることにする。

このレリーフが残って[7]いるのは、パレンケ遺跡にある神殿の一つ、「十字の神殿」であるが、他の神殿とともにメキシコの古典期にあたる七世紀半ばに建てられたものとされる（コウ1975, 140）。その聖所入り口の右扉にこのL神の浅彫りレリーフが残っているが、〝L〟は考古学上の整理記号とされる。メキシコ古典期のL神は商業の神であり、北極星の守護神でもあるが、通常はかぎ鼻を持った老人の姿であらわされる。ときには、黒ジャガーの姿で描かれることもある。

パレンケのこのレリーフもかぎ鼻の老人がジャガーのケープをまとうのだが、その顔・手・足は極めて人間的に描かれていることから、コルティは一九三〇年にこれを神官としてあげ（Corti 1996, 31, 図３）、一九五四年にこれを引用したダンヒルもこれに従った（Dunhill 1961, 2）。これによって、パレンケ神殿のレリーフを「神官の喫煙図」とする説が流布することになった。しかし、レリーフ上部の装飾彫によって神であることが示される。頭上は明らかにタバコと思われる葉で飾られ、頭頂には星を眺めるフクロウがあらわれている。手や足には花飾りのブレースレットを付け、頭上のタバコの葉の下から背中にかけてトウモロコシの葉が描かれている。

煙が何かに当たって上下に分かれていることから、このL神は煙を喫っているのではなく、目的物に向けて吹いている図であることを示す。J・J・ヘレラは頭上にタバコの葉を戴くことから、吹いているのは疑いもなくタバコの煙であるとする。マヤの宗教儀式において、清め、あるいは悪霊を追い払うためにタバコの煙を吹きかけていたことは知られるところである。フランシス・ロビセク（Robicsek 1978, 112, 図128）は、マヤの遺物に描かれている煙の図を整理し図示しているが、この図でみる限りパレンケのL神は喫う図ではなく、吹いている図になる。

メキシコ古典期には、南部のマヤ住民の日常の喫煙はタバコを葉巻状に巻いて用いたとされ、中部および北部メキシコで出土するパイプの大多数は後古典期のものである[8]。これらは明らかにトルテカ文明[9]の影響を受けていて、多くは動物の形あるいは擬人像などの形で出土している。これまでのところマヤの遺跡からは、パレンケのレリーフにみられるような形で喫煙用パイプ、あるいはその破片は出土していない[10]（狩野 1983, 31・47・247）。メキシコで筒状パイプがみられるのは、アステカ時代に入ってからとされる。

このパレンケのL神像が口にする筒状のものは、マヤの雨神であるチャクの像に多くみられるようなタバコの葉を巻いた形にしては、円錐形が強すぎるようにもみえる。ヘレラはその論文のなかで、L神が持つ筒はその形状から葉巻にはみえないばかりか、この時代に筒状パイプが喫煙に用いられていたとは考えられないので、煙を吹きかける筒であると結論づけている。メソアメリカ[11]において吹き筒は珍しくなく、シャーマンがバナナの葉軸を芯に、タバコの乾燥葉を巻いて作った長い筒を儀式に用いていた例もあるが、L神の円錐形の筒も長さは四〇センチメートル位に相当する。

L神は雨神であるジャガーの姿をとることもあって、パレンケのこのレリーフは「雨乞いの煙を吹く図」とされることがある。図1-3に掲げたパレンケのレリーフ図はニューヨーク公共図書館（New York Public Library）が一九五〇年に刊行したスピンデン（Spinden, H. J.）による *Tobacco Is American* に掲載されたものだが、「マヤの神々の一人が、筒状パイプで雨雲祈願にタバコの煙を吹いている図」とする説明が付されている。しかしヘレラに従うなら、このレリーフが聖所の入り口に配置されていることから、「太陽神を祀《まつ》る聖所」の入り口に、清めあるいは祝福の煙を吹きかけている図とみるべきであろう。

ワシントンDCのスミソニアンおよびシカゴのフィールド自然史博物館とともに米国の三大自然史博物館の一つであるニューヨークのアメリカ自然史博物館は、タバコの喫煙形態のほとんどを南米のアマゾン河流域が発祥地であるとする。[12] タバコの葉を巻いたシガーの原形や、トウモロコシの皮など他の植物の葉でタバコを巻いたシガレットの原形、パイプによる喫煙、さらにタバコを粉状にして鼻孔に入れる嗅ぎタバコ、あるいは噛みタバコなども、この地域が発祥地だという。

しかし、同一地域が発祥とされるものの、南アメリカから北アメリカへ広がった実際の喫煙形態はタバコの種類に大きく左右されている。南北および中央アメリカの自生、もしくは栽培種のタバコ属は四〇種を超えるのだが、スピンデン（Spinden 1950, plates 5・7）やヘイマン（Heimann 1960, 10-12）によると、南米の大部分（西岸の一部をのぞく）からメキシコの東岸にいたる地域では、喫煙用としては葉が広く、味が柔らかなタバクム種[13]（*Nicotiana tabacum L.*）が主流で（図1-4・5）、メキシコ以北から北米大陸東岸のセント・ローレンス河にいたる地帯では、寒冷気候には強いが葉

図1-4　タバクム種

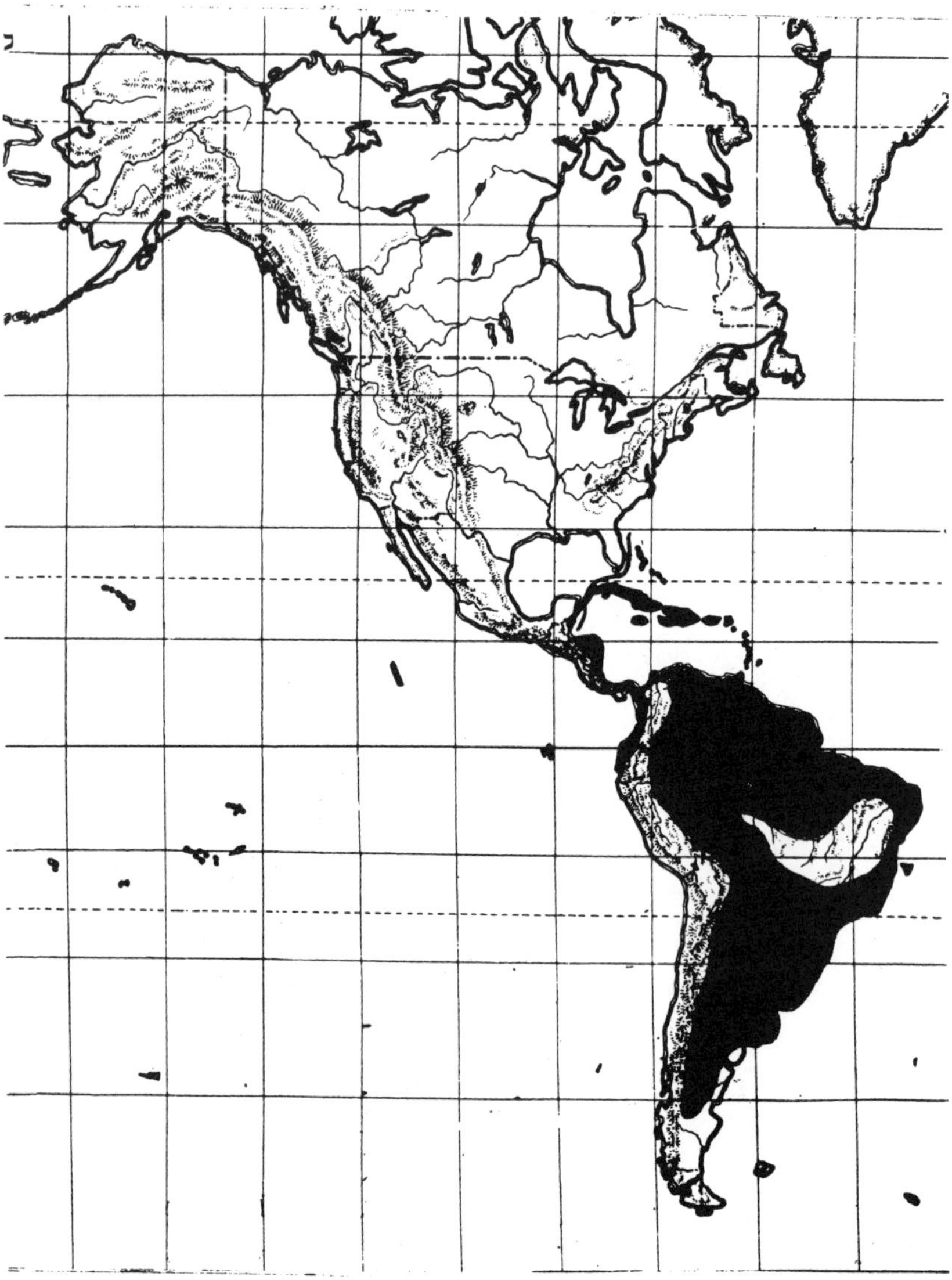

図1－5　*tabacum* 種の分布図

中央・南アメリカの黒塗り地帯は、原住民がヨーロッパからの侵攻以前に栽培していた *Nicotiana tabacum* 種を示す。中央アメリカ南部では *tabacum* 種の栽培は東岸に限られていた。

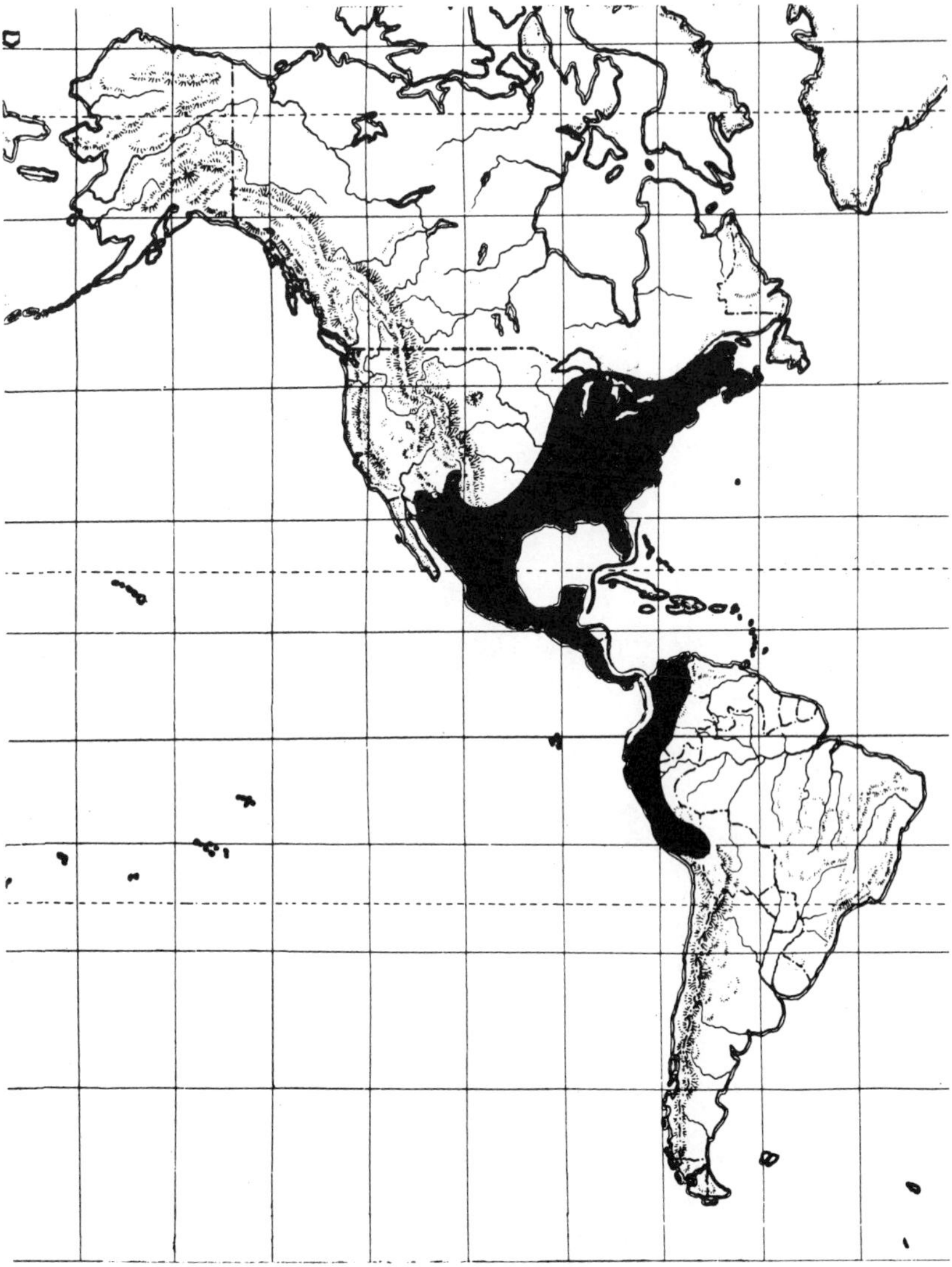

図１−６　*rustica* 種の分布図

黒塗り地帯は、ヨーロッパからの侵攻以前に原住民が栽培していた *Nicotiana rustica* を示す。メキシコではアステカ時代に入るまでに *tabacum* 種の栽培地域は西岸にまで達した。

が小さく辛い味のルスティカ種（*Nicotiana rustica L.*）が主であった（図1-6）。この地帯では、ルスティカよりさらに葉が小さなアテヌアタ種（*Nicotiana attenuata*）[14]も多く用いられた。西インド諸島のタバクム種は一五三〇年頃にスペイン人が持ち込んだとする説もあるが、出典が明らかでない（第2章三六頁）。しかし、コロンブスの第一回航海当時の記録にみられる喫煙形態から考えても、西インド諸島にタバクム種が自生していたことは明らかである。とすると、一五三〇年頃にはすでにスペイン人がタバクムの栽培を始めていたのであろう。

葉が大きくて柔らかな味のタバコは巻いて喫うのに適していることから、タバクム種が多い地域では葉を乾燥させてそのまま巻くか、トウモロコシの皮など他の植物の葉で巻く喫煙形態が多くとられていた。これは、まぎれもなくシガーやシガレットの原形である。

小さめの葉で辛い味のルスティカ種や葉が細いアテヌアタ種は巻いて直接喫うには適さず、これらの種が多かった地域では腕を曲げた形の、いわゆるエルボウ・パイプ（一七頁の図1-10）など、ボウル（火皿）を備えたパイプを介して喫煙するのが主流であった。

ウェスト（West 1970, 380-381）[15]は、「文明が非常に発達していたチリ、ペルーの一部、ブラジルの高地、およびメキシコを含む中米と西インド諸島でパイプの使用がみられなかったのは不思議だが、これらの地域ではタバコを巻く植物の葉が年間を通じて豊富であるのに対して、北アメリカでは冬季にはこれを欠くのでパイプが発明された」とする説を掲げている。この説には疑問があるがその是非はともかく、中南米のタバクム地帯にもパイプによる喫煙は存在していて、Y字形の筒でタバコの煙または粉を鼻へ吸い込んだり（二四頁の図1-18・19）、古くは燃えさかる焚き火に放り込んだタバコの煙を長い葦の管で吸い込むなどの方法もあったとされる。しかし、これらのすべてがタバコだとするのは少々乱暴であろう。ヘロドトスの記述のように、アルカロイドをふくむ他の植物を用いていた可能性も残る。

いずれにしろ、大まかな分け方として、タバクム種地帯では主として巻いたタバコを、ルスティカ種などの地帯ではパイプを介して喫っていたとすることができよう。巻いたタバコ（cigar または cigarette）が主流であったと考えられている南米の北東部からもパイプが出土することから、この地域でもパイプによる喫煙が主であったとする主張もある。しかし、これは形が残らない巻いたタバコを無視した説で、支持されていない。

時代はずっと下がって一七世紀に入ると、中南米のスペイン植民地から運ばれるタバクム種のほかに、ヴァージニアの植民地でも西インド諸島と南米（第３章六八頁）からもたらされたタバクム種が栽培されるようになって、イングランドで喫われるパイプ用タバコもタバクム種が支配するようになった。

現在知られているタバコ属は、観賞用もふくめて南北アメリカ、オーストラリアのほかに、アフリカ（ナミビア）と南太平洋諸島の各一種を合わせて六七種（『タバコ属植物図鑑』による）に達し、このうち一種は一九六八年に日本人がボリビアのアンデス山中で発見したN・カワカミイであるが、今日の喫煙用タバコのほとんどはタバクム種の変種または改良種である。

ウィルバート説（Wilbert 1987, 65–66）に従うなら、スペイン・ポルトガル侵攻以前の前史時代には南米におけるタバコ喫煙の分布は主に中部および北部、とくにブラジル、ペルー、ボリビア、パラグアイに集中していたことになる。北東部のギアナ、スリナム、ガイアナにも多くみられたが、アルゼンチンやチリでは少なかったとされる。すでに述べたように、パイプによる喫煙もみられ、エルボウ・パイプはペルー北部とパラグアイに多見されるものの、ペルーとボリビアではエルボウ・パイプのみがみられた。パラグアイでも、出土するパイプはエルボウ・タイプが主であったが、真っ直ぐな筒状のテューブラー・パイプ（一七頁の図1-11）も散見される。アルゼンチンでは北部に集中するもののテューブラーが主で、北東部のブラジル国境やパラグアイ国境地域ではエルボウの使用例がわずかにあり、モニター・パイプ（一八頁の図1-12）はアルゼンチンとチリの南部に少々出土する。

　ブラジルではパイプによる喫煙例は少ないものの、出土するパイプはエルボウ・タイプが主で、テューブラーも散見される。ブラジルおよびその北方に位置するギアナ、スリナム、ガイアナ、ベネズエラでは巻いたタバコが主であったとされる。

　しかし、国際パイプ・アカデミーの紀要（*Journal of Académie Internationale de la Pipe*, Vol. 2）に寄稿したアルゼンチンのD・シャベルソン（Schávelzon, Daniel）によれば、BC八世紀頃にはすでに喫煙が行われていて、考古学資料としてパイプの出土もみられる。ただし、これらの喫煙具の使用はシャーマンに限られていて、宗教儀式の一環として使用されたものと考えられている。図1―7・8にシャベルソンが図示するBC一世紀から五世紀頃とされるパイプを示す（Schávelzon 2009, 5-8）。

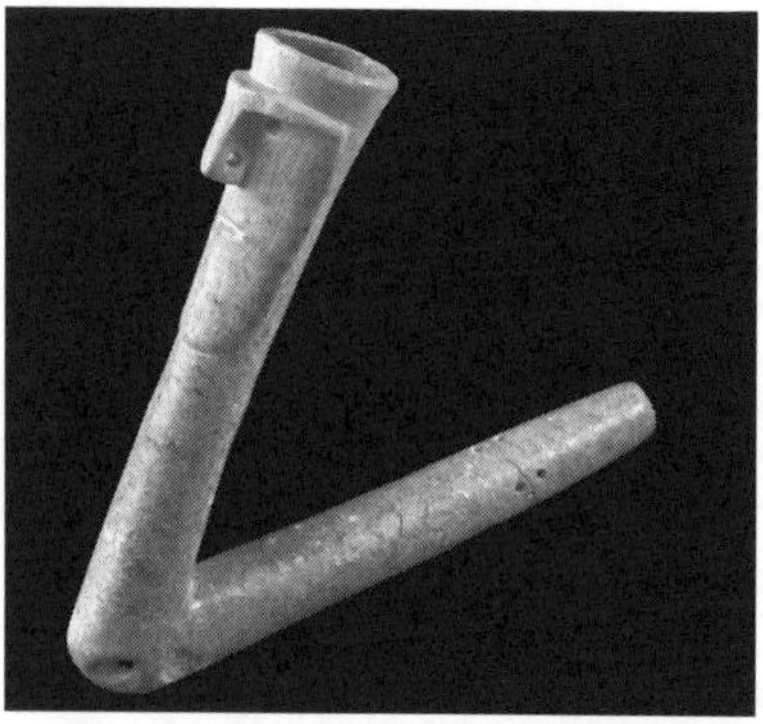

図1−7　BC1世紀前後とされるアルゼンチン出土の石製パイプ[人面]

図1−8　BC5世紀前後とされるアルゼンチン出土の土製パイプ[動物]

　メキシコについてのメイスン説（Mason 1924, 212-213）によると、アステカ時代の前、すなわちトルテカ時代にはエルボウ・パイプがその特徴的喫煙具であったが、スペインがメキシコを攻略した一五二一年頃、すなわちアステカ時代には巻いたタバコまたはテューブラー・パイプが主流になっていた。土製の真っ直ぐなテューブラー・パイプは、巻いた葉による喫煙、あるいは芦の茎にタバコを詰めて喫ったことが起源とされる。

既述のヘイマン説に従えば、メキシコ中・北部の東岸および南部に多かったタバクム種が次第に西岸にまで広がりルスティカ種を駆逐し、スペインの侵攻時にはエルボウ・パイプの使用をみなくなっていた。したがって、メキシコで出土する土製のエルボウ・パイプの多くはスペインの侵攻以前、すなわちメキシコの前史時代のものということになる。考古学的にも出土パイプ片の多くは、アステカ以前すなわちトルテカ時代（AD 900–1200）のものとされる。

さて、こうしたタバコの喫煙は新大陸の先住民にとっていかなる意味を持っていたのであろうか。ウィルバートの記述では、男女ともに集会でタバコを喫い、男は交渉事や友好を深める時に、あるいは戦いの準備や出陣のさいに喫っていたとされる。農作業のための天候占いや豊作・豊漁祈願にもタバコを用いていたが、産婆が健康な子どもの出産を祈願して喫ったとする記述もある。シャーマン（祈禱師）は清めの儀式や死者の復活、受胎祈願などで神々へ煙を捧げたが、予言や霊魂とのコミュニケーションにも用い、タバコの煙を昏睡するまで深く吸い込み、得られる幻覚を神のお告げとして伝えていた。病人に煙を吹きかけるなどの治療行為にも使用したが、タバコの葉も治療薬として多用していた。

このようにみてくると、楽しみのためにするタバコの喫煙行為は旧世界へ伝播してからと考えられがちである。しかし、ブラジルの一部では治療目的よりは〝快楽〟のために、粉にしたタバコを木製のパイプで吸っていた例、すなわち嗅ぎタバコの報告例があり、楽しみのための喫煙も報告されている。

治療薬としてのタバコも新大陸を訪れたヨーロッパ人によって多く見聞され、その報告をもとにセビーリャのニコラス・モナルデス（Monardes, Nicolas）が一五七一年にその著作『第二巻』（*Segunda Parte*）でタバコを万能薬として紹介し、ヨーロッパ中に薬としてのタバコを広めてしまったのである（第2章三六・四三頁）。

3　北アメリカの喫煙とタバコ

新大陸の先住民がいつ頃からタバコを使い始めたかを知る術《すべ》は残されていないが、サスケハナ族[16]には、次のような神話が残されている。

始めは、動物の肉の外に口にするものがなく、狩にしくじると飢えるほかはなかった。昔、二人のインディアンが鹿を仕留めその肉を焼いていると、若い女性が雲から降りてきて近くの小高いところへ苦しそうに腰を下ろした。これを見た一人が、あのひもじそうな女神は鹿肉の焼ける臭いで降りてきたに違いない。彼女に少し分けよう。一人が焼けた鹿のタンを差し出すと、女神は美味しそうにこれを平らげた後、「汝等《なんじら》の親切心は報《むく》われるべし。十三度目の満月にこの場所へ戻るがよい。汝等の報いをみるであろう」と言い残し、再び雲のかなたへ去った。言われた通りにした二人がみたものは、女神の右手が触れた地面にはトウモロコシが、左手が触れたところには空豆が生え、腰を下ろした辺りにはタバコが生えていた。

（Graves 1969, 16より拙訳）

この神話が伝えるように、タバコは神々からの神聖な贈り物であって、その喫煙は宗教儀式の中心的位置を占めていた。同時に、トウモロコシや空豆同様に日常生活に欠かせない重要な万能薬でもあった。西部のロッキー山脈から東海岸にいたる広大な地域の部族すべてにとって、タバコの煙を捧げることは宗教儀式の最も重要な部分であった。それどころか、タバコなしには儀式そのものが成り立たず、タバコのつまみ方から、詰め方、火の点《つ》け方にいたるまで、細かくその所作や手順が決められていたという。

すでに述べてきたように、北アメリカでのタバコ喫煙はパイプによるのだが、前述のウェストによるとエルボウ・パイプ（図1-10）は中西部から東海岸までの広い地域で多くみられ、テューブラー・パイプ（図1-11）は例が少ないものの、アラスカ・カナダを除く北アメリカ全土にわたって広く出土している。リントンによれば（Linton 1924, 10）、メキシコに接する南西部の太平洋岸ではテューブラー以外のパイプはなかったが、東部では

◆北米原住民のパイプ（図１－９～15）◆

図１－９　骨製パイプ

図１－10　エルボウ（elbow）・パイプ
（全長97mm／ボウル内径14.5mmφ／ボウル高84mm）

図１－11　テューブラー（tubular）・パイプ
（全長134mm／ボウル内径20mmφ／マウス内径10mmφ）

その使用例は少ない。さらに、メキシコのエルボウ・パイプは先史時代、すなわちスペイン侵攻のアステカ時代以前に限定的にみられたという。

北アメリカのパイプは、このほかにモニター・パイプ（図1-12）、ディスク・パイプ（図1-13）、動物や人面をかたどったエフィジー・パイプ[17]（図1-14）、あるいは飾りを施した儀式用のカルメット・パイプ（図1-15）など多くのバラエティがみられるが、そのほとんどは中・東部に集中する（West 1970, 360-378）。一般的には、カルメットのような大型のパイプは儀式に用い、小型のパイプは個人が使用したものと考えられている。

モニター・パイプは軟石あるいは焼いたクレイ（粘土）を用いたものが多く、クレイ製には石に似せた彫りを施したものもみる。基本的には、平面あるいは下向きにカーヴしたベースのセンターにボウル（火皿）を配した

図1-12　モニター(monitor)・パイプ
(ボウル内径15.5mmφ／ベース長137mm)

図1-13　ディスク(disk)・パイプ
(ボウル内径18.5mmφ／全長60mm)

図1-14　エフィジー(effigy)・パイプ
(ボウル内径12mmφ／全長79mm／全高31.5mm)

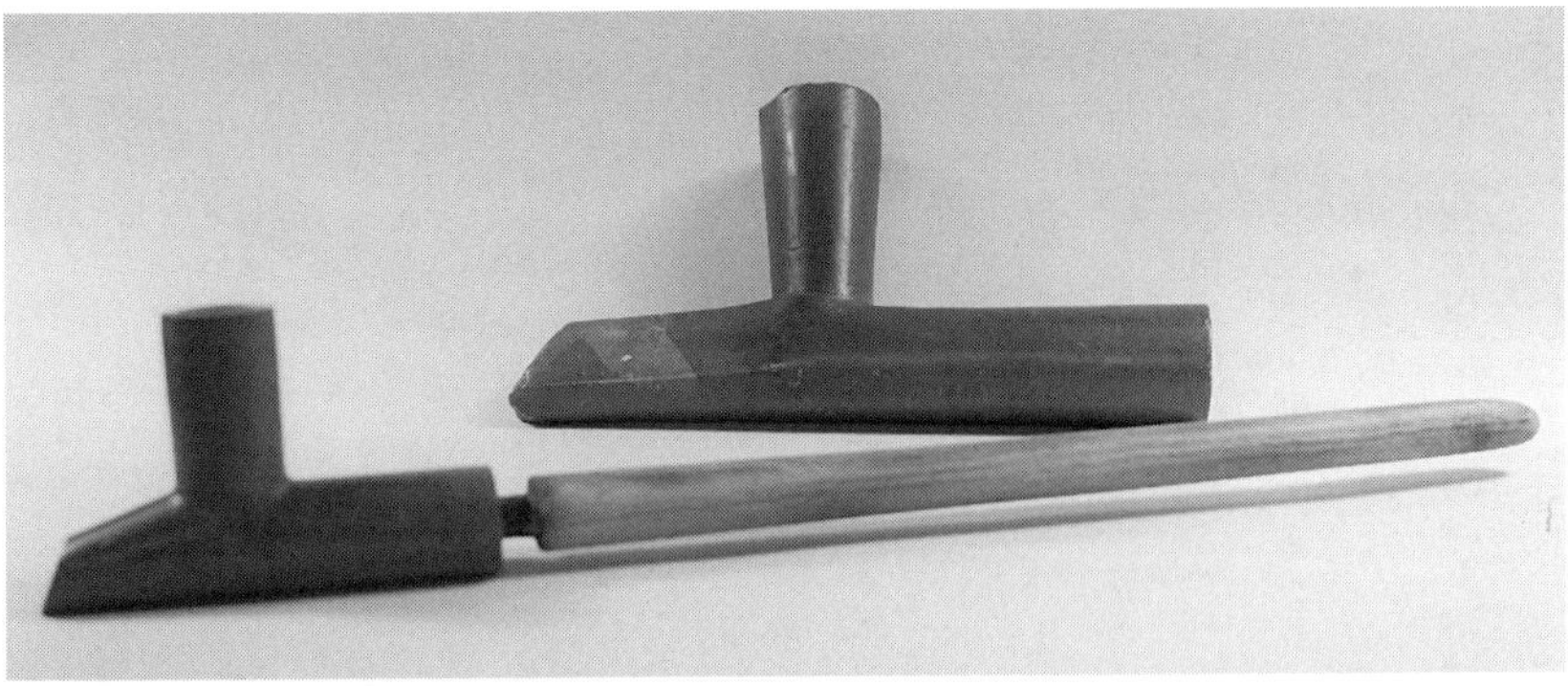

図１−15　カルメット(calumet)・パイプ(下)とカトリナイト(catlinite)製ボウル
(全長750mm／ボウル内径15mmφ／高さ62.5mm)

もので、ボウルには動物を象《かたど》ったものを多くみる。これらは、明らかにコロンブス以前のパイプで、ヨーロッパ人が訪れるようになってから先住民がモニター・パイプを用いたとする報告は見当たらない。

カルメット・パイプは、しばしば「インディアン・パイプ」の代表例として扱われるが、その形成過程は他のパイプと異なるとする説がある。calumet はノルマンディ地方で用いられた「芦の管」を意味するフランス古語 chalmeau が語源とされるが（芦を意味するラテン語の *calamusu* から）、北米原住民の間では、パイプのステムに似た棒に装飾を施したものを指し、儀式に用いた。ヒュウイット（Hewitt）説は、最初はタバコを詰めるボウル（火皿）は付いていなく、タバコの煙を神々に捧げるためにパイプが使われるようになってから、この儀式用の棒と結び付いたとする（Linton 1924, 24）。カルメットは、他部族との交渉や協定を結ぶ時などのほか、旅行のさいの天候祈願または雨乞いにも用いられ、ある意味では使節のパスポート的役割を果たしていた。講和のさいにカルメット・パイプを回し喫みすることから、ピース・パイプの呼称が与えられた。

斧の形のトマホーク・パイプも「インディアン・パイプ」の代表例としてあげられることが多い（図1−16）。しかし、これは一八世紀になってから毛皮の交易に白人が持ち込んだ新しいパイプである。イン

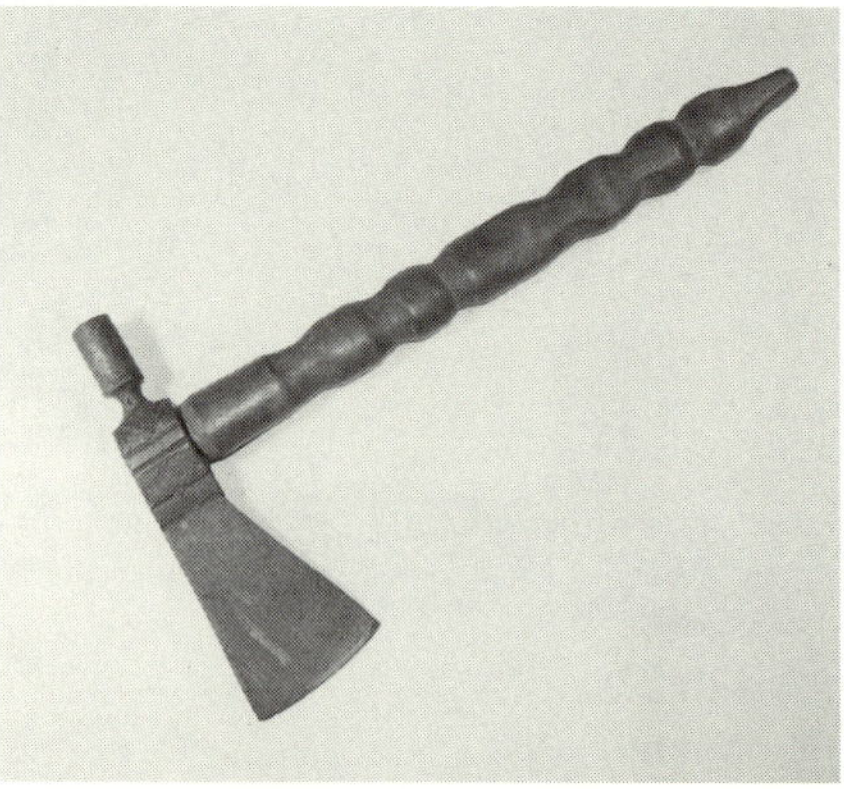

図1–16　トマホーク（tomahawk）・パイプ（19世紀初フランス製）
（ボウル長32.5mm／ボウル内径13mmφ／ステム長325mm／刃巾60mm）

グランド、オランダ、スペインなどで作られたものが多く、フランスも自国製のほかにイングランド製やオランダ製を多く持ち込んでいた。大航海時代の初期から斧などの鉄器は重要な交易品であったが、フランシス・ドレイクの一五九五年の航海記録にも、鉄製の斧とタバコを交換したとする記述が残っている（第3章六二頁）。スミソニアン自然史博物館のJ・D・マグアイア（McGuire, Joseph D.）が最初に唱えたと思われるが、武器であるトマホークにパイプのボウルが付いたのは、一七二五から五〇年頃とする説が今のところ有力である（McGuire 1899, 464–465／West 1970, Vol.1, 315–323／Baldwin 1995, 46）。ヨーロッパから運んだトマホーク・パイプのほかに、入植者の鍛冶職が現地で作ったものもある。先住民が入植者に教わって作るケースもあったが、その数は極めて少ない（Peterson 1971, 34）。材料には、鉄・真鍮のほかに、ピューターなども用いた。

　鉄器を持たなかった先住アメリカ人のトマホークは、こん棒から派生したと考えられているが、頭部に岩石や動物の骨を結《ゆわ》え付けた武器であった。ヨーロッパ人が交易品としてもたらした斧がこれにとってかわった。トマホークの語源は東部のアルゴンキン語族の「打ちのめす」の意味を持つ〝オトマフク〟の転訛とされる[18]（クニス・マクナブ 2010, 26–28）。

　北米先住民のパイプの材料には種々なものが利用されたが、先史時代（コロンブス以前）のパイプの多くは、前述したように石または粘土（クレイ）製だが、木製や角製もみられた。白人が到着した頃には骨で作られたものも使われていたが、現存する例は少なく出土も稀である（一七頁の図1-9）。

これまでにみつかっている六七種の自生種または栽培種のタバコ属は、メキシコをふくむ北米大陸では少なくとも八種が知られている。リントン説によると、今日喫煙用として最も多く用いられるタバクム種は南アメリカの東部・北部、メキシコおよび西インド諸島で栽培されていたものだが、一六一二年にイングランドの植民[19]がヴァージニアへ持ち込むまでは、メキシコより北ではみられなかった。それまで、北アメリカの東部先住民が栽培していたものは耐寒性のあるルスティカ種で、イングランド向け輸出商品として、これがまず植民地のヴァージニアで栽培された。すでに述べたように、北米の在来種はこのほかに、アテヌアタ種が知られているが、これがもっとも広く分布していたとされる。しかし、イングランドの第二次入植後すぐに西インド諸島から持ち込まれた柔らかな味のタバクム種がこれらにとってかわった。

アラスカ・カナダをふくむ北アメリカの先住民の部族すべてがパイプでタバコを喫っていたわけではなく、少なくとも北西海岸の部族は先史時代、すなわちコロンブス以前にはタバコを喫わずに、嚙んでいたとされる。これはロッキー山脈の東ではみられなかったことである。のちに北西岸の先住民は、アジアの喫煙をイヌイットから学んだとされるが、そのパイプはアジア系とされるものの、イングランド・オランダのクレイ・パイプに近い形状もみられる。これは、毛皮の交易に持ち込まれたヨーロッパのクレイ・パイプの影響である。

カナダでの出土クレイ・パイプの考古学的調査はまだ十分に進んでいないが、東岸で出土している一七世紀のクレイ・パイプの多くはイングランド製であるとされるが、植民地跡からの出土が主であることから、先住民との交易品というよりは植民が使用したパイプとみなされることが多い（Gaulton 2009, 33-35）。

イヌイットのパイプ喫煙は、明らかにコロンブス以後に習得したもので、小さなボウルのアジア・パイプの特徴を残していて、ロシアの交易商人がシベリアの喫煙を伝えたとされる。前述のウェストも、一八九三年に実施

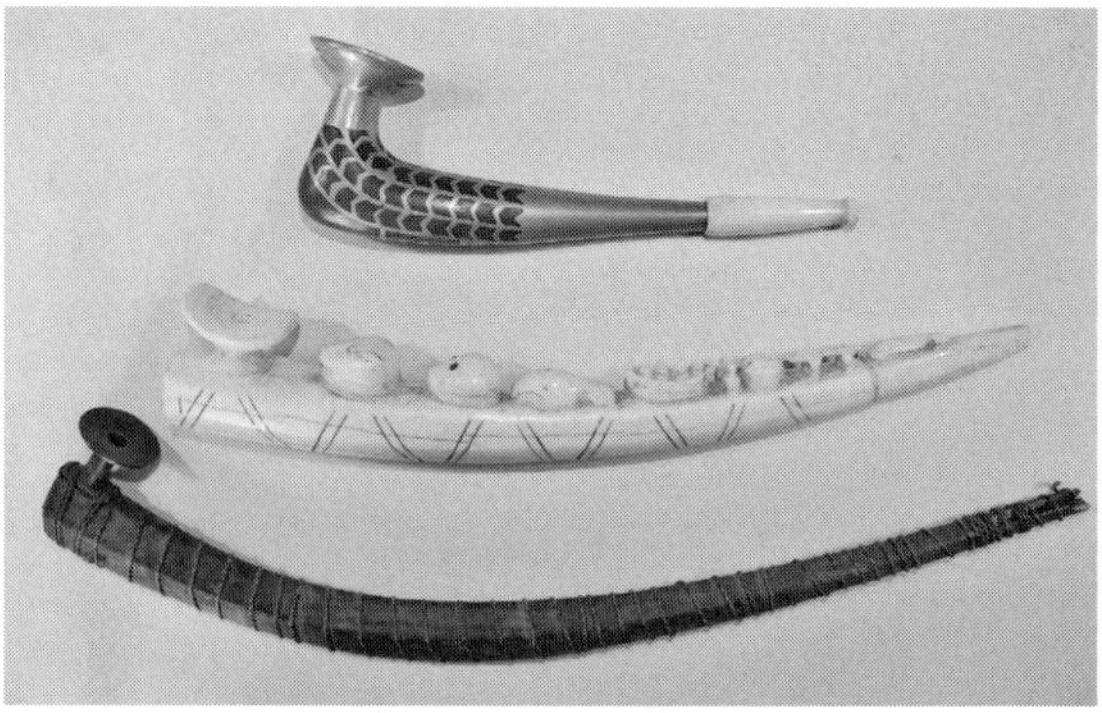

図1-17　イヌイット・パイプ
（上）全長210mm／ボウル内径８mmφ
（中）全長335mm／ボウル内径９mmφ
（下）全長420mm／ボウル内径6.5mmφ

したアラスカでの調査で、現地の古老が「ロシア人によってもたらされたアジアのパイプで喫煙が始まった」と語ったことを報告している（West 1970, 46）。収集された資料のなかには日本あるいは中国のキセルに近いパイプが数点ふくまれているという。図1-17に示すイヌイット・パイプは、日常使用の目的よりは交易用に作られたものである。

前述の一七世紀のイングランド製クレイ・パイプを考慮すると、イヌイットに伝えられたアジア系のパイプが北米の東海岸へもたらされたとするのは無理であろう。しかし、アラスカへシベリアの喫煙が伝えられたことで、パイプ喫煙の世界一周が二〇〇年ほどで果たされたことになる。

4　ヨーロッパ人の到着

一四九二年にコロンブスが西インド諸島へ到達したことから、コロンブスがタバコをヨーロッパへ持ち帰ったとする記述を多く目にする。しかし、第一回航海でサン・サルバドール島の現住民から乾燥した草の葉を贈り物として受けとり、ほかの島では喫煙風習目撃の報告がなされているが、これをスペインへ持ち帰ったとする記録は残っていない。金を求めて航海に出たコロンブス[20]はタバコが原住民にとって貴重品らしきことは理解していたであろう。しかし、旗艦のサンタ・マリア号を失い多くの隊員を現地へ残した第一次隊が、西インド諸島から多くの品々を持ち帰っていたとはいえ、枯れ葉の束をわざわざ破損した旗艦から引き上げて積み帰ったとするのは説得力に欠ける。コロンブスは、この植物がのちの時代に巨万の富をもたらすことになろうとは夢にも思わなかったであろう。航海者たちが新大陸から植物見本などを持ち帰るようになるのは、少し時間がたってからのことである。

タバコと思われるものが記されていたコロンブスの「第一回航海日誌」は、原本・写本ともに紛失して出版されることはなかったが、息子エルナンド・コロン（Colón, Hernando）が写本をもとに著わした『コロンブス提督伝』(21)（*Historia del Almirante Don Cristóbal Colón*）は、エルナンドの死後、一五七一年になってからベネチアで公刊された。後述するように、ラス・カサス（Bartolomé de las Casas）も第一回航海日誌の写本から抄約本ともいうべき『航海日誌』をまとめたが、その稿本は一九世紀になるまで発見されなかった。この『航海日誌』の公刊によってコロンブスとタバコの遭遇が広く知られるようになったのである。

ただ、C・コルティ（Corti, 38-39 & 50）はその著で、コロンブスの第一回航海に同行し現地人の喫煙を報告しているロドリゴ・デ・ヘレス（De Jerez, Rodrigo）が帰国後も喫煙を続けたので悪魔が乗り移ったとして投獄され、宗教裁判にかけられたと記述しているが、その典拠を示していない。このコルティの記述については第2章で扱うことにする（四六頁）。

コロンブスの第一回航海後に新大陸を訪れたヨーロッパ人たちは、現地でのタバコや喫煙の報告を多くの記録に残しているが、旧世界へ最も早くタバコを紹介したと思われるのは、一五二六年にセビーリャで公刊されたオビエドの『西インド総史』(22)である。タバコについて記したものとしては、これが今日知られる最初の出版物である。これには、イスパニョーラ島で目撃したとする喫煙風習の記述がみられるのだが、Y字形のチューブまたは一本のチューブでの喫煙を紹介している。この書の一五四七年のサラマンカ（Salamanca）版にはY字形の喫煙具が図示されているが（図1-18）、原住民がこの喫煙具を“tabaco”と呼んでいるとしている（Javier, Lópes 1990,

36–37)。このことから、オビエドが最初にスペインへタバコをもたらしたとする説がある。しかしながら、オビエドはその記述のなかで、

> キリスト教徒のある者たちがこれを用いているが、(中略)病いの痛みを感じないほどに精神に異常をきたし、私には死以外の何ものでもないようにみえる。これは癒やそうとする痛みよりひどいもので、健康には良くない。
>
> (Dickson の英訳版より拙訳)

と批判している。このことから、オビエドがわざわざスペインへ持ち帰ったとは考え難い。

オビエドが図示したこの喫煙具のほかに、今日知られているY字形器具には、図1–19に示すマグアイアの図(McGuire 1899, 365)のように喫煙用ではなく嗅ぎタバコの吸引具がある。ポーターも、ハイチの木製のY字形パイプをラペ(râpé:摺り下ろした粉タバコ[23])の吸引具として掲げている(Porter 1948, plate 7)。

これより前、一四九六年に出された托鉢修道会のラモン・パネ(Pane, Ramon [Romanus])の小論には〝嗅ぎタバコ〟とおぼしき記述があるとされるが、その稿本も紛失して現存しない。

前述したように、コロンブスの子エルナンドが「第一回航海日誌」の写本をもとに著わし、その死後ベネチアで公刊された『コロンブス提督伝』の「使者が偵察から戻ったこと、およびその報告」と題する第二八章の一一月五日条には、次のような喫煙記述がみられる。先のラモン・パネの嗅ぎタバコ記述も、この書でとりあげてい

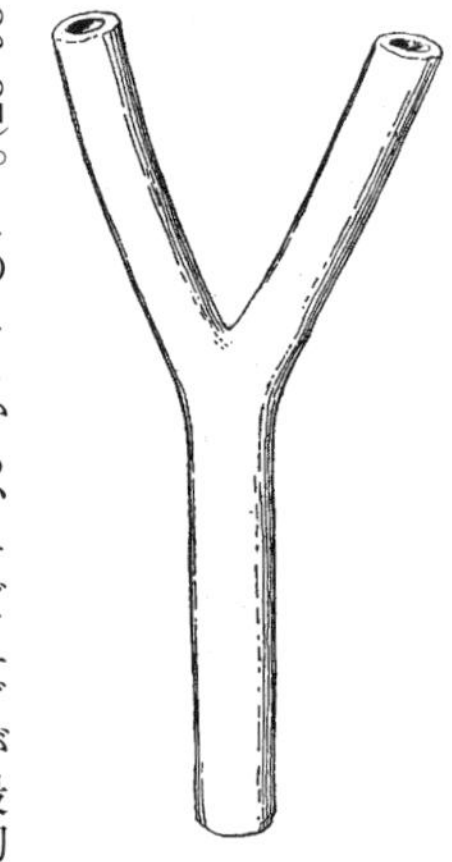

図1–18 オビエドの『西インド総史』(1547年サラマンカ版に掲げられたY字形喫煙具の模式図)

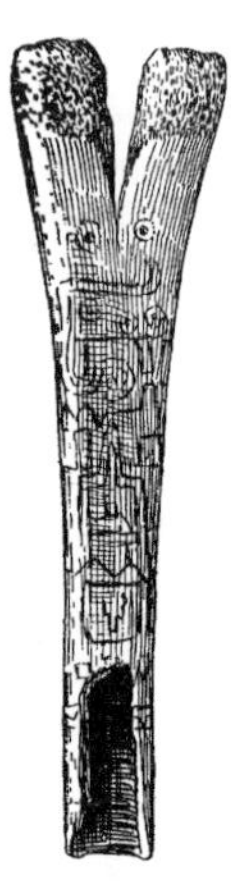

図1–19 嗅ぎタバコ用吸引具

る。

使者は途中、多くの住民に出会った。彼らは火種を携行していて、ある種の草にそれで火をつけて、出る煙を吸い込んでいた。

（吉井善作訳）

コロンブス最後の第四回航海と同じ年の一五〇二年に西インド諸島へ渡った、ドミニコ会のラス・カサスが著わした『インディアス史』にも、第一回の航海日誌の写本をもとにしたと思われる記述がある。このコロンブスの「第一回航海日誌」が原本・写本ともに行方不明のままであることはすでに述べたが、ラス・カサスは写本をもとに抄約本ともいうべき『航海日誌』を『インディアス史』の前にまとめている。しかし、ラス・カサスの二つの稿本もまた行方不明になっていて、前者は一八二五年、後者は一八七五年になってやっと公刊されたのである。この『航海日誌』の一〇月一五日条（月曜日）でラス・カサスは次のように記している。

サンクタ・マリア島とフェルナンディーナ島と命名したこちら側に位置するこの大きな島の間の大海原で、男がただ一人乗る丸木船と出会った。男はサンクタ・マリアからフェルナンディーナ島へ向かう途中で、少量の、すなわちこぶし大ほどの大きさの彼らのパンや水の入ったカボチャの殻、赤土を粉にして小さな団子にしたもの、それに乾燥した草の葉を二・三枚持っていた。この葉は、すでにサン・サルバドール島で贈物としてわたしに届けてきたことがあり、彼らの間では貴重品にちがいないと考える。

（青木康征訳『コロンブス航海誌』八四～五頁）

ラス・カサスは『インディアス史』（第一巻第四六章四五九頁）では、先のエルナンド・コロンの記述と同じ日の報告を次のように記している。

前記の二人のキリスト教徒は道の途中で、村と村の間を行き来する大勢の男女に会った。それらの人々のうちでいつも男のほうが、香煙を吸い込むために燃えさしと、ある種の草を手にもっていた。それはいくつかの枯れ草を、一枚のやはり枯れた葉っぱでくるんだもので、ちょうど聖霊降臨祭に子どもたちが紙でつくる紙鉄砲（モスケーテ）のような形をしていた。その筒の一方に火をつけ、反対側から息と一緒にその煙を吸い込むのである。

（長南実訳）

これは、西インド諸島での巻いたタバコによる喫煙を初めて記したものである。しかし、同じ写本をもとにしながらエルナンド・コロンとラス・カサスの二つの記述は大きく違っている。この違いと、本節の始めにあげたC・コルティのロドリゴ・デ・ヘレスに関する記述については、第2章で考察することにする（四六頁以下）。

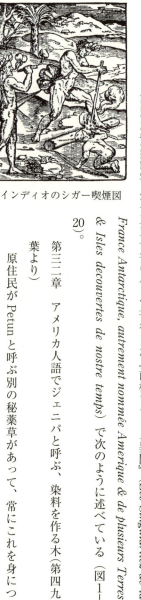

ブラジルでの喫煙については、一五五五年のフランスのブラジル遠征隊に同行したフランシスコ会の司祭アンドレ・テーヴェ（Thevet, André）が一五五七年にパリで刊行した『南極フランス異聞』（*Les Singularitez de la France Antarctique, autrement nommée Amerique & de plusieurs Terres & Isles decouvertes de nostre temps*）で次のように述べている（図1-20）。

図1-20　ブラジル・インディオのシガー喫煙図

第三二章　アメリカ人語でジェニパと呼ぶ、染料を作る木（第四九葉より）

原住民がPetunと呼ぶ別の秘薬草があって、常にこれを身につけているが、さまざまな用途を持つ有益なものとされている。この植物は我々のBuglos［和名ウシノシタグサの一種］に似ているが、これを丁寧に集め小屋や住居の中で乾燥させて次のような使い方をする。適当な分量の乾燥した香草を大きな椰子の葉で包み蠟燭ほどの長さの巻物状にし、この一端に火を点けて、その煙を鼻と口で吸うのである。脳の余計な体液を除き浄化するので健康に良いというのだが、これを続けると空腹や渇きをしばらく癒やしてくれるので常日頃これを用いるのだという。また、仲間同士の密談や会議の時にも、煙を吸ってから話し始めるのである。戦《いくさ》の時にも、一人ずつ交代に吸うことを習慣にしているので必要不可欠とされているが、女たちは全くこれをやらない。この香煙を多く吸うと、強い葡萄酒の香りや味と同様に頭がくらくらする。ここに住むキリスト教徒たちも非常にこの香草と煙を好んでいるが、最初は慣れるまで危険がないわけではない。筆者自身が経験したことであるが、この煙が発汗や衰弱の原因となって失神して倒れることさえある。美味で口当たりが良いのに、脳に害のある果実がほかに多くあるのだから、これはそんなに不思議なことではない。

（英訳版 *The New Found Worlde of Antarctike*, 1971より拙訳）

ここでも、西インド諸島と同様に葉で巻いたタバコの喫煙が報告されている。もっとも、テーヴェはこの書に、訪れてもいないカナダでのパイプ喫煙を報告しているが、これは一五三五年のジャック・カルティエ（Cartier, Jacques）の記事を失敬したものである（Martin 2000, 97–100）。

一五六五年にヴェニスで刊行されたミラノのベンゾーニの『新世界史』（*La Historia del Mondo Nuovo*）は、一五五五年までの一四年間にわたる中央アメリカおよび西インド諸島での見聞を、オビエド、パネ、テーヴェなどを参照しながら書いたもので、喫煙については次のように記している。

（ヒスパニオラ島の）原住民たちは、葉の収穫期になると、これを摘んで束ね炉のそばに吊して乾燥させるのである。使う時にはトウモロコシの葉で、この葉を一枚きつく巻き込み、一端に火を点け、もう一方の端を口に入れ、この巻いたものを通して息を吸うのである。煙は口から喉、頭へ入り、できる限り長く吸い込んだままにしていることで彼らは快楽を得るのであるが、このひどい煙を正気を失うまで吸うのである。[24]

（Arents Vol.1, 226より拙訳）

このように、西インド諸島やブラジルからの報告は、巻いたタバコあるいはタバコを他の葉で巻いたものによる喫煙を多くふくむが、北アメリカからの報告はパイプによる喫煙が主で、巻いたタバコによる喫煙記述はみられない。ウォルター・ローリィ卿によってヴァージニア建設のために派遣されたトーマス・ハリオットはその試みが失敗に終わり、一五八六年にフランシス・ドレイク卿の艦によって救出された。帰国後に著わした『ヴァージニア報告[25]』には次のように記している。

原住民が他の作物と切り離して栽培する草にアッポウォックと呼ばれているものがある。これは西インディーズでは栽培地域により呼称がいろいろと異なる。スペイン人は一般にこれをタバコと称している。彼らはその葉を乾燥させてから粉状にし、火をつけその煙を粘土製のパイプで吸引して、自分の胃や頭へ送るのである。その煙が人間の体内にある余分の粘液や有害な体液を一掃し、体内のすべての気孔や導管を拡げてくれるのである。かかる効能により、タバコは人体の機能障害を防ぐだけでなく、障害がある場合には（それがあまり長期の慢性のものでない限り）、短時日のうちに取り除いてくれる。その結果、我々イギリス人がとかく病気になりやすいのに対して、彼らインディアンは健康状態がすぐれ、重病にかかることもめったにないのである。

（中略）

このアッポウォックすなわちタバコは、彼らの間では非常に尊重され、神々もそれをこよなく喜ばれると彼らは信じている。それで時々、神々のために聖なる火を焚き、その中にタバコの粉末を神々への捧げものとして投じ込む。また海で嵐に遭ったりすると、神々の怒りをなだめるためにタバコを空中と水中の両方に投じる。魚をとる簗《やな》をあらたに設けると、空中や簗の中に投じる。なにか難を免れた後も、神々への感謝の印にタバコを空中に放り上げる。

（平野敬一訳『イギリスの航海と植民二』三三八〜九頁）

ここでは、ヴァージニアでの粘土製（クレイ）・パイプによる喫煙が報告されているが、これは新大陸のクレイ・パイプによる喫煙を最初に伝えた報告である(26)。第3章でとりあげるが（六三頁以下）、ハリオットは帰国後ローリィ卿にパイプ喫煙を伝え、これが宮廷へ持ち込まれたことから、それまで限られた階層で行われていたパイプ喫煙がイングランド中に広まったと考える。

北アメリカ大陸のパイプ喫煙報告のもう一つに、前述したフランスのジャック・カルティエ船長の第二回航海をあげることができる。一五三五年から翌三六年にかけてカナダ東岸のニューファンドランドが島であることを突き止め、セント・ローレンス河を七〇〇キロメートルほどさかのぼり、これが河であることを確かめた。この第二回航海の報告（一五四五年刊）には、

原住民は、石あるいは木製の小さな角状の筒《つの》と一緒に、日干ししたある種の草を持ち歩く(27)。

（Dickson 1954, 115–116より抄訳）

と記されている。これは旧大陸へ最初に報告されたパイプによる喫煙である（第2章三七頁）。一〇〇年ほどのちの一六三九年には、カナダ（ヌーヴェル・フランス）のケベックへ渡ったフランスの修道女マリー・ド・レンカルナシオン（Marie de L'Incarnation）が本国へ送った書翰集には、現地でのパイプ喫煙の記述を数回みることができる（門脇 2006, 165・168・173・402・430・473）。

これまでスピンデン、ヘイマン、メイスン、ウェスト、ウィルバート、リントンなどの説を参照しながら述べてきたことをまとめると、次のようになる。

新大陸でのタバコの喫煙は、広い葉で柔らかな味のタバクム種が支配的であった南アメリカの中部・北東部および西インド諸島では、タバコの葉を巻いたシガーの原形による喫煙が主流であり、メキシコをふくむ中米では細かくしたタバコをトウモロコシの皮など、他の葉で巻いたシガレットの原形による喫煙も多く行われていた。

ただし、まだタバクム種が西海岸にまで広がっていなかった先史時代の中・北部メキシコでは、すなわちアステカ時代の前には、エルボウ・パイプによる喫煙がみられた。その後、東岸にみられたタバクム種が西岸まで広がると、エルボウ・パイプはすたれ、巻いたタバコに加えてテューブラー・パイプ（筒状のパイプ）が用いられるようになった。

一方、耐寒性はあるものの辛い味のルスティカ種あるいはアテヌアタ種が支配的であった北アメリカでは、エルボウ・パイプなど各種形状のパイプによる喫煙が行われていた。ただし、太平洋に面した北西岸の部族には喫煙の風習がなく、メキシコに近い南西岸のプエブロ族はテューブラー・パイプを主に使用していた。

これまで述べてきた北米、中・南米の喫煙形態は、もちろん厳格な区分を意味するものではなく、部族間の交易などで多少入り混じって存在していたと思われる。しかし、これらの地域区分はその後、旧大陸の各国へもたらされる喫煙形態に大きな影響を与えることになる。

新大陸から報告されたこれらの喫煙がいつ頃、どのようなかたちで旧大陸へもたらされたかを、第2章以下でみることにする。

（1）スキタイ人＝Scythian：BC六～三世紀に黒海北岸に強大な遊牧民国家を築いていたイラン系遊牧民。マッサゲタイ＝Massagetae：カスピ海東側の遊牧民。

（2）セトス一世（セティ一世）Sethy I or Seti I（ギリシャ語で Sethos I）、在位BC一三一七～一三〇一、ラムセス一世 Ramessu I（ギリシャ語で Ramesses I）の息子。レリーフはアビュドス（Abydos）の神殿遺跡より。

（3）Delphoi（Delphi）：託宣で有名な Apollo 神殿があった。

（4）Plinius：ローマの著述家（AD 23 or 24-79）、三七巻におよぶ *Naturalis historia*（博物誌）を著わす（Corti 1986, 23）。中野定雄・里美・美代訳本は二〇〇六年版英訳本を底本とする。

（5）フキタンポポ＝coltsfoot（Tussilago farfara）：horsehoofともいうが、欧州のフキに似た植物。昔は薬用。漢方ではカントウ（款冬）という（研究社『新大英和辞典』二〇〇二年）。

（6）主教制を維持する英国教会系の教会：Anglican Church/Episcopal Church＝聖公会。わが国では英国教会を「国教会」と俗称することが多いが、現在の英国教会の呼称としては正しくない。この他、ギリシャやロシアなどの正教会（Orthodox Church）あるいは東方教会（Orthodox Eastern Church）も香を使用する。

（7）古典期：三〇〇～九〇〇年頃。

（8）後古典期：九〇〇～一五〇〇年。

（9）トルテカ文明：九〇〇～一二〇〇年。メソアメリカ（註11参照）の時代区分は青山和夫・猪俣健による（二三二頁）。

（10）狩野千秋、三一・四七・二四七頁。

マヤ文明は古典期にメキシコ南部のユカタン半島からグアテマラ、ホンデュラスからエルサルバドルの一部をカバーする地帯に栄えた。アステカ文明は北方系民族によるもので、後古典期の一三世紀以降に繁栄をみた。

（11）Mesoamerica：メキシコ、グアテマラ、エルサルバドル、ホンデュラス、ニカラグア、コスタリカにわたる中央アメリカで、アステカ、マヤ、テオティワカンなどの古代文明領域（考古学・民族学・文化人類学上の領域）。

（12）二〇〇一年当時の常設展示の説明。

（13）*tabacum*＝タバクム：わが国では〝タバカム〟とする誤表記をみかけることが多い。リンネの二名法による植物学名はラテン語表記なので、正しくはラテン語発音のカナ表記のタバクムになる。仮に、ラテン語教育を受けていない米国人のタバカム発音に従うなら、rustica＝ルスティカはラスティカにしなければ矛盾することになる。

（14）*attenuata*のカナ表記に〝アッテヌアタ〟を用いることがあるが、ラテン語の実際の発音では「アテヌアタ」がより近い表記になる。

（15）ウイスコンシン考古学会会長。インディアン・パイプの収集家としても著名。その収集品はミルウォーキー市立博物館が所蔵。

（16）Sasquehannah：ニューヨーク州中部からメリーランド州にかけて住んでいた部族。

一八五三年六月三日に浦賀沖に投錨したペリー提督の旗艦にはこの部族の名、サスケハナが付けられていた。

（17） effigy pipe：動物の形を模したパイプ。

（18） Algonkin, Algonquin：ミシシッピー河以東からハドソン湾以南にわたる広大な地域に居住していた先住民のアルゴンキン語を使う部族（Chris McNab, 26–28）。

（19） ジョン・ロルフ（Rolfe, John）とされる。一六一三年には北米先住民のポカホンタスと結婚した（第3章九〇頁の註8参照）。

（20） コロンブスは金を求めてジパング（日本）をめざして出航したと信じられていたが、最近の研究では、コロンブスがマルコポーロの『東洋見聞録』を目にしたのは、第四回航海の頃であるとされる。また、「ジパング」は日本を意味していないとする説が新しく提起されている（的場節子、一・三一頁ほか）。

（21） 吉井善作訳（底本：*The Life of the Admiral Christopher Columbus by His Son Ferdinand*, Benjamin Keen 編訳, 1954）。

（22） Gonzalo Fernández de Oviedo（1478–1557）y Valdez：*La Historia general de las Indias Occidentales.*

（23） 嗅ぎタバコにはタバコを摺り板（ラープ＝râpe）でおろしたラペ（râpé）と、乳鉢や臼で挽いて粉にしたpolvoがある（第7章二〇五頁の註11参照）。

（24） Benzoni, Girolamo：*La Historia del Mondo Nuovo*/Arents：Vol.I, 224–226.

（25） Hariot, Thomas：*A Brief and True Report of the New Found Land of Virginia*, 1588, c3.

（26） 一五六五年に帰還したホーキンズがフロリダでのクレイ・パイプによる喫煙を報告しているが、公刊は一五八九年になってからである（第3章六〇頁）。

（27） カルチェ・テヴェ『フランスとアメリカ大陸（一）』（大航海時代叢書第Ⅱ期21）九八頁。

第2章　新大陸からヨーロッパへ

1　ヨーロッパ勢力の新大陸進出（大航海時代）

コロンブスが西インド諸島に達する四〇〇年以上も前、一一世紀にはすでにヴァイキングが北アメリカに到達していたとする説がある。北欧伝説の「サガ」に記されているレイフ・エリクソンが発見したヴィンランドを北アメリカとする説である。上陸地点とされるのは、カナダのニューファンドランド島や、米国のメイン州・マサチュセッツ州などだが、これまでのところ特定はされてはいない（伏嶋 1998, 67–68・アルムグレン 1990, 156–57）。いずれにしろ、コロンブスのはるか前に、新大陸へ到達したヨーロッパ人がいたとするのである。しかし、この「サガ」にはタバコや喫煙らしき描写はみあたらない。

コロンブスの西インド諸島到達の翌年、一四九三年に教皇アレクサンデル六世（Alexander VI, 在位1492–1503）が勅令によってスペインとポルトガルの海外領土の境界を大西洋上に定めはしたものの、これに満足しないポルトガルはスペインとの直接交渉で一四九四年にトルデシジャス（Tordesillas）条約を結び、境界線をさらに西方へ移動させた。これによって、ポルトガルはのちのブラジル領有の根拠を得た。

一四九八年にはポルトガルのヴァスコ・ダ・ガマ（Da Gama, Vasco）[1]が喜望峰回りの東方航路を開拓し東インドのカリカット（Calicut）近くに達した。一五〇〇年にはカブラル（Cabral, Pedro Alvarez）が東インドへ向かう途中、コースをはずれて〝偶然〟にブラジルを発見しその領有を得た。わずか一一日間滞在した後、改めて喜望峰を回って所期の目的地であるインドに到達し、コーチン（Cochin）(2)で大量の香料を仕入れて一五〇一年に帰還している。

一五一〇年になると、アルブケルケ（De Albuquer'que, Afonso）がインドのゴアを占領し、翌一一年にはマラッカ（現マレーシア）にまで達し、香料諸島（モルッカ諸島）への拠点としてポルトガル最初の植民地とした。さらに一三年には中国へ向かったが上陸は認められなかった。

当時人口がわずか一五〇万ほどのポルトガルは、これによってアジアでの拠点を確立して香料で富を得ることになる。しかしカブラルの発見後、手つかず状態にあったブラジルへ最初の植民を送り込むのは一五三二年になってからで、ここでは製糖事業を始めることになる。

スペインは、マジェランが一五二一年にマジェラン海峡を越えて太平洋に入り、フィリピンのセブ島に上陸している。マジェランの戦死後、五隻中一隻のみが初の世界周航をなしとげた。西インド諸島に派遣されていたコルテス（Cortés, Hernán）が現メキシコのアステカを制圧し、ヌエバ・エスパーニャとしたのも、この年である。

一方、スペインに隣接する同じカトリック国のフランス（フランソワ一世王：François I）は、新大陸での権益を先の教皇勅令によって指をくわえてみているしかなかった。一五三三年になって教皇クレメンス七世（Clemens VII）の姪、カトリーヌ・ド・メディシス（Catherine de Médicis）がアンリ王子（のちのアンリ二世王：Henri II）に嫁いだことから、教皇から勅令の新解釈を引き出すことに成功し、新大陸の権益問題の解決を得たのである。すなわち、一四九三年の勅令は当時知られていた陸地をスペインとポルトガルの間で分けるもので、その後の発見はその対象にあらずとするのである。

これによって、遅れをとっていたフランスは翌一五三四年に、既述のカルティエを船長とする船隊を短期間カナダへ送り、次いで翌三五年には再びカルティエを派遣した。しかし、フランスの私拿捕船《しだほ》はそれ以前にも、しばしば新大陸の海域に出没し、スペイン船やポルトガル船を襲っていたことが知られている。カルティエ自身もフランソワ一世に派遣される前、すでにカナダへ出掛けた経験を持つ。フランスは一五五五年にはブラジルへの入植をめざした遠征隊を派遣しているが、同行司祭のアンドレ・テーヴェ（Thevet, André）は三か月たらずの滞在で引きあげてきた。第1章でとりあげたように、このテーヴェの報告書（『南極フランス異聞』）にタバコの記述をみる（二六〜七頁）。

国王がローマ教皇から破門されたイングランドは、教皇勅令の制約を受けることはなかったものの、ヴァージニアに植民地を建設するまでは、新大陸からもたらされる富はスペインの植民地を襲うか、スペインへの帰り船を待ち受けて積荷を奪うしかなかった。

2　ヨーロッパ各国へのタバコの紹介

第1章に述べたように（一二三頁）、コロンブスの「第一回航海日誌」は、すぐには公刊されなかったので、ヨーロッパへ最初に植物としてのタバコあるいはその喫煙を紹介したのは、一五二六年にスペインのセビーリャで刊行されたオビエド（De Oviedo, Gonzalo Fernández, 1478–1557）の『西インド総史』（*La Historia general de las Indias occidentales*）ということになる。しかし、その記述は必ずしも喫煙を肯定するものではない。このことから、オビエドがヨーロッパへ最初に植物としてのタバコを持ち帰ったとする説は今では支持されない。

これより前、コロンブスの第二回航海（一四九六）に同行したラモン・パネ（Pane, Ramon［Romanus］）が、その年の小論に「嗅ぎタバコ」とおぼしきものを cohoba として記述しているものの、その稿本は紛失したままである。これを収載したエルナンド・コロンによる『コロンブス提督伝』が刊行される前の一五一一年には、すでにP・マルティル（Martyr, Peter）がその作品に一部を引用している。[3] イタリア人のアメリゴ・ヴェスプッチ（Vespucci, Amerigo）は、その二回目とされる航海（一四九九〜一五〇〇年）で「噛みタバコ」と思われる記述を書簡に残しているが、「喫煙」を主題とする本書ではその詳細は省くことにする。

一五三五年には、スペイン人は西インド諸島でタバコの栽培を始めていたとされるが、[4] 前年の三四年にはポルトガルの植民もすでにブラジルのサン・ヴィセンテ（São Vicente）でタバコを栽培していた（Dickson 1954, 78 note 96）。スペイン人が一五三〇年頃にタバクム種をメキシコあるいは南アメリカから西インド諸島へもたらしたとする説があるが、この説には根拠がない。第1章（一二頁）で述べたようにタバクム種が自生していた西インド諸島で、一五三〇年にはスペイン人がすでに栽培を行っていたとすべきであろう。しかし、西インド諸島でのタバクム栽培開始はもっと早いとする説がある。[5] 一五四八年になると、ブラジルからポルトガル本国への積載品リストにタバコ（*fumo*）[6]の記載がみられる。現時点では、旧大陸へ運ばれたタバコの最初の記録ということになる。

スペインへ最初に植物としてのタバコをもたらしたのは、エルナンデス・デ・トレド（De Toledo, Francis Hernandez）とする説がある（Penn 1902, 12）。医師のデ・トレドはフェリペ二世によって現地調査のためにメキシコへ送られ、一五五九年に初めて薬草としてのタバコをスペインへもたらしたとされる。しかし、この説にも異論がある（鈴木 1999, 161）。

ところが、スペイン本国でタバコについて記された書物が再びあらわれるのは、オビエドから四五年も後の一五七一年になって、ニコラス・モナルデス（Monardes, Nicolas）がその著書の『第二巻』（*Segunda Parte*）で万能薬として紹介するまで待つことになる（四三頁）。これによって、タバコはヨーロッパで注目をあびるようになった。したがって、それまでのスペイン人やポルトガル人による植民地での喫煙用タバコの栽培や積み出しは、もっぱら入植者や植民地航路の船員・商人の自家用とみるべきであろう。もっとも、一五五三年にはオランダのドドネウス（Dodoens, Rembert・Dodonaeus, Rembertus）がルスティカ種を黄色ヒヨス草と混同してその写生図を『生態描写植物誌』に載せているので、オランダではすでにルスティカ種が植えられていたことになる。しかし、これが喫煙と結びつくことはなかった。

3　フランス・ポルトガル・スペインへの紹介――万能薬として――

(1)フランス

イベリア半島のカトリック国と隣接するフランスは、イングランドやオランダのプロテスタント系の国に比べて新大陸への進攻は早い。しかし、本国へ喫煙がもたらされるのは半世紀ほど遅れる。フランスの最初のタバコ紹介はジャック・カルティエ（Cartier, Jacques）によるとされていて、一五四五年刊行の『第二回航海記録』にカナダでのパイプ喫煙を報告しているが、少なくとも三回はカナダへ遠征している。フランソワ一世によって派遣された二回目は、三隻の船と総勢一一二人で一五三五年から翌三六年にかけての航海である。この時、ニューファンドランドが島であることや、セント・ローレンス河が七〇〇キロ上流まで航行可能なことなどを確かめている。スペインでは、一五二六年にオビエドが西インド諸島でのY字形パイプの報告をしているが（二四頁の図1-18）、今日の概念によるパイプ喫煙の報告としては、次に掲げるカルティエの第二回航海の報告が旧世界への最初のパイプ喫煙報告と考えるべきである。

原住民はある種の草を夏季に大量に集め冬季に備えているが、これは貴重品であって男だけが用いる。日干しのあと、袋代わりの獣皮に入れて首に掛け、石あるいは木製の小さな角状《つの》の筒と一緒に持ち歩くのである。頻繁にその草を細かくして、筒の一方に詰め、その上に小さな火をのせ反対の端から体中が煙で満たされるまで吸うと口や鼻から、まるで煙突のように煙が出てくるのである。彼らによれば、これは健康に良く体が温まるので、どこへ出掛けるにも必ず携帯するという。われわれも試みたが、口に煙が入ると、まるで胡椒のように大変辛いものであった[7]。

（Dickson 1954, 115–116より拙訳）

次いで、一五五五年から五六年にかけて三か月足らずブラジルに滞在したアンドレ・テーヴェは、五七年にパリで刊行された『南極フランス異聞』に現地での葉巻喫煙を報告している（第1章二六～七頁）。テーヴェはこの書に、訪れてもいないカナダの報告を載せ、前述のカルティエによるパイプ喫煙の記述を流用しているが（オルチュ・テヴェ 1982, 473–474）、挿絵が多く読みやすいことから、版を重ねイタリア語や英語版も出版された。しかし、この書によってタバコが注目されることはなかった。

さらに、一五六七年にはジャン・リエボー（Liébault, Jean）がパリで刊行した『農業と田舎屋敷』[8]の Nicotiane の章には、ニコチンあるいはタバコの学名 Nicotiana のもとになったジャン・ニコー（Nicot, Jean）（図2–1）がポルトガルからもたらしたタバコについての記述がある。ニコーがこの植物をアンリ二世フランス王妃

図2–1　ジャン・ニコー

図2–2
カトリーヌ・ド・メディシス

図２－３　王宮サン・ジョルジュ城内の王立文書館跡（ユリシーズの塔）(9)

カトリーヌ・ド・メディシス（Catherine de Médicis, 1519–89）（図2-2）に贈り、王妃がこれを栽培させたので、「王妃の薬草」と呼ばれることもあるとして、次のように記している。

（フランス）国王の顧問官で、ポルトガル王国における（フランス）国王の大使であったジャン・ニコーは、ある日ポルトガル国王の文書《もんじょ》館を訪れたところ、その文書館の館長からフロリダよりもたらされた不思議な薬草を贈られた。ニコーが自分の庭に植えたところ、これが繁殖して非常に増えたので……

（Dickson 1954, 72–75より拙訳／（　）内訳註）

リエボーはニコーがみずから試したとされるタバコの薬効例を列挙したあと、「これは、ニコーが私に語り、書き送ってきた真実の話である」と締めくくっている。「ニコティアナ」の表記をタバコに用いたのは、このリエボーが最初である。

ジャン・ニコーはフランスの王立文書館の館長を務めたあと、一五五九年に大使としてリスボンへ赴いた。そこで、王立文書館（図2-3）の館長ダミアン・デ・ゴエス（De Goes, Damião）の知己を得て、その薬草園のタバコを譲り受け一五六〇年に本国へ送っている。王妃カトリーヌ・ド・メディシスへ贈ったとされるが、ほかにロレーヌ（Lorraine）の枢機卿にも送っていて、一五六〇年四月二六日付けの枢機卿宛て書翰には次のように記されている。

インド（西インド）の素晴らしい薬草を入手いたしました。医者が見放した潰瘍や炎症に試みたところ、効果がみられました。創傷にも顕著な即効がありました。種子が採れ次第、枢機卿猊下《げいか》のMarmoustier[10]の庭師へ少々お送りします。鉢植えしたものも、オレンジをお送りした時同様に、植え替えと手入れの方法を記してお送りいたします。

（Arents Vol.I, 31およびDickson, 68より抽訳／（　）内訳註）

フランスへ送っているのが一五六〇年であることは、ニコー自身の編纂になるフランス最初の本格的フランス語辞典にも記されている。

しかし、王妃カトリーヌへ送ったとする記述は見当たらない[11]。カトリーヌ・ド・メディシスがスナッフ（嗅ぎタバコ）で頭痛を癒やし、宮廷内にこれを流行らせたとする有名な逸話も残っているが、今では支持されていない。むしろ、フランスでスナッフが流行するのは、半世紀以上も後の一六二五年頃、すなわちスペインがセビーリャでスナッフの工場生産を開始した後であるとする説が有力である。

粉タバコの製法が異なることからも、スペインとフランスの嗅ぎタバコの伝来ルートの違いが指摘される。一六二五年に西インドのアンティール諸島に植民地を求めてセント・クリストファー島を訪れたフランス隊は、タバコを貨物として母国へ持ち帰っている。このタバコはスナッフを指すとされるが、ディクソンも、フランスのスナッフは西インド諸島から学んだとする説を掲げている[12]。

スペインのスナッフは乳鉢や石臼で挽いた粉（ポルボ＝polvo）であるのに対して、フランスではおろし金で摺《す》り下ろした粉（ラペ＝râpé）が主流である（第1章三二頁の註23・第4章一一九頁の註3・第7章二〇五頁の註11および一五六頁の図6-5）。このことからも、ポルトガルまたはスペインから学んだとする説は根拠に乏しい。

(2)ポルトガル

ポルトガルのカブラルが一五〇〇年に偶然に発見したブラジルの報告は、一五六六年になってからダミアン・

図2－4　ダミアン・デ・ゴエス

デ・ゴエス（De Goes, Damião）（図2–4）が『マヌエル大王年代記（第一部）』（*CHRONICA DO FELICISSIMO REI DOM EMANUEL Primera Parte*, 1566）でとりあげているが、そのなかの*fumo*（煙＝タバコ）の記事は国王への献呈本であることもあって、あまり注目をあびることがなかった。ジャン・ニコーにタバコを紹介したダミアン・デ・ゴエスは、フランスのリエボーが『農業と田舎屋敷』を刊行する一年前に著わしたこの書でタバコについて次のように記している。

> 彼らは我々のとは異なる種類の香りの良い薬草を多く持っている。そのなかに我々が*fumo*と呼んだり、人によってはBetumと呼ぶ薬草がある。すばらしい効果をもたらす強力な薬効のゆえに、私は聖なる香草と呼ぶことにする。その薬効は私が潰瘍《かいよう》性膿瘍、痔瘻《じろう》、爛《ただ》れ、慢性ポリープ、その他多くの重篤《じゅうとく》な症例に試みている。
> 　　　　　　　　　　　　　　　　　　（Dickson 1954, 65英訳より拙訳）

ルイス・デ・ゴエスが最初にこの植物をポルトガルにもたらした。その後、妻を亡くした彼は、イエズス会士としてインドへ赴いた。

ダミアン・デ・ゴエスのこの記事はポルトガルにおける最初のタバコ報告と考えてよいであろう。この書は国王への献呈本であるために、一般の目に触れることが少なかったにもかかわらず、ダミアン・デ・ゴエスが名づけた「聖なる香草」の呼称はその後広く使われることになる。五年後の一五七一年に、ロンドンで刊行されたド・ローベルの『新植物誌』にとりあげられ、さらにその四一年後にわが国の島原からローマへ送られたポルトガル人イエズス会士マテウス・デ・コウロスによる一六一二年二月二五日付け書翰にもポルトガル語でerva Santa（聖なる香草）と記されている（鈴木 1992, 42–44 & 1999, 222–226）。

ダミアン・デ・ゴエスはルイス・デ・ゴエスがタバコをポルトガルへもたらしたとしているが、ダミアンの縁戚とされるルイス・デ・ゴエスは一五三四年にブラジルへ渡り、一五五二年にはイエズス会に入会する準備をしていたことを示す文書が残っている。その兄ペロ・デ・ゴエスがブラジルの窮状を国王に訴えるために帰国し、一五四九年にブラジル司令官として再赴任しているので、ルイスが兄ペロと行動をともにしていたとすれば、植物としてのタバコをポルトガルへもたらしたのは一五四八年頃と考えることができる。

この年、一五四八年にブラジルからポルトガル本国へ向かった船の搭載貨物リストにタバコ（*fumo*）の記載があることは三六頁で述べたが（鈴木 1999, 209）、ルイスが初めてブラジルへ到着した一五三四年にはポルトガル人によるタバコの栽培が始められたとする説がある。[13] 煙を意味するポルトガル語 *fumo* がタバコの呼称として用いられていたことからもわかるように、喫煙用のタバコが船員あるいは商人の自家用に積載されていたのであろう。しかし、ダミアン・デ・ゴエスは前述の記述に *fumo* をあげながら、喫煙については全く触れていない。

ところで、このルイス・デ・ゴエスはのちにイエズス会士としてインドへ赴《おもむ》いているのだが、ここで「インド」とされるのは、この時代に西インド諸島を指していた「インド」ではない。スペイン王の庇護下にあったイエズス会の修道士が一五六八年頃にフロリダから逃れてキューバのハバナに拠点を設けたことはあるが（W. バンガード 2004, 111–113）、アメリカ諸島会社の要請で西インド諸島（アンティール諸島）へイエズス会が正式に到着したのは一六四〇年になってからである（P. レクリヴァン 1996, 107–108）。したがって、ダミアンが記述する「インド」とは、西インド諸島ではなくアジアのインドを指すことになる。ポルトガルはすでにアジアのインドに植民地ゴアを持っていたが、イエズス会もゴアをアジアでの宣教の拠点としていた。ここから、多くの宣教師が日本へ送られてきているが、「宣教師の日本渡航者名簿」（五野井 1999, 64–77）でみる限りゴアから日本へ渡ったポルトガルのイエズス会士にルイス・デ・ゴエスの名は見当たらない。

(3)スペイン

さて、ヨーロッパ中に「万能薬タバコ」を広めたのは、セビーリャの医師ニコラス・モナルデスが一五七一年に出版した『第二巻』であることはすでに述べた（三六頁）。この『第二巻』は一五六五年刊行の『初巻』の続編である。『初巻』は西インドからもたらされた薬効のある物品を題材にしながらタバコには全く触れていない。『第二巻』のタバコおよびニコティアナの各章は、その大部分が万能薬であるタバコの効能記述であって、明らかに『初巻』発刊の翌年に出たリエボーの記事をもとに書いたと思われる。これが再版を重ね、各国語にも翻訳されて、西ヨーロッパ中に大変な反響を呼んだ。このモナルデスの『第二巻』によって、タバコが広く治療薬として定着してしまったといえよう。ヨーロッパばかりでなく、スペイン王の庇護下にあったフランシスコ会のホアン・クレメンテ（Bruder Juan Clement, O. F. M.）が一五八〇年代にアジアのマニラでも薬としてのタバコで大成功を収めている（鈴木 1999, 190）（第10章三一四頁）。

一五七七年にはイングランドでも多少の誤訳をふくみながら、J・フランプトンにより英訳され、『新世界からの朗報』（*Joyfull Newes out of the Newe Founde Worlde*）として刊行された。このなかで、モナルデスは、

> タバコ（tabaco）として良く知られるこの香草は（中略）インディアンの呼称では pecielt であるが、Tabacoという島の名からスペイン人にそう呼ばれる。（英訳版より拙訳）

と述べ、その効能は咳・喘息・頭痛・胃痙攣・痛風から婦人病にもおよび、新鮮な葉を腹部に当てると回虫駆除ができ、さらに傷口を塞いだり悪性腫瘍に即効があるといった内容である。このスペイン語の原著にはタバクム種とされる木版図も添えられている。ところが、この英訳版ではジャン・ニコーの項は次のような記述になっている。

一五九九から六一年にかけてポルトガルで国王の大使を務めていたジャン・ニコーが、ある日ポルトガル国

王の牢獄を視察に出掛けたところ、その牢獄の典獄がフロリダからもたらされた珍しい植物として、これを示した。（英訳版より拙訳、傍点訳者）

これは、リエボーの著作の英訳版同様にフランス語の「le Chartres（文書館）」を牢獄と誤訳したもので[14]、このため相変わらず多くのタバコ史関連の書物が「牢獄」あるいは「王立庭園」としている。「王立庭園」は、リエボーのイタリア語版に用いられた誤訳である。

しかし、あながち誤訳と言い切れぬのは、図2-3に示したリスボン王立文書館に隣接して王宮内には小さな牢獄も設置されていたばかりか、王宮としての役目が終わり、時代が下がると旧王宮全体が断続的に牢獄として使用されたこともあるからである（図2-5）。

図2-5　王立文書館に隣接して王宮内に設置されていた牢獄跡（城壁内側からみる旧牢獄の外観）

さらに、『第二巻』の挿入図版はタバクム種を示しながら（図2-6）、ルスティカ種の自生地であるフロリダからもたらされたとする矛盾も指摘される。ジャン・ニコーもダミアン・

SEGVNDA
PARTE DEL LIBRO, DE las cosas que se traen de nuestras Indias Occidentales, que siruē al vso de medicina. Do se trata del Tabaco, y dela Sassafras, y del Carlo sancto, y de otras muchas Yeruas y Plantas, Simientes y Licores, que nueuamente han venido de aquellas partes, de grandes virtudes, y marauillosos effectos.
¶Hecho por el Doctor Monardes Medico de Seuilla.

図2-6　モナルデス『第二巻』挿入のタバクム図

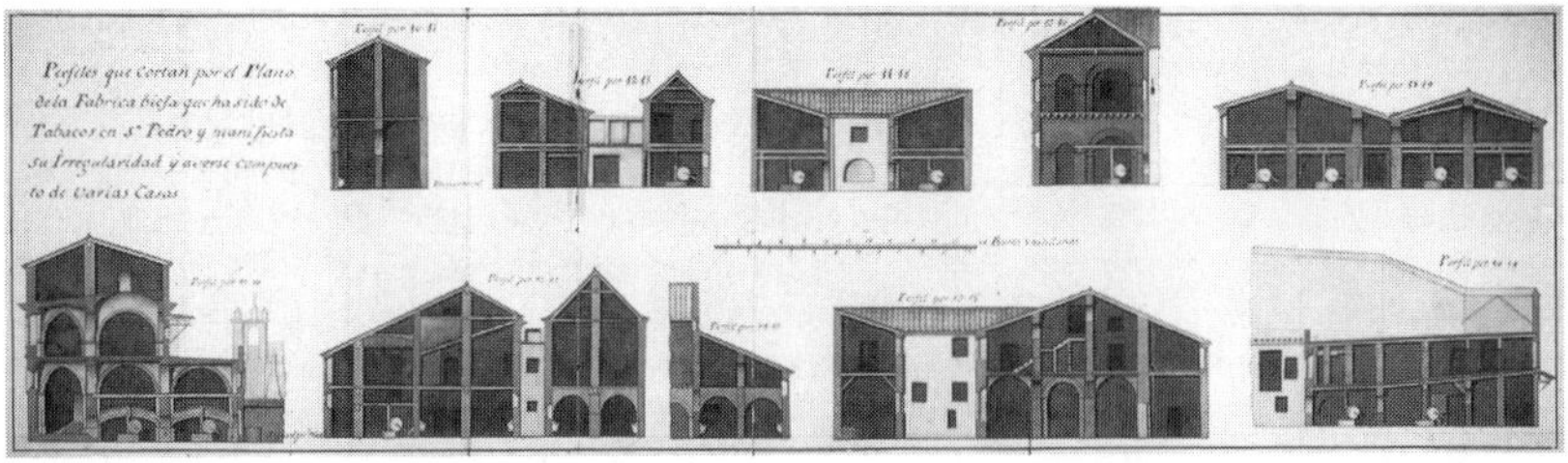

図2－7　1620年のセビーリャの嗅ぎタバコ工場（部分図）

デ・ゴエス同様に「フロリダ」の記述はしていないので、このフロリダ説はリエボーを流用したものと考える。モナルデスのリエボー流用説を否定するむきもあるが、この「フロリダ」記述から間違いはなかろう。

リエボーの「フロリダ」記述の理由は、アレンツ・タバコ文庫（ニューヨーク公共図書館）のS・A・ディクソンがその著*Panacea or Precious Bane*で指摘するように（Dickson 1954, 77）、すでにフロリダに入植者を送っていたフランスにとって、「フロリダ」は新大陸の代名詞であったとするのが正しい答えのようである。

西インド諸島でタバクム種の栽培を最初に手がけ、のちのパイプ喫煙国であるイングランドやオランダへのタバコ供給国となったのはスペインである。ところが、イングランドの植民地ヴァージニアでは一六一二年からタバクム種の栽培が始まり、スペイン領からのタバコの直接輸入は激減した。しかし、一六二〇年にセビーリャにヨーロッパ最初のタバコ工場（図2-7）が建てられて嗅ぎタバコの量産が始まると、スペイン領からのタバコ輸出は息を吹き返した。その後に始まった葉巻の供給もふくめて、スペインの植民地はタバコ供給の最大拠点としての地位を維持し続けたのである。

ところで、テーヴェはジャン・ニコーの名がタバコに付されてニコティアナとされたことに異議を唱え、一五七五年刊行の『世界地誌』（*La cosmographie universell*）でフランスへ最初にタバコをもたらしたのは自分であると主張したが、時すでに遅しであった。テーヴェが持ち込んだと主張するタバコも、ニコーがダミアン・デ・ゴエスから入手して本国へ送ったタバコも、いずれもブラジル産であることからタバクム種であることは明らかである。ところが近年まで、図2-6と矛盾するにもかかわらず、リエボーとモナルデスの「フロリダ」記述によって、ニコーがフランスへもたらしたタバコはルスティカ種であるとされ、これがヨーロッパに広まった最初のタバコとする説が支配的であった。

これまでに知られている史料をみる限り、植物としてのタバコあるいは万能薬としてのタバコがヨーロッパへ持ち込まれたのは、一五四八年頃にルイス・デ・ゴエスがポルトガルへもたらしたのが最初ということになろう。フランスのテーヴェが一五五六年にブラジルから持ち帰ったと主張するタバコは、その存在が知られることはなく、ジャン・ニコーが一五六〇年にリスボンから送ったタバクム種が広まったことになる。スペインへ最初にタバコが薬用としてもたらされたのは、一五五九年にフェリペ二世が派遣して、メキシコを訪れた医師エルナンデス・デ・トレドによるとする説がある（三六頁）。

しかし、フランス、ポルトガル、スペインへもたらされたタバコは喫煙に結び付くことはなく、モナルデスによって万能薬として広められたにすぎない。スペインやポルトガルの喫煙は、一八世紀に入るまでは上層社会から閉め出されていたことから、中南米の植民たちのほかは航海に従事する船員・商人、本国の港湾労働者など、限られた階層にしか広まることはなかった。

(4)ロドリゴ・デ・ヘレス喫煙の真偽

ヨーロッパで最初にタバコを喫ってみせた人物としてしばしばあげられるのは、コロンブスの第一回航海に同行し、イスパニョーラ島[15]の内陸偵察に派遣されたロドリゴ・デ・ヘレス（De Jerez, Rodrigo）である。「帰国後タバコを喫い続け、悪魔が乗り移ったとして宗教裁判にかけられた」とする記述をわが国でも目にすることがある。

邦訳名『世界たばこ文献総覧』[16]の編者ジェローム・E・ブルックスもその序論の註（Arents 1999, Vol.1, 243）でデ・ヘレスの偵察に同行したユダヤ人のルイス・デ・トーレス（De Torres, Luis）について、『ユダヤ百科事典』（*The Jewish Encyclopedia* 1996, Vol.12, 165）をもとに次のように述べている。

> *The Jewish Encyclopedia* は、コロンブスの一四九二年の航海に同行したルイス・デ・トーレスという名のユダヤ人が、キューバにとどまりタバコの使用を覚え、これをヨーロッパへ紹介したと主張している。この主張の正確な根拠が得られるなら、初期タバコ通商史はかなり明らかになるであろう。（拙訳）

デ・ヘレスについて、ブルックスはコルティ（Corti, Conte）の『喫煙史』（*A History of Smoking*）から次のように引用している。

> デ・ヘレスもまた喫煙史上の名誉を与えられている。コルティの記述によると、彼は郷里で喫煙をしてみせることでヨーロッパ最初のタバコ喫煙者とされる。驚いた周囲の人びとは、悪魔に取り憑《つ》かれたとして神父に通報し、神父はこれを異端審問に付した。コルティの記述はさらに続き、デ・ヘレスは投獄され数年にわたって劣悪な条件で監禁された。出獄してみると同郷の人びとは、デ・ヘレスが非常に高い代償を払わされた喫煙を平然とやっていたのである。かくして、タバコ史は冒険物語《ロマン》になったのである。
> （1996, 英訳復刻版, 50より拙訳）

しかし、これらの物語にはいずれも典拠が示されていない。ロドリゴ・デ・ヘレスとルイス・デ・トーレスについては、コロンブスの「第一回航海日誌」の写本を底本にラス・カサスが編んだ『コロンブス航海誌』に次のように記されている。但し、この記述は、同じ写本を用いたコロンブスの子息エルナンドによる『コロンブス提督伝』にはない（青木 1993, 117／林屋 1977, 77）。

十一月二日　金曜日

提督はエスパーニャ人二名を派遣することにした。一人はアジャモンテに住んでいたロドリゴ・デ・ヘレスという人物、あと一人はルイス・デ・トーレスといい、ムルシャの前線総督に仕えたことのあるユダヤ人で、……

（青木康征訳）

その後、一二月二五日の夜、座礁によってサンタ・マリア号が損壊したので、解体した船の材料でイスパニョーラ島に砦を築き、乗組員三九名を残留させることにした。ルイス・デ・トーレスはその一人として残されたのである。しかし、第二次遠征隊が戻ってきた時には、すべての残留者は殺されていたので（林屋 1965, 46–47／長南 1994, 698解説）、デ・トーレスがヨーロッパへタバコを紹介したとする物語は史実に反することになる[17]。

コロンブス艦隊の乗員には、ルイス・デ・トーレスのようにユダヤ人が多くふくまれていたと考えられている。艦隊が出航した一四九二年には、キリスト教に改宗しないユダヤ人は「ユダヤ人追放令」によってすべて八月二日中にスペインを去らなければならなかった。そして、サンタ・マリア号を旗艦とする三隻がパロマを出航したのは一四九二年の八月三日であった（関 2003, 67–68・徳永 2004, 54–56）。しかし、デ・トーレスは次に掲げるラス・カサスの記述ではキリスト教徒として扱われている。すなわち、コンベルソ（converso）と呼ばれる改宗ユダヤ人であった[18]。

デ・トーレスとデ・ヘレスの二人がイスパニョーラ島の内陸偵察から戻った報告を、ラス・カサスは次のように記している（『インディアス史』第一巻、第四六章）。

……前記の二人のキリスト教徒は道の途中で、村と村の間を行き来する大勢の男女に会った。それらの人々のうちでいつも男のほうが、香煙を吸い込むために燃えさしと、ある種の草を手にもっていた。それはいくつかの枯れ草を、一枚のやはり枯れた葉っぱでくるんだもので、ちょうど聖霊降臨祭に子どもたちが紙でつくる紙鉄砲（モスケーテ）のような形をしていた。その筒の一方に火をつけ、反対側から息と一緒にその煙を吸い込むのである。この煙を吸うと体は眠気をもよおし、ほとんど酔ったような気分になり、こうして体の疲れを感じないという。この紙鉄砲を彼らはタバーコと呼んでいるので、われわれもそのような名前で呼ぶことにしよう。私はこのエスパニョーラ島で、タバーコを吸う癖のついたエスパーニャ人たちを見かけた。そのようなことをするのは悪癖であると私がなじると、もはや今ではそれを吸うのをやめることは、自分の手におえないのだ、と答えた。……

（長南 1994, 459, 傍線筆者）

この項は、コロンブスの「第一回航海日誌」の写本を用いた次の二つの短く簡単な記述とは大きく異なっている。

エルナンド・コロン『コロンブス提督伝』

使者は途中、多くの住民に出会った。彼らは火種を携行していて、ある種の草にそれで火をつけて、出る煙を吸い込んでいた。……

（吉井 1992, 120）

ラス・カサス編『コロンブス航海誌』

……キリスト教徒の二人は、途中で大勢の女や男が火のついた棒片と、いつも彼らが薫香に使う草を手にして、部落を通りすぎて行くのに出会った。……

（林屋永吉訳）（林屋 1977, 84／青木 1993, 124）

「インディオの守護者」などと称される一方、誇張や虚言が多い妄想家とも評されるラス・カサスは、自身が第一回航海には同行していないので、『インディアス史』のこの部分の記述に、みずからの後年の経験を書き加えたばかりでなく、本人が編纂した前述の『コロンブス航海誌』の記述からも大幅に書き変えている。

ラス・カサスが新世界へ足を踏み入れたのは、コロンブス最後の航海（第四回）と同じ年の一五〇二年で、新総督ニコラス・デ・オバンドの船隊でイスパニョーラ島へ上陸している。その一〇年前の第一回航海で喫煙を目撃した二人の使者のうち、ロドリゴ・デ・ヘレスは本国へ帰還していたとする説もあるが、ルイス・デ・トーレスはイスパニョーラ島ですでに原住民に殺されていた。

前掲したように、『インディアス史』のコロンブスの第一回航海を題材にした部分で、ラス・カサスはイスパニョーラ島で喫煙の風習に染まったスペイン人について述べているが、実際には一〇年以上ものちに見聞したことを書き加えたにすぎない。『インディアス史』の執筆を始めたのは、新大陸へ渡ってから二五年後の一五二七年、すなわちコロンブスの第一回航海の三五年ものちの執筆開始である。しかも、一五四七年の帰国後もまだ書き続けていた。

この加筆された前掲傍線部の「タバーコを吸う癖のついたエスパーニャ人たちが、もはや吸うのをやめることはできない」とする記述から、第一回遠征隊のロドリゴ・デ・ヘレスとルイス・デ・トーレスが帰国後も喫煙を続けたという物語が創られたのであろう。その結果、ロドリゴ・デ・ヘレスに「ヨーロッパで最初にタバコを吸った男」の称号が与えられてしまった。

アレンツ・タバコ文庫のブルックスがとりあげた『ユダヤ百科事典』の記述は明らかに史実に反するが、ロドリゴ・デ・ヘレスの帰還後の消息についても、タバコを喫ってみせたとする記録は、筆者のこれまでの調査でも全くみつからない。もちろん、ロドリゴ・デ・ヘレスにかかわる異端審問の記録も出てこない。

三〇〇年もの間行方不明になっていたラス・カサスの稿本が発見されて公刊されたのは、『コロンブス航海誌』が一八二五年、『インディアス史』は一八七五年になってからである。この公刊からコルティの『喫煙史』（ドイツ語原著：*Geschichte des Rauchens*／英訳版：*A History of Smoking*）執筆までの間に刊行されたタバコ史および喫煙史関連の文献調査を試みた。しかし、架蔵の資料中心の調査ではあるが[19]、コルティの一九三〇年のドイツ語版、一九三一年の英語版以前には「ロドリゴ・デ・ヘレスの喫煙」記述は全く見当たらない。典拠が示されないことから、おそらくこの物語はコルティの創作によると思われる。

コルティの『喫煙史』は、昭和初期に二度にわたり邦訳出版[20]されているが、ダンヒルの *The Gentle Art of Smoking*（1954）に引用されたことで（Dunhill 1961, 5–6／邦訳 1967, 18）、わが国の根強い「ロドリゴ・デ・ヘレス喫煙説」の原典になった。

コロンブスが第一回航海のさいにタバコを初めてヨーロッパへもたらしたとする説も、原住民から（タバコと思しき）枯葉の束を受けとったとする記述や、ロドリゴ・デ・ヘレスなどが目撃した喫煙風習の報告、そしてロドリゴ・デ・ヘレスの喫煙説などからの推測でしかない。枯葉を受けとったさいコロンブス自身は、それが原住民の間では貴重品であるに違いないとの認識はあったものの、後世にスペインに多大な富をもたらそうとは想像もしていなかったはずである。「金」を持ち帰ることが目的の一つであったコロンブスが、後世の経済的価値を全く予知できずに、少量といえども枯葉の束をわざわざ持ち帰ったとする説には無理がある。ましてや旗艦サンタ・マリア号の座礁・損壊で船体を放棄し三九人の乗員を置き去りにせざるを得なかった状況下では、その可能性はほとんどなかったといえよう。一五三五年にはその植民がすでにタバコの栽培を始めていたにもかかわらず、これまでに知られているスペインの資料には、一五二六年のオビエドの『西インド総史』以後は、管見する限りでは一五七一年のモナルデスの『第二巻』まで喫煙はおろかタバコの記述も見当たらないのである。

（1）Da Gama, Vasco：コロンブスが到達した〝西インド〟に対し、アジアのインドを〝東インド〟と呼称する。
（2）Cochin：インドの南西端の海港。ヴェトナム南部にあたるコーチン・シナ（Cochin China）とは別。
（3）Martyr, Peter：*Opera*, Sevilla, 1511.
Dickson, Sarah A.：*Panacea or Precious Bane*, NYPL, 1954, 18–19.
（4）Billings 1875, 3.
「Beckman によると、原住民は一五三五年にはスペイン人のプランテーションで栽培を始めていた」

（5）Gordillo, José Manuel Rodríguez（セビーリャ大学でスペイン史・タバコ史を講じる。二〇〇八年退官）「スペインが西インド諸島でタバコの栽培を始めたのは一五三〇年以前だが、一五〇三年の Chaunu, P., *Sevillia et l'Atlantique*（Vol.14）には記述がないので、これ以降」（二〇〇七年一〇月八日セビーリャ大学で筆者との情報交換の席上で）。

（6）ポルトガル語では〝煙〟を意味する *fumo* がタバコの呼称に用いられた。

（7）Dickson, Sarah A.：*Panacea or Precious Bane*, NYPL, 1954.

カルチェ・テヴェ『フランスとアメリカ大陸』、九八頁。

（8）Liébault, Jean：*L'AGRICVLTVRE ET MAISON RVSTIQVE*, 1567.

（9）サン・ジョルジュ城 Castelo de São Jorge：古代ローマ時代に要塞が作られ、西ゴート人（五世紀）の時代に築城が始まり、ムーア人・イスラム教徒（九世紀）に占領されて塔をふくむ城壁が作られた。一二世紀のレコンキスタを経て、一三〜一六世紀には王宮として使われた。一一ある塔の一つ、ユリシーズの塔は王立文書館となったが、一四九九年にインド航路を発見して帰還したヴァスコ・ダ・ガマはこの塔の一室でエマヌエル王に謁見している。一六世紀までは王宮であったが、その後は断続的に刑務所として使用されたこともある。

（10）Marmoustier（Marmoutier の誤りか）：フランス北東部、現ドイツ国境に近いストラスブールの北西約二五キロの小村。

（11）Nicot, Jean：*THRESOR DE LA LANGVE FRANCOYSE*, Paris, 1606.（Arents 追補, Part II, 63, No.57）.

（12）Dickson, 1954, 92–93.

Blondel は宣教師 Du Tertre の *Mémoires pour servir à l'histoire dutabac* の草稿を引用して、「フランスのキャプテン達がフランスへスナッフを輸入したが、スナッフの習慣は西インド諸島の原住民から覚えた」としている（Blondel, Spire：*Le tabac, Le livre des fumeurs et des priseurs*, Paris, 1891）。Du Tertre, Jean Baptiste はアンティール諸島に一六四〇年以降も滞在した宣教師で、その著 *Histoire generale des Antilles* の諸島と住民に関する記述は信頼度が高いとされる。

（13）Dickson, 78〈Note：96 Max Fleiuss：Apostilas de historia do Brasil, 69・76〉・鈴木 1999, 209.

（14）chartre は古語の charte（文書）と同じであるが、牢獄の意味も有する。

(15) イスパニョーラ島：キューバの南西に位置する島。現ハイチ共和国およびドミニカ共和国。

(16) 原著名は *Tobacco / Its History Illustrated By The Books & Manuscripts In The Library of GEORGE ARENTS, Jr.* Vol.1–5であるが、長すぎるのでここでは邦訳版名を掲げる。ただし、邦訳版は追補一〇冊を収載して七巻になっている。

(17) 青木康征、一一八頁の註190：「(ルイス・デ・トーレス) この航海に参加するまでの経歴などは不明。サンタ・マリア号の座礁によってエスパニョーラ島に設営されたナビーダ居留地に残留し、死亡する。未亡人カタリーナ・サンチェスは一五〇八年九月二二日、夫の死亡による給付金八、六四五マラベディを受領した」。

Gould 1984, 239 & 240.

(18) ルイス・デ・トーレスはユダヤ人とされるが、ここではキリスト教徒としてあげられている。一五世紀のスペインではコンベルソと呼ばれる改宗ユダヤ人が増え、一四九二年までに約一五万人がキリスト教へ改宗したとされる（関哲行、五七頁）。

(19) ラス・カサスの『インディアス史』『コロンブス航海誌』の公刊からコルティの『喫煙史』刊行までに出版されたタバコ史・喫煙史関連文献（筆者架蔵本のみ）。

Steinmetz, Andrew : Tobacco : Its History, Cultivation, Manufacture and Adulterations. London, 1857

Billings, E. R. : Tobacco : Its History, Varieties, Culture, Manufacture and Commerce. Hartford, 1875

Fairholt, F. W. : *TOBACCO-Its History and Associations.* London, 1876

Steinmetz, Andrew : *The Smoker's Guide.* London, 1877

Knight, Joseph : *PIPE AND POUCH.* Boston, 1894

Penn, W. A. : *The Soverane Herbe.* London, 1901

Heward, Edward Vincent : *ST NICOTINE of THE PEACE PIPE.* London, 1909

Apperson, G. L. : *The Social History of Smoking.* London, 1914

Brennan, W. A. : *TOBACCO LEAVES.* Wisconsin, 1915

Werner, C. A. : *TOBACCOLAND.* New York, 1922

Laufer, Berthold : *Introduction of Tobacco into Europe.* Chicago, 1924

Partington, Wilfred : *SMOKE RINGS AND ROUNDELAYS.* London, 1924

Hamilton, A. E. : *This Smoking World.* New York, 1927

(20) 濱野修『煙草の歴史』、建設社（ドイツ語版からの翻訳）、一九三三年。

宇賀田為吉『煙草』、隆章閣（英語版からの翻訳）、一九三四年。

第3章　旧大陸最初の喫煙国：イングランド

はじめに

ポルトガルおよびスペインとは対照的に、パイプによる喫煙をいち早く普及させ、これをさらにヨーロッパ諸国へ広めたのはイングランドである。その喫煙伝来について少し詳しくみることにする。

一五九三年にウィリアム・ハリソン（Harrison, William）が編纂を終えた『大年代記』（*The Great Chronologies*）の一五七三年の項にパイプ喫煙の記述があることから、長い間これがイングランドのパイプ喫煙を記した最初の史料とされてきた。その記述は次の通りである。

この頃、タバコなるインディアンの薬草の煙を、小さな柄杓《ひしゃく》状の道具で口から頭や腹へ取り込むこと、イングランドで大いに流行る。これは、鼻風邪や肺臓の病いに効果があるという。その効き目は少なからず。

（Dickson 1954, 132より拙訳）

もう一人、イングランドの喫煙史で必ず名前をあげられるのが、かのウォルター・ローリィ卿（Sir Walter Raleigh, 1552頃–1618）である（図3-1）。自室でパイプを喫いながらくつろいでいると、ご主人様が火事とばかりに召使にエール（ビール）を浴びせられたり、女王陛下の前でみずからパイプを喫ってみせて煙の重さを賭けさせるなど、多くの逸話が残っている（Trevelyan 2004, 143–144／Williams 1962, 77）[1]。その真偽はともかく、

図3−1　ウォルター・ローリィ卿

エリザベス一世の寵臣ウォルター卿がパイプを宮廷へ持ち込んだことで、それまでは物珍しさもあって限られた階層でもてはやされていたパイプ喫煙が、急速にイングランド中に広まったと考えてよいであろう。

エリザベス一世の時代（一五五八〜一六〇三）には、すでにシガー（cigar＝葉巻）の原形も持ち込まれていたようで、トーマス・プライス船長（Captain Thomas Price）がロンドンでタバコの葉を捻《ひね》った「シガー」（segars）を喫っていたとする記述がみられる（Penn 1902, 180）。しかし、一九世紀に入るまではイングランドでこれが広まることはなかった。

植物としてのタバコの伝来はポルトガルやスペインより遅れたものの、イングランドは喫煙を旧世界で最初に流行らせた国としての栄誉を担うことになる。そのせいかウォルター卿も、植民地ヴァージニアからイングランドへ最初のタバコをみずから持ち込んだとされることが多い。しかし、卿自身はヴァージニアを訪れたこともなく、みずから建設させようとした第一次ヴァージニア植民(2)は失敗に終わり一五八六年には引きあげている。しかも、これは次にとりあげるド・ローベル（De l'Obel）の『新植物誌』の一五年も後のことである。

1　ド・ローベル

イングランドで最初にタバコの記述があらわれるのは、これまでに知られている刊本でみる限り、アンドレ・テーヴェの『南極フランス異聞』の一五六八年刊行の翻訳本 *The New Found Worlde or Antarctike* である（第1章二六〜七頁・第2章三八頁）。ニコラス・モナルデスの『第二巻』も一五七七年にはフランプトンによって英訳されている。しかし、既述したように原著の誤りと誤訳のために（第2章四三〜四頁）、タバコ史は近年まで少なからずとも混乱させられていた。

今日イングランドの喫煙史上で最も重要な史料の一つと考えられるのは、一五七一年にロンドンで刊行されたP・ペナおよびマティアス・ド・ローベルの共著『新植物誌』（*STIRPIVM ADVERSARIA NOVA*）で、モナルデスの『第二巻』の原著と同じ年の刊行である。フランス人の医師ド・ローベルが著わしたこの女王献呈本には、イングランドにおけるタバコ栽培や船員たちの間で行われていた喫煙が次のように記されている。

（この植物は）数年前西インド諸島からもたらされたがポルトガル、フランス、ベルギーそしてイングランドで植栽されている。

（中略）

フランス、ベルギー、イングランドでは茎の高さは三キュービット（四〇〜五〇センチメートル）になるが、（フランスの）アキテーヌやラングドクの暑い地方では早播きすると四から五キュービットにもなる。

（中略）

（このところ）多くの船員たちをみかけるが、（新大陸から）帰って来た者は皆、椰子の葉や藁で作った小さな筒を手にしていて、その端にこの植物の葉を巻いたもの、あるいは粉にしたものを詰めて火を点《つ》けるのだが、口を大きく開けて息を吸い、煙をできる限り多く吸い込むのである。こうすることで飢えと渇きが癒やされ体力が回復し、気分壮快になるというのである。

（中略）

このいわゆる「聖なる香草」の名声はすでにあらゆるところで高まっているが、新世界からもたらされる新しいもののなかで、これほどに痛みや傷、胸の疾患、肺の衰弱に容易且つ効果的なものは他に知らない。

（Dickson 1954, 44–45／Arents Vol.1, 237–242より拙訳／（　）内訳註）

これは、旧大陸でのタバコ喫煙が初めて記されたものであると同時に、イングランドで栽培されたタバコの最初の記述でもある。このタバコ記述には木版によるイングランド最初のタバクム図が挿入されていて（図3-2）、後年のモナルデスの英訳版にも流用されている。「聖なる香草」は第2章3節「（2）ポルトガル」で述べたように（四一頁）、一五六六年にダミアン・デ・ゴエスが付けた呼称である。

ド・ローベルは一五三八年にフランスのリールで生まれ、モンペリで医学を修め一五六九年にイングランドへ渡った（図3-3）。学生時代には薬学としての植物分類学を学んでいるが、オランダのドドネウスとも親交があり情報を交換していたとされる。ペナについての詳細は不明だがド・ローベルのための資料収集と図版の制作に携わったとする説がある。ド・ローベルはイングランドではロベリウス（Lobelius）と表記されることもあるが、のちに植物学者としてジェームズ一世王に仕えた（MacInnes 1926, 28）。

ド・ローベルの記述は、このタバコは数年前、すなわち一五六〇年代に西インド諸島からもたらされたとする

図3－2　ド・ローベルの木版図
（イングランド最初の *tabacum* 図）

図3－3
マティアス・ド・ローベル像

ので、図版通りのタバクム種であろう。ポルトガル、フランス、ベルギーの名をあげているが、ブラジルからポルトガルのダミアン・デ・ゴエスにもたらされ、ジャン・ニコーによりフランスへ伝えられたものが、さらにイングランドへ渡ったとするのは早計であろう。ダミアン・デ・ゴエスとスペインのモナルデスはタバコを薬草として紹介したものの、喫煙には全く触れていないからである。もちろん、後述するホーキンズが一五六五年にルスティカ地帯であるフロリダから帰還した時のものでないことも確かである。

一六一二年にヴァージニアの植民地(3)でタバクム種の栽培が始まったが、これが輸入されるようになるまで、イングランドではスペイン領からもたらされるタバクム種がパイプ用としても主流であった。このド・ローベルの『新植物誌』には、スペイン領の西インド諸島からのタバクム種が収載されていたことになる。

ド・ローベル（またはロベリウス）は、さらに一五七六年にアントワープで出版した次著『草本・木本誌』(*Plantarum seu Stirpium Historia*) では、一五七一年にはイングランドでタバコの栽培が試みられたが、フランスのアキテーヌやラングドクの五キュービットに比べて二・三キュービットにしかならないと記している (MacInnes 1926, 28・75)。

2　ジョン・ホーキンズ卿とフランシス・ドレイク卿

前述のハリソンの『大年代記』にはみずから観察したと思われるタバコの記述がみられるが、これはまぎれもなくタバクム種であるとされる。ハリソンがパイプ喫煙を記した一五七三年はフランシス・ドレイク卿 (Sir Francis Drake) が第一回のスペイン領の植民地荒《あら》しから帰還した年であり、西インド諸島からタバコを持ち帰ったとして、ドレイクに最初のタバコをもたらした栄誉を与える説もある。

この頃、西インド諸島では、すでにスペイン人によってタバクム種が栽培されていたので、もしドレイクが一五七三年に持ち帰ったとすればタバクム種のはずだが、パイプ喫煙とは結び付かない。すなわち、タバクム地域での喫煙形態の主流はシガー（タバコの葉を巻いたもの）またはシガレットの原形（タバコを他の植物の葉で巻いたもの）であったとされている。そればかりか、ドレイクの四回の新大陸遠征で初回にあたるこの航海の記録には、他の航海記録にみられるタバコの記述が見当たらない。

　イングランドへのタバコ伝来については他にも諸説があり、そのいずれもが私《し》拿捕《だほ》船の帰還とリンクさせたものである。その最も早いものは、一五六五年に帰還したジョン・ホーキンズ卿（Sir John Hawkins）である。これは、シェイクスピアや三浦按針ことウィリアム・アダムズ（Adams, William）が生まれた翌年にあたるが、フロリダ遠征から帰ったのち、喫煙の風習をイングランドに広めたとするのである。ストウ（Stow, John）による『イングランド一般年代記』（*Annales or General Chronicle of England*, 1615・Dickson 1954, 132）の続編としてホウズ（Howes, Edmund）が一六三一年に書いた記事に、「タバコはジョン・ホーキンズ卿が一五六五年頃に初めてイングランドへもたらしたが、その後何年もイングランド人の間で使われることはなかった」とある。

　確かに、一五八九年になって刊行されたスパーク（Sparke, John, the Youger）の『遠征記』には、ホーキンズ隊が一五六五年六月に飲み水を求めてフロリダ沿岸を航行中、フランス人入植者に遭遇した時の記述に次のようなくだりがある。

> 　フロリダの原住民は旅をする時、ある種の乾いた香草を携行し、茎の端に土製のカップを付けたもので乾燥香草に火を点け、その茎から煙を吸う。この煙は飢えを癒やし、四～五日は飲食なしで過ごせる。フランス人もまた、この目的でこれをなす。
>
> （Dickson 1954, 129より拙訳）

　これは、イングランド人が初めて目撃したクレイ・パイプによるタバコ喫煙の報告であるが、刊行が遅かったので、旧大陸へ伝えられたパイプ喫煙の報告としては、第1章でとりあげたハリオットの『ヴァージニア報告』

に次いで二番目である（二八〜九頁）。この航海でホーキンズがタバコを持ち帰ったとする記録はないが、もしそうならフロリダ産のルスティカ種ということになる。

ドレイクの第二回航海は一五七七年から八〇年にかけてのイングランド最初の世界周航である。これは、マジェランに次ぐ二番目の周航になる。『ド・ブライ航海記』（*De Bry's Voyage*）の巻Ⅷには、この第二回航海で太平洋を北上しカリフォルニア近くまで達した時の次のような記述があるが、この航海記にもタバコを持ち帰ったとする記録は見当たらない(4)。

人々は毎日いろいろな羽や、タバコが詰まった小さな袋を持ってやってきた。（Dickson 1954, 133より拙訳）

一五八六年にラルフ・レインやトーマス・ハリオットをヴァージニアから救出して帰還した第三回のカリブ海・西インド諸島航海の記録には、

（ドミニカ島では原住民に手伝わせて）彼らの家々へ大量のタバコを取りに行った(5)。

（Dickson 1954, 133より拙訳／（　）内訳註）

とするくだりがある。この記述によって、ブルックスはドイレク艦が大量のタバコを持ち帰ったと主張する（Brooks ed. 1914, Arents Vol.I, 46）。

一五三五年頃には、スペイン人は西インド諸島ですでにタバクム種を栽培していたので、もし持ち帰っていたとするなら、これもまたタバクム種ということになろう。ヴァージニアの植民を救って帰還したこの航海について、「女王の史家」と呼ばれるカムデン（Camden, William）は、その編纂による一六一五年刊の『エリザベス治世年代記』（*History of the Most Renowned and Victorious Princess Elizabeth*）のなかで帰還植民にふれて、次のように述べている。

これら植民たちは筆者が知る限りイングランドへ初めて、タバカ（Tabacca）、ニコティア（Nicotia）あるいはタバコ（Tobacco）と称するインディアンの植物を持ち帰り、野蛮にもインディアンから覚えたように使うのである。以来、これが大いに流行り需要が増大して高価格で販売されるようになった。わずかの間に広まり、多くの男たちが単に見せびらかせるために、あるいは健康のためにといって、飽くことなき欲望と貪欲さをもって、至る所でこの悪臭を放つ煙を土製のパイプで吸い、やがて鼻から吹き出すのである。タバコ・ショップは居酒屋や酒場並にどこの街でも普通にみられるまでになってしまった。

（Laufer 1924, 106より拙訳）

しかし、この「女王の史家」は巷間の世事にはうとく、編纂の三〇年近く前に第一次植民が帰還した頃には、すでに非上流社会ばかりでなく一部上流階級や知識階級の間でパイプ喫煙が行われていたことを知らなかったようである（3節「ハリオット」参照）。

ドレイクの帰らぬ航海となった一五九五年の西インド諸島遠征の記録にもタバコの記述があり、前述の『ド・ブライ航海記』にふくまれるが、一六〇〇年に刊行された英語版は多少異なった表現になっている。

（ド・ブライ版）

カヌーまたはインディアンの小舟がやってきて、タバコ、砂糖、バナナなどの果実類を積んできた。これを斧、ナイフ、鋸などと交換しようというのであった。

（英語版）

そこで、我々はドミニカ、すなわち食人種の原住民が多く住んでいる島へ向かった。

（中略）

その島では大量のタバコが栽培されていて、たいていのイングランド人やフランス人はナイフ、斧、鋸などの鉄器具と交換した。

（Dickson 1954, 136より拙訳）

これもまたタバクム種と思われるが、イングランドへ積み帰ったとする記録はない。原住民とタバコを物々交換していたことは明らかだが、乗員用に求めたとみることもできる。

いずれにしろ、ドレイクの航海はすべてド・ローベルの『新植物誌』後なので、イングランドにはドレイク以前にすでにタバコと喫煙がもたらされていたことになる。

3　ハリオット

ドレイク艦に救出されたトーマス・ハリオット（Hariot, Thomas）の『ヴァージニア報告』には第1章の記述（二八～九頁）に続いて次のようなくだりがある。

我々も現地に滞在中はもとより、帰国後も、彼らのひそみに倣ってタバコの服用を続けたものだが、霊験あらたかなその効能を身をもって知ることができた。その多数の例を紹介しようとすれば、それだけで一巻の書物を必要とするほどである。近ごろ、身分高き人や学識ある医者を含めて多くの人たちがタバコを服用するようになったが、その事実こそタバコの効能のなによりの証となるものである。

（平野敬一訳 1994, 339／Hariot 1588, C_3）

第1章に掲げたように、ハリオットのこの『ヴァージニア報告』は、ヴァージニア先住民のクレイ・パイプによる喫煙を報告した最初の記事であると同時に、ここにあげた部分は、帰還翌年の一五八七年に執筆した当時、すでに喫煙がイングランドの上流階級にまで広まっていたことを示すにもかかわらず、イングランドへの喫煙紹介の栄誉を依然としてハリオットが行動をともにした司令官ラルフ・レイン（Lane, Ralph）や植民を派遣したウォルター・ローリィ卿に与えることが多い。

ドレイク艦が大量のタバコを積み帰ったとする先のブルックス説についても、ヴァージニアで植民救出作戦が開始された頃には海が荒れていて持ち物の大部分が海中へ捨てられ、とくにインディアンから集めた真珠を失ったことをレインもハリオットも遺憾としているので（平野訳 1994, 300）、大量のタバコを持ち帰ったとするブルック説には無理がある。少量なりとも持ち帰ったとするなら、先のドレイクの乗員が大量に引き取ったとするタバクム種か、ハリオットがロアノーク島で積んだ可能性のあるルスティカ種のいずれかになる。ハリオット自身が記しているように、帰国後も喫煙を続けているので多少のタバコとパイプは積み帰っていたことになる。

ヴァージニアを引きあげたあと、ラルフ・レインがウォルター卿にパイプ喫煙を伝授し、卿がこれを宮廷へ持ち込んだとする説も、当時ウォルター卿の邸に住み込んでいたハリオットが卿に航海術を教授していたので（平野訳 1994, 306）、その栄誉はハリオットに与えるべきではなかろうか。

一五六五年にホーキンズがタバコをフロリダから持ち帰ったならルスティカ種である。しかし、ド・ローベルの一五七一年の記述、ハリソンの七三年の項の他に、八〇年のドレイクの世界周航、八六年のドレイクの帰還、九五年のドレイク最後の航海、そのいずれもがタバコを積んで帰ったのであればタバクム種のはずである。一五八六年にドレイク艦で帰ったハリオットが持ち込んだとするならルスティカ種である。

イングランドの学会で、同国へ最初にもたらされたタバコがルスティカ種かタバクム種のいずれかを問う議論がなされたことがある。第1章から3章までにとりあげた文献のうち、一六世紀後半に刊行されたイングランドの史料にみられるタバコ記述の一覧を表3-1に掲げる。それぞれが対象とする地域によってタバコの種別を示した。この表によって、最初にイングランドへもたらされたタバコは、一五六五年にホーキンズが持ち帰っていない限り、ルスティカ種ではあり得ないことがわかる。

ハリオットの帰還後、ウォルター卿がその領地アイルランドでタバコを試植したとする説もあるが、これは今では支持されていない。ヴァージニアの植民地からルスティカの種子がもたらされていたとしても、タバクムに

表３−１　16世紀後半のイングランドにおけるタバコ記述とタバコの種類

記述年	刊行年	記述者［対象地］	対象地のタバコ種類
1565	1589	ホーキンズ［フロリダ］	ルスティカ
	1568（刊）（原著1557）	テーヴェ［ブラジル］（フランス語原著の英訳版）	タバクム
	1571（刊）	ド・ローベル［西インド諸島］	タバクム
1573	1593	ハリソン（ドレイク第一回航海）但し航海日誌にはタバコの記述なし	タバクム
	1577（刊）（原著1571）	モナルデス（スペイン語原著の英訳版）	タバクム
1580		ドレイク（第二回航海）	タバクム？
1586		ドレイク（第三回航海）	タバクム
	（1587執筆）1588（刊）	ハリオット［ロアノーク、ヴァージニア］	ルスティカ
1595	1600	ドレイク（未帰還航海）	タバクム

比べて辛い味のルスティカがイングランドで主流になることはなく、相変わらずスペイン領のタバクムが好まれた。これは、一六一〇年頃に第二次植民地のヴァージニアから現地栽培のルスティカ種を本国へ送ったものの、需要を得ることができなかったことからもわかる。このため、一六一二年には西インド諸島から得たタバクム種の栽培を開始したのである。

パイプによる喫煙は一五六五年にホーキンズがフロリダで目撃し、八六年にはハリオットがクレイ・パイプを持ち帰っている。しかし、ハリソンやハリオット自身の記述にみられるように、イングランドではハリオット以前にすでにパイプ喫煙が行われていたことが知られている。イングランドのパイプ喫煙が一五八〇年以前にはオランダへもたらされていることを考え合わせて、一五七〇年代初頭にはイングランドでパイプが限定的に使われていたとすると、時間軸上のつじつまが合うことになる。これによって、ド・ローベルの記述との整合性もとれることになる。

既述したように、ハリオットは一五八六年の帰還後、八七年に執筆し八八年に刊行した『ヴァージニア報告』でタバコの薬効を詳しく述べている（第1章二八頁）。しかし、すでにイングランドでは六八年にテーヴェの翻訳本、七一年にはド・ローベルの『新植物誌』、七七年にはモナルデスの翻訳本が出ていて、タバコの薬効については知られていたはずである。ハリオット自身はこれらの文献にうとかったのであろうか。

喫煙については、ド・ローベルの記述にもあるように特定の階層ではすでに行われていたことは、ハリオット自身も記している。しかしハリオット以前に、航海者や船員の誰が最初にパイプを持ち込んだかを知る手だては残されていない。イングランドのパイプ喫煙は、上流社会に浸透することで表舞台に出るまでは記録に残ることは多くなかった。残されている史料が支配階級に偏《かたよ》るのは、イングランドやスペイン・ポルトガルばかりでなく、わが国についても同様といえよう。

イングランドでは一五七〇年代初頭までに、北アメリカの喫煙法であるパイプによって、主として西インド諸島のタバクム種の葉を喫うことが始まっていた。しかし、これは限られた階層でしか行われていなく、ウォルター卿が宮廷に持ち込むことで上流社会での流行をもたらし、国中に広まったとする説は俗説的ではあるが、説得性はある。

一五八八年にドレイクの活躍によってスペインの無敵艦隊を撃退した小国イングランドでは、人々は勝利の美酒に酔いしれ、遅咲きのルネッサンスが開花した。そのなかで、伊達者のギャラントたちが最新のファッションであるパイプを洒落た小物と一緒に持ち歩くようになり、いかに優雅にタバコを喫うかを競い合った。銀や象牙・鼈甲《べっこう》などのタバコ入れや点火のための小さな銀製火鋏《ひばさ》みなど小物にも凝り、贈り物としても重宝がられたという。フィールド（Field, Nathaniel）(6) の喜劇にもみられるように、鼻から煙を吹いたり、煙の輪を作る方法を教授するところまであらわれ、かくして旧大陸最初の喫煙国が生まれたのである。ただし、パイプ喫煙を伝授する教室はフィールドの喜劇に描かれているだけで、史料・文献にみつけることはできなかった。

4　ステュアート朝のジェームズ一世王

一六〇三年にテューダー朝のエリザベス女王が死去すると、ステュアート朝のスコットランド王がイングランドの王位に就いた。前女王の寵臣で伊達者と称されたウォルター卿は、新王・ジェイムズ一世（一六〇三〜二五）にうとまれるところとなり、卿が流行らせたとされるパイプ喫煙も王の癇に障る野蛮な行為として排撃の憂き目に遭うことになる。しかし、ジェイムズ一世王のタバコ排撃と高税にもかかわらず、タバコの流行は衰えるところを知らず、さらにペストの蔓延がこれに拍車をかけた。ロンドンのタバコ屋に疫病に罹ったものがないとして予防効果が喧伝されたことで、女・子どもはもとより、医師までが疫病予防にパイプを喫い続けるようになったのである。一六六五年のペスト大流行の時はイートン・スクールの生徒は毎朝始業前にタバコを喫わされ、これに従わぬ者は鞭打ちの罰を受けたとする記述も残っている（Fairholt 1876, 120・168／Penn 1902, 78／Porter 1996, 47／Bell 2001, 94）[7]。

一方、王室側もスペイン領や自国植民地からのタバコ輸入を押さえるために課した税が財政を大きく潤すことがわかり、エリザベス女王時代には一ポンドあたり二ペンスのタバコ税を、ジェイムズ王は六シリング一〇ペンスへ大幅に引きあげたのである。一六一六年にはロンドンのパイプ・メーカーはギルドを組織し、一六一九年になるとジェームズ一世王はウェストミンスターのクレイ・パイプ製造業者に勅許状を発給するなど、タバコがもたらす富の前にすっかり腰が砕けてしまった。

一六〇七年になると、ロンドンからの植民が第二次植民としてヴァージニアに入植してジェイムズタウンを建設した。最初に本国向けに積み出したルスティカ種のタバコは、スペイン植民地からのタバクム種に比べて質が劣ることから、市場からソッポをむかれてしまった。一六一二年になって、ジョン・ロルフ（Rolfe, John）[8]が西インド諸島から入手したタバクム種が植えられた。G・アレンツ（Arents, George）によれば、立ち寄った船の船長をロルフが説き伏せて、トリニダド島に自生するタバコの種子と品質評価の高いその葉を持ち帰らせたのだが、カラカス（ベネズエラ）からも種子を入手したという（Arents 1939, 7）。一六一三年には、その収穫から少量の見本をイングランドへ発送した。しかし、スペイン領のタバコに劣るとして評価は芳しくなかった。一六一五年から一六年にかけては、二三〇〇ポンドが本土へ送られているが、この頃、イングランドへはスペイン領のタバコが年間五万ポンドも入っていた（Arents 1939, 8）。

ヴァージニアでは最初の出荷の失敗後、タバコのキュアリング（乾燥方法）を日なたに重ねて干すことから、縄にさげて干す方式に変えることで品質の改善を図った。品質の飛躍的向上によって、市場に受け入れられるようになると、一六一八年には二万ポンドのヴァージニア産が本国へ輸出された。一六二〇年には四万ポンドにまで増え、スペイン領のタバコを駆逐するまでになった（Corti 1931, 92／Robert 1952, 8–9）。アレンツは一六一六年からの五年間に五〇万ポンドがヴァージニアから本国へ出荷されたとする（Arents 1939, 8）。

一六一九年には、最初の黒人奴隷がオランダ商人によりヴァージニアへ降ろされ、その代価はタバコで支払われた。一六二一年には植民の花嫁候補た

表３－２　17-18世紀のイングランドのタバコ輸入

	イングランド植民地から	スペイン植民地から
1615-1616	2,300-1/2ポンド	52,764-1/2ポンド
1628	269,254	不明
1640	1,300,000	6,000
1689	14,392,635	不明
1693	19,866,048	不明
1697-1698	22,737,812	27,058
1709-1710	23,305,735	0

出典：Walker 1977

ちが本国から到着したが、花婿はその船賃としてタバコの葉一二〇ポンドを支払わなければならなかった（Arents 1939, 9）。

表3-2に示すのは、I・C・ウォーカー（Walker, Iain C.）がまとめた一七世紀初めから一八世紀初めまでのイングランドのタバコ輸入量の一覧である。一六四〇年から八九年までのデータを欠くが、イングランドの植民地からの輸入量急増の傾向が明確に読みとれる（Walker 1977, 11a, 33）。

この表にみるように、スペイン領からのイングランド市場を対象とするタバコ輸出は激減したが、一六二〇年、セビーリャに世界最初のタバコ工場がスナッフ（ポルボ）用に建設されて量産が始まると、スナッフ用タバコの需要が喚起されてスペイン領からの欧州向けのタバコ輸出は再び息を吹き返すことになる。しかし、イングランドでは一六二四年になると英領植民地以外のタバコ、すなわちスペイン領やポルトガル領からのタバコの直接輸入は禁止になった（Penn 1902, 34）。

一七世紀後半に入ると、ヴァージニアのほかにもイングランドの西インド諸島の植民地バーミューダなどからもタバクムが送られるようになった（Laufer 1924, 18）。

この時代のイングランドでの喫煙はもっぱらクレイ・パイプによるもので、シガーが広まるのは一九世紀に入ってからである。

5　クレイ・パイプ

イングランドでは、ローマ時代の遺跡周辺からクレイ・パイプの破片が出土したことによって、ローマ時代のイングランドですでにクレイ・パイプが使われていたとする説が二〇世紀初頭までみられた。アイルランドのフエアリィ・パイプ（fairy pipe）やスコットランドのエルフィン・パイプ（elfin pipe）などをケルト時代のパイプと称する説もあった。しかし、そのいずれも一七世紀初期のクレイ・パイプの誤認である。

白粘土（kaolin＝カオリン）の素焼きであるクレイ・パイプがイングランドで作られるようになったのが一五八〇年以前であることは、イングランドから伝えられたオランダで一五八〇年には作られていることからも明らかである。リヴァプール大学に設置されている The National Pipe Archive のデイヴィッド・ヒギンズ（Higgins, David）は一五六〇年代には製造が始まっていたとする（Higgins 2009, 41）。一五八九年のエドワード・ダレル卿（Sir Edward Darrell）邸の会計帳簿には、パイプおよびタバコの購入記録が記されている。タバコの価格は一オンスにつき三シリング九ペンスから五シリングと記されている（Walker 1977, 11a 32）[9]。ほかの史料には、一五九八年のクレイ・パイプの記述がみられ、一五九九年には一グロス（一二ダース＝一四四）のパイプが約九ペンスで売られていた記録がある（Oswald 1960, 1／Price 1961, 10／Watkins 1966, 217）。英国考古学会の一九六九年の紀要に掲載された一六一〇年から一七一〇年のものとされるクレイ・パイプの図を図3-4に示す

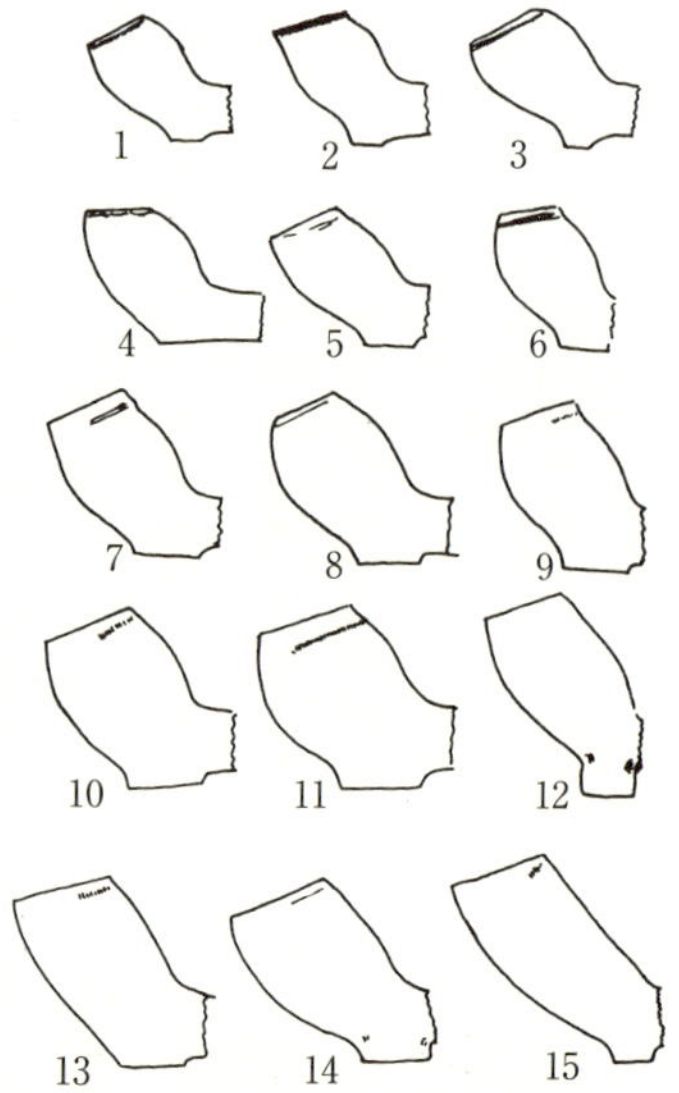

1	1610年-	9	1660-80
2	1620-40	10	1660-80
3	1620-40	11	1660-90
4	1630-40	12	1670-80
5	1640-60	13	1670-80
6	1640-60	14	1670-1700
7	1650-70	15	1680-1710
8	1650-70		

図3-4　イングランド17-18世紀のクレイ・パイプ形状編年図

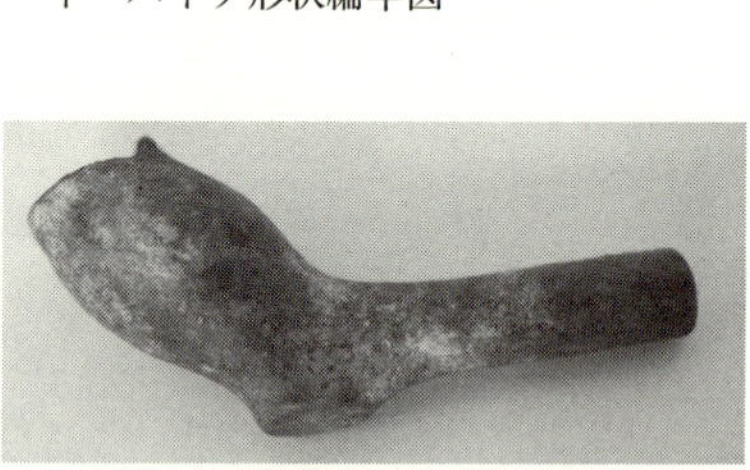

図3-5　1620-30年頃とされるロンドン製クレイ・パイプ(ボウル部 L30. 1mm／内径9. 5mmφ)

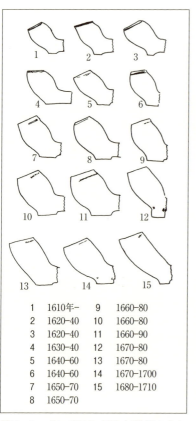

（Atkinson, & Oswald 1969, 177–178）。

一六一二年に刊行されたラテン語版『ドイツ、フランス、イングランド、イタリア旅行記（*Itinerarium Germania, Galliæ; Angliæ; Italiæ*）』（Dickson 1954, 194–195）には、一五九八年にイングランドを訪れたパウル・ヘンツナー（Henzner, Paul）が次のように記している。

> どこにいようとも、イングランド人はひっきりなしにニコティアナ草を用いる。これは、アメリカではタバカ Tabaca（またはペトゥム Petum）と呼ぶが、一般的には次のような使い方をする。このために作られたクレイ製パイプを持ち、乾燥して簡単に粉になるこの植物をその下端に詰めて火を点《つ》ける。上端から口へ煙を喫い込むと、煙突のように鼻から吐き出す。これによって、痰と頭部の排泄物を出すのである。
>
> （Dickson 英訳より拙訳）

クレイ製パイプの他に、上層階級は銀でパイプを作らせ、ヨーマン[10]たちはクルミの殻などを使ったとされる。イングランドのクレイ・パイプ製造が初めて史料のうえで示されるのは、一六〇一年一一月二四日の下院における討議の記録である（Oswald 1975, 7[11]）。ここでは、女王宛てに出されたタバコ・パイプの勅許申請の可否が議論されている。イングランドのクレイ・パイプ生産はロンドンに始まるのだが、パイプ製造業として現存する最古の記録は一六〇三年のJ・スタッキー（Stuckey, John）である（Atkinson and Oswald 1969, 179／Atkinson 1975, 8 References and notes 1）。

図3−6
ロンドンのタバコ屋（1617）

前述したように、ロンドンでは一六一六年にクレイ・パイプ製造業組合（ギルド）が組織され、一九年にはウェス

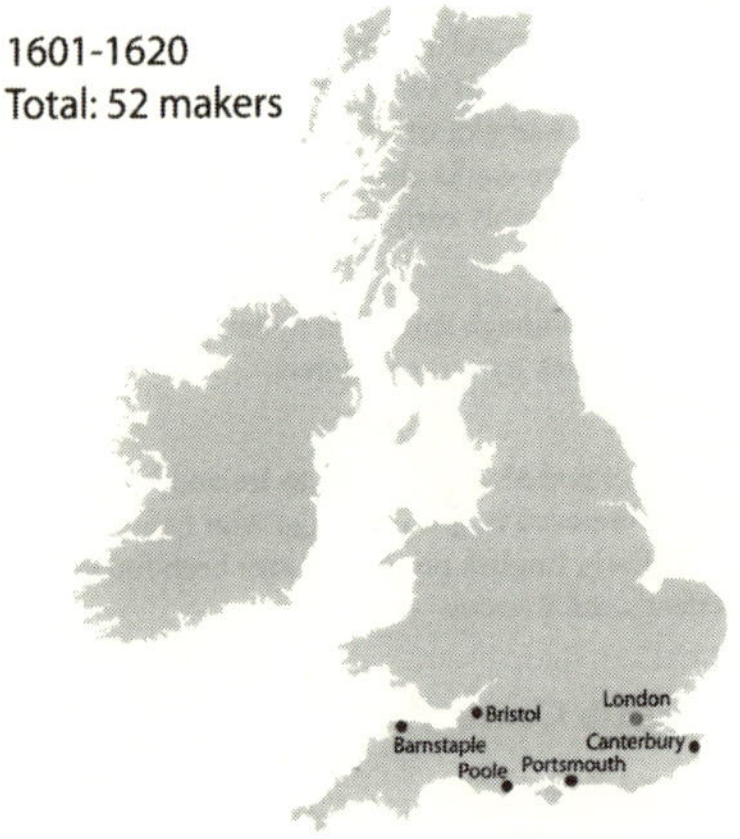

図３−７　1601−20年代のイングランドのクレイ・パイプ生産地

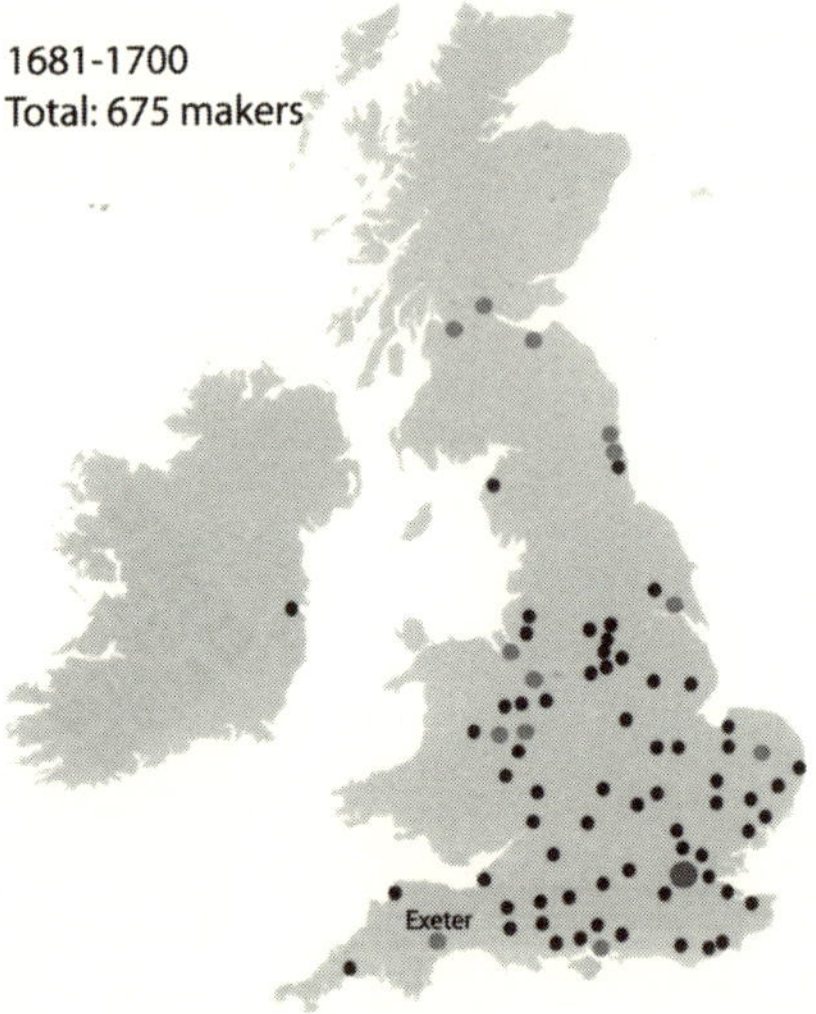

図３−８　1681−1700年代のイングランドのクレイ・パイプ生産地

トミンスターの組合がジェームズ一世王から勅許を受けている。これに署名しているのは三六人であるが、その後の追加署名者は計二六人で、一六一九年には少なくとも六二か所のクレイ・パイプの工房があったことになる（Oswald 1975, 7–8）。しかし、これらの工房はその材料の白粘土を、国王が独占権を与えた業者から買い入れるしかなかった（Atkinson & Oswald 1969, 172–201）。

一六四〇年代までにはクレイ・パイプの工房は全土に展開し、スコットランド・アイルランドにまで広がった（Atkinson & Oswald 1969, 201）。これは、英国クレイ・パイプ研究会のA・ピーシー（Peacy, Allan）によるクレイ・パイプ用窯の発掘調査からもわかる。ブリストルでは一六五二年にパイプ・メーカーのギルドが組織され、ロンドンに次ぐ生産拠点になった（Walker 1977, 11b, 452–455）。

P・デイヴィ（Davey, Peter）[12]は、一九七五年にA・オズワルド（Oswald, Adrian）が*British Archaeology Report*, 14に発表した「考古学者のためのクレイ・パイプ」（"Clay Pipes for the Archaeologist"）を、クレイ・パイプ考古学の一里塚とも呼ぶべき論文であるとしている。このなかでオズワルドは、一六一六年から五五年までにパイプ工房が存在した地点として、イングランドばかりでなくウェールズ・スコットランド・アイルランドをふくむ五一地点をあげている（Oswald 1975, 128-207）。

イングランドから離れたスコットランドを例にあげると、P・デイヴィは次のように報告している。スコットランドにおけるクレイ・パイプ工房の最初の記録は、一六二二〜五九年のエディンバラのウィリアム・バンクス（Banks, William）に関するものであるが、一六六七年になると、エディンバラには二四工房、グラスゴウには一一工房、その他合わせて四二のクレイ・パイプの工房が記録されている。一八世紀にはグラスゴウの三八工房を筆頭に四六工房が記録に残っているが、一九世紀になるとスコットランドの二七地点の合計で二六九工房に大幅に増えている。しかし、二〇世紀に入る頃には六八軒に減り、一九六七年には最後の工房が閉鎖された（Davey 2009, 119・122）（表3-3）。

表３－３　スコットランドのクレイ・パイプ工房数の変遷

年　代	17世紀	18世紀	19世紀	20世紀	1967
工房数	42	46	269	68	0

出典：P. Davey 2009

一方、アイルランド（現イギリス領北アイルランドをふくむ）にはイングランドのブリストルからの一五九七年の輸入記録が残っている。しかし、パイプ工房の記録としては一六四〇年が最初で、おそらくブリストルから移ってきた職人であろうとされる（Norton 2009, 75）。

オランダへクレイ・パイプを伝えたのはイングランドであるが、その後、クレイ・パイプの形状進化が先行したのは図3-9にみるように、むしろオランダの方である。

オランダのパイプ・ボウルはイングランドより先に大きくなったが、オランダの総督オラニエ公ウィレム三世（オレンジ公ウィリアム三世）[13] がイングランド王ウィリアム三世に即位（一六八九）することで、イングランドのパイプ・ボウルも大きくなったとする俗説がある。

イングランドではジェームズ一世王が一六一九年に与えたギルドの勅許、さらにジェームズ一世王後の一六三四・六三年の勅許によって外国産パイプの輸入は禁止されていた（Walker 1977, 11a, 265）。一七八九年のハウダ（Gouda＝ゴーダ）の記録でも、オランダ製パイプのイングランドへの輸入は完全に禁止されていた。とはいうものの、実際には課税された合法的輸入あるいは課税を逃れた非合法輸入は続いていたようで、一七一九年の記録によると、奴隷貿易用としてオランダ製の安価な粗製パイプの輸入は認められていた。これはおそらく、オランダで多く作られていたハウダ産パイプの粗製模造品であろう。確かに、イングランド出土のパイプにはオランダ製パイプの影響を受けたとおもわれるシェープがみられる。

　しかし、イングランドのクレイ・パイプのボウルが実際に大きくなり始め、ステム長も伸び始めたのは一六七〇年頃からである。その傾向が始ま

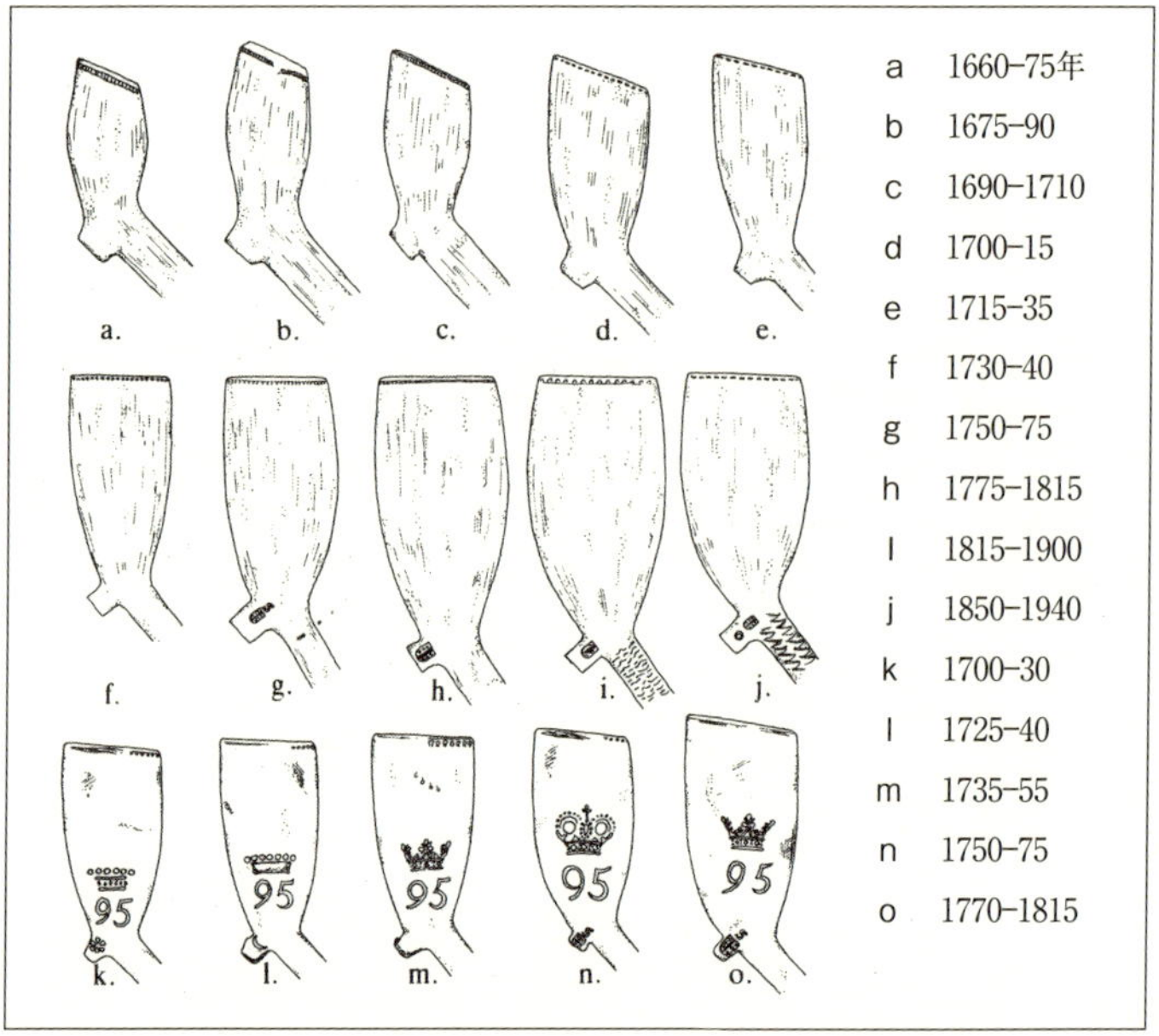

a	1660–75年
b	1675–90
c	1690–1710
d	1700–15
e	1715–35
f	1730–40
g	1750–75
h	1775–1815
i	1815–1900
j	1850–1940
k	1700–30
l	1725–40
m	1735–55
n	1750–75
o	1770–1815

図３－９　オランダのクレイ・パイプ形状編年図

表3－4　ステム長の変遷

年　代	inch	cm
1630～1640	6-1/2	16.51
1660～1680	10-13	25.4-33
1700年代	15-16	38-40.6
1800年代初	18	45.72

出典：Walker 1977

表3－5　イングランド製クレイ・パイプのステム煙道径による年代特定

ステム煙道の内径（平均値）		クレイ・パイプの製造年代
(inch)	(mm)	
9/64	3.57	1590-1620
8/64	3.18	1620-1650
7/64	2.78	1650-1680
6/64	2.38	1680-1720
5/64	1.98	1720-1750
4/64	1.59	1750-1780

出典：Deetz 1996

るのは、ウィリアム三世王が即位する二〇年ほども前になる。一八世紀に入ると、ステムの長さが三六センチメートルを超えるものも作られるようになったが（Walker 1977, 11a 13）、ステム長に関するさまざまな資料を整理すると表3-4のようにまとめることができる。

ステム長は、一七世紀初めには平均して三インチ（七・六センチメートル）ほどであったが、世紀半ば頃には次第に延び始め、一八世紀初めになると長いステムのパイプはオールダーマン（alderman）と呼ばれるようになった（Fairholt 1876, 173／Penn 1902, 150／Walker 1977, 11c, 984）。一九世紀中頃までには一八インチ（四五・七二センチメートル）に達する長さになり、チャーチワーデン（churchwarden）（図3-10）の名が付けられ、さらに長くなると、八〇センチメートルを越えるものまであらわれた。チャーチワーデンとは英国教会の教会委員を指すのだが、教会委員が喫っていたことからこの名が付いたとされている。オールダーマンは地方議員を指す。オールダーマンやチャーチワーデンのような細くて長いステムのパイプはストローと呼ばれることもあった。

一方、北米で出土するイングランド製クレイ・パイプの研究者たちは、ステムが多数に分断した形で出土することから、ステム長で年代特定をすることより、むしろステムの煙道径から年代特定をする手法をとる（Deetz 1996, 27-28）。ヴァージニア州のジェームズタウンで調査にあたっていた考古学者のジーン・ハリングトン

(Harrington, Jean) は年代が特定されているボウルに付いているステムの煙道の径からステムの編年を特定する手法を編み出した。年代にともなう煙道径の減少が比較的平均して進んでいることから、年代特定の指数としてとりあげた。これによって圧倒的に出土数が多いステムの年代特定が容易になった。この手法によって得られた、ステムの煙道径からみたイングランド製クレイ・パイプの年代区分を表3-5に示す。

ヴァージニア大学のジェームズ・ディーツ (Deetz, James) によれば、上記の年代測定法はイングランド製クレイ・パイプには当てはまるが、オランダ製クレイ・パイプには適用できない[14]。ステムの煙道径とボウル形状編年との関連がまだ特定されていないからである (Deetz 1996, 29)。ディーツは、クレイ・パイプのステムが長くなったのは、タバコの価格低下にともなってボウル形状が大きくなることにより、喫煙量または喫煙時間が増加し煙の温度が上昇したので、ステム長の延長と煙道径の縮小がもたらされたとする説を唱える (Deetz 1996, 27–28)。

このディーツ説のように、ステムが長くなったのは長い煙道で煙の温度が下がり柔らかな喫煙ができるからだとする説を多くみる。しかし、煙がかなりの流速でわずか三〇~四〇センチメートルの煙道を外気に触れずに通る間に温度が下がるという説には異論がある。むしろ煙道の径が狭くなることで煙の流速はさらに速くなり、ボウル内のタバコの燃焼温度は上昇にむかうはずである。

フェアホルト (Fairholt, F. W.) にみるように、ステムを長くすることでパイプを持つ腕を椅子の肘掛けに置いて楽な姿勢で喫うことができるようになったとする説もある (Faiholt 1876, 173脚注)。筆者は、むしろリラックスして喫うことにより、煙の流速が落ちて温度上昇が抑えられるので、柔らかな喫味になると考える。

オランダ製パイプの形状編年をみる限り、ボウル形状が大きくなる過程とステム長の増加過程は必ずしも一致せず、むしろパイプ製造技術の向上によって形状的に、よりバランスがとれたステム長とより細いステム径へと

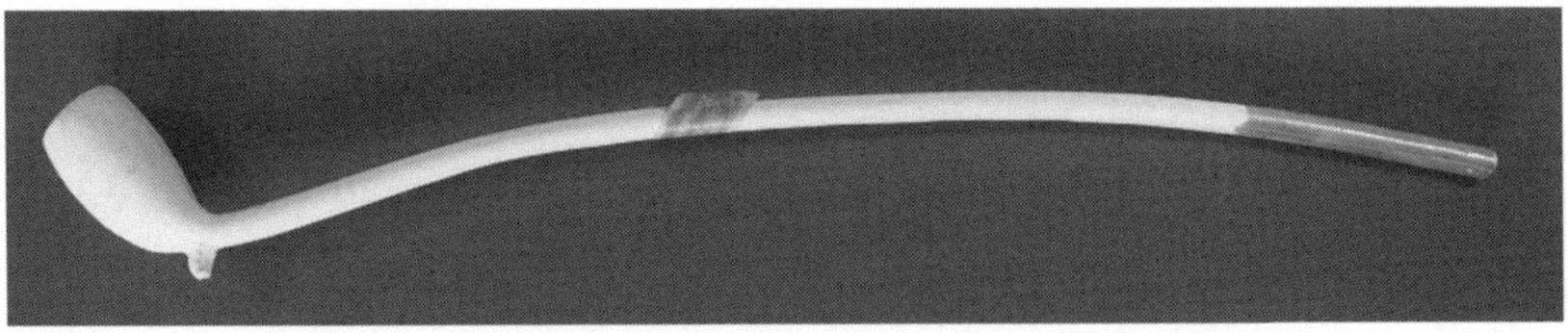

図３–10　チャーチワーデン・パイプ(オランダ製)

進歩したとみることができる。

イングランドでも盛んに作られるようになった長いステムのパイプは、もっぱら知識階級・商人などが多用し、オックスフォードやケンブリッジなどの学生も好んで用いた。ファッションにはなったものの、扱いにくい長さなので、労働者階級は短いパイプを愛用し続けた。もちろん、長ステムの方が高価であるという経済的な理由もある。もっとも労働者階級も、くつろいでタバコを喫う時はチャーチワーデンを用いたという（Fairholt 1876, 162・164）（図3–10）。一般的には一九世紀のイングランドでは、利便性と経済性の両面から短いパイプが多用された（Walker 1977, 11a, 14）。

前述のディーツに従うなら、小さなボウルと短くて太いステムを持ったイングランドの初期のクレイ・パイプでは、少量のタバコを短時間でせかせか喫っていたはずで、長い時間をかけてくつろいで喫煙を楽しむようになったのはボウルが大きくなりタバコの量が増えることで、十分な量の煙をゆったりと喫えるようになってからである（Deetz 1996, 28）。

イングランドのパイプ・ボウルが何段階かを経て大きく発達したのは、主にタバコの価格低下によるものと考えられているが、タバコの加工度があがったことも無視できない。それまでは、乾燥したタバコの葉を細かく揉《も》んで粉状にして使用していたのが、湿度を保つことで柔らかな味を得ることができるようになった。その結果、ボウルを大きくしなければ詰めにくくなったのである。

地方のクレイ・パイプ生産には、材料のカオリン（白粘土）や窯の燃料用石炭の調達、そして金型《かながた》を作る鍛冶屋の存在が重要なのはいうまでもない。一般的には、ロンドンやブリストルのような大量生産地のパイプ・シェープが地方に点在する小さな工房のシェープに影響を与えていたが、クレイ・パイプの金型を供給する鍛冶屋などが工房へ新しいシェープを売り込んだケースもあったようだ。

ハウダ（Gouda）に集中したオランダのパイプ生産とは対照的にイングランドのクレイ・パイプ産業は全国に分散したことで、一七世紀の末頃には地方ごとにパイプ・シェープの違いがみられるようになる（Higgins 2009, 41）。ハウダのボウル・シェープの変遷に工房間のばらつきは少なく、ヒール・マークのギルド登録制を持つオランダに比べて、イングランド産クレイ・パイプの国外での出土品の年代特定を困難にしているのは、このような理由からであろう。

バーミンガムの西北五〇キロメートルにある人口五千に満たなかったブローズリーの町には、宿屋（inn）が宿泊客のために自家製パイプを用意していたとする記録が残っている（Atkinson 1975, 15）。一説では、一九世紀前半に緩やかなカーブが付いた長いステムのクレイ・パイプが作られチャーチワーデンと呼ばれ始めたのは、このブローズリーだとされる（Walker 1977, 11c, 984）。一八一九年、あるいは一八四〇年とする説だが、これは製造が始まった年、あるいはチャーチワーデンと名づけられた年のいずれかは明らかでない。この名が初めて文書にあらわれたのは一八六三年とする説もある。

一八世紀の中頃には、素焼きで吸水性のあるクレイの吸い口に唇が引っ付くのを防ぐためにマウスピース部に赤いワックスを塗布したものが売り出された（Fairholt 1876, 173／Penn 1902, 150）。これは一七〇〇年頃にオランダで始まったもので、今日のチャーチワーデンにも茶色のワニスで着色を施したものがみられる。クレイによって唇が癌にかかるとする風説が流れたので、ワックスを被《かぶ》せることが始まったとする俗説もある。

一七世紀の後半に入る頃には、スペインに始まりフランスの宮廷を中心に流行していたスナッフがヨーロッパの社交界でもてはやされるようになり、イングランドの宮廷でも流行の兆しをみせていた。一六六六年のロンドン大火の原因がタバコとされたこともあって、一時はパイプを凌駕する勢いで広まった。スナッフは一八世紀のイングランドでは洒落者たちあるいは上流階級の間で流行していたにもかかわらず、中産階級のジェントリー・クラスそして労働者階級ではパイプ喫煙には根強い支持が続いた（Atkinson 1975, 12）。[15]

一九世紀に入りナポレオン戦争（一八〇〇～一四）の頃になると、出兵していたイギリス兵がすでにスペインで流行し始めていたシガーを持ち帰り、これまたイングランドでの流行をもたらした。ウェリントンがポルトガル・スペイン軍と連合して、ナポレオンをイベリア半島から追い出した半島戦争（一八〇八～一四）の後、シガーの輸入禁止が解かれ、さらに関税が半分に下げられ、一八三〇～三二年になると急激に輸入が増えた。しかし、一八四〇年代のイングランドではシガーはあくまでも上流階級の間でもてはやされる貴族趣味とみなさていたようである（Cannon 1997, 921）。スナッフとシガーについては第4章4節で扱うことにする（一一五頁以下）。

6　ブライアー・パイプ

G・L・アパーソン（Apperson, G. L.）は、一九一四年刊の英国喫煙史の古典ともいうべき *The Social History of Smoking*（喫煙社会史）に、次のように記している。

タバコ・パイプを作るために、フランスの南に位置するコルシカその他の地方で採れるホワイト・ヒース（エリカ・アルボレア）の根を使うことが一八五九年頃、わが国へもたらされた。brier または briar は可愛い花をつけるが、棘の多い野バラの briar とは関連がない。フランス語の bruyère に由来する言葉で、ホワイト・ヒースの根が最初は bruyer、その後 briar あるいは brier と呼ばれるようになった。オックスフォード辞典には一八六八年二月八日の *Tobacco Trade Review* 掲載の広告を引用して「Bruyer Wood を使ったヒース・パイプ」を掲げている。

（Apperson 1914, 176より拙訳）

一八七六年にはF・W・フェアホルト（Fairholt, F. W.）がその著 *Tobacco : Its History & Associations*（タバコ：その歴史と関連事項）ですでにブライアー・パイプに言及している。

木製のパイプはすでにわが国へ紹介されているが、ブライアーの根で作られたパイプは店頭でも良くみかける。しかし、値段は高く一本が三シリングもする。（Fairholt 1876, 198–199より拙訳）

同じく一八七六年のA・シュタインメッツ（Steinmetz, A.）による *SMOKER'S GUIDE* にも、次のように記されている。

ブライアー・ルートや他の木製パイプには利点がある。すなわち、クレイやメアシャムのように簡単に熱くならないのである。（Steinmetz 1876, 71より拙訳）

しかしシュタインメッツは、その一九年前、一八五七年に著わした *TOBACCO: Its History, Cultivation, Manufacture and Adulterations*（タバコ：その歴史、栽培、製造および添加物）では、シガーには言及しているがブライアーについては全く記述がない。G・K・ホームズ（Holmes, George K.）も、ブライアー・パイプがもたらされたのは、一八五九年になってからとしている。しかし、これは単にアパーソン説に従ったにすぎない（Holmes 1919, 399／Rapaport 2005–2006, 2）。

いずれにしろ、一八五四年頃にサン・クロード（仏）でブライアー・パイプが作られ始めてからわずか五年ほどのちに、イングランドでもブライアー・パイプが出回り始めたということになる（第6章一五九頁以下）。

クレイ・パイプより高価であるが、ボウルが容易には熱くならないうえに、クレイやメアシャムに比べて耐久性に優れることから、シガーやスナッフの流行で少々下火になったパイプ喫煙が再び息を吹き返すことになる。

この頃になるとイングランドには、タバコやパイプを扱う商会があらわれ始めた。一八六〇年にはドイツ移民のC・オッペンハイマー（Oppenheimer, Charles）が開業し、一八七〇年にはGBDブランドのブライアー・

パイプをフランスから輸入し始めた。ロンドンでブライアー・パイプを作り始めたのは、ルイズ・ブルムフェルド（Blumfeld, Louis）が最初とおもわれるが、確かではない。一八七六年にはブライアー・パイプとして初めての商標登録がBlumfeld's Best BriarからとったＢＢＢでなされている。ＢＢＢ（スリーＢ）はのちにBritain's Best Briarの意味に変えられた（八九頁の図3-11）。

オッペンハイマーは、一九〇二年にはＧＢＤ（パリ）のロンドン工場を共同所有することになる。これにより、英国向けパイプの生産はフランスから英国へ移された。サン・クロードで製造したボウルを買い入れて、パリの工場同様にマウス・ピースを付けて最終仕上げをする工程をロンドンで行った。ＧＢＤパリはフランスとその植民地、ベルギー、スイス、イタリア、スペインなどを市場とし、その他はＧＢＤロンドンに委ねることになった。この頃オッペンハイマーの義弟アドラー（Adler, Louis）が経営に加わり、一九二〇年代までにはＢＢＢ、コモイ、ローウェなどのパイプ・ブランドを買い取り、経営の主体もアドラー家[16]に移った（Schrier 2006, 128–129／Cole 1990, 13・20）。

一方、英国の隣国アイルランドのダブリンでは、一八六五年にドイツ出身のカップ兄弟（Friedrich and Heinrich Kapp）がパイプおよびタバコの販売を開始し、まもなくブライアー・パイプの製造を始めた。やがて、ラトヴィア出身のピーターソンが加わり、一八九〇年には有名なピーターソンのドライ・システムが発表され、一八九八年には特徴的なマウス・ピースが紹介されて好評を得た。

一八九九年には、オーリックがパイプの製造を始めた。一九〇七年になって、アルフレッド・ダンヒルが開業した。

アルフレッド・ダンヒルの娘マリー・ダンヒルが一九七九年に刊行した*Our Family Business*によれば、一族はノッティンガムシャーの小さな農家の出身だが、ロンドンで馬具販売業を営むようになり、アルフレッドは一八九七年にこれを引き継いだ。ちょうど一八九〇年代半ばには自動車や自転車が走るようになり、馬具の需要が急速に減り始めるのをみてとったアルフレッドは自動車の販売業に転じた。成功を収めたこの仕事を売却すると、一九〇七年にデューク・ストリートにタバコ店を開業した（Dunhill, Mary 1979, 16–20）。シガーのほかに、業者から仕入れたメアシャムやカラバッシ・パイプそしてブライアー・パイプも扱っていたが（Dunhill, Mary 1979, 39–40）、地下の作業場では手巻きでシガレットも製造した。アルフレッド自身は、タバコのブレンダーとして優れたパイプ・タバコを作り非常に好評を博した。それぞれのミックスチュアには番号が付けられ「My Mixture 台帳」にレシピを記録し、客の求めに応じたミックスチュアを提供するようになった。

しかし、ダンヒルのミックスチュアを喫うにはメアシャムやカラバッシは壊れやすく、既製のブライアー・パイプは質が悪すぎるとして、一九一〇年には自社パイプの製造を始めたが、最初は二人の職人を使って店の二階で製造を開始した。ダンヒルがブライアー・パイプ製造を手がけた直接のキッカケは、アルフレッドが自動車販売業時代の一九〇四年に、乗車する人たちを対象に風防付きパイプを考案して作らせたことだとされる。これが、ダンヒル最初のパイプということになろう。一九二八年のダンヒルのカタログには三種が載せられている。

ダンヒルのパイプは高価格にもかかわらず好評を得たので、店から少々離れた場所に工場を開き数人の職人を雇い入れ増産にとりかかった。一九二四年になると、有名なダンヒル・ライターが開発され、これまた大きな成功を収めることになる。

ところで、この一九二四年にはアルフレッド・ダンヒルの著書として *The Pipe Book* がロンドンとニューヨークの出版社から刊行された。一九六九年には息子アルフレッド・ヘンリーの序文で復刻され、一九九九年には孫のリチャードの序文によってロンドンとニューヨークで再復刻された。この書は、パイプ史のバイブル的扱いを受けることもあるが、今日では多くの誤りが指摘される。その記述の多くは、一八七六年のフェアホルトや一九一四年のアパーソンの著書に準拠しているのだが、果たしてこの書がアルフレッド・ダンヒルの筆になるかが疑問になる。

子アルフレッド・ヘンリーは一九六九年版の序文で父アルフレッドの執筆としているが、孫リチャードは五頁にわたる序文でダンヒル家の歴史を述べるなかで、一九二四年に祖父が著述したとは書いていない。父アルフレッドについて詳細にわたって記しているマリー・ダンヒルの *Our Family Business* には、この書についてはおろかアルフレッドが著作に励んでいたことも一切記述がない。

この頃、アルフレッドはニューヨークやパリなどへの海外進出を果たしながらも、経営の中枢から遠ざけられ、外に子供をもうけたことなどから家族との間がギクシャクしていた時期にあたる。父アルフレッドは、学校嫌いで読書をしなかったとマリーは書いているので、果たしてこれだけの著作をみずからものにすることができたであろうか。リチャード・ダンヒルによる一九九九年版の序文には、コレクションの管理に学芸員が雇われたとあるので、その所蔵する世界各地の喫煙具コレクションをもとに学芸員などに書かせて「アルフレッド・ダンヒル著」として刊行した可能性も考えられる。

7　シガレット

スペインはスナッフとシガーを旧大陸へもたらしたばかりでなく、一九世紀の後半になるとシガレットを広めることになる（Dunhill, Alfred 1961, 16–20）。スペインの植民地メキシコではタバコをトウモロコシの皮や他の植物の葉で巻いて喫っていたことから紙で巻くことが始まり、スペインからトルコ、さらにロシアへ伝わったとする説がある。一八五三年から五六年のクリミヤ戦争に出兵したイングランド兵がこの簡便な喫煙法を持ち帰り故国での流行をもたらしたとするのが、これまでの定説である。

ところが、一八四〇年代後半にはすでにイングランドでは、きわめて小規模ながら手巻きの紙巻タバコが作られていて、クリミヤ戦争から帰還した兵士がさらに広めたことで需要が増えたとする説もある（Alford 1973, 123）。とすると、第7章でとりあげるスペインとほぼ同時ということにもなる（二〇一頁）。いずれにしろ、一八五七年には黒海沿岸のオデッサ（現ウクライナ共和国）からきたギリシャ人のテオドリディ（Theodoridi）がイングランドで手巻シガレットの製造を始めている。初期の手巻シガレットはロシアで行われていたように、芦の茎などで吸い口を付けたものであった（Alford 1973, 123–124）。

もっとも、紙巻きをイングランドで流行らせたのは、長年ロシアやトルコに住んだ文筆家のローレンス・オリファント（Olliphant, Laurence）だとするW・A・ペン（Penn, W. A.）の説もある（Penn 1902, 197）。G・L・アパーソンも同様な説をとる（Apperson 1914, 181）。

一八六〇年後半までには、トルコ葉に代わってヴァージニアの黄色葉が使われるようになり（Cannon 1997, 921）、七〇年代には、簡便な手巻シガレットはイングランドですっかり定着していた。

ところで、シガレットに適したタバコとしてシガレットの普及に貢献したヴァージニア葉には次のような逸話がある。

一八三九年の湿気の高いある夜、ノース・カロライナの葉タバコ乾燥小屋で作業員の黒人がうっかり居眠りをしていて、目を覚ました時には、乾燥のための焚き火が消えてわずかにおき火が残っていた。慌てた黒人は湿った薪で新しく火をおこす代わりに、近くの穴に残っていた消し炭を放り込んだ。炎と煙を出さずに強い火力を得た乾燥小屋では、それまでにはなかった明るい黄色の葉が仕上がった。味も良く、これが高値を呼び、それまでの四倍の値が付いた。（Tilley 1948, 129／Alford 1973, 124–125より拙訳）

新しい喫煙法であるシガレットが新大陸のアメリカ合衆国へ持ち込まれると、自動巻機械が開発されることになる。ヴァージニアのジェームズ・ボンサック（Bonsack, James A.）が、タバコ製造会社のアレン&ジンター社（Allen & Ginter）の懸賞に応募し、紙巻タバコの自動巻機を開発し、一八八一年には特許を得た。それまで熟練女工が一分間に四~五本巻いていたものが、ボンサック機では五〇倍の二〇〇から二五〇本巻くことが可能になった。しかし、開発当初は機械的な初期問題も残っていて、アレン&ジンター社は最終的にはボンサック機の正式採用を見送った（Wagner 1971, 37／Alford 1973, 143／Voges 1984, 48／Hirschfelder 1999, 9 & 34）。

ところが、同じノース・カロライナのＪ・Ｂ・デューク（Duke, James Buchanan）が一八八三年にこれを採用し、一八八五年にはボンサックとの間にロイアルティ契約を結び機械巻シガレットの大量生産を始め、一八八九年までには全米最大のシガレット・メーカーになった。一八九〇年にはアレン&ジンター社をふくむ多くのタバコ会社が合併してアメリカン・タバコ会社が創設された（Wagner 1971, 36–37／Hirschfelder 1999, 109–111）。

イングランドでは、すでにインペリアル・タバコの前身であるウィルズ社のロンドン工場がポーランド移民の指導を受けて手巻シガレットの製造を始めていたが、一八七四年にはその発祥の地であるブリストル工場でも生産を開始した。一八八三年にパリでボンサック機の展示をみたウィルズは、いち早くその導入を決め、ボンサック社との間で英国および英国領でのボンサック機の独占的特許実施権を契約した。もちろん、イングランドでもシガレットの自動巻機は開発されていたが、ボンサック特許に抵触するうえに、ボンサック機にはるかに劣る性能のために、ウィルズ社は英国の紙巻タバコ市場を席捲することになった（Wills 1936, 64／Alford 1973, 143–157／林屋邦訳監修 Comin & Aceña 2005, 8）。

一九〇一年には主な紙巻タバコ・メーカー一三社を統合してインペリアル・タバコ会社（Imperial Tobacco Company of Great Britain and Ireland）が発足し（Cannon 1997, 921）、一九〇二年にはインペリアル・タバコとアメリカン・タバコの間で、ＢＡＴ（ブリティッシュ・アメリカン・タバコ）が創設された。

しかし、シガレットの大流行にもかかわらず、サッカレー（Thackeray 1811–63）の名言、

パイプは、哲学者の唇から英知を引き出し、愚か者の口を閉ざす。

（Laufer 1924, 36より拙訳）

にみられるように、イングランドのパイプ喫煙は近年まで根強く支持され続けたのである。

8　カラバッシ・パイプ

二〇世紀初頭に英国へ持ち込まれ、欧州の一部および米国・カナダへ広められたパイプにカラバッシ・パイプがある。コナン・ドイルの作品には出てこないものの、シャーロック・ホームズが銜《くわ》えたとされ、マーク・トウェインが愛用したことで良く知られるカラバッシだが、今ではあまり目にすることがない。しかしその稀少さ故に、しばしばパイプ喫煙のシンボルとして扱われることが多い。英国のリヴァプール大学に本拠を置く国際パイプ・アカデミーはそのマークにカラバッシ・パイプを用いる。カラバッシ・パイプの記述がないダンヒルの *The Pipe Book* でさえ、その二つの復刻版は表紙にカラバッシ・パイプの図柄を載せている。カラバッシ・パイプを喫うサンタ・クロースの絵も多くみうける。

カラバッシ（calabash）は、南アフリカ産のウリ科の植物（学名 Lagenaria vulgaris）で瓢簞《ひょうたん》の一種であるが、西瓜・カボチャなどの仲間でもある。パイプにはカラバッシの首の部分を利用するのだが、イングランドへもたらされたキッカケは一八九九～一九〇二年の第二次ボーア戦争(17)（南アフリカ戦争）とされる。ここでも、戦争が普及にかかわっていたことになる。

ボーア人（Boer）、すなわちオランダ系白人が定住していた南アフリカのトランスヴァール共和国とオレンジ自由国に対して連合王国(18)が仕掛けた戦争であるが、初戦は苦戦を強いられたもののオーストラリア、ニュージーランド、カナダからの志願兵も加わった圧倒的兵力によって二年半後には講和が成立した。戦いに加わった兵士

たちの喫煙には、壊れやすいクレイ・パイプあるいは、供給が十分ではなかったブライアー・パイプが用いられた。

一八九九年、ボーア戦争が勃発してまもなく、ロンドンでパイプ業を営むブラター&サン商会（Blatter & Son）の一〇代後半の子供たち、アーネスト・ブラター（Blatter, Ernest）と姉のマーゲリート（Marguerite）が、戦争を商機と考えてケープタウンへ向かう船に乗り込んだ。ケープタウンで小さなパイプ店を開業したが、三か月後には異母兄弟のヘンリー・ルイズ（Henry Louis）も加わり、兵士相手のビジネスは大繁盛した。しかし、本国からのブライアー・パイプの供給は十分でなく、原住民が使っていたカラバッシで代用パイプを作って売ることを思いついた。これが、人気を博し帰還兵の土産品としての需要も多かった。その後、もう一社のFoxも加わり、ケープタウンでのカラバッシ・パイプは大成功を収めた（Schrier 2006, 13 & 28）。

The History of The Calabash Pipe（カラバッシ・パイプの歴史）にH・L・ブラター（Blatter, H. L.）[19]の記述を引用したG・B・シュリーア（Schrier, Garry B.）によれば、ヘンリー・ルイズは戦いが終わり兵士の引き上げによって売上が急落したことから新市場開拓をもくろみ、一九〇二年に製品を大量に積み込みロンドンへ乗り込んだ。しかし、本国での拡販の試みはものの見事に失敗に終わった。柔らかな喫煙が得られるうえに、喫い続けるうちにカラバッシが深みのある美しい濃褐色に着色する楽しみも十分には理解されずに、在庫の山を残したままケープタウンへ戻る羽目におちいった。ところが、翌年再びロンドンへ戻ってみると、事態は一変していて、在庫は底をつき新しい注文が待っていたのである。一九〇四から五年にかけて開催されたケープタウンの国際工業博では金メダルを授与され、ブラター兄弟のカラバッシ商売はピークを迎えた。

しかし、量産に必要なカラバッシ以外の材料はすべて本国からのとりよせで、運賃もふくめたコスト高に泣かされたブラター兄弟は、一九〇六から七年にかけて新たな市場をカナダに求め、移住することにした。一方、南アフリカからカラバッシのボウル材料を輸入することで、ロンドンやバーミンガムなどの本国で始められたカラバッシ・パイプの生産は、数年間は好調に続けられた。ブラター兄弟が移住したカナダや米国でも生産されるようになった。

ところで、カラバッシは現地人の什器として、水やミルクなどの容器、柄杓《ひしゃく》など、その用途は多岐にわたっていたが、ブラター兄弟以前にカラバッシが喫煙に用いられたことを記した記録は見当たらない。最初のオランダ植民の総督として一六五二年の四月にケープタウンに入植したヤン・A・ファン・リーベーク（Van Riebeeck, Jan A.）[20]は、その日記に次のように記している。

> カラバッシは内陸深くに自生し、ミルクを貯蔵し酸味のある美味なミルクやビールを作るのである。
>
> （Schrier 2006, 20より拙訳[21]）

ボーア戦争勃発の二三年前、一八七六年に刊行されたF・W・フェアホルト（Fairholt, F. W.）の *Tobacco: Its History & Associations* には、南アフリカでは雄牛の角で作った水パイプが大麻の一種を喫うのに用いられたと記されているが、カラバッシがタバコ喫煙に使われたとする記述はない（Fairholt 1876, 211／Schrier 2006, 22）。一九二四年刊のダンヒルの *The Pipe Book* にも、カラバッシは酒を飲む容器として記されているだけである（Dunhill, Alfred H. 1924, 8）。

ブラター兄弟が南アフリカを去ったあとも、カラバッシ製ボウル材の本国向け輸出は続いていたが、一九〇八年には英国市場だけで二〇万～二五万個の需要があったとされる。ところが、一九一〇年頃になると、南アフリカから送られてくるカラバッシ・ボウルの品質問題と需要の急落による価格問題もあって、ロンドン市場ではカナダやアメリカ向けに出荷する上級品が取引きの中心になり、消費者は再びブライアー・パイプに戻り始めていた[22]（Schrier 2006, 31–32）。

南アフリカでは、パイプ用の需要によってカラバッシが栽培されるようになっていたが、首部の形がパイプに適さないものも多く産出され、表皮の傷の有無や色なども品質の要素とされた。わが国の瓢箪のように棚を作らないので、結実すると板を下に敷いて傷を防ぎ、小さな棒で首部を整形する方法がとられた。首部を切りとってパイプ・ボウルにするのだが、ボウル上縁部を銀などでカバーするか、メアシャムやクレイ製のボウル・カップを付け、ステムにはエボナイトや琥珀あるいは竹が用いられた（図3-11・12）。

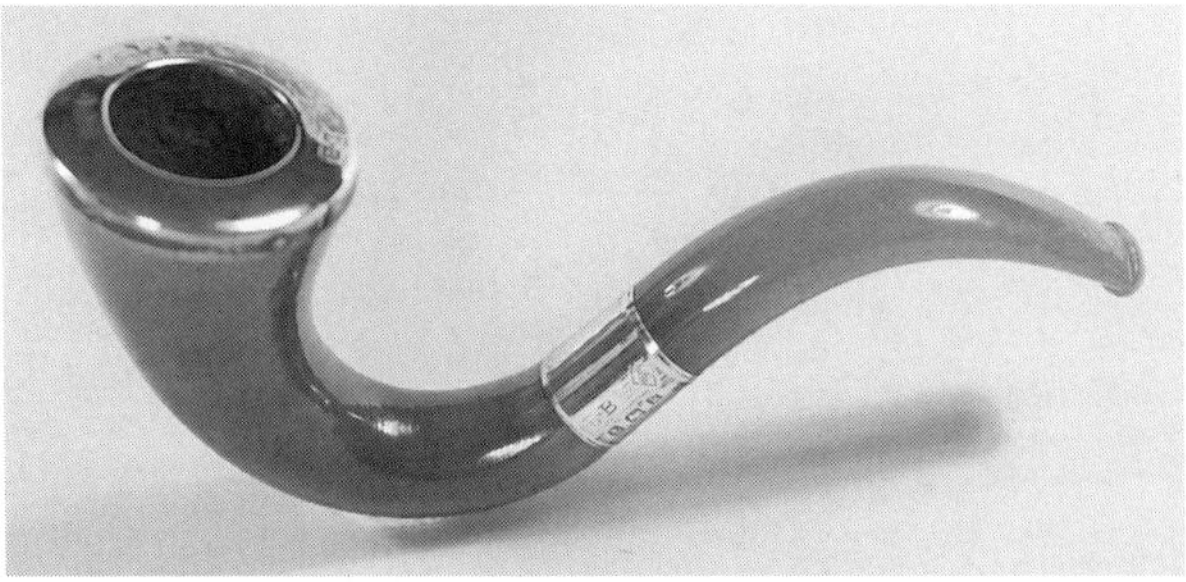

図3-11　1909-10年の Louis Blumfeld（L-B/BBBマーク）琥珀ステム（81頁）

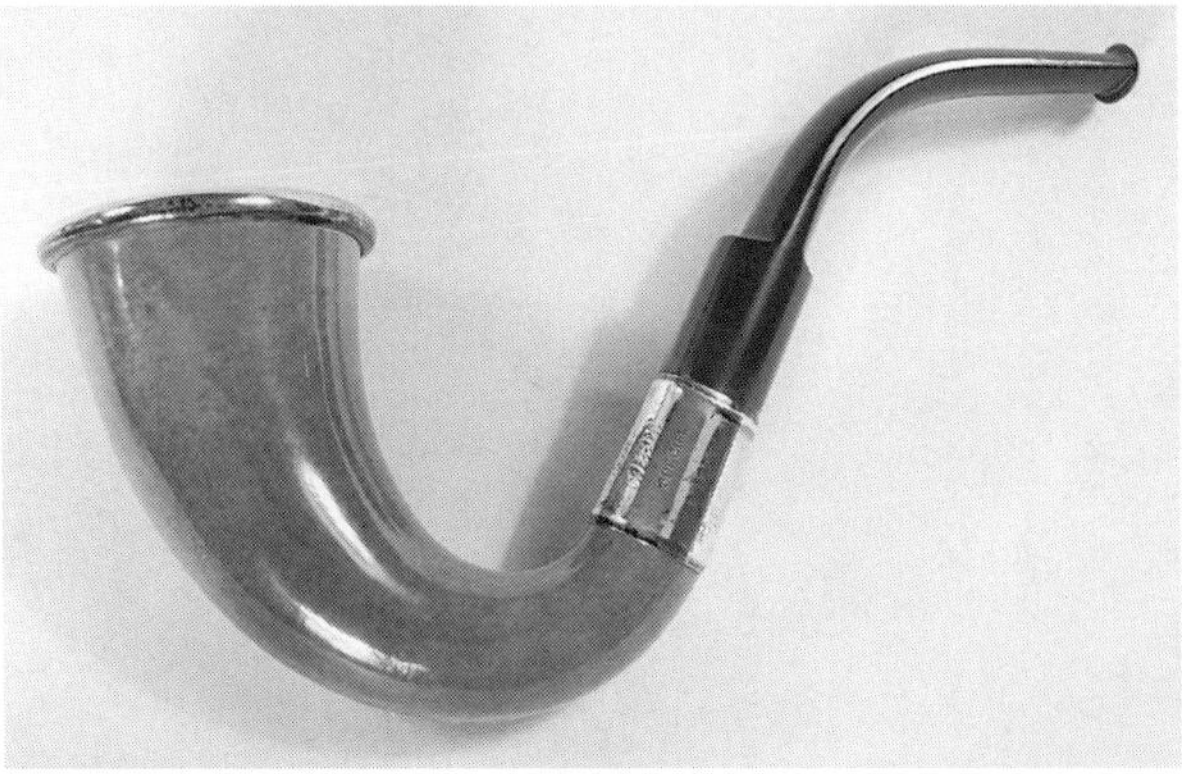

図3-12　1910-11年の Albert Baker & Co.製（AB&Cマーク）エボナイト・ステム

図3-13　カラバッシ・シェープのブライアー・パイプ

一九一四年までには、英国でのカラバッシ・ブームは去ったが（Lopes 2004, 30）、カラバッシ・パイプの生産は英国ばかりでなく、カナダ、アメリカ、オーストリアなどでも続き、近年はカラバッシ・パイプのシェープのブライアー・パイプをみかけるようになった（図3-13）。

（1）ウォルター卿の Raleigh の綴りには複数種あるが、カナ表記についてもローリィ、ラーレーなどがある。

（2）現在のノースカロライナ州のロアノーク島。

（3）第一次のロアノーク島ではなく、現在のヴァージニア州のジェームズ・タウン周辺。

（4）De Bry, Theodore : *De Bry's Voyage.* 一五九九年にラテン語とドイツ語で刊行。この項はポルトガル人 Niño Sylva が書いた。

（5）原題：*A Summarie and true discourse of Sir Francis Drakes West Indian Voyage*, London, 1598.

（6）Arents, vol.2, no.136.
Field, Nathaniel : *Amends for Ladies*, London, 1618.

（7）Bell, Walter George : p.94.（*Reliquiæ Hearnianæ*, 1720, Jan. 21）
Porter, Stephen : p.47.（Nicholson : *Historical Sources*, 118. *Diary of Pepys*, vol.6, 120）

（8）Robert, Joseph C. : *The Story of Tobacco in America*, 8-9.
Thompson, John M. ed. : The Journals of Captain John Smith, 180.
ジョン・ロルフは一六一〇年にヴァージニアに着任したが、西インドで得たタバコの種子で、ヴァージニア最初の換金作物の栽培を始めた。ヴァージニアのタバコは喫煙用として辛すぎたが、カリビアからもたらされたタバコはジョン・ロルフによれば「喫い心地がよく、柔らかな味ながらも十分に強い」。
ジョン・ロルフは一六一六年に若い妻ポカホンタス（レベッカ）をともない帰国し、レベッカをイングランドの社交界へデビューさせたが、ヴァージニアへの帰路の船上で、レベッカは肺炎（または結核）で死去する。

（9）Lindsay, J. S.: *Iron and Brass Implements of the English House*, 65, 66 rev. and enlarged ed, Massachusetts, 1964/original 1927より引用.

(10) yeoman＝自営農民階層。

(11) Walker, I. C.: "Some notes on the Westminster and London Pipemakers Guild", *Trans. Lond. And Mddx. Arch. Soc.* [ロンドン・ミドルセックス考古学会紀要], 23, Pt. 1, 1971より引用.

(12) Davey, Peter 編：*BAR British Series* 63, 3.（ＢＡＲ＝英国考古学報告）リヴァプール大学教授（考古学）、二〇〇七年より一三年までリヴァプール大学に本拠を置く国際パイプ・アカデミー（学会）会長。ＢＡＲの *The Archaeology of the Clay Tobacco Pipe* の I–XIX の編者。

(13) オレンジ公ウィリアム三世。英国王チャールズ一世の王女メアリーとウィレム二世の間の子。英国王ジェームズ二世の王女メアリー二世と結婚して共同王位（一六八九年）に就いた。

(14) 筆者が加わって実施したオランダ人研究者 Bert van der Lingen による長崎・出島のオランダ商館跡から出土したクレイ・パイプ破片の調査（二〇〇二・〇三・〇四・〇八年）でも、ステム煙道径による年代特定の手法はとらなかった。

(15) ジェントリー（gentry）：郷士階級、貴族階級の次に位する階級。

(16) 初代の Charles Oppenheimer から数えて現在の Michael Adler は八代目に当たる。その父である七代目の John Adler は二〇〇七年から〇九年まで国際パイプ・アカデミーの理事長を務めた。

(17) ボーア戦争：南アフリカのトランスヴァール共和国とオレンジ自由国に定住していたオランダ系移住者とその子孫はアフリカーナと自称していたが、英国の植民地相チェンバレンが推し進める帝国拡張政策によって、その植民地ケープを基地として、トランスヴァール共和国のクリューガ政権のクーデタによる転覆を図るなど積極的な危機醸成政策をとり、一八九九年一〇月に第二次ボーア戦争が勃発した。当初はボーア側の頑強な抵抗に遭い苦戦を強いられたが、イングランド、ウェールズ、スコットランド、アイルランドの他にカナダ、オーストラリア、ニュージーランドからも志願兵を得て、圧倒的兵力で一九〇二年五月に講和が成立し、トランスヴァール共和国とオレンジ自由国は大英帝国に併合された。しかし、その結果膨大な戦費による財政赤字と国債に苦しむことになり、外交的にも孤立の道をたどることになった。一九一〇年になって、白人の優越を制度化した南アフリカ連邦が成立した一九三三年には英連邦が正式に発足することになる。

（18） イングランドは、一五三六年にウェールズ、一七〇七年にスコットランドを併合してGreat Britainとなり、一八〇一年に北アイルランドを併合してUnited Kingdom（連合王国）となった。

（19） Blatter, H. L.：*The First Calabash ... here is the Story of How the Calabash Was Introduced to the Outside World as Told by the Man Who First Exported Them,* Pipe Lovers, Vol.3, No.7, July 1948, 200.

（20） Van Riebeeck, Jan Antoniszoon：一六四三年には長崎出島のオランダ商館に駐在していた（第8章二二二頁参照）。

（21） 原典：Willers, Kobus："Meerskuim en Kalbas", *Lantern,* Vol.43, No.4, 39, 1994.

（22） 原典："PIPE-CALABASH TRADE", *Natal Agricultural Journal,* Vol.11, 5, 1908.

第4章　ヨーロッパの集散・加工基地：オランダ

1　オランダのタバコ

オランダ最初のタバコ記述は、第2章（三七頁）にあげた一五五三年のドドネウスによる『生態描写植物誌』、続いて翌年の『ドドネウス本草誌』に収載されたルスティカ種である。いずれも〃黄色ヒヨス〃として掲げられたもので、これがタバコであることがわかったのは後世になってからである。一八世紀に入ると、わが国の平賀源内や大槻玄沢がこの『ドドネウス本草誌』をとりあげている。

これまでに述べているように、ヨーロッパへ持ち込まれたタバコの多くはタバクム種であるにもかかわらず、他のヨーロッパ諸国にさきがけて北アメリカのルスティカ種がオランダへもたらされた経緯はわからない。しかし、この書が刊行されたアントワープは、当時のヨーロッパで最も繁栄していた港町の一つであるから、一五五三年以前に北米大陸帰りの船がもたらした可能性はあろう。カナダをふくむ北アメリカでのパイプ喫煙報告としては、カルティエのカナダへの第二回航海（一五三五〜三六）の報告が最も早い（第2章三七〜八頁）。このドドネウスの『生態描写植物誌』がおそらく旧大陸に植えられた最初のルスティカ種の記述ということになろう。

第2章に掲げたように（四三〜五頁）、モナルデスのジャン・リエボーを引用したと思える記述では、ジャン・ニコーのタバコは、フロリダからもたらされたことになっているので、ルスティカ種であると考えられていた。しかし、第2章で述べたように、当時フランスでは「フロリダ」が新大陸の代名詞であったこと、さらにこのタバコは、ルイス・デ・ゴエスがブラジルからもたらしたことがわかっているので、タバクム種であることに間違いない。第3章でとりあげたド・ローベルはドドネウスと親交があったとされるが、〝黄色ヒヨス〟とされたルスティカ種のタバコがド・ローベルの記述によるタバクムと結び付くことはなく、これが喫煙に用いられることもなかった。

オランダで次にあらわれるタバコの記述は、一五八〇年二月に出された港町エンクハウゼン（Enkhuisen）[1]の布告である。定められた教会の祝日を守らせるために公布されたものだが、すこぶるプロテスタント的なこの布告には次のように記されている。

この日は酒場・居酒屋はいかなる人々にも昼夜を問わずビールやワインあるいはフランスのブランディなどすべての酒類およびタバコを提供あるいは販売をしてはならない[2]。

（Brongers 1964, 21–22／Duco 1981, 114・371より拙訳）

さらに、違反者には売買双方に六ギルダーを科するという内容である。教会の主日（日曜日）を守らせるために、ほぼ同じ布告が一六〇五年一一月に再び出されていることから、あまり効果がなかったのであろう。

さて、オランダの喫煙はイングランドからの伝来とするのが定説である。海を隔てた両国は最短でわずか一五〇キロメートルほどの距離で、ともにカトリックに対抗する勢力として交流があった。オランダが宗主国スペインからの独立を企てた時には、エリザベス女王は艦隊を送るなどの援助をしている。英・蘭の船舶の乗組員にも交流があり、ウィリアム・アダムズ（三浦按針）がオランダ船でわが国に到着しているのはその好例であろう。しかし、その後互いの権益がぶつかるようになると砲火を交えることにもなる。

エンクハウゼンの次にみられるオランダのタバコ記録は、レイデン（Leiden＝ライデン）大学に一五八八年一〇月から在学していたデルフトの医師ファン・デア・メール（Van der Meer, Wilem）の一六二一年一〇月付けの書翰である。*Tabacologia*（一六二二）の著者ヨハン・ネアンデール（Neander, Johann）に宛てたこの書翰には次のような内容が記されている。

　一五九〇年以前は喫煙を目にしなかったが、在学中、イングランド人やフランス人の学生が喫っていた。
（Dickson 1954, 131／Brongers 1964, 19–20／Arents 複刻版1999, Vol.II, 91／英訳より拙訳）

オランダへの喫煙伝来は、主として港湾周辺から船員たちによってもたらされ、次第に他の地方へ広まったとされることから、東インド会社の拠点として重要な港町であったエンクハウゼン、アムステルダムやロッテルダムなどで流行りだし、港から離れている大学町レイデンでは少し遅れて学生が喫い始めたということであろうか。このように、伝来経路は異なるものの、わが国とオランダは、ともにほぼ同時期に喫煙がもたらされたことになる。

新大陸からオランダへ送られてくる葉タバコは通常樽詰めか袋詰めであるが、ベネズエラや西インド諸島（アンティール諸島）からは一部、縄状にしたロール・タバコとして入ってくるものもあった。これは、縄タバコあるいはコード・タバコなどと呼ばれるが、ナイフで削ってパイプ喫煙に用いるほか、一七世紀の中期以降にはおろし金[3]で摺《す》り下ろして嗅ぎタバコ（ラペ）として使用するようになった（図4-1・2・3）。しかし、ロールにするさいにタバコの葉の絞り汁などで固められて、喫煙用としては強いタバコになっていた。このことから一般的には、揉《も》んで粉状に近い状態で使用する乾いた葉タバコが、より柔らかな味を持つ簡便なパイプ・タバコとして好まれたようである。ロール・タバコは、周辺国へも輸出されていたが、アフリカ最南端のインド航路の補給基地では現地の部族との家畜の交易にも使われていた（第8章二二二～三頁）。

スペインの植民地からは、主として葉タバコを輸入していたが、一六一五年頃にはすでにユトレヒト近郊でタバコの栽培を開始していた。一六三〇年にはユトレヒト近くのアーメルスフォールト（Amersfoort）周辺では一二〇戸がタバコ栽培に従事していたという（Brongers 1964, 71）。一七世紀半ばになると、イングランドの植民地の葉タバコ生産量が増えて、その最大の仕向地はオランダになった。パイプ・タバコ用としては廉価な国産タバコだけでは太刀打ちできないオランダは、これにイングランド経由で輸入したヴァージニア植民地のタバコを混ぜて、ヴァージニア・タバコとして再輸出していた。これにより、オランダはヨーロッパにおけるタバコの加工をふくめた一大集散地の役割を果たすようになった。国産タバコは、むしろ嗅ぎタバコやチュウイング・タ

図４−１　ロール・タバコ図

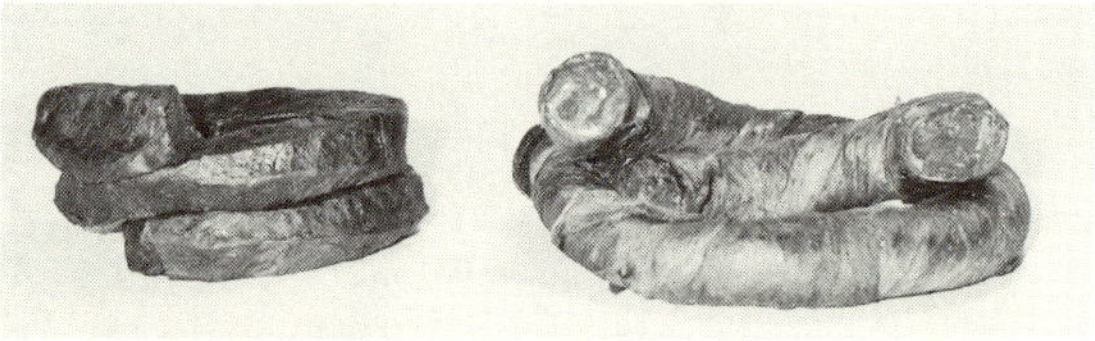

図４−２　ロール・タバコはナイフで削ってパイプで喫うか、ラープで擂りおろして嗅ぎタバコとして使用する（156頁の図６−５も参照）

図４−３　オランダ1623年の喫煙図（ロール・タバコをナイフで削ってパイプに詰めて喫煙）

バコ（噛みタバコ）用に多く向けられた（Brongers 1964, 76）。一八世紀も終わり頃になるとシガーが広まり始め、シガーのラッパーに不向きな国産葉タバコは打撃を蒙ることになる（Brongers 1964, 76 & 77）。

オランダでの加工は、葉タバコを刻んで作るパイプ・タバコや、葉軸を除いた葉で刻んだタバコをくるみながら縄状に仕上げるロール・タバコのほか、プレス・タバコも製造していた。一七世紀後半にはスペインやポルトガル市場向けにスナッフの加工も始まった（Brongers 1964, 79・89）。ほかにニンジンの形に似た紡錘形に固めたタバコ「キャロット」も作られたが、これは嗅ぎタバコ用に摺《す》りおろして使う（一一五頁）。

先に述べたように、一八世紀末にはオランダでもシガーが広まり始め、オランダ最初のシガー工場は一八二六年に操業を開始した。一九世紀末までには蘭印（現インドネシア）のスマトラ東海岸、西ボルネオ（西カリマンタン）などのプランテーションでシガー用葉タバコの栽培が始まることになる（Brongers 1964, 220／加納ほか 2001, 13–14 & 44）。

R・K・ヘイマン（Heimann, Robert K.）によれば、スペインの支配下にあったオランダでは一五五〇年頃にはタバコが植えられ、イングランドより早く喫煙が始まり、一人当たりのタバコ消費もイングランドより多かったことになる（Heimann 1960, 34・38）。これはドドネウスの〝黄色ヒヨス〟で喫煙が始まっていたとする極めて乱暴な仮説で、オランダでルスティカが喫煙に用いられたとする史料はみつかっていない。

ヘイマンはさらに、人口がはるかに少ないオランダはタバコの大市場にはならなかったが、イングランドはむしろオランダにとって格好の市場であったとしている。もちろん、オランダで加工された廉価なタバコがイングランドへ逆輸出される例は否定できないが、イングランドにとって、植民地からもたらされる葉タバコの最大の仕向地はオランダであった。

イングランドの植民地であるヴァージニアやメリーランド[4]から運ばれてくるヴァージニア葉は、一七世紀半ばを過ぎる頃にはオランダが主要仕向地になっていた。例えば、一六六八年にイングランドのプリマスに陸揚げされた一三〇万六〇〇〇ポンドのタバコは八〇％近くの一〇五万七〇〇〇ポンドが主としてオランダ向けに再輸出されていた（Price 1961, 6 note 6）。

これは、オランダが国産の低品質のタバコにイングランド経由のヴァージニア・タバコを混ぜて販売していたことと、イングランドが直接アクセスできなかったヨーロッパの内陸部への販売をアムステルダムやドイツのブレーメン、ハンブルグなどの仲介業者を通していたことによる。しかし、このためイングランドは、北海沿岸や北欧など北ヨーロッパ市場で、自国が供給したヴァージニア・タバコに低価格のオランダ産タバコを混ぜて「ヴァージニア・タバコ」として売られる競争品に脅かされることになった（Price 1961, 6–7）。

2　クレイ・パイプ

ここで、イングランドと並んで、パイプ喫煙の伝播に大きく貢献したオランダのクレイ・パイプの歴史に少々触れておこう。アムステルダム・パイプ博物館（Amsterdam Pipe Museum）館長D・H・デュコ（Duco, Don H.）[(5)]によると、オランダのクレイ・パイプ製造は一五八〇年にはすでにアムステルダムで始まっていて（図4-4）、家内工業的生産ながらも一六〇三年頃には工房の数も増え始めていた。その生産量は、一六三〇年代までは国内需要をやっと満たす程度であったにもかかわらず、一五九六年にはイングランドのブリストル向けに輸出された記録が残っている。このブリストルはのちにイングランド最大のクレイ・パイプ生産地になる。

ところで、わが国ではイングランドのジェイムズ一世王（在位一六〇三～一六二五）による禁煙政策によってクレイ・パイプの生産がオランダへ移ったとする説をみることがある。しかし、既述したようにエリザベス朝（一五五八～一六〇三）の一五八〇年までにはアムステルダムでクレイ・パイプの製造は始まっていて（図4-

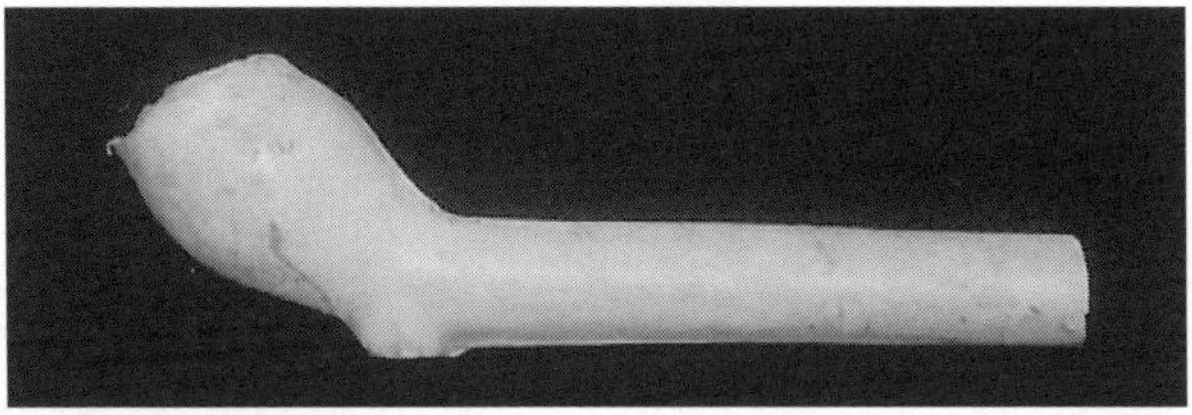

図4－4　現存する最古のアムステルダム製クレイ・パイプ(1592年)

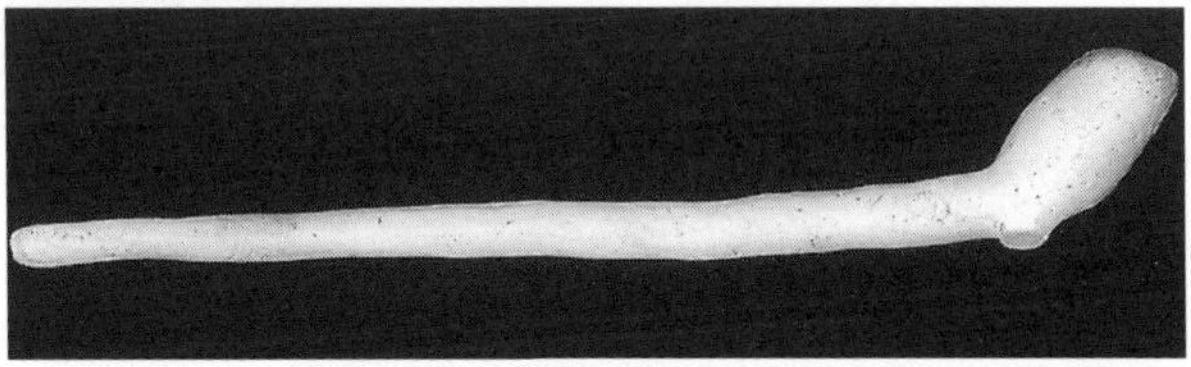

図4－5　アムステルダム製の初期クレイ・パイプ(1620年)

5）、一五八〇年二月には、エンクハウゼンではタバコの販売を禁じる布告が出されている。

W・A・ペン（Penn, W. A.）によれば、ジェイムズ一世王は禁煙政策をとったことはなく、タバコの関税を上げるとともに輸入数量規制および輸入許可制で消費抑制を試みたものの実効はなかった（Penn 1902, 38）。ジェイムズ一世には、オックスフォード大学での有名なタバコ攻撃の講演や一六〇四年刊行の *A Counterblaste to Tobacco*(タバコ排撃論)があるものの、その治世下でパイプ喫煙が衰えることはなく、むしろタバコに課した高関税で王室の財政は潤った。一六一九年に王がウェストミンスター（ロンドン）のパイプ製造業者の組合（ギルド）に勅許状を発行することでイングランドでのパイプ生産量はさらに増えることになる。

いずれにしろ、オランダのパイプ生産はイングランドから移った職人が始めたものとされるが、イングランドでの宗教紛争を逃れた職人が一六世紀末から一七世紀前半にかけてオランダへ移りパイプ造りを開始したとする説が最も有力である（Brongers 1964, 31）。確かに、エリザベス一世の死後（一六〇三年）からウォルター卿の処刑（一六一八年）の頃まではイングランドから移るパイプ職人が多く、オランダでのパイプ生産は増えている。イングランドから移った職人のなかには、金型や工具を携えて移住した者もいて、この時代のオランダ・パイプとイングランド・パイプには、形状による生産国識別が困難

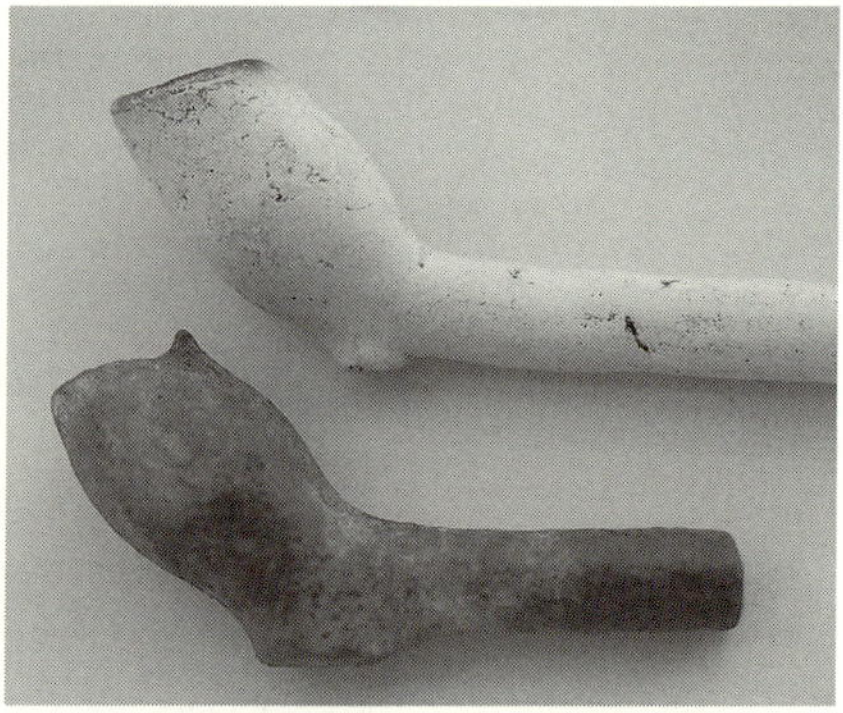

図4－6　イングランドとオランダの初期クレイ・パイプ（上：アムステルダム製1620年頃／下：ロンドン製1620–30年）

なものが多くみられる（De Haan 2004, 7）（図4-6）。

この頃イングランドでは、ヘンリー八世がローマのカトリック教会から分かれ、エリザベス一世の時代にその基礎を築いた英国教会に対して、急進的なプロテスタントが台頭しはじめていた。メアリィ一世時代から残るカトリックの抵抗もあって、宗教紛争の顕在化や王政と社会の矛盾からピューリタン革命の兆しがみえ始めた時期にあたる。

オランダのクレイ・パイプ研究者R・デ・ハーン（De Haan, Ronald）は、その論文にアムステルダムのパイプ職人トーマス・ローレンス（Lourens, Thomas）の例をとりあげている（De Haan & Krook 1986, 1・5）。T・ローレンスは一五九八年頃に移住してきた後、アムステルダムの英国改革派教会の一六〇七年の信徒名簿にロンドン出身のパイプ職人として登録されている。これは、同じくイングランド出身でアムステルダム在住のウィリアム・ボーズマン（Boseman, William）とともに、オランダの史料にあらわれる最初のパイプ職人である（Stam 2009, 93）。

I・C・ウォーカー（Walker, Iain C.）は、イングランド出身の印刷業兼パイプ職人が、一六一一年にアムステルダム在住のパイプ職人トーマス・ローレンスに対して起こした訴訟の記録を報告している（Brongers 1964, 32／Walker 1977, 11a, 264）[6]。

D・デュコは、他にも多くのイングランド出身のパイプ・メーカーの例をあげている（Duco 1981, 392–394）[7]。テューダー朝からステュアート朝に移ったことで、テューダー側の職人がイングランドから逃れたとする説もある（Brongers 1964, 33-34）。確かに、オランダの初期クレイ・パイプには王冠を付したテューダー・ローズのマークを多くみる。

　このほかに、オランダの総督マウリッツの時代にエリザベス女王が送り込んだ援軍の兵士が一六〇九年の一二年休戦条約[8]によって職を失ない、パイプ作りに転じた例もある。したがって、イングランドのパイプ職人のオランダへの移動は、これら複数の動機が重なっていたとみるべきであろう。しかし、この頃アムステルダムのパイプ職人の数はまだ少なく、市内の需要をかろうじて満たす程度であった。クレイ・パイプによる喫煙は急速に普及し始めたものの、脆《もろ》くて頻繁に買い換えが必要なパイプの需要が満たされるのは、一六三〇年代以後まで待つことになる。

　テューダー・ローズのマークは初期のオランダ・パイプに最も多く使われていたのだが、イングランドのバラ戦争の終了（一四八五年）によってテューダー王朝が成立し、ヨーク家の白バラとランカスター家の赤バラを組み合わせテューダー・ローズが生まれた。これが、エリザベス一世時代の自由と繁栄のシンボルとして、ジェームズ一世のステュアート朝になってからオランダへ渡ったパイプ職人によって多く使われた（Duco 1981, 376・397／Dalla 2004, 212）。

　一六四一年にハウダ（Gouda）[9]でパイプ・メーカーのギルドが組織されるまでは、イングランド出身のパイプ・メーカーの多くがテューダー・ローズをマークに使ったために紛争も多かった。一六二〇年頃のアムステルダムには一七軒のパイプ工房があったが、オランダ出身とされるのは一〇軒のみである（Duco 1981, 392／Dalla 2004, 212）。テューダー・ローズのマークを付けたパイプは長崎出島のオランダ商館跡の発掘作業でも多く出土するが（図4-7）、ニューヨークのニューアムステルダム時代の遺跡からの出土品にも多くみる。もちろん、イングランドの出土パイプにもテューダー・ローズのマークがみられる。

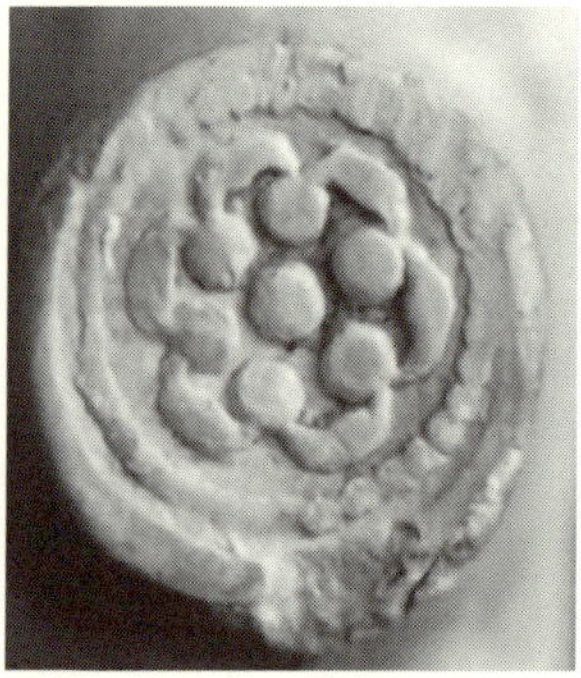

図4-7　テューダー・ローズのヒール・マーク例（長崎出島オランダ商館跡出土品）

図4-8　1742年までVOCが船員に貸与していた私物を収納するチェスト

この時代のオランダは、すでに東インド会社（VOC）を結成していて（一六〇二年）、アフリカ、東南アジアから日本にまで進出していた。オランダの船員や商人たちは、東南アジアとの往復に二年ほどかかる航海に、脆《もろ》くて壊れ易いうえに生産が需要を満たしていなかったクレイ・パイプを十分に確保できないとなると、金属製のパイプを携えて外洋航海に出かけたであろう。クレイ・パイプの供給が十分に行われるようになると、東インド会社は船員に貸与していた私物収納用の木製チェストに二〇本程度のクレイ・パイプの持ち込みを許可するようになった（図4-8）。もちろん高級船員やVOCの社員は一〇〇本以上は持ち込んでいたとされる。タバコは三〇ポンド[10]の持ち込みが許されていた（de Harm 1998, 67）。

一九九〇年、ロッテルダムのロッテ河の鉄道工事で出土した一五八〇年および一六〇〇年頃のものとされるピューター（スズと鉛の合金）製のパイプのボウル（火皿）のシャンク部分[11]には木製のステムの一部が残っていて、わが国のラオ・ギセルの原形とみることができる（図4-9・10）。アムステルダムでも同様の構造で木製ステムを継いだ金属製ボウルと吸い口が出土している（図4-11・12）。さらに、二〇〇七年にはエンクハウゼン近郊からも鉛合金製のパイプが出土しているが、一六一五〜三〇年のものとされる（図4-13）。

このように、金属製のボウルと吸い口を木製のステムで継いだものは、現時点ではロッテルダム市・アムステルダム市およびエンクハウゼン近郊以外には出土例をみない（鈴木 1999, 100–103 & 2010, 97–100 & 2012, 160–163)。いずれの地点もＶＯＣ拠点の港湾都市である。

エリザベス一世死後の一六〇三年からウォルター卿の処刑（一六一八年）の頃には、イングランドからオランダへ移るパイプ職人が多くみられ、オランダのクレイ・パイプ生産量が増えていることはすでに述べた（九九

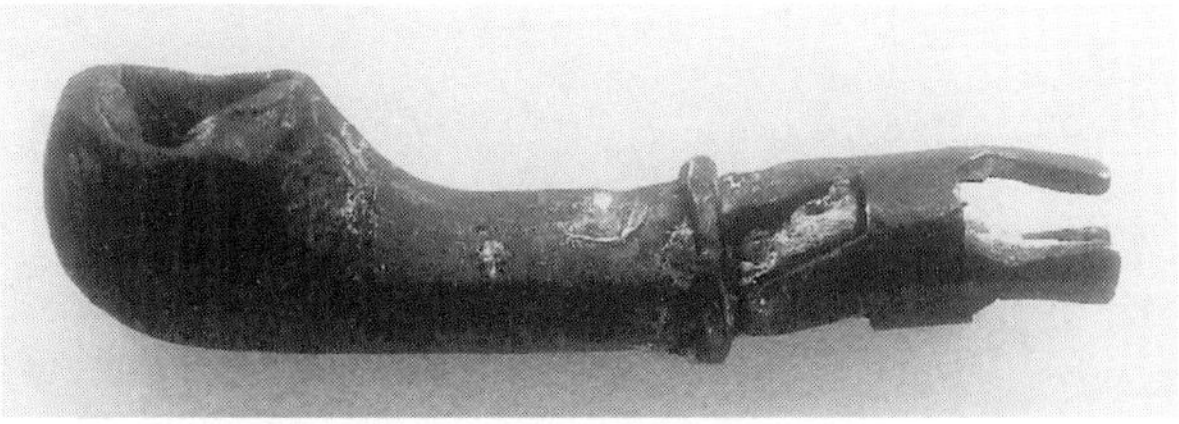

図４−９　ロッテルダム出土の金属製パイプのボウル（１）
（1580年頃／木製ステムの断片がみえる）

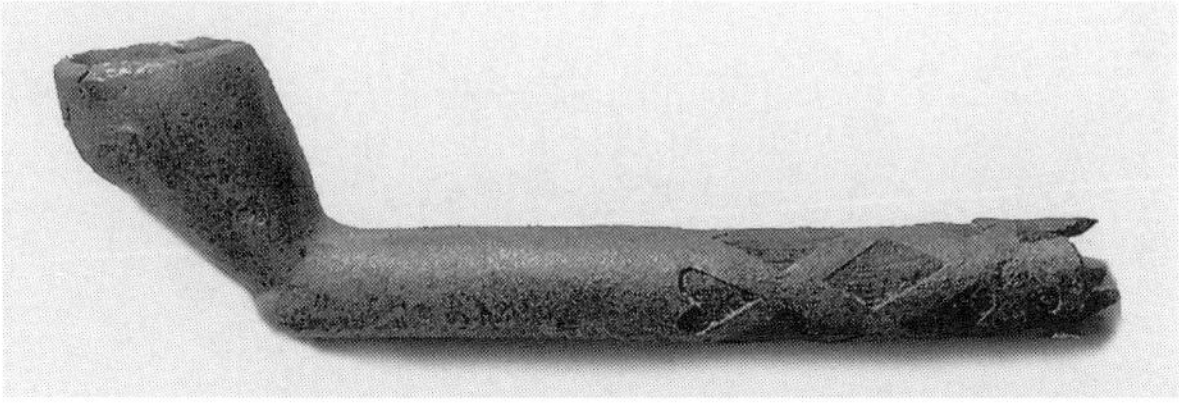

図４−10　ロッテルダム出土の金属製パイプのボウル（２）
（1600–10年／木製ステムの断片がみえる）

図４−11　アムステルダム出土の金属パイプ（１）

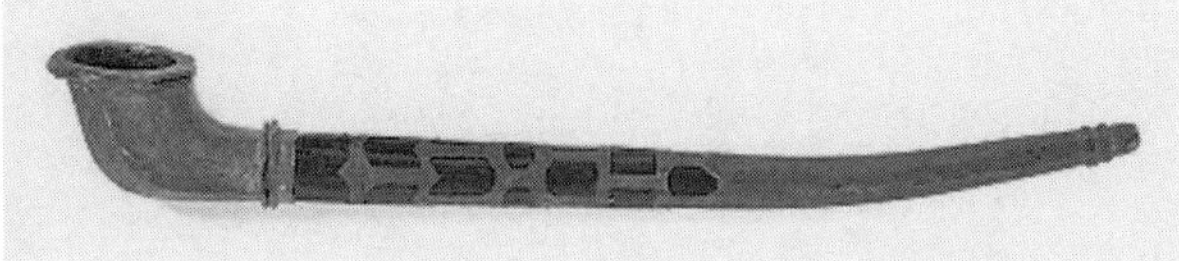

図４−12　アムステルダム出土の金属パイプ（２）

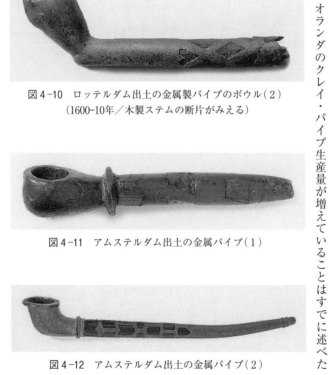

図4–13　エンクハウゼン出土（2007年）の鉛合金製パイプ（1615–30年／ボウル20×20mm）

頁）。一六三〇年代以後、生産が国内需要をやっと満たすようになると、一七世紀半ばまでにはボウルの形状やサイズなどの種類も増えて、好みのパイプが選べるようになった（Duco 1981, 372・374–375）。

一六四〇年頃までは、アムステルダムがオランダにおけるクレイ・パイプ生産の中心地であったが、一七世紀中期になるとハウダがアムステルダムを越えてクレイ・パイプ生産の中心地となった。ハウダ最初のパイプ・メーカーもイングランド出身であったことが知られている（Duco 1981, 416）。総督マウリッツの援軍としてエリザベス一世が送った兵士が、一六一七年以前にハウダでパイプ作りを始めたのだが、ここでも王冠付きテューダー・ローズがハウダ最初の工房マークとして使用された（Duco 1981, 413）。

一六四一年になると、ハウダにはパイプ・メーカーのギルドが組織された。このギルドは、すでにパイプ・メーカーの過半数がオランダ人になっていたことから、イングランド人を除外した不完全なかたちで組織されたものだが、工房マーク（ヒール・マーク）の登録を義務づけた。一六六〇年になると、ギルドはより完全なかたちで再組織され、登録マークの譲渡など詳細な規則が制定された。その結果、パイプ工房の数は飛躍的に増加することになった（Walker 1977, 11a, 264–265）。

ハウダのパイプが名声を得たのは、パイプを金型《かながた》で成形したあと焼成する前に、ガラスや瑪瑙《めのう》製の研磨具で表面をなめらかに美しく仕上げることで、釉薬《うわぐすり》を掛けた陶器に似せた上級品を作るようになったことによる（図4–14）。瑪瑙などで磨いた美しい仕上がりをその特色としたハウダ製パイプは急速に売り上げを伸ばし、一六六〇年頃には五〇〇人以上がパイプ生産に従事していたとされる。

表4－1　ハウダのギルド加盟工房数

年　代	1665	1679	1750
工房数	80	161	374

出典：Walker 1977

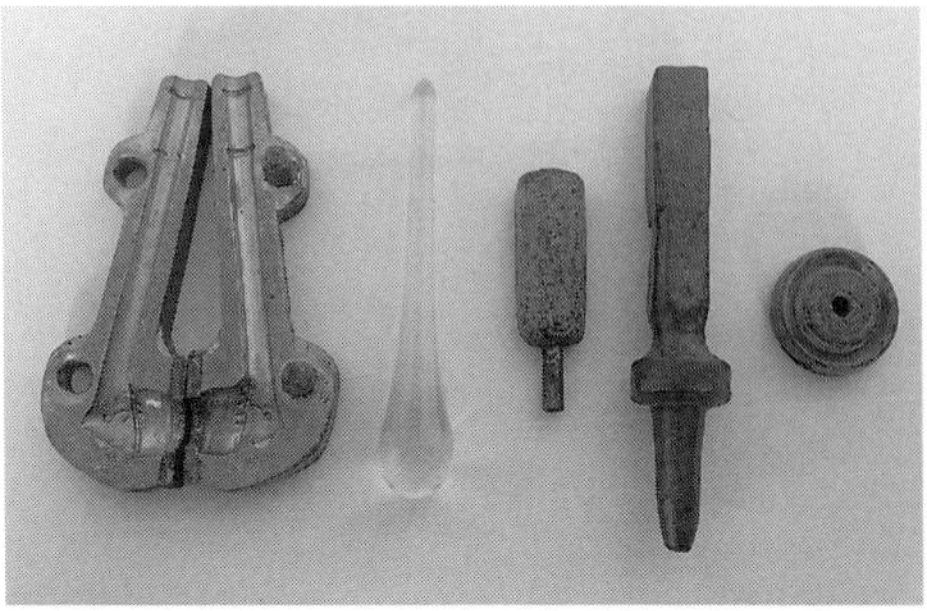

図4－14　クレイ・パイプ製造用具（左より金型、ガラス製研磨具、ヒールマーク刻印具、ボウル穴開け具、ボウル上縁の研磨具／金型はドイツ製）

図4－15　ヒール側面のハウダ市章にSが付いたクレイ・パイプ

ハウダは中世から窯業が盛んで、一六二〇年にはまだ三〇軒ほど残っていたが、パイプ製造業者ギルドのメンバーは着実に増加した（表4-1）。

しかし、このことは周辺地域で低価格の模造品生産に拍車をかけることになった。従って、ハウダは一七三九年からは上級品にはヒールの側面にハウダの市章を付けることを認め、一七四〇年からはボウル（火皿）のみを磨いた中級品にも、市章に加えて普及品（slegte）の意味のSマークを付けて使用することを認めた（図4-15）。これによって、ハウダはクレイ・パイプの差別化、ブランド化に成功することになる。この頃、ハウダの人口約二〇、〇〇〇人のうち七〇〇〇人がクレイ・パイプの製造にかかわっていたとされる（Walker 1977, 11a 265）。

表面仕上げの美しさを特徴とするハウダのクレイ・パイプは、やがて国内ばかりでなくヨーロッパ各地へ送ら

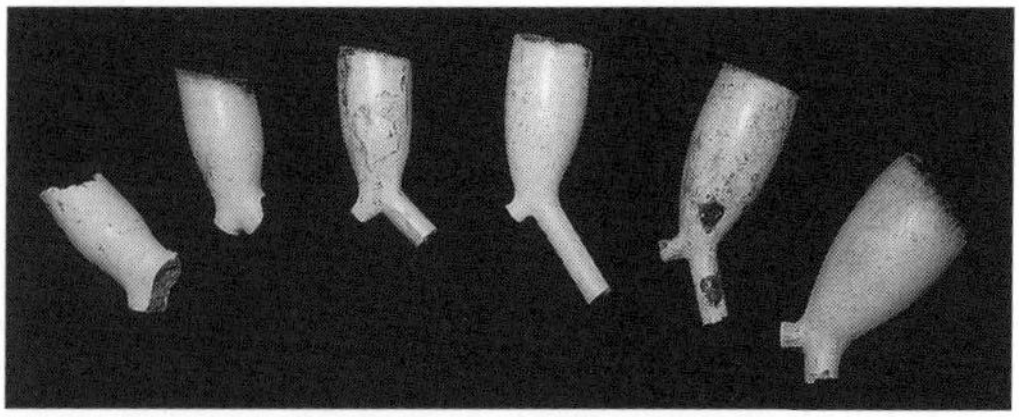

図4-16　長崎出島のオランダ商館跡出土のハウダ製クレイ・パイプ（左より年代順）

れることになる。植民地など海外拠点への供給も一七世紀の半ばには始まったが、そのピークは一八世紀に入ってからである。長崎出島のオランダ商館跡で発掘された大量のクレイ・パイプ破片は、オランダ商館が出島へ移った一六四一年以降のものだが一七世紀のものは極めて少なく、七〇%近く（ファン・デア・リンデン2001・2002／鈴木2003, 64 表1）がハウダの一八世紀の製品で、市章付きが多く出土している（鈴木2003, 64）（三八六頁の表12-2）（図4-16）。

一七世紀のオランダのクレイ・パイプ生産は、アムステルダムおよび生産が集中したハウダのほかにも広がっていた[12]。しかし、アムステルダムでのクレイ・パイプ生産は一六七〇年以降次第に減少し、世紀末までには姿を消してしまった（Stam 2009, 93）。

オランダのパイプはイングランドのクレイ・パイプに比べ形状にはっきりした編年変化がみられるうえに、一六四一年以降はヒール・マークの大多数がハウダのギルドに登録されている。これは、オランダのパイプ生産が主としてハウダに集中していて業者間の激しい競争によって新しいモデルの開発や仕上げの美しさが競われたことによるのであろう。また、各工房の規模も比較的大きく、一七七一年頃には平均して六〇～七〇人の作業者を抱えていたとされる（Walker 1977, 11a, 267）。これと対照的に、イングランドではロンドンやブリストルなどに多少集中していたものの、全土に製造が広く分散し各工房の規模もオランダに比べて小規模であった。

オランダのパイプのボウル底部のヒールに記されたギルド登録の工房マーク（ヒール・マーク）やステムに刻印された工房名などによって製造年代の特定が比較的に容易なことから、欧州では他の供伴出土品の年代特定の基準資料にもなり得る重要な出土品である。長崎出島のオランダ商館遺跡で大量の破片出土をみるパイプは商館内の消費財であったことから、長崎市内のほかに、商館長が江戸参府のさいに宿泊する京都や江戸などで奉行所の使者たちに贈ったもの以外には、出土例は限られている（鈴木 2003, 68）（第12章三九八頁）。

ハウダのパイプ産業は一八世紀中期まで輸出に支えられて繁栄をみた。デンマーク、ノールウェイ、スウェーデン、ポーランド、西アフリカ、西インド諸島、北アメリカ、アジアの植民地などが対象であったが、一七四〇年のスウェーデンの輸入制限、ついで一七四七年の輸入禁止に端を発し、一七五〇年代に入ると、デンマーク、ノールウェイやドイツの関税引き上げや輸入禁止の影響を受けるようになった。

関税引き上げばかりでなく、ドイツの労賃の低い地域で製造された粗製クレイ・パイプに市場を奪われてドイツ向け出荷も激減した（Walker 1977, 11a, 265–266）。これに加えて、フランスは一七九五年にオランダを併合すると、一七九八年にはライン川の西側（フランス側）へ輸出されるハウダ製パイプに課税を開始した。ハウダのギルドの記録では、これによってハウダ・パイプの価格は二倍に跳ね上がった（Walker 1977, 267）。スナッフやシガー、その後にくるシガレットの普及など、喫煙形態の変化が追い打ちをかけ、ハウダのパイプ生産は急速に衰えた。

表4－2　ハウダのパイプ産業の衰退

ハウダのパイプ製造工房数		ハウダのパイプ焼成用窯	
1750年	374	1740年	29
1771	280	1789	17
1805	130	1806	11

出典：Walker 1977

前掲表4-1（一〇五頁）および表4-2に示したように、一七五〇年にピークに達したハウダのクレイ・パイプ産業は一八世紀後半に入ると、周辺国の輸入規制やドイツなど周辺国の廉価製品や喫煙形態の変化にともなって壊滅的打撃を受け、一八〇五年の生産量は一七五〇年の三分の一にまで激減した。

この傾向は出島のオランダ商館跡の出土品にもみられ、出土したクレイ・パイプの破片は一七〇〇年代が過半数を越え、一八〇〇年代に入ると急減する。一方、この頃には出島内消費用と思われるスナッフ関連品やシガーの輸入が脇荷の記録にみられるようになる（田中1995, 92・94・98–99・101–103・159／鈴木 2003, 72）（第12章四〇三頁）。

しかし、商館員がシガーやスナッフへ転換したあとも、先に述べた贈呈用のクレイ・パイプは少量ずつ輸入が続けられ、商館最後の江戸参府（嘉永三＝一八五〇年）でも慣例に従って町奉行からの使者に二本のクレイ・パイプとタバコの包みが贈られている（片桐 2002, 99・108／鈴木 2003, 71 表２）。

オランダはクレイ・パイプの製造に適した白粘土（kaolin）を産出しないので、当初はイングランドからの輸入に依存していたが、生産量の増加にともない一六三〇年頃からドイツのケルンおよびベルギーのドールニク（Doornik）から供給を受けるようになった。イングランドのチャールズ二世の代（在位一六六〇～八五）になるとクレイ・パイプ用白粘土の輸出が禁止されたが（Atkinson & Oswald 1969, 173）、一七三〇年代に入るとベルギーのアンデンヌ（Andenne）から調達するようになり一九世紀まで続いた。

スペインの支配下にあったオランダは、当初は原料葉をスペインの植民地から輸入し、加工した後は多くを再輸出していた。タバコの国内栽培を始めると、廉価な国産葉にイングランドから輸入したヴァージニア葉を混ぜて再輸出することで、ヨーロッパ市場でのタバコの一大集散・加工基地としての役割を果たすようになった。

一七世紀の後半に入るまでは、オランダのクレイ・パイプのボウル（火皿）は、わが国のキセルの火皿と同等の小さなボウルであった。これはイングランド同様に、刻んだタバコの加工度がまだ低いうえに、乾燥したタバコを揉《も》んで粉状にして詰めていたことや、タバコの価格がまだ高く少量ずつ喫っていたからと考えられる。乾燥した粉状のタバコは小さなボウルに詰め易く、密度が高く詰められるので、ボウルが小さくても十分であった。湿ったタバコはコンロで乾燥させて用いていた。オランダのクレイ・パイプの底部に付けられるヒール・マークには、タバコ乾燥用のコンロの図柄をみることがある（図4-17）。一七世紀のフランドル派の絵画にはオランダ

図4-17　タバコの葉を乾燥させるコンロに王冠が付いたヒール・マーク（タバコの点火にも用いる）

の庶民がクレイ・パイプを持つ図を多くみる。そのなかに、このヒール・マークと同じ形のコンロでパイプに火を点《つ》ける図をみることがあり、タバコの乾燥ばかりでなく、パイプの点火にも用いていたことがわかる。

ところで、このヒール・マークすなわち工房マークを、わが国ではホール・マークとする記事を散見する。しかし、金などの純度証明のためにイングランドのGoldsmiths' Hallなどが付けるホール・マークとは目的が全く異なる。ハウダのヒール・マークは工房の商標であって、一六四一年のギルド組織後にマークの登録が義務化された。親方の死亡後は未亡人や家族が継承することが多く、時には売買されることもあった。ハウダ周辺で作られる模造パイプには登録ヒール・マークに似せたものや、摩耗して廃棄された正規マークの型《かた》を入手して付ける例もみられる。このような偽造ハウダ・パイプは、長崎出島の出土品にも数例みつかっている。一七三九年以降はヒール側面にハウダの市章が付くので、市章のないもの、あるいは市章に似せたマークが刻印されていることから、見分けは比較的容易である。

第3章でも述べたが、ボウルがオランダで大きくなり、オラニエ公ウィレムが一六八九年にイングランド王ウィリアム三世としてイングランドへ持って渡ったことで、イングランドのボウルも大きくなったとする俗説もあった（七三～四頁）。しかし、イングランドのパイプ形状をオランダのクレイ・パイプ編年図で比べてみる限り（七四頁の図3-9）、形状的にはオランダの影響をあまり多く受けていないようにみえる。既述（第3章七四頁）したように、この頃イングランドではオランダ製パイプの輸入禁止政策をとっていたのである。しかもボウル・サイズは、ウィリアム三世王より前の一六七〇年頃から大きくなり始めている。

わが国では依然として、オランダの長いステムのクレイ・パイプは、回し喫《の》みのたびにマウス・ピース部を折って次へ渡すためとする解説をみることがある。しかし、オランダには回し喫みの風習はなく、北アメリカ原住民のピース・パイプの回し喫みから連想したものであろう。もちろん、オランダにもパイプを持たぬ友人にタバコを勧めるさいには端を折って渡す例はあったようである。

クレイ・パイプのステムが長くなり始めるのは一七世紀の終わり頃になってからであるが、その最大の利点は煙の温度が下がりタバコの味が柔らかになることにあるとされる。しかし、第3章5節のイングランドのクレイ・パイプでも述べたが（七六頁）、この説には異論がある。長いステムのパイプは携帯に不便なことから、長方形または楕円形のタバコ入れに短いパイプを納めて持ち運ぶことも多かった（図4-18）。もっとも、長いパイプをそのまま納めるケースも作られていて、アムステルダムの国立博物館には江戸期の日本で作らせた蒔絵を施した漆塗り二本入ケースが所蔵されている。第3章で述べているように、長いステムのパイプは折れやすく価格も高いことから、庶民階層では短いステムのパイプが多用されていた（七七頁）。

図4-18　真鍮製タバコ入れ（1720-30年）に納められたパイプ（1703-33年）

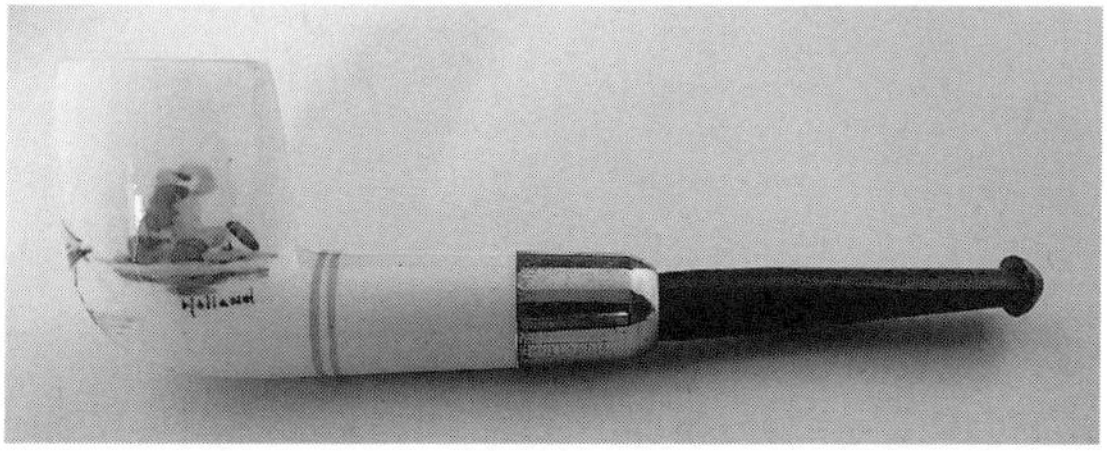

図4-19　クレイを型に流し込む製法で作り、釉薬を施したポーセリン・パイプ（2006年生産中止）

一九世紀末のハウダのクレイ・パイプ生産は、規模が比較的大きい工房が生き残り、年間一千万本程度の生産を維持していたが、アメリカ、アフリカの植民地のほかベルギー、ドイツなどへの輸出向けが主体であった。一九世紀末には、クレイ・パイプを金型で作る方式から石膏《せっこう》型に流し込む方式が始まり（図4‐19）、アメリカ向け輸出および観光みやげ用の生産が続けられた。第二次世界大戦後は、両方式のパイプが観光土産用として作られたが、これも二〇〇六年にはハウダ最後の工房が閉じられた。現在はオランダのクレイ・パイプ生産は全くみられなくなった（Stam 2009, 108）。

オランダに隣接するベルギーは一八三一年にベルギー王国として独立した。それまで、スペイン、オーストリア、フランス、オランダの支配を受けてきたベルギーには、一六三七年のリエージュ（Liėje）司教領にパイプ・メーカーが存在していた記録が残っている。一七世紀前半に数か所のパイプ工房の記録がみられるが、製品の品質がオランダ製に比べて粗悪なことからオランダ製との競争には太刀打ちできず、南部地域の経済の悪化もあって、その多くは二〜三年で姿を消すことになる。

オランダの国際パイプ・アカデミー現会長のR・スタム（Stam, Ruud）の論考によれば、一八世紀に入ると再びパイプ工房が急速に増え始め、リエージュ、ヘント、ブリュッセル、アントワープ、アンデンヌなど一〇か所を越える地域にパイプ・メーカーがみられるようになる（Stam 2009, 15‒22）。一九世紀後半には、オランダパイプ産業の凋落もあって、ベルギー産のクレイ・パイプ産業はピークを迎え輸出が急増した。そのなかで、アンデンヌはドイツから移ってきた職人が始めたものだが、国籍問題から数年後には中断せざるを得なくなったが、その後もアンデンヌはベルギーのパイプ生産の中心地となった（第6章一四七頁）。

しかし、ベルギー産のパイプは相変わらず品質が劣り、そのなかでリエージュとアンデンヌのみが良質のパイプを作っていたとされる。一九世紀に入ると、オランダのシェープの模造やオランダ・パイプの名前を付けたもの、あるいはフランスやドイツ製品の模造も多く作られた。二〇世紀に入り、第一次世界大戦後の木製パイプ

（ブライアー）や紙巻タバコの普及による喫煙形態の変化にともなって需要がなくなった。その後、アンデンヌのパイプ・メーカーは、射的ゲームの回転標的代わりのクレイ・パイプや、小さな花立てなど、喫煙用パイプ以外の製品を石膏型で細々と作り続けていた。最後に残った工房も近年まで、射的用のパイプなどを石膏型に流し込む方式で作る他に、観光客相手に一八世紀頃の金型を用いてクレイ・パイプ作りの実演をしてみせていたが、これも今では姿を消している。

3　ヨーロッパの金属パイプ

ここで、ヨーロッパの金属製パイプについて少々考察してみることにする。キセルの原形とみなされるオランダのピューター製パイプは、一七世紀初期の遠洋航海に十分な数のクレイ・パイプを持って乗り込めなかった船員・商人のために作られたであろうことはすでに述べた（一〇二頁）。おそらく、オランダ国内のクレイ・パイプ需要が十分に満たされるようになるまでは、新大陸あるいはアジアへの遠洋航海に出るＶＯＣ（オランダ東インド会社）などの乗組員は、脆《もろ》いうえに補給がきかないクレイ・パイプの代わりに、このような金属パイプを使い続けたと考える（わが国の金属パイプ＝キセルとの関係については第11章三三三頁以下）。

一六二〇年にメイフラワー号でアメリカへ渡った清教徒のマイルズ・スタンディッシ（Standish, Miles）は、鉄製パイプを死ぬまで吸い続けていたという。Ｆ・Ｗ・フェアホルト（Fairholt, F. W.）の引用記述によれば、普通のクレイ・パイプと同様なシェープとサイズだったという（Fairholt 1876, 171 note 1）[13]。

わが国のオランダ商館も、一六四一年（寛永一八）に平戸から長崎の出島へ移るまでは、日本のキセルを使用していたと思われるが、平戸のオランダ商館が台湾へ向かう商船に積載した貨物には多くの銀ギセルとともにタバコがふくまれている（第12章三七八頁以下）。これまでのところ、一六〇九年（慶長一四）から四一年（寛永一八）までオランダ商館が置かれていた平戸の、発掘された商館関連遺跡ではキセルの出土はあるものの、クレイ・パイプはみない。

ウォーカーは、ユトレヒトのダウ・エグバート（Douwe Egberts）博物館所蔵のピューター製パイプをとりあげて、一六世紀終りと一七世紀初めの遺物としている（Walker 1977, 11c, 980）[14]。カナダのオンタリオ州では、一六三九年から一〇年間フランス人宣教師が根拠地としていた地域の原住民埋葬地からもオランダのクレイ・パイプと同様なシェープのピューター・パイプが出土している（Walker 1977, 11c, 981）。

オランダ以外にも金属パイプの使用例をみるが、一六～一七世紀には、イングランドやオランダでは貴族や富裕層が銀でパイプを作らせていたことが知られている。

E・A・バーバー（Barber, E. A.）[15]はスイス人考古学者フェルディナンド・ケラー（Keller, Ferdinand）を引用して、スイスに多くみられた鉄製パイプはオランダ人が一六世紀から一七世紀にかけて作ったもので、この種の鉄製パイプがオラニエ公ウィレムの時代（在位一六八九～一七〇二）にイングランドへ伝えられ、各地に広まったとする（Walker 1977, 11c 980）。

スイスのアンドレアス・ヘーゲ（Heege, Andreas）によれば、鉄あるいは真鍮のシート・メタルを使った金属パイプは一七世紀から一八世紀にかけてスイスの北西部に位置するジュラ山脈地方のル・ロクル（Le Locle）、ラ・ショー・ド・フォン（La Chaux-de-Fonds）など、現在は高級時計の製造で知られる町で作られ、国内で広く使われていた（Heege 2009, 131）。

とはいうものの、これまでに知られているヨーロッパの鉄製パイプの多くは一八世紀に入ってからの製品である。W・D・ギャレット（Garett, W. D.）は一八世紀末頃に短期間であるが、鉄製パイプが流行ったとする（Walker 1977, 11c 980）[16]。ポーセリン・パイプ（磁器パイプ）（一四八頁の図6-1）が出始めた頃（一八世紀中

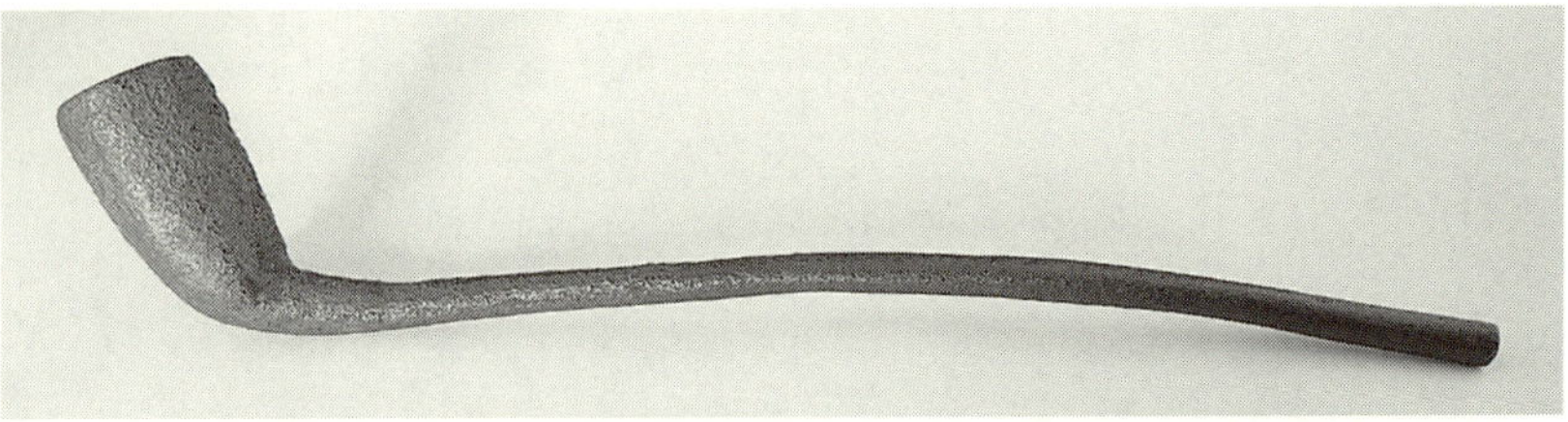

図4-20　18世紀にフランスの騎兵が携帯したとされる鉄製パイプ

頃）には鉄製を主とした金属パイプがドイツ、オーストリア、スイスなどで使われていたとする説もある（Walker 1977, 11c 980）。

これら金属パイプの使用目的には各種の説があるが、ウォーカーはアパーソンのスコットランドでの鉄製パイプの使用例などをとりあげ（Apperson 1914, 230–231）、アメリカの植民地、スイスの山岳地帯、北部スカンディナヴィアなどの厳しい生活環境で多く使われたとする。すなわち、脆《もろ》いうえに地理的に補給困難なクレイ・パイプに代わって、金属製パイプが使用されたとするのである（Walker 1977, 11c 980）。

一方、国際パイプ・アカデミーの初代会長バスティアン（Bastien, André-Paul）はフランスの騎兵が乗馬ブーツに差して持ち運んだ例および奴隷貿易にも使われた例をあげている（Bastien 1973, 図版64）（図4-20）。ウォーカーはまた、カナダ・オンタリオ州出土のピューター・パイプやニューヨーク州で出土した真鍮製鋳造パイプの例をあげ、一七世紀後半にはアメリカ原住民との交易に使われたとする（Walker 1977, 11c, 981）。

スイスとフランスの東部では、一七世紀から一八世紀に金属パイプが多く使われているが、オランダやドイツ製クレイ・パイプの形状に似せたものがみられる。材料には鉄、銅、真鍮が使われた。これには、パイプ作りに適したクレイを産出しないうえに、河川輸送が地理的に可能でなかったため、クレイ・パイプの輸送コストが非常に高かったことを理由としてあげることができる（Walker 1977, 299–300）。

先に述べたように、オランダではクレイ・パイプの生産がまだ国内需要を十分に満たし得なかった一六三〇年代までは、遠洋航海の乗員は脆いクレイ・パイプの代わりにピューターあるいは真鍮を主とする金属パイプを使用した。しかし、ダンヒルの記述にもあるように（Dunhill 1924, 218–219)、タバコの喫味が良くないとされる金属パイプの生産はクレイ・パイプの供給が十分になると衰退した。

4　スナッフ、シガー、シガレット

イングランドとともにパイプによる喫煙を各国に広めたオランダにも、やがてスペインに始まったスナッフ、シガー、シガレットの波がやってくる。

図4-21　店頭に置かれた摺りおろしたスナッフを入れる壺(snuff jar)

(1)スナッフ

すでに述べたように、オランダの国産タバコはイングランドの植民地産のタバコとブレンドしてパイプ用タバコにしていたが、スナッフには主として国産葉タバコを用いた。多種類のスナッフが作られていたが、基本的にはプラムの果汁、蜂蜜、アーモンドなど各種の材料を添加して作ったソースをかけ、加重しながら数週間熟成したのち挽《ひ》いて粉にする。調合、味付け、熟成や挽き方などにより多くの種類に分かれる。オランダでは、当然ながらミルに風車も使われた。あらかじめ挽かない場合は、高さが一五から二〇センチメートル、大きなもので五〇センチメートルほどの円錐形や紡錘形に固める。これを、その形からキャロットと呼ぶが、おろしたての新鮮なスナッフを好む客の注文に応じて店頭で摺《す》りおろすのである（Brongers 1964, 86–87)。固く仕上がるキャロットは保存性に優れていて、長期間劣化することがない。摺りおろしてできあがったスナッフは、独特な形のデルフト焼きの蓋付きの壺に入れて店頭に置き、客が持参するスナッフ・ボックスへ量り売りで入れていた（図4-21）。キャロットの形は、タバコ屋の看板として用いられ、フランスでは現在も多くみかける（一五六頁の図6-6）。

（2）シガー

オランダでシガーの記述が最初にあらわれるのは、一五九六年に出版されたリンスホーテン（Van Linscho-ten, Jan Huygen）の『アフリカ・アメリカ地誌』である。オビエドの記述などをもとに著わしたものだが、ブラジルの原住民が乾燥させたタバコの葉四～五枚を一緒にロール状に丸めて火を点けて喫うことを記している（Brongers 1964, 215）[17]。

葉巻そのものがオランダへもたらされるのは一八世紀の終わりで、一八〇九年版の『ブロックハウス事典』（*Brockhaus Lexicon*）には葉巻がすでに掲載されている（Brongers 1964, 220）。しかし、葉巻の流行は国産タバコに大きな打撃を与えることになった。これは、肉厚な国産葉が葉巻のラッパーに向いていないにもかかわらず、栽培業者は品種の改良に努力を払わなかったからだとされている。代わってオランダの植民地――蘭印（現インドネシア）のスマトラ東海岸、西ボルネオ、ジャワなど――のプランテーションで葉巻用葉タバコの栽培が始まった（Heimann 1960, 34・38）。

オランダ最初のシガー工場は一八二六年に東部のカンペン（Kampen）で操業開始したが、これは当時盛んであった絨毯《じゅうたん》製造業の不況による余剰労働力を吸収する効果もあった。一八四五年にはカンペンの工場は一五〇人の作業者を抱えていた（Brongers 1964, 220–221）。

この頃、長崎出島のオランダ商館では、早くもシガーを本国からとりよせていたことが記録に残されている。「紅毛船年々荷物書並ニ風説書等品々」所載の一八一九年（文政二）の「寅紅毛弐艘分脇荷物差出」（中村 1995, 92・94・98–99・101–103／鈴木 2003, 72）には、「巻たはこ七、〇〇〇」の記載がみられる。スペインに始まった紙巻タバコがヨーロッパで広まるのはクリミヤ戦争（一八五三～五六）後であるから、この「巻たはこ」は葉巻タバコ（シガー）を指す（第12章四〇三頁）。

しかし、これはオランダ本国のカンペンでのシガー工場操業開始以前のことで、本国でシガーが喫われるようになって間もなく日本へもたらされていたことになる。

図4－22　メアシャム製のシャールート・パイプ各種

出島出土の大量のクレイ・パイプについては第12章でとりあげるが、出島ではこの頃すでにクレイ・パイプからスナッフへの移行が進んでいて、一八世紀後半からクレイ・パイプの出土が急減する。前掲の「紅毛船年々荷物書並ニ風説書等品々」に記載されている積荷差出の「卯紅毛弐番船脇荷」の項には、わずか二〇本のパイプしか記載されていない。これは、商館長の江戸参府のさいなどで用いる贈答用である。同じ項には、「鼻たはこ入れ」三三個が記載されているが、この前後にも「鼻たはこ入れ」の記載が多くみられる。これは本国のタバコ摂取形態の変化を反映したばかりでなく、一七九八年（寛政一〇）四月の出島の大火も影響していると考えられる。

一九世紀半ばには、シガー・ホールダー[18]が作られるようになるが、オーストリアのウィーンやドイツで作られたメアシャム（海泡石）製が有名である。これは主としてシャールート（cheroot＝細めの両切りシガー）に用いられたので、シャールート・パイプ[19]と呼ばれる（図4-22）。通常シャールートは、ラッパー（wrapper）と呼ばれる外皮に上質の葉は使わずに、国産タバコを用いることが多い。メアシャム・パイプについては、第6章6節「ハンガリー」でとりあげることにする（一七一頁以下）。

(3)シガレット

第6章で述べるが、紙巻タバコの生産は、セビーリャの王立タバコ工場の葉巻製造工程で出る屑《くず》タバコの再生利用から始まったとされている（第7章二〇一頁）。初めは、喫煙者がみずから紙で巻いて喫っていたもので、工場生産が始まったのは一八四五年である。しかし、紙巻きの起源には諸説ある。オランダのニーメイヤー・タバコ博物館の館長ブロンガーズはその一例として、一八三三年にシリアを攻略したオスマン帝国のイブラヒム・パシャ（Pasha, Ibrahim）の軍隊が、駱駝に積んだ兵士用のパイプを敵に奪われたので、仕方なくタバコを紙で巻いて喫ったのが起源だとする説を掲げている（Brongers 1964, 227）。

オランダで紙巻タバコが広まったのはドイツ同様に遅かったとされるが、具体的な年代を示す史料はみつかっていない。一八五四年に描かれたリトグラフに学生がシガレットを喫う図（Brongers 1964, 229）[20]がみられる程度である。一八八四年になって、紙巻機がアムステルダムの展示会に出展されているが、これはイングランドのウィルズに比べて遅くはない。紙巻タバコの生産開始にともなう大きな問題は、最適な紙質の用紙を得ることである。その煙がタバコの味と香りを損なわず、燃焼速度がタバコと同等であることが条件である。適した用紙が得られなかったオランダでは、紙の代わりに葉タバコのラッパーを用いたものが一八九〇年頃に売り出された。これはシガー・シガレットと名づけられたが、ドイツでシガー・シガレット巻機が開発されて、トルコ葉・ギリシャ葉やアジアの葉を使用したものが簡便なタバコとして受け入れられ、最適な用紙が開発されるまで続いた(Brongers 1964, 230)。

（1）Enkhuisen：北オランダの重要な港湾都市。東インド会社の拠点の一つ。カナ表記にはエンクホイゼン、エンクハイゼンなどもあるが、本稿では「エンクハウゼン」を用いる。

（2）Brongers, Georg A.(国際パイプ・アカデミー創立会員)：*Nicotiana Tabacum*, Amsterdam, 1964, 21-22より拙訳。Duco, Don H.：pp.114, 371.（一五八〇年二月布告の第一一一項）

（3）フランス語でrâpe（[ra:p] ラープ râpe à tabac）と呼ばれるスナッフ用の下ろし金。象牙や堅い木などさまざまな材料で作られる。摺りおろした粉タバコはrâpé（[rape] ラペ）と発音する。臼で挽《ひ》いた粉タバコは、スペイン語でpolvo（ポルボ）と発音する。嗅ぎタバコの総称としては、英語のsnuff（スナッフ）を使う。

（4）メリーランドへは一六三四年に最初の植民が入植。

（5）Duco, Don H.(Dr.)：国際パイプ・アカデミー会員。*Merken van Goudse pijpenmakers 1660–1940*（1982）と*Merken en merkenrecht van de pijpenmakers in Gouda*（2003）でハウダ製クレイ・パイプのヒール・マークの分類調査を発表したことで知られる。

（6）W. F. H. Oldewelt の報告によれば、イングランド人の印刷業兼パイプ・メーカー William Jorreson Boyeseman が Broer Jansz に、アムステルダム在住のタバコ・パイプ・メーカーの Thomas Lourens に対する代理訴訟を起こす権限を与えたとする一六一一年の証文がアムステルダムの公文書館に残っている。

（7）Duco, Don H. はトーマス・ローレンスをロンドン出身ではなくベッドフォードシャー出身としている。

（8）一二年休戦：宗主国スペインからの独立をはかるホラント州・ゼーランド州総督のマウリッツ公は英・仏と三国同盟を結び（一五九六年）、スペイン国王側の南部諸州と戦火を交えたが、経済的破綻状態のスペインと海外の権益をそのままに維持する条件で英・仏をまじえて一二年休戦条約を結んだ（一六〇九年）。この年、オランダ商船が平戸へ来航、ウィリアム・アダムズ（三浦按針）の協力を得てオランダ商館が設けられた。

（9） Gouda：ハウダ、わが国では英語読みの〃ゴーダ〃と表記されることが多い。
（10） 三〇ポンド＝約一三・六キログラム。この時代のタバコは乾燥していたので、パイプ・タバコの量としてはかなりの量になるが、二年にわたる遠洋航海に十分な量とはいえないであろう。上級船員には、クレイ・パイプの本数もタバコの量も、はるかに多く認められていた。
（11） ボウル（火皿）にステムを差しこむ部分。
（12） Gouda 以外に Amsterdam, Enkhuisen, Leiden, Rotterdam, Utrecht, Groningen, Gorinchem などでも製造されていた。
（13） *The Albany Journal, U.S.*, 1858, speaks of the pipe of the famed Miles Standish, “which came over with him in the Mayflower, and was smoked by him to the day of his death, as “a little iron affair of about the size and shape of a common clay pipe.”
（14） この博物館のピューター・パイプは現在は所在不明とされる。
（15） Barber, E. A.: “Antiquity of Tobacco Pipes in Europe–Part I, Great Britain”（*The American Antiquarian*, vol. II, Chicago, 1880.）
（16） Garrett, W. D.: *Paraphernalia of Smokers and Snuffers*, 104–8（Antiques vol. XCIII no 1, 1968）.
（17） 『東方案内記』をふくむ「イティネラリオ」（Itinerario）三部作の第三部『アフリカ・アメリカ地誌』。第二部の『ポルトガル人航海誌』の三六章・四一章には、ディルク・ヘリツゾーン・ポンプの一五八五年のマカオから長崎、一五八六年の長崎からマカオへの航海についての記述がある。第二部および第三部の邦訳は未刊。『リンスホーテン東方案内記』三二一・六一六頁（註44）。
（18） ドイツの Detmold 近くの Lemgo や Gotha 近くの Ruhla など。
（19） sheroot pipe：シャールートの語源は、この種の巻きタバコが作られたインドのタミール語とされる。
（20） Ver Huell, Alexander（1822–1897）による。

第5章　北欧諸国の喫煙

はじめに

これまで述べてきたように、イングランドに始まり、オランダへもたらされたヨーロッパのパイプ喫煙は、一六一八年のボヘミア（現チェコ）での宗教紛争に端を発し、ヨーロッパの諸国を巻き込んだ三〇年戦争(1)（一六一八〜四八）によって拡散したとされる。しかしそれ以前に、イングランドやオランダから出かけていた船員や商人がもたらすタバコが、スカンディナヴィア諸国の港町を中心に少しずつ広がりをみせていた。これに加えて、三〇年戦争から帰還した兵士たちがスカンディナヴィア諸国でのパイプ喫煙をさらに広めたのである。

本章では、イングランドやオランダからの海路によるアクセスが容易なことから、ヨーロッパの内陸部に比べて、喫煙伝播が早かったと思われる北欧諸国について考察する。

1　デンマーク

デンマークに現存する最も古い記録はエルシノア（Helsingør=Elsinore）に残る一六〇六年の財産目録にみられる「パイプ、一ダース」の記述である（Walker 1977, 11a, 302／Hvass 2006, 9–13）(2)。エルシノアは、ハムレットの舞台にもなったクロンボルグ城で知られる町である。この時代には、対岸に位置するスウェーデンの南端を領有していたので、両側がデンマーク領の狭いエーアソン海峡（Öresund：デンマーク・スウェーデン海峡）を通ってバルト海へ出入りするオランダ船が多く行き来していた。

この史料は一六〇九年に死亡したアンネ・ディドリヒ（Didrich, Anne）が書き残した遺言状で、雑貨商を営むアンネによる在庫商品リストや財産目録をふくむ。これによって、家屋は貧民の住居にあてられたが、多岐にわたる記載品目の整理にはアンネの死後二か月ほどかかったという。その品目例は、衣料品の部では種々の布地、糸・ひも・リボンの類、靴、ストッキング、針箱、鋏《はさみ》類など。金属製品の部ではバックル、ローソク立て、ヤスリ、フライパン、ペンチ等々。雑貨の部では眼鏡、紙の束、インク壺用の角《つの》、ローソク、ゲーム盤、トランプ、ハーモニカ、パイプなどがあげられる。アンネの夫は一五九九年に死亡したオランダからの移民であるが、生前から商品としてクレイ・パイプを扱っていたかどうかはわからない。

一五七四年から八六年にかけて、クロンボルグ城の増築工事が行われ、多くのオランダ人職工が移住してきていることが、残されている徴税簿からわかる。これらの移住職工たちの多くは同一居住区に住み、「リトル・アムステルダム」を形成していたが、アンネも夫の死後はこの地区へ移っている。当然、パイプ喫煙をするオランダ人が周辺に住んでいたことであろう。

クロンボルグ城の工事は、デンマーク領のエーアソン海峡を通ってバルト海へ行き来する船舶から海峡通行税（Sound Due）を徴収するために増強するものだが、当時の徴収簿によればオランダ船が全体の五〇から七〇％を占めていた。これは、オランダがバルト海沿岸諸国との交易を盛んに行っていたことを示す。したがって、アンネの店には周辺に住むオランダ人ばかりでなく、寄港するオランダ船の船員も訪れていたであろう。

エルシノアには、デンマーク最初のクレイ・パイプ・メーカーであるクリスティアンの工房がアンネの店からほど近いところにあったことが知られている。しかし、クリスティアンは没年が一六五五年（Ahlefeldt-Laurvig

1980, 219）なので、アンネの店で売られていたパイプとは年代が少々ずれることになる。

二〇〇四年一〇月、コペンハーゲンにおける国際パイプ・アカデミーの年次総会で発表されたエルシノア出土のクレイ・パイプは、この文書を残したアンネ・ディドリヒの住居跡近くからの出土と報告されたが、その形状から一八世紀に入ってからのオランダ製パイプであることがわかる。したがって、この財産目録との関連性はない。アンネ・ディドリヒの財産目録の時代は、オランダのクレイ・パイプ供給がまだ国内需要を十分に満たしていなかった時代であるが、寄港するオランダ船の乗員を介して入手したパイプによる喫煙がエルシノア在住のオランダ人のほかに、デンマーク人の間でも行われるようになっていたことが推測できる。しかし、デンマークで出土しているクレイ・パイプの古いものは一七世紀初めのイングランド製であり、世紀後半になってオランダ製が大半を占めるようになる（Bardenfleth 2009, 37）。

一方、ドイツ国境の税関記録によると、ドイツからデンマークへ輸入されたタバコは、一六二三年の九ポンドから三四年には三九、〇〇〇ポンドに増えている（Ahlefeldt-Laurvig 1980, 220）。一六三二年にはデンマーク王クリスティアン四世（Christian IV, 在位1588–1648）はタバコの輸入を禁止したが、一〇年もたつとこれをあきらめ、輸入関税を課すことにした。

ウォーカーは、デンマークでの喫煙の広がりも戦争がかかわったとする（Walker 1977, 11a, 302）。三〇年戦争後期の一六四三～四五年のトシュテンソン戦争（Torstensson＝デンマーク戦争あるいはスウェーデン戦争）、そして一六五七～六〇年のデンマーク・スウェーデン間の戦いでスウェーデン人兵士のほかドイツやポーランドの傭兵によってパイプ喫煙がデンマーク国内で広まったとする説を唱える。しかし、この説には無理がある。前述の関税記録その他の史料でみる限り、ウォーカー説より早く喫煙が広まっていたことがうかがえる。

クリスティアン四世時代のコペンハーゲンの遺跡からは多数のクレイ・パイプのボウルとステムが出土してい

るので、教会による禁止令にもかかわらず、この時代はパイプ喫煙が広く行われていたことになる。これらの出土品には一六一一の年号が付いているものもあるが、その形状やマークなどからデンマーク製であることがわかる（Ahlefeldt-Laurvig 1980, 219）。

フレデリク三世（在位一六四八〜七〇）時代のデンマーク製パイプの出土または製造にかかわる記録は見当たらないが、クリスティアン五世（在位一六七〇〜九九）時代に作られたもので、国王のイニシアルやノールウェイのライオン紋章を付けたボウルが出土している（Ahlefeldt-Laurvig 1980, 220）。

しかし、質が劣るデンマーク・パイプは、オランダやイングランドの輸入パイプによって厳しい競争を強いられた。このため、パイプ作りに適した白粘土（カオリン）をみつけたクラウス・ボニックス（Bonix, Claus）に、輸入制限目的の独占的勅許が一六七二年に与えられた。しかし、これも成功しなかった（Ahlefeldt-Laurvig 1980, 221）。対抗策として、デンマークではクレイ・パイプに釉薬《ゆうやく》を施すことが始まった。

一八世紀に入ると外国人が参入するようになり、イングランド人もデンマークでパイプ作りを始めた（Ahlefeldt-Laurvig 1980, 221・222・228）。一七四七年にS・バートン（Burton, Salomon）がコペンハーゲンに工房を作り、ロンドン・シェープのパイプ製造を始めた。一七六四年には、二年前にドイツから移ってきたレーメル（Rømer, Johan Cornelius）がコペンハーゲンに工房を開いた（Walker 1977, 11a・309–311／Bardenfleth 2009, 38）。

釉薬を施したパイプのなかには、ステムを短くして木製のマウス・ピースを付けることで、パイプを銜《くわ》え易くしたものもみられる。コペンハーゲンで発掘された頭蓋骨にはクレイ・パイプを銜え続けることで歯がすっかり磨り減ってしまったものがみつかっている。木製マウス・ピースは歯の磨《す》り減《へ》り防止用とされる。オールボー（Ålborg）近くのマーケット跡で出土した多数の未使用クレイ・パイプにはすでにタバコが詰められていて、パイプにタバコを詰めて売っていたことがわかる（Ahlefeldt-Laurvig 1980, 225）。

イングランドやオランダ製に劣るとされながらも、デンマーク製のクレイ・パイプはデンマーク国内ばかりでなく、その領土であるノールウェイやグリーンランドのほか、遠くはアフリカのゴールド・コーストでも出土が報告されている。国内のパイプ製造業者は、オランダなどの外国製品の輸入に対して高関税で保護を受けていたが、一七五一年からは外国製パイプの輸入禁止令が施行され六八年まで続いたことで、コペンハーゲンから離れた地域の二つの工房が生産規模を維持することができた。輸入規制は一七六八年に廃止されたが、再び高関税がこれに代わったものの一九世紀に入る前にデンマークでのクレイ・パイプ生産は消滅した（Bardenfleth 2009, 38–39）。

一七九一年にチョコレート・メーカーからパイプ作りに転じたヨハン・カッセ（Casse, Johan）が出した広告にはシガー・ホールダーがみられることから、この頃にはシガーがデンマークでも流行し始めていたことがわかる（Ahlefeldt-Laurvig 1980, 223）。その後、シガーがデンマークでのタバコ喫煙の主流となり、第二次世界大戦後まで小規模のメーカー十数社が競ってシガーを巻いていた。しかし、ブライアー・パイプへのシフトが広がるにしたがってその数は激減した。パイプとパイプ・タバコの名門W・Ø・ラーセン（Larsen, W. Ø.）も一八六四年の創業当初はシガー専門店として王室御用達の指定を受けていたが、二〇〇五年一月には世界中のパイプ愛好家に惜しまれながらその店を閉じた。

タバコの栽培は一七世紀には始まっていたが、次第に輸入タバコが多く使われるようになった。第一次世界大戦、第二次世界大戦中は原料タバコの輸入が困難になると、タバコの栽培が復活した。しかし、その品質は輸入タバコに比べるもなく、戦争が終わって一九四八年になると国内栽培は完全に終わってしまった。

シガー全盛のデンマークは、第二次大戦後にはパイプ作家が制作するブライアー・パイプで世界市場を席捲することになる。以下、その過程と背景に触れることにする。

フランスのサン・クロードに始まったブライアー・パイプの工場生産は、その後イングランドでも始まったことは第3章で述べた（八〇～一頁）。デンマークでは第二次世界大戦前にイングランド・パイプの模倣的生産が行われていたが、戦後になると作家によるハンドメード・パイプが盛んになる。

パイプ作家をとりあげる前に、パイプ作家とパイプ・メーカーの違いを簡単に定義しておこう。次にあげる例は、デンマークに限らず、他の国にもみられる。
①パイプ作家とは、個人の工房でパイプ制作の全工程を一人でこなす「ハンドメード・パイプ」の作家である。その制作工程では治工具ばかりでなく、各種の電動機具・機械を多用する。個々のパイプのシェーピングをフリーハンドで行うことで、ハンドメード・パイプの作家と呼称する。わが国では、その作品を「作家パイプ」と呼ぶことがある。
②これに対してパイプ・メーカーとは、現在は鍵の複製機にも似た金属製のマスターを使って全く同一シェープのパイプを機械的に量産する工場である。もちろん、塗装、仕上げなどは手作業によることが多い。しかし、グレイン（木目）は個々に異なるので、同一シェープでも全く同じパイプにはならない。ハンドメードに対して、「ファクトリー・パイプ」あるいは「マシンメード・パイプ」と呼ぶこともあるが、ハンドメード・パイプもマシンを多用するのでマシンメードの呼称は適切ではない。量産工場でありながら、フリーハンド・パイプの職人を擁する場合もある。
③パイプ作家の作品のように手作りではあるが、何人かの作業者を使い、工程ごとの分業作業をするようなケースにはこの定義は当てはまらない。これは、「セミ・ハンドメード」と呼ばれることがある。量産工場では、機械製作とセミ・ハンドメードをあわせて行うケースもある。

④この他に、既製のブライアー・ボウルの半製品を他業社から買い入れて、ボウルの仕上げとステム・マウスピースを自工場で完成させて自社ブランドで販売するケースもある。これは、一九世紀末にパリおよびロンドンで始まった生産形態である。

⑤数人のパイプ作家を抱え、その作品に自社ブランドを付けて売り出すケースもある。

デンマークのハンドメード・パイプは実際にはスウェーデン人が始めたとされる。第二次世界大戦中、スウェーデン人のシクステン・イヴァルソン（Ivarsson, Sixten）は集金業務を仕事にコペンハーゲンに住んでいたが、愛用するパイプの折れたステムを修理しようと、パイプ修理のスーア・パイプ工房（Suhr's Pipe Workshop）へ持ち込んだ。ところが、職人が病気で休んでいたため、その店でみずから修理をする羽目になった。終わってみると出来がすこぶる良かったので、請われて転職することになった。戦時中は新しいパイプの入手は困難で、パイプ修理のビジネスは繁忙をきわめた。シクステンは、そこで数多くの修理を手がけることによってパイプ制作上で避けるべき多くの問題点を学んだ。

戦後、ブライアー材の輸入が可能になると、シクステンは修理のかたわらみずからパイプ作りを試み始めた。当時デンマーク製のパイプの質はまだ悪く、評判のイギリス・パイプも手に入りにくいことから、シクステンが作ったパイプは他の国産パイプの五倍から一〇倍もの値段で買手がついた。

一九五〇年代に入り、シクステンはイギリスのパイプ・シェープをベースにみずからのシェープでパイプを作り始め、多くのバリエーションを生みだした。これが、のちにシクステンのクラシック・シェープと呼ばれるようになる。同じ頃、彼は量産工場のスタンウェルの仕事を請け負うことになったが、これによってパイプ・ビジネスへ本格的に参入する足がかりを得たのである。その頃、シクステンはスーア・パイプのオーナーと、スタンウェル向けシェープのデザイン料のことでもめごとになっていた。スタンウェルは戦時中にパイプ製造を始め、戦後、イギリス・パイプが輸入されるようになっても生き残った唯一のパイプ・メーカーである。現在は生産をイタリアへ移している。

シクステンは技術やデザインを教えることを厭《いと》わなかったので、一九五〇年代から七〇年代にかけてのスタンウェル製パイプにはシクステン・イヴァルソンによる多くの新しいシェープがみられる。これによって、デンマーク・デザインの家具や照明器具が世界中で人気を博したのと同様に、デンマーク・デザインのパイプがスタンウェルによって世界中に広まることになった。

一九六〇年代に入ると、デンマークのパイプは大躍進を遂げ、メーカーの工場で作られる量産パイプ（ファクトリー・パイプ）も、個人の工房で作られる「作家パイプ」も輸出が急速に伸び、多くのパイプ作家が新しく参入することになる。今日も、量産メーカーのパイプには、作家のシェープやデザインに刺激を受けた製品がみられるが、デンマークのパイプ作家は自国のメーカーばかりでなく、諸外国のパイプにも影響を強く与えることになる。

2 ノールウェイ

北欧の三王国は一四世紀末にカルマル連合(3)を結び、ノールウェイはデンマークと連合したかたちで独立国としての地位を保っていたが、一五三六年のコペンハーゲンの身分制国会の決議により、デンマークの一州として扱われることになった。ノールウェイは、一八一四年にスウェーデンと同君連合関係になるまでは、デンマークと区別されずに扱われることがある。したがって、タバコ伝来・喫煙伝播に関する資料もデンマーク側に頼ることが多くなる。

ノールウェイのベルゲンにも、一六〇八年の裁判記録に「タバコ・パイプ」の記録が残されている（Loewe

1990, 26)。一六一二年の裁判記録にも、被訴人アンティオニウスの別名としてTobakspiben（タバコ・パイプ）の名が記されている（Kristensen 1959, 82／Walker 1977, 11a, 302・11b, 894）。ラウファーは、一六一六年にタバコがノールウェイへもたらされたとしているが、その典拠を示していない（Laufer 1924／Leaflet 19, 58／Walker 1977, 11a, 302-303）。B・ルドフィセンも、ノールウェイへのタバコ伝来は一六一二～一四年の間としているが、その根拠を明らかにしていない（Ludvigsen 2009, 109）。いずれにしろ、前掲のベルゲンの裁判記録によって、もっと早いことがわかる。

やはり、タバコの主要な供給元はオランダである。一六七〇年頃には年間二〇万ポンドほど輸入されていたが、その大部分はオランダからである。オランダは需要に応じて葉タバコを嚙みタバコ、嗅ぎタバコ、パイプ・タバコに加工して供給していたので、葉タバコ中心のイングランドの輸出は厳しいものであった。一六九三年頃には、イングランドにとってデンマークとノールウェイをあわせた市場は一四万ポンドを越える程度であった（Price 1961, 8）。しかし、その後徐々に増加をみるようになった。

オスロの街は一六二四年の大火災後、デンマークのクリスティアン四世によって城壁の内側へ移されて再建されたが、完成したのは五〇年頃である。この時、クリスティアニアと改称されたのだが、一九二四年になって再びオスロの名称に復帰した。

一九七七年に、旧クリスティアニア市街に建設されるノールウェイ銀行の建設現場から、一七世紀から一八世紀前半のクレイ・パイプ破片が八〇〇〇点ほど出土している。一九八〇年の『英国考古学報告（*British Archaeological Report=BAR*）』に、ダグフィン・スクレ（Skre, Dagfinn）がその概要を報告している（Skre 1980, 299-318）。八〇〇〇点もの出土でありながら、五五〇〇点以上は刻印または装飾が施されていない識別不能なステム破片であり、識別可能なのはわずか二七九点のボウル（火皿部分）の破片である。

オランダ製パイプの年代特定には、ボウル形状の編年、ギルドに登録されているヒール・マーク、ステムの太さなどを用いるのだが、スクレはD・フリーデリッヒ（Friederich, Door R. H. W.）の形状中心の分類法にしたがっているので、誤差は大きくなる。しかし、出土品の年代別分布の大まかな傾向は知ることができる。オランダ製クレイ・パイプの年代は、一九八二年および二〇〇三年にデュコ（Duco, Don）[4]がギルド登録されたハウダ製パイプのヒール・マークに関する研究を発表してから、より正確な特定が可能になっている。

イングランド製の無装飾のクレイ・パイプについては、そのボウル形状の編年変化がオランダほどに顕著でなく、また生産地が広範に分散していて、そのギルド登録の史料なども不十分なことから、年代特定はオランダ製に比較して困難である。

『英国考古学報告（*BAR*）』に発表されたスクレによる未整理データは、年代特定に少々難点があるものの、整理すると表5-1～3に示すような結果になる。識別可能なパイプ・ボウル（火皿）破片を原産地別に分けると表5-2となる。

これら識別可能な二七九点の資料を、年代区分してみると次のようになる。

①オスロがクリスティアニアとして再建がなる一六五〇年頃までの約二五年

②一六五〇～一七〇〇年までの五〇年

③一七〇〇年以降

資料数が少ないものの、この表によって多少の考察を試みることにしよう。クリスティアニアの街が完成するのは一六五〇年頃であるが、一六五〇年以前のパイプの出土が四〇%近くもみられるのは、このサイトが一六二四年の火災後の非常に早い時期に再建が開始された地点であると考えることができる。

一六三〇年代までのパイプの出土は二九点あり、うち二一点はオランダ製で八点は製造国が特定できていない。

表5-1　出土品の形状区分

装飾付きステム破片	572点
無装飾ステム破片	5,578点
マウス・ピース	464点
ヒール部付きステム	383点
ボウル破片	1,003点
(識別可能点数)	(279点)
合計	8,000点

表5-2　出土品の原産地区分

オランダ	イングランド	不明
214点	53点	12点

表5-3　出土品の年代および原産地区分

	①〜1650	②1650〜1700	③1700〜	不明
オランダ製	103点	86点	24点	1点
イングランド製	0点	44点	9点	0点
不明	8点	1点	0点	3点
計	111点(39.8%)	131点(47%)	33点(11.8%)	4点(1.4%)

これはこの時期のクレイ・パイプのシェープがオランダとイングランドで類似していることから、破片の状態によっては特定が困難であったとみる。しかし、他にイングランド製が出ていないことから、二九点がすべてオランダ製である可能性は高い。

オランダのパイプ製造は一六三〇年代に入って、やっと国内の需要を満たし始めたと考えられていることから、オランダからのパイプ供給がまだ多くなかったことを考慮すると、一六三〇年以前のパイプでこれだけの出土をみることで、ノールウェイでのパイプ喫煙の普及が進んでいたことが推察できよう。

一六五〇年以前のパイプはすべてオランダ製であると推測するが、その後一七〇〇年までの五〇年間に使用されたと考えられる出土パイプは、表5-3から約三三・六%がイングランドからの輸入品で、六六%はオランダ製である。一七〇〇年以降になると出土点数が極端に少なくなるが、約六五・七%がオランダ製になる。クリスティアニア完成後から一七六〇年代までの約一一〇年間、この地点にどのような建造物が建っていたかは不明である。スクレは一七〇〇年代の出土が極端に少ないのは、おそらく一七六〇年代にこのサイトの建造物あるいは土地の用途が変わった可能性があるとしている。

いずれにしても、全体としてイングランド製パイプが極めて少ないのは、オランダがイングランドより地理的に少し近いということよりは、オランダ製、とくにハウダ製のクレイ・パイプの品質が優れていたことがその主な理由であろう。もう一つ、前節のデンマークの例にみるように、建設工事にオランダ人が多く従事した可能性があげられる。報告書に掲載された出土パイプのヒール・マークの図をみる限り、その多くはハウダのギルドに登録されているマークである（一〇九頁の図4-17）。第4章で述べたが、品質の優れたハウダ製パイプの模造品が多く出始めたことから、オランダのハウダは一七三九年からヒールにハウダ市章（一〇五頁の図4-15）を付けることで差別化を図り、これが見事に成功している。

興味深いのは、この地を支配する国王のデンマークでは、すでに一六五〇年代までにクレイ・パイプの生産が始まっていたはずなのに、明らかにデンマーク製とする出土品をみないことである。これは、前節でとりあげたように、クレイ・パイプ用の良質の白粘土（カオリン）が得られなかったことと、オランダやイングランド製に比べ粗悪であったことが理由にあげられる。ただし、既述したようにデンマークでもフレデリク三世時代（在位一六四八〜七〇）のパイプ出土または記録は出ていない。

一七五一年になると、オスロの南西約三二キロメートルのドラメン（Drammen）に住むJ・ボーイ（Boy, Jacob）がクレイ・パイプの製造許可を申請した。パイプの輸入削減と通貨の流出を防ぎ、新しい雇用を創出することを理由に、従業員の兵役免除と輸入パイプへの課税や制限を願い出た。翌年には製造が始まり、おそらくこれがノールウェイ最初の本格的クレイ・パイプ製造の試みと思われる。しかし、その製品の多くはオランダあるいはイングランド製品のコピーで、ヒール・マークまでがハウダのマークに酷似するものがみられた（Walker

1977, 11a, 303-305)[5]。

J・ボーイは製造特許を得ることで輸入クレイ材料の免税、輸入パイプの課税、さらに全面的輸入禁止に成功した。一七五四年の監査記録では、職人頭をふくめて八人の作業者を抱え、四三六九グロス（六二九、一三六個）の在庫を保有していたことになる（Ludvigsen 2009, 110）。しかし、交通・運輸が十分に整備されていなかったこの時代に全国への供給を果たすのは困難であったこと、加えて一七五九年には輸入規制が解かれることで、十分な利益を生み出す事業には成り得なかった。J・ボーイは一七七〇年には工房を売却してしまった。その後、ドラメンおよびクリスティアニア（オスロ）と、ドラメンのフィヨールド対岸の地域で小さな工房がクレイ・パイプを作り続けた。第二次世界大戦前までは、地方の雑貨店などで製造中止になっていたクレイ・パイプの在庫を売っていたとする話が残っている（Ludvigsen 2009, 110-112）。

3　スウェーデン

スウェーデンにタバコがもたらされたのは、デンマーク、ノールウェイとほぼ同じ頃と考えるが、カール九世王（在位一六〇四～一一）の末期には喫煙が始まっていたとされる。この頃、フィンランドはスウェーデンの支配下にあったので、スウェーデンについて述べる場合、フィンランドがふくまれることがある。

タバコの記録として最も古いのは、ストックホルムから約二六〇キロメートル北方のボスニア湾に面した小さな町フディクスヴァル（Hudiksvall）に残る一五九五年の税関記録である。タバコの輸入が記されていて、関税の支払いが記録されている（Cederlund 1980, 253・256）。しかしこれには、薬用タバコとする説もある。

スウェーデンから離れるが、同じスカンディナヴィアのアイスランドには、J・オラフソン（Olafsson, Jon）による一六一五年のメモワールが残っていて、オラフソンがイングランドへ向かう船上で初めてタバコの喫煙を経験したことが記されている（Cederlund 1980, 256）。

喫煙用のタバコの記録としてスウェーデンで最も古いのは、ストックホルムに残る一六一六年一一月の盗品記録である。商店に押し入った三人の盗賊の裁判記録には盗品リスト上に「タバコ・一包み」が記されている（Loewe 1990, 30）。一六一八年の裁判記録にも「タバコ」が記載されている。いずれも盗品の記録であり、タバコやパイプがまだ稀少品で高価であったことを示唆する。この記録の記述からは、この時代にタバコは亜麻布（リネン）に包まれて売られていたことがわかる。

一六二七年にポーランドとの海戦で沈没したスウェーデンの戦艦ソーレン号（Solen）から大量のクレイ・パイプがみつかっている。スウェーデンは三〇年戦争に派兵していたのだが、対岸のポーランドとは王位継承権問題や領土拡張問題もあって戦火を交えていた。ソーレン号が沈没したのはオリヴァ沖のポーランドとの海戦である（Loewe 1990, 26／伊藤ほか 1998, 138）(6)。

一六二八年八月一〇日に処女航海で沈没した戦艦ヴァサ号（Wasa）が、一九六一年にストックホルム近くで引き上げられたが、当時の船員が使用していたクレイ・パイプがみつかっている（図5-1・2・3）。年代が容易に特定できる資料であるが、パイプの形状からこれらはイングランド製であることがわかる（Cederlund 1980, 253-256）。一六七六年沈没の戦艦クローナン号（Kronan）および一七〇〇年頃の貨物船ユトルム（Jutholm）の例からもイングランド製パイプが主であったことがわかる。一九九八年にユトルム号から引き上げた一三六点のクレイ・パイプのボウルは、A・オーケハーゲン（Åkerhagen, A.）によると、その三分の二はイングランド製、三分の一がオランダ製である（Åkerhagen 2009, 127）。一八世紀前半まで、スウェーデンのパイプ輸入はイングランド製が主であったが、世紀半ばからはオランダ製の比率が多くなる。

一六二九年頃には北欧最古のウプサラ大学（一四七七年創設）の学生たちの間で、喫っているタバコの品質問題で大論争が起こり乱闘の結果、何人かの学生が牢に入ることになった。これは、初期のタバコ流行にまつわるスウェーデンの有名なエピソードである。この年、ストックホルム市ではタバコの従量税に関する条例が制定され、その数年後には小売業保護のために、外国人による一〇ポンド以下の小口取引きが禁止された。すなわち、ロール・タバコ（縄タバコ）のロール単位以下での取引きが禁止されたのである（Loewe 1990, 26）。

イングランド人やオランダ人の船員・商人が港町へもたらしたパイプ喫煙が広範に広まったのは、やはりドイツのザクセンやババリアへ遠征したグスタフ王の兵士が三〇年戦争（一六一八〜四八）に参戦してからであろう（Corti 1931, 143）。ウィーンの軍事史博物館が所蔵するスネイヤーズの画には一六四〇年代とされるタバコを喫

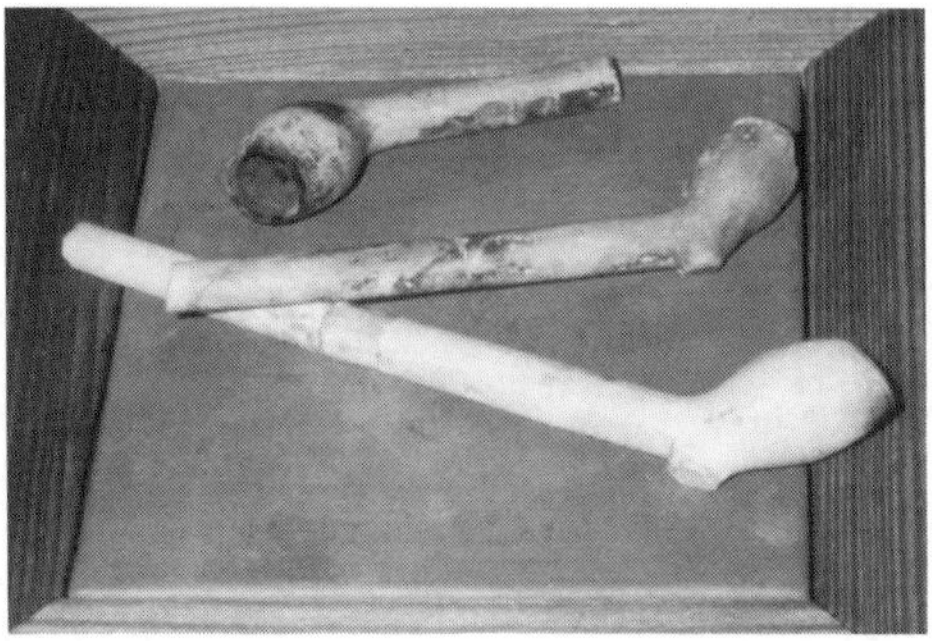

図５−１　ヴァサ号とともに引き上げられたクレイ・パイプ（ストックホルム／1628年）

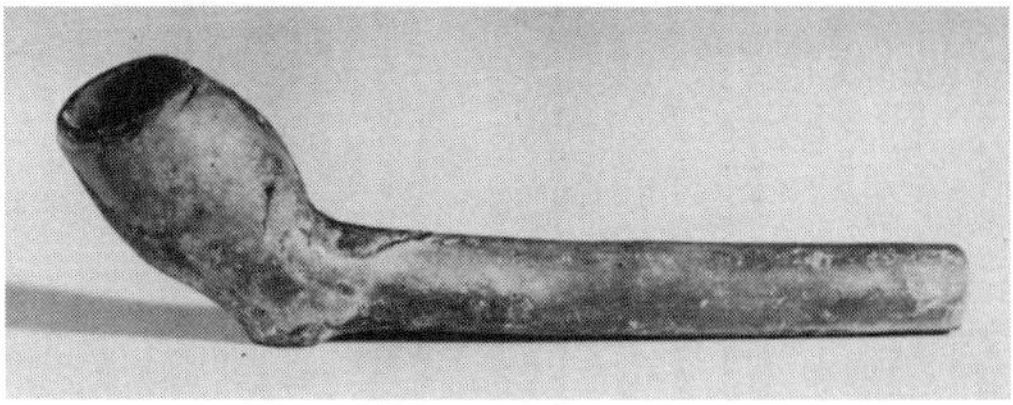

図５−２　ヴァサ号の船室で発見されたパイプ

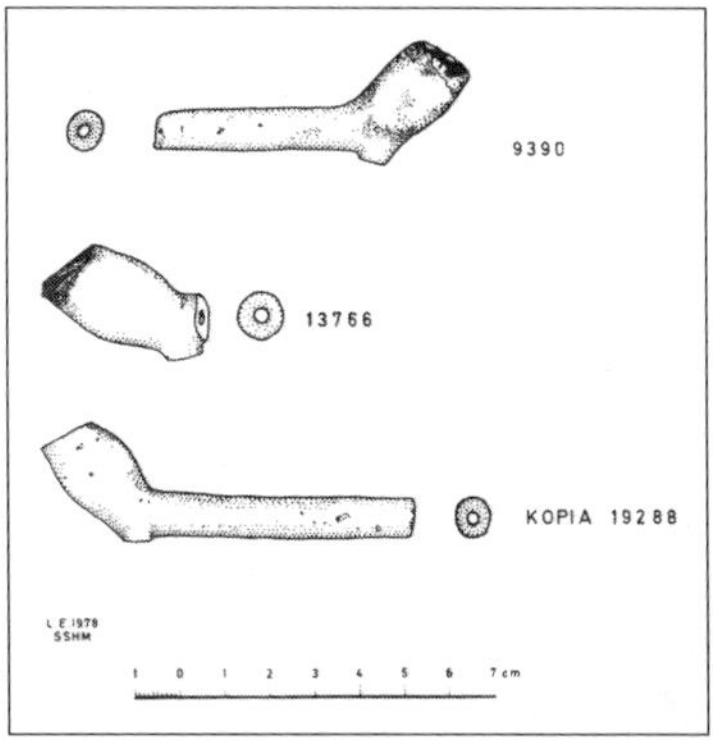

図５−３　ヴァサ号の上甲板および船倉で発見されたパイプ

図5－4　30年戦争の戦場でクレイ・パイプを喫うスウェーデン兵士（スネイヤーズ画／部分／1640年代）[7]

うスウェーデンの老兵が描かれている（図5－4）。

(1) タバコの輸入と加工

スウェーデンが一六三八年に米国のデラウェアに獲得した植民地ニュー・スウェーデンでは、一六四〇年代から五〇年代にかけてタバコの栽培を試みたものの、本国の需要に十分応えるものではなかった。スウェーデンのタバコは依然としてオランダからの供給に頼ることが多く、デラウェアでタバコ栽培を手がけていたサウス会社（South Company）は、一六四一年に自社タバコをふくむすべてのタバコ輸入の独占権を得た。

しかし、その年間の輸入量は一五、〇〇〇ポンドにすぎず、その大部分はオランダからの輸入で自社タバコはわずかな量にとどまっていた（Price 1961, 10）。一六四〇年のスウェーデンのタバコ輸入の大部分はパイプ用であったが、国全体の輸入量は八五、〇〇〇ポンドに達していたとされることから、サウス会社は後を絶たない私的輸入（密輸）によって苦しい経営を強いられていた（Bonds 1980, 274）。その後、正式ルートの輸入量は増えたものの、一六六二年にはサウス会社は解散の憂き目に逢うことになる（Price 1961, 11）。一六七二年になって二人の商人（Andersson, Anders & Bohm, Peter）がロイアルティを支払うことで専売権を得て新タバコ会社が発足するが、スウェーデンはその後何度か専売制の制定や廃止を繰り返すことになる（Price 1961, 11）。

国内での加工タバコの生産は、一六四一年にサウス会社に独占権が与えられた頃にはすでに始められていた。しかし、葉タバコの加工技術を持たなかったスウェーデンは、オランダから職人を呼び寄せて（のちにはイング

図５−５　ロール・タバコの製造図
（アムステルダム／1745年）

ランドやドイツからも）ロール・タバコ（縄タバコ）やプレス・タバコの国産化を図らねばならなかった（図5‒5）。

イングランドは、その植民地ヴァージニア産の葉タバコの納入先であるオランダが、その国産の廉価タバコと混ぜてヴァージニア・タバコとしてスウェーデンその他の国へ出荷するのを切歯扼腕しながら見守るしかなかった。一七世紀の半ばをすぎて、やっとスウェーデンと交渉を開始して、全般的な通商条件もふくめた長期にわたる困難な交渉の結果、一六八七年には国内産業の保護を目的に、スウェーデンへの加工タバコの輸入が禁止された。しかし、イングランドからの葉タバコの輸出は徐々に増加したものの、そのタバコ輸出に占める比率は数パーセントに満たなかった。

(2) タバコの国内栽培

スウェーデン国内のタバコは、一六三一年以前にすでにウプサラ大学の植物園などで栽培されていた。一六三三年に論文を発表したJ・ハルノディウス（Hernodius, Jacob）はニコティアナの薬効について述べ、『ドドネウス本草誌』で黄色ヒヨスとして掲げられていたルスティカ種がウプサラの王立庭園に存在することを報告している。一六六八年にはウプサラ大学の植物園でO・ルドベック（Rudbeck, Olof）がタバクム種についての記録を残している。一六五〇年には、ストックホルムのA・ランツ（Lantz, Andreas）がクリスティナ女王に書簡を送り、タバコの国内栽培を提案した（Loewe 1990, 37–39）。

しかし、寒冷な気候のためスウェーデン国内で商業目的のタバコ栽培が試みられるのは一八世紀に入ってからで、一七二五年にJ・アールストラーメル（Ålströmer, Jonas）が王室からタバコの商業栽培の許可を得て翌年に栽培を開始し、パイプの製造にも着手した（Loewe 1990, 37-38・47）。ラウファーはこれを一七二四年とするが（Laufer 1942, Leaflet 19, 58）、A・オーケハーゲン（Åkerhagen, Arne）は一七二九年としている（Åkerhagen 2009, 128）。

一六三八年のデラウェア植民地の獲得によって、植民地でタバコ栽培を開始していたスウェーデンは一六五五年に植民地を失なったあとは、アールストラーメルが栽培を開始するまではすべて外国からの供給に頼っていた。栽培開始当初から多くの困難に直面しながらも、一七六〇年頃までには国内需要の七五％をまかなうまでになった（Loewe 1990, 49）。(8)

ニコティアナ・タバクムやニコティアナ・ルスティカに学名を与えたスウェーデンのリンネ（Linnaeus, Carolus）(9)がラテン語を使用した二名法による植物分類体系の基礎を確立したのだが、これが学会に受け入れられたのは、一七三五年および三七年の論文発表後である。

（3）クレイ・パイプ

一七世紀にはすでにオランダ人二人によるクレイ・パイプの製造がストックホルムで試みられたが（Walker 1977, 11a, 306）、実際に国産が始まったのは一八世紀に入ってからである。それまで、スウェーデンの喫煙用パイプはオランダとイングランドからの輸入に依存していた。始めはイングランドからの輸入が大部分を占め、オランダからの輸入は少量に限られていた。一七三八年のスウェーデンのクレイ・パイプ輸入は約六五〇、〇〇〇本がイングランドから、二五〇、〇〇〇本がオランダからとされる。ところが、一七四六年にはオランダからの輸入が一五〇、〇〇〇本に対して、イングランド製はわずかに一五、〇〇〇本に激減している（Bonds 1980, 274）。

これには、以下の三つの要素が考えられる。

①一七三九年からオランダのハウダでは上級品にハウダの市章を付け、一七四〇年からは中級品にも市章の上に〃S〃マークを付けるようになったことは第4章で述べた（一〇五頁の図4-15）。すなわち、仕上げに優れたハウダ産パイプのブランド化・差別化が成功したことがその要因の一つである。

②この頃、スウェーデンの国産パイプ製造がやっと軌道に乗り始め、品質的にスウェーデン製と大差のないイングランド製が駆逐されたことをあげることができる。

③一七四〇年代に入ってからのクレイ・パイプの輸入制限とそれに続く輸入禁止政策が有効に働いたといえよう。

スウェーデンにおける最初のクレイ・パイプ製造の勅許は一六五〇年に二人のオランダ人――J・フォッケ（Focke, Johan）とJ・ウィースベック（Wisbeck, Johan）――に与えられた（Bonds 1980, 276）。しかし、実際にパイプが生産された記録はみつかっていない。

事実上の国産開始は、一七〇八年になってC・アスペグリアン（Aspegren, Carl）が勅許を得てからである。しかし、アスペグリアンは一七三五年には倒産してしまい、三九年にはストックホルムのO・フォースバーリ（Forsberg, Olof）がアスペグリアンの息子と共同で工房の経営にあたることになり、スウェーデン最大のクレイ・パイプ工場の一つになった。そのパイプにはOFマークが刻印された（図5-6）。一九八四年には、ストックホルム南部の建築現場から大量のOFマークのクレイ・パイプが出土している（Loewe 1990, 77-80）。

フォースバーリの生産記録では、一七四一年一月から翌年六月の一年半の間に三四〇〇グロス（約四九万本）

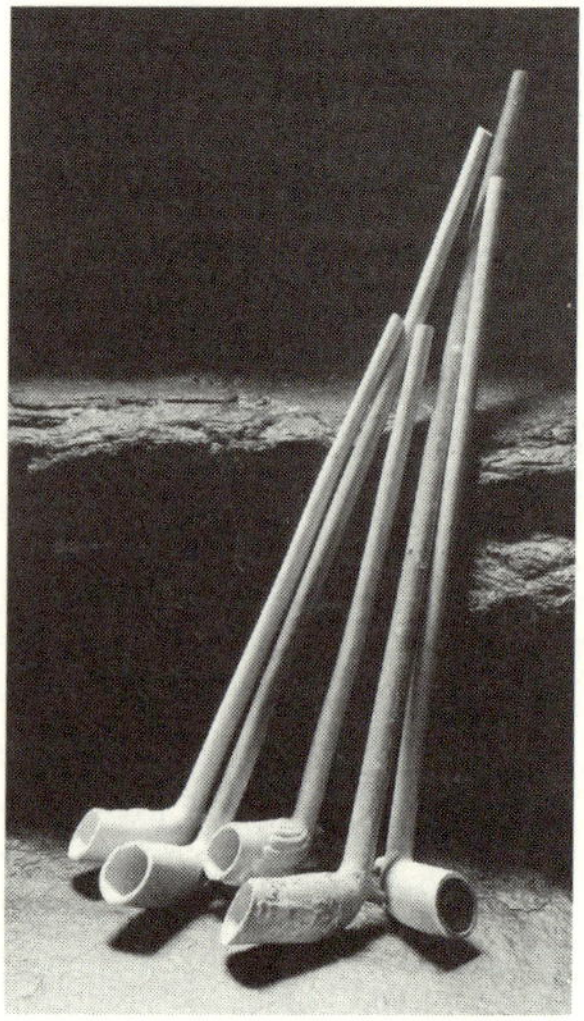

図5－6　フォースバーリのクレイ・パイプ(18世紀)

を生産していた。次年度の一七四二年七月から翌四三年一二月までの期間では、二か所の工場合わせて、五七人の従業員が約一六〇万本を生産している。この数字は、一七五〇年頃のスウェーデンの人口に匹敵する数である。一方、一七二五年[10]に勅許を得たアールストラーメルも、一七四六年にはフォースバーリの約四倍の生産をしている(Loewe 1990, 80-81)。これは、既述したように、一七四〇年代に入ってからのクレイ・パイプの輸入制限政策、次いで四七年の輸入禁止によるところが大きい(Puktörne 1968, 72-73／Walker 1977, 11a, 265)。

第4章でも述べたが、脆《もろ》いクレイ・パイプは喫煙者一人当たり少なくとも年間一〇本以上の消費があると考えられる(一〇二頁)。とすると、フォースバーリとアールストラーメルの両方を合わせた一年半の生産量は、人口の一七％分にすぎないことになる。パイプ工場はさらに増え、一七五二年には分工場をふくめ四工場、七五年には五工場になっていた(Bonds 1980, 280)。しかし、一九世紀初頭までには需要のピークはすぎ、すべての工場は閉鎖されることになる。

これは、クレイ・パイプがメアシャム(海泡石)のほかにブライアーを主とする木製パイプなど、より耐久性があり高級な製品にとって代わられたばかりでなく、スナッフ、シガー、シガレットなどタバコ摂取法の多様化の影響を受けたことによる。

(4)スナッフ、シガー、シガレット

スウェーデンでは、今日でもスナッフが他のヨーロッパ諸国に比べて多く消費されているのだが、このタバコの摂取法がどの時代にスウェーデンへもたらされたかは明らかでない。いつ国内で生産が始まったかも定かではないが、セビーリャで工場生産が開始した一六二〇年のあと、おそらく一七世紀の後半に入ってからであろう。

一七七一年にストックホルムで五万ポンドを生産していた工場の記録が残っているが、他に二工場がそれぞれ六五〇〇ポンド・五〇〇〇ポンドを生産したとする資料がある。しかし、これらはその翌年以降、ほとんど生産を行わなかったとされるが、その理由はわからない。当時国内最大のスナッフ生産は、ノルシェピング（Norrköping）のP・シュワルツ（Swartz, Petter）の工場で行われていた。一八四六年の価格表からは六種のスナッフに加えて、ロール・タバコ、プレス加工したタバコなどパイプ用タバコの他にシガーも製造していたことがわかる。シガレットは、この時点ではまだスウェーデンにあらわれていなかった（Loewe 1990, 92・94）。

喫煙はパイプからシガー、そしてシガレットへと形を変えながらも定着したが、スナッフは社会的ステータスや流行にも左右され、需要が大きく変動した。スペインに始まったスナッフはその後、フランスでも王侯貴族など上流社会でもてはやされることでヨーロッパ中に広まり、そのステータスを示すように金銀や宝石をちりばめたスナッフ・ボックスなど小物にも凝るようになった。しかし、革命（一七八九年）によるフランスの貴族階級の没落でスナッフの衰退が始まり、シガーが台頭することになったのである。

スウェーデンのスナッフは鼻腔から摂取する代わりに、湿度を多く保たせた粗《あら》めの粉タバコを指先で小さな三角錐状に固め（図5-7ab）、上唇と上歯茎の間に収めるオーラル・スナッフ（スヌーフ＝口腔摂取のタバコ）へと変化し、どちらかというと屋外労働者が多く使用するようになった。これは、のちにティー・バッグの四分の一程度の大きさの袋入へ進化することになる（Loewe 1990, 149–150）。今日でもスウェーデンでは鼻腔摂取の

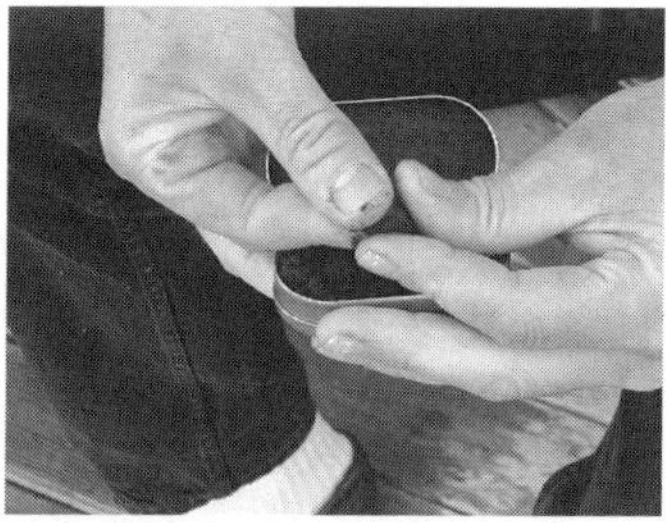

図5-7a　スウェーデンのオーラル・スナッフ（指先でスヌーフを三角錐状にまとめる）

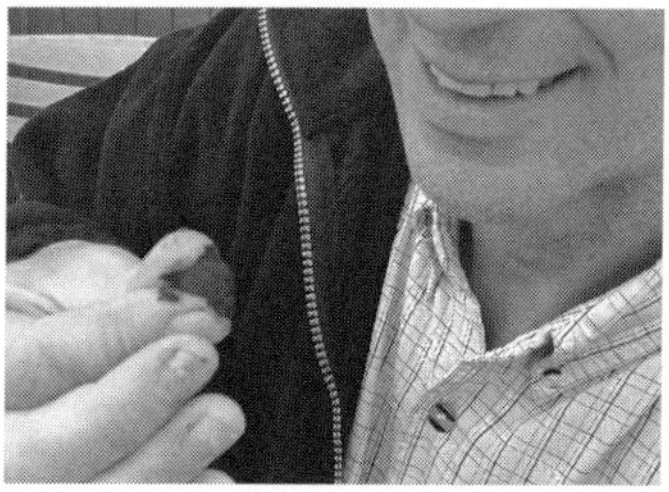

図5-7b　スウェーデンのオーラル・スナッフ（上唇と上歯茎の間に入れる）

スナッフと口腔摂取のスヌーフの両方が存在する。

シガーがスウェーデンの文献に最初にあらわれるのは、一八一四年のイェーテボリの商業裁判所の報告書で、その年に現在の度量衡で約六〇〇〇ポンドの葉巻タバコが製造されたとする記録がみられる。最初の輸入葉巻の記録は一八二五年の一八〇〇本で、三〇年には九二、〇〇〇本に増えている。葉巻タバコが始まったスペイン同様に、葉巻の普及は当初はアンシャン・レジームに対抗する急進的思想の広まりと軌を一にしていると考えられるが、イングランド同様に次第に上流階級の好むところとなった（Loewe 1990, 154）。

シガレットを北欧で最初に市場へ出したのは、おそらく一八五二年のヘルシンキのタバコ製造会社（Tollander & Klärich）だと思われる。一七一三年以降、ロシアの支配下にあったフィンランドは喫煙もロシアの影響を受けたと思われるが、一八五三年のクリミア戦争勃発の前年にはシガレットが市場へ出ていたことになる。ただし、これが既製シガレットなのか、手巻き用のタバコと用紙が売り出されたのかは不明であるが、すでにロシアでは手巻き生産の既製シガレットが売られていた。いずれにしろ、クリミア戦争が手巻きシガレットのヨーロッパでの普及に大きく寄与したことに間違いはない。

スウェーデンに残る最古のシガレットの記録は、当時スウェーデン最大のタバコ製造会社が一八七三年に発行した価格表である。同社の前年の価格表には掲載されていないことから、この年にシガレットの手巻き製造が始まったと考えることができる（Loewe 1990, 159）。これは、第3章でとりあげたイングランドのウィルズ社とほぼ同じ頃になる（八五頁）。

（1）ドイツを戦場にデンマーク、イングランド、オランダ、スウェーデン、フランスをまき込んだ。
（2）二〇〇四年一〇月、コペンハーゲンで開催された国際パイプ・アカデミーの年次総会でのエルシノア博物館学芸員 Lone Hvass の発表 "Anne Didrichs' pipes" から。
Ahlefeldt-Laurvig は記載されたパイプの本数を六本とする（Ahlefeldt-Laurvig 1980, 219）。
（3）カルマル同盟：スウェーデン南部のカルマル（Kalmar）で同盟協議が行われたことによる呼称。
（4）Duco, Don：アムステルダム・パイプ博物館（元 Pijpenkabinet）館長。
Merken van Goudse pijpenmakers 1660–1940, Lochem, 1982.
Merken en merkenrecht van de pijpenmakers in Gouda, Amsterdam, 2003.
（5）Pettersen and Alsvik, 1944からの引用と思われる。
（6）伊藤孝之ほか『ポーランド・ウクライナ・バルト史』（一九九八、一三八頁）。
沈艦ソーレン号の調査は一九七〇年代にポーランド側によって実施された。
（7）スネイヤーズの画をもとに描かれたスウェーデン兵（『グスタヴ・アドルフの歩兵（北方の獅子と三十年戦争）』三二頁）。
（8）スウェーデン国内のタバコ栽培は、一九六四年に終焉を迎えた（Loewe, 1990, 50）。
（9）Linnaeus, Carolus：のちに von Linné, Carl を名乗る。
（10）Bonds は一七二四年とする（1980, 275）。

第6章　他の欧州諸国への伝播

はじめに

一六世紀後半になってからイングランドへもたらされ、さらにオランダへも伝えられていたパイプ喫煙は、中央ヨーロッパ、東ヨーロッパ諸国へは三〇年戦争（一六一八～四八）によって拡散したとされる。しかし、イベリア半島のスペイン・ポルトガルを除く地中海沿岸あるいはバルト海沿岸諸国へは、スカンディナヴィア諸国同様に、イングランドやオランダの船員や商人によって港町を中心に少しずつ広がりをみせていた。すでにもたらされていた喫煙の習慣が三〇年戦争によってさらに広まったとするのがより正確であろう。

1　ドイツ

オランダやイングランドと盛んに商取引を行っていたハンブルグでは、一六世紀の終わりには喫煙が知られていた（Laufer 1924, Leaflet 19, 58）。ドイツにおける喫煙についての最も早いとされる文書は、フランシスコ会士が一五八七年にケルンの上長へ送った報告書で（Corti 1931, 100）[1]、発信地は不明であるが次のような記述がなされている。

当地には多くのスペイン人が悪習を持ち込んでいて、そのなかには彼らがスモーキングと呼ぶところの背徳行為があります。（中略）その兵士たちは口から火や煙を吹くことを自慢し、愚者たちは驚きをもってみとれています。

（英訳本 1931より拙訳）

これは、おそらくスペイン船が入港する港町からの報告であろう。この時代は、商船といえども砲を備えていたので船員が兵士とみなされることもあった。ここに記されている喫煙は、パイプではなく巻いた葉による喫煙のはずである。

しかし、第3章5節「クレイ・パイプ」でとりあげたように、一五九八年にイングランドを訪れているパウル・ヘンツナー（Hentzner, Paul）は、その旅行記にイングランドでの喫煙を珍しい風習として紹介しているので、一六世紀末のこの時代にはドイツではまだ喫煙そのものがあまり知られていなかったことになる（七一頁）。三〇年戦争では、オーデル河とエルベ河にはさまれたザクセン選帝侯領に出兵したイングランドやオランダから遠征した兵の喫うパイプが、またたくまに敵対するカトリック側のボヘミアの皇帝軍やドイツの兵士たちにも広がり、さらにオーストリアへも伝わったとされる。

B・ラウファー（Laufer, Berthold）は、古いドイツ語の〝smoken〟の語源は英語であるとして、イングランド兵が伝えたことを裏づけるものとしている。しかし、I・C・ウォーカー（Walker, Iain C.）はグリム童話で知られるグリム兄弟が編纂した『ドイツ語大辞典』は〝schmauchen〟が一二五三年にはすでに使われていることを根拠に〝smoken〟は〝schmauchen〟の転訛とみるべきで、英語語源説を否定する（Walker 1977, 11a, 271）(2)。クレイ・パイプ製作上の専門語はオランダ語を語源とする用語が多いことから、少なくとも製造技術はオランダから入ったとみることができよう（Walker 1997, 11a, 271）。ちなみに、オランダ語も〝喫煙する〟には〝smoken〟が使われる。

一五世紀頃に始まった窯業の中心地として栄えたケルンは、ライン河に臨みオランダとの河川交通も盛んであった。この地方からは、ライン炻器がオランダへ送られていた。オランダ船が運んだライン炻器のビア・マグは平戸や長崎出島のオランダ商館跡からも出土している。このルートでオランダのクレイ・パイプが早い時期にケルンへもたらされて、ドイツでのクレイ・パイプ生産の中心地の一つになった。一八世紀に入ると、タバコやスナッフ取引きの中心地にもなった(3)（Walker 1977, 11a, 271）。ドイツは隣国オランダから河川交通によって直接パイプ喫煙がもたらされていたので、三〇年戦争はむしろパイプ喫煙の拡大に寄与したとみるべきであろう。

タバコ喫煙を中央ヨーロッパ全体に広めたとされる三〇年戦争は、ボヘミアの新教徒の反乱に端を発した。宗教会議の開催を禁じられたプロテスタント側が、カトリック側の国王顧問官をプラハの王宮の窓から放り出した（一六一八年五月）ことが三〇年戦争の発端とされる。

イングランドやオランダばかりでなく、デンマーク、スウェーデン、フランスなど多くのヨーロッパ諸国を巻き込むことになったこの戦争は、当初はカトリックとプロテスタントの間の抗争であったが、次第に政治色の強い戦いになり、ドイツはその主戦場になったのである。三〇年戦争の後も、ルイ一四世に抑圧されてドイツへ逃がれたフランスのプロテスタント（ユグノー）がパイプ喫煙をさらに広めたとする説もある。

三〇年戦争の初期にボヘミアに次いで戦争に巻き込まれたハイデルベルグ選帝侯の城下町からは、製造年代が一六一九〜二二年とされるクレイ・パイプの金型《かながた》が出土している（Kügler 2003, 1）。この頃は、オランダでさえクレイ・パイプの供給がまだ国内需要を十分には満たしてはいなかった時代である。この金型はドイツ製であるとされることから、この領地へのパイプ喫煙伝播は三〇年戦争が始まる前であったことになる。

戦争が終わってみると、ドイツでは広まった喫煙に対する論争が高まり、薬草としての肯定論や、害ありとする医学者の論文などが入り乱れ、議論好きなドイツ人の面目躍如たる様相を呈した。戦争終結の翌年一六四九年には、ケルン選帝侯が勅令で喫煙を禁止したものの、すでに農民たちの間にも広まっていて、五一年にはザクセン選帝侯領でも禁止令が出された。一六五二年には南部のババリアにまで喫煙が広がっていて、翌五三年、ザクセンでは禁止令が強化された(Corti 1931, 110-116)。しかし、いかに禁止令が強化され反対論が展開されようとも、喫煙の広がりは止まるところを知らなかった。一六五〇年以降になって、ドイツのクレイ・パイプ生産は着実に増加し始めた(Stam 2009, 59)。

一八世紀に入ると、ブランデンブルグ選帝侯でプロイセンの初代王フリードリッヒ一世(在位一七〇一～一三)はみずからの宴席で喫煙を認めることで、社会的に認知させた。一七五四年にはオランダ製をふくめた輸入パイプに関税を課すようになり、続いて輸入の全面禁止を打ち出した。これによって、ドイツのパイプ生産が飛躍的に伸びた(Walker 1977, 11a, 272)。第4章2節でも述べたが、オランダのパイプ産業はドイツなどの輸入制限で大打撃を受けたのである(一〇七～八頁)。

ところで、一七六八年に、ベルギーのアンデンヌで最初にクレイ・パイプの製造を始めたのはドイツのパイプ生産の中心地の一つヘール(Höhr)から移ってきた職人である。その一族は二〇世紀初め(一九二九年)までアンデンヌでパイプ作りを続けていた(Walker 1977, 11a, 274)。

しかし、アンデンヌのクレイ・パイプはオランダの技術で始められた、と誤認されることが多い。これは、アンデンヌで使用されたマークにハウダ・マークに類似するものがあったり、製造上の専門語にオランダ語が使用されていたり、一七三〇年頃からはアンデンヌがカオリン(Kaolin＝白粘土)をハウダへ供給していたことなどが理由であろう。ドイツのクレイ・パイプ工房にも、ハウダの類似マークが使われたり、専門語がオランダ語や英語であったりする事例は多い。

一八世紀から一九世紀にかけてケルンなどで製造されたドイツ製クレイ・パイプはライン河の船でオランダへ運ばれ、さらにハンブルグなどドイツ北部やバルティック諸国へ輸送された。これには、ユダヤ商人がかかわっ

図6－1　ドイツ・オーストリアのポーセリン・パイプ

ていたとする見方もある（Walker 1977, 11a, 275）。このほかに、北米のニューヨーク、ニュージャージー、サウス・カロライナ、ニューメキシコなどでもドイツ製クレイ・パイプの出土がみられる。

一八世紀に入ると、ドイツではポーセリン（磁器）・パイプが作られるようになった。これは、素焼きのクレイ・パイプと異なり吸水性がないため、ボウルの下部にタバコの汁溜《たまり》（ヤニ溜《だめ》）を付け桜の枝や水牛の角などを用いた長いステムを持つ独特の形をしたパイプである（図6-1）。

ヨーロッパでの磁器生産はマイセンに始まり、一七〇八〜〇九年頃に試作が開始されたとされる。一七一〇年に開窯したマイセン工場の記録ではポーセリン・パイプが最初にあらわれるのは一七六五年で、これがヨーロッパにおける磁器パイプの始まりとされる。しかし、開窯年の一七一〇年にはすでにライプチッヒの展示会にポーセリン・パイプのボウルが出展された記録が残っている（Walker 1977, 11a, 66）。一七七〇年には、マイセンおよびミュンヘンのニンフェンブルク（Nymphenburg）の製品が市場に大量に流通するようになった。この頃にはヨーロッパ各地でも釉薬を施した彩色陶器のパイプが多くみられるようになり、オーストリア、ハンガリーなど主に中欧で盛んに作られるようになる。

マイセンに次いでウィーンもポーセリン・パイプの主要生産地の一つになった。一六九三年にはボウルの生産を始めていたとする説もあるが、別説はウィーンでの生産開始は一七一九年以降になってからとする。一九世紀に入ると、ウィーンではメアシャム・パイプが多く作られるようになるが、メアシャム・パイプは富裕層のパイプになり、量産によって価格が安くなったポーセリン・パイプは庶民階級も用いるようになった。メアシャムについては、本章6節「(2)メアシャム・パイプ」で扱うことにする（一七一頁以下）。

葉巻がドイツに広まるのはイングランドより早く、一七八八年（一七九六年説もある：Penn 1902, 180）にはスペインの工場を参考にした葉巻工場がハンブルグに建てられ、数年を経ずしてドイツ全土に広がった。一八四三年になるとブレーメンから遠くないブンデ（Bünde）の町にも葉巻工場が建てられた。ブンデは、産業革命による繊維産業の機械化にともなう失業者を吸収して、最盛期には四〇もの葉巻工場が林立して、ドイツの葉巻およびタバコ加工の一大拠点になった（Pollner 1998, 101）。現在のブンデには葉巻工場はなく、ブライアー・パイプの工房も一軒を残すだけになったが、葉巻全盛期に建てられた瀟洒な葉巻御殿が多く残っている。

ドイツでシガレットが普及するのは他のヨーロッパ諸国に比べて遅く、量産が始まったのは、一八六二年になってからである（Brongers 1964, 228–229）。

2　イタリア

オランダのドドネウスが一五三五年に刊行した『生態描写植物誌』に、〃黄色ヒヨス〃として掲げられているルスティカについては、本書でもしばしばとりあげているが、イタリアの医師マッティオリ（Mattioli, Pietro Andrea）も、一五六五年にルスティカ種をやはりヒヨスの一種 *Hyoscyamus niger* と表記している（Laufer 1924／Leaflet 19, 8／Arents 1999, vol.I, 228, no.11）[4]。これは、おそらくイタリアで最も早く公刊されたタバコの記述であるが、『生態描写植物誌』を引用したとも思われ、ドドネウス同様にタバコとしての認識はなかったようだ。

イタリアへ初めてもたらされたタバコは、教皇使節としてリスボンを訪れたクローチェ（Croce, Prosperos Santa）が一五六一年に持ち帰ったとされる（Laufer 1924／Leaflet 19, 56）。これは、ジャン・ニコーがフランスへもたらした翌年になる。ついで、トスカーナ大使兼任の教皇使節としてフランスへ赴いたトルナブオニ（Tornabuoni, Nicolo）がタバコの薬効に興味を抱き、伯父のトルナブオニ司教がいるフィレンツェへ種を送っている（Laufer 1924／Leaflet 19, 56–57）。メディチ家のコジモ一世（Cosimo I de'Medici, 1519–1574）が生前にこの薬草の栽培に興味を持っていたとする記録が残っているので、これは一五七四年のコジモ一世死去以前のことになる。残された標本にはフランスで呼ばれていたように *tabacho over Herba Regina*（タバコまたは女王の薬草）と記されていた（Laufer 1924／Leaflet 19, 56–57）。このように、二人の聖職者がポルトガルとフランスからタバコをもたらしたということになるが、喫煙を普及させたのも枢機卿のクレセンツィオ（Cardinal Crescenzio）とされる。一六一〇年頃にみずからイングランドで喫煙を覚えたという説や、イングランドから帰国した男から学んだとする説（Laufer 1924／Leaflet 19, 57／Arents 1999, vol.I, 229）のほかに、ローマでイングランド人から習得したとする説もある。

イングランドの例をみるまでもなく、喫煙が貴族や高位聖職者によって持ち込まれると、その普及は水の流れのように宮廷人や下位聖職者から一般市民にまで浸透するのに時間はかからなかった。一六一五年以前は喫煙そのものがイタリアではほとんど知られることはなかったが、クレセンツィオ枢機卿が喫い始めたことで、草原に放たれた火のようにまたたくまに全土に広がった。イングランドのウォルター卿と同じ役割をクレセンツィオ枢機卿が果たしたのだが、葉巻による喫煙が聖職者や貴族階級に嫌われて、一八世紀の後半にいたるまで本国で広範な喫煙流行をみることがなかったスペインやポルトガルとは極めて対照的である。

ところで、ローマの一角を占めるヴァチカン、すなわちカトリック教会は喫煙の蔓延にどう対処したであろうか。スペインのセビーリャでスナッフの流行がゆきすぎて、聖職者までが聖堂で使うようになったとする訴えを受け、教皇ウルバヌス八世（Urbanus VIII, 在位1623-1644）が一六四二年に勅書を送りセビーリャの聖堂内でのタバコの使用を禁止したことは良く知られている。これは、ヨーロッパのタバコ史で必ずとりあげられるテーマであるが、第7章2節で詳しく考察することにする（一八四頁以下）。

イタリアでの喫煙流行は高位聖職者から始まったことで、ローマ市内の教会はおろかヴァチカンのサン・ピエトロ大聖堂にまで及び、教皇インノケンティウス一〇世（Innocentius X, 在位1644-1655）[5]が一六五〇年に再び出した勅令ではスペインあるいはセビーリャ以外も対象にしたので、明確に「喫煙」または「嗅ぎたばこ」となっている。これは、ローマで広まっていた喫煙をふくむ禁令であったが、実効はなかった。

3　フランス

第1・2章および第3章でフランスにかかわるタバコ・喫煙の初期の記述をとりあげてきたが、表6-1にその一覧を示す。

表6-1に示されるように、タバコに関する記述が公刊されるのはイングランドよりフランスの方がはるかに早かった。パイプによる喫煙の報告もイングランドより半世紀ほど早い。しかし、喫煙が広まるのはイングランドよりかなり遅れた。一五六〇年になってジャン・ニコーがもたらしたタバコは、一六二〇年までにはパリの北方二〇〇キロメートルほどのアルトア（Artois）で栽培された記録があるが（Walker 1977, 11a, 285）、おそらく薬用であろう。一六三〇〜四〇年頃には、すぐ北隣りのサントメール（St. Omer）でも栽培が始まる。R・ディロン（Delon, Rene）は近著に、フランスの最初のタバコ栽培は一六三六年とする説を掲げている（Delon 2014, 13）[6]。一八世紀になると、このあたりがフランスのタバコ主産地の一つになるのだが、サントメールはそ

表6-1　フランスにかかわるタバコ・喫煙記述

年	著　　者	刊年	書　　名	記　　述
1535	ジャック・カルティエ	1545	『第二回航海記録』	カナダでのパイプ喫煙報告
1555	アンドレ・テーヴェ	1557	『南極フランス異聞』	ブラジルの葉巻喫煙報告
1560	ジャン・リエボー	1567	『農業と田舎屋敷』	ジャン・ニコーのタバコ紹介
1565	スパーク	1589	『遠征記』	フロリダのフランス人入植地でのパイプ喫煙。イングランドのホーキンズ隊による報告。

の後フランスにおけるクレイ・パイプの主生産地の一つとしても名前があげられるようになる（Walker 1977, 11a, 285）。

(1)クレイ・パイプ

ラウファーは、フランスでは一九世紀に入る頃までは、スナッフがタバコ摂取法の主流であって（Laufer 1924／Leaflet 19, 54）、このことがパイプ喫煙の広まりを他のヨーロッパ諸国より遅らせることになったとする。

しかし、フランスでのクレイ・パイプ製造は、一六二〇年のルーアン（Rouen）に始まり一九世紀にその最盛期を迎えた（Leclaire 2009, 51）。ルーアンはパリの北西約一五〇キロメートルのイギリス海峡に近いセーヌ河に面した街であるが、イギリス海峡に面したセーヌ湾のルアーヴルへは一〇〇キロメートルほどのところにある。先にあげたサントメールもドーヴァー海峡に面するダンケルク（Dunkerque）やカレー（Calais）に近く、フランスのクレイ・パイプ生産はイングランドに近い北フランスから始まったことになる。

一六二〇年から七〇年の間の記録が残っている工房は三一三にのぼるが、地中海側のマルセイユなどでは、後述するように対岸の北アフリカをふくむイスラム社会への輸出用が主であった。一七世紀のフランスのパイプ需要の多くは、北フランスで輸入されるイングランドおよびオランダ産クレイ・パイプで満たされていた。したがって、北フランスでの初期パイプ生産はイングランド製あるいはオランダ製の影響を強く受けていた。

一八世紀に入ってからも、イングランドおよびオランダからの輸入は盛んに行われていたが、高い輸入関税によって次第に減少することになる。一方、イスラム社会向けのフランス産クレイ・パイプの輸出に加えて、一八世紀後半に入ってからヨーロッパ内の需要が急増し、ガンビエ（Gambier）やフィオレ（Fiolet）はロンドンやブリュッセルに支店を開くほどになった。ガンビエだけでも一八五〇〜六〇年で二億五千万本を生産したとされ、この時代のガンビエは六〇〇人、フィオレも七〇〇人を越える作業者を抱えていた（Leclaire 2009, 53）。

前述したように、一六二〇年には北フランスのルーアンでクレイ・パイプ作りが始まっているが、イングランドやオランダのパイプが持ち込まれていたものの、クレイ・パイプに適するカオリンを産出することで、生産開始が早かったのであろう。一七世紀末にはクレイ・パイプの製造はフランス全土でみられるようになり（Jean-Leo 1971, 13-14）、一八世紀の初めにはベルギー寄りの北部フランスのサントメールなどがパイプ生産の中心地になった（Walker 1977, 11a, 285）。

第7章1節でもとりあげるが（一八二〜三頁）、マルセイユなどの地中海沿岸では、一七世紀終わりから一八世紀初頭にかけて対岸の北アフリカのイスラム諸国向けに、赤レンガを粉砕して混ぜることでテラコッタ製のパイプに似せた小型のチブーク・パイプの製造が始まっていた（図6-2）。これらは、短い芦のステムを付けた携帯用小型のチブークでソケット・パイプとも呼ばれるが、どちらかというと下層階級向けと考えられる。一八世紀の後半になって、フランスのクレイ・パイプ生産は、国内市場向けをふくめてその全盛期を迎えることになる（Walker 1977, 11a, 285）。

一七八〇年には、ベルギーの国境に接するジヴェ（Givet）のJ・ガンビエ（Gambier, Jean）が製造に加わった（Duco 1987, 2）。その前年に開いた近くの鉱山、あるいは北東約五〇キロメートルのベルギーのアンデンヌからカオリンが豊富に調達できる好条件に恵まれ、業績を順調にのばした（Walker 1977, 11a, 292）。

いわゆるガンビエ・パイプは、人物の顔や動物を象《かたど》ったボウルや彩色を特徴とした（図6–3）。オランダのクレイ・パイプに代わってジェイコブ・パイプ（『聖書』のヤコブをモデルにしたパイプ）で有名になり、欧州各地でもこのモデルが多く作られるようになった（図6–4）。ガンビエのクレイ・パイプ生産は、衰退しつつあっ

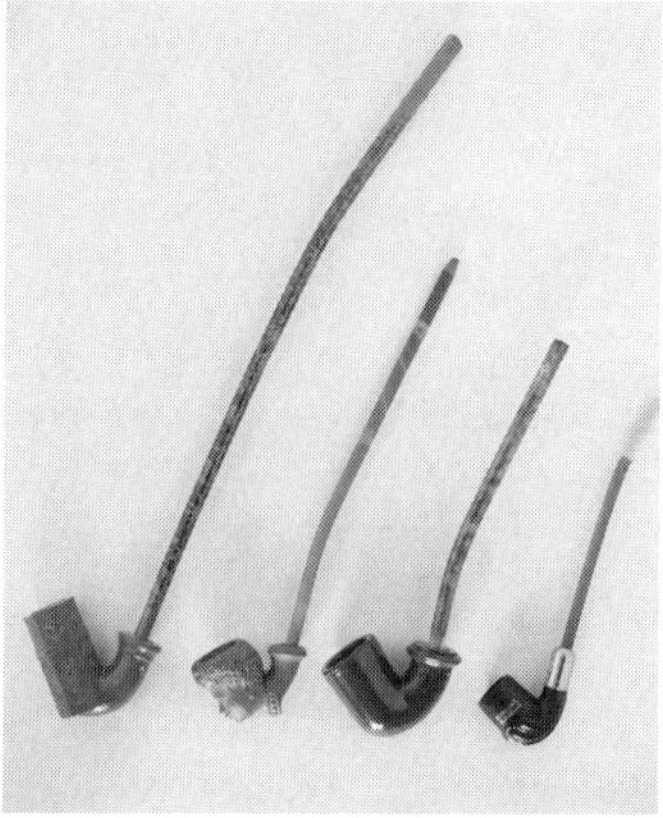

図6–2　マルセーユ製の北アフリカ向け小型チブーク・パイプ（1890–1910年製）

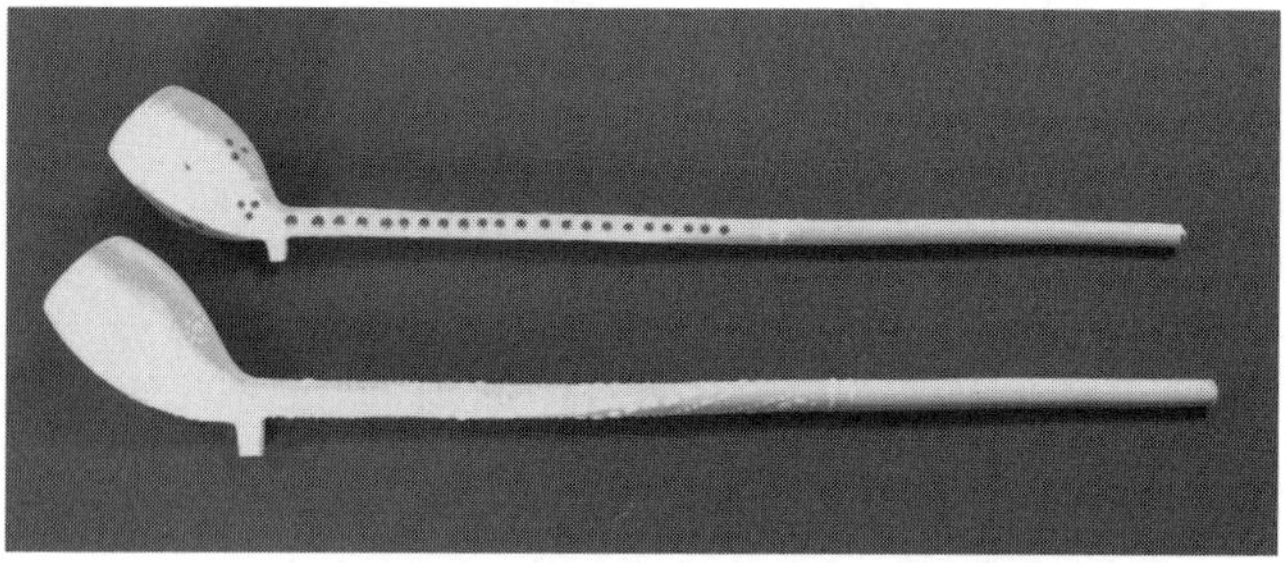

図6–3　ガンビエ・パイプ

図6–4　ジェイコブ・パイプ（ガンビエ製）

たオランダのクレイ・パイプを尻目に隆盛を極め、最盛期にはフランス全体のクレイ・パイプの生産量は輸出用もふくめて年間五〇〇〇万本に達していたという（Cole 2005, 7）。ガンビエはパリには工場を持たなかったが、輸出用モデルにはGivetの他にParisと刻印をしたものもみられる。

大岡昇平の『富永太郎——書簡を通して見た生涯と作品』には、大正一二年（一九二三）にわが国へフランスからパイプが輸入されていて、翌一三年にはガンビエ・パイプも入っていた記述がみられる（大岡 1995, 137・181）。ガンビエの記録にも、一九二三年にはカナダ、日本、英国、オランダへの輸出が記されているが、そのわずか三年後の一九二六年に工場は閉鎖された（Walker 1977, 11a, 292）。

フランスは、一八五五年頃にサン・クロードでブライアー・パイプの生産が始まると、クレイ・パイプやメアシャムに代わって、世界一の生産量を誇るパイプ王国になるのである。

ガンビエ・パイプは二〇世紀後半には、コレクター用に模造品や古い金型を使った復刻品を作るようになった。

(2)スナッフ

一六二〇年にスペインのセビーリャにヨーロッパ最初のタバコ（スナッフ）工場が建てられた後、一六二五年頃にはフランスでもスナッフが流行り始めたとされる（Dickson 1961, 92）。スペイン同様に、当初は宮廷や上流社会でもてはやされ、次第に川下へ流れたと考えられる。すでに述べたが、フランスのスナッフはジャン・ニコーがカトリーヌ・ド・メディシスに贈ったことで宮廷内から国中へ広まったとする逸話は、実際のフランスでの流行の半世紀以上も前のことになる（第2章三九〜四〇頁）。

フランスでスナッフが広がり始めたのは、ジャン・ニコーがポルトガルから薬用植物としてのタバコをもたらした一五六〇年頃ではなく、西インド諸島からスナッフがもたらされた一六二五年以降であることはすでに述べた（第2章四〇頁）。一六二〇年に工場生産を始めたスペインのスナッフが伝えられたのでないことは、両国の粉タバコの製造方法の違いからもわかる。

すなわち、スペインでは一六二〇年以前は乳鉢でタバコの葉を粉にし、工場生産では石臼を馬に挽《ひ》かせる方法がとられたのに対して、フランスでは固めたタバコ（ロール・タバコ＝縄タバコまたはキャロット）をおろし金で摺《す》りおろす方法がとられていた（図6-5）。

第4章4節で述べたように（一一五頁以下）、オランダでは風車を利用したミル（臼）を用いたスペイン方式もとられたが、タバコを紡錘状または円錐状に固めたキャロットやロール・タバコを摺りおろす方法も行われていた。キャロットはフランスが発祥とされ、フランスのタバコ屋の看板には今日でも赤いキャロットの紡錘形が用いられている（図6-6）。

臼あるいは乳鉢で粉にしたスナッフにはスペイン語のポルボ（polvo）が使われ、摺りおろした粉タバコにはフランス語のラペ（râpé）を用い、スペインでも摺りおろしたスナッフはラペと呼ぶ（第7章二〇五頁の註11参照）。

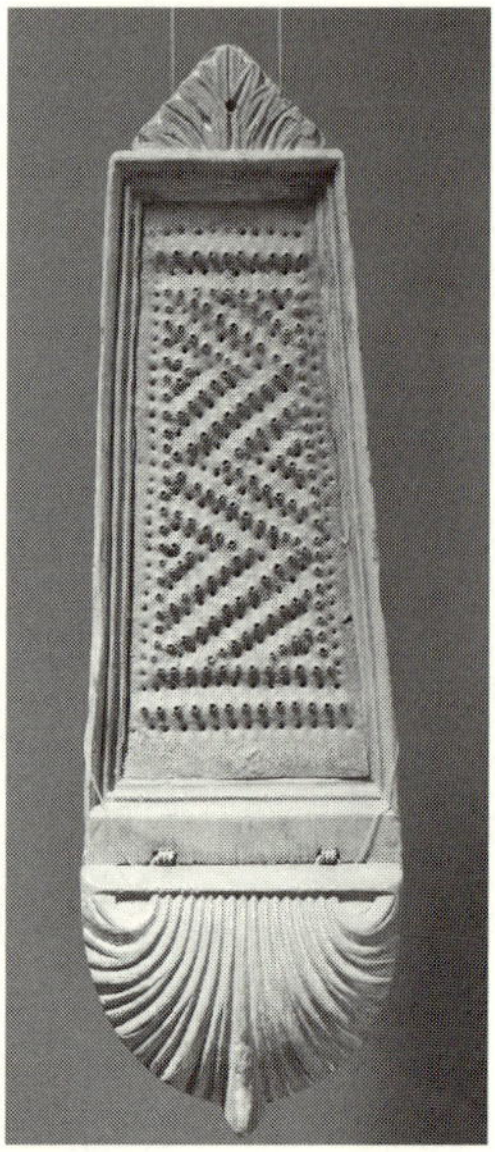

図6-5　ロール・タバコまたはキャロットを摺りおろして粉タバコにするラープ（摺金）（96頁の図4-2も参照）

図6-6　フランスのタバコ屋の赤いキャロット看板

フランスにスナッフが流行《はやり》始めた頃は、三〇年戦争（一六一八～四八）のまっただ中で、パイプ喫煙がイングランドやオランダの兵士たちによってヨーロッパ中に広められたとする時期でもあった。しかし、フランスではパイプ喫煙は主として労働者階級の間でもてはやされ、ルイ一四世の時代（一六四三～一七一五）には兵士たちにパイプ・タバコが毎日支給された（Osskó 2000, 18）。

ところで、川下にまで広がったスナッフが、三〇〇年後にはどうなっていたか、函館市に在住していたフィリップ・グロード神父（故人）は著者宛書簡に次のように記している。

……フランスのバンデ県ナント（Nantes）という都会のすぐそばのロシュセルヴィエル村（Roche-servière）の教会は、ミサ中に嗅ぎタバコをサービスしていた。これは戦争、つまり一九四〇年までだったと思う。献金袋を渡す人は、右手で献金袋を持っていた。そして左手で嗅ぎタバコの細長い箱をもっていた。この箱のふたにスプリングがついていて、親指でちょっとプレスすれば、びっくり箱のようにポンと自動的にふたが開くようになっていた。右手で献金を集め、男性で嗅ぎタバコをつけるくせのある人には、すばやく左手を出してサービスのタバコを出す。〟いかがですか〃と。私たちいたずら子供は献金を集めるおじいさんの後についてみていた。

農民たちは大きな献金しないよ。五円か一〇円くらいのものだった。でも、ちゃんとタバコは〟いかがですか〃と。そして、農民たちは右手の親指と人さし指で二つまみタバコの粉を左手の甲にのせる。二つまみとは、鼻の穴が二つあるからだ。献金とタバコの一善《ママ》の交換だった。第二次大戦がこの愉快な習慣をなくしたわけである。ミサの第二部の後半には鼻をかむ大オーケストラのにぎやかさを想像できますね。

神父様たちも結構ミサ中に嗅ぎタバコをつかう方もいたよ。第二バチカン公会議の前の時代ですから神父様たちは祭壇に向かってミサをたてていた。そして、祭壇のうらの真ん中には聖ひつがあり、両側に見事な御像やレリーフがいっぱいついた壁のようなRETABLEがあった。このレターブルの前にちゃんとした額に入れてミサの奉献文という祈りがかざってあった。この額縁のうしろに神父様方が嗅ぎタバコの箱をかくしていた。そしてミサの最中目立たないように、やはり嗅ぎタバコを鼻に入れる神父様もいた。この幸せな時代はタバコを薬とみていたんだもの。

フランスの田舎、とくに小さな港町には噛みタバコが昔も今もはやっている。沿岸魚業の船乗りは今でもタバコを噛んでいる人が多い。バンデ県のLES SABLES-D'OLONNEには噛みタバコをはなさない人がいる。チューインガムがわりでした。でも教会に入る時にほとんどみんな、この噛みタバコをはき出して手でうけて、そして上手に帽子のなかのふちにあるレザーや革の間にとっておく。ようするに、教会のなかでは何かを食べるような態度は失礼となっていた。ミサが終わると帽子のなかのレザーのうしろから乾いた噛みタバコをだしてまた楽しく噛みつづける。そういう人たちの右手の親指とひとさし指の黄色っぽいところが特徴だった。……

（原文日本語）

グロード神父は、一九五四年にパリ外国宣教会（パリ・ミッション）の宣教師として来日して以来、長い間函館市でカトリック教会の司祭を務めた後、函館市の要請もあって、理想的な素晴らしい特別養護老人ホームを経営していたが、本人はパイプ愛好家であるばかりでなく、施設のラウンジには大きなパイプの形の暖炉をしつらえ、特大のキセルの飾りをあしらうほどの愛煙家であった（二〇一二年没）。フランス人らしいユーモアに溢れたグロード神父の達筆な書簡は、教皇勅令にもかかわらず田舎の教会では嗅ぎタバコが一七世紀から綿々と続いていたことを示す実に興味深い内容である。この習慣が消えたのは、第二次世界大戦によってタバコが配給制になったことによる。

（3）サン・クロード(St. Claude)のブライアー・パイプ

フランスのジュラ山脈山中のサン・クロードはブライアー・パイプ発祥の地として知られ、近年まで世界最大の生産量を誇っていた。その発祥の経緯には多くの逸話が残されているが、最も有名なのはボナパルト・ナポレオンにまつわる話である。その崇拝者がナポレオンの死後、生地コルシカ島詣でに出かけたさいに愛用のメアシャム・パイプを落として壊したので、コルシカでとれる最も堅い木で代わりのパイプを作らせたところ、優れたパイプになったという。このブライアー材を持ち帰ったサン・クロードでパイプ作りが始まったとするのが、最もよく引き合いに出される逸話である。しかし、当時のコルシカに非常に堅いブライアーでパイプ作りができる職人が存在していたことを疑問視する見方がある。

国際パイプ・アカデミー創立会員の故ジャック・コール（Cole, Jacques）はサン・クロードに生まれ、家業のパイプ産業にかかわっていたが、サン・クロードに残るいくつかの説をその著書にまとめている（Cole 1990, 3–7 & 2005, 4–11）。

その一つは、ブライアー材でパイプが最初に作られたのはコルシカ島ではなく、南フランスのトゥロン（Toulon）近くのコゴラン（Cogolin）であるという。コゴラン村は第一次世界大戦前までは釣り竿などの木製品を作っていたことで知られている。

別の説では、ジュネーヴからパリへ向かっていた旅行者がサン・クロードで壊れたメアシャム・パイプの代わりをブライアーで作らせたのが始まりだという。

サン・クロードでは一七五〇年頃にはすでに木製のパイプが作られていてブナ、ナナカマド類、ツゲなどが用いられ、チェリーで作ったパイプ・ステム（チブーク・パイプ用）はヨーロッパの他の地域へも供給されていた。一八〇〇年代の中頃には、サン・クロードの木工製品はスナッフ・ボックス（嗅ぎタバコ入れ）、ペン軸、教会用記念品など多岐にわたるようになっていた。

さらに、サン・クロードはツゲ材の供給を南フランスから受けていたが、当時は重量取引制だったので往々にしてツゲより重い材が混入されることがあった。たまたま混入されていた重いブライアーがパイプに最適であることがわかり、ブライアー・パイプがサン・クロードで作られるようになったとする説もある。

しかし、サン・クロードのブライアー物語はこれだけではない。第二次世界大戦前にサン・クロード工業会の事務局長であったC・ラミー（Lamy, Charles）は、職人のダヴィド（David）が一八五四年のボーケール（Beaucaire）博覧会で会ったディーラーにブライアーでパイプを作ることを薦められたのが始まりだとする。一方、サン・クロード地方の郷土史家として知られたマダム・ジェルメン（Germaine, Pacaud-Faton）によれば、ボーケール博覧会に出掛けたサン・クロードの木製品デザインの顧問たちが、宿で手にした塩入れの小皿に使われていたブライアーをチェリーに代わるパイプ用材として持ち帰ったという。翌五五年パリで開催された第二回万国博覧会でブライアー・パイプが初出展され、サン・クロードのパイプ・メーカーは数々のメダルや賞を受けている。

さらに、サン・クロードの古文書を調査していたリジエール（Ligier, Jules）は、次のように述べている。一八五八年の一〇月に、強い南部訛りのタファネル（Taffanel）という男がサン・クロードのカテドラル（大聖堂）近くのスナッフ・ボックス製造業者のガイ（Aine, Gay）のところへツゲ材の注文をとりに訪れたが、商談の後にポケットから取り出した荒削りの素朴なパイプで一服つけながら、これは羊飼いが用いるパイプでブライアー製であると説明した。今日エボーションと呼ばれるブライアーのブロックを五個ほど渡して帰った後、月末には一〇グロス（一四四〇個）のエボーションが届いたという。

しかし、国際パイプ・アカデミーの初代会長アンドレ＝ポール・バスティアン（Bstien, André-Paul）が発行

していた *Revue des Tabacs* の記事によれば、フランスの官吏が勤務時間に使用するパイプの種類は一八二八年に制定された規則で定められていて、高級官吏はメアシャム、下級官吏はクレイ、チェリーそしてブライアー製パイプが認められていた。

これらの逸話を総合すると、次のようになる。官吏の使用パイプ規定が定められた一八二八年以前に、南仏のコゴランあたりでブライアーのパイプが作られ始めていたが、一八五四年にボーケールでブライアー材をパイプに使うヒントを得たサン・クロードは、翌五五年のパリ万博に出品して賞を受けた。これによって、サン・クロードではブライアー・パイプの生産が本格的に始まった。一八五八年の羊飼いのパイプにまつわる話は、スナッフ・ボックス業者が新しくブライアーでパイプ作りを始めた時の逸話であろう。

パリ＝リヨン間の幹線鉄道が開通したのは一八六〇年で、サン・クロードに狭軌の鉄道が伸びたのは一八八九年であるから、ブライアー材料とその製品であるパイプの大量輸送が始まるのもこの年以降である。鉄道の開通によって市場へのアクセスが容易になり、これが原動力になってブライアー・パイプの量産が始まった。かくして、ジュラ山脈の谷間の寒村サン・クロードはブライアー・パイプのメッカとしての世界的な名声を得ることになったのである。フランスでシガレットの手巻き生産が始まるのは、一八四四年になってからである(Brongers 1964, 228)。

4　ロ　シ　ア

ロシアへの喫煙伝来は、一般的にはバルト海経由でイングランドの船員や商人がもたらしたものと考えられている。しかし、第5章1節「デンマーク」で述べたように（一二一頁以下）、多くのオランダ船もバルト海沿岸との交易に従事していたことから、オランダ人関与の可能性も捨てることはできない。

一六二三年のモスクワ大火の原因がパイプの火とされ、たびたび禁煙令が出されたものの効果はなかったようで、オランダ人が記録した『一六三三年から一六三九年にかけてのホルシュタイン公大使のモスクワへの旅行』(7)(Price 1961, 17–18)には、次のような記述をみる。

タバコはすでに非常に普及していて、喫煙とスナッフの両方が行われている。貧しいものも一ペニーの銭が手に入るとパンではなくタバコに費やしてしまい、これが時として火災を引き起こす。しかし、一六三四年にはタバコの販売をふくめた強硬な禁止令が発され、違反者は鼻の切り開きや鞭打ちなどの厳しい刑に処せられるようになった。

(拙訳)

ミシガン大学のJ・M・プライス(Price, Jacob M.)は、一九六一年にイングランドのロシア向けタバコ輸出に関する論文を発表しているが、これを参照しながら一七世紀末から一八世紀初頭にかけてのロシアにおけるタバコ消費について考察することにする。

一六三四年の禁止令はロマノフ王朝・初代のミハイル(在位一六一三〜四五)によるものだが、鼻の切り開きは嗅ぎタバコに対する刑で、鞭打ちは喫煙者や売買者を対象にした刑である。一六四一年にはさらに強化され、違反者はシベリア流刑、五五年には死刑が科されるようになった(Price 1961, 18)。この禁止令は、毛皮や木材取引きを目的に一五五四年に設立されたイングランドのモスクワ商会(Moscovy Company)の駐在イングランド人にも影響を与えることになった。

イングランド王(チャールズ一世)ばかりでなく、デンマーク王やスウェーデン女王までが調停に介入することになった。この時点では、イングランドのロシア向けタバコの輸出はまだ微々たるもので、現時点で知られる最も古い記録では一六七九年にわずか一一四二ポンドがイングランドから出荷されている。一方、一六七〇年のイングランド議会下院で、オランダが国産タバコを船底に隠して大量に送り込んでいたことが報告されているである。

(Price 1961, 19)[(8)]。ここでも、オランダは国産タバコにイングランドのヴァージニア葉を混ぜて密輸していたの

ロマノフ王朝の二代目アレクセイの時代（在位一六四五〜七六）の厳しい取締りや処罰にもかかわらず喫煙は一向に減らず、イングランドやオランダから、あるいはスウェーデン経由で運び込まれるタバコによって喫煙は広まる一方で、処罰は次第にゆるくなった。

シカゴのフィールド自然史博物館のラウファーは、一九二四年の論考（小冊子）「ヨーロッパへのタバコ伝来」(*Introduction of Tobacco into Europe*) のなかで、一七世紀末になるとピョートル大帝（一六八二〜一七二五）がイングランド滞在中に喫煙を覚え、自国への導入を積極的に図ったとする説を引用している（Laufer 1924／Leaflet 19, 59–61／West 1970, Part I, 43)[(9)]。

しかし、ピョートル大帝は西欧旅行に出かける前に、宮廷に仕えるスコットランド人のゴードンに専売権を与え（一六九五年）、続いて別のスコットランド人にも類似の特権を与えていた。一六九七年の西欧旅行に出かける直前には、全領土でのタバコの自由な取引きと使用を認める布告を出している（Price 1961, 19–20)。

むしろ、タバコ嫌いのアレクセイの死後（一六七六年）、ピョートルは猛反対をする教会（ロシア正教）との折り合いを図りながら自由化の機会を狙っていたとみることができる。当然のことながら、タバコがもたらす税収の魅力が最大の動機であろう。一六九七年の一二月一日以降、タバコは国家の専売になり、輸入葉ばかりでなく国産葉も課税されるようになった。

一方、イングランドは植民地でのヴァージニア・タバコの生産が、オランダとの競合もあって過剰気味になり、そのはけ口として新しいロシア市場に目をつけ水面下の交渉を始めていたが、一六九七年八月、オランダのハーグにピョートルが到着するのを待って積極的に折衝を開始した。オランダ出身のウィリアム三世王もユトレヒト

でピョートルに会っているが、母国オランダと競合するこの交渉に気をもんだに違いない。

一六九八年四月にはピョートルはイングランドに到着したが、オランダでイングランドの交渉を受けていたチームはオランダに残したままであった。しかし、ロンドンのモスクワ商会（ロシア商会）やヴァージニアからの輸入業者をふくめた複数が交渉を継続し、ピョートルがイングランドを発つ直前の四月一二日になってやっと二年から七年間有効とする契約が調印された（Price 1961, 26–27）。

ウィリアム三世の命により、ピョートル滞在中その応接に当たっていたペレグリン・オズボーン侯（カーマーザン侯爵：Marquess of Carmarthen）が契約の当事者であったが、ギルバート・ヒースコート卿（Sir Gilbert Heathcote）とそのとりまきによるシンジケートが権利を得た。

しかし、これにはヴァージニア・タバコの輸入業者やモスクワ商会（ロシア商会）はふくまれなかった。契約内容は、ピョートルに即金で一二、〇〇〇ポンドを輸入税の前払いとして支払い、毎年一〇〇〇ポンドの良質タバコを無償で王室に納めるもので、初年度には少なくとも一五〇万ポンド、次年度は二五〇万ポンドを輸出するものとし、その後は毎年五〇万ポンドずつの積増しをするという条件である（Price 1961, 28）。実際にロシア向けに積出されたのは、税関記録によれば調印翌年の一六九九年には一、二一六、〇〇〇ポンド、一七〇〇年には一、四五〇、〇〇〇ポンドで、その後急減している（Price 1961, 47–48）（表6–2）。

一六九九年には、旧モスクワ商会の再編により、ロシアとのタバコ契約者や旧東インド会社の株主などが加わり新東インド会社が創立された（Price 1961, 29–32）。さらに、一七〇九年には新東インド会社（イギリス東インド会社）と旧東インド会社（ロンドン東インド会社）が合併して、連合東インド会社として再出発することになった（ブライアン・ガードナー 1989, 49–50）。

契約によるロシア向けタバコの輸出が始まって三年を経ても、契約数量を達成することができないばかりか、

表6-2　イングランドから出荷されたロシア向け加工タバコ

（単位：1000ポンド）

仕向地	1697	1698	1699	1700	1701	1702	1703	1704
直接ロシア向	—	87	1,216	1,450	274	52	11	21
スウェーデン領経由	457	639	373	171	729	475	492	247

出典：Price 1961, Appendix A（1）　English Tobacco Export, 1696-1754

モスクワ商会時代に権利を得ていた船舶建造用の木材やタール、ピッチなどを帰り船で運ぶこともできずに、極めて採算性の悪いことがわかった。実際には、ロシア領土内での独占的販売が認められていたにもかかわらず、コサックが栽培する廉価な国産タバコによって妨げられていたのである（Price 1961, 52）。

一方ロシア側には、イングランドの契約者に独占的権利を与えておくことに対する反対が起こり、一七〇四年にはイングランドから技術者と設備を調達して国産タバコを国内で加工させる新しい契約を交わした（Price 1961, 62）。これによって、イングランドからの加工タバコの輸出は大きな打撃を受けることになった。

ラウファーは、一七〇五年にはイングランド・タバコは禁輸になり、トルコ産および国産タバコのみが認められることになった（Laufer 1924／Leaflet 18, 16-17／Leaflet 19, 60-61）としているが、トルコ産としたのはおそらくコサック族がトルコ系だからであろう。プライスの資料によると、イングランドから積み出されたロシア向けタバコは表6-2のようになる（Price 1961, 101）。

禁制のタバコは、スウェーデン領であったナルヴァ（現エストニア領）経由で一六九七年までは相当量輸入されていた（Price 1961, 75）。イングランドからの直接輸入が減るとスウェーデン領経由が回復していることが表6-2からわかる。

ラウファーは、当初もくろんだシベリア向けタバコ供給も、中国タバコとの競争に遭うことになり、一七〇一年には中国タバコには輸入禁止措置がとられたとしている（Laufer 1924／Leaflet 19, 60）。しかし実際には、これもコサック産タバコに勝てなかったのだとする説もある。

手巻きの既製シガレットがロシアで試みられたのは、かなり早く一八一二年とされるが失敗に終り、一八四七年の所得税課税指示書に始めてシガレットが記載されている（Brongers 1964, 228）。これは、もちろん、クリミア戦争（一八五三〜五六）の前である。

シベリアへのタバコ喫煙伝播のルートには、わが国から朝鮮半島を経由し中国東北部を経たシベリア東部、さらに満州あるいはモンゴルを経たシベリア南・西部へのチャネルがあるが、第13章でとりあげることにする（四四七頁以下）。

5　ギリシャ

さて、オリエント葉を産するギリシャはオスマン・トルコの支配下にあったが、タバコがもたらされたのは一六世紀だとする説がこれまで支配的であった。一八二〇年刊行のプーケヴィユ（Pouqueville）の『ギリシャ旅行記』には、フランス人二人が一五七三年から八九年の間にテサロニケ周辺で栽培を始めていたとする記述がみられる（Haritatos 1997, 29）。自国フランスで喫煙習慣がまだ広まっていなかったこの時代に、フランス人が喫煙用としてタバコの栽培を始めたとするのは説得性に乏しく、おそらく薬用タバコの栽培であろう。このように、薬用タバコが喫煙用タバコあるいは喫煙風習と混同されて扱われるのは、わが国ばかりではないようだ。

一方、ハリタトスは一五八〇年にはイタリア人がヴェネチアやジェノアからコンスタンティノープルにタバコをもたらし、これが現在のギリシャをふくむオスマン・トルコ帝国の各地へ急速に広まったとする説を唱えている（Haritatos 1997, 29）。

これも、イタリアでの喫煙流行より前のことであるが、当時の地中海域での二大商港であるヴェネチアとコンスタンティノープル間の頻繁な船の行き来を考えると、説得性はある。ローマでクレセンツィオ枢機卿が喫煙を流行《はや》らせる以前にナポリやシシリーなど、まだスペイン副王が支配していた地域には、すでにスペイン船の乗員が喫煙をもたらしていたほか、イングランドやポルトガルの船員がジェノア、ヴェニスなどの港町に喫煙を紹介したと考えられている（Corti 1931, 127）。しかし、スペインおよびポルトガルの乗員がパイプ喫煙をもたらすことは、なかったはずである。

一七世紀に入ると、これがマケドニアから古代ギリシャの地域にまで広がったことで、葉が小さく香味に優れたギリシャ・タバコが作られるようになった。ギリシャやトルコで栽培されるオリエント葉のタバコは、もちろん新大陸で自生していたオリジナル種そのものではなく、バルカン地方、すなわち黒海周辺諸国と小アジア地域の土壌と気候に適応してできた種とされる。これらの地域はオスマン・トルコの支配下にあったので、トルコ・タバコとして世界に知られるようになった（Haritatos 1997, 19）。一六三四年にギリシャ正教は、信徒に対していかなるかたちのタバコの使用も禁止したが、実効はほとんどあがらなかった（Penn 1902, 36）。次節のハンガリー同様に、オスマン帝国時代には水パイプも多くみられたが、これは帝国の崩壊にともなって徐々に消滅していった。

一九世紀に入ると、ギリシャにもシガーがあらわれ始めるのだが、国産のオリエント・タバコは葉が小さく葉巻には向いていないので、すべて輸入品であった。一九三〇年代には、輸入葉タバコを使った葉巻の生産も始まった。

ギリシャにシガレットがあらわれるのは、やはりクリミア戦争後であるが、始めは喫煙者がみずから巻いて喫ったもので、タバコには用紙が添付されて売られた。一八八三年には、葉タバコに対する課税が始まり、八七年には小売りタバコも課税されるようになったが、タバコ用紙も同時に課税対象となり用紙単独での販売は禁止された（Haritatos 1997, 58–60）。このことによって、手巻きで作られた既製シガレットの需要が増え始め、一八八五年頃からタバコ屋が客の要求に応じて巻いていたものが次第に規模を拡大していった。機械巻きシガレットがギリシャにあらわれるのは、イングランドより一五年ほど遅れて、一九〇九年になってからである。

6　ハンガリー

三分割されていたハンガリーは[10]、ブダをふくむその中・南部は一五四一年から一六九九年までオスマン・トルコの支配下にあったのだが、パイプ喫煙との接点はギリシャや西ヨーロッパの諸国とは多少様相が異なる。一五七六年にトルコのアガ・モハメッドが二八九人の従者を引き連れてトランシルヴァニア（Transylvania）[11]へ遠征したさいに、多くの住民が「煙を呑む」行為を目撃したのが最初とする説がある。しかし、これがパイプ喫煙だとすると、イングランドで始まったばかりの時代で、いかにも早過ぎる。

(1)クレイ・パイプ

ブダペスト国立博物館のA・リドヴィックス（Ridovics, Anna）の論文は、旧ハンガリー領のオスマン・トルコが占領していた地域からは多くの一七世紀のソケット・タイプ[12]のトルコ製パイプが出土していることを記している（Ridovics 2009, 65–66）。ボウルからマウス・ピースまで一体のイングランドまたはオランダ・タイプの白色クレイ・パイプは、北部のハンガリー側要塞跡から出土している。

ハンガリー人によるクレイ・パイプの製造は一七世紀の末頃になってから、最初はトルコの形を模したパイプの製造が北部地方で始まったとされる（Ridovics 2009, 69）。

いずれにしろ、一七世紀の前半までには、とくにトルコ軍との苦しい戦いの間に、パイプ喫煙はハンガリー中に広まった。一七世紀後半になると、トルコ葉のタバコはハンガリーの重要輸入品目になり、チブーク・パイプ(chibouk)[13]とともに大量に入ってくるようになっていた。もちろん、トランシルヴァニアなどオスマン帝国の他の支配地域でも、タバコの栽培やパイプの生産が行われるようになっていたが、一七六〇年代までのハンガリーのパイプやタバコは大部分がトルコ産であった(Haider 2000, 21–22)。しかし、教会や修道院などから〝悪魔の煙〟に対する反対も根強く、一六六五年のハンガリーでの禁令、一六七〇年にはトランシルヴァニア議会での禁止議決もあったが、いずれも効果はなかった。一七〇二年には、宗主国オーストリアがタバコの専売制をハンガリーにも適用しようとしたが、猛烈な反対に遭い中断せざるを得なかった。

G・トムカ(Tomka, Gábor)によれば、オスマン・タイプのパイプ(チブーク・パイプ)は主としてオスマ

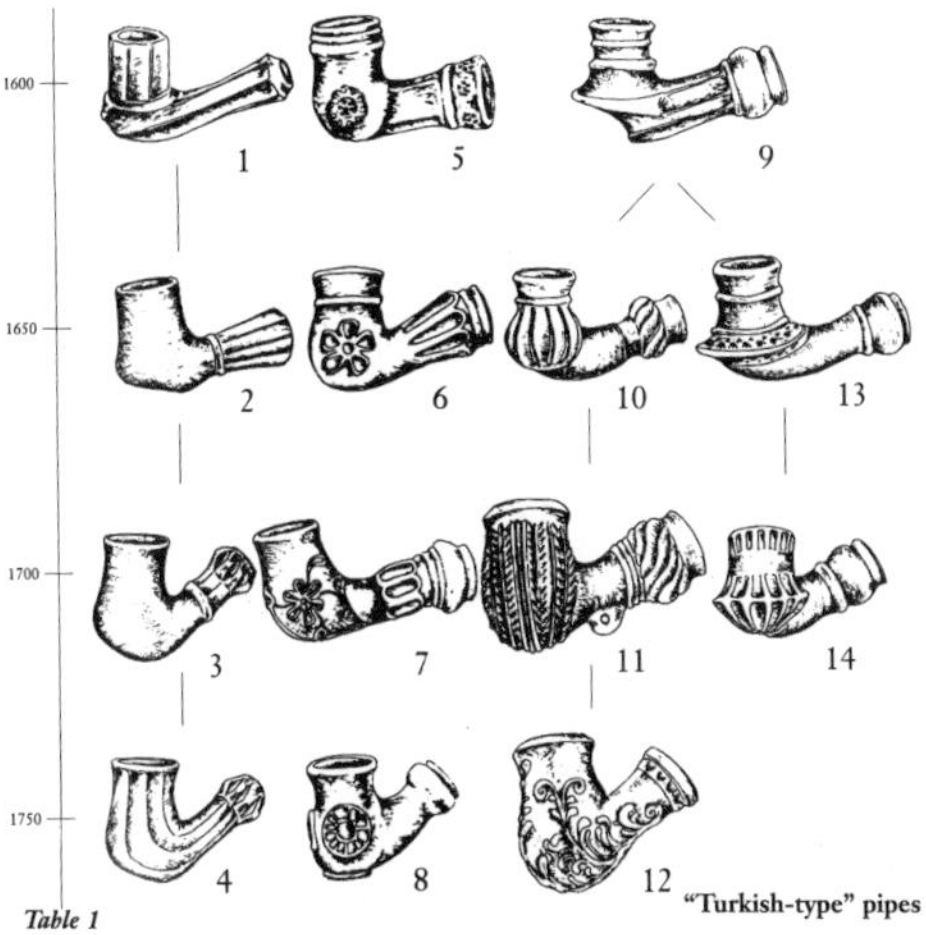

図6−7
ハンガリーのチブーク・パイプ(オスマン・タイプ)

ンの支配下にあったハンガリーの南部に多くみられるのだが(図6‐7)、赤土のテラコッタ製でない場合は表面を赤褐色に塗装していたことが出土品からもわかる(Tomka 2001, 25–32)。ボウル、ステム、マウス・ピース一体のクレイ・パイプ、いわゆるオランダ・パイプは、北部のハプスブルグ支配下のハンガリーの城跡などの発掘現場でみつかっている。オスマン・パイプとは異なり、白または灰色のクレイで作られているが、出土品の図版でみる限り、いずれもイングランドあるいはオランダ製とは異なるハンガリー製であることがわかる。オスマン・トルコが占領していた地域でオランダ・パイプが出ているのは、ブダペスト

市のブダ側だけである。一八世紀にはハンガリーなど東欧で特徴的なクレイ製チブーク・パイプがチムニー・タイプの細長いボウルに進化するのだが、これはオーストリアのポーセリン（磁器）・パイプの形状に影響を受けたものであろう。

ハンガリーのクレイ・パイプの産地として特筆すべきなのは西部のデブレツェン（Debrecen）で、一六世紀後半から窯業が始まり（一五七四年の勅許）、一七世紀末までにはパイプの製造が開始していたと考えられている。一八世紀には大多数の窯業者がパイプ製造にかかわるようになっていて、世紀末までには優れたパイプの生産地として名声を博するようになっていた。一七九八年には、地元で産出する赤土で一〇九六万本のクレイ・パイプが製造されている（Ridovics 2009, 69）。

現在はスロバキア領の北部になるセルメクバニャ（Selmecbánya）でも、一八〇〇年頃にクレイ・パイプの製造が始まり、優れたパイプを産出するようになった。デブレツェン・パイプとともに、セルメク・パイプとしてヨーロッパ各地へ多く輸出されたが、ハンガリーで最も優れたパイプを作るとされたセルメクバニャは、一九五九年にその製造を終えた（Ridovics 2009, 69）。

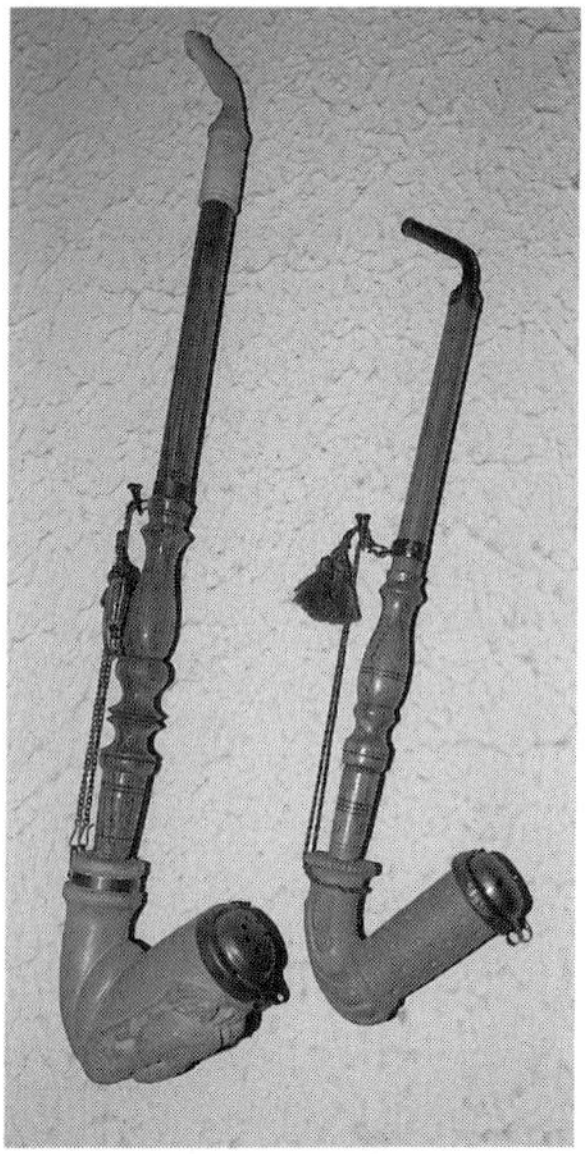

図6－8
20世紀のハンガリー・パイプ

図6-8に掲げる現代のハンガリー・パイプはオスマン・トルコのチブーク・パイプからボウルが細長く進化しているが、これは既述したようにドイツ・オーストリアのポーセリン・パイプの影響を受けたシェープであろう。わが国のキセル同様の運命をたどり、今日では実用されることはほとんどなく、多くは記念品・観光

土産用として作られている。
ヨーロッパの各地で流行りだした嗅ぎタバコは、ハンガリーでも目にするようになったものの、パイプ喫煙を凌駕することはなかった。スナッフは風邪薬などとして使われていたようだが、西ヨーロッパでの流行とは異なり、馬車の御者や兵隊などの間で使われていた程度である。

(2)メアシャム・パイプ

ところで、ハンガリーのパイプ史上忘れることができないのは、パイプの女王とも称されるメアシャム・パイプ(Meerschaum Pipe)にまつわる伯爵アンドラーシと靴職人コヴァック(Kovács, Károly)[14]の物語である。この物語には、いろいろ尾ひれがついて多くのヴァリエーションがみられる。ここでは、国際パイプ・アカデミー創立会員のB・ラパポートがその著に記した例をあげることにしよう(Rapaport 1979, 49–50)。

ハンガリー貴族のアンドラーシ伯が一七二三年にトルコを公式訪問したさい、伯爵がチェスの名手であることを知ったサルタンがゲームを申し込んだ。連続三ゲームを戦ったサルタンは、伯爵の巧みな外交手腕を称えてダイヤモンドをちりばめた短剣を一振り、女奴隷を二人、そしてメアシャムの塊を一個贈った。帰国後伯爵はペストの靴職人、コヴァックにパイプを彫らせた。コヴァックは靴造りや修理の合間に木でパイプを彫っていて、アンドラーシ伯は彼のパトロンでもあった。(拙訳)

この話の真偽については多くの議論があるのだが、二〇〇〇年にはハンガリー国立博物館(バラトン)のE・ハイデル(Haider, Edit)は、これを否定しないばかりか、「一七二三年にトルコから帰ったイシュトヴァン・アンドラーシ(Andrássy, Istváan)は、のち(一七八〇年)に男爵の称号を授与されるが、上流社会にこの新しいパイプで旋風を巻き起こしたことは確かである」と述べている(Haider 2000, 62–63)。ただし、コヴァックの子孫が国立博物館へ寄贈したという最初のメアシャム・パイプは博物館の所蔵品にはなく、古い所蔵品リストにも見当たらないとしている。

しかし、伯爵アンドラーシなる人物は、一〇〇年後の一八二三年生まれのオーストリアの外相ジュラ・アンドラーシ（Andrassy, Gyura）のほかには見当たらない。ハンガリー史でとりあげられるのは、このアンドラーシとその子（ジュラJr.）だけである（南塚編 2002, 225・227）。とすると、ハンガリー史に出てこないイシュトヴァン・アンドラーシ（のちに男爵）が伯爵ジュラ・アンドラーシと混同されたのであろうか。

二〇〇七年一〇月にフランスのメッス（Metz）で開かれた国際パイプ・アカデミーの年次総会で、A・リドヴィックス（Ridovics, Anna）はF・レヴァルディ（Levardy, Ferenc）を引用しながら最新の研究成果を発表した。ブダペストの国立博物館のリドヴィックスの発表を、本稿でもレヴァルディを参照しながら、以下にまとめることにする。

この著名なメアシャムにまつわる逸話が最初にあらわれたのはロンドンの *The Engineer* 紙の記事で、これが一八七三年一〇月五日のアウグスブルグの日曜紙に紹介された（図6-9）。これが、一八七四年にウィーンで発行された人名辞典に載ることでコヴァックの名前が知られるようになった。

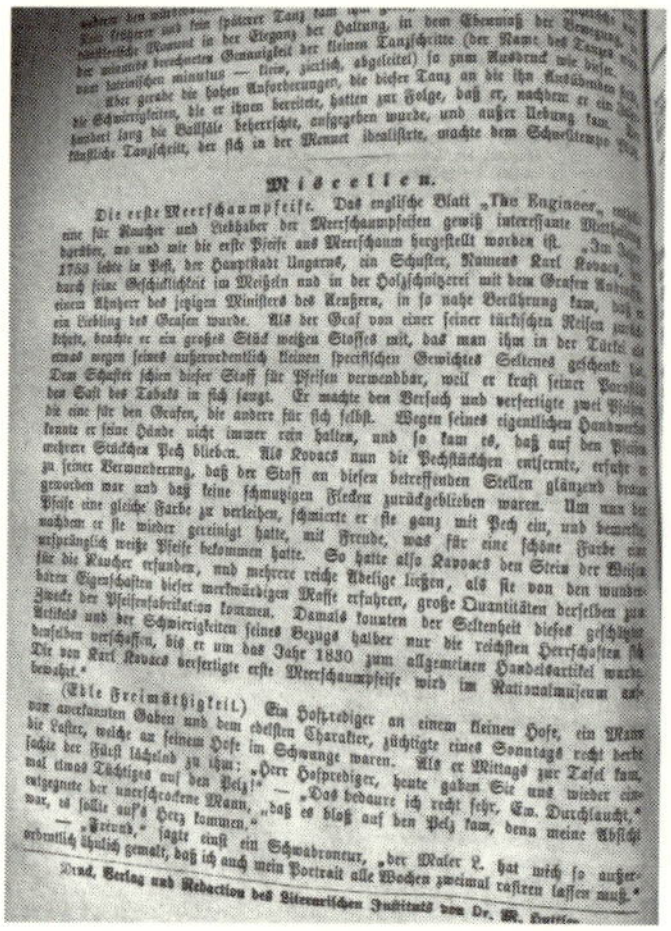

Miscellen.

Die erste Meerschaumpfeife. Das englische Blatt „The Engineer" ... eine für Raucher und Liebhaber der Meerschaumpfeifen gewiß interessante ... darüber, wo und wie die erste Pfeife aus Meerschaum hergestellt worden ist. „Im ... 1723 lebte in Pest, der Hauptstadt Ungarns, ein Schuster, Namens Karl Kovacs, ... durch seine Geschicklichkeit im Meißeln und in der Holzschnitzerei mit dem Grafen ... einem Ahnherr des jetzigen Ministers des Aeußern, in so nahe Berührung kam, ... ein Liebling des Grafen wurde. Als der Graf von einer seiner türkischen Reisen ... kehrte, brachte er ein großes Stück weißen Stoffes mit, das man ihm in der Türkei ... etwas wegen seines außerordentlich kleinen specifischen Gewichtes Seltenes geschenkt ... Dem Schuster schien dieser Stoff für Pfeifen verwendbar, weil er kraft seiner ... den Saft des Tabaks in sich saugt. Er machte den Versuch und verfertigte zwei ... die eine für den Grafen, die andere für sich selbst. Wegen seines eigentlichen Handwerks konnte er seine Hände nicht immer rein halten, und so kam es, daß auf den ... mehrere Stückchen Pech blieben. Als Kovacs nun die Pechstückchen entfernte, erfuhr ... zu seiner Verwunderung, daß der Stoff an diesen betreffenden Stellen glänzend ... geworden war und daß keine schmutzigen Flecken zurückgeblieben waren. Um nun der Pfeife eine gleiche Farbe zu verleihen, schmierte er sie ganz mit Pech ein, und bemerkte, nachdem er sie wieder gereinigt hatte, mit Freude, was für eine schöne Farbe ... ursprünglich weiße Pfeife bekommen hatte. So hatte also Kovacs den Stein der Weisen für die Raucher erfunden, und mehrere reiche Adelige ließen, als sie von den wunderbaren Eigenschaften dieser merkwürdigen Masse erfuhren, große Quantitäten derselben zum Zwecke der Pfeifenfabrikation kommen. Damals konnten der Seltenheit dieses ... Artikels und der Schwierigkeiten seines Bezugs halber nur die reichsten Herrschaften sich denselben verschaffen, bis er um das Jahr 1830 zum allgemeinen Handelsartikel wurde. Die von Karl Kovacs verfertigte erste Meerschaumpfeife wird im Nationalmuseum aufbewahrt."

(Edle Freimüthigkeit.) Ein Hofprediger an einem kleinen Hofe, ein Mann von anerkannten Gaben und dem edelsten Charakter, züchtigte eines Sonntags recht derb die Laster, welche an seinem Hofe im Schwunge waren. Als er Mittags zur Tafel kam, sagte der Fürst lächelnd zu ihm: „Herr Hofprediger, heute gaben Sie uns wieder einmal etwas Tüchtiges auf den Pelz!" — „Das bedaure ich recht sehr, Ew. Durchlaucht," entgegnete der unerschrockene Mann, „daß es bloß auf den Pelz kam, denn meine Absicht war, es sollte auf's Herz kommen."

— „Freund," sagte einst ein Schwadroneur, „der Maler L. hat mich so außerordentlich ähnlich gemalt, daß ich auch mein Portrait alle Wochen zweimal rasiren lassen muß."

Druck, Verlag und Redaction des Literarischen Instituts von Dr. M. Huttler.

図6-9　1873年10月5日発行の日曜版新聞（コヴァックの紹介記事掲載の頁）

その記事は、「Károly Kovács（ハンガリー生まれの木彫師、メアシャム・パイプの発明者）一八世紀中頃（一七五〇年頃）ペストに住んでいたが、オーストリアの現外相の祖先の一人がトルコから持ち帰った材料で最初のメアシャム・パイプを造った。これがのちに大きな産業に発展することになった。コヴァックの最初のパイプはハンガリー国立博物館に収蔵されている」とするものである。

前述の伯爵ジュラ・アンドラーシ（一八二三〜九〇）[15]は、コンスタンティノープル（現イスタンブール）に派遣された経験を持つが、一八四九年以後はロンドンへ移り住んだ。その後、ハンガリーへ戻り再び政治的に重要な地位を得た。一八六七年から七一年までハンガリーの首相を務め、七四年にはオーストリアの外相に就任している。さきにあげた一七二三年にトルコから帰還し、八〇年に男爵に叙任されたイシュトヴァン・K・アンドラーシはジュラ・アンドラーシの祖先にあたるとされる。しかし、ハンガリー国立博物館（ブダペスト）のA・リドヴィックスは、母方の祖先とも考えられるので必ずしもメアシャム塊をトルコから持ち帰った貴族がアンドラーシ姓と断定はできないとする。

国立博物館に収められたとされる最初のメアシャム・パイプについて、E・ハイデルは前述したように、実物も記録も残っていないとしている。しかし、リドヴィックスは、一八〇二年創設の国立博物館の多くの資料、とくに一八七九年以前の資料は、第二次大戦中に紛失・破壊されてしまっているが、一八七三〜七四年には収蔵されていた可能性はあるとする。

一八七九年に国立博物館から国立装飾美術館（The Museum of Decorative Arts）へ移された収蔵品のなかに、二点のメアシャム・パイプがあり、その一点のボウルの銀製蓋にはCBのイニシャルが彫られている（図6-10）。CBの刻印は*Comes Batthyány*[16]（友人バチャーニ）の意だとされる。銀蓋にはVIVAT CAROLUS（カール王万歳）の彫りもあることから、ボウルに彫られているのは一七一一年に戴冠したハンガリー王カール三世の像（Carolus Ⅲ＝神聖ローマ帝国皇帝Karl Ⅵ）と考えられる。

もう一点のボウルにはトルコのサルタン像（在位一七〇三〜三〇）とハンガリー王カール三世の像が彫られて

図6-10　CB刻印のあるメアシャム・パイプ

いるが、一七一七年から一七一八年までのトルコとの戦いと、一七一八年のパッサロヴィッツ講和（Pozsarevác Peace Treaty）[17]を記念して作られたものであろう。リドヴィックスは、これらのうち、少なくとも一つはコヴァックが作ったパイプの可能性があるとする。

　ジュラ・アンドラーシとの関連については、次のようにたどることが可能である。メアシャム・ボウルの蓋に刻印されているCBのイニシャルから、副首相のバチャーニ伯[18]のものと考えられるが、ジュラ・アンドラーシの大叔母はバチャーニ家の出身である。そして、一八七四年のウィーンの人名辞典の記述が引用するロンドンの *The Engineer* 紙の記事は、ジュラ・アンドラーシがロンドン亡命中に書かれたものと思われる。これで、長い間謎に包まれていた、メアシャム・パイプの起源が少しはみえてきたようだ。

　しかしレヴァルディは、サルタン像とカール三世像のパイプは両方とも、そのどっしりした作りからドイツまたはオーストリア製らしいとする。CB刻印のパイプは国立装飾美術館の記録では、一七世紀のフランス製だとする（Levárdy 1994, 119–120）。これは、おそらく銀蓋のCB刻印の回りに *souvenir d'amitie*（友情の記念——図6-10）とフランス語で記されているからかもしれない。しかし、カール三世の在位期間を考えると、一七一二年以降の作品だとする見方が優勢である。いずれにしろ、アンドラーシ伯とコヴァックの物語はまだ謎のヴェールに包まれたままである。

　一方、E・R・ダンカン（Duncan, E. Ried）が一九四九年に書いた記事によれば、フランス人の彫刻家プジェ（Puget, Louis Pierre）が、ルイ一四世の大蔵卿フーケ（Fouquet, Nicolas）の委嘱で、一六五二年にヴォー城館の庭園を飾る馬の像をメアシャムで彫り、その残材でパイプを作ったのが最初だとする（Rapaport 1979, 50–51）[19]。プジェはイタリア人彫刻家のベルニーニ（Bernini, Giovanni Lorenzo）の弟子で、ベルニーニはバチカン宮殿および聖ピエトロ大聖堂の建築、そしてルーヴル宮殿の改築にも携わったとされる。プジェのパイプは三三×四三・二×一二・七センチメートルの非常に大きなものとされるが、その実物はおろか写真も全く公表されていないので、骨董商の創作話だとする説もある（Rapaport 1979, 51／Levárdy 1994, 120）。

メアシャムの成因にも謎が多いのだが、ウィーン・タバコ博物館の元館長の故H・ルップ（Rupp, Herbert）[20]は、ウィーン大学との共同研究の成果として、メアシャムはその組成および出土状態からみて火山弾の一種であるとする。

蜜蠟を施したメアシャムの乳白色のパイプは使用するうちに薄いピンク、そして黄色から薄褐色、さらに深い琥珀色になることから珍重され、ステムやマウス・ピースにも琥珀が使用されるようになり、一九世紀に入ると王侯貴族ばかりでなく富裕層にもてはやされるようになった。軟らかな材質で加工がし易いことから、装飾性に優れたものが多く作られ、単なる喫煙具ではなく造形美術品として鑑賞の対象にもなった。しかし、先にあげたハンガリーの国立装飾美術館が収蔵する一八世紀前期のメアシャム・パイプのように、初期から大きなボウルに長いステムを付けたチブーク・タイプが主流で、ステム材には角、象牙、黒檀、桜などを用い、継ぎ口には銀加工を施したものが多く作られた（図6-11）。これは、オスマンのチブーク・パイプの影響を強く受けたものだが（第8章二〇九頁以下）、オーストリアはじめ他のヨーロッパ諸国でも一九世紀後半までは、この形が主流であった。

アンバー（琥珀）がメアシャム・パイプのステムに使われ始めた年代は定かでないが、新しいメアシャムの白さにマッチしていること、吸い続けることで深い琥珀色に変わるメアシャム・ボウルとの相性の良さから珍重さ

図6-11　チブーク・タイプ用の大型メアシャム・ボウル（L112mm／H142mm／ボウル外径55mmφ）

れたものの、原材料が稀少で高価なために琥珀の屑を混ぜた成形模造品も多く出回った。近年、トルコで作られるメアシャム・パイプの多くもアンバーに似せた黄色のプラスティック製ステムが付けられる。

一九世紀の半ばになると、需要に応じてメアシャム・パイプの工房が多く出現し、オーストリアのウィーンとハンガリーのブダペストを中心に、ドイツのルーラ（Ruhla）、チェコのプラハやマリアーンスケー・ラーズニェ（マリエンバド）、フランス、英国などでも作られていた。第3章6節「ブライアー・パイプ」でとりあげたフランスのGBDも（八一頁）、一八五二年にはパリでメアシャム・パイプの製作を始めている（Cole 1990, 11／Rapaport 1979, 53）。しかしオーストリアのウィーンを凌ぐことはできず、一九世紀後半には英国やドイツはウィーンから職人を招くことになる（Rapaport 1979, 56）。一八五五年にはヨーロッパからの移民によって米国でも作られるようになり、六七年には米国製のメアシャム・パイプがパリ万博にも出展された（Luccieanno 1995, 24）。

一八三〇年代から各地で万博や工業博が盛んに開催されるようになると、豪華なメアシャム・パイプの出展も多くみられるようになった。一九世紀始めから、美術工芸品としてのメアシャム・パイプは、その制作技術や材料の選択にいたるまでウィーンの工房が他国をはるかに引離していた。しかし一九世紀末になると、ブダペストにその中心は移り、ウィーンは一八八〇年頃にはその地位を譲った。

小振りでシンプルな形の手持ち用メアシャム・パイプが量産されるようになると、価格も一般市民に手が届くレベルにまで下がり、ブライアーが出現するまでは一般的なクレイやポーセリンのパイプに比べて高級なパイプとして広く普及することになる。これは、大きなメアシャム・ブロックの産出が減ったことと、シャールート・パイプ（両切りの細巻き葉巻──第4章一一八頁）あるいはシガー・ホールダー用として小振りのパイプが多くなったことにもよる（図6-12）。

ここで、二〇〇六年六月の国際パイプ・アカデミー年次総会で発表された、A・シャントル（Schantl, Alexander）の論文から美術工芸品としてのオーストリアのメアシャム・パイプについて短くまとめることにする。(21)

図６-12　ハンガリーのシャールート用小型メアシャム・パイプ

図６-13　ウィーン製メアシャム・パイプ

美術工芸品としてのメアシャム・パイプは、時代の美術・建築の傾向を敏感に反映して、歴史に題材をとったネオ・ゴシック・スタイルの作品が目立ちはじめた。これは、一九世紀の工業化によって新しい市民階級が勃興し、そのステータスを示す美術・工芸品の需要が生まれたことによる。これらは、喫煙用というよりは、豪邸のスモーキング・ルームや書斎を飾る装飾品として扱われることが多く、必然的にその時代の美術工芸品である絵画、彫像、噴水などのほか、建築スタイルの流れにそったものとなる（図6-13）。

紋章をボウルに彫り込んだパイプも多く作られるようになり、オーストリアでは一九世紀後半に入ると神聖ローマ帝国時代への懐古もふくめたネオ・バロック調の作品が増えた。オスマン帝国時代のトルコとの交渉経験ばかりでなく、インドを題材にした小説や、エジプト、オーストラリア、アメリカなどの旅行記が多く出版され、博覧会にこれらの地域の工芸品が出展されることで、オリエント趣味やエキゾティシズムの作品もみられるようになった。

一九世紀後半のブライアーの出現によって、喫煙用としては壊れやすく持ち運びに不便なメアシャム・パイプの需要は減り、原材料の産出国であるトルコは、資源保護と国内加工により付加価値を高めるために、一九七六年にはメアシャム・ブロックの輸出を禁止した。これにより、トルコ以外のメアシャム・パイプの生産は消滅してしまった。

（1）　報告者：Aix-la-Chapelle.

（2）　Grimm 兄弟編纂：*Deutsches Wörterbuch*（1854）.

（3）　ライン河流域地帯で作られた焼締め器。磁器より低い温度で焼成されるが、気孔性がないので陶器と区別される。釉薬に岩塩を使う。

（4）Mattioli, Pietro Andrea：*Commentarii in sex libros Pedacii Dioscoridis*, 1565. Laufer：8. / Arents vol.1, 228（no.11).
（5）教皇名のカタカナ表記は日本のカトリック教会の表記による。
（6）Delon, Rene：元国際パイプ・アカデミー会長。元フランス・タバコ専売公社ＳＥＩＴＡ研究開発所長。
（7）Olearius, Adam：*The voyage & travel of the ambassadors from the duke of Holstein to the great duke of Muscovy… begun in the year MDCXXXIII and finish'd in MDCXXXIX*, transl. John Davies, London, 1662.
（8）Sir George Downing at a House of Common debate on November 7, 1670.
（9）Crull, Jodocus：*The Antient and Present State of Muscovy*, 2 Vols, London, 1698のp.145より引用.
（10）北西部はハプスブルグ支配域、東部はトランシルバニア侯国。
（11）現在のルーマニア北西部・中部地域。一九一八年までハンガリー領土。「ドラキュラ」伝説で知られる。
（12）ボウルに芦または木製のステムを差し込むタイプ。基本的には大型のチブーク・パイプと同じ構造であることから小型チブーク・パイプと呼称することもあるが、push-inタイプあるいは英国のブライアー・パイプではアーミィ・マウントとも呼称される。わが国の煙管（ラオ・ギセル）も、火皿（ボウル）にラオ（ステム）+吸い口（マウスピース）を差し込む形の同じ構造である。
（13）chiboukの英語発音をカナ表記した（二四〇頁の註6参照）。
（14）他にKowates, Kark / Kowates, Karol / Kowates, Karel / Kovaczなどの表記もある。
（15）ジュラ・アンドラーシ（Andorassy, Gyura）：一八四九年のハンガリー革命の対オーストリア戦に加わるが、ロンドンへ亡命後パリで捕らえられたが処刑を免れる。ハンガリーへ戻った後、再び要職につく。
（16）*Comes Batthyány*：comes（ラテン語）=companionまたはcomrade=友人・仲間の意。attendant=従者・随員の意味もあることから、カール三世の下賜品だとする見方もある。
（17）パッサロヴィッツ（Passarowitz）条約：一七一八年にセルビアのパッサロヴィッツで調印されたオーストリア、ベネチア、オスマン帝国（トルコ）間の講和条約。これによりオーストリアはハンガリーの完全な支配権を得るとともに、南部への進出の足掛かりを得た。一方、オスマン帝国の衰退がここに始まったとされる。
（18）バチャーニ(Count Lajos Batthyány)：一八四八年のハンガリー革命のさい、初代ハンガリー政府首班に選出された後、オーストリア軍との戦闘に加わり、一八四九年に捕らえられ処刑される。

（19） Duncan, E. Ried : "Mysteries of Meerchaum", *Pipe Lovers*, January, 1949, 8.

（20） Rupp, Herbert : 国際パイプ・アカデミー創立会員。一九九二年六月ウィーンにおけるアカデミー年次総会の発表。二〇〇八年没。

（21） Schantl, Alexander N. W. : 元ウィーン・タバコ博物館学芸員。二〇〇六年九月の国際パイプ・アカデミーの年次総会（ドイツのRuhlaでの発表、プレゼンテーション（タイトル：The phenomenon of magnificent pipes and holders from the middle of the 19th century）より（論文原文：ドイツ語、英訳：Rüdiger L. Will）。ウィーン大学の美術史修士論文「ヨーロッパに於ける十九世紀後半の華麗なるメアシャム・パイプ」（二〇〇五年）。

第7章　スペインへの伝播

1　スペイン・ポルトガル

第2章で述べたように、ポルトガルは植物としてのタバコをいち早くヨーロッパへ持ち込み、スペインはその薬効をヨーロッパ中に喧伝した功績が認められている。しかし、その植民地での使用例が少ないパイプはもとより、現地で多く行われていた巻いた葉による喫煙が本国で広まりをみせるのは他のヨーロッパ諸国よりかなり遅れることになる。とはいうものの、パイプ喫煙以外のタバコ、すなわち嗅ぎタバコと葉巻はスペインが発信基地になり、ここからヨーロッパ各地へ広められ、さらに世界中へ伝播したのである。紙巻タバコも、スペインから広まったとする説があるが、これには異論もある。ポルトガルでの喫煙はスペインと同じような推移をたどったと思われので、ここでは主としてスペインをとりあげることにする。

スペインでの喫煙普及が遅れたのは、イングランドやイタリアとは対照的に貴族や高位聖職者が巻いたタバコの葉による喫煙を嫌ったことから、主として船員や商人などの限られた階層で限定的に行われたことによる。しかしスペイン船やポルトガル船の船員は、ドイツのフランシスコ会士による一五八七年の報告書にみられるように（第6章一四四〜五頁）、行く先々で盛んに巻いたタバコを喫ってみせていたことが知られている。

ところが、一八世紀に入ってからやっと葉巻による喫煙が広がりをみせ始めたスペインでは、クレイ・パイプ

図7－1　スペインの地中海沿岸地域で出土したイスラム社会や植民地向けのテラコッタ製チブーク・パイプのボウル

の製造は早くから行われていたのである。二〇〇三年にバルセローナで開催された国際パイプ・アカデミーの年次総会では、スペインのカタルーニャ地方やバレンシア地方、そしてフランスのマルセイユ地方などの地中海沿岸地域で、赤褐色のテラコッタ・パイプおよびその窯跡の発掘が報告されている（Saladich 2006, 66–74）（図7–1）[1]。これらは、ボウルに主として芦のステムを継いだ小型チブーク・パイプとも称すべきソケット・タイプを主とするもので、オスマン・トルコの影響を受けたハンガリーなど、東欧のパイプに似た形状のほかに、古代ギリシャの壺、アンフォーラにも似た先がとがった形のボウルもみられる。

いずれも、イングランドやオランダのクレイ・パイプの影響はみられないが、オスマン・パイプの典型的形状の花弁形とはかなり異なる（二一七頁の図8–5）。

バルセローナのアントニー・パスクアル（Pascual, Antoni）は国際パイプ・アカデミーの紀要のなかで、これらのテラコッタ製チブーク・パイプは一七世紀には製造が始められていて、植民地のキューバやアルゼンチン、あるいは地中海対岸のアルジェリア向けに輸出されていたことを報告している（Pascual 2003, 56–61）。しかし、これがスペイン本国で広まることはなく、キューバ領有をめぐる米西戦争終了後（一八九八年）は、スペインのテラコッタ・パイプの生産は消滅する。

フランスの海洋考古学者故モーリス・ラフェール（Raphaël, Maurice）[2]も、マルセイユなど地中海沿岸で生産された赤褐色のパイプはオスマン・パイプの影響を強く受け、赤土の代わりに赤煉瓦を砕いて赤褐色のテラコッタに似せたパイプを作っていたことを報告している。やはり、地中海沿岸のモロッコ、アルジェリア、チュニジアなどの主として北アフリカや中近東諸国のチブーク・パイプ市場へ輸出されていたのだが、一六九七〜一七〇〇年頃から一九三五年頃まで続いたという。

このように、スペインやフランスの地中海沿岸からは対岸の北アフリカやアラブ諸国へ小型のチブーク・パイプが供給されていた。

国際パイプ・アカデミーのルード・スタム（Stam, Ruud）によれば、スペインの北部、ビスケー湾に面する港湾地域でもオランダ製のクレイ・パイプの出土が多くみられる。このことから、スペインでもパイプ喫煙が行われていたとする説をみることがある。しかし、ビスケー湾沿岸はオランダ船の大西洋への航路に面する地域であり、スペインの支配下にあったオランダ船が立ち寄るのは当然で、デンマークのエルシノアの例（第5章一二二頁以下）をみるまでもなく、オランダ製クレイ・パイプが出土するのは当然であろう。オランダ人が喫うパイプを真似るスペイン人がいたとしても、これが全土に広まることはなかった。

二〇一〇年一一月に南仏のグラース（Grasse）で開かれた国際パイプ・アカデミーの年次総会でバルセローナ近郊出土のクレイ・パイプを報告したJ・B・デ・ヘレディア（De Heredia, Julia Beltrán）(3)も、これらは輸出用でありスペイン国内での流通や使用を否定した。例示された出土品の写真はすべて、ギリシャ、バルカン半島、トルコ、シリア、北アフリカなどオスマン帝国の支配地域またはイスラム圏のパイプ・シェープである。

したがって、スペインの地中海沿岸でスペイン製のクレイ・パイプが多量に出土すること、あるいはスペイン北部のビスケー湾岸からオランダ製クレイ・パイプが発掘されたことから、一七世紀にはスペインでパイプ喫煙が盛んであったとして、わが国のパイプ（キセル）喫煙伝来をマニラ経由のスペインからとする説は否定される。

一方、本国を遠く離れた新大陸の植民地では、入植者のタバコ喫煙がすすみ、聖職者の間にも広まったので、一五七五年にメキシコの教会に出されたタバコ禁止令は、スペイン領の植民地全土の教会内での喫煙または嗅ぎタバコを禁じるものであった。一五八八年にペルーのリマで出された禁止令は聖職者の喫煙や嗅ぎタバコあるいは嚙みタバコを一切禁じるもので、これを犯したものは地獄に落ちるとされた。一五八九年にはメキシコで再び禁令が出され、司祭はいかなる形のタバコもミサ（聖体拝領）の前に使ってはならないとし、会衆もミサ前の使用は禁止された（Corti 1931, 107）。

中南米の植民地で、聖職者をふくめた植民の間にタバコがこれほどに広まっていたものの、禁令が厳しく実施されたのは初期だけであった。スペインやポルトガルは新大陸を征服したものの、その植民は原住民が行う喫煙の魅力にとりつかれ、逆に喫煙風習では征服されてしまったといえよう。

当然のことながら、植民地と旧大陸を往復する船員や商人も喫煙の魅力から逃れることができず、本国では野蛮な行為と非難され、貴族階級には悪臭を放つ忌むべき行為とみなされながらも行く先々で巻いたタバコ（シガー）を喫ってみせたのである。

2　一六四二年の教皇ウルバヌス八世の勅書

一七世紀初頭のスペイン本国では嗅ぎタバコ（polvo）が薬用として多く用いられ、薬屋の店頭では客の求めに応じてタバコの葉を乳鉢で摺《す》って粉タバコを調製していた。ところが、タバコの原料葉にオレンヂの白い花を加えて香りづけすることで、上品なものとして受け入れられるようになると、貴族や医師・聖職者をふくめた上流階級で流行し始め、需要が爆発的に増えた。

一説では、タバコの原料葉をオレンヂの果汁に浸《ひた》して香りと風味を加えたとされるが、セビーリャ大学でスペイン史を講じるＪ・Ｍ・Ｒ・ゴルディジョ（Gordillo, José Manuel Rodriguez）はこれを否定する。

　需要の増大によって、一六二〇年にはセビーリャにヨーロッパ最初のタバコ工場が建てられて、乳鉢による生産に加えて石臼を馬に曳《ひ》かせるスナッフの量産が始まった（López 1990, 66–67／鈴木 1990, 168–169）。これまで薬として扱われていたスナッフにオレンヂの香りを加え、工業化に成功したカラファ（Carrafa, Juan Bautista）は、その功績によって死後も年金を支給されたという（López 1990, 67）。

　その後、スナッフはフランスを始めヨーロッパ全域に広がり、イングランドでも一時は、パイプ喫煙を凌駕《りょうが》する勢いであった。すでに述べたように（第6章一五一頁）セビーリャでは一六四二年には教皇ウルバヌス八世（Urbanus VIII）（図7−2）が教会内でのタバコの使用を禁止する勅書を出さなければならないほどになった。

　ウルバヌス八世の在位期間（一六二三〜四四）は、ヨーロッパにパイプ喫煙を広めた三〇年戦争（一六一八〜四八）と重なるのだが、在位中の最も有名な事件はガリレオ・ガリレイの裁判である。一六三三年の二度目の裁判でその主張する地動説によって異端の審判が下されて、親しい友人であった教皇によって有罪の宣告がなされた。一六二六年には、ヴァチカンの新しいサン・ピエトロ大聖堂が一二〇年の歳月を経て完成し、ウルバヌス八世によって献堂された。

　この頃、スペイン本国での喫煙は普及度がまだ極めて低く、新大陸帰りの船員・商人の他に、ごく限られた一般市民の間で行われていたにすぎない。スペインの最も早い喫煙記述は一六二〇年のホアン・カストロ（Castro, Juan）の文書で、これには食事中の巻いたタバコ（シガー）による喫煙が記さ

図7−2　教皇ウルバヌス８世

れているが、パイプはまだ出てこない(4)。このほかに、一六四〇年頃には、わずかながら嚙みタバコも行われるようになっていて、文書に記述をみるようになる。

しかし、これらの文書の断片的記述によって、一七世紀のスペインでは喫煙、嚙みタバコともに広く行われていたとする説を唱えるむきもある。そして、一七世紀スペインのタバコ流行の主流がスナッフであったにもかかわらず（López 1990, 66）、教会内で「喫煙」が蔓延したので教皇が禁止したとする説をわが国でもみかけるようになった。

この教皇ウルバヌスの勅書にもとづくスペイン語による布告（Dickson 1961, Part VI, Plate 151）は、確かに「葉」「粉」の使用や「喫煙」を、破門をもって禁ずるとしている。このことから、『世界たばこ文献総覧』(5)の編者であるJ・E・ブルックス（Brooks, Jerome E.）は、「セビーリャで喫煙の悪習がはびこりパイプ喫煙とスナッフの使用が禁止された。」と結論づけるのである(6)。

在スペインの教皇大使がウルバヌス八世の勅書にもとづいてセビーリャで発布したスペイン語による布告（図7-3）の全文訳を次に示す。

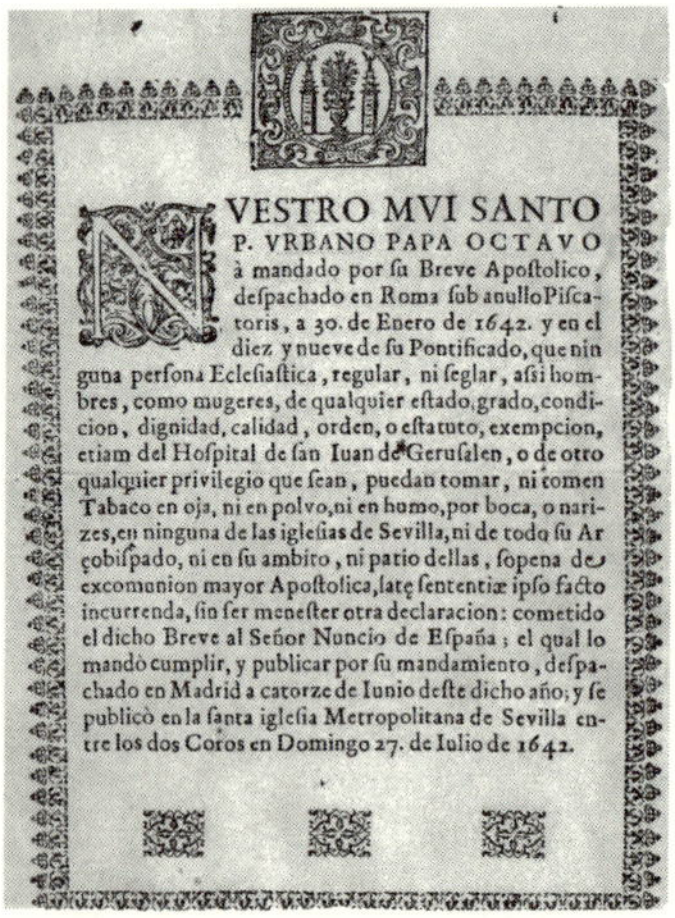

NVESTRO MVI SANTO P. VRBANO PAPA OCTAVO à mandado por ſu Breve Apoſtolico, deſpachado en Roma ſub anullo Piſcatoris, a 30. de Enero de 1642. y en el diez y nueve de ſu Pontificado, que ninguna perſona Eclesiaſtica, regular, ni ſeglar, aſsi hombres, como mugeres, de qualquier eſtado, grado, condicion, dignidad, calidad, orden, o eſtatuto, exempcion, etiam del Hoſpital de ſan Iuan de Geruſalen, o de otro qualquier privilegio que ſean, puedan tomar, ni tomen Tabaco en oja, ni en polvo, ni en humo, por boca, o narizes, en ninguna de las igleſias de Sevilla, ni de todo ſu Arçobiſpado, ni en ſu ambito, ni patio dellas, ſopena de excomunion mayor Apoſtolica, latę ſententiæ ipſo facto incurrenda, ſin ſer meneſter otra declaracion: cometido el dicho Breve al Señor Nuncio de Eſpaña; el qual lo mandò cumplir, y publicar por ſu mandamiento, deſpachado en Madrid a catorze de Iunio deſte dicho año; y ſe publicò en la ſanta igleſia Metropolitana de Sevilla entre los dos Coros en Domingo 27. de Iulio de 1642.

図7-3　教皇大使による1642年7月27日付けのスペイン語布告

我らが教皇ウルバヌス八世聖下は一六四二年一月三〇日に御璽をもってローマで発布された第一九号勅書により、如何なる聖職者、修道士、世俗者、男・女を問わず、その地位、階級、権威、また規則、法令、特例あるいは特権などにかかわらず、また「エルサレムの聖ヨハネ院」もその例外とせず、タバコを葉(7)、粉あるいは煙（*humo*）のかたちで口または鼻から摂取することを、全てのセビーリャおよび教区の教会内部およびその敷地内で行うことを禁ぜられた。これを犯すものは、さらなる告知なく事実上の破門に処せられる。これは、在スペイン教皇大使がその権限において公布し実施するものとして、六月一四日にマドリードへ届けられ、七月二七日（日曜）にセビーリャ大聖堂内において発布するものである。

（拙訳）

前述のブルックス説に対して、同じアレンツ・タバコ文庫のＳ・Ａ・ディクソンは、アレンツ文庫にはラテン語の教皇勅書はないと前置きしながら、「オリジナルのラテン語の勅書のなかで教皇はセビーリャでのタバコ使用禁止の理由についてふれている。教会の儀式の最中にタバコが使用され、教会はタバコの汁で汚されるという大きな醜聞がある、というのである」として喫煙には言及していない（Dickson 1961, Part VI, 283）。この「タバコの汁で汚す」という表現は、まぎれもなくスナッフまたは嚙みタバコを示す。

セビーリャを対象にした布告がスナッフの禁止を意図したものであるのに、なぜ「煙（*humo*）」が出てくるかが疑問になる。そして、この*humo*こそが教会内での聖職者の喫煙（Arents 1999, vol.1, 79）というブルックスなどによる誤った記述を生み出すのである。

この布告のもとになる教皇勅書の部分訳はＣ・コルティ（Corti, Conte）の*Geschichte des Rauchens*（一九三〇年刊）、そして翌三一年刊の英訳版*A History of Smoking*に掲載されているのだが（Corti 1931, 129）、どちらも正確な翻訳とは言い難い。しかも、ドイツ語訳とその英訳の間には矛盾さえみられる。ましてや、昭和初期にわが国で出版されたコルティのドイツ語原著の邦訳、英訳本からの邦訳になると（濱野 1933, 90／宇賀田 1934, 195／訳者不詳, 121）[8]、さらに違いが出てくるのは致し方のないことであろう。コルティの半世紀以上も前の一八七六年に刊行された、喫煙史の古典ともいうべきＦ・Ｗ・フェアホルト（Fairholt, F. W.）の*Tobacco : Its History & Associations* はウルバヌス八世の勅書について次のように記している。

教会内でのタバコの使用を、破門をもって禁止する布告を出した。（Fairholt 1876, 脚注78より拙訳）

さらに二〇年ほどさかのぼる一八五七年には、A・シュタインメッツが次のように記述している。架蔵する資料では、これがウルバヌス八世の勅書に言及した最初である。

教皇ウルバヌス八世は、教会でスナッフを摂《と》る者に対して、破門の罰をもって禁ずるとの布告を発布した。

（Steinmetz, 1857, 13より拙訳）

ここで、ヴァチカン機密文書館が所蔵する教皇勅書のラテン語原典[9]をもとに考察を試みることにする。機密文書館から提供された二葉の複写は、この勅書の写本とこれが収められている巻の背表紙部分からなる。

教皇印が付されたこのラテン語による勅書の日付けは、一六四二年一月三〇日で、前掲の教皇大使による布告の六か月も前に書かれたものである（図7-4）。原典の拙訳を次に掲げる[10]。

（前略）

以下に記すのは、セビーリャの我が愛すべき子等、首席枢機卿、管区大司教教会祭式者会にかかわる地域の問題である。最近明らかにされたところによると、俗にタバコと称するものを口や鼻から摂取する（*sumere*）という邪悪な習慣が盛んになり、男女を問わず、さらに司祭や聖職者、在俗者や修道士までが、聖職者としての品位を忘れて教区や市内の諸教会の至る所でこれを弄《もてあそ》ぶという。さらに言葉にするも恥ずべきは、いとも神聖なるミサの祭儀を執り行うさいにおいてさえこれを摂取し、座や聖卓の聖布をタバコによる分泌物や唾で汚し、前記の聖堂を忌むべき悪臭で汚すなど、正しき人々に大きな躓《つまず》きを与えている。彼らは、聖なる事物に対する不敬を恐れぬのである。

（中略）

これ以上、市内や教区の如何なる教会において、またそれらの教会の広場においても、タバコである限り、

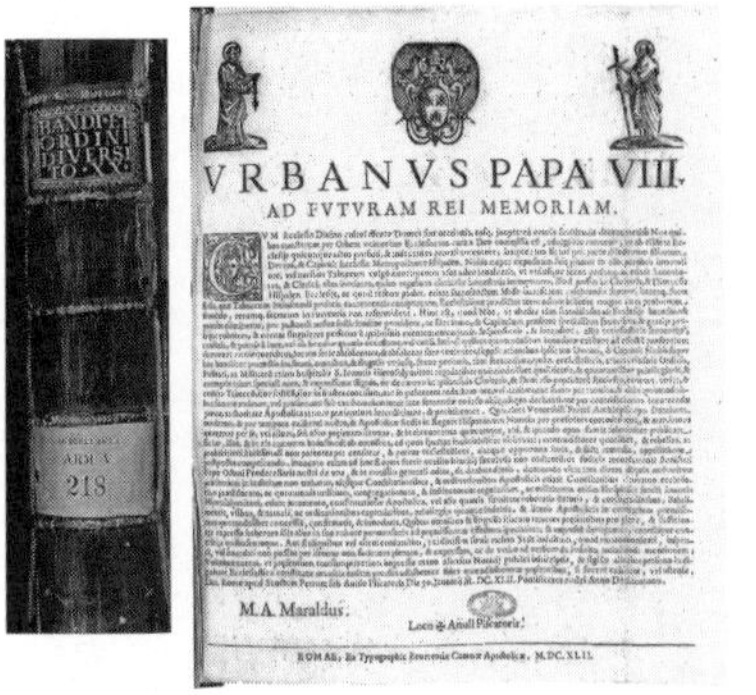

図7－4　教皇ウルバヌス8世の1642年1月30日付け勅書

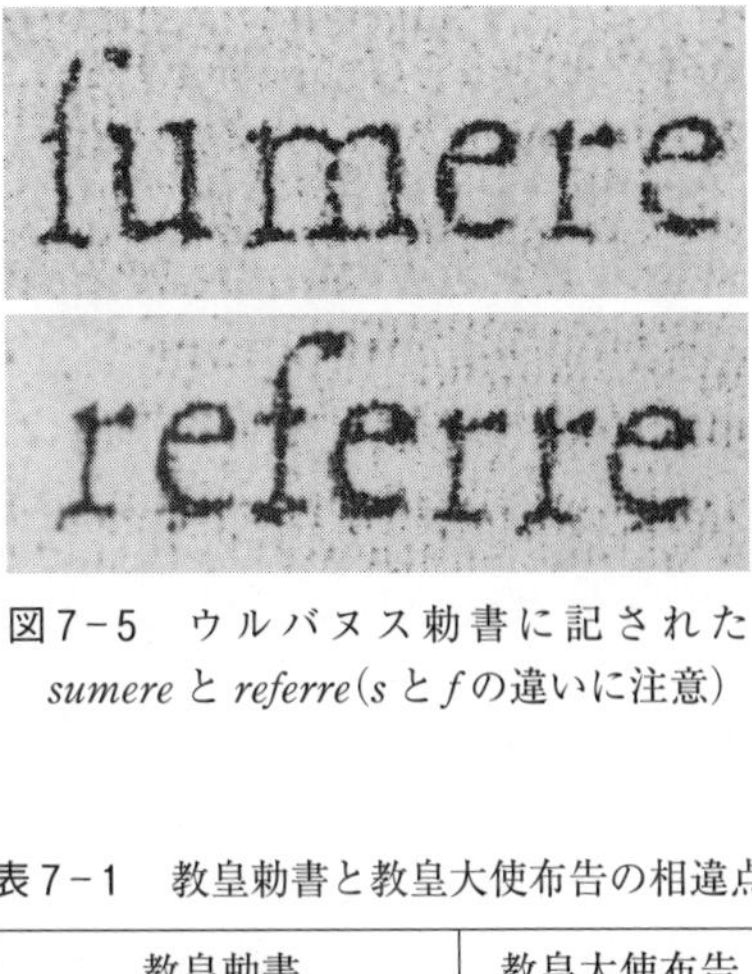

図7－5　ウルバヌス勅書に記された*sumere*と*referre*（*s*と*f*の違いに注意）

表7－1　教皇勅書と教皇大使布告の相違点

教皇勅書 （1月30日）	教皇大使布告 （7月27日）
（タバコの）固形状態	葉
刻んだ状態	記述なし
煙として筒を通す	煙のかたちで
他の如何なる方法であれ	記述なし

固形状態、刻んだ状態、あるいは紛状のものを、口や鼻から、あるいは煙として筒を通すなど、他の如何なる方法であれ、摂取することを禁ずる。摂取する者は、その行為により違反者として破門制裁を受けるものとする。我々はその摂取行為を使徒的権能により妨げ、本書をもって禁止するものである。このため、尊敬すべき兄弟である現大司教に本書およびこれに含まれる全てを、必要なる場所と時に公布することを委ね、これを命じる。

（下略）

（カッコ内および傍点は著者）

ここで誤訳されがちなのは、原典では古い活字本にみられる*s*と*f*の見分けが非常に困難なために、拙訳の前段に記した「口や鼻から摂取する」部分の*sumere*（摂取する＝古語）が*fumere*（煙らせる）と読まれて、「煙を出す」などと訳出されることである。十分に注意してみると、*s*と*f*の微妙な違いがわかるのみならず、

「煙を出す」「煙をたてる」などとする解釈は構文上に無理があり、「摂取する」が極めて素直な訳になる（図7-5）。

この教皇勅書の原文と、これにもとづいて出された前掲の教皇大使の布告には表7-1のような相違点がみられる。

勅書には、ここに掲げたように、筒（パイプ）を通しての「喫煙」の禁止が明確に示されているにもかかわらず、セビーリャの布告ではパイプ記述は削除されている。絶対的であるべき教皇勅書がこのように書き替えられ、教皇大使による布告の発布が非常に遅れたのは、それなりの事由があったとみる。「パイプ喫煙」削除など勅書の内容変更の背景を考察する前に、まず司祭たちが実際に聖壇で葉巻またはパイプを喫うことが可能かどうかを考察する必要があろう。

わが国の茶道に影響を与えたとされる、この時代のミサの所作や式の内容は、基本的には今日と大きくは違っていないが、カトリックのミサ聖祭中に司祭がタバコを喫う時間的余裕があるとすれば、他の聖職者が説教をする間だけである。ほかは常に所作事があり、ラテン語の式文や祈禱文を唱えていたことを考えると、聖壇で葉巻なりパイプを喫うことは物理的に不可能である。薬としての嗅ぎタバコを司式中にこっそり使うことは、第6章3節に掲げたグロード神父の書簡にあるように、第二次世界大戦の前までは一部でみられたことである（一五七～八頁）。

嚙みタバコはラテン語の式文を継続的に唱え、またミサ聖祭の最も重要な部分が聖体拝領、すなわちキリストの体《からだ》と血であるパンと葡萄酒を口から摂《と》ることにあるので、これもあり得ない。しかし、前述のグロード神父が書簡でふれているように、ミサに参列する会衆の一部は聖堂の外で嚙みタバコを用いることもあった。

ブルックスは『世界たばこ文献総覧』の序文で教皇文書については、イエズス会士の助言を受けたとしているもののミサの最中にパイプによる喫煙が行われたと解釈をするのは、ブルックスがユダヤ系かプロテスタントで、カトリックや英国教会系の聖公会などの教会で執り行われるミサの基本的知識が欠如していたことを示す。

前掲表7-1に示したように、セビーリャ（図7-6）で公布されたスペイン語による布告では、「筒（パイプ）を通して」とする部分が「煙のかたちで」となって、筒（パイプ）が削除されている。さらに、タバコの「刻んだ状態」、すなわちパイプ用のタバコも削除されている。圧縮して固めた嚙みタバコあるいはロール・タバコ（縄タバコ）と思われる「固形状態」もスペイン語の布告では「葉」に変えられて、「タバコを葉、粉あるいは〝煙〟のかたちで……」とする表現になっている。

図7-6　教皇大使による1642年7月27日付けの布告が掲示されたセビーリャの大聖堂（1519年完成）

勅書のコルティによるドイツ語訳では「粉あるいは、パイプを通した煙その他の方法」と訳出されていて、その英訳版では「如何なる形のタバコまたは嗅ぎタバコ」に変えられていて、いずれも翻訳としては不正確である。

教皇大使による布告が、勅書に必ずしも忠実でなく書き替えがなされた事情は、次に示す背景を考えると理解できよう。

ヴァチカンのお膝元であるローマ周辺では、一六一五年以降には既にパイプによる喫煙が流行していたことが知られているが、第6章2節「イタリア」で述べたように、一六一〇年頃に枢機卿クレセンツィオがイングランドからもたらされたパイプ喫煙を流行らせたとされる（一五〇頁）。したがって、スナッフが主体のセビーリャ教区向けであるにもかかわらず、ヴァチカンで書かれた勅書にタバコの摂取方として「煙として筒(パイプ)を通して」が加えられても不思議はない。

一七世紀半ば近くになると、スペインの貴族階級や聖職者たちが好んでスナッフを用いるようになったことはすでに述べたが、葉巻が広範に普及するのは一八世紀後半に入ってからである(一九七頁の図7-11)。それまではスペインの貴族階級からは下品かつ汚《けが》らわしい行為とみなされていたこともすでに述べた通りである。当時のセビーリャでパイプ喫煙を目にすることはほとんどなかったはずで、わずかに新大陸航路の船員・商人や港湾労働者、あるいは一部一般市民など、限られた階層で巻いたタバコの葉による喫煙が行われていたにすぎない。

貴族階級などの邸内の聖堂は別にして、一般の教会やカテドラル(大聖堂)には、これら極めて少数の巻いたタバコによる喫煙者たちも参列していたと思われるので、セビーリャで発布された教皇大使による布告では「煙としてパイプを通して」の記述が単なる「煙(*humo*)」に書き替えられて残されたと考えるべきであろう。

勅書に記されている「固形状態」は単純に考えるなら噛みタバコを指すことになるのだが、この時代のセビーリャ教区でこれを目にすることはほとんどなかったであろう。しかし、この「固形状態」はタバコの葉を縄状にして固めたロール・タバコの可能性もある。パイプ喫煙には削って用いるのだが、おろし金で擂り下ろすスナッフ(râpé)としても用いる。この時代のスペインのスナッフ(polvo)は葉を臼で挽《ひ》く方法がとられていたので、パイプ用としてもスナッフ用としても、これを目にする機会は多くなかった。

一方ローマでは、葉を巻いて喫うことがまだ行われていなかったことから、勅書には示されなかったのであろう。したがって、教皇大使のスペイン語による布告では「固形状態」が、巻いて喫うタバコの「葉」に替えられ、パイプに詰めるタバコ、すなわち「刻んだ状態」のタバコは削除されたのである。

ただし、教皇大使の布告の英訳を提供してくれたA・パスクアル(7)は、布告の「葉」を噛みタバコと解釈するようだ。しかし、*humo*(煙)の記述があること、さらに噛みタバコであるなら「固形状態」を「葉」に変える必

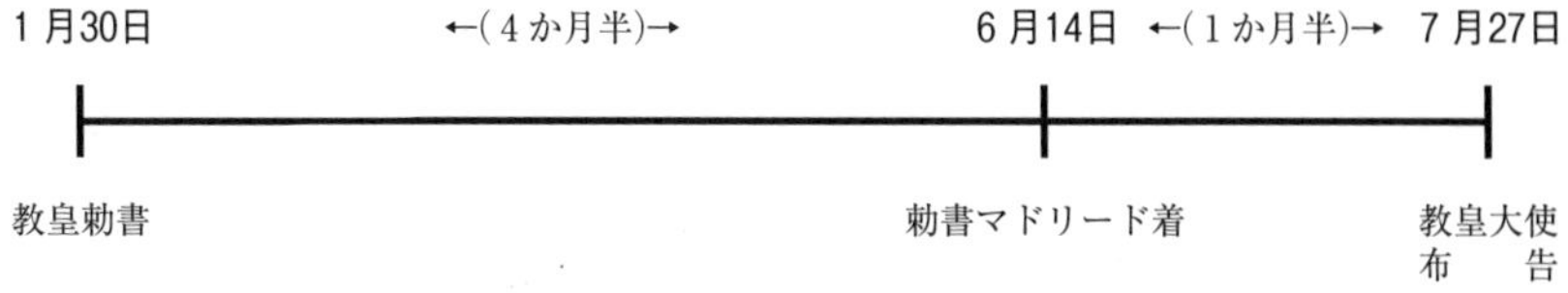

図7-7　1642年の教皇勅書がマドリードへ到着するのに要した日数

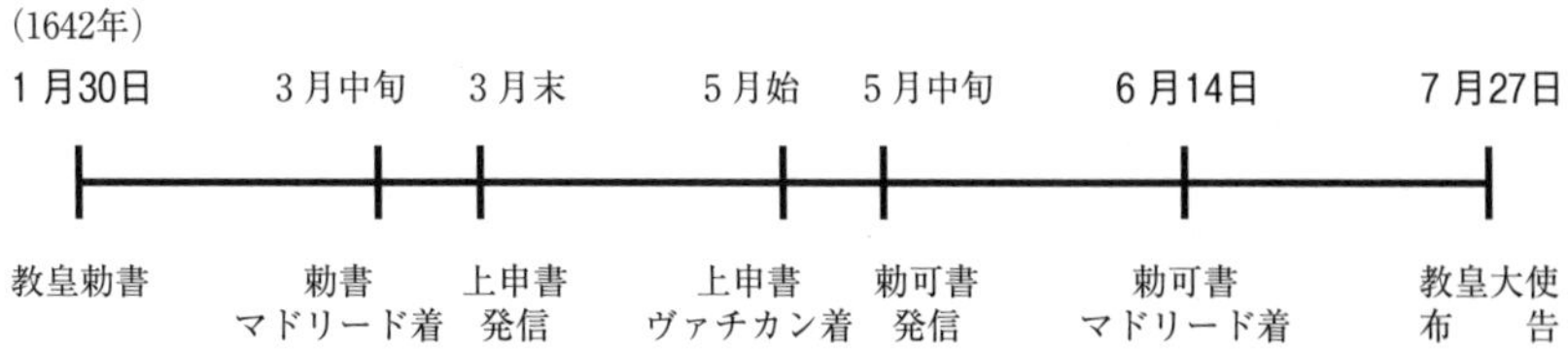

図7-8　1642年の教皇勅書がマドリードへ遅れて到着した理由

然性は全くないことから、巻いた葉による喫煙を指すものとすべきである。

絶対的であるべき教皇勅書が、あえてこのように書き替えられたのは、現地の実情に合わせる必要があったからであるが、内容の変更をともなう布告を出すためには、当然ヴァチカンへ変更の上申がなされ、裁可を仰がねばならなかったはずである。

もう一つの謎は、一月三〇日に出された勅書が、六月一四日にマドリードへ届けられ、七月二七日になって、やっとセビーリャで公布されるという大きな時間の遅れである。一月三〇日の勅書がマドリードへ届けられたのが六月一四日とするのも時間がかかりすぎている（図7-7）。

この時間の遅れを考察するために、この時代にわが国からヴァチカンへ派遣された二度の遣欧使節について、その旅程をみることにする。

一五八五年にヴァチカンを訪れている天正遣欧使節の記録では、セビーリャの東方、直線で約五〇〇キロの地中海に面したアリカンテからローマまで、マヨルカ島滞在のほかイタリアへ着いてからの途中滞在を差し引いて約三〇日の船と馬による旅程である（松田 1990, 148・318-319）。二九年後の一六一四年一〇月末にセビーリャへ到着した支倉六右衛門ら慶長遣欧使節のマドリードからローマへの旅も、途次の滞在日数をふくめて二か月足らずである（松田 1992, 322）。この旅程日数をあてはめると、一月三〇日付の勅書は遅くとも三月中旬にはセビーリャに届いていることになる。勅書到着から六月一四日までの三か月は、丁度セビーリャとヴァチカンの間を書状が一往復する日数に相当する。セビーリャ教区からの上申によって、勅書の内容を一部変更して布告することを認める書状の到着が六月一四日であったとすると、この空白期間は埋まることになる（図7-8）。

ヴァチカンの機密文書館には、一月三〇日に出された勅書の控えの他には、訂正にかかわる文書は今のところみつかっていないが、変更なり訂正の上申が認められるのを待って布告が出されたとすることで、時間軸上の疑問は解消する。

再びブルックス批判になるが、十分な考察をせずにこれまでに指摘した誤りによって、セビーリャの教会内でパイプによる喫煙がなされていたと結論づけたのであろう。ラテン語原典の *odore*「悪臭」、あるいはコルティ訳の *ekelhaften Geruche*「不快なる臭気」（英訳本では *noxious fume*「悪臭または毒気」）までも「有害な煙」と解釈したのであろう。これによって、スペインのタバコ史が勝手に書き替えられてしまったことになる。

一八五七年と七六年のシュタインメッツとフェアホルトはそれぞれ、セビーリャのタバコ事情を勘案した上で、教皇ウルバヌス八世による勅書の正しい解釈をしたといえよう。一九三〇年のコルティのドイツ語訳およびその英訳本は、ラテン語の原典に即していないばかりか、教皇大使によるセビーリャでの布告を参照することなく、ブルックスなどに誤った認識を与えてしまったといえよう。いずれにしろ、このような背景によってセビーリャの教会で聖職者たちの間でもパイプによる喫煙が蔓延していたとする誤った記述がなされ、わが国でもこれが孫引きされて一人歩きをするようになった。しかも、このことによって、「スペインでは一七世紀にパイプで喫煙が盛んに行われていて、これがマニラを経てわが国へもたらされた」とする誤った説に発展するのである。

3　スペインに始まった嗅ぎタバコ(スナッフ)・葉巻(シガー)と紙巻タバコ

繰り返し述べているように、スペイン本国で葉巻による喫煙がやっと広まりをみせ始めるのは一八世紀に入ってからである。一九世紀に入り、ナポレオン支配に対する抵抗戦争とされる半島戦争(一八〇八～一四)が終わりロマン主義の台頭がみえ始めると、一八世紀に入る頃から限定的に行われるようになっていた葉巻喫煙という古い習慣が逆に新鮮さをもって迎えられ、その普及がさらに加速することになる。一八二四年頃までには、アンシャン・レジーム(ancien régime＝旧体制)の臭いがするスナッフは急速に減少して、葉巻による喫煙が自由と個性を求めるロマン主義の風潮にマッチしたものと思われる(López 1990, 49)。パイプによる喫煙をみるようになるのは、さらに後になってからである。

前述したように、一六二〇年にセビーリャのサン・ペドロ教会から道を隔てた反対側に私企業のタバコ(スナッフ)工場が操業開始した(四五頁の図2-7)。これは小規模ながら旧世界最初のタバコ工場である。乳鉢を用いて手作業でタバコを粉末にするほかに、一六四〇年頃からは馬が曳く石臼で挽《ひ》く方法がとられた(図7-9)。一六三六年には不完全ながら専売制がしかれ、サン・ペドロのタバコ工場は王立タバコ工場になる。一六七六～八〇年頃にはごく小規模ながら葉巻の製造も加わる。一七二五年になると工場が手狭《てぜま》になり、輸送手段として利用するグアダルキビール河(Rio Guadalquivir)から離れていて不便なこと、さらにサン・ペドロ地区にイスラム系住民が増え環境が悪化したなどの理由から、新工場の建設が計画された。約一〇〇年の間、サン・ペドロの工場はあまり大きく拡張されることがなかったが、これは需要の伸びがなかったのではなく、キューバから廉価で良質の原料粉タバコが供給されたからである(コミン他 2005, 24)。

スペインではスナッフ用の粉タバコは、石臼で挽くポルボ(polvo)が主で、サン・ペドロや王立の新工場でも一頭の馬で八台の石臼を廻わすこともあったが、馬の消耗が激しく長続きしなかった。キューバでは水力で臼を回す方法がとられていた。

一方、フランスやオランダなどでは、縄状のロール・タバコや円錐形あるいは紡錘形のキャロットを摺り下ろすラープ（râpe＝おろし金）[11]（一五六頁の図6-5）が多く用いられていた（第4章4節「(1)スナッフ」の項および註3—一一五・一一九頁）。おろし金にはさまざまな形状や材質のものがみられたが、喫煙を主題とする本書では詳細は省くことにする。

一七二八年に建設が始まった新王立工場での操業は一七三一年に始まったが、フル生産の開始は五八年になってからである。しかし、工場全体の完成をみるのは一七七〇年まで待つことになる。サン・ペドロの旧工場は新

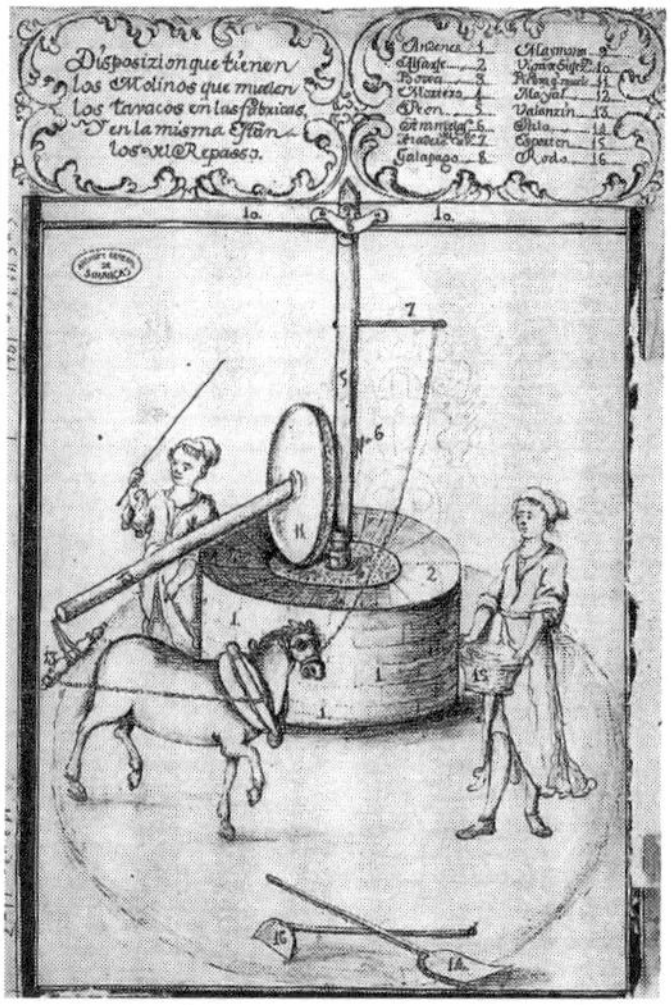

図7-9　サン・ペドロ工場で馬が石臼を曳く図

図7-10　サン・ペドロ工場の跡
（現在は小公園になっている）

表7-2　18世紀のスペインにおけるタバコの消費

年	嗅ぎタバコ消費量		葉巻消費量	
1740	2,158,241ポンド	(67.4%)	1,042,048ポンド	(32.6%)
1750	1,710,736	(63.9)	963,586	(36.0)
1760	1,850,754	(59.1)	1,276,182	(40.9)
1770	1,849,045	(53.0)	1,637,093	(46.9)
1778	1,810,292	(49.2)	1,867,013	(50.8)
1780	1,478,057	(48.6)	1,563,942	(51.4)
1790	1,450,337	(46.7)	1,656,106	(53.3)
1798	1,015,392	(37.9)	1,661,706	(62.1)

出典：Gordillo 2002, 212-213・2007, 418-420

図7-11　17〜18世紀スペインのタバコ消費傾向

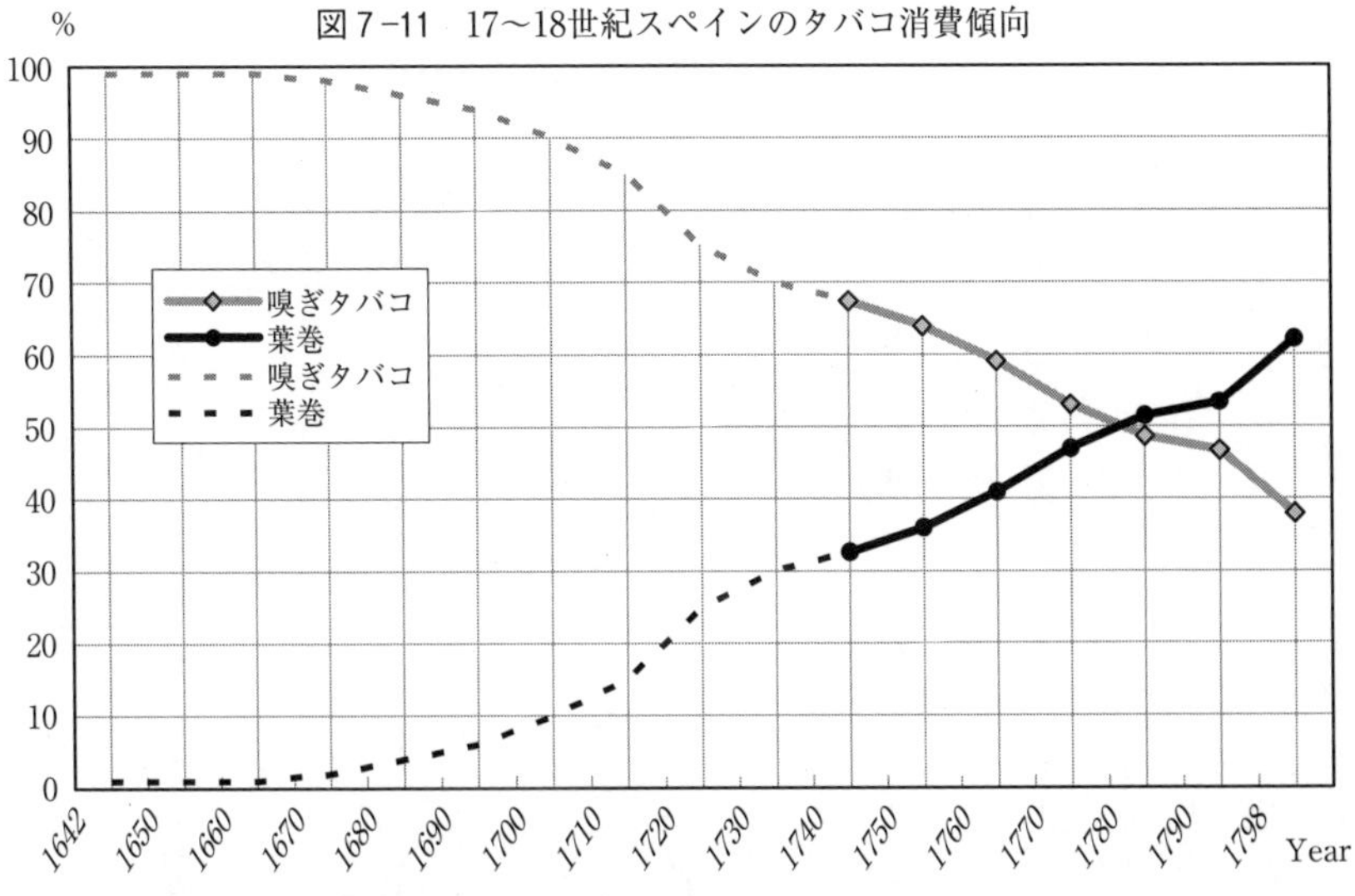

＊1778：葉巻50.8%（実線部：1740-98はGordillo 2007より作図）

王立工場の操業開始後もしばらく生産を続けていたが、一七三二年頃になって操業を終えた（図7-10）。

セビーリャ大学のゴルディジョの資料（Gordillo 2002, 212-213 & 2007, 418-420）[12]によれば、表7-2・図7-11に示すように、一七〇〇年代に入ってスペイン国内のタバコ消費はスナッフ（polvo）から葉巻へ徐々に移行していたことがわかる。

この数字でみる限り一七四〇年にはスペインのタバコ消費は、まだ七〇％近くが嗅ぎタバコであり、その一〇〇年ほど前に教皇ウルバヌス八世の勅書が書かれた当時は、嗅ぎタバコに限られていたことが推測できる。葉巻の消費は一七七八年になって初めて嗅ぎタバコを越えた。ただし、タバコ工場の膝元のセビーリャの消費量をみると、葉巻への転換はスペイン全体より早く進んでいた。

一八世紀のスペインのタバコ消費を表7-2からグラフに展開すると図7-11のようになる。すでに述べたように、一六七六年頃に極めて小規模な葉巻の工場生産が開始されたこと、そしてそれまでは限られた人々がみずから葉を巻いて喫っていたにすぎないことを図7-11では破線で示す。

このように、ウルバヌス八世の勅書が出された一六四二年頃にはスペインにおける喫煙は極めて微々たるものであったことがわかる。したがって、教会でミサの最中に聖職者が喫煙をしていたとするコルティおよびブルックスの説には全く根拠がないことになる。

セビーリャの王立タバコ工場は、現在はセビーリャ大学の法文学部になっている（図7-12・13）。嗅ぎタバコの生産が行われていたのは正面の入り口を入ってすぐのところで、サン・ペドロ工場同様に馬が曳く石臼でタバコの葉を挽いていた（図7-9・14・15）。嗅ぎタバコの生産には主として男子工員が従事していたが、葉巻の生産は女子工員が中心になり、全盛期には女子工員八〇〇人ほどが作業に携わっていた。工場の回りには盗難と従業員のタバコ持出し防止のためにめぐらされた巾三メートル、深さ二メートルの堀跡が今日でも残っている。こ

図7-13　正面入り口のアーチにはタバコにまつわるレリーフが多く施されている

図7-12　1731年操業開始の王立タバコ工場（現セビーリャ大学法文学部）

図7-15　セビーリャ大学の前庭に残るポルボ用石臼

図7-14　馬にタバコを挽かせる石臼が設置されていた場所

の工場はのちにビゼーの歌劇『カルメン』の舞台として有名になる。

一八世紀の終わり一七七八年になって、スペインの喫煙すなわち葉巻はやっとタバコ消費の半数を越えるようになった（五〇・八％）。一八〇〇～一四年のナポレオン戦争、とくにポルトガル・スペインを戦場にして、イングランドのウェリントンが勝利を得たイベリア半島戦争（一八〇八～一四）により、この葉巻がヨーロッパ中に急速に広がったのである。

西インド諸島でタバクム種の商業栽培を始めることで、スペインの植民地はまずイングランドやオランダのパイプ用タバコの供給源としてスタートし、ついで嗅ぎタバコ用原料の粉タバコの供給基地になったが、さらにシガーやその原料葉を供給することで、スペインは多大な富を得ることになった。第2章でとりあげたが、西インド諸島へは一五三〇年頃にスペイン人がタバクム種をもたらしたとする説があるが、その典拠は明らかでない（三六頁）。実際は、ラス・カサスの『インディアス史』の記述に巻いた葉による喫煙がみられることから（長南1994, 459）、西インド諸島にはすでにタバクム種があったと考える。一五三五年にはスペイン人が西インド諸島でタバコの栽培をしていたことが知られているので（第2章三六頁および五二頁の註5）、タバクム種の栽培を始めたのが一五三〇年頃と考えるべきであろう。セビーリャ大学のゴルディジョも筆者のこの説に同意するが、実際の栽培開始は一五三〇年以前であろうとする。

スペインの植民地、マニラでの葉巻生産は植民の自給用としてスタートしたと思われるが、一七八〇年には専売制がしかれた。これにより、マニラの葉巻生産は拡大し一八八一年にはマニラの数社の葉巻製造会社が統合され、八四年にはバルセローナ資本のタバコ会社が現地に設立されて、スペインに重要な葉巻供給地がもう一つ加わった。一九一四年のパナマ運河完成により、マニラからの葉巻供給が容易になり、本国への輸出が盛んになった。

紙巻タバコは、一八世紀の初めにメキシコで始まったとされるが、それまでタバコを巻いていたトウモロコシ（メイズ）の皮などの代わりに紙を使い始めたのである。一八一七年になってセビーリャの王立工場で、葉巻製造工程で生じる屑タバコの再利用法として紙で巻くことを試みたが失敗に終わった。しかし、喫煙者がみずから紙を巻いて喫うことで旧世界での紙巻タバコが始まった。スペインでは一八四五年になって、やっと手巻きによる紙巻タバコの量産が開始されたが、これが機械巻きになるのは紙巻タバコが米国へ渡ってからのことである。したがって、セビーリャのタバコ工場を舞台にしたビゼーの歌劇『カルメン』の時代は、まだ紙巻きではなくシガーかシガリロ（細巻き両切り葉巻）であったことになる。一八四五年に発表された原作の『カルメン』は、メリメが一八三〇年にスペインを訪れた当時の事件を題材にしているからだが（堀内 1965, 106）、ビゼーによる作曲の完成は七四年になってからである。

紙巻タバコが急速に広まるのは再び戦争が介在するのだが、オスマン帝国（トルコ）、ロシア、イギリス、フランスを巻き込んだクリミア戦争（一八五三～五六）で、トルコ兵が喫う紙巻タバコの簡便さが戦場に広まったとされる。スペインは参戦していないが、すでにスペインからトルコへ紙巻タバコが伝わっていたとするのだが、ロシアでもクリミア戦争以前に生産が開始されていた（第5章一四二頁・第6章4節一六六頁）。一八三〇年代には、ちょうど黄リンを使ったマッチがヨーロッパの市場にあらわれて、マッチとシガレット双方の簡便さが相乗効果を生み出し、シガレットの爆発的流行になったものと思われる。

マッチの発明に関しては諸説がある。一六六九年にドイツの錬金術師ブラント（Brand）が「賢者の石[13]」を求めて化学実験を繰り返しているうちに、容易に発火するリンを得たという。一六八〇年には、ロンドンの二人の薬屋（Haukwitz, Godfrey & Boyle, Robert）が紙にリンを染み込ませ、木の軸に赤リンを付けたものでこの紙を擦《す》ると発火する点火具を発売したものの、高価過ぎて普及することはなかった（Beaver 1985, 18）。おそらく、これが現代のマッチの始祖であろう。

一八世紀末に弾丸の起爆剤として塩素酸カリウムが開発されて、一八二七年にイングランドの薬屋ジョン・ウォーカー（Walker, John）が、これを黄リンと組み合わせることで現代のマッチを開発した（Beaver, 19–20）。同時多発的にヨーロッパの各地でも作られるようになったが、黄リンの毒性と発火し易さから、一八四四年にはスウェーデンで赤リンを用いたセーフティ・マッチが開発された。一八六八年頃になって、やっと低価格の赤リン・マッチが市場に出回るようになり世界市場に広まった（Loewe 1997, 13–15）。

一五八〇年にスペインに併合され、一六四〇年に再独立を宣言するまでスペインの同君支配下にあったポルトガルは、その喫煙の歴史もスペインに似た経緯をたどったと思われる。しかし、ヨーロッパ各国のパイプ表記の大多数は英語の *pipe* が転訛したものだが、ポルトガル語では遅れて *cachimbo*（カシンボ）と表記するようになった。*cachimbo* が使われ始めた年代は特定されていないが、イングランドの *pipe* が語源でないばかりか、ポルトガル語にも語源はない。このことから、ポルトガルへのパイプ喫煙伝来の経緯は他の諸国と異なることも考えられる。

cachimbo は植民地ブラジルの先住民の言葉を語源とする説を唱えるむきもあるが、パイプを使用しない喫煙形態が支配的であったブラジルでの呼称を語源とする説には無理がある。ポルトガル人や他のヨーロッパの航海者による記録にも *cachimbo* の語源になり得る先住民の言語はみいだせない。

二〇〇四年にリスボンで刊行された *Cachimbos* の編著者ホセ・マヌエル・ロペス（Lopes, José Manuel）は *cachimbo* の語源は北部アフリカのアラビア語が転訛したものとする説を唱える。(14) とすると、パイプ喫煙が一九世紀末まで一般化しなかったポルトガルでは、アラビア人が喫うパイプの呼称をそのままポルトガル語の名称として取り入れたことになる。しかし、パイプ喫煙そのものが迂回してアラビア人から伝えられたと考えるのは早計であろう。セビーリャ大学のゴルディジョも*cachimbo*の北アフリカ語源説を支持する。スペインでも*cachimba*として極めて限定的に使用されていたが、現在はほぼ死語である。スペインの地中海沿岸地域では、北アフリカのイスラム諸国向けの輸出商品としてクレイ・パイプを製造していたことから、市場での呼称が伝わったとみることもできる。

ポルトガル語では*fumo*（煙）がタバコの意に用いられるが、タバコの意味での*fumo*の初出は一五四八年のブラジルから本国への積載貨物リストである（第2章三六頁）。公刊された初出は一五六六年のダミアン・デ・ゴエスの『マヌエル大王年代記』である（第2章四〇～一頁）。

一七世紀のスペインでは、テラコッタ製のチブーク・パイプの輸出が始まっていたことはすでに述べたが、喫煙そのものは下品なものとして普及することはなかった。

パイプによる喫煙がスペインで広まるのは早くても一九世紀の終わり頃であるが、パイプ喫煙が全くみられなかったわけではない。大西洋へ出るオランダ船が通るビスケー湾に面したスペイン北部には一七～一八世紀のオランダのクレイ・パイプが多く出土している。しかし、これが南部へ広まることはなかった。

これまでみてきたように、一六世紀末までには植物としてあるいは薬としてのタバコがヨーロッパ諸国へもたらされているものの、喫煙の流行をみるのは一六世紀末にすでに始まっていたイングランドとオランダを除いて、一七世紀に入ってからである。嗅ぎタバコが主流であったスペインやポルトガル本国では、一八世紀に入るまで葉巻による喫煙は広まりをみせなかったが、パイプによる喫煙はさらに遅れて一九世紀後半になってからである。第10・11章でとりあげるが、わが国の喫煙あるいはキセルの伝来はマニラを拠点にしていたスペイン人によるとする説をみかけることがある。これはスペインの喫煙史を無視し、教皇ウルバヌス八世の勅書を「パイプによる喫煙の禁止」とする誤った解釈によるものであろう。

一六〇一年（慶長六）七月に、マニラから三度目に来訪したフランシスコ会のヘロニモ・デ・ヘスス神父（Jerónimo de Jesús de Castro, O.F.M.）は、病床の徳川家康にタバコの膏薬とタバコの種子を献上している。これをもって、日本へのタバコと喫煙の初伝来とする説をみることがあるが、これも誤りである。この頃、マニラや日本のフランシスコ会士が本国スペイン同様にタバコを薬用として用いていたことはフランシスコ会の記録にもみられるが（Schilling 1942, 129・132／鈴木 1999, 190・199 註82・83）[15]、ヘロニモ神父に医師のブルギヨス修道士（Pedro de Burguillos）が随伴していたこともあって、薬としてのタバコ（膏薬）とその種子を献上したにすぎない。

（1）二〇〇三年一〇月、バルセローナで開催された国際パイプ・アカデミーの年次総会における Saladich, Juan による発表「カタロニア地方のクレイ・パイプ」より。
Saladich, J.: pp. 66–74.

（2）国際パイプ・アカデミー会員(故)。国際パイプ・アカデミー年次総会（二〇〇三）における発表「マルセイユのテラコッタ・パイプ」から。著書：*LA PIPE EN TERRE A MARSEILLE*（2003）. *La pipe en terre son périple à travers la France*（1991）.

（3）バルセローナ歴史博物館学芸部長。

（4）Castro, Juan : Gordillo, José Manuel R. による。二〇〇四年一一月、セビーリャ大学内での筆者との意見・情報交換の席上で。

（5）原著名は *Tobacco / Its History Illustrated By The Books & Manuscripts In The Library of GEORGE ARENTS, Jr.* Vol.I–5であるが長すぎるので、ここでは Arents Book とするか、邦訳版名『世界たばこ文献総覧』を掲げる。

（6）Brooks, Jerome E. 編：Arents Book Vol.I, 79・81.（邦訳『世界たばこ文献総覧』第一巻、七七頁、邦訳本では何故か「パイプの使用」を「喫煙」と訳出している）（Brooks 1953, 79, 80）

（7）Pascual, Antoni は、英訳の補足としてこれを〝噛みタバコ〟とする。

（８）宇賀田為吉：英訳本からの邦訳。
訳者不詳：英訳本からの邦訳。
濱野修：独語原典からの邦訳であるが、この部分は翻訳されていない。

（９）AD FVTVRAM REI MEMORIAM（*Ad Futuram Rei Memoriam*）, January 30, 1642.
Archivio Segret Vaticano, BANDI ET ORDINI DIVERSITO XX, Miscellanea ARM. V. tom. 218, fol.42.
Archivio Segret Vaticano の日本語名「ヴァチカン機密文書館」はカトリック中央協議会による。
教皇勅書の写本の複写入手は、上智大学元学長、ヴァチカン市国教育省元局長のジュゼッペ・ピタウ大司教(故)（イエズス会士）のご厚意による。

（10）上智大学神学部で教皇文書の翻訳などに携わり、ラテン語を専門とする熊谷賢二氏(故)に拙訳の校閲と貴重な助言をいただいた。

（11）円錐形または紡錘形に固めたタバコ（キャロット）、またはロール・タバコ用のおろし金。材質は多岐にわたる。摺りおろした粉タバコもフランス語では rape と綴るが、おろし金は râpe（ラープ）、摺りおろした粉タバコは râpé（ラペ）となる（一五六頁の図6-5参照）。
スペイン語でも摺りおろした粉タバコは rapé として、臼で挽いたタバコ polvo と区別する。本書では嗅ぎタバコ全体を指す場合は英語の総称スナッフ（snuff）あるいは「嗅ぎタバコ」を用いる。

（12）典拠：AGS, DGR.2ª remesa, leg. 4.636.）［AGS=Archivo General Simancas, DGR = 財務省］

（13）Philosopher's Stone：錬金術師が探し求めていた「賢者の石」は鉛などの卑金属を金・銀に変えると信じられていた。

（14）Lopes, José Manuel：二〇〇三年一〇月の Barcelona における国際パイプ・アカデミー年次総会で。
国際パイプ・アカデミー会員、ポルトガル・パイプ・クラブ連盟会長（二〇〇五年現在）、*CACHIMBOS*（2004）の編著者。ジャーナリスト。

（15）一五八〇年代にはすでにマニラで、フランシスコ会のホアン・クレメンテ（Bruder Juan Clemente, O.F.M.）が薬として使用し成功を収めている。ほかに、タバコがフィリピンや日本にいたフランシスコ会士の医師たちが薬として使用していた報告もある。

第8章　イスラム社会・アフリカへの伝播と水パイプ

1　オスマン・トルコ（オスマン帝国）

イスラム社会は水パイプやチブーク・パイプなどの極めて特徴的な喫煙形態で知られる。オスマン・トルコへのタバコ伝来については、一六〇五年頃とする説を比較的多く目にする。しかし、イングランドに残る一五九九年の記録によると（Fisher 1939, 54）[1]、オルガン職人のジョン・ダラム（Dallam, John）が乗った船がイスタンブールへ向かう途中、トルコ海軍の艦に遭遇したさい、その艦の士官がタバコとパイプを所望したという（Laufer 1924, Europe, 61）。この時点ですでに、トルコ人はパイプによる喫煙を知っていたことになる。ロンドンのレヴァント会社[2]との通商で、イングランドのパイプやタバコがすでにイスタンブールに知られていたのであろう。第6章5節に掲げたギリシャの文献では（一六六頁）、一五八〇年にはすでにイスタンブールへタバコがもたらされていたとする説もある（Haritatos 1997）。

一方ハンガリーの資料には、一五七六年にオスマン・トルコから遠征してきたアガ・モハメッドやサルタン・ムラド三世の一隊が喫煙する風景を住民が目撃したとする記述がある（Osskó & Haider 2000, 18・20）。しかし、イングランドやオランダの喫煙伝来の年代を考えると、いかにも早過ぎる。オスマン帝国第二の大都市ソフィア（現ブルガリアの首都）では、一六〇四年には早くもパイプ・メーカーのギルドが組織されていたとされる

(Robinson 1983, 1)。エジプトへはアラビア半島経由で一六〇一〜〇三年頃にはタバコが伝えられたとする記述がある（Fisher 1939, 39)。

イスラム社会へのタバコ喫煙の伝播は、オスマン・トルコ経由とする説が支配的であることから、イングランドやオランダのクレイ・パイプがオスマン・トルコのチブーク・パイプに発展する過程を考慮すると、喫煙がもたらされたのは一五九〇年頃ということになろうか。イングランドあるいはオランダ経由の伝来とすれば、極めて早い時期である。このことから、ポルトガル人が伝えたとする説もあるが（Van der Lingen 2003, 129)[3]、ポルトガルの船員の喫煙はパイプを使用せず、巻いた葉が主であったことから、この説には無理がある。

一五九七年のユトレヒト条約で事実上成立したオランダ連邦共和国は、一六一二年には英・仏同様の条件でオスマン・トルコとの通商が認められ、オランダはこれを最大限に利用してタバコをオスマン・トルコ向けにも輸出し始めた（Kinross 2003, 309)。しかし、この年はトルコ最初の喫煙禁令が出された年でもある。

オスマン・トルコの喫煙風習と密接に結びついていたのは、コーヒーとコーヒー・ハウスである。しかし、エチオピア原産のコーヒーがもたらされたのは一五四三年とされ[4]、最初のコーヒー・ハウスがイスタンブールにあらわれたのは一五五四年とされる（Bakla 1993, 17–18／小沢 2010, 23)。一六三〇年には市内に五五軒の店が開かれていたという。すなわち、コーヒーの伝来はタバコの伝来よりはるかに早いのである。E・バクラ（Bakla, Erdinç）はその著 *Tophane Lülecili̇ği*『トプハネのパイプ産業』で、歴史家A・レフィーク（Refik, Armed）を引用して、次のように記している。

タバコについては、一般大衆は全く無縁だったのでタバコなしにコーヒーを飲んでいたが、一六〇六年になるとタバコはイスタンブールで喫われるようになった。コーヒーはオリエント（東洋）から、そしてタバコはオクシデント（西洋）からもたらされたのだが、この二つの出会いの場がイスタンブールである。ただし、イスタンブールへタバコを持ち込んだのはイングランドの異教徒で、麻薬としてではなく、薬としてであった。快楽を求めるイスタンブールのエリートたちはたちまちにしてコーヒーとタバコを切り離せないものにしてしまった。

(Bakla 1993, 19より拙訳)

このように、クレイ・パイプがチブークに発展してタバコ喫煙がコーヒー・ハウスで一般的にみられるようになったのは、一六〇六年頃としている。すなわち、冒頭の一六〇五年伝来説は、喫煙が一般的にみられるようになった頃を指すのであろう。

ところが喫煙はその後、オスマン・トルコで最も厳しい試練に遭うことになる。サルタン・ムラト四世(Murad IV)の治世(一六二三〜四〇)になると残忍な禁止令が出され、違反者は斬首あるいは鼻や耳のそぎ落としなどの極刑に処せられた。その厳しさは、一六三三年八月のコンスタンティノープルの半分を焼き尽くした大火の原因がタバコとされて、さらにエスカレートしたのである(Corti 1931, 137)。しかし、近年の研究ではこの火災は喫煙とは関係なく、造船所の水漏れ防止の工事中の出火とされている。禁令の隠された理由はコーヒーハウスにたむろす市民の政治談義(政府批判)を抑えることにあった(Bakla 1993, 21)。とはいうものの、各地で火災が多発しモスクまでが被害を蒙るにいたって、モスクの説教者たちが喫煙攻撃の演説をするようになり、一六三七年に禁令はさらに強化された(Bakla, 19)。

ムラト四世の後継者である甥のサルタン・イブラヒム(Ibrahim)も同じく厳しい取締りを継続したが、喫煙者は減るどころか、死の恐怖にさらされながらもタバコを喫うものはあとを絶たなかった。禁令を避けて嗅ぎタバコも広まったが、一六五五年頃までには取締りはゆるくなり喫煙は一般化した。これは、喫煙愛好者のモハメド四世が一六四八年に王位に就いて、それまでの禁令が実質的に効力を失なったことによる(Corti 1931, 139)。この後、オスマン・トルコでの喫煙は急速に広がり、オスマン帝国全体でパイプ、嗅ぎタバコ(スナッフ)、水パイプ（ナーギル）のいずれもがみられるようになった。その高普及率から、タバコの喫煙はオスマン・トルコに始まり、トルコから東西へ広まったとする説があらわれるほどであった。これは、イスラム世界に限るなら正しい説といえよう。一九世紀に入り、一八七〇年を過ぎる頃から、隆盛を誇ったオスマン帝国も衰退の道を歩み始め、破綻した財政を立て直すために一八八三年にはタバコや塩の専売制を敷くことになった。

ところで、水パイプ以外の喫煙パイプの構造には大きく分けて二つのタイプがある。一つは、イングランドやオランダのクレイ・パイプを基本とする、ボウルからマウス・ピースまで一体のパイプである。これに対して、トルコをはじめとする旧オスマン帝国の各国やバルカン諸国、エジプトをふくむ北アフリカ諸地域、東ヨーロッパ諸国では、パイプの主流は基本的にはボウルに芦または木製のステムを付けたもの、あるいはそれにマウス・ピースを加えたものであった。ボウルには木、メアシャム（海泡石）、金属なども用いられるが、最も一般的な材料はクレイ（粘土）である。イングランドやオランダのクレイ・パイプと異なり、オスマン・トルコでは赤土を原材料にしたテラコッタが主だが[5]、初期はやはりイングランドやオランダの影響を受けて白色に近い灰色のものがみられた。しかし、次第に赤褐色が好まれるようになり、これが主流になった。

このことによって、のちのトルコはパイプの材料としての白いメアシャムには関心を持たず、オーストリア、ハンガリー、ドイツなどヨーロッパの主要生産国へメアシャム・ブロックを輸出し続けていた。一九七六年になってやっと、自国での加工で付加価値を高めようと、未加工のメアシャム・ブロックの輸出を禁じた。

2　チブーク・パイプ

オスマン・トルコの特徴的パイプであるチブーク・パイプ（図8-1）について、少しみてみることにしよう。オスマン帝国の強い影響力で、イスラム社会全体に広まったチブーク・パイプは、一般的には土を焼いたテラコ

図8-1　トルコのチブーク・パイプ

ッタのボウルに木製または葦のステムを付けたものの総称であるが、オットマン・パイプ（Ottoman Pipe）と呼ばれることもある。チブークとは、トルコの一方言で小枝・若枝あるいは棒を意味するとされる(6)（De Haan 2004, 79）。もうひとつオスマン・トルコの特徴的な形は花弁型やディスク型のベースをもった赤褐色のテラコッタ・パイプである（二一七頁の図8-5）。

現存するオスマン・トルコのパイプで製造年が判明している最も古いものは一六四六年製とされる。もっとも、この年には禁令が一部撤廃されたのだが、それ以前の禁令時代には製作年や製作者名を入れることはなかったとする説がある。一方、チブーク・パイプの生産がまだ未発達で工房マークや製作年を入れる段階に達していなかったとする見方もある（Bakla 1993, 33）。

喫煙がイングランドからオスマン・トルコへもたらされると同時に、装飾に乏しいイングランドのクレイ・パイプも入ってきたが（Bakla 1993, 33）、トルコで作られた初期のチブーク・パイプは焼いた土製のボウルに芦などのステムを差し込んだ素朴なもので、白ないしは灰色のクレイで作られていた。タバコがもたらす税収が国の財政を豊かにすることに気がつき、一六八〇年までに禁令が完全に撤廃されると、チブーク・パイプによる喫煙が再び急速に広まり、工房の数も増えてトルコ好みの凝ったデザインのパイプが作られるようになった。貴金属や貴石で装飾が施されるようになり、ステムも通常は三〇から四〇センチメートルの長さであるが、一メートルから二メートル以上のものまであらわれ、マウス・ピースにも骨や琥珀《こはく》・象牙などが使われるようになった。一七六〇年になると、チブーク・パイプ製造業者のギルドがサルタンのムスタファ三世（Mustafa Ⅲ）によって正式に認められた。ステムにはジャスミンの枝が多く使われたが、ニコチンを良く吸収すると考えられ、使うほどにステムが着色することから広く好まれたようである。この他に、アプリコット、ローズウッド、香木など以外に象牙なども使用された。一メートルを越すような長いステムは主にマンション（大邸宅）内で用いるもので、吸い口には琥珀や象牙など高価な材料が用いられ、ルビーやダイアモンドで飾られることもあった。

富裕層のマンションでは、ジャスミンやチェリー、楓、ローズウッドなどのステムが常に何本も用意されたが、壊れやすいテラコッタ製のボウルも安価なものは数十個以上も常備されて、いちいち掃除をせずに使用後は捨てられたという。

宮殿や高官の大邸宅には、チーフ・タバコニスト（タバコやパイプの購入・在庫管理の責任者）、パイプ執事（使用されるパイプを用意し喫煙者に捧げる役目―図8-2）、ストーカー（stoker＝点火用の炭火を用意し保持する係）などが雇われていた。喫煙者の回りにこれらの係がそれぞれの制服で立ち並ぶなか、セレモニー全体を指揮するチーフ・パイプ・スチュワードがまず灰皿が正しく置かれているかどうかをチェックする（図8-3）。この灰皿の中心には、今日のブライアー・パイプ用と同様に、灰を叩き出すための丸いパイプ・ノッカーが付いている。次いで、パイプ執事がタバコを詰めたパイプをうやうやしく捧げ持ってくる。厳《おごそ》かにマウス・ピース側を差し出し、ちょうど口のあたりに届くとやっと喫い手はこれを左手で摑む。すかさず、ストーカーが炭火が入った小さな銅製の火入れを持ってあらわれ、各喫い手のパイプ・ボウルに小さな炭火を落とし入れて回る（図8-4）。

その後、使用人たちは右の掌を額に当てて身体をかがめるイスラム式敬礼をして室を出てゆき、客人やホストはコーヒーを啜りながらパイプをふかし始める。このような儀式は、大金持ちや高官の邸宅では日常的に繰り返されていたという（Bakla 1993, 39)。

すでに述べたように、チブーク・パイプはボウルに長いステムを差し込んで使用するのだが、ハンガリーなどオスマン帝国の支配下にあった地域でも小型のものが使用されていた。オットマン・パイプとは区別してソケット・パイプまたは小型チブークと呼称される。一方、ドイツ、オーストリア、ノールウェイなどでは、メアシャムや木製の大型ボウルに長いステムを付けたパイプは一般的に長パイプ（long pipe）と呼ばれる。

一八三九年に始まった改革（タンズィマート＝恩恵改革[7]）と欧州化の影響で欧州の文物流入が盛んになると、

図8－3　チブーク用灰皿

図8－2　チブーク・パイプを運ぶパイプ執事

図8－4　トルコのマンションで客人にタバコを饗応する図

隆盛を極めたチブーク・パイプは水パイプとともに衰退し始めた。これに拍車をかけたのが、クリミア戦争（一八五三〜五六）によって欧州各地にも広く普及した紙巻タバコの流行である。一九二八年には最後のチブーク・パイプの工房が閉鎖された（Bakla 1993, 44・55／De Haan 2004, 80）。現在は観光みやげ用のパイプが細々と作られているものの、原料の赤土の産出地が軍事基地になっていることもあって、テラコッタの質も装飾の技術も往年のレベルは維持されていない。

トルコの紙巻タバコについてはすでに述べたように、スペインのセビーリャでスタートしオスマン・トルコへ伝えられたとする説と、トルコで独自に始まったとする説がある。

このオスマン・トルコ支配下の地域で特徴的なパイプにもう一つ、ナーギル・パイプ（水パイプ）がある。ハリタトスおよびバクラは、非常に辛く、ひどい味がするペルシャ・タバコを喫うために考え出された方法で、ペルシャ・タバコはこの方法以外には喫う手だてはないとしている（Bakla 1993, 23／Haritatos 1997, 33）。この地域にはすでに、大麻など他の植物の煙を水を通して喫う風習があり、これがアラビア商人によってインド・中国・アフリカ諸地域にまでもたらされたとする説もある。次節のペルシャおよび5節の水パイプで詳しく考察することにする。

3　ペルシャ（現イラン）

タバコの喫煙がペルシャへ伝来したのはサファヴィー朝（Safavid）のアッバース一世（Abbās I, 在位1587–1629）[8]の時代、すなわちトルコと戦火を交えていた頃とされる。とすると、トルコへ割譲していたアゼルバイジャンなどを含む領土を奪還した一六〇三年以前ということになろう。デラウェア大学のR・マティ（Matthee, R. 2004, 58）[9]によると、アッバース一世はその兵士が給金の多くをタバコに費やしたとして、喫煙を禁じたとする（Corti 1931, 140–142）。アッバース一世時代の喫煙に関する記述は他にはほとんど見当たらないが、タバコの伝来についてはスペイン人が一六一七年にもたらしたとする説、あるいはポルトガルの商人や船員による伝播とする一八世紀のペルシャの薬理辞典がある（Matthee 2004, 58）。

一方、水パイプに関しては、ペルシャでの最も早い記述は一六世紀初頭のシラーズ（Shiraz, 1535頃没）の詩に「ガリアン」として記されているが、その英訳には〝タバコの煙〟が詠まれている（Matthee 2004, 58）。もちろん、この時代のペルシャにタバコがもたらされていたとは考えられないので、この詩作そのもの、あるいは英訳の信憑性が問われる。

一般的に、ペルシャへのタバコ伝来は一六世紀末、一五八五〜一六〇〇年頃とされるが、一七世紀の初頭とする説もある。いずれにしろ、トルコのタバコ伝来とほぼ同時代になる。既述したように、戦争が喫煙の伝播に重要な役割を果たした例は多い（第3章七九・八四・八七頁／第5章一二三・一三五頁／第6章一六八頁）。ペルシャの場合も、地中海に面していないことでイングランドやオランダから喫煙が直接伝来する地理的要件を持たないので、トルコとの戦いによってタバコがもたらされた可能性が高い。すなわち、ペルシャは一五九〇年の和平条約でトルコに領土を割譲したものの、アッバース一世が一六〇三年にこれを取り戻しているので、トルコの占領中に喫煙が広まったと考えることができる。しかし同時に、オスマン・トルコの支配下にあったこの地域には、トルコ人以外にイングランド人やオランダ人も訪れることがあったので、これらパイプ喫煙先進国からの影響も無視できない。

イスラム社会へのタバコ喫煙の伝来当初は、その有用性の議論が学者の間で多少はあったものの、ヨーロッパとは違ってタバコの薬効が脚光を浴びることはなかった。一方、宗教界はコーランにタバコの記述がないことから、その扱いに困惑していたといえよう。宗派や学派間の論争は続き、これを良しとするもの、忌むべきものとするなど意見が入り乱れた。しかし、コーランや預言の解釈によって喫煙が否定されると、アッバース一世は宗教的理由よりは、国民がタバコに多くを費やすという経済的理由で喫煙を禁止したが、喫煙の広まりを抑えることはできなかった（Matthee 2004, 165–166）。

一六二一年にペルシャを訪れたドイツ人旅行者は、ペルシャのあらゆる階層の人々は度が過ぎるほどにタバコを飲んでいる（*drink*）とする記述を残している（Matthee 2004, 60）。[10] 一六二九年に即位したサフィー一世（Safi I，在位1629–1642）は禁令を一旦は撤廃した。これは、アッバース一世の孫であるサフィーがその継承の正当性を認知させるために、国民の支持を得ようとして撤廃したのだとする説もある（Matthee 2004, 66）。サフィー一世はその後何度か禁令を発布したものの、その効果はあまりなかった。一方、宗教界にも喫煙肯定派があらわれ、タバコ税収の魅力から禁令は有名無実となった。

喫煙伝来当初のタバコはすべて輸入に頼っていて、一七世紀初めの記述に inglis tanbaku がみられるように、イングランドのタバコが入っていたことが知られている（Matthee 2004, 60）。安いタバコはオスマン帝国あるいはインドからの輸入品であったが、一七世紀半ばになると国産タバコの供給が始まった。水パイプ用の上級タバコは中南部で栽培され、一般パイプ用の下級タバコは主として西部で栽培された（Matthee 2004, 60）。

2節のトルコのチブーク・パイプに対して、ペルシャでは水パイプが周辺の諸国に先駆けて広く普及し、これが他のイスラム諸国へ伝播したことで知られる。さらに、水パイプのさまざまな呼称の多くはペルシャ語が語源だとされたことから、水パイプはペルシャで考案されたとする説がこれまで支配的であった。ペルシャで栽培されるタバコが非常に辛く、味を柔らかくするために考え出されたのが水パイプだとする説が一般的であるが、前述のバクラやギリシャのハリタトスなどが唱える説でもある（Bakla 1993, 23／Haritatos 1997, 33）。

しかしマティが唱える、ペルシャのタバコ栽培が一七世紀半ばに始まったとする説は、一六二二年にオランダのネアンデールがその著 *Tabacologia* にヨーロッパで初めて図示したペルシャの水パイプ（二二八頁の図8-9）がすでに完成された構造を持っていることから、時間軸上の無理が生じる。さらに、水パイプにはイングランド・タバコあるいは国産の上級タバコを使用していたことからみても、非常に辛いペルシャ産のタバコを喫うために水パイプが考案されたとする説にも疑問が残る。

ペルシャでの水パイプの普及度は非常に高く、戦場へむかう兵士や一般の旅行者もこれを携帯したという。イングランドのJ・フライアー（Fryer, John）[11]は、ペルシャ人が稼いだ金の半分はパン、干しぶどう、バターミルクに費やされ、残りはタバコかヘロインに消えてしまうと記している。

サファヴィー朝（一五〇一〜一七三六）後期までには、ガリアン（水パイプ）を喫わせるガリアン・ハウスが街々のどこにもみられるようになり、一六八三年に北部の中心都市ジラン（Gilan）を訪れたE・ケンペルは三軒ないしは四軒ごとにガリアン・ハウスがみられると記録している（Matthee 2004, 61）[12]。この記述に多少の誇張があるとしても、一七世紀後半のペルシャにおける喫煙普及はイベリア半島を除くヨーロッパ諸国のレベルを越えていたであろうと推測できる。

中近東や北アフリカなど他のイスラム諸国同様に、ペルシャにおける水パイプの普及はコーヒーを喫む習慣と深く結びついていたのだが、どちらもペルシャ人の日常生活には欠かすことができなくなっていた。タバコは気分を落ち着かせ、コーヒーは活力を生み出すというのである。ペルシャ人が良く口にした「コーヒー抜きのタバコは、塩気のないスープのようなもの」という言葉は水パイプとコーヒーの関係をみごとにあらわしている（Matthee 2004, 61）。

喫煙習慣の広まりには貧富や男女の差がなく、ヨーロッパ諸国のような階層による喫煙形態の違いもみられなかった。階層差がみられたのは、用いる喫煙具の違いで、富裕層は絵づけされたガラス、あるいは彫金を施した

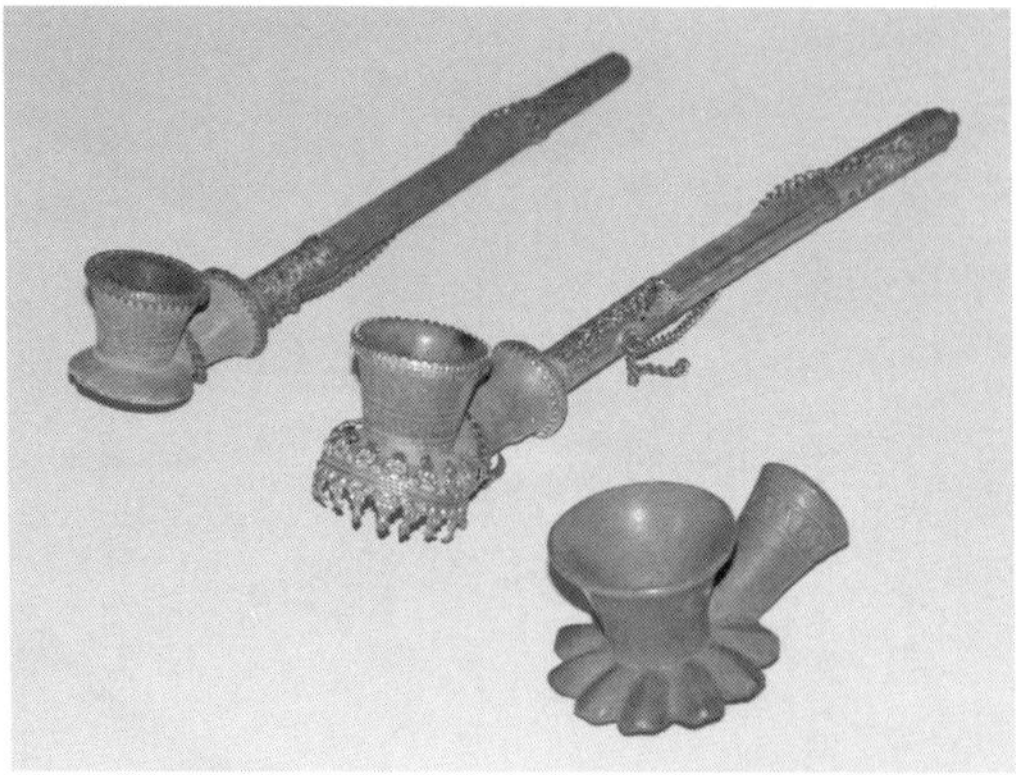

図8-5　小型チブーク・パイプ(トルコ)
(上：H27×L200mm／中：H24×L215mm)

金・銀製の水パイプを使い、貧困層は椰子の実や瓢《ひよう》簞《たん》などを用いていた。男女間にも喫煙方法の違いはなく、喫煙場所が異なるだけであった。すなわち、女性は外で喫うことがなかった。

ペルシャにおいても、トルコ同様にタバコは客をもてなすさいの極めて重要な儀式であり、客人にはまずタバコが饗応される。イスラム社会では飲酒は認められないのだが、このことによって、トルコのチブークとペルシャのガリアンがイスラム社会で急速かつ広範に普及した。『めさまし草』（清中亭叔親）にみる万治・寛文（一六五八～七二）の喫煙風習記述のように（たばこと塩の博物館 1996, 23／鈴木 1999, 121）、わが国でも客のもてなしにはまずタバコが用いられていた。今日も茶席の主客の席に置かれる煙草盆にその名残りがみられる。

トルコ同様に、ペルシャも富裕クラスは水パイプ専任の召使いを抱え、これはパイプの掃除、管理から喫煙の準備一切を取り仕切るもので、カージャール朝（Qajar, 1769-1925）の時代に多くみられた。水パイプに限らずチブーク・パイプ（水パイプに対してドライ・スモーキングと呼ぶことがある）でも同じように行われていた(Matthee 2004, 64)。

ペルシャの喫煙は水パイプが主流であったが、小型のチブーク・パイプも多くみられた（図8-5）。これは、イングランドやオランダのクレイ・パイプに近い大きさで、ペルシャ語ではシャブ（*chub*）と呼ばれた。第6・7章でとりあげたような（一五四頁の図6-2・一八二頁の図7-1）、スペインやフランスの地中海に面した地域で作られていたイスラム圏向け小型のチブークもこれに当たる。富裕層と下層階級では素材や装飾に大きな違いがあり、富裕層は装飾を施した銀など高級素材で作ったステムのパイプを用い、下の階層では葦または木製ステムのパイプ、さらに下のクラスは壊れて捨てられたパイプを補修して使っていたという（Matthee 2004, 64）。

水パイプは二〇世紀に入るまで盛んに行われていたが、一九世紀後半に紙巻タバコが普及し始めるにともない次第に姿を消した。この頃、ロシアのタバコ会社がカスピ海に面したジランにシガレット工場を建てたが、一八九〇年頃には、それまで水パイプを喫っていたテヘランのバザールの商人たちもシガレットを銜《くわ》えるようになった（Matthee 2004, 65）。

一九世紀後半になると、タバコはペルシャにとって格好の輸出商品になり、トルコ、インド、ロシア向けに盛んに送り出され、輸出品目の上位を占めるようになった（Matthee 2004, 66）。

4　アフリカ

わが国へタバコと喫煙をもたらしたポルトガルの商船は、そのアジアの拠点であるインドのゴアへ来航する途次に食料・水などの補給のためアフリカ沿岸へ寄港していた。そのアフリカへの喫煙伝播について考えてみることにする。ただし、ここでとりあげるアフリカは主としてサハラ砂漠以南を指し、エジプトなどの北アフリカは他のイスラム社会と同じようにオスマン・トルコやペルシャからの伝播である。

北アフリカへの伝播はアラビア人やトルコ人がかかわっているのだが、一六三六年にはすでにバザールで一日中コーヒーを飲み、水パイプをくゆらす光景が報告されている（Laufer 1930, Africa, 11）。アラビアの文献には、アラビア商人またはトルコ人が、一六〇一～〇三年頃にエジプトへもたらしたとする記述がある（Laufer 1930, Africa, 12／Fisher 1939, 39）。一五一六年以降オスマン・トルコが支配していたアルジェリアにも、フランスによる植民地化（一八三〇年）のはるか以前にタバコが入っていたことが知られている。北部アフリカへの喫煙風習の伝播はトルコ人によるとする説が一般的であるが、トルコ人がチブーク・パイプを、少し遅れてペルシャ人が水パイプをもたらしたのであろう。しかし、ナポレオンが一七九八年にマルタ島を占拠したあとは、北部アフリカはフランスとイングランドの利権争いに巻き込まれることになり、これによってヨーロッパの喫煙風習の影響も受けるようになる。

サハラ砂漠以南のアフリカでは文字による記録手段を持たず、タバコ喫煙の伝来にかかわる資料はおろか一六～一七世紀の喫煙風習についての記録も皆無である。しかし、アフリカ大陸を訪れたヨーロッパ人あるいはアラビア商人の記録にわずかながら記述をみいだすことができる。アフリカ大陸へ最初にタバコ（巻いた葉による喫煙）をもたらしたのはポルトガル人であるとされるが、この広大な大陸の西海岸、東海岸、北部、南部そして内陸部へはそれぞれ異なったチャネルのタバコ伝来ルートが考えられる。奴隷貿易と深くかかわっていたポルトガル人・スペイン人・オランダ人・イングランド人がタバコの伝播に関与していた。一六〇〇年にオランダ船リーフデで来航した三浦按針ことウィリアム・アダムズも一五八八年のスペイン無敵艦隊を迎え討つ艦隊に加わった後、イングランドのバーバリー商会の船でアフリカ北西岸への航海に参加したことを記している（菊野 1977, 133／Corr 1995, 13）[13]。

しかし、アフリカ各地ではタバコ喫煙が伝来するはるか以前から、病気治療や悪霊を追い払うために薬草・香草などの煙を用いていたことが知られている。アフリカ大陸南東部のタンザニアでは紀元前一〇〇〇年頃とされる滑石の一種で作られたパイプが出土している（Roberts 2004, 368註１）。第１章２節で触れたが、南西部のナミビアのダマラランドの遺跡からは、八〇〇〇年前とされる喫煙用とおぼしき軟石製パイプが出土している（六頁）。ナミビアには南北アメリカ以外でみつかっているタバコの固有種のうち[14]、一種の存在が知られている。一九六五年にこのタバコがナミビアの固有種であると判明するまでは、ダマラランドのパイプはタバコ以外の喫煙用とされていた（Loewe 1990, 13–14）。

しかし、出土パイプがタバコに用いられたかどうかは、まだ明らかにされていない。少なくとも現在は、ナミビアの固有種のタバコが喫煙用に供されることはない。後述するように、一五世紀頃にはインド洋を渡ってインド人あるいはアラビアの商人・船員が、アフリカ東岸にインドの大麻をもたらしたとされる。タバコ喫煙がアフリカ全土に急速に広まる下地は、新大陸のタバコが伝来する以前にすでにできあがっていたことになる。

ヨーロッパにおけるタバコ摂取の形態は、その多くが新大陸での形態を残したまま導入されている。クレイ・パイプによる喫煙が普及したイングランドやオランダはその好例である。しかし、これらパイプ喫煙国から離れた地域や、新大陸と直接交易の機会をもたなかったアジアおよびアフリカでは、喫煙具が独特な形に発展した事例を多くみる。それにしても、アフリカの喫煙具の多様性は他の地域とは比較にならないほどである。これは伝来形態の違いばかりでなく、その広大な地域の諸部族の多様な文化を示すものといえよう。

先にも述べたが、タバコをアフリカへもたらしたのはポルトガルまたはスペインの商人・船員が南アメリカまたは西インド諸島から直接あるいは本国経由で持ち込んだニコティアナ・タバクムが最初である。しかし、気候や土壌の影響を敏感に受けるタバコが、現地栽培による変種をもたらし、これをアフリカの在来種とする誤認もあった。一六世紀以前のアラビア商人やヨーロッパ人の紀行文や旅行記録には自生するタバコらしきものの記述はなく、ナミビアの一種を除いてアフリカ固有種のニコティアナはない（日本たばこ産業 1994, 256–257）。アフリカの喫煙風習をとりあげた文献や資料も少なく、ここでは限られた文献、とくにB・ラウファー（Laufer, Berthold）[15]とカリフォルニア大学（UCLA）のA・F・ロバーツ（Roberts, Allen F.）[16]を参照しながら、まとめてみることにする。

アフリカで見聞されたタバコの記録で現存する最も早いものは、一六〇七年のイングランド人のウィリアム・フィンチ（Finch, William）によるもので、北西岸のシエラレオネを訪れたさいの記録に次のような記述がみられる（Laufer 1930, Africa, 7）[17]。

> ほとんど全ての家では栽培する作物の半分はタバコである。タバコ・パイプのボウルは、クレイ（粘土）を良く焼き固めたもので非常に大きく、上向きに立つようにできている。ボウルの下部に一フィート半（四六センチメートル）ほどの長さの細い茎を押し込み、これを通して喫うのだが、男も女もほとんどボウルの下部まで喫いきってしまう。男はみな小物袋に小さなタバコ入れとパイプを入れて持ち歩き、女も同様に包んで持ち歩くがパイプは手に持つ。タバコには何も加えないが、むしろ生の葉から汁を絞りだしてから刻んで乾燥させる。これは、そのままでは強くて酔ってしまうからである。小さく刻んだあとは、土器の破片に載せて炭火で乾燥させるのである。
> （拙訳、（　）内は訳注）

図8－6　アフリカ西岸(ガーナ)にみられるテラコッタ・パイプ

この例からわかるように、一七世紀初頭にシエラレオネにはすでにタバコがもたらされているのだが、後述するように奴隷貿易にともなってポルトガルまたはスペイン商人が伝えたのなら、何故巻いたタバコではなくパイプによる喫煙なのかが疑問になる。

ポルトガル・スペインのほかに、パイプ喫煙国のイングランドおよびオランダも奴隷貿易に携わっていたのだが、A・F・ロバーツは、アフリカへタバコのパイプ喫煙をもたらしたのはフランス人だとする説をとる。一六〇〇年頃にアフリカ西岸へフランスの商人がタバクムとルスティカの両方を持ち込んだとするのである。ロバーツはさらにテラコッタ製のパイプ・ボウルをセネガルやガンビアへ持ち込んだのもフランス人だと主張する。その根拠として、西アフリカ・中北部アフリカで出土している底が平らなボウルと鋭角についたシャンクを持つ形[18]（図8-6）が米国のルイジアナで多く出土すること、さらにルイジアナではフランス人が交易を始めていたことをあげている（Roberts 2004, 47）。

しかし後述するように、タバコ喫煙そのものはポルトガル人がおそらく一五七〇年頃までには持ち込んでいたであろうと考える。

一六八二年にアフリカ西岸のギニアを訪れたドイツ人フランシスコ会士のフォン・デル・グレーベン（Von der Gloeben）は、シエラレオネの喫煙風習を記録に残している（Laufer 1930, Africa, 7）[19]。ほかにも、一七世紀の後半にはギニアの北に接するセネガル、ガンビアなど西岸での喫煙風習の記述が残っている。一六九二年にはカプチン会士のメローラ（Merolla, Girolamo）修道士（イタリア人）は、ギニアより南方に位置する西岸のコンゴではタバコをポルトガル語の *fumo* と呼んでいることを報告している（Laufer 1930, Africa, 9）。しかし、ここでも報告されているのは長いステムが付いたパイプによる喫煙である。

アフリカ最南端の喜望峰へは一六世紀の終わり頃から、インド航路のヨーロッパ船が寄港してタバコ、酒、鉄器類を原住民の家畜と交換していた。一六五二年にはオランダの東インド会社が補給基地として初めて入植しているが、その指揮を執ったのは一六四三年に長崎の出島に駐在していたファン・リーベーク（Van Riebeek, Jan A.）である（Laufer 1930, Africa, 9／村上 1980, 228）。入植直後にタバコの栽培を始めた記録が残っているが、このタバコは自家消費用というよりは、長期航海用食料として家畜を補給するために、現地部族との交易に用いた。タバコ・酒類や鉄器類のほかにビーズなど安物の装飾品も用いたが、現地栽培のタバコのほかに積載してきたタバコも交易に用いていた。コイ族（俗称ホッテントット）などの部族にとってオランダ人がもたらすロール・タバコ（コード・タバコ＝縄タバコ）は貴重品であった。俗説では牛や羊一頭をその角（または頭）から尾までの長さのロール・タバコと交換したとされるが（Laufer 1930, Africa, 10）[20]、その真偽は定かではない。オランダ本国ではロール・タバコはパイプ用には強すぎるとして、喫煙用としては葉を刻んだタバコに比べてあまり好まれていなかった。

ファン・デア・リンゲンは長崎市教育委員会が二〇〇二年に刊行した長崎出島跡発掘調査報告書のなかで[21]、オランダ東インド会社（ＶＯＣ）が一七二四・三六・三七年に買い入れた大量の廉価パイプに言及しているが、南アフリカでの交易用の可能性が高いとしている。この計七二、〇〇〇個の粗製パイプはハウダ産パイプの模造品であるが、ハウダ製の半値ほどの廉価で取引きされている（鈴木 2003, 73）。

アフリカ東岸へのタバコ紹介もポルトガル人がかかわっているが、アラビア商人やペルシャ人の影響も見逃せない。これは、東岸では水パイプを早くからみることから推測できる。ポルトガル人が南東岸沖のマダガスカル島に達したのは一五〇六年であるが、一六三八年に訪れたイングランド人はタバコが栽培されていたことを報告している。一六四八年にはマダガスカルのフランス基地に着任した総督が、マダガスカルのあらゆる場所にタバコが生えていて竹で作ったパイプが使用されていることを報告している。一六四五年にはすでに一四人のフランス人がマダガスカルでタバコを栽培していたとする記録も残っている（Laufer 1930, Africa, 10–11）。

ポルトガルがブラジルへ最初に入植したのは一五三二年だが、ここで砂糖事業を始めることになる。ブラジル最初の入植地サン・ヴィセンテ（São Vicente）では、一五三四年にはポルトガル人によるタバコの栽培が報告されている。ポルトガルの植民が砂糖事業に使役した現地のインディオが、重労働と疫病で減少して労働力として活用できなくなると、一五七〇年には大西洋の対岸に位置するアフリカ西岸からの奴隷貿易が本格化している。タバコはそのための交易品の一つであった。

ところで、ポルトガルのアフリカ進出は一四一五年のエンリケ航海王子による北アフリカのセウタ（モロッコ）遠征と占領に始まるのだが、北風に逆《さか》らって帰還することが技術的に困難であったことから、一四三四年まではさらに南下して西海岸へ達することはなかった。この問題が解決すると、南進を続け一四六〇年にはシエラレオネ、七一年には黄金海岸（現ガーナ）に達し、八七年にはバルトロメウ・ディアス（Diaz, Bartholomeu）、九八年にはヴァスコ・ダ・ガマ（Da Gama, Vasco）が喜望峰を回ってインド航路を発見したのである。一五〇〇年になって、航路をはずれたカブラル（Cabral, Pedro Álvalez）が偶然ながらブラジルに到達している。

エンリケのセウタ攻略は、ポルトガルにアフリカの金と奴隷をもたらしたのだが、一六世紀の終わりには国内の奴隷は四万人に達していたとされる（服部 1977, 16・20）。金の産出がほとんどなかったヨーロッパでは、新しく金の供給源を得たことは重要な成果であった。リスボンに荷揚げされた奴隷の約半数は国内で競売にかけられ、残りは主としてセビーリャやバレンシアなどスペインの南部地方へ売られた。一六世紀前半までこの奴隷貿易は金貿易と並んで王室の財政の重要な収入源になっていた（池本 1999, 98–100）。

一方スペインは、一五一五年には西インド産の砂糖を本国へ運ぶようになり、一八年にはアフリカ西海岸のギニアで買い付けた奴隷を新大陸へ運び出し始めていた（宮本 2002, 258–259）。奴隷売買制度を作ったのはポルトガルであるが、大西洋奴隷貿易はスペインが先鞭をつけていた。先に述べたように、スペインの西インド諸島でのタバコ栽培開始は一五三〇年以前とされるものの、一五一〇年代にスペインが西インド諸島でタバコ栽培を始めていたとする記録は見当たらないばかりか、この頃スペインの船員たちがタバコ喫煙をしていたとする記録もみつかっていない。

その後、イングランドの王立アフリカ会社や東インド会社が新大陸向けの奴隷貿易に加わることになるが、オランダも参入した。イングランドは、ホーキンズがすでにその最初の航海（一五六二年）で、ポルトガル船を襲撃して得た奴隷三〇〇人をカリブ海まで運んでいる（服部 1977, 39–40）。

さて、ポルトガル人がもたらした喫煙法、すなわちブラジルで支配的であったタバコの葉を巻いて喫う喫煙法がアフリカでは何故、主として北アメリカの喫煙法であるパイプ喫煙に進展したのであろうか。

当初はパイプをあらわす言葉をもたず、タバコの呼称には煙を意味する*fumo*を用いるポルトガル人が、ブラジルでの砂糖事業の労働力を得るために始めた奴隷貿易に欠かせなかったのが、タバコや酒類であったことはすでに述べた。ケシ粒ほどの小さなタバコの種子によって栽培は容易に広がったのだが、土壌と気候の違いがその形質と味に大きく作用したと思われる。

一六二〇～二一年にかけて金鉱を求めてガンビア河に達したイングランド人のR・ジョブソン（Jobson, Richard）は原住民がポルトガル人の奴隷商からタバコを受けとっていたと記述しているが、一六二四年に同じ地域を訪れたスタッブズ（Stubbs）は、原住民がタバコを栽培しているのを目撃している（Laufer 1930, Africa, 8）。

一七世紀の終わりにギニアを訪れたW・ボスマン（Bosman, W.）は、原住民が栽培しているタバコは悪臭がひどく、この劣悪なタバコを喫う黒人のそばにいるだけで気分が悪くなるが、白人と接している原住民はポルトガル人がもたらすブラジル産のましなタバコを喫うと記述している（Laufer 1930, Africa, 8）[22]。ラウファーは、最初にポルトガル人がもたらしたのはN・ルスティカ（*N. rustica*）で、のちにN・タバクム（*N. tabacum*）を伝えたとしている（Laufer 1930, Africa, 9）。しかしこれは、モナルデスの『第二巻』（第2章三六・四三～四頁）のフロリダ産タバコ（ルスティカ）記述をディクソン（Dickson, Sarah Augusta）が正す前に書かれた論文である（Dickson 1954, 77／鈴木 1999, 208–209）。

前掲したフィンチのシエラレオネの報告には、強すぎるタバコの葉の汁を絞りだしてから乾燥するとあること、そして隣りのギニアでの劣悪なタバコの記述から推測するに、現地で栽培されたタバコは北米産のルスティカ同様にパイプを介して喫わざるを得ないほどに強く不味《まず》かったのであろうか。いわゆるオリエント・タバコが新大陸からもたらされた原種の形質から大きく変わっているのと同様に、始めはポルトガル人がもたらした葉を巻いて喫っていたものの、種子を手に入れ栽培してみると非常に強いタバコになり、パイプを介する喫煙法をみずから編み出したと考えることができる。したがって、アフリカ各地で実に多様なパイプが生まれてきたのは、原形を持たず自然発生的にパイプが作られたからであるとする仮説が可能になる（図8-7）。もちろん、オランダ人やイングランド人も一七世紀に入る頃には北西アフリカへ進出していたので、当然クレイ・パイプによる喫煙にヒントを得た可能性は否定できない。前述したように、ロバーツが唱えるフランス人がもたらしたとする米国南部のパイプの影響もまったく無視はできない。ただし、この説に従うなら、もたらされた種はニコティアナ・ル

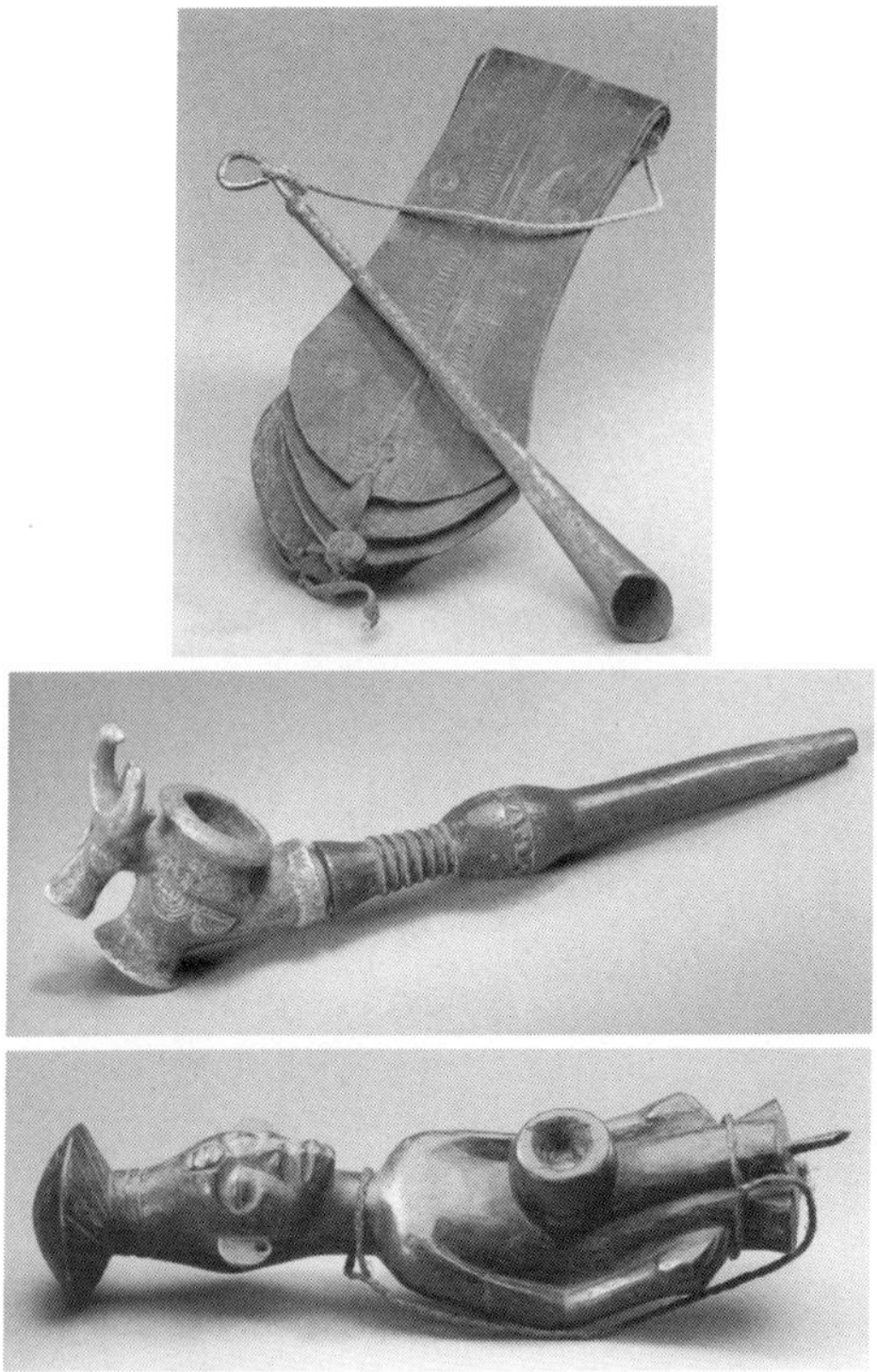

図8-7　アフリカ・パイプ例

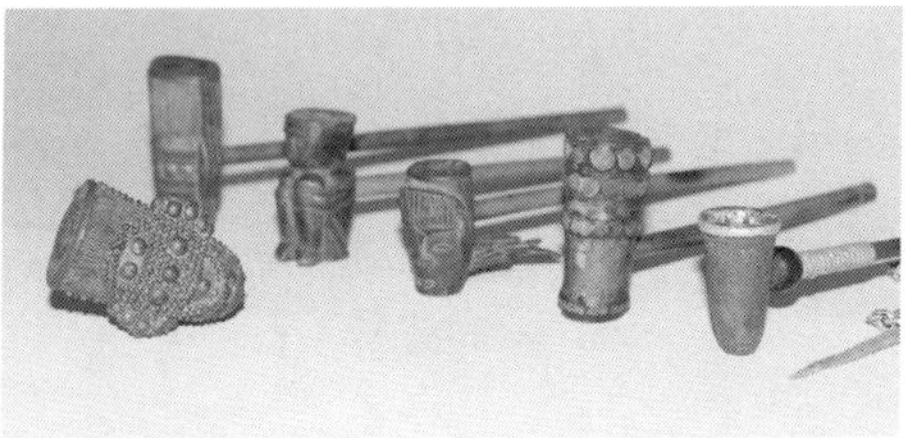

図8-8　台湾高砂族のパイプ各種

スティカであったことになる。

伝来当初は、原住民がイングランド人やオランダ人のパイプを模してみずから細身のクレイ・パイプを作る技術を持たなかったので、手近かな材料で喫煙具を作り始めたと考えることもできる。同様のケースは、オランダの東インド会社がゼーランディア城を築いた台湾南部の原住民（高砂族）が作っていたパイプにもみられる（図8-8）。しかしこれには、わが国のキセルの影響がオランダのクレイ・パイプより大であったことは、第11章4節でもとりあげる（三六二頁）。

イングランドやオランダのクレイ・パイプには、海外への輸出記録が比較的少ないとされる。これは、消費地での現地生産が容易であったからであろう。しかし、アフリカにはこのケースは当てはまらなかったようである。このことは、前述のファン・デア・リンゲンが七二、〇〇〇個の粗製クレイ・パイプを南アフリカでの交易用としていることからも推測できる。

このようにみてくると、フィンチが一六〇七年にシエラレオネで目にしたパイプ喫煙は、ポルトガル人が最初にもたらした巻いたタバコからかなり時間が経っていたはずである。種子の入手や栽培などの過程に加えて、手近かな材料を用いて喫煙用パイプを考案するまでの時間を考慮すると、一六世紀の後半には、すなわちブラジル向け奴隷貿易が本格化した一五七〇年頃には、タバコ喫煙が紹介されていたとみる。

アフリカのパイプの多様性は、多種にわたる素材ばかりでなく自然や祖先の崇拝をふくめた原始宗教とのかかわり、部族のアイデンティティ、あるいは権威の象徴として、単なる喫煙道具以上の意味を持つことが複雑に作用している。水パイプをふくめた喫煙用パイプの多様な素材には木、竹、芦、木の葉、種子、果実の殻、瓢簞、骨、角、獣皮、牙、軟石、貝、日干し土、テラコッタなど焼いた土、さらに時代が下ると鉄、真鍮、アルミの鋳造品など、ありとあらゆるものが利用された。その多くには彩色や見事な装飾が施され、それぞれの神話にまつわる宗教あるいは伝統のモチーフを用いるのだが、幾何学模様も多くみる。部族の権力者が優れた装飾の巨大なパイプを富と権力あるいは神権の象徴として所有するケースもあった（Roberts 2004, 50–52）。

タバコ喫煙がアフリカの原住民にとって如何なる意味を持つかを考える時、その死後の世界や祖先との結びつきを無視することはできない。タバコの煙が死後の世界と現世を結び、祖先や死後の世界の人々とともに喫おうとする考えを持つ部族が多く、喫煙と霊的生活が密接にリンクしていた。アフリカのパイプの多様性は、単に素材の多様性、部族の多様性ばかりでなく、霊的社会との結びつきも大きく作用していたのであろう。

5　水パイプ

トルコ（1節）およびペルシャ（3節）で触れたが、中近東のイスラム社会およびアフリカや中国・インドに特徴的な喫煙法に水パイプがある。わが国ではあまり知られていない水パイプの起源は、大麻や阿片の吸引と結び付ける説や、発祥地を中国やアフリカあるいはペルシャとする説など諸説があり、これまでに系統的な研究はあまりなされていなかった。

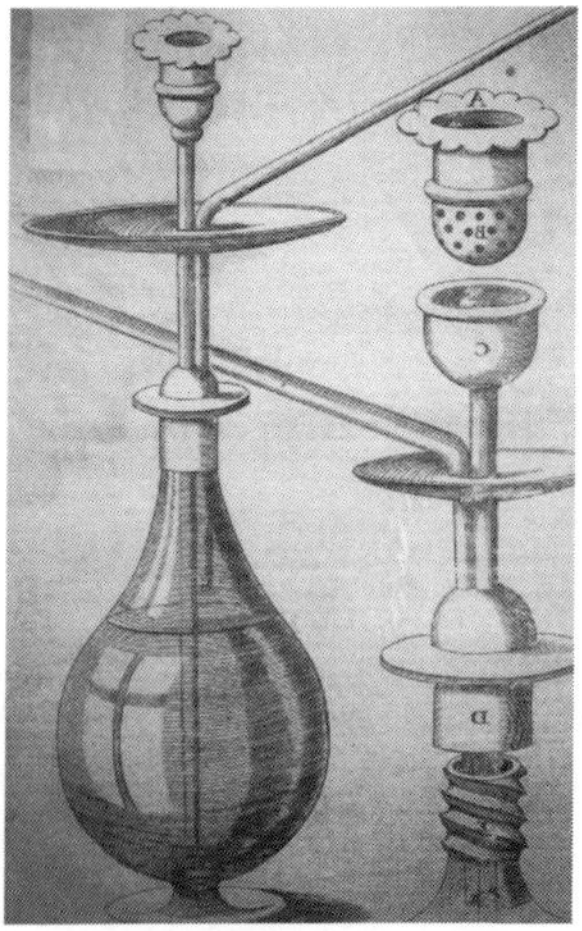

図8－9
Tabacologia（1622年）の水パイプ図

ペルシャの水パイプが最初に図入りで報告されたのは、一六二二年にライデンで刊行された *Tabacologia* である（図8-9）[23]。しかしこの図は、前述したように（二一五～六頁）、水パイプとしてはかなり進化していて、すでに完成した形である。

一六一六年にペルシャとインドで水パイプをみたとする記録（Laufer 1924, Asia, 28／Vandalis 2000, 51）や、インド洋のマダガスカル島とアフリカ東南岸の間に位置するコモロ諸島で一六二六年にフーカを吸っていたとする記録（Laufer 1924, Asia, 28 & 1930, Africa, 11／Vandalis 2000, 51）、そして一六二八年にマダガスカル島でインドと同様な水パイプを吸っていたとする記述がある（Laufer 1924, Asia, 28／Vandalis 2000, 51）。一七世紀の終わりには、インドのベンガル湾の対岸にあたるシャム（現タイ）を訪れたフランスの使節が、現地に住むイスラム教徒が水パイプを吸っているのを目撃したとする記録もある（Laufer 1924, Asia, 28／Vandalis 2000, 51）[24]。このように、アラビア商人を介してインドと接点を持つ地域で一七世紀前半にはすでに水パイプによる喫煙が伝わっていたとすると、一六〇〇年代初頭にはインドで水パイプが使用されていたことになる。

G・E・ヴァンダーリス（Vandalis, Georges E.）[25]は、水パイプに関する在野の研究者・収集家として著名であるが、ギリシャ大使として在任中のアフリカ各国での調査をもとに *Water Pipes* を著わしている。これは、数少ない水パイプ研究書の一つであるが、どちらかというと水パイプの形状分類に力点を置き、その起源についての考察はあまりなされていない。本節では、ヴァンダーリス以外のいくつかの論文も参照しながら、水パイプの概観とその起源の解明を試みたい。

紙巻タバコの広まりにともなって、水パイプの使用は減少しているものの、中近東・アフリカおよびインド・中国などの地域では今日でもまだ目にする。これはタバコ喫煙の発祥地である南北アメリカでは行われていなかったまったく新しい喫煙法である。水パイプは上部の火皿のタバコの煙をいったん下部の壺の水を通して喫う点ではすべて共通しているが、構造・素材・地域などから大きく分けて次のように分類することができる（Vandalis 2000, 16）。

(a) インド・ペルシャ系：インド亜大陸、ペルシャ、オスマン・トルコなど中近東、北アフリカ

(b) アフリカ系：サハラ砂漠以南のアフリカ

(c)中国系：中国およびその影響下の周辺地域

このほかに、オスマン・トルコの支配下にあった東ヨーロッパやバルカン半島諸国のブルガリア、ルーマニア、ギリシャ、セルビア・モンテネグロ、スロベニア、ボスニア・ヘルツェゴビナ、ハンガリー南部、アルバニアなどでも水パイプが使用されていた。しかしこれらの地域では、オスマン・トルコの支配が終わる一九世紀から二〇世紀にかけて徐々に姿を消し西ヨーロッパの喫煙法へ移行した。オスマン・トルコのパイプを起源とするチブーク・パイプは、今日ではハンガリーなどで伝統的パイプとして細々と作り続けられている。

インドや中近東・北アフリカのインド・ペルシャ系水パイプの特徴は、何といっても屈曲する長いチューブを通して喫うことが多い、時にはその長さは一〇メートルにおよぶこともあるという（図8-10）。土製や椰子の殻などの素朴な水パイプからクリスタル・ガラスや真鍮などの他に、金や銀などを用いた豪華な装飾を施したものまで、多様性に大変富んでいる。クリスタル以外のガラス製には彩色絵が描かれることも多い。火皿は銅・真鍮など金属のほかに、クレイ製や金属張りの木製もある。ときには、メアシャム（海泡石）製もみられる。

一方、サハラ以南のアフリカ系や中国系の水パイプでは吸引用の屈曲しないステムが一般的で長さは最長でも

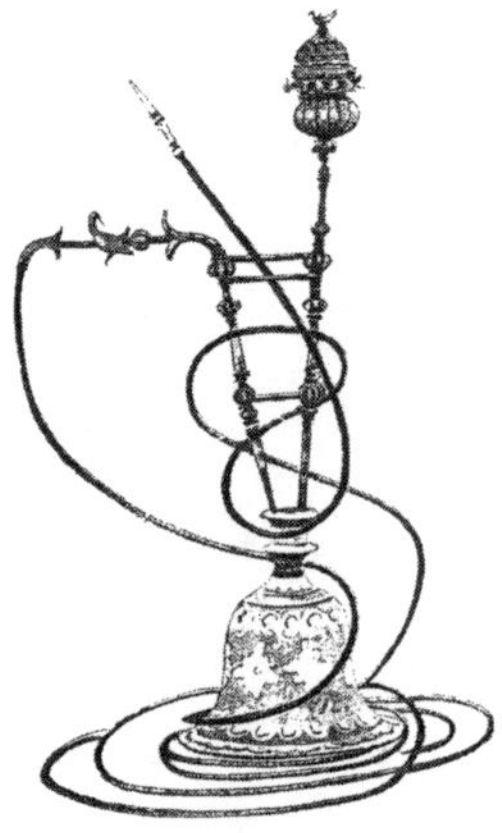

図8-10
インド・ペルシャ系水パイプ

図8-11
アフリカ系水パイプ例

一メートル未満である（図８―11）。中国では彫金や七宝を施した中国独特の形状を持つ金属製水パイプが良く知られている。素朴な太い竹筒の水パイプもみられるが発祥は中国ではなく、東南アジアで考案されたものとされる。

アフリカ系ではカラバッシ（calabash＝瓢箪の一種）が多く使われ、時にはくり抜いた木や動物の角が使われる。高価なものには象牙製もあり、象の犬歯で作った珍しいものもある。装飾は、インド・ペルシャや中国の水パイプに比べて素朴であるが、焼き絵や手書きの絵には幾何学模様が多く、時には金属の装飾が施されることもある。火皿はクレイ製や木製・瓢箪などを用いるが、木製や瓢箪などには金属の内張《うちばり》を施す。欧米の自然史博物館や民俗博物館などで展示されているアフリカの水パイプには極めて大きなものをみることがあるが、実用には小型のパイプが多く使用される。とくに第二次世界大戦後は全般的に小型化している。

さて、携帯には極めて不便ながら、タバコ喫煙の発祥地であるアメリカ大陸にはなかった、このハイテク喫煙法の起源はどこかが疑問になる。これまで支配的であった説は、ペルシャやその周辺地域では古くから大麻などを水パイプで喫っていたので、タバコがもたらされるとすぐに既存の水パイプが利用されたとする説である。本書の冒頭でヘロドトスの記述に触れたが（第１章三～四頁）、大麻を焚き火にくべてその煙を喫うことは紀元前から行われていたが、ヴァンダーリスによればアフリカのサン族（俗称ブッシュマン）の間では今日も行われるという。アルフレッド・ダンヒルの *The Pipe Book* は、水パイプは南アフリカのブッシュマンが大麻を吸うために考案したもので（Dunhill 1924, 135）[26]、これがアラビア商人を通してトルコや他の諸国へ広まったとする。しかし、このダンヒル説には論拠もなく、今日では支持されない。

これに対して、ヴァンダーリスはダンヒルの *The Pipe Book* と同年に発表されたラウファーなどの説（Laufer 1924, Asia, 27 & 1930, Africa, 15）を支持し、大麻などアルカロイド性植物の煙を水を介して喫うようになったのは、タバコが伝来してからだとする（Vandalis 2000, 27）。すなわち、水パイプはタバコを喫うために考案されたというのである。一方、A・ロバーツ（Roberts, Allen）はE・フィリップス（Philips, Edward）の説を支持し、大麻用の水パイプはカラバッシにテラコッタの火皿を差し込んだ形でエチオピアで開発されて、コーヒーと同じルートでアフリカ東部・南部そして中央部へ広がったとする（Roberts 2004, 47／Philips 2004, 308・313・315）。しかし、この説も他のアフリカ起源説同様に支持されていない。

一般的には禁酒のイスラム社会では、アルコールの代わりに阿片や大麻が早くから用いられたと考えられている。トルコのバクラ教授は、オリエントからもたらされた大麻や阿片を吸うことはバヤズィード二世（Bayezid II, 在位1481–1512）の時代から知られていて、バヤズィード二世自身も大麻（ベング＝beng, bhang）に耽《ふけ》っていたと述べている（Bakla 1993, 16）。しかし、これには水パイプではなく、浅いボウルの小さなパイプが使われていた。水パイプで喫う場面を描いた一六世紀初頭の細密画は、これまでにみつかっていない（Bakla 1993, 31）。B・ラウファーは、ペルシャでタバコが大麻と一緒に喫われていたことは知られているが、タバコ以前に大麻を単独で喫うのに水パイプを用いていたとする証拠はないとする（Laufer 1930, Africa, 13）。

今日では、ペルシャでタバコの広まりが非常に速かったのは、水パイプなしで大麻などがすでに使われていたからとする考え方が支配的である。阿片は一九世紀以前には喫う事例は多くなかったとされる（Matthee 2004, 61）。このように、タバコ以前にペルシャで大麻や阿片を吸うために水パイプが使用されていたとする説は今日では支持されない。

中国の阿片吸引については、一三世紀にはすでに阿片の使用が知られていたとする説もあるが、一七世紀半ばに台湾に拠点をもったオランダ人によってインド産の阿片をタバコに混ぜて喫うことを教えられたのが始まりだとするのが支配的である。これに水パイプの使用はない。しかし、薬用としての阿片の使用は、中国では一七世紀以前にすでに行われていて、七世紀頃にエジプトからアラビア商人によってもたらされたとする（鈴木 1999, 144–145）。

アフリカ東岸の原住民は、アラビア人によってもたらされたインド大麻を水パイプのタバコに混ぜるようになった。ポルトガルに残る記録でも、一六世紀にはアフリカ南部のカフィール族は大麻の葉を食し、ワインを飲んだように酔うとする記述がみられる。ここでも、大麻はインドに語源をもつバング（bangue, bangh）と呼ばれる（Laufer 1930, Africa, 13）。

水パイプを使用する地域はアジアからアフリカまで広範にわたるが、その呼称もさまざまである。その主なものを次にあげてみる。

ナーギル（Nargileh, Narghile, Nargely）：椰子を意味するペルシャ語を語源とする説があるが、水パイプを意味する最も多く使われる言葉。実際にはサンスクリットの椰子を語源とする外来語で（Matthee 2004, 58）、インドで使用される。水壺の底は、フーカと異なり平らにはなっていない（図8–12）。初期の水パイプは椰子の殻に竹または芦を差し込んだもので、水パイプが進化した後もペルシャやインドでは下層階級で続けて使われた。

ハブル・バブル（Hubble-bubble）：英国植民地時代のインドで用いられた呼称だが、おそらくヒンズー語のグールグーリィ（gourgoury）同様に吸うときの音から生まれた呼称。

カリアンまたはガリアン（Kalian, Ghalian, Galyan）：水パイプを意味するペルシャ語で、「沸騰」あるいは「泡立ち」の意とする説が多いが、アラビア語の *ghala* を語源とする（Matthee 2004, 58）。

フーカまたはフッカー（Hookar, Hooqqah, Huqqah）：語源には二説あり、箱を意味するアラビア語とするものと、壺を意味するペルシャ語とする説がある。一般的には水を入れる部分が鐘を伏せた形をしていて、タバコを入れるボウルからの管と吸うための管が並列している水パイプの呼称に使われる（図8-13）。
シーシャ（Seesheh, Chiche, Shishah）：ペルシャ語・アラビア語ともにガラスを意味する。ガラス製の水パイプの呼称。
ダカまたはダッカ（Dakka, Dakha, Dagha）：アフリカの一部で使われる呼称。大麻の一種を意味する（Fairholt 1876, 211／Schrier 2006, 22）。

このように、水パイプの呼称の語源をペルシャ語と誤認したものが多いことから、ペルシャ起源説が有力であった。この説が正しいとすると、水パイプがペルシャでタバコのためにまったく新しく考案されたのか、それともすでに他の植物（大麻など）の煙を吸うために使われていたかが問題になる。ラウファーやヴァンダーリスは大麻などをタバコに混ぜるか、そのまま単独で水パイプで吸うのはタバコが伝来してからだとする説をとる。

本章の2節および3節でもとりあげたが、水パイプの起源については、ダンヒルのアフリカ起源説、ラウファーのペルシャ起源説、フィリップスのエチオピア説そして大麻など他の植物先行説とタバコ先行説がある。

仮にペルシャへのタバコ伝来がアッバース一世の時代（在位一五八七～一六二九）とする説が正しく、一六〇〇年代初期にトルコから喫煙が伝わっていたとすると、一六一六年にペルシャで水パイプをみたとする記述は、

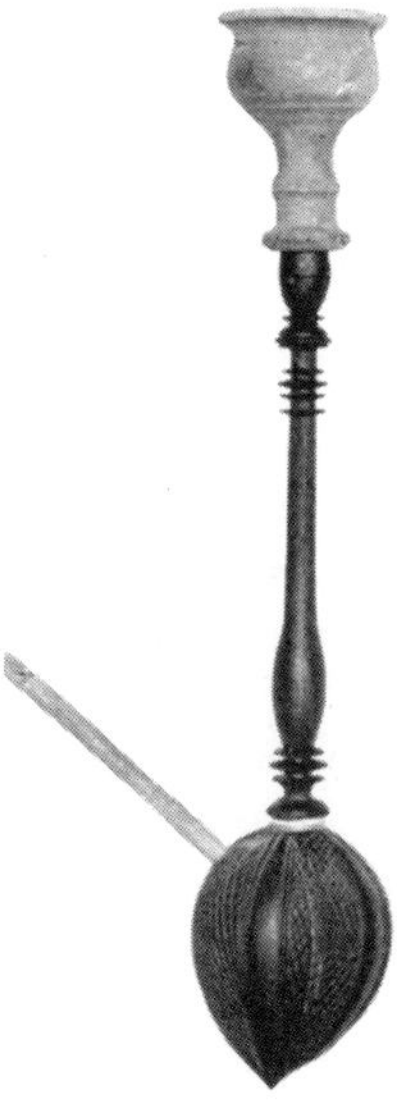

図8-12　ナーギル

図8-13　フーカ

すでに大麻など他の植物の煙を吸う目的で存在していたなら問題はない。しかし、水パイプが大麻喫煙用としてタバコ以前にあったとするペルシャ説は、ラウファーなどによって否定されている。水パイプがタバコ用に考案されたとするペルシャ説は、完成した形の水パイプが文献（一六二二年の *Tabacologia*）にあらわれたのが、タバコの伝来から十数年しか経っていなく、時間軸上でみる限り説得性に乏しい。ダンヒルの水パイプのアフリカ起源説も広大なアフリカ大陸で水パイプが早くからみられたのは、アラビア商人たちと接触があった東海岸とエジプトをふくむ北アフリカであることから否定される。

ところで、中国に金属製の水パイプがあらわれるのは一八世紀に入ってからである（図8-14）。イスラム教徒が持ち込んだものだが、北部の蘭州（甘粛省・省都）に水パイプ用のタバコとともにトルキスタン経由でもたらされたとされる（Laufer 1924, Asia, 28）。ここは、中国で最もイスラム教徒の人口が多い地域である。一八世紀

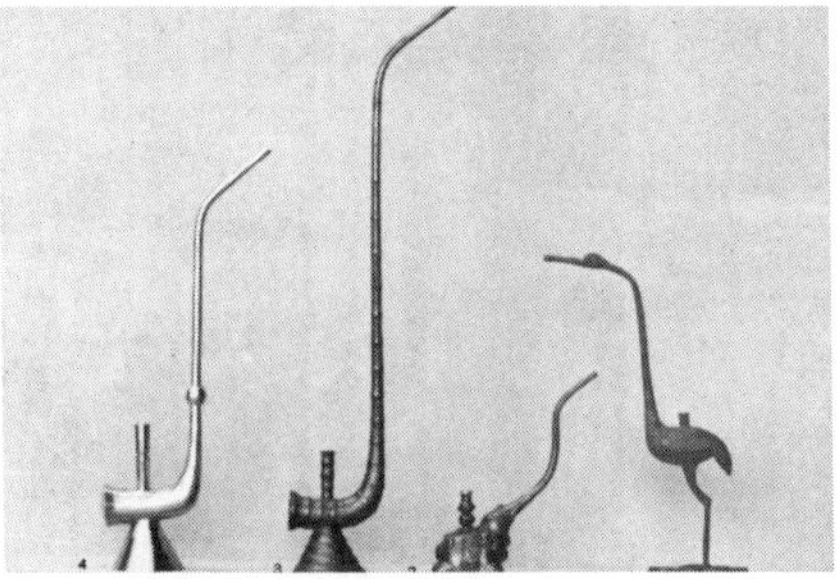

図8-14　中国の初期水パイプ（18世紀）

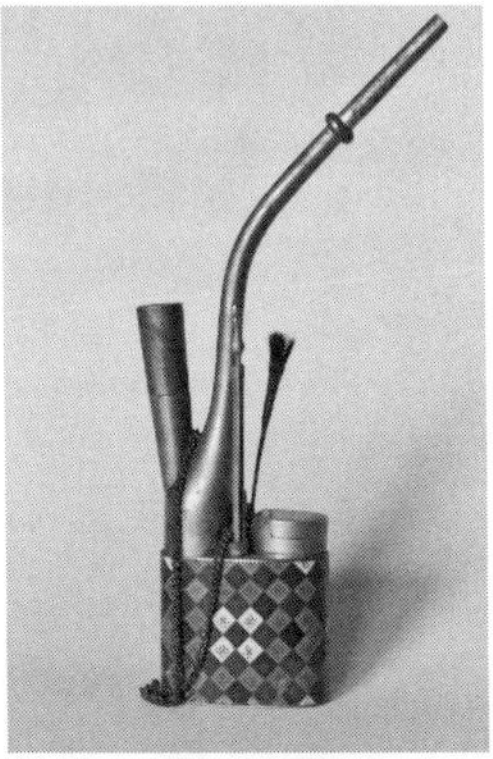

図8-15　中国の金属水パイプ

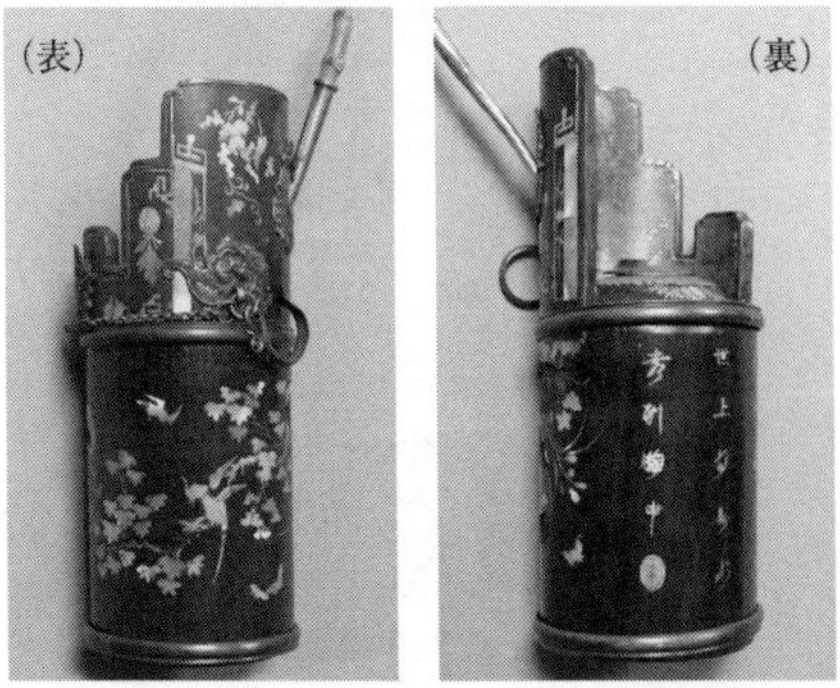

図8-16
ヴェトナム製竹フエ・パイプ（1850年）
（H210mm／bottom75mmφ）

に作られた古い形の水パイプは、シンプルな鶴や象など動物の形をしたものが多いが、一九世紀に入ると付属品が加えられるなど機能的にも進化したうえに、七宝が施されて装飾に優れたものがあらわれる（図8-15）。

ほかに、中国には太い竹筒の水パイプがある。しかし、これを純粋に中国の水パイプとするには問題がある。ヴェトナムのフエ地方で作られたとされることからフエ・パイプと呼ばれるこのタイプは（図8-16）、ヴェトナム、ビルマ（現ミャンマ）、ラオス、カンボジアなどでもみられるもので、ヴァンダーリスは中国とインドの間のいずれかの地域で考案されたものが中国へもたらされたとする（Vandalis 2000, 116）。

もう一種、中国でみられる竹製の水パイプにバング（bang, bhang）・パイプがある（図8-17・18）。これは、風防（風除け）が付いていないタイプで、喫い方はフエ・パイプとは少々異なる。これも、中国発祥と思われているが、インドあるいは周辺国で大麻を吸うために用いられたものが原形であるという（Vandalis 2000, 117）。「バング」はインド大麻を意味する。従って起源は大麻用と考えることができる。

ここで、水パイプのペルシャ起源説を整理すると、次のようになる。

①水パイプの呼称がペルシャ語を語源とする説

図8-17　バング・パイプを製造・販売する店（中国雲南省）

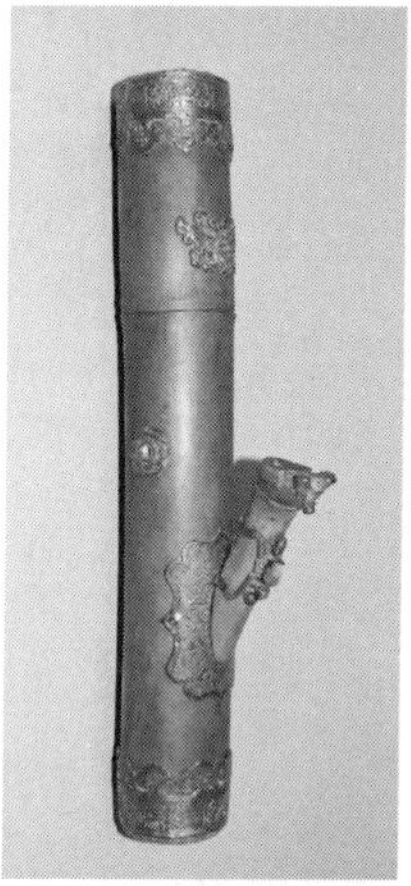

図8-18　中国の竹製バング・パイプ（1900年）（H320mm／bottom45mmφ）

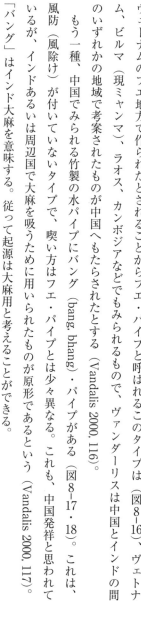

前掲した水パイプの代表的呼称例は、多くがペルシャ語を語源とするとは言い難いことから否定される。
②ペルシャおよびその周辺ではタバコ以前に大麻などを水パイプで喫っていたとする説
大麻などの吸引に水パイプを用いるようになったのは、タバコ伝来の後とする説によって否定される。
③非常に辛いペルシャ産タバコの味を柔らかくするために考案されたとする説

(Bakla 1993, 23/Haritatos 1997, 33)

ペルシャで水パイプに使用されたタバコは、初期は輸入品のイングランド・タバコ、国産が始まってからはその上級品が主として用いられたとされることから、この説の妥当性は疑われる。

水パイプのペルシャ起源説は時間軸上でも難点がある。前述したように、文献に最初にあらわれる一六二二年の水パイプ図は(二二八頁の図8-9)、すでに水パイプとして完成した構造を持ち、ペルシャにタバコが伝来したと思われる年代から十数年しか経っていない。椰子の実やカラバッシのような材料に管を差し込んだ極めて原始的な構造からこの完成した形に進化するには、時間が短すぎる。

一方、インドにはインド大麻(バング)の煙を椰子の実に溜《た》めた水を通して吸う技術がすでにあったとされる。既述したように、アフリカ南部のカフィール族はインド大麻をバングと呼び、中国には大麻用を起源とするバング・パイプがある。ペルシャでも大麻をbengまたはbhangと呼ぶ。とすると、これまでとりあげられることが少なかったインド発祥説が改めて脚光を浴びることになる。

文献にみるインドの水パイプに関する記述を整理すると次のようになる。

①一六一六年にインドとペルシャで水パイプをみたとする記述(Laufer 1924, Asia, 28/Vandalis 2000, 51)
②一六二六年のコモロ諸島や二八年のマダガスカル島など、インド洋上の島々でのインドと同様な水パイプの使用記録(Laufer 1924, Asia, 27–28 & Laufer 1930, Africa, 11/Vandalis 2000, 51)

③インド大麻（バング）をタバコと混ぜて水パイプで吸うことがアラビア人によりアフリカ東岸へもたらされたとする説（Laufer 1930, Africa, 13）
④ペルシャ系水パイプはインド系と同様の長い屈曲管を持つ
⑤インド大麻（バング）用を起源とする中国の竹筒を用いた水パイプの存在（Laufer 1924, Asia, 28）
⑥椰子を意味するサンスクリットを語源とするナーギルが水パイプの呼称として最も多く使われる（Matthee 2004, 58）

椰子の原産地はインド亜大陸あるいは東南アジアとされるが、全熱帯地域に分布していて主として海岸地域に育つ。東方旅行の途次、マルコ・ポーロはペルシャのホルムズでインドからの船が椰子の殻をほぐした紐を使って建造されていることを目撃しているものの、椰子そのものについては記述していない。ところが、中国からの帰路、スマトラ、アンダマンおよびインドでみた椰子の実については記録を残していて(27)（Marco Polo 1991, 51・216・219・233・247／ニッカ・マカーディイ 2009, 37／マルコ・ポーロ 1960, 43・228・232・248・264）、このことからもマルコ・ポーロの時代、一三世紀にはペルシャに椰子はなかったと推測することができる。

イスラム勢力とインド亜大陸との間には、アラビアン・ナイトの『シンドバッド物語』にみられるように、八世紀にはすでにアラビア海交易を通しての交渉が始まっている。陸上からのイスラムの進出もこの世紀に始まっているが、イスラム勢力の東南アジア・東アジアへの海路による進出は中国にまでおよんでいた。アラビア海の海上交易は、『東方見聞録』の記述にもみられるように一二～一四世紀に発達している。一五世紀にはすでにアラビア商人・ペルシャ商人・インド商人はインド西岸と東アフリカの間を、インド洋・アラビア海の夏と冬のモンスーンを利用して往復していた（小谷 2004, 254）。

中国・明朝の鄭和も一五世紀前半（一四〇五～三三）には大船隊を組んで前後七回のインド洋交易に出かけ、

インドのコーチン、カリカット、ペルシャのホルムズ、さらにはアフリカ東岸のザンジバルにまで達している（上田 2005, 144–156／L・E・リヴァジーズ 1996, 198–199）。一四一三年に出帆した第四回からは毎回ホルムズを訪れていて、大航海時代は中国によって幕が切って落とされたといえよう。

ヨーロッパ勢力によるインド洋交易が始まったのは、はるかに遅れて一五世紀の終わりになって一四九八年五月にヴァスコ・ダ・ガマがアフリカ東岸の現タンザニアからインド洋・アラビア海を横断してインド西岸のカリカット近くに達してからである。

一二世紀初頭（一一〇〇年頃）に中国ではすでに磁石が使われていたとする記述があり、西欧では一二世紀末（一一八七年）そしてアラビアでは一三世紀に入ってから（一二二〇年）航海術と結びついて羅針儀となり、これによって一五世紀の終わりから西欧に大航海時代が到来したのである。(28)

アラビア海交易でイスラム社会へもたらされたのは、インド産ばかりでなく中国や東南アジアの産品もふくまれ、絹、紙、陶磁器、香料、象牙、染料、皮革、木材、鉱物などで、さらに地中海を経由して西欧社会へも運ばれた。このルートで、大麻を喫うための水パイプが、インドからホルムズ経由でペルシャへもたらされたと考えることができる。もちろん、地上ルートにも可能性がある。

ペルシャではタバコ以前に大麻などを水パイプで喫うことがなかったとするラウファー説あるいは米国デラウェア大学のR・マティ説が前提になるが、アラビア海交易を通してペルシャへ伝わった屈曲管を持つインドの水パイプがタバコに用いられることで発展し、イスラム社会全体に広まったとするのが現時点では最も矛盾の少ない説である。ペルシャで最初に水パイプが作られたことを裏づける材料はまったく見当たらないばかりか、語源学的観点からもインドで作られたとするのが最も妥当である。

第1節「オスマン・トルコ」でとりあげたバクラ教授も、ナーギルはインドで椰子の殻を用いて発明され、これがエジプトへもたらされたとする説をとる。エジプトではすでに、カラバッシに芦を差し込んでハシシを吸っていたので、ナーギルはすぐに受け入れられ、これが強いタバコを産するペルシャで盛んになったとするのである（Bakla 1993, 29）。マティも、筆者同様にインド発祥説をとるが、バクラ説を支持し椰子殻に芦を差したものが原形だとする（Matthee 2004, 58）。

ペルシャの大麻先行説は、第1章の冒頭でとりあげたヘロドトスの『歴史』にみられるスキタイ人（イラン系遊牧民族、BC六～三）の大麻使用記述に影響されたのであろうか（三～四頁）。

（1） Fisher, Robert Lewis（Brent, J. T. の *Early Voyage in the Levant* より）.

（2） レヴァント会社：英国東インド会社の一六〇〇年設立に先立つ一五九二年に設立された東方貿易会社。

（3） Shaw, T.: Early Smoking Pipes in Africa, Europe, and America, *Journal of the Royal Anthropological Institute of Great Britain and Ireland*, 1960, 275を引用.

（4） 一五三六年以降とする説もある（M. ペンダーグラスト 2002, 32）。

（5） terracotta＝ラテン語の焼いた土の意。

（6） チブークのスペルには chibouk, chibook, chibuque, tsibouk, tschibuk, tschibook, tschibuki, çibuk などがある（Robinson 1983, 1・Vandalis 2000, 49・De Haan 2004, 79）。一説では tube または pipe を意味する。

（7） タンズィマート（恩恵改革）：サルタン・アブデュル・メジト一世が一八三九年に勅令で開始を宣言した改革運動。宗教の自由、国民の法的平等、生命・財産の保障、裁判の公開など西欧型近代国家をめざした制度改革。しかし、これにより西欧列強の介入・進出を招き、西欧の経済的支配を受けるようになり、国家の財政的破綻をもたらしたのち、再びサルタン制にもどることになる。

（8） 即位年には一五八七年のほかに八六・八八年説があるが、ここでは『西アジア史Ⅱ』（山川出版社、二〇〇二）の一五八七年に従う。

（9）Matthee, Rudi：米国デラウェア大学歴史学（イラン史）教授。
Matthee は Olearius, Adam の記述とする。Olearius の旅行記は一六四三年のモスクワ訪問記である。

（10）Heinrich von Poser：*Tage Buch seiner Reise von Konstantinopel aus durch Bulgarym Armenien, Persien, und Indien.*（Jena, 1675）

（11）Fryer, John：*A New Account of East India and Persia*, vol. II, 248.

（12）Kaempfer, Engelbert：*Die Reisetagebücher Engelbert Kaempfer*（Wiesbaden, 1968）, 65・77-78.

（13）平戸発一六一一年一〇月二三日付け「未知の友と同国人へ」として知られる書簡で、一一～一二年間イングランドのバーバリー商会で働いたとしている。バーバリー商会はモロッコとの通商を目的に一五八五年に設立され一二年間存続した。この書簡の他に、大坂でアダムズに面会したイエズス会のモレホンにも語っている。

（14）六六種みつかっている *Nicotiana*（タバコ属）のうち、南北アメリカ大陸以外では、オーストラリアに一九種、南太平洋に一種、アフリカのナミビアに一種みつかっている（日本たばこ産業編『タバコ属植物図鑑』）。

（15）Laufer, Berthold：Field Museum of Natural History, Chicago の学芸員でタバコ伝播に関する多くの論文を著わしているが、アフリカへの喫煙伝播に関する *Tobacco and Its Use in Africa*（1930）はその後多くの論文に引用されている。ドイツ出身であるため Laufer はラウファーと発音されることが多い。

（16）Roberts, Allen F.：カリフォルニア大学LA校教授（美術文化史）。論文にSmoking in Sub-Saharan Africa（*SMOKE-A Global History of Smoking*, 2004）がある。

（17）Finch, William の記述（Purchas, IV, p.4による）。

（18）シャンク（shank）：パイプのボウル（火皿）底部につながる筒部。この部分がそのまま伸びてステムとなりマウス・ピースに達するか（例：わが国の「延《の》べギセル」）、シャンクにステムが挿入されてマウス・ピースと連結される（例：わが国の「ラオ・ギセル」）。

（19）O.F. von der Gloeben：*Guineische Reise-Beschreibung*, 1694, 19.

（20）Dampier, William：*A New Voyage Round the World*, 1697, chap. 19

（21）B・ファン・デア・リンゲン（Van der Lingen, Bert）のカタカナ表記は、著者の前著（一九九九）で使用したファン・ダー・リンゲンからオランダ語発音により近い表記に変えた。

(22) Bosman, W.: *Voyage de Guinée*, London, 1705, 319.

(23) 医者のJ. Neanderによるラテン語論文。Lauferは一六二六年としているが一六二二年の誤り (Brongers 1964, 26)。

(24) シャムを訪れたフランス使節La Loubèreの記述による。

(25) Vandalis, Georges E.：国際パイプ・アカデミー会員、一九八〇年代から二〇〇〇年までベルギー、ポルトガル、アフリカ各国駐在のギリシャ大使を務める。

(26) 現在は〝ブッシュマン〟は差別語であるとして〝サン人〟と呼称する場合もある。

(27) 椰子の実は英訳本ではcoconutsとされるが、この邦訳本ではインド胡桃、ファラオ胡桃またはファラオ・ナッツと訳出されている。

(28) May, William Edward and Howard, John Lawrence: *Britanica* (The magnetic compass - Development). 中国で使用されていた磁石がアラビアの航海術と結びつき羅針儀となり、これが西欧に伝えられた。

後編

日本への伝播そして近隣アジア諸国へ

第9章　日本への喫煙伝播

はじめに――古文献にみる喫煙伝来と初期の喫煙形態――

わが国への「タバコおよび喫煙の伝来」を南蛮からとする説は一七世紀後半からみられ、キセルの中国起源説は大槻玄沢が寛政九年（一七九七）に『蔫録《えんろく》』巻之下の「附考」で唱えている。昭和五九年（一九八四）になると、宇賀田為吉などによって再びキセル中国起源説が提唱され、これに追従する論考さえあらわれるようになった。キセルの語源については第11章でとりあげるが（三三三頁以下）、大正一五年（昭和元＝一九二六）に新村出がカンボジア語を語源とする説をとりあげて以来これが定説的に扱われてきた。残念なことにそのいずれも、わが国の対外交渉史および交渉相手国の喫煙史を照査することなく、大前提に大きな誤りがあることに気づかなかったようである。

『大日本史料』第一二編之三（東京大学史料編纂所 1902, 759）は、「慶長十年是歳」の項に「是ヨリ先キ、煙草渡来シ、是ニ至リ手頗ル行ハル」として、『當代記』(1)を引用して「此頃（慶長十二年二月）タバコト云事有、……是ハ南蠻ヨリ渡ト云ウ」（第三巻）、さらに「慶長十三年十月、此二三ケ年以前ヨリ、タバコト云モノ、南蠻船ニ来朝シテ……」（第四巻）をあげている。

他に、表9-1に示すように、一七世紀には林羅山『羅山文集』や人見必大『本朝食鑑』などがタバコ伝来を

表9－1　タバコ伝来について記した17～19世紀の文献例

文　献	刊行年	編・著者	記　述	伝来時期
羅山文集	1661	林羅山	四十年来蛮船載来有	1620頃
本朝食鑑	1692	人見必大	種を本邦に移すこと六・七十年に過ぎず	1622～1632
和事始	1697	貝原好古（耻軒）	慶長十年の此はひ始めて日本に渡る	1605
煙草考	1708	向井震軒	天正慶長之間或ハ元亀年中 始植地＝東土山	1570～1573 1573～1615
大和本草	1709	貝原益軒	天正ノ初年ナルベシ或曰、慶長十年初テ来ル	1573・1605
和漢三才図会	1715	寺島良安	天正年中、南蛮の商船が 始植地＝長崎東土山	1573～1591
落穂集	1728	大導寺友山	天正年中	1573～1591
蔫録	1809	大槻玄沢	波爾杜瓦児國人にして、元亀天正の際…	1570～1591
めさまし草	1815	清中亭叔親	此物の種を傳へしは慶長十年乙巳にして 始植地＝長崎櫻の馬場	1605
喜遊笑覧	1830	喜多村信節	煙草は慶長十二年の頃はやりて （坂上池院日記の転用）	1607
薩隅煙草録	1881	青江秀	慶長ノ初年、薩摩国揖宿ニ…	1596
長崎年表	1888	金井俊行	慶長四年南蛮人烟草ノ種ヲ輸入ス 櫻馬場ニ試作ス	1599

一六二〇～三〇年頃とする説を唱えた。しかし、一八世紀になると貝原益軒『大和本草』、向井震軒『煙草考』、寺島良安『和漢三才図会』、大導寺友山『落穂集』、大槻玄沢『蔫録』などが「天正年間（一五七三～九二）」説を唱えるようになり、一九世紀に入るまでは、圧倒的に「天正年間」伝来説が中心になる。ただし、貝原益軒の甥、貝原耻軒（好古）は元禄一〇年（一六九七）に『和事始』で慶長一〇年説を唱えていて、益軒も『大和本草』では天正説に慶長一〇年説を併記している。

ところが一九世紀に入ると、大槻玄沢の門下とされる清中亭叔親が『めさまし草』（文化一二年＝一八一五）で慶長一〇年説を唱えてから、『大日本史料』にみるように慶長年間説が主流をなすようになり今日にいたっている。

第10章でとりあげるが、昭和一七年（一

九四二）にはフランシスコ会士のシリング・フォン・ドロテウス（Von Dorotheus, Schilling, O.F.M., Rom.）が上智大学の欧文紀要（*Monumenta Nipponica,* Vol.V）にドイツ語論文 "Der erste Tabak in Japan"（「日本最初のタバコ」）を発表した。このなかでフォン・ドロテウスは、慶長六年（一六〇一）にフランシスコ会のヘロニモ・デ・ヘスス（Jeronimo de Jesus de Castro, O. F. M.）がマニラからの三度目の来訪で徳川家康にタバコの膏薬と薬用タバコの種子を献上したことを報告している。ドイツ語論文であることから一般にあまり知られることはなく、昭和四四年（一九六九）になって日本語への翻訳が試みられ、中国への伝来「呂宋説」からの推測も加わって、マニラ経由のスペイン説が新たに浮上した。これらの説は依然として健在で、フィリピンを経由した伝来チャネルに言及する論考を目にする。他章の記述と重複する箇所もあるが、本章ではこれらの誤りを正しながら、わが国への喫煙伝播を改めて考察することにする。

第1章から8章までの前編では、新大陸からヨーロッパ、中近東、アフリカの諸地域へもたらされたタバコと喫煙について考察してきた。本章以降の後編では、わが国への伝来、そしてアジアの近隣諸国への伝播を主題とするが、寛永一八年（一六四一）以降の長崎出島のオランダ商館に大量にもたらされたクレイ・パイプにも触れることにする。

一七世紀中期に入ると、わが国の文献にはタバコ・喫煙の伝来に関する記述を多くみるようになるが、その多くは伝聞記述ないしは孫引きの類いであって、時間軸上で相互に矛盾するものも多見する。後述するように伝来初期の喫煙形態を示唆する記述など、わずか数点の他は史料価値を認めることはできない。これら一六世紀後半～一七世紀初めの史料には初期のタバコやキセルあるいは喫煙の記述が残されていて、わが国の「喫煙史」にとって貴重な資料となっている。ところが現状は、根拠に欠ける伝聞記述でしかない慶長一〇年（一六〇五）説を中心とする慶長年間伝来説が半ば定説化して、わが国の喫煙伝来期にかかわる重要史料に注意が払われなくなったばかりか、これらに対する否定論さえみるようになった。しかし、筆者の前著『喫煙伝来史の研究』の刊行後は、多少の改善がみられ「安土桃山（一五七三～九八）」とする説もあらわれるようになった。

南蛮屛風や風俗絵屛風の類いにも喫煙場面が描かれるが、意図的誇張や商業目的で加えられた創作と思われる図柄をみることが多く、これらの絵画で歴史を語ることで誤った結論に到達し易い。本来ヨーロッパから伝えられたわが国の喫煙伝来史を考察するには、ヨーロッパへの喫煙伝播に十分な注意を払うことが必須である。本邦の限られた資料のみに依存することで、矛盾に満ちた結論を導き出すことは避けたいものである。わが国の初期喫煙史の記述に多くの誤りが指摘されるのは、主として国内資料だけに依存することに起因する。一六～一七世紀のわが国の対外交渉の相手国、すなわちポルトガル、スペイン、オランダ、イングランドの喫煙史を参照することで、わが国の喫煙伝来の道筋がみえてくるはずである。

前編でとりあげたヨーロッパへの喫煙伝播史についても、幾つかの誤った論考がみられるが、これらをできる限り正したうえで、この後編では前著で指摘した諸問題に加えて、その後に発表した論考をまとめるかたちでわが国への喫煙伝播にかかわる問題点を改めて考察することにする。

わが国のタバコの伝来あるいは初期の喫煙について記した文献・史料類のなかから、これまでに多くとりあげられてきた代表例をまとめると前掲表9-1のようになる。

これらの多くは、タバコ・喫煙の伝来から数十年以上を経た伝聞あるいは孫引きによる記述でしかなく、史料価値は認め難い。既述したように、一八世紀の資料には、天正・元亀の伝来を記す書を多くみるにもかかわらず、一九世紀に入ると慶長説が主流になり、今日にいたっても流布する説の多くは慶長一〇年説である。しかも、いずれの説もその論拠を示さない。

しかし、表9-1に掲げた文献・史料には初期喫煙の形態を示すわずかな記述があり、伝聞記述ではあるものの、喫煙伝来のルートを示唆する貴重な資料となっている。わが国の初期喫煙はパイプ（キセル）ではなく巻いたタバコによる喫煙であったことを、これらによって知ることができる。

◎『羅山文集』

林羅山（一五八三～一六五七）の没後、寛文元年（一六六一）に門下がその著作を集めたもので巻五六雑著一「佗波古希施婁」の項に次のように記されている。これを『和漢三才図会』より次に引用する（寺島 1991, 390）。

佗波古・希施婁はどちらも蕃語である。その草を採って乾し曝らし、その葉を刻み、紙に貼って捲いて火を吹いてその烟りを吸う。その後は希施婁を用い紙に貼らない。

◎『本朝食鑑』

人見必大が元禄五年（一六九二）に編んだもので、初期の喫煙を次のように記している。

初め蕃の船の商人が、葉を巻いて筆簳《ふでのたけ》のような甬《つつ》に作り、広い処を指に夾《はさ》み、狭い処を吸うて火を吹くと、煙はたちまち口に満ち、この煙を呑み込む直前暫くそのまま喉中に住《と》めて、口や鼻孔より吹き出していた。

必大は、最初は蛮船の商人がタバコの葉を巻いて喫ってみせたことを記している。一方、羅山の記述では、その後刻んだタバコを和紙に貼り付けて巻いて用いるようになったことを示している。

椿や柿の葉などで巻いた例もあり、紀伊半島の熊野地方では「シバマキ」と称して近年まで椿・カシ・柿などの葉を使った喫煙がある（杉中 1991, 165–166）。長崎県南松浦郡にも「椿たばこ」と呼ぶ椿の葉でタバコを巻き喫煙する風習があり、戦後も老人が椿たばこを喫う姿がみられた（北九州たばこ耕作連合協議会 1976, 12）。

一九八〇年頃まで紀州で続いていたのは、山中で作業する時の防虫目的もあったようだ。写真でみる限り葉巻ほどの太さであるが、基本的にはインド・パキスタンに今も残るビディ（bidi = beedi）に似たものであろう。このビディは、まぎれもなくポルトガル人船員あるいは商人によってインドのゴアへもたらされたものである。この

表9－2　タバコ・喫煙にかかわる古文書・史料一覧

古文書・史料	年	編・著者	記　述
越後國三嶋郡出雲崎村御水帳	1576(天正４)		「たはこや　吉左エ門」タバコ初出
鹿苑日録	1593(文禄２)	有節瑞保	「烟草携之」
(中村家文書) 石州邑智郡大林之銀山屋敷帳・御縄打水帳	1602(慶長７)		「たはこ　弥三郎」
琉球往来	1603(慶長８)	袋中上人	「烟筒(キセル)」初出、「烟草」
坂上池院日記	1607(慶長12)	坂上池院	「此比たはこと云事はやる」
コウロス書翰	1612(慶長17)	マテウス・デ・コウロス	「巡察師、フランシスコ・パシオによる1608年の喫煙禁止令」

ように、キセル喫煙が始まる前は、タバコの葉を巻くか、紙などでタバコを巻いて喫っていたとする記述は、わが国への喫煙伝来のルートを知るうえで極めて重要である。一六〇〇年代に入るまで、スペイン船がわが国へ来航することは遭難または避難船以外にはなかったので、蛮船はポルトガル船を指すことになる。

平戸英国商館の館長コックスが部下に宛てた元和六年（一六二〇）一〇月一一日付け書簡に、脱獄したポルトガル人が再び捕まり「タバコの如くに巻き上げた密書」が発見されたとする記述がある（『イギリス商館長日記[2]』）。このことからも、ポルトガル人の船員・商人が巻いたタバコによる喫煙を持ち込んでいたことがわかる。

ところが、わが国への喫煙伝来を、マニラに拠点をおくスペイン船の来航によるとする説をあげるむきがある。しかし、一五五〇年以降ほぼ毎年定期的に来航したポルトガル船（チャーターしたジャンク船をふくむ）に対して、スペイン船の来航は天正一五年（一五八七）の難破漂着船と翌年に暴風を避けた避難船の計二隻のみとされ、一六〇〇年以前にこの他のスペイン船来航の記録はない。この問題は第10章で改めて扱うことにする（三二一〜三頁）。

ここにとりあげた『羅山文集』と『本朝食鑑』を除くと、わが国の喫煙・タバコ伝来史の史料たり得るのは、現時点では表9-2に掲げる六点である。

ここにあげた六点については、新しく発見された「石州邑智郡大林之銀山屋敷帳・御縄打水帳」を除いて、一九九九年刊行の拙著『喫煙伝来史の研究』でも個々の考察を試みた。「コウロス書翰」については、一九九二年に『たばこ史研究』三九号に発表した拙論「イエズス会文書に見る慶長中期の我が国の喫煙」、さらに拙著でも詳細を述べてあるので参照されたい。本章では、この「コウロス書翰」と「坂上池院日記」を除いて、その後に発表した論考を加えて改めてその概略を述べることにする。

1　『越後國三嶋郡出雲崎村御水帳』(天正四年＝一五七六)

『越後國三嶋郡《さんとうぐん》出雲崎村御水帳』は、後述する橘屋から大梶屋に伝わり、さらに枡太屋へわたり内藤太一郎の所蔵になったが、現在は出雲崎町の良寛記念館が所蔵する(出雲崎編年史 上巻 1972, 92)。

新潟県出雲崎町の良寛記念館が所蔵するこの史料は天正四年(一五七六)の御水帳で、文化一二年(一八一五)に清中亭叔親が『めさまし草』[3]の「考證雑話」に「天正十七・八年頃の越後出雲崎の検地帳」としてとりあげたあと、英国人外交官アーネスト・サトウ(Sir Ernest Mason Satow)によって明治一〇年(一八七七)にその論文“The Introduction of Tobacco into Japan”(「日本のタバコ伝来」)に紹介された[4]。昭和一七年(一九四二)には、フォン・ドロテウスが上智大学の前掲欧文紀要に発表した“Der erste Tabak in Japan”でとりあげた(Von Dorotheus 1942, 123–124)。しかし、そのいずれもが、『めさまし草』記載の「天正十七・八年の検地帳」としている。昭和五九年(一九八四)になって、宇賀田為吉が『世界喫煙史』に『出雲崎編年史』収載の天正四年「越後國三嶋郡出雲崎村御水帳」を簡単に紹介している(宇賀田 1981, 501–502)。

近年になって、タバコ伝来時期としては早すぎるとする説、そしてこの「御水帳」の真贋を問う論議が出たこ

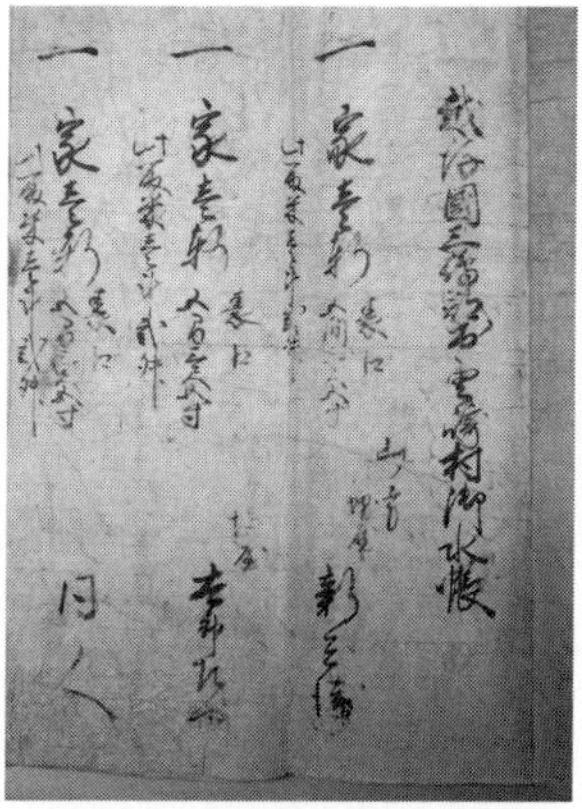

図9－1　『越後國三嶋郡出雲崎村御水帳』（天正4年）

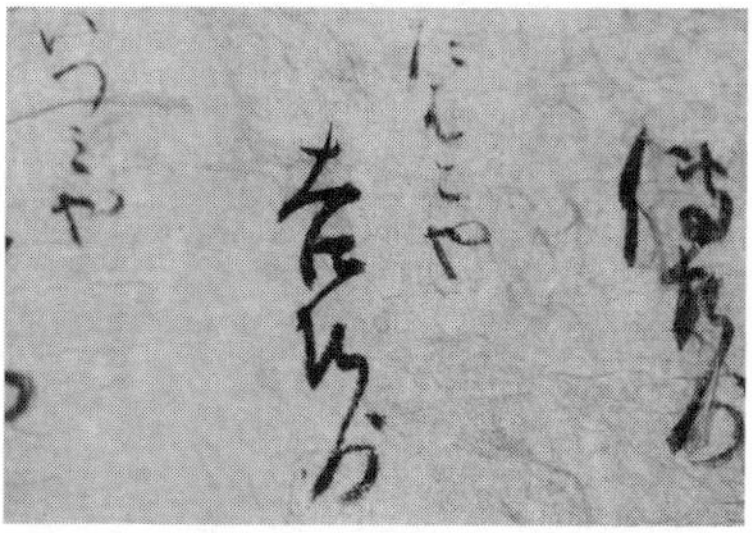

図9－2　同上の「たはこや 吉左エ門」

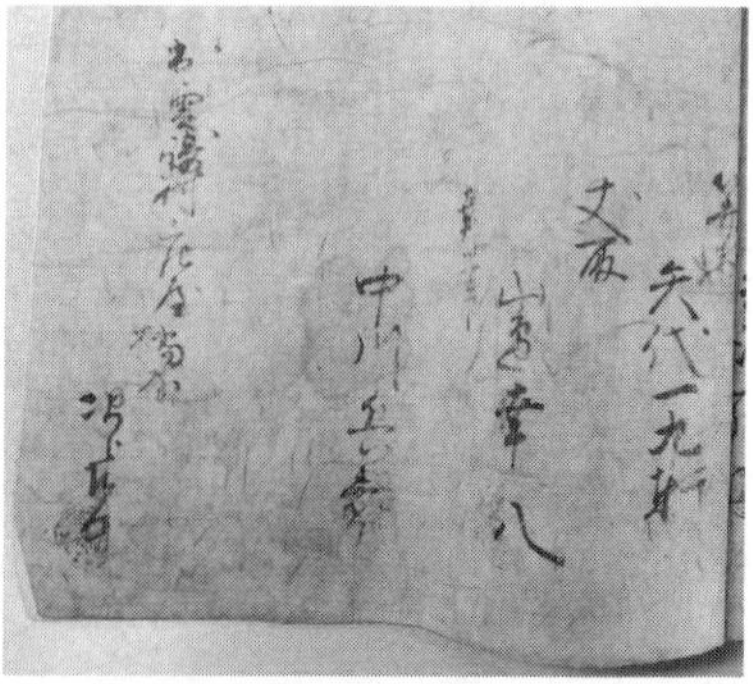

図9－3　同上の奥書左端の「出雲崎村庄屋橘屋 次郎左エ門」

とにより、タバコ伝来史上で再びとりあげられることが少なくなった。

年代として早すぎるとする説は、表9-1に掲げた史料にも多くみられる慶長一〇年（一六〇五）説を主とする慶長年間の伝来説を支持することによる。真贋を問う議論の多くは、後述する資料の一部のみをとりあげることで解釈に齟齬が生じ、大前提の誤りや予断が異なる結論を導いたとみる。

新潟県出雲崎町の良寛記念館が所蔵する天正四年（一五七六）の『越後國三嶋郡出雲崎村御水帳』（図9-1～3）に記載される「たはこや　吉左エ門」について、一九八八年発行の『たばこ史研究』二三号に収載された「出雲崎御水帳は後世に補修」（田中 1988, 28–29）と題する論考に「江戸の評定所において、贋物と断定が下されていたことを示す記述がある」とする記事が掲載された。爾来、「出雲崎村御水帳」の真偽を問う議論が主として『たばこ史研究』に続いて出され、これによって「出雲崎町史によれば、この検地帳は、宝暦十三年、代官所で贋物との評定が下された」（たばこと塩の博物館 1996, 16）などとする、原典に当たらないことによる誤りの記述をみるようになった（傍点筆者、以下同）。

一九九九年刊行の前掲拙著では、わが国の喫煙伝来史にとって重要であるべきこの史料を安易に葬り去ろうとすることに警鐘を鳴らす意味で、この問題に光を当てた。ここでは、その後の論考を加えて概要を改めて述べることにする。

宝暦一三年（一七六三）の京屋の上申書および『たばこ史研究』誌上で提起された『越後國三嶋郡出雲崎村御水帳』の真偽を問う論点は次に示す八項に集約される。以下、各項目について考察する。

(1)江戸表で評定されたとする贋作説

先にあげた「出雲崎町史によれば、この検地帳は、宝暦一三年、代官所で贋物との評定が下された」とする説は、さらに「文書中の〃たはこや〃は職種ではなく屋号と思われる」としている。しかし、「たはこや」が屋号であるとするなら、〃たはこ〃（タバコ）がすでに存在していたことになる。〃たはこ〃が煙草（タバコ）以外を指す事例は、管見の限り見当たらない。

『出雲崎町史』とする出典は、正しくは『出雲崎編年史』であり、「代官所で贋物との評定が下された」とする記述も、「代官所を通して提出された江戸表では、紛争解決には役に立たずとしてとりあげられなかった」とするのが正しい。すなわち、評定の対象にされなかったことになる。

『出雲崎町史』（資料編Ⅰ）は昭和六三年（一九八八）の刊行で、「あとがき」には「出雲崎町における既刊の資料集としては、佐藤耐雪の半世紀にわたる収集の結果がまとめられ、昭和四七年（一九七二）に刊行された『出雲崎編年史』がその最たるものとされ、天領出雲崎の歴史解明や良寛研究などの研究者には必須の参考文献とされている」と記している。さらに、「収集史料については、可能な限り『出雲崎編年史』所載のものとの重複を避け、もっぱら新資料の発見に重点を置く」として、『越後國三嶋郡出雲崎村御水帳』は収載されていない。『出雲崎編年史』は佐藤吉太郎の編著であるが、昭和二五年（一九五〇）に脱稿したものの終戦直後の諸事情から刊行の機会を得ず、没後二二年を経た同四七年（一九七二）、良寛記念館によってオフセット印刷で出版された。

「水帳」は〝御図帳〟の当て字とされる。この「御水帳」は、測地および取高に全国共通の基準を設けた天正一〇年（一五八二）に始まる太閤検地以前の検地帳の一種である。この『越後國三嶋郡出雲崎村御水帳』は、『出雲崎編年史』上巻にその謄写（筆写）と解説が掲載されているが（出雲崎編年史上 1972, 89–104）、その解説部分は佐藤吉太郎の自著『良寛の父　橘以南』と重複する箇所もある。

（2）高札設置場所をめぐる出雲崎町名主・橘屋と尼瀬町名主・京屋の抗争

宝暦一三年（一七六三）の高札設置場所をめぐる争いから、出雲崎の名主・橘屋が隣接する尼瀬村の名主・京屋に対して一家を証明する証拠として、この「御水帳」を代官所へ提出したものとされる。この高札設置場所争いの橘屋の主は良寛（一七五八〜一八三一）の父橘新左衛門である。元和二年（一六一六）に出雲崎町から尼瀬町が分離された後、幕領になってからの二代目代官・松下勘左衛門が就任した寛永二年[5]（一六二五）に出雲崎代官所が尼瀬に移された（出雲崎編年史 上 1972, 148–149／出雲崎町史 資料編 I 1988, 128／新潟県史 近世 I 1987, 44）。ここに尼瀬町の名主・京屋と出雲崎町の名主・橘屋の確執が始まり、出雲崎の名主が橘屋から乙茂屋・敦賀屋に代わる文化七年（一八一〇）まで、一八五年にわたって両家の間でカプレット家とモンターギュ家の如き抗争が始まるのである（出雲崎編年史 上1972, 161／出雲崎町史 資料編 I 1988, 127）。両家はすでに再三、代官所の設置場所をめぐる抗争を繰り返していたのだが、高札争いもその一つであった。しかし、橘屋は敗け、その長男は出家して良寛となる。新左衛門はその後、家督を次子に譲り旅に出るのだが、佐藤吉太郎によれば京の桂川に入水したとされる。

高札の設置場所をめぐる橘屋と京屋の紛争は、京屋側が宝暦一二年（一七六二）一〇月の「乍恐以書付御願申上候」（佐野家文書）（佐藤 1981, 39–40）の願書で設置場所として名乗りをあげたことに端を発した。代官所の意見聴取に対して、橘屋側は翌宝暦一三年正月に「乍恐御尋ニ付以書付申上候」（敦賀屋文書）（出雲崎町史 資料編Ⅰ 1988, 381–383）とする上申書を提出し、開拓新田の尼瀬が分離する以前から代々名主であり高札が設置されていたことを訴え、その身分を証《あか》すために天正四年の「御水帳」を提出した。これに対して、京屋側は同年四月に一三項目におよぶ上申書（佐野家文書）（佐藤 1981, 41–50／出雲崎編年史 上 1972, 102–103・403–408）を提出しているが、その第一一項が次に掲げる「御水帳」にかかわる部分である（佐藤 1981, 47–49）。

一　先年百三四拾年以前出雲崎町大火にて、諸書物致焼失漸天正四年之御水帳計大切成物故候と申上候段、此儀何共ふつつか成儀に奉存候左様成儀承り傳不申候。長岡様御支配之節幷當御支配之砌も、御水帳之儀度々御尋被遊候得共出雲崎に御水帳と申儀者無御座候段書付を以、御役所表へ申上候事に御座候。右天正四年之御水帳之儀者謙信公御水帳に御座候哉、右御水帳之儀ハ長岡様御支配之節宝暦元未年尼瀬町社人池田相模同町名主与左門父七左衛門と地所之出入有之候節、出雲崎町名主新左衛門父左門方ニ神明地等訳古水帳ニ在之由申出、依之長岡様より御吟味之指出シ候様ニ被仰付則右御役所様江古水帳指出シ候所、早速右帳面江戸表へ御指越被遊御内伺御座候処、七左衛門相模願書右古水帳尼瀬町御水帳御吟味之上、被仰出候ハ出雲崎より指出し候右水帳当御代之物にても無御座第一御高をも違其上前後相揃不申所々墨色等も相違在之用立不申候由、依之長岡様御役人中江其段被仰渡、相模願書御取上難被遊候由にて御下ヶ被遊候に付、其節長岡より御奉行平岡源右衛門様石垣権右衛門様當御役所江御出役、相模初メ両町役人不残召被呼、則御役所御詰衆御代

官御手代御列座におゐて、右の趣被仰渡相模願之儀御取上無之御指戻シ被遊右古水帳之儀も下町名主新左衛門へ用立不申候書物之由御指戻し被遊右出入尼瀬町御水帳之通御捌被遊候、然ル所又候此度出雲崎町より古御水帳指出し候之旨、御公儀様不奉恐候御儀奉存候、畢竟御支配替りに付又候古水帳指出し、尼瀬町等の儀も新田名目相號候段奉絶言語候。……(後略)

その要旨は、「宝暦十三年から百三十~百四十年前に出雲崎に大火があり諸書物は焼失している事。提出された出雲崎の御水帳は、宝暦元年(一七五一)の土地争いのさいに差し出され、江戸表で吟味を受けたが、この時代のものではなく、記載されている取高が違い、前後不揃である事、所々墨の色も違う事で役に立たずとして差し戻されているのに、またぞろこの古水帳を差し出したもの」と訴えている。この紛争は、全一三項におよぶ上申書が功を奏したのか、京屋側の主張が通り橘屋は敗訴し京屋側に高札が設置された。

しかし、この時代(宝暦元年)の江戸表が、江戸から遠く離れた地で作成された一七五年も前の、すなわち太閤検地による検地の基準が統一される以前の「御水帳」を正しく評価できる能力を持ち得たであろうか。

橘屋は宝暦元年のわずか一二年後に再びこの「御水帳」を差し出していることからみても、「後代の贋作」と断定されていなかったことを示すものである。したがって〝役に立たず〟として差し戻されたことをもって「贋作」と決めつけることに異議を唱えたい。

この京屋の全一三項の上申書には前掲の一一番目の他にも、虚偽と思われる記述をふくむいくつかの疑問点がみられる(鈴木 1999, 37–42)。京屋と出雲崎代官所の初代代官・高田小次郎、そして代官所を京屋の居住地である尼瀬へ移した二代目代官・松下勘左衛門との親密な関係は、「佐野家文書」にふくまれる一二通におよぶ書簡からもうかがい知ることができよう(佐藤 1981, 22–24)。前掲の「古水帳」に関する項に示されているのは、宝暦元年の江戸表の裁定文ではなく、単なる京屋の申し立てである。したがって、その信憑性はさらに割り引いてみる必要性があろう。
いずれにしろ、「贋作説」の根拠とされる京屋の宝暦一三年四月の上申書に対する裁定は「御水帳」の認否ではなく、高札設置場所の決定であることから、全一三項目におよぶ上申書のわずか一項のみをとりあげて『越後國三嶋郡出雲崎村御水帳』を贋作とする論理は成り立たない。

(3)取り高の違い

宝暦一三年四月の上申書の第一一項に、京屋が「御水帳」の問題点として最初にあげているのは、「御高も違い」である。これは、「尼瀬町御水帳」と比較しての主張であるが、天正四年(一五七六)に尼瀬町は存在しない。京屋が上申書であげている「尼瀬町御水帳」とは、出雲崎代官所が尼瀬へ移された翌年、寛永二年(一六二五)一二月に作成されたとされる「尼瀬町御年貢之覚」と比較しての主張であろう。この「尼瀬町御年貢之覚」の表書には『尼瀬町屋敷改御年貢定帳』と記されている(出雲崎編年史 上 1972, 160–161/出雲崎町史 資料編 I 1988, 399–402 史料15/鈴木 1999, 37–39)。

この「御年貢之覚」は、天正四年の四九年後に作成されたもので、すでに太閤検地が終わり自己申告制の指出検地に比べて、全国的に石高が引きあげられた後である。当然、家屋敷の年貢高も上昇していた。しかし、尼瀬の「御年貢之覚」の石高は四九年前の出雲崎の「御水帳」と同じ間口レベルで比較すると約一〇倍になっている。一方、「御年貢之覚」と同時代の佐渡の「強清水村屋敷検地帳」(元和三年=一六一七)、および同年の杉野村「屋敷検地帳」との比較でも、「御年貢之覚」は五から一〇倍ほどの石高になっている(田中 1999, 194–195・211/鈴木 1999, 37–39・44–46)。

取り高については、「御水帳」に記載されている年貢高の表記が当時と違うとする説もある(鈴木 1999, 47–

48）。しかし、この「御水帳」または「御年貢之覚」に該当する同時代の他の古文書がこの地域には出ていないとするので、この説の根拠は不明である[6]（出雲崎町史 資料編Ⅰ 1988, 363–367）。出雲崎町教育委員会は尼瀬の寛永二年（一六二五）の「御年貢之覚」を現存する最古の史料としているが（出雲崎町史 資料編Ⅰ 1988, 363・鈴木 1999, 47）、その表記が「米」であるのに対して、天正四年（一五七六）の「御水帳」は「此取米」であるからであろうか。しかし、『出雲崎町史』資料編Ⅰでみる限り、年貢割付状（鈴木 1999, 47–48）では寛永五年（一六二八）から「此取米」「此取」あるいは「取米」の表記をみる。むしろ、寛永二年（一六二五）の『尼瀬町屋敷改御年貢定帳』に疑問符が付く。後述するように、『越後國三嶋郡出雲崎村御水帳』はその記載形態からみると、屋敷検地あるいは年貢割付帳とするべきではなかろうか。

この時代の越後に検地帳は現存しないとしながら、この時代の検地は貫文制であったとして、石高で示されるこの「御水帳」の信憑性を疑う矛盾した説もあげられている（奥田 1995, 44）。これは、天正一八年（一五九〇）の「刈羽郡八社神社領検地」（小村 1984, 9）が貫高制になっていて、文禄四年（一五九五）になって初めて石高制による検地が上杉謙信と豊臣秀吉の共同作業によって行われたとすることからであろう。しかし、天正一〇年代初期の太子堂村（現十日町市）の検地帳は刈高と石高の併記になっていて（田中ほか 1991, 137）、出雲崎から離れた加賀藩に近い現糸魚川市の天正一五年（一五八七）「経田永付帳」でも貫高と「此米」として石高が併記されている（新潟県史 資料編4 1983, 619–626／小村 1984, 435／金子＆米田 1984, 69／小村 1954, 46–51）[7]。一方、出雲崎に比較的近い茨曽根村（現新潟市）の天正一五年の検地も、刈高と石高の併記になっている（田中ほか 1991, 137）。

『新潟県史』『出雲崎町史』および『出雲崎編年史』などに収載されている検地帳あるいは給分帳など五四点と年貢割付帳・年貢請取状など一五点、合計六九点でみる限り、石高表記は天正一〇年（一五八二）頃にはすでに併記のかたちであらわれていて、太閤検地が実施された文禄五年（慶長元＝一五九六）からは石高のみの表記になっている。年貢請取状では、天正一八年（一五九〇）にはすでに石高のみの表記であらわれている。ただし、慶長五年（一六〇〇）の佐渡検地の二五例でみる限り、三〇％弱に石高表記または刈高との併記がみられるが残りはすべて刈高表記である。石高制そのものが、各地でかなりの特殊性をもって成立してきたことは無視できない（木越 1980, 39–40）[8]。

いずれにしろ、この「御水帳」否定論は同時代の検地帳が越後から出ていないとする主張なので、石高表記を否定する材料はないということになろう。

（4）前後不揃いと墨色の違い

京屋は次に「前後相揃不申所々墨色等も相違在」と申し立てている。佐藤吉太郎によれば、この古水帳については、「火災に罹り海水に浸せしとかで、綴直しの時前後の順次乱れし」（出雲崎編年史 上 1972, 103／佐藤 1981, 18）とする言い伝えが残っている。京屋の宝暦一三年（一七六三）の上申書にも「先年百三四拾年以前出雲崎町大火にて、諸書物致焼失」とあることから一六二〇～三〇年頃に火災に遭ったことになる。しかし記録には、寛永一一年（一六三四）の尼瀬の大火しか見当たらない[9]。

図９－４　『越後國三嶋郡出雲崎村御水帳』の42丁裏・43丁表の「たはこや」記述頁の割印

元和・寛永期の火災に遭い海水に浸《ひた》したことによる補修の跡とされる綴りの不揃いは幾つかの割印にみられるが（図9-4）、ここで問題にするのは「たはこや　吉左エ門」が記載されている頁であり、この頁に差し替えまたは補修があったかどうかである。少なくとも筆者がみる限りでは、頁の差し替えが行われたようにはみえないが、専門家による調査を待ちたい。

墨色の違いは、当時の紙質のバラツキや海水の浸《つ》かり方などを考慮すると、墨色がところどころ多少異なっているとしても、四四〇年ほどを経た今日これを検証するのは極めて困難であろう。

（5）天正四年（一五七六）の検地帳存在の否定

『たばこ史研究』五三号には、謙信時代に検地はなかったとする説（奥田 1995, 43 & 44）が『越後國三嶋郡出雲崎村御水帳』否定論の一つとしてあげられている。天正一〇年（一五八二）に始まった秀吉による太閤検地は、二年後の天正一二年には測地および取高に全国共通の基準を定め、慶長三年（一五九八）までの一六年にわたって実施された。それ以前は各領地でそれぞれの目的にしたがった独自の形態で実施されていたことが知られている。現時点で越後の最も古い検地帳とされるのは、天正二年（一五七四）の「安田領検地帳」である（新潟県史資料編 4 1983, 710–729・同別編 2 第一図）。これは、表書に「検地帳」と記されているものの、その形態から「給分帳」であるとされる（中野 1984, 65–67）[10]。『越後國三嶋郡出雲崎村御水帳』も太閤検地と形態は異なるが、太閤検地以前の検地は個々の目的にそったかたちで実施されたことはすでに述べた。

天文一一年（一五四二）に発見された佐渡の鶴子銀山は、慶長六年（一六〇一）に相川の金山が発見されて最盛期を迎えるまでは、佐渡鉱山の主役であった。出雲崎は佐渡に対する陸揚げ積み出し基地として栄え、商人たちが集まり賑わいをみせたとされる。「上杉家御年譜」の永禄二年（一五五九）六月条に、

> 男山石清水ニ御参詣アリ、（中略）奉幣有リテ黄金若干ヲ献納シ玉ヒ、社家院家ニモ金銀青銅等ヲ与ヘラル、夫金銀青銅及ヒ其余ノ贈物秦宮ノ瓦礫ニ非スシテ、諸人ニ普ク施シ玉フ事、領国乏クハ何ソ如比ナランヤ、

比悉ク分内左州ノ産ニシテ、年々ニ其産限リナシ、且新潟ノ津ハ出羽奥州運送ノ便宜有リテ、往来ノ商売帆舟ヲ繋キ、品物屋ヲ並テ列子ケレハ、土着ノ家居ハ結構華美ノ富栄ナル事、アタカモ博多兵庫ノ湊ニ異ナラス、亦出雲崎ハ左州ノ津ナレハ、富庶モ均クシテ新潟ニ同シ、都テ五畿内築紫ノ輩ラ来テ居住スレハ、境地モ豊饒ニシテ男女モ色容ヲツクセリ

とある（出雲崎町史 資料編Ⅰ 1988, 72 史料24「上杉家御年譜」）。その要旨は、「謙信が男山・石清水八幡宮に参詣した時社寺に金銀青銅などを奉納したが、これは佐渡で豊富に産出するものである。新潟は出羽奥州への運送拠点として多くの帆船が停泊し、店が軒を並べ、民家も結構華美に構え博多や兵庫の港のようである。出雲崎は佐渡との陸揚げ積み出し港で新潟と同じように繁栄し、近畿や九州地方から人が集り住み、人々の服装も垢抜けしている」である。

ここで極めて重要なのは、永禄二年（一五五九）にはすでに九州や近畿の商人が出雲崎に集ってきていることである。天文一九年（一五五〇）には最初のポルトガル船が平戸へ来航し、永禄二年にはすでにポルトガルとの交易が始まっていて、出雲崎からは佐渡の銀が近畿、あるいは九州へ運ばれて中国の絹生糸と交換されるようになっていた。出雲崎はのちには北国街道で佐渡の金を江戸へ運び出すことになる。この文面から、出雲崎が謙信にとって極めて重要な位置を占めていたことを、うかがい知ることができる。

佐渡が「幕領」になり幕府の直轄になると、商人たちは自由に佐渡の銀を運ぶことで絹取引きをすることができなくなった。しかし、天正四年（一五七六）の頃はまだ上杉の直轄にもなっていなかった時代で、この頃の初期長崎貿易では日本の商人は来航するポルトガル船の商人と自由に相対《あいたい》の取引きを行っていた（中田 1979, 23）。

この「天正四年出雲崎御水帳」の二年後に急逝した謙信に代わって、甥の景勝は出雲崎を直轄領として佐渡支配のための前線基地とした。風向きや潮流から、佐渡から越後へのルートは小木から出雲崎が最適であったとさ

れる（長谷川 1991, 109・117）。天正四年の「御水帳」が、出雲崎を上杉の直轄領とする（天正六～七年頃）直前に作成されたことからみても、その目的が推測できよう（小村 1977, 201）。

海岸線にそった細長い出雲崎の街は後背丘陵線が海岸線に迫り畑地が少なく、港湾・漁業・商業地として開拓新田の尼瀬の「御年貢之覚」にはない職業の記載があることからみても、その「検地」の目的は農作物の収量把握とは異なる屋敷検地に近いとみる。太閤検地以前の他の検地帳とも異なる形態をとっていることをもって不自然とする『越後國三嶋郡出雲崎村御水帳』の贋作説は成り立たない。すでに述べたように、この御水帳は「検地帳」とするよりは、むしろ「年貢割付帳」とみるべきではなかろうか。

余談になるが、『たばこ史研究』五三号には、「明治二十・三十年代に東京帝国大学の史料編纂所が越後の史料収集を行っているが『越後國三嶋郡出雲崎村御水帳』は含まれていないので、贋作とされたに違いない」とする「贋作説」まで掲載されている（奥田 1995, 44）。これは、アーネスト・サトウが「天正十七・八年頃の越後出雲崎の検地帳」として紹介してから、わずか一〇年ほど後のことである。

この『越後國三嶋郡出雲崎村御水帳』を入手した佐藤吉太郎は、その編著になる『出雲崎編年史』に収載したものの、刊行はその没後一二年を経た昭和四七年（一九七二）になってからで、これによって初めてその存在が知られることになった。

（6）地名の違い（三嶋《さんとう》郡と山東郡）

この「御水帳」贋作説のもう一つの根拠として、表題の『越後國三嶋郡出雲崎村御水帳』があげられている。この時代は三嶋郡ではなく山東郡であるとする説である。『北越史料・出雲崎』および『三嶋郡誌』によると、確かに寛文時代（一六六一～七二）までは山東郡とする私称があったとされている（雲浦 1977, 25–30／三嶋郡教育会 2000 復刻, 60）。それまでは、慶長二・三年の検地帳には西古志郡と山東郡の両方が同一村名（下桐原村）に付せられていた例にもみられるように、必ずしも郡名が明確に規定されていなかったとする（雲浦 1977, 26）[11]。「山東」ないし「三東」は「三嶋」の音読誤認としているものの、現三島郡の西に位置する刈羽郡からみて山の東に位置することからくる呼称、あるいは三嶋郡の東辺にあたる地域を三東と称したとする説も掲げている。

さらに、天正二年（一五七四）、上杉謙信の時に公製された越後地図ではすべてが三島郡になっているとする（雲浦 1977, 27）。この越後地図は未見であるが、天正四年の頃に「三嶋郡」の呼称が用いられていなかったと断定するのは誤りである。

(7)「庄屋」と「中使《ちゅうじ》」

『たばこ史研究』五三号はさらに、「越後國三嶋郡出雲崎村御水帳」の奥書に庄屋・橋屋次郎左エ門とあるが（二五四頁の図9-3）、当時の越後は「庄屋」ではなく「中使《ちゅうじ》」であったとする贋作説をあげている。『出雲崎町史』は「名主」を町役人、「庄屋」は村役人としてあげている（資料編Ⅰ 1988, 127）。確かに、問題の天正四年（一五七六）の「出雲崎村御水帳」では「出雲崎村庄屋橋屋次郎左エ門」（傍線著者）と記され、一八七年後（宝暦一三年正月）に橋屋が代官所へ提出した既述の「乍恐御尋ニ付以書付申上候」では「出雲崎町名主橋屋新左衛門」となっている。一般論として、戦国時代の越後では計算能力を持つ農民が「中使」と呼ばれる村役人として年貢の収納等にあたっていたとされる（田中ほか 1991, 134）。

しかし、『出雲崎町史』の資料編でみる限り、「中使」が出てくるのは文禄に入ってからの文禄五年（一五九六）の三島郡寺泊町の「上杉氏年貢免状」（出雲崎町史 資料編Ⅰ 1988, 107）と、慶長三年（一五九八）の「三島郡年友村検地帳」(同前, 1988, 108) にみる中使藤九郎である。さらに、時代が下がって前掲の寛永二年(一六二五)の「尼瀬町御年貢之覚」(『尼瀬町屋敷改御年貢定帳』)には中使弥左衛門がでてくるが、この時の京屋は肝煎《きもいり》として記されている。別領地では、前掲の天正二年(一五七四)の「安田領検地帳(給分帳)」および同五年の「三条領闕所帳・三条同名・同心・家風給分御帳」(金子&米田 1984, 68-83/新潟県史 資料編5 1984, 159-178) にも中使はでてくる。

一方、『出雲崎町史』資料編に「庄屋」がでてくるのは、寛永六年(一六二九)の山東郡尼瀬町と宮下村の年貢割付帳からである。ところが、寛永五年と同七年には、尼瀬町・宮下村ともに「名主」の表記になっている(出雲崎町史 資料編 I 1988, 402-404)。ここでは、先にあげた寛永二年(一六二五)に「肝煎」と記されていた京屋が寛永五・七年には「名主」と記されている。

とすると、三嶋郡では「庄屋」「名主」「肝煎」の呼称を町役人・村役人の区別をせずに用いていたのであろうか。「肝煎」の使用もふくめて、町・村役人の呼称に明確な取り決めがなく、曖昧な使い方をしていたことになる。

一般論としては、「庄屋」は戦国時代からみられ、村役人としての「名主」は東日本に、「庄屋」は西日本で多く用いられたが、必ずしも一定していたわけではなく、東日本でも庄屋と称したところも少なくない。また名主・庄屋に相当するものとして、「肝煎」の称は東北地方では比較的多く用いられていたとする(児玉 1988, 721)。

名主・庄屋の同義語として扱われる「肝煎」は、先の『尼瀬町屋敷改御年貢定帳』では「中使」と同時に出てくる。しかし、ここでは「中使」は「肝煎」の下に位するもので、庄屋・名主・肝煎と同列には扱われてはいない。『出雲崎町史』資料編Iおよび『新潟県史』資料編(中世)に収載されている史料に「肝煎」が出てくるのは、この『尼瀬町屋敷改御年貢定帳』だけである。『出雲崎編年史』にも「肝煎」が記されている史料は見当たらない。ただし、出雲崎町と同じく上杉氏から堀氏の時代になっている新潟町では、元和三年（一六一六）には民政を担当し裁判権を持つ一〇人の「肝煎」が代官によって任命されている（小村 2002, 194・195）。

一方、出雲崎の対岸の佐渡では、天正一七年（一五八九）の上杉景勝の佐渡平定以降に「国人(地頭)」や「村殿(長使)」に代えて「中使《ちゅうじ》」を用い始め、これが寛文四年（一六六四）まで続いた（田中圭一 1999, 275・287）。

こうしてみてくると、出雲崎周辺では天正四年（一五七六）の時代には名主・庄屋・肝煎の同義語として「中使」が使われていたとする説は、『出雲崎町史』でみる限りその根拠になる史料は見当たらない。そればかりか、『尼瀬町屋敷改御年貢定帳』では「中使」は名主・庄屋の同義語の肝煎の下位に扱われている。

天正四年の「出雲崎村御水帳」に記される庄屋が否定されるのは、この時代の越後の〃検地帳〃として最初史料とされる天正二年の「安田領検地帳(給分帳)」あるいは同五年の「三条領闕所帳・三条同名・同心・家風給分御帳」が「中使」になっているからであろう。しかし、「安田領検地帳」は三嶋郡から北東約七五キロメートルに位置する北蒲原郡安田町が対象であることから『出雲崎町史』の資料編Ⅰにはふくまれていない。この『出雲崎町史』には「三条領闕所帳・三条同名・同心・家風給分御帳」も収載されていない。同時代ではあるが、異なる領地との比較で「庄屋」「中使」問題を論議するのは無理であろう。

越後の「中使」については、阿部洋輔編『上杉氏の研究』所収の小林宏の「中使考――越後上杉氏領国制の一考察――」に詳しいが、要約すると次のようになる。

戦国中期からしばしば現れる「中使」は、検地帳の表紙や奥書に名が記されるものは甚だ少なく、本文中に記されているものが若干存在する。農民を直接支配し、支配者と被支配者とを媒介するものとして戦国中期から史料上に現れ、上級支配者の命を受けて租税の徴収などに当たった。天正二年の「安田領検地帳」で見るなら「中使」は、夫役経営を行いながら、その経営を通じて比較的成長の遅れた一般農民層を族的団結で規制していたと考えられる。天正中期頃から、後進地域であった越後にも一般農民層の成長によって、自治意識が高まり、耕作農民を名請人とする検地帳も作られるようになった。耕作農民を名請人とした検地帳は越後では天正十五年八月の「経田永付帳」が最初とされる。

このように、越後の「中使」はみずから農業経営を行いながらも、農地の貸与を通した耕作農民との農村管理機能を有していたと考えられる。なお、「経田永付帳」は耕作農民を名請人としていて、「中使」は出てこない。先にあげたように、越後では農民の間で複雑な計算能力を持った村役人が中使として年貢の収納などに当たっていたのは戦国時代（応仁元～天正元年＝一四六七～一五七三）のこととされる。

一方、出雲崎は村落の後背丘陵線が海岸線に迫り、農地に乏しく、農村的性格を欠く村落としてみることができる。すなわち、この「御水帳」時代の出雲崎は、先に掲げた「上杉家御年譜」の永禄二年（一五五九）六月条にみるように（二六〇～一頁）、港湾・漁業・商業地的性格を有する村落であることを考慮する必要がある。したがって、村落の支配・管理の形態が越後の農業地域とは異なっていたことを無視してはならない。既述したように、『出雲崎町史』または『出雲崎編年史』に「中使」があらわれるのは文禄五年（一五九六）が初出である。

このようにみてくると、「検地」が目的に応じたかたちで地域ごとに独自の形態で実施されていた時代に、港湾・商業地の性格を持つ越後國三嶋郡出雲崎村の「御水帳」に農村管理の機能を持つ「中使」ではなく、「庄屋」が記されていることからこれを贋作とする説には、これを裏づける史料が存在しないばかりか、農作地域とは異なる出雲崎の特色を考慮した合理的な根拠をみいだすことはできない。

（8）「たはこや」存在の否定

慶長一〇年（一六〇五）を主とする慶長年間のタバコ喫煙伝来説が半ば定説化していたことにより、天正四年（一五七六）の「御水帳」に記載される「たはこや」が否定されたことはすでに述べた。タバコ喫煙の「慶長年間伝来説」あるいは「慶長一〇年説」は、わが国の対外交渉史および欧州の喫煙史の知識が欠如していた時代に出された説であって、江戸時代の著述についてはは無理もない話である。しかし、現代にいたっても依然としてこの説を支持し続けるのである。

わが国へ最初にたどり着いたヨーロッパ人として確認できるのは、天文一二年（一五四三）に中国のジャンク船で種子島にたどり着いたポルトガル人である。天文一八年（一五四九）には、イエズス会士でバスク出身のスペイン人フランシスコ・ザビエル（Xavier, Francisco）[12]が最初の宣教師として鹿児島に上陸した。これ以後、布教と貿易を目的としてイエズス会士やポルトガルの商人を載せたポルトガル商船が毎年のように来航するようになった。

本国でのタバコ喫煙はイングランド・オランダに遅れをとったスペイン・ポルトガルであるが、とくにスペインはその植民地がパイプ用タバコの初期供給源となりながら、船員や商人たちは寄港地や本国で巻いたタバコを喫っていたことは、前編で何度か紹介している（第6章一四四～五頁）。ヨーロッパ全体にタバコ喫煙が伝播する最大のメディア（媒体）の一つは船員たちであったこともすでに述べた。

スペイン国王がポルトガル国王を兼ねていた同君時代（一五八〇～一六六八年）をふくめて、ポルトガルの喫煙史は、スペインのそれとほぼ同じであるとされるが、タバコの旧世界への紹介には重要な役割を果たしていたこともすでに述べている（第1章四〇頁以下・第7章一八一頁）。

前編で述べているように、ポルトガルはブラジル領有化の権利を得ていたものの、アジアへの進出より遅れて一五三二年にサン・ヴィセンテに入植して間もなく、一五三四年にはすでにタバコを栽培していて、これを一五四八年頃にイエズス会士のルイス・デ・ゴエスがリスボンへもたらした。このデ・ゴエスは、その後、インドのゴアへ赴任している。多くのイエズス会士がゴアから日本へやってきているが、そのなかにルイス・デ・ゴエスがふくまれていたとする資料は現時点ではみつかっていない（五野井 1999, 64–77）。

新大陸航海とアジア航海の船員たちは、必ずしも分けられていたわけではなく、同じ船員が新大陸とアジアの両方の航海に搭乗していたケースもある。さらに、ブラジルから直接アジアへ航海した船の記録もみられる(13)（鈴木 2000, 23／Livro das Armada 1995, 32・153）。

これら、わが国へ来航したポルトガル船の船員たちは本来の交易商品の銀と生糸の取引きに関与することはなかった。しかし、禁止されてはいたものの、船員たちによる多少の個人ベースの交易があったとされる。この時代のタバコの葉は、まだ極めて高価であるために格好の個人取引きの商品であったに違いない。

前掲（二五二頁）の「補修説」（田中富吉 1988, 28–29）は「たはこや」があらわれるのは寛永年代より後（一六四四年以後）であるとするが、論拠は示していない。確かに、鹿苑寺（金閣寺）の鳳林承章が寛永一三年（一六三六）から寛文八年（一六六八）まで記した『隔蓂記《かくめい》』には筆者がみる限り、正保二年（一六四五）正月七日条の「莨蕌《煙草》(若)屋」が初出である（隔蓂記 1997, ①663）。しかし、活字本の総索引は、寛永一六年（一六三九）正月朔日条にあらわれる「小絰屋」をタバコ屋とするので、『隔蓂記』での初出は一六三九年となる（隔蓂記 1997, ①140）(14)。

元和年間（一六一五～二二）の佐渡にはすでに「たばこ座」ができていて、商人が佐渡国以外のタバコの販売を一手に扱っていた。元和二年（一六一六）には佐渡の百姓や町人が自由にタバコを栽培し販売するのを禁止する次のような触書が出されている（田中 1985, 7–8 & 1991, 288）。これは、たばこ座からの運上金を確保するためと考えられている。

一、たばこ作る者、町人は五十日、百姓は三十日、自分の兵粮にて籠舎たるべき事。

（『佐渡年代記』）

「出雲崎村御水帳」の「たはこや」は、しかし、この「補修説」が意味するような小売店として考えるべきではない。当時の出雲崎は佐渡の鉱山に対して海のシケなどを考慮に入れた流通の中継基地的役割を果たしていたと考えられることから、タバコの小売店ではなく佐渡へ供給するデポ的性格であったと考えるのが妥当であろう。南蛮船が持ち込んだタバコの葉は、その量は限られていて極めて高価であったから、庶民が手にすることは稀で金銀山で荒稼ぎをする人びとが格好の消費者であったであろう。

当時、タバコが取引きされていたとしても、極めて限られた量であったはずで、出雲崎の「たはこや」は、その頃の他の職業より小規模であったとみる。これは、「出雲崎村御水帳」で同じ間口の油屋、蠟燭屋、米屋、酒屋などに比べて、「たはこや」の年貢が半分であることからもうかがえる。「たはこや」ばかりでなく、江戸時代になって初めて一般化した他の職業名も幕府直轄になる以前の銀ブームにわく出雲崎村の「御水帳」に記載されていても不思議はない。

『越後國三嶋郡出雲崎村御水帳』のつくられた「贋作説」の多くは、論理的根拠が示されていないばかりか、裏づけとなる文書・史料が存在しないことなどを考えると、説得性は極めて乏しいといわざるを得ない。このようなかたちで、重要な史料が論拠を持たずに否定されることで、わが国の喫煙史が大きく歪められることを危惧する。

2 『鹿苑日録』（文禄二年＝一五九三）

(1)有節瑞保の「日渉記」

天正四年（一五七六）の『越後國三嶋郡出雲崎村御水帳』に次ぐ古い史料として、相国寺の塔頭鹿苑院（京都）の院主・有節瑞保が記した「日渉記」がある。瑞保の筆になる「日渉記」「日件録」「日録」は、昭和九年から一二年（一九三四～三七）にかけて刊行された『鹿苑日録』（全六巻）に収載されている。これは、東京帝国大学が収蔵する鹿苑院の院主による日記の謄写本および一部原本を史料編纂所が翻刻（活字化）したものである。

相国寺は臨済宗相国寺派の大本山で、永徳二年（一三八二）の開山とされ、鹿苑寺（金閣寺）および慈照寺（銀閣寺）を擁する。鹿苑院は、当時は末寺の鹿苑寺とは異なり相国寺の塔頭の一つであった。しかし数度の火災で焼失し、現在はその跡に普広院が建つ。

東京大学史料編纂所の辻善之助編による翻刻版『鹿苑日録』第三巻に収載される「日渉記」の文禄二年（一五九三）七月九日条に、次に示す「烟草」の記述がある[15]。

往徳芳喫齋如常。晩来往宗與宅。烟草携之。印・岷・英・璵（珍）[16]同伴也。（傍注は「文禄中日記」による[17]）

一六世紀末には僧侶の間でタバコ喫煙がすでに行われていたことを示し、日本での初期喫煙を記す史料の一つとして、わが国の喫煙史にしばしば引用されてきた。『鹿苑日録』の凡例によれば、東京帝国大学付属図書館が所蔵していたものが大正一二年（一九二三）の関東大震災で焼失し、本稿にかかわる有節瑞保の筆になる「日渉記」「日件録」「日録」は、文禄三年の「日録」を除いて原本は残っていないとされてきた[18]。ところが、近年になって、「日渉記」の原本が部分的に「文禄中日記」として相国寺に残っていることが明らかになった。

本稿では、前著『喫煙伝来史の研究』第二章三節（鈴木 1999, 55–59）の記述と重複する部分もあるが、その

表9－3　翻刻本『鹿苑日録』各版の「烟草」の違い

巻	頁	日　付	翻刻本上の烟草・烟景記述				
			初版	二刷	三刷	文禄中日記[19]	同じ条での他金銭記述
一	294	天文6年(1537) 5月13日条	烟草	烟草	烟草(景)	—	—
三	47	天正20年(1592) 正月8日条(文禄元)	烟景	烟景	烟景	—	五十疋 五十疋
	120	文禄2年(1593) 7月9日条	烟草	烟草	烟草(景)	烟草(228頁)	—
	144	文禄3年(1594) 正月8日条	烟景	烟景	烟景	—	五ケ
	184	文禄5年(1596) 正月8日条	烟草 烟草	烟草 烟草	烟草(景) 烟草(景)	—	—
	185	文禄5年(1596) 正月17日条	烟草	烟草	烟草(景)	—	—
	186	文禄5年(1596) 正月27日条	烟草	烟草	烟草(景)	—	—

＊(景)は「草」に付けられた傍注　　＊＊3巻47・144頁のアミカケ欄は初版から「景」と翻刻されたもの

後に得られた史料をもとに『鹿苑日録』の「烟草」について、視点を変えて新たな検証を試みることにする。

(2)野村説

『鹿苑日録』の初版刊行後の昭和一三年（一九三八）に、校訂に加わった史料編纂所の野村常重が、「烟景」は「五湖烟景有誰争[20]」の句から京都五山の僧の間で用いられた銭五〇〇文の異称であるから、「烟草」は「烟景」の誤りであるとする論考を発表した（野村 1938, 897–899）。この説によって、「烟草」が五度あらわれる『鹿苑日録』第三巻の第三刷（平成三＝一九九一年刊）では、文禄二年のこの条をふくむすべての「烟草」の「草」に傍注の（景）が付された。しかし、昭和一〇年（一九三五）刊行の初版および同三六年（一九六一）の第二刷には、この傍注はない(21)。前項で述べたように、有節瑞保の筆になる「烟草」の翻刻のさいの校訂は、東京帝国大学付属図書館が所蔵するわずかな原本以外は、史料編纂所が収蔵する謄写本のみで行われたことになる。翻刻版の『鹿苑日録』ではこの「烟草」または「烟景」がどのように翻刻されているか、初版（昭和九〜一二年翻刻版）・第二刷（昭和三六年）および第三刷（平成三年）で確認すると表9-3のようになる。

ここで、野村説の概要を次に示す。

①・「烟景」は唐詩の「五湖烟景有誰争」の五湖を五箇（五〇〇文）にかけて、京都五山の禅僧が用いた銭五〇〇文の異称であるから、「烟草」は「烟景」の誤りである。

②・有節の日記に、

文禄二年七月九日、晩来往宗與宅。烟草携之。

同五年正月八日、午刻赴日野甲第。雙樽・両種・孔方烟草携之、嘉例也。（中略）及夕陽帰院。往辨殿。雙樽・両肴・烟草相携也。

同正月十七日、百萬返長老携烟草来。以他適不面也。

同同月廿七日、遺啅子於百萬返。講年頭之禮烟草返之也。

の記事があり、この烟草はすべて「タバコ」とされる。

・しかし、梅叔法霖の日記には、

天文六年五月十三日条に「自宇治白布来。與侍者相合而買之。代隻烟草也」という記事がある。ここに「隻烟草」という語を使用しているが、これは銭高を示していることは明らかである。

・有節瑞保の日記では、

毎年正月八日に、日野輝資父子にものを持参して歳首を賀している。

文禄二年正月八日、於日野亜相　雙樽・一荷昆布・豆腐・五十疋遣之
　赴日野辨殿　雙樽・豆腐・昆布・五十疋獻之
同三年正月八日、乗荷輿赴日野甲第、講禮、雙樽・両肴・烟景携之。（中略）雙樽・両種・五ヶ携之。赴辨殿。

とある。即ち毎年持参のものがほとんど一定しているのであって、雙樽・両肴のほかに必ず銭を持参している。その銭高はこれを五〇疋とか、五ケとか、烟景とか書き分けているがともに五〇〇文のことで、これも毎年一定していることがわかる。これにより推せば、文禄五年正月八日の日野父子に歳首を賀せる条の「烟草」も銭であるとなさねばならぬ。（ここでは「烟草」「烟景」の表記は翻刻版『鹿苑日録』の初版に従う）

しかし、野村説が文禄二年正月八日としているのは誤りで、この条には日野弁邸へ赴いた記述があるにもかかわらず、贈答品には「烟草」も金銭もふくまれていない。前年の天正二〇年（一五九二、一二月八日文禄へ改元）正月八日条には「如例年烟景遣之」の記述があり、「五十疋」も二度記載されているが、野村はこれには触れていない。

「烟景」が京都五山の僧の間で用いられた銭五〇〇文の異称であることに異論はないが、正月八日には必ず一定の金額を公家の日野父子へ贈っているとする論拠は、野村が触れていない天正二〇年正月八日条にみる「如例年烟景遣之」の記述によるものであろうか（『鹿苑日録』第三巻、四七頁）。

ところが、「例年の如く」とあるものの、有節瑞保の日記が『鹿苑日録』に収載されているのは、天正一九年（一五九一）から文禄五年（一五九六、一〇月二七日慶長へ改元）までの六年分である。しかも、天正一九年および文禄四年には、正月八日条は残っていない。有節瑞保の前任者である西笑承兌による「日用集」の天正一七年正月八日条にも、日野を訪れている記述はあるが、金銭贈与の記載はない（『鹿苑日録』第二巻、二九四頁）。

『鹿苑日録』の文禄元年以前の条には、天文六年（一五三七）五月一三日条の他に「烟草」「烟景」の記載はなく、「如例年烟景遣之」を裏づける記述はない。『鹿苑日録』所載の正月八日条に「烟草」「烟景」または一定金額の記述が認められるのは天正二〇年・文禄三年・同五年の三例に限られる[22]。このことから、野村が主張する「日野父子宛に毎年正月八日には、必ず一定の金額を付けている」とする説は成立しない。

文禄二年（一五九三）正月八日条には「烟草」および銭五〇〇文に当たる記載はないが、野村が言及していない天正二〇年正月八日条には贈与の対象が日野父子と異なるものの、「烟景」が一度あらわれ、日野宛てには「五十疋」が二度出てくる。さらに文禄三年正月八日条にも「烟景」と「五ケ」の両方が同一条に出てくる。「五十疋」「五ケ」「烟景」が等しく「銭五〇〇文」の意であるなら、なぜ同一条の記述に異なった表記を併記するかが疑問になる。

この翻刻本にあらわれる「烟草」「烟景」表記の校訂は、文禄三年の条以外はすべて謄写本のみによる。しかし、前掲表9-3に示すように第三巻に記載のある「烟草」または「烟景」のうち、天正二〇年正月八日条および文禄三年正月八日条は、初版から第三刷まですべて「烟景」として翻刻されている（同表アミカケ欄）。

野村説はさらに、前述した天文六年五月一三日条に、次に示す「烟草」が出ていることをもって文禄二年の「烟草」も疑問とする（野村 1938, 897／奥田 1984, 68 註5）。

自宇治白布来。与侍真相合而買之。代隻烟草也。侍真無代。唐台二可来。先代可渡云々。

梅叔法霖によるこの条は、コンテクスト（文脈）からみて宇治からもたらされた白布の代金であることは明らかで、年代からみても「烟草」にはなり得ない。この条の「烟草」は、野村が主張するように銭五〇〇文を意味する隠語の「烟景」である。

表9-3に示したように、初版から「烟景」と翻刻されているもの以外は、初版ではすべて「烟草」とし、第

二刷刊行後に発行された『鹿苑日録　総索引』の正誤表および第三刷で「烟草」に（景）の傍注を付している。ところが、明らかに白布の代金として「烟景」とすべき天文六年五月一三日条は初版から「烟草」とされ、第三刷になってからも「烟景」に修正することなく「草」に（景）の傍注を付しただけである。

これまで述べてきたように、野村説には種々の誤りと矛盾を指摘することができる。「五湖烟景有誰争」の「烟景」にとらわれすぎて、十分な検証をせずに結論を急いだのであろうか。以後、これに追従する論考が続き、『鹿苑日録』の文禄二年七月九日条にみる「烟草」を「烟景」とする説が、半ば定説化されつつあることに危惧を抱く。

(3)「烟草」表記が使われていなかったとする説

『たばこ史研究』二二号には、この時代のタバコの当て字にまだ「烟草」は使われていなく、かな文字あるいは別の当て字が多く用いられていたので、「烟草」は「烟景」である可能性が高いとする説が掲げられている（奥田 1987, 11）。

「烟草」の当て字は中国では順治二年（一六四五）の『本草彙言』に初めてあらわれ、続いて同一八年（一六六一）の『本草洞詮』に載り、元禄五年（一六九二）になってからわが国の『本朝食鑑』に紹介され、広く用いられるようになったとする（奥田 1987, 11）。したがって奥田説では、文禄時代のわが国では「烟草」の表記はまだ用いられていなかったことになる。この考え方は、宇賀田為吉の煙管（烟筒）伝来の中国先行説を踏襲したにすぎない（宇賀田 1984, 154・184）（第13章四二七・四三六頁）。

しかし、わが国で『鹿苑日録』の次に「烟草」表記があらわれるのは、慶長八年（一六〇三）の『琉球往来』である。本章4節でとりあげるが（二九七頁以下）、奥田は『琉球往来』の「烟草事」の条は中国・漳州からの書状を引用したものとする。これは、「往来物」を単なる往来文の模範的文例集とする誤った解釈と、「烟草《タバコ》」「烟筒《キセル》」の表記は中国から伝わったとする先入観によるものであろう。しかも、奥田が引用している「烟草」表記の中国での初出時期とも矛盾することになる。

禅僧による『鹿苑日録』は漢文による記述が主体であるから、タバコの漢字表記がまだあらわれていなくとも「烟草」が創出されるのは極めて自然であろう。

タバコ喫煙の伝来についても、中国先行説が根底にあるようで、オランダの文献から多くをとった大槻玄沢の『蔫録《えんろく》』があるものの、多くの論考は近年にいたるまでわが国の対外交渉史とヨーロッパの喫煙史を照査することなく、わが国の喫煙伝来史にさまざまな誤った定説を作りあげてきた。この奥田説も、論拠を示さない宇賀田為吉の中国先行説に追従したにすぎない。

中国でタバコ・喫煙が初出するのは万暦三九年（一六一一）公刊とされる『露書』であり、わが国より遅いのだが、その喫煙形態からみてもその伝来経路の定説に多くの問題点を指摘することができる（第10章三一五頁以下）。中国への喫煙伝来については、第13章で扱うことにする（四二四頁以下）。

（4）「文禄中日記」

既述したように、『鹿苑日録』の有節瑞保の筆になる文禄年間の記録をふくむ原本は、文禄三年の「日録」以外はすべて関東大震災のさいに焼失したとされるが、近年になって文禄二年七月九日条をふくむ「日渉記」の原本が「文禄中日記」として相国寺に残っていることが明らかになった。

『たばこ史研究』三〇号に収載された奥田雅瑞の論考では、京都の相国寺に残る「日渉記」の原本の一部とされる文書の写真から、文禄二年（一五九三）七月九日条の「烟草」の「草」のくずし方は「景」と読むのが普通であるとする慶応義塾大学の高橋正彦教授の所見を紹介している（奥田 1989, 78-79）。

東京大学史料編纂所が所蔵する謄写本の補記によると、文禄二年正月から九月までの「日渉記」は、明治三六年（一九〇三）四月に「文禄中日記」として発見され『鹿苑日録』に収められたとされる。『鹿苑日録』の原本は、相国寺の慈照院が襲蔵していたものを明治三八年に東京帝国大学が購入したが、大正一二年（一九二三）の関東大震災による焼失をまぬかれたこの巻の原本は、何らかの理由で相国寺が所有することになった。

『たばこ史研究』三〇号および一〇九号には、「日渉記」の原本の「烟草」の写真が掲載され、「景」のくずし字との比較がなされ、「草」とは読み難いとする「専門家」の見解が示されている。一〇九号には「専門家」の意見として、先入観があれば「烟草」とも読めるとするコメントが紹介された。この記事では、有節瑞保のくずし字はクサカンムリをふくむ上部が「草」とは読めぬとしている。

しかし、『たばこ史研究』三〇号に掲載された「草」のくずしの例示は、その下部が筆遣いからみて「景」とは明らかに異なることを示している。いずれの説も、文字を十分に分析せずに目視の印象のみで判断する誤りを犯しているようにみえる。

筆者が受けた古文書の講座では、筆順を重視した解読方を指導されたが、前著『喫煙伝来史の研究』で紹介した書家の見解も、有節瑞保の筆によるこの条の「草」は筆順からみて「景」とは読めぬとするコメントであった。この書家は、「草」のくずし方はいずれも一定の法則によるものだが、僧職はとくにこれにしたがうものであり、有節瑞保は鹿苑院の院主から相国寺の第三九代住寺になるのだが、名刹の住寺になる僧職が筆順を違えることは考え難いとする。

(5)有節瑞保の筆による「烟草」「烟景」の原本による比較

『鹿苑日録』第三巻の第三刷で（景）の傍注が付された文禄二年七月九日条の「烟草」と、初版から「烟景」とされている文禄三年一月八日条は原本の所在が明らかになった。そこで、ともに有節瑞保の筆であるが、「烟景」と「烟草」に翻刻されている二文字を次に比較することにする。

文禄二年七月九日条は（図9-5）、平成二一年（二〇〇九）に相国寺で大河喜彦氏[23]によって撮影されたもので、文禄三年正月八日条は（図9-6）、東京大学総合図書館が所蔵する原本を撮影した、人間文化研究機構の国文学研究資料館所蔵のマイクロフィルムから複写したものである。

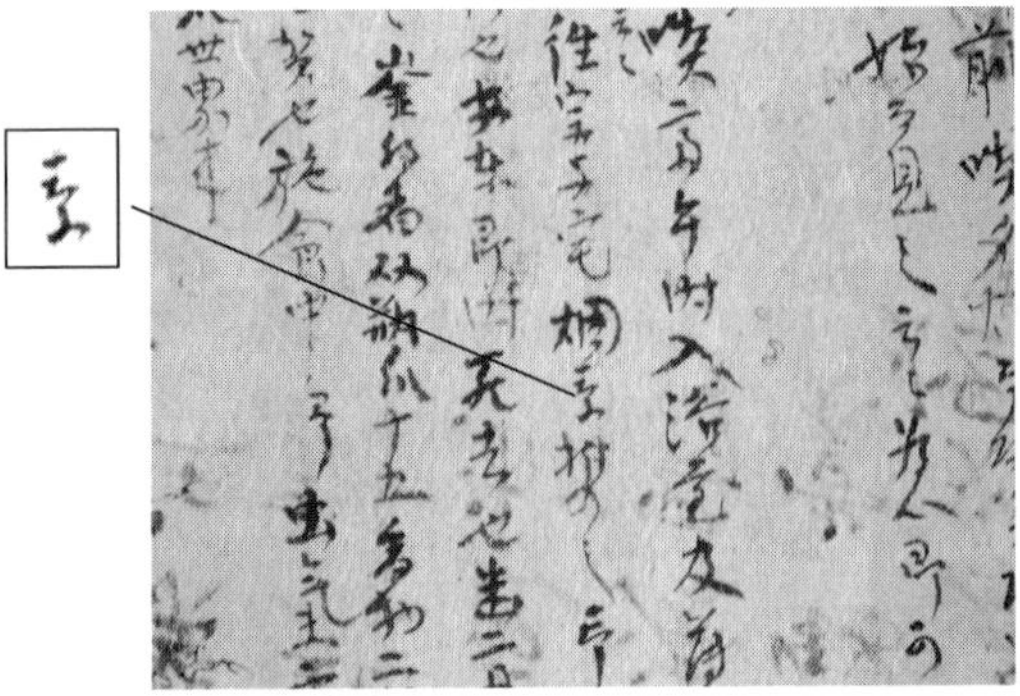

図9－5　『鹿苑日録』文禄２年７月９日条（原本）

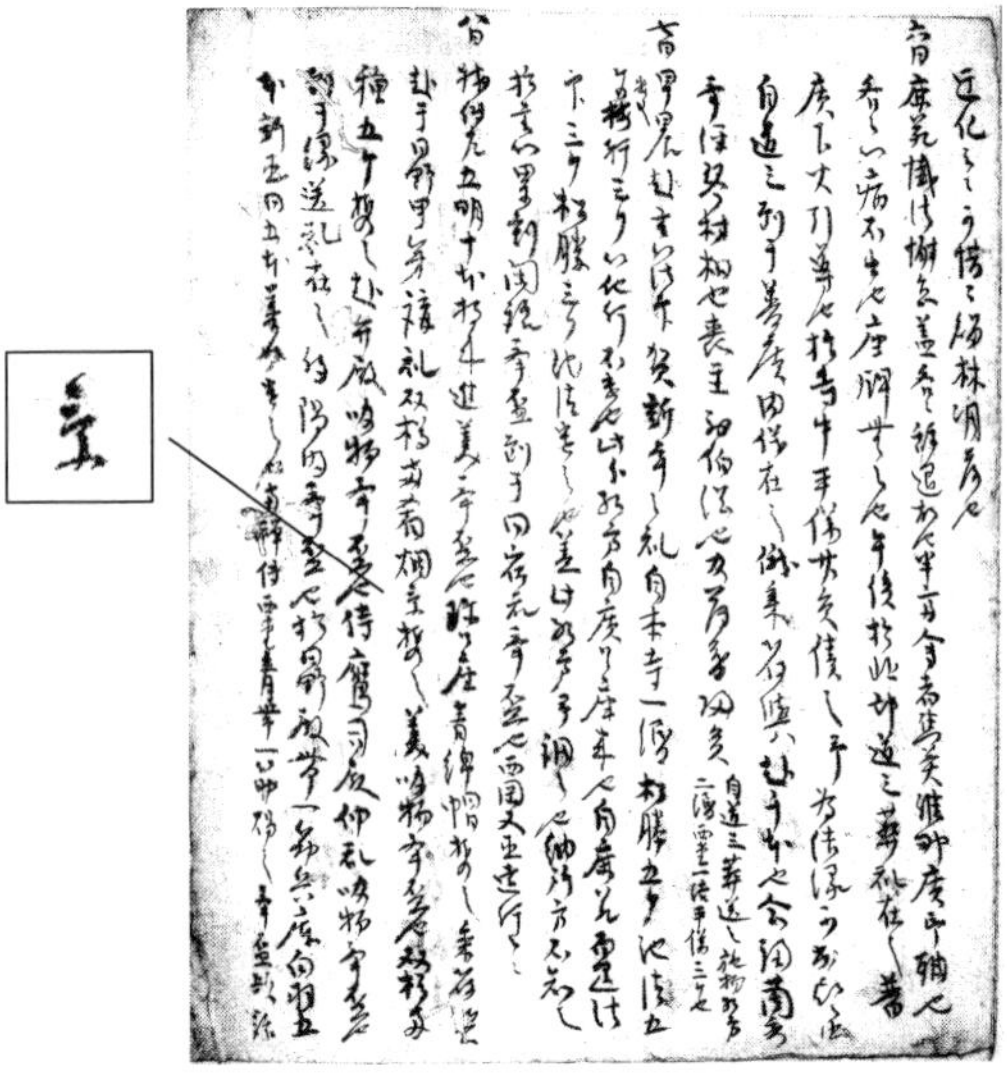

図9－6　『鹿苑日録』文禄３年正月８日条（原本）

図9-7・8に示すように、有節瑞保の筆になる文禄二年七月九日条と文禄三年正月八日条の原本では、問題の文字は「草」の同系くずしの「草」であることがわかる。ところが、原本が残るこの二例は、東京大学史料編纂所蔵の謄写複本では二つの異なるくずし字で残されている。この二つの条の謄写本は、その筆跡から異なる人物の筆になるのだが、図9-9に示すように文禄二年七月九日条の「草」のくずし字は、他の条の謄写本にみる「草」あるいは「景」のくずしとは異なる。

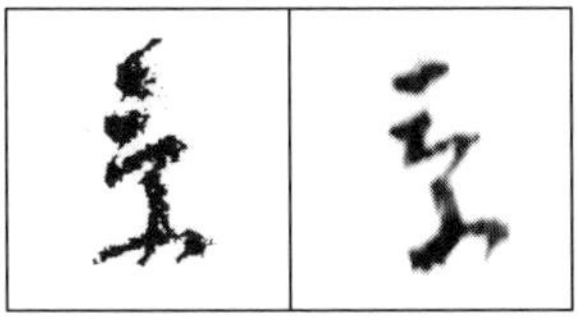

文禄３年正月８日条　東京大学総合図書館蔵(25)　　文禄２年７月９日条　相国寺蔵「文禄中日記」(24)

図９−８　『鹿苑日禄』の残されている原本にみる「草」

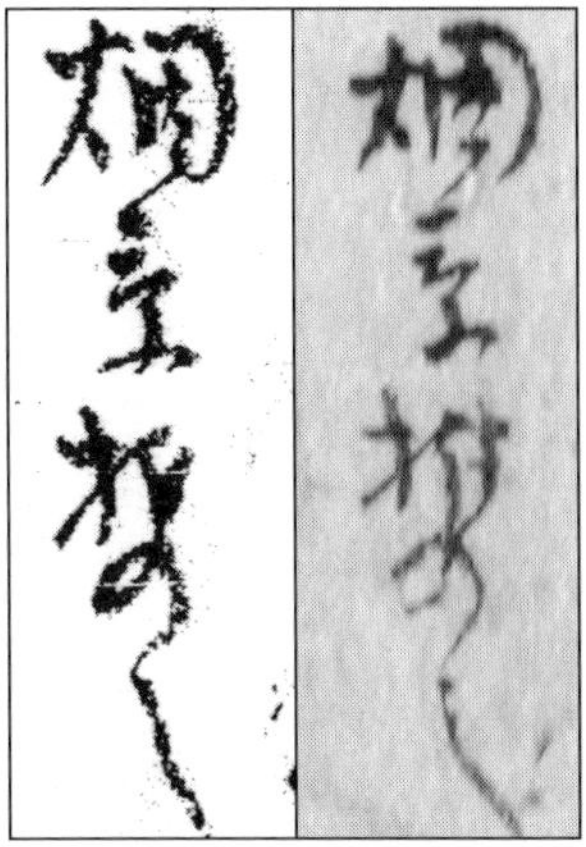

文禄３年正月８日条(原本)(25)　　文禄２年７月９日条(原本)(24)

図９−７　「烟草携之」

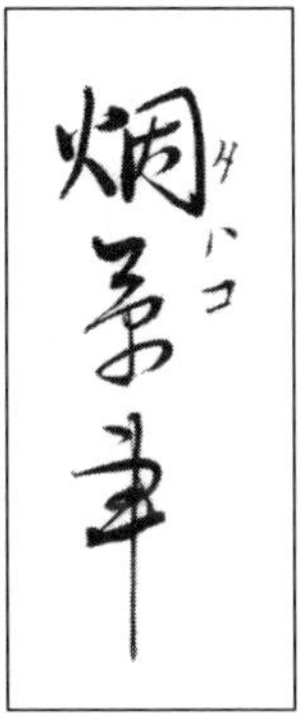

図９−10　無窮会蔵『琉球往来』写本にみる「烟草事」

文禄３年正月８日条　　文禄２年７月９日条

図９−９　東京大学史料編纂所蔵の謄写本

(文禄３年の「草」右肩の左下がりの線は汚れか)

図9‐11　謄写本(東京大学史料編纂所蔵)の天文6年の「景」と他の条の文字との比較

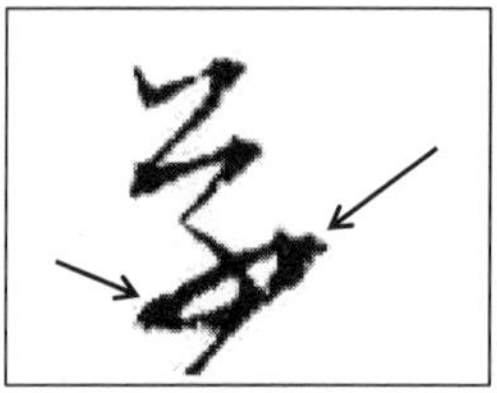

図9‐12　謄写本天文6年5月13日条「景」

しかし、このくずしは他にも類例をみる。一例として、次節でとりあげる無窮会所蔵の『琉球往来』（二九八頁の図9‐29）の写本に記されている「烟草事」を図9‐10に示す。

この写本は、文化六年（一八〇九）の伴信友による写本の写しとされるが（鈴木1999, 70‒72）[26]、「草」のくずしは文禄二年七月九日条の謄写本と同系であることがわかり、『鹿苑日録』のこの条の「烟□」が「烟草」であることが確認できる。したがって、図9‐9に掲げた謄写本の二例の文字は原本のくずしが同じであることから、文禄二年と三年はともに「草」であることになる。

ここで、コンテクストから明らかに「烟景」とするべき天文六年五月一三日条で、初版の翻刻が「烟草」とされているくずし字を、他の条の「草」と次に比べてみる。

図9‐11に示す謄写本の筆跡は、天文六年と文禄二年では異なるが、文禄三年と五年は同じ筆で謄写されていることがわかる。天文六年五月一三日条の「烟

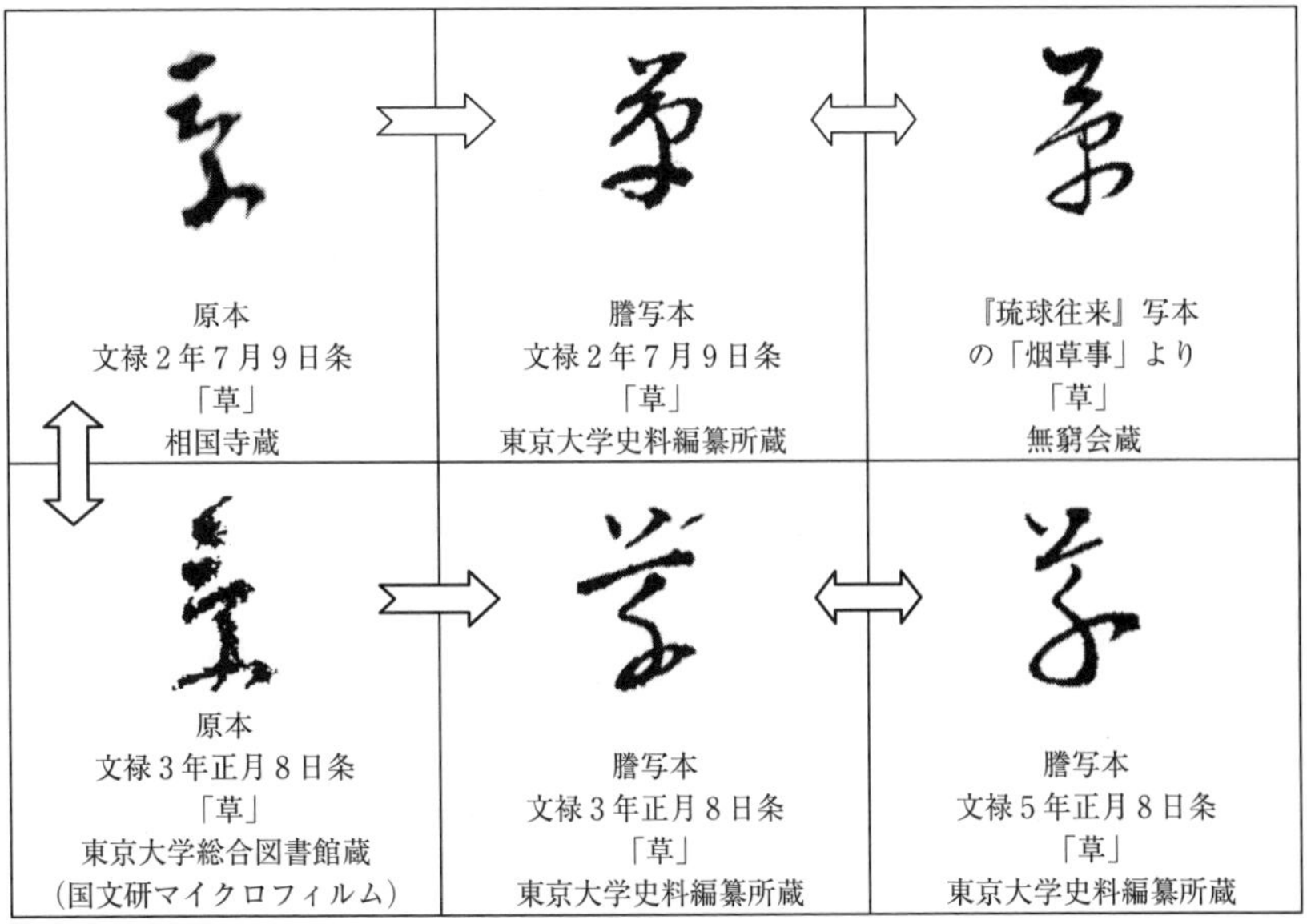

図９‐13　「草」の拡大比較

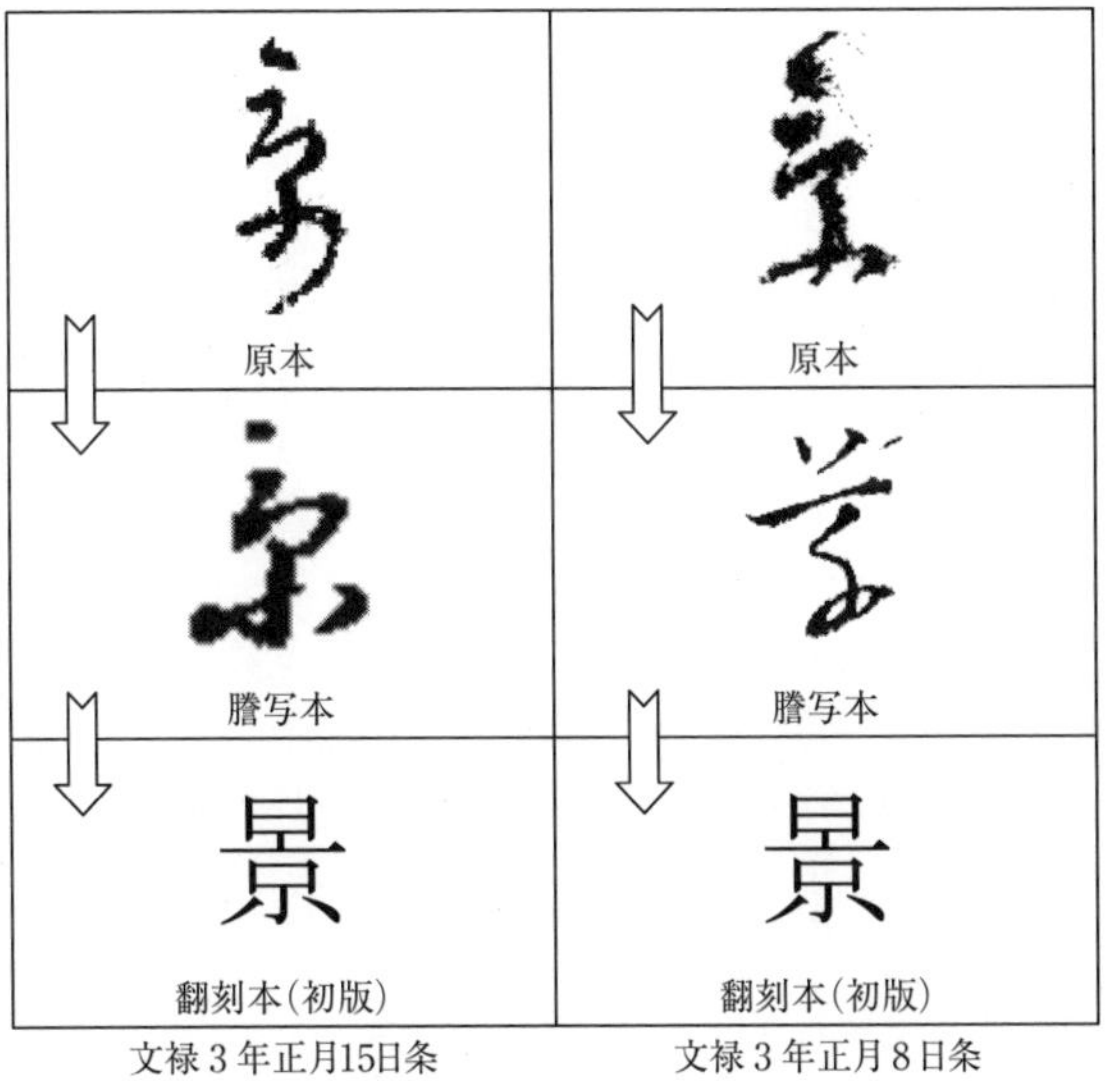

図９‐14　文禄３年正月条の「草」と「景」

□」はコンテクストから明らかに「烟景」とすべきものであるが、文禄三年正月八日条あるいは文禄五年正月八日条のくずしと混同され易い。「草」と「景」のくずしは、しばしばまぎらわしい字体であらわれる。次に、各々の「草」「景」を拡大して示す（図9‐13・14）。図9‐12に掲げる天文六年五月

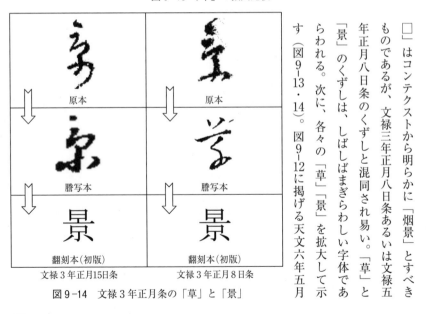

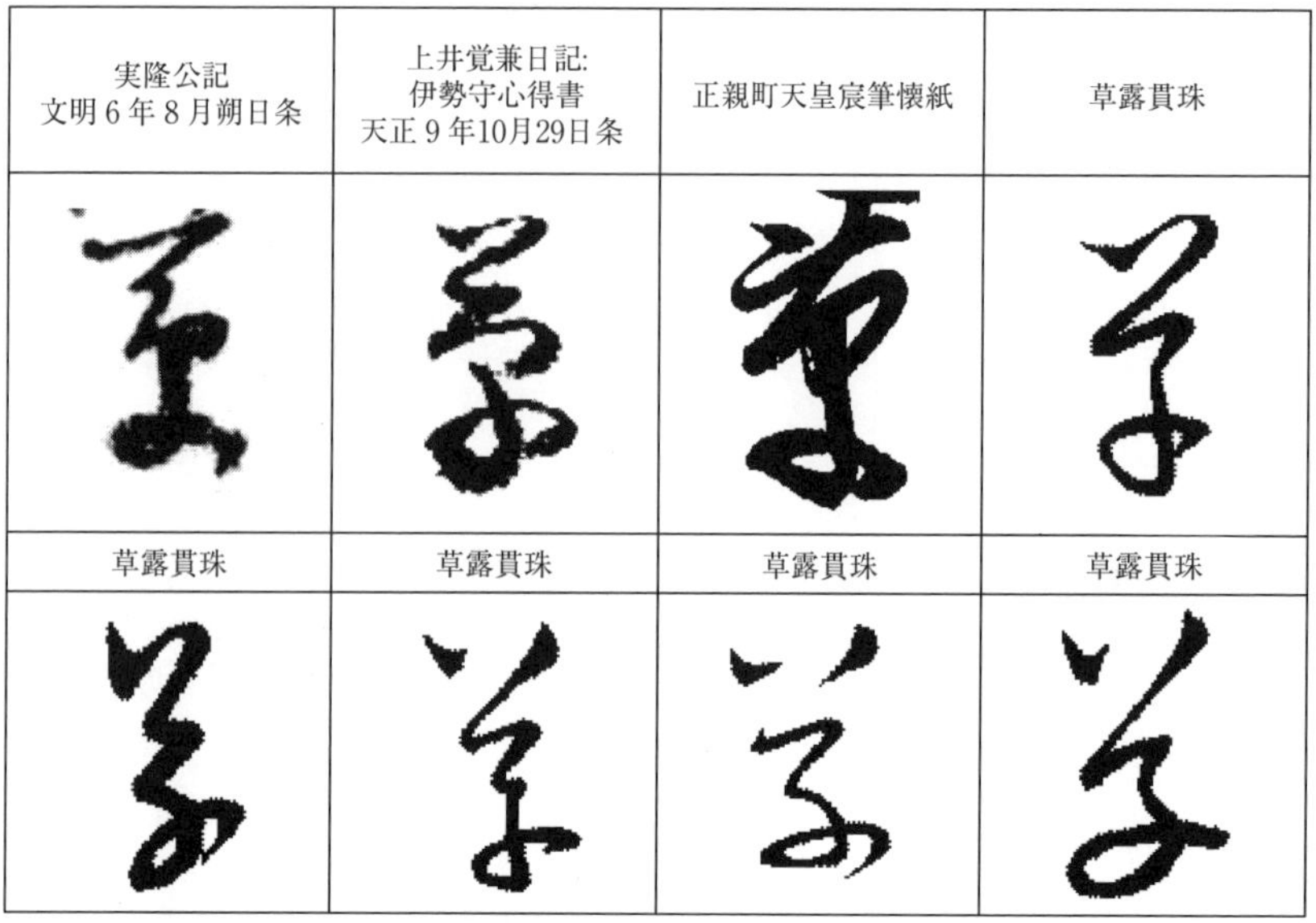

図9-15　東京大学史料編纂所「電子くずし字字典」の「草」検索例

一三日条の謄写本の文字に付した矢印は、筆の留めを示す。

文禄二年の「烟草」の謄写字の他は、天文六年・文禄三・五年ともに類似するくずしにみえる。しかし、筆遣いと筆の留め方に注意すると相違がみえる。すなわち、草と景の下部の留め・筆遣いの違いから、天文六年は文禄二・三・五年とは明らかに異なる「景」であることがわかる。

前述したように、天文六年五月一三日条はコンテクストからみても「景」であることは明白である。図9-8または図9-13でみる文禄二・三年の原本も同様に筆遣いから「景」ではないことがわかる。

さらに、文禄三年の正月には八日条の「草」に加えて一五日条に「景」の文字があらわれる。原本と謄写本の比較を次に示す（図9-14）。

ここに示したように、同じ筆による文禄三年正月八日条の「草」および同月一五日条の「景」は、原本・謄写本ともに明確に区別できる筆遣いで記されているのがわかる。少なくとも有節瑞保が記した同

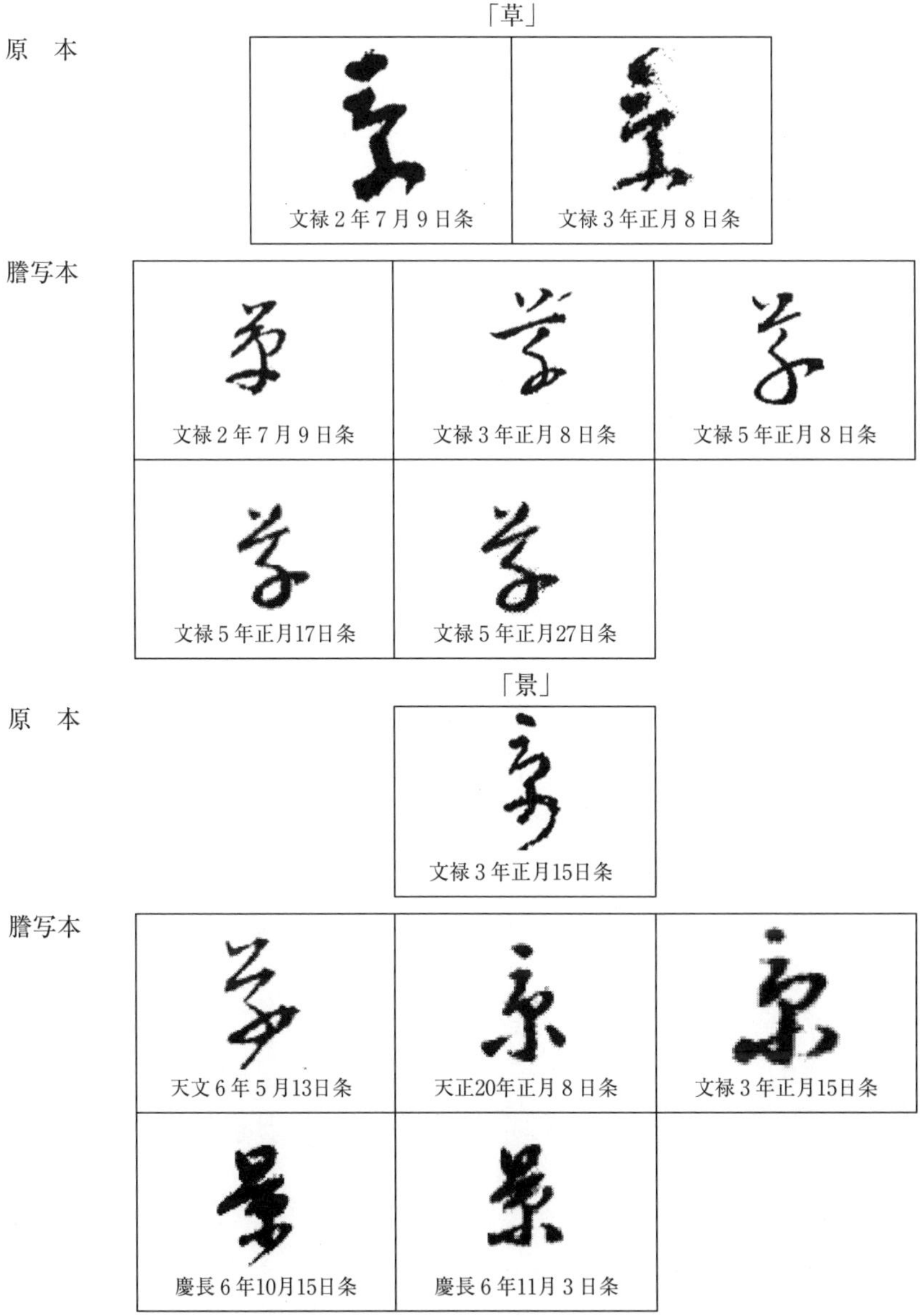

図９−16　『鹿苑日録』謄写本にあらわれる「草」「景」一覧

年月条に関しては、原本上では「草」と「景」は区別できる字体で記されていて、この謄写時に筆写違いは起こり得ない。同一人物の筆になる謄写も「草」と「景」は明確に分けて筆写されている。

ところが、翻刻版では文禄三年正月八日条の「烟草」は、図9-14に示したように、「草」とすべき箇所が初版から三版まですべて「景」と翻刻されてしまっている。

念のために、東京大学史料編纂所の「電子くずし字字典」で「草」を検索すると五八例（二〇一四年一二月現在）が示される。図9-15のように、文禄二・三年の原本あるいは謄写本の文禄二年七月九日条に近いくずしが文明六年（一四七四）の「実隆公記」、天正九年（一五八一）の「上井覚兼日記」の例で示される。文禄三年正月八日条の「」と同系くずしの「草」も五例ほど示される。

この検索作業からも、文禄三年正月八日・同五年正月八日の両条などの「」と「」は「草」であることが確認できる。

ここで、『鹿苑日録』第三巻の原本・謄写本にあらわれる「草」および「景」を一覧表にまとめると図9-16のようになる。

原本にあらわれる同系のくずし字が、謄写本では二つの異なるくずしで示された文禄二年七月九日条と同三年正月八日条は、単に異なる筆とくずしの違いであることが、図9-11で筆跡を比べるとわかる。文禄三年正月八日条の謄写本のくずしが「草」であることが明らかになったことで、『鹿苑日録』第三巻にあらわれる謄写本上の同系くずし「烟□」はすべて「烟草」と読むことになる。

これまでに確認できた読み方を表9-2に示す。コンテクストからみて、天文六年は「烟景」であることに間違いはないが、天正二〇年（一二月文禄と改元）正月八日条は、謄写本では表9-2に示すように明確に「景」と記されていて、原本が存在しないことから謄写本にしたがうしかない。しかし、文禄二年七月九日条とは異な

表9－2　原本・謄写本・翻刻にあらわれる同一条の「草」と「景」の正しい翻刻

日付／版	天文6年 5月13日	天正20年 正月8日	文禄2年 7月9日	文禄3年 正月8日	文禄5年 正月8日	文禄5年 正月17日	文禄5年 正月27日
原　本	—	—	草	草	—	—	—
謄写本	草	景	草	草	草	草	草
翻刻本 （初版）	草	景	草	景	草	草	草
翻刻本 （三刷）	（景） 草	景	（景） 草	景	（景） 草	（景） 草	（景） 草
正しい 翻　刻	景	景	草	草	草	草	草

る筆の謄写であり、謄写のさいの読み違いの可能性は否定できない。

野村説は、原本によらない古文書の翻刻の難しさを示す好例であろう。先に述べたように、『鹿苑日録』は東京帝国大学付属図書館が明治三八年（一九〇五）に慈照院[18]から購入した後、大正一二年（一九二三）の関東大震災によって、貸出し中の原本の一部と謄写本を残して焼失した。謄写本については、その一部に記されている日付から、明治二二～二三年頃の筆写であるから、慈照院から東京帝国大学へ所有が移る明治三八年の一五年ほど前に京都で作成されたものであろう。すなわち、東京帝国大学で作成された謄写本ではないことになる。『鹿苑日録』の文禄二年（一五九三）七月九日条にみる「烟草」は「烟景」であるとする説、およびこれに追従する論考によって危うく定説に仕立てられようとしていた。

『鹿苑日録』の記述によってわかることは、文禄年代、すなわち一六世紀末にはタバコの広範な栽培にいたっていなかったものの、高価なタバコ葉がすでに贈答品として限られた階層の間で遣り取りされていたことである。

(6) 補　遺

『鹿苑日録』の慶長四年（一五九九）八月一六日条には、図9-17

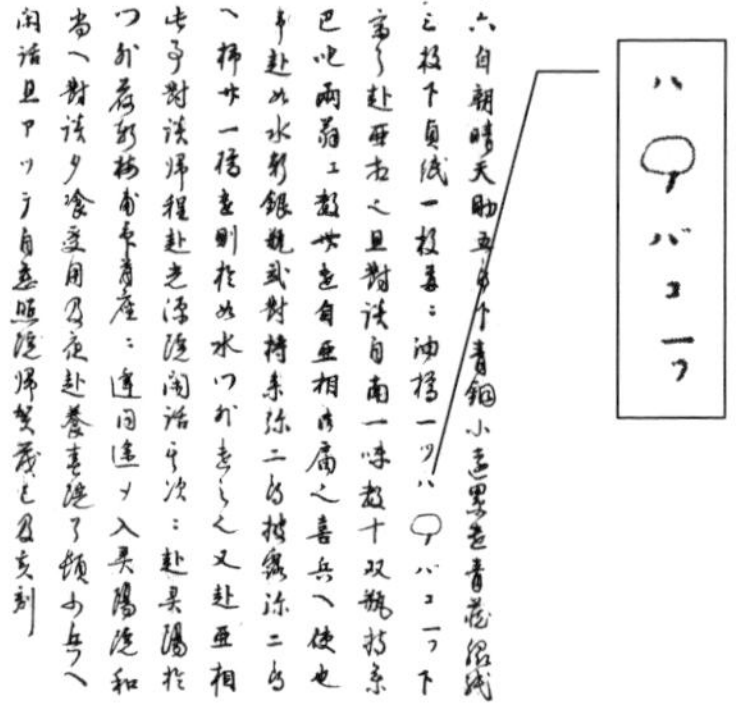

図9-17　『鹿苑日録』(謄写本)慶長4年8月16日条にみる「ハタバコ一ワ」の記述

に示すように虫喰い跡があるものの「ハ[タ]バコ一ワ」（葉タバコ一把《わ》）の記述がみられる。[27] これは、「葉タバコ」の初出であるが、キセル喫煙の初期には、刻んでいない葉タバコが売買されていて、喫煙者がこれを刻んで用いたことがわかる。この記述から、慶長四年には、葉タバコが把《たば》で扱われていたことが示されていて、小規模ながら国内栽培がすでに始まっていることがうかがえる。

翻刻版に示されている「ハ□バコ一ツ」から、針箱・箸箱などとする説もあらわれたが、謄写本に描かれた虫喰い跡に残る線をみる限り、「リ」または「シ」とするには無理があり「タ」とするのが正しいとみる。さらに、「ツ」は「ワ」の読み誤りにみえるので「一把《ワ》」ということになる。

文禄に入るまでは、『羅山文集』や『本朝食鑑』などに伝えられるように、喫煙はタバコの葉をそのまま巻くか、紙に巻いて喫っていたものと考えられる。葉を巻くには、タバコの葉が少なくとも一枚は必要で、タバコの国内栽培開始前には極めて高価な行為であった。[28] しかし、キセルの導入によって一枚の葉を刻んで使用することで、何度かに分けて喫うことができるようになった。これにより、タバコ喫煙の広まりが促進されたであろう。『鹿苑日録』の文禄年間に出てくる「烟草」の頻度を考えると、とくに文禄五年には三度も「烟草」が記述されていることをみると、ポルトガル船の乗員がもたらす限定的数量の私的交易で得られたものではなく、小規模ながらタバコ栽培が始まっていたとみるべきである。

第11章でとりあげるが（三五三頁以下）、天正一三年（一五八五）頃にはすでにオランダの金属パイプが紹介されていた可能性がある。慶長八年（一六〇三）の『琉球往来』にみる「烟筒《キセル》」の初出は、文禄二年（一五九三）の『鹿苑日録』に「烟草《タバコ》」が初出してから一〇年目のことである。時間軸上で考えると、文禄年間は、キセル（パイプ）による喫煙が広まりをみせ始める頃であろう。加えてタバコの国内栽培の広がりが喫煙の普及に拍車をかけて、慶長八年には、『琉球往来』に烟筒（キセル）の初出をみることになる（二九八頁の図9-29）。

昭和一七年（一九四二）にシリング・フォン・ドロテウス（Von Dorotheus, Schilling, O.F.M., Rom.）が上智大学の欧文紀要（二四九頁）に発表したように（Von Dorotheus 1942, 123-124）、慶長六年（一六〇一）、マニラから三度目の来日をしたフランシスコ会士がタバコで作った膏薬とその種子を、伏見城で病いに臥せていた家康に献上したことから、これをもってタバコの伝来あるいはタバコ栽培の始まりとする説が近年までみられた。しかしこの説は、慶長七年（一六〇二）の石州邑智郡大林村の検地帳にみる「たはこ」（本章3節）、翌八年の『琉球往来』の「烟草」「烟筒」を考えると（本章4節）、時間軸上の整合性を全く考慮していないことになる。

文禄年間に有節瑞保が記した日記にあらわれる「烟草」の頻度から考えると、限定的な国内栽培はすでに始まっていたであろう。しかし、栽培がまだ限定的であったことによって、価格は依然高く、しかも、一個作りの金属キセルの製造もまだ十分な数量に達していない時代には、当然その価格は高かったとみる。前述の慶長八年の『琉球往来』に「烟筒《キセル》」が初出するちょうど一〇年前にあたる文禄二年七月九日条は、まさにこのような時期にあった。

高価なタバコによって喫煙が特定階層の間で広まり始めていたことは、鹿苑院の僧侶や公家たちの間で行われていたこと、そして鹿苑院から公家の日野父子などへの贈り物にされていた例からも推し測ることができる。イングランドでのパイプによる喫煙が一六世紀の終わりに貴族階級・知識階級に広まることで、下流へ急速な普及をみせたことは本書の前編で何度か述べたが、わが国での伝播も同様なパターンであったことが推測できる。喫煙が貴族階級・聖職者から嫌われたことで、嗅ぎタバコ（polvo）が先行し、葉巻による喫煙が一八世紀に入る頃まで極めて限定的にしか行われなかったスペイン・ポルトガルとは対照的であった。

『鹿苑日録』の「烟草」記述は、わが国の喫煙史の時間軸上の空白を埋め、この後に続く石州邑智郡大林村の慶長七年の検地帳の「たはこ」、同八年の『琉球往来』の「烟筒」などと時間軸上で具合い良く整合するのである。

『鹿苑日録』に続く時代の、寛永一二年（一六三五）から寛文八年（一六六八）までの三三年間に鹿苑寺（金閣寺）で記された『隔蓂記《かくめいき》』には、翻刻本の索引[29]でみるだけでも実に多くの煙草《タバコ》・煙管《キセル》があらわれるようになる。南蛮草・多波古・莨若などと記された「タバコ」記述は三四二件、「煙管」は関連語をふくめて五七件ほど、「煙草屋」が二五件、「煙草包」の六件などの記述をみる。

この鳳林和尚による『隔蓂記』では、寛永一五年（一六三八）一二月二六日条に、最初のタバコ記述「南蛮二結被恵之」をみるが、「結」あるいは「把」はタバコ葉の束を意味することから、前掲『鹿苑日録』の慶長四年八月一六日条に記されているのは、「葉タバコ一把」であることがわかる（図9-17）。寛永一六年（一六三九）八月・一一月に「南蛮草一包」の記述があらわれ、同年一二月には「南蛮草壹箱」と記される。箱・包はいずれも刻んだタバコを収めるものとみられがちである。しかし、慶安二年（一六四九）正月朔日条に「細刻之多波古壱箱」、続いて二五日条に「入寺之祝儀多波古刻一尺餘四方箱入」の記述があり、明暦三年（一六五七）三月二三日条には「多波古拾二把入之箱」があらわれ、翌四年（一六五八）正月朔日条には「多波古刻壹箱」が記され、葉タバコ・刻みタバコのいずれも箱に収めて贈られていたことになる。

明暦年間（一六五五～五八）、すなわち一七世紀半ばには、入手できるタバコが「葉タバコ」「刻みタバコ」の両方が混在していた時期になる。葉タバコを入手してみずから刻んで使用していた時代から、店頭で客の求めに応じて刻んでいたものがさらに進んで、すでに刻んだタバコを商品として扱う時代に入る過渡期であったのであろう。寛文五年（一六六五）五月一一日条には、「多波古刻加平次呼寄、而壱斤刻也」とあり、葉タバコを刻む職業の存在が記されている。前述の慶安二年正月朔日条に記されている「細刻之多波古」は、タバコの刻み方が進歩してさらに細い刻みが出始めた頃を示すものである。タバコの刻み方が細くなるにしたがい、キセルのボウル（火皿）も小さく発展する過程をたどることになるが、この一七世紀半ばからタバコ刻みとキセルの進化が始まったといえよう。

『隔蓂記』でみるなら鳳林和尚の没年、寛文八年（一六六八）のちょうど二か月前の六月二八日まで続いた記述が終わる直前の四月一一日条に「高崎三把」、すなわち高崎タバコ三把が記されている。すなわち、タバコが乾燥した葉タバコの状態で売られていた時代が続くのである。これに関しては、タバコ作りおよび酒造禁止令が『隔蓂記』に記された寛文七年（一六六七）四月以後は、タバコの記述は圧倒的に「把」が多くなり、刻みタバコの記載が減少していることから、当時は禁止令によって店頭でタバコを刻むなど、人目につく商いは姿を消したことが推測される。

わが国の喫煙・タバコ伝来史には、近年にいたるまで実に多くの非論理的な説がいろいろなかたちで作りあげられているのをみる。一旦、定説扱いにされると、これに追従する論考の発表さえみるようになる。こうなると、「定説」に整合しない史料の否定論が出始めることになる。この『鹿苑日録』の「烟草」記述の否定はその一例である。

3　『石州邑智郡大林之銀山屋敷帳』『石州邑智郡大林村御縄打水帳』

(1)中村家文書と「たはこ」記述

タバコにかかわる古文書として、『越後國三嶋郡出雲崎村御水帳』『鹿苑日録』に次ぐ古い文書が近年島根県江津市で発見された。本来、石見銀山の大森代官所が所蔵すべき一万六〇〇〇点におよぶ文書類が何らかの経緯で、代官所から山を越えた現在の道で四〇キロほど離れた大貫村（現：江津市桜江町）の庄屋・中村家へ移されたのである。

平成二〇年（二〇〇八）九月および一一月の二度、筆者が実施した中村久左衛門家での調査で喫煙史上注目すべき謄写本（筆写本）をふくむ左記史料五点を確認した。

①慶長七年一〇月一二日『石州邑智郡大林之銀山屋敷帳』[30]原本（損傷ひどく測定不能／図9-22・24・25）

②同七年一〇月一二日『石州邑智郡大林村之銀山屋敷帳』謄写本（二五×一七・五センチメートル／二五丁袋綴／図9-23・26）

③同七年一〇月八日『石州邑智郡大林村御縄打水帳』（新町分）原本（二八×一七・五センチメートル／一六丁袋綴／図9-18・19・20）

④同七年一〇月八日『石州邑智郡大林村御縄打水帳』（新町分）謄写本（二五×一七・五センチメートル／図9-21）

⑤同七年一〇月八日『石州邑智郡大林村御縄打水帳』（中町分）謄写本（二五×一七・五センチメートル）

これらの検地帳は、大久保長安が初代石見銀山奉行（慶長六〜一八年）に就任した翌年の慶長七年に実施された検地の「御縄打水帳」と「銀山屋敷帳」である。①②③および④に、

たはこ　弥三郎[31]

の記載をみる。

①「銀山屋敷帳」の原本は損傷がひどいため、細心の注意を払いながら該当頁および写本で「たはこ　弥三郎」の記載を確かめた（図9-24・25）。「御縄打水帳」の写本は、新町分④と中町分⑤の二冊存在するが、東京

大学史料編纂所による一覧表（及川亘 2008, 31）には原本の記載がみられない。平成二一年（二〇〇九）一一月の二度目の調査で、新町分③については「銀山屋敷帳」原本の下に張り付いた状態でみつかった。さらに中町分を「銀山屋敷帳」原本の下にみつけることを試みたが、屋敷帳原本の損傷が極めてひどいことに加えて、「たはこ」の記載が中町分にはふくまれないことから中止した。

「銀山屋敷帳」原本の綴部には楕円の黒印が押印されているが、マイクロフィルムでこれらの史料を収集した

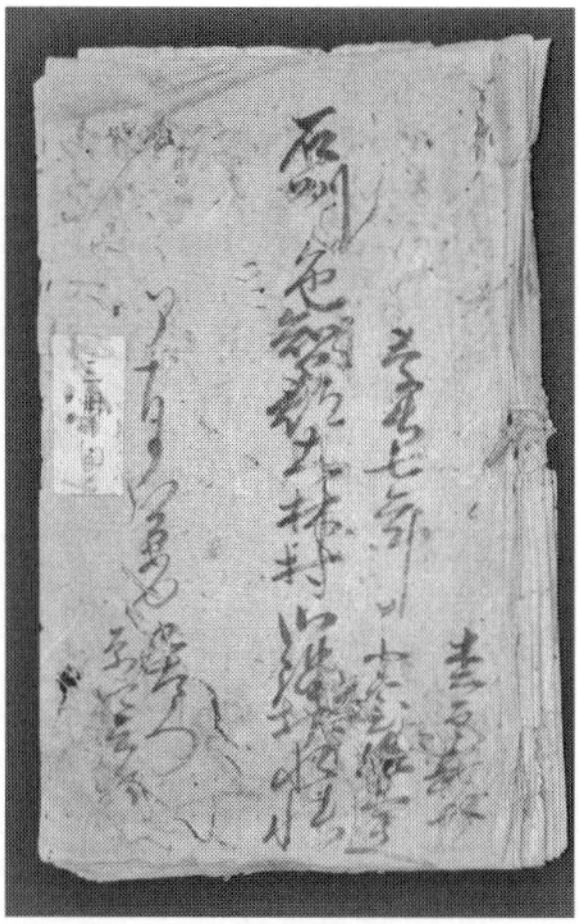

図９-18　③『石州邑智郡大林村御縄打水帳』原本（表紙）

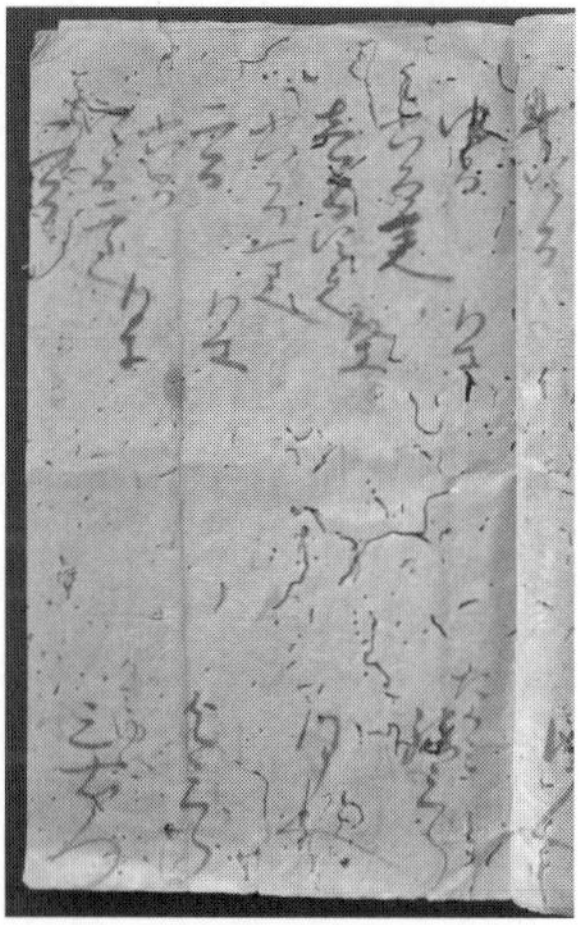

図９-19　同上（11丁表１行目「たはこ　弥三郎」記述）

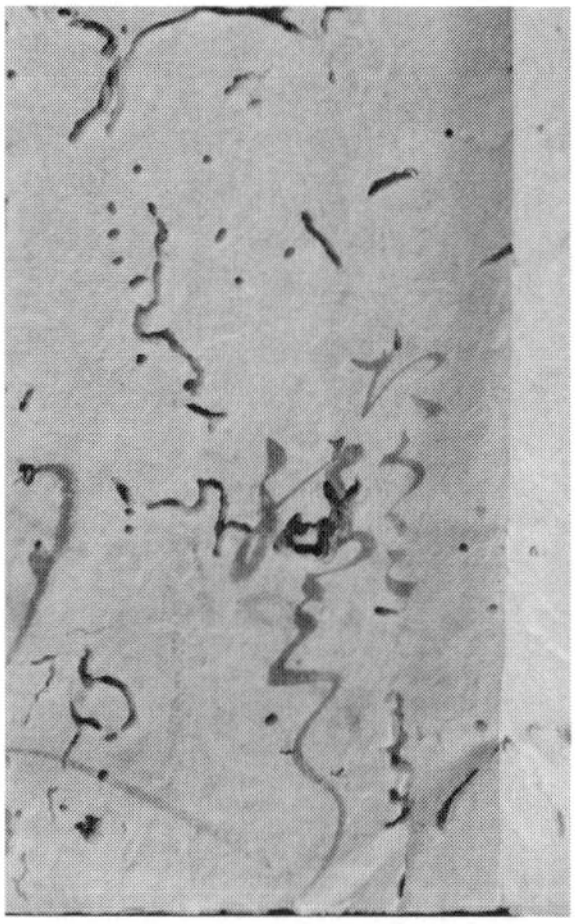

図９-20　同前（「たはこ　弥三郎」部分拡大）

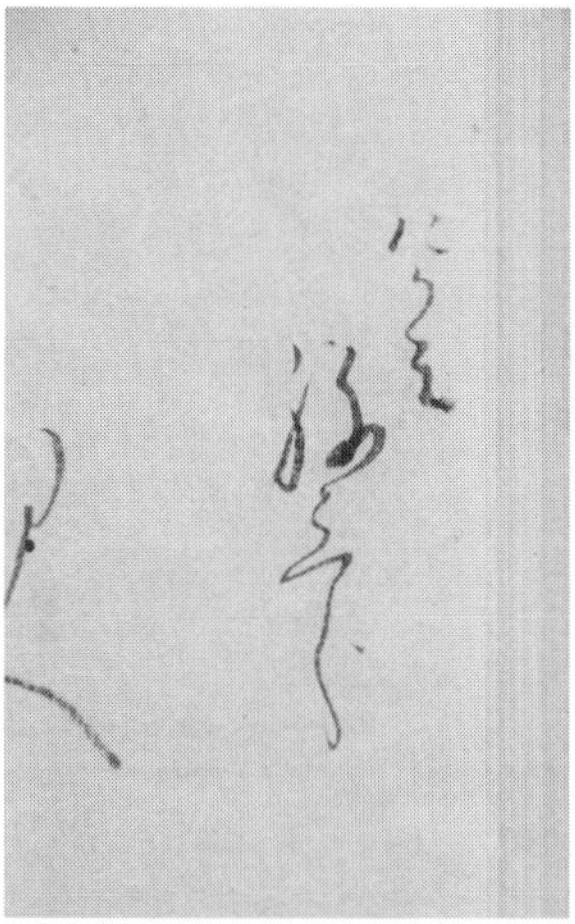

図９-21　④謄写本（「たはこ　弥三郎」部分拡大）

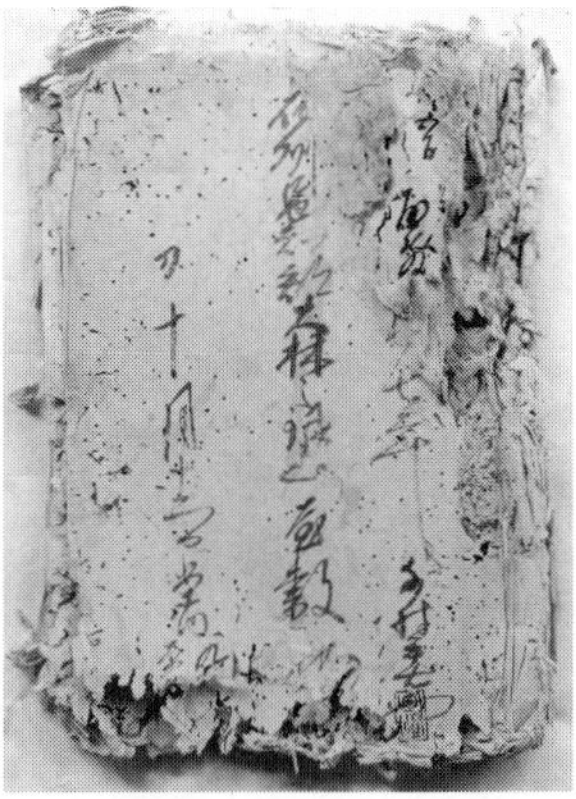

図9-22　①『石州邑智郡大林之銀山屋敷帳』原本（表紙）

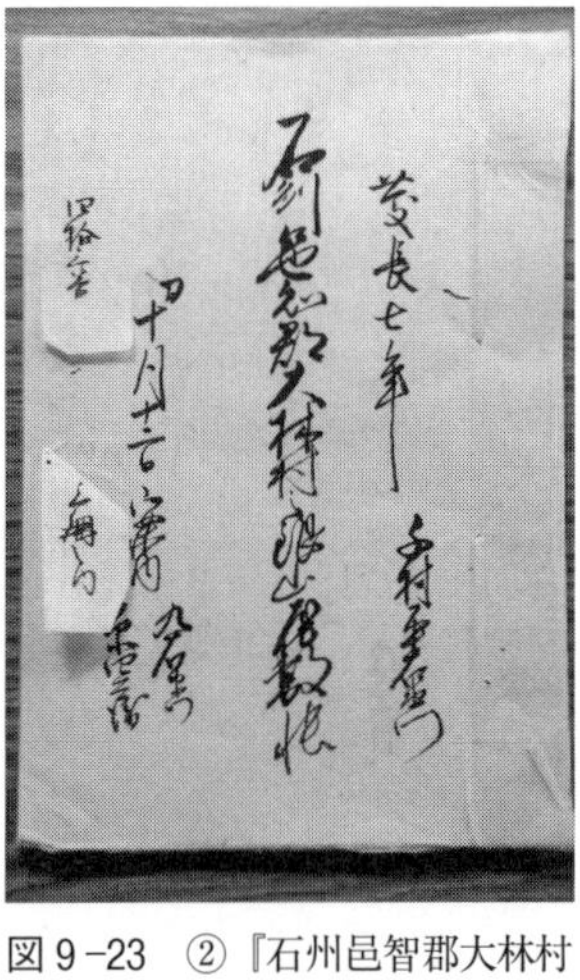

図9-23　②『石州邑智郡大林村之銀山屋敷帳』謄写本（表紙）

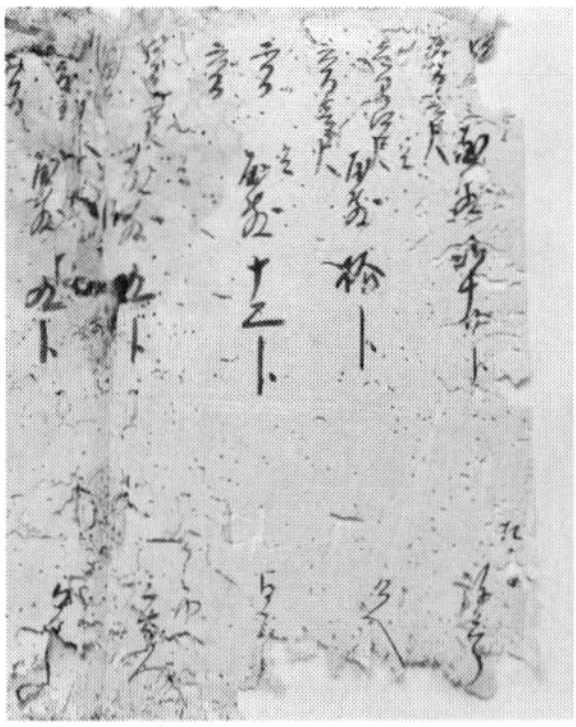

図9-24　①原本（11丁裏1行目「たはこ　弥三郎」記述）

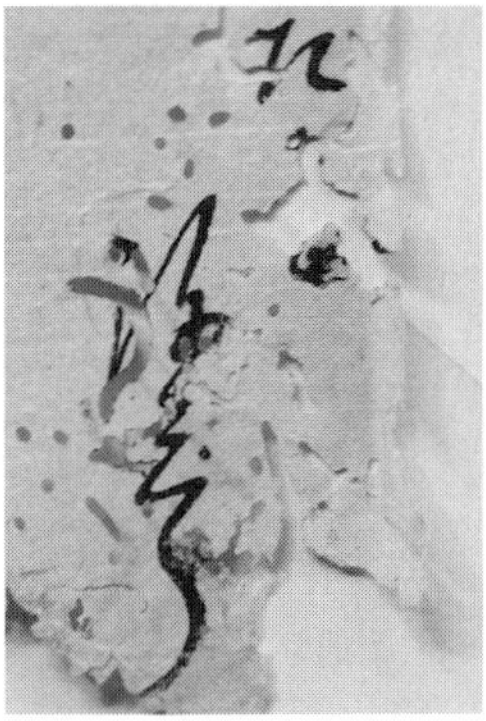

図9-25　同上（「たはこ　弥三郎」部分拡大）

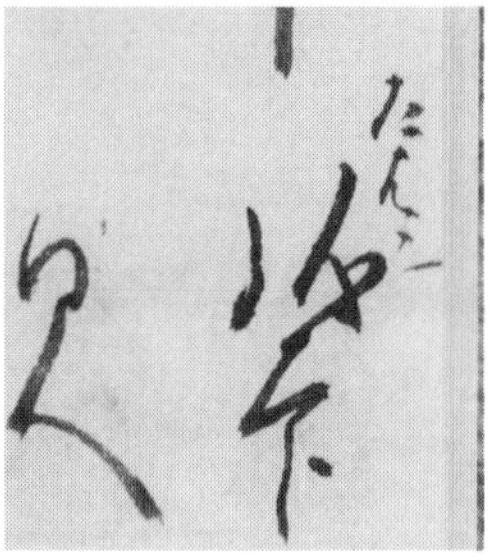

図9-26　②謄写本（「たはこ　弥三郎」部分拡大）

東京大学史料編纂所による報告は、慶長七年の石見検地に特徴的なものとし、右から「慶吉」「大蔵増」「金銀」と読めるとして、銀山奉行の大久保長安が使用した印であろうとする（及川亘 2008, 32）（図9-27）。

「たはこ　弥三郎」の記載は、慶長七年一〇月一二日付けの①『石州邑智郡大林之銀山屋敷帳』の原本では虫喰いによる損傷で「た□□」（図9-25）としか読めないが、後述するように一八〇〇年頃に作成されたと思われる謄写本によって確かめることができる（図9-26）。さらに、「銀山屋敷帳」の四日前に作成された③④『石州邑智郡大林村御縄打水帳』(新町分)では原本・謄写本ともに「たはこ　弥三郎」の記載が確認できる(図9-19・20・21)。このように、慶長七年(一六〇二)の大林村の検地帳、①『石州邑智郡大林之銀山屋敷帳』および③④『石州邑智郡大林村御縄打水帳』に「たはこ　弥三郎」の記載を確認することができた。

大久保長安は検地の前年、慶長六年(一六〇一)に銀山奉行に任命されたものの、現地に常駐することはなく、訪れることも少なかった。在任中に石見へ赴いたのは三回とされ、就任年の慶長六年および翌七年、さらに一二年(一六〇七)にも訪れている(小葉田 1995, 115–117／相良 2005, 145)。したがって、検地が実施された慶長七年一〇月には長安が石見に滞在していたであろう。慶長七年一〇月一二日付け①「銀山屋敷帳」の原本綴部には、既述したように大久保長安の印とおぼしき楕円黒印が押印されているが(図9-27)、その四日前の一〇月八日付け③④「御縄打水帳」ではこれを欠く。一方、同じ中村家文書にふくまれる慶長七年九月三日付け『石州美濃之郡木部村御縄水帳』にはこの押印がみられる。

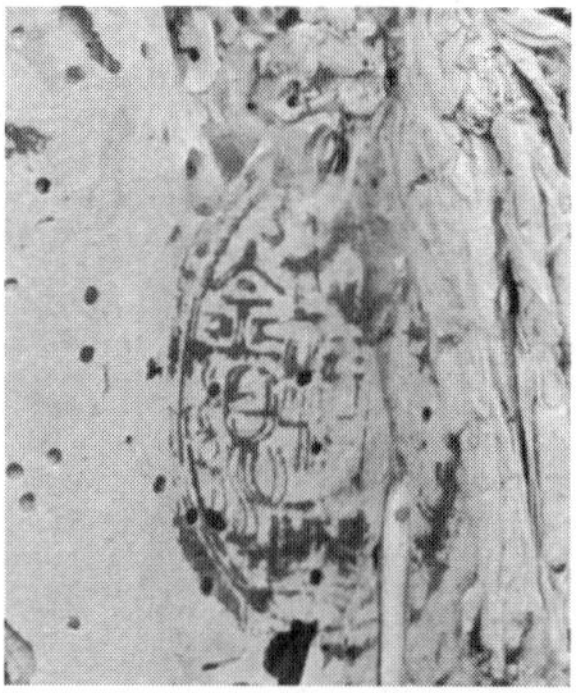

(表紙綴部)

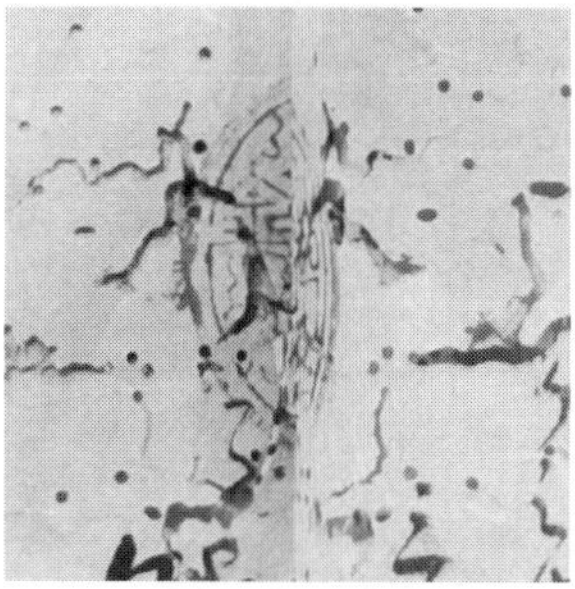

(たはこ記載頁綴部)

図9-27　『石州邑智郡大林之銀山屋敷帳』原本の割印

「たはこ」の表記については、タバコを扱う職業か、屋号かの論議があろう。[32] しかし、この検地帳記載の「かみゆい」「ふろや」など明らかに職業を示すもの、「あきや」「うらや」など家屋の状態を記したもの、あるいは「出羽」などのように屋号を示すものが記載されている。また、「たる」「もやし」など「たはこ」同様に商品を示すと思われる記載をみることから、これらを商品として扱う職業の表記とみる。仮にこれを屋号とすると、「たはこ」

そのものがかなり以前から存在していたことになる。

(2)石見銀山と銀輸出

これらの検地帳をふくむ膨大な量の古文書が大森代官所から大貫の中村家へ移された経緯は明らかではないが、代官所跡の石見銀山資料館・仲野義文館長は、戦乱のさいに奉行所が所蔵の文書類を疎開させたものであろうとする。[33]

大林村は、明治二七年(一八九四)に田所村、昭和二二年(一九四七)に瑞穂町、平成一七年(二〇〇五)には邑南《おおなん》町に地名が変更されているが、慶長七年(一六〇二)当時は久喜村など一五か村の鉱山町の一つであった(仲野 1998, 46)。しかし、江戸中期にはすでに廃坑になっていた。これは、鉱脈の零細化、鉱石の銀含有量の低下、さらに地下水の湧き出し、通風対策などによるコスト上昇が採算割れを招き、銀の産出量が急減したことによる(仲野 2007, 24–25 & 2009, 40–43)。

幕府は文化七年(一八一〇)に石見銀山の銀産出量の増加を図り、古真歩《まぶ》(坑道)間の採掘を試みた。その事前調査として銀山附役人が派遣されている(仲野 1998, 48–49)。仲野説に従えば、「御縄打水帳」「銀山屋敷帳」の原本とともにみつかった写本は、二〇〇年を経たこの時に作成されたものと推測される。[34]

一四世紀初頭にはすでに、石見の銀鉱の所在は知られていて、後半になると露出銀の採掘が行われていた。大永七年(一五二七)[35]に、銅の取引きに携わっていた博多の商人・神屋寿禎が船上から銀山を発見したとされ、北九州をふくむこの地方の守護権を持つ大内義興の支援を受けて採掘を始めた。しかし、その支配は大内義興と小笠原長隆の間で争奪戦が繰り返された後、尼子晴久と毛利元就間の争いとなった。永禄五年(一五六二)に毛利が手中に収めた後、豊臣秀吉の時代に入ると、豊臣・毛利の共同管理となった。家康は慶長五年(一六〇〇)に関ケ原で勝利を収めると、これを直轄領とし大久保長安を初代の銀山奉行に任命した。

本章1節で天正四年（一五七六）の『越後國三嶋郡出雲崎村御水帳』に記載されている「たはこや　吉左エ門」をとりあげ、佐渡銀山とのかかわりからこの時代に長崎で行われていたポルトガル商人との相対《あいたい》取引きは主として中国の生糸とわが国の銀であったことを述べた（二六一頁）。このことから、佐渡以外の諸国の銀山周辺にもタバコが早くもたらされていた可能性を追ってきたが、前著『喫煙伝来史の研究』の刊行から九年後の平成二〇年（二〇〇八）に中村家文書の存在を知り、『出雲崎村御水帳』から二六年後の慶長七年（一六〇二）作成の『石州邑智郡大林村御縄打水帳』『石州邑智郡大林之銀山屋敷帳』を調査することができた。この時代は次節の『琉球往来』でとりあげるように、すでにキセルが喫煙具として広まり始めていた時代である。

キセル以前のわが国の初期喫煙法は、『本朝食鑑』『羅山文集』[36]などが記すように、タバコの葉を巻いて喫うことであったことはすでに述べた。極めて高価であったタバコの葉を少なくとも一枚をそのまま巻くか、他の葉あるいは紙に貼り付けて巻いて喫ったと考えられる。伝来当初の喫煙は銀山景気にわく山師たちなど、限られた階層で行われ始めたであろう。わが国で喫煙が急速に広まるには、パイプ（キセル）による喫煙の伝来に続いてタバコの栽培開始が必要条件であった。キセルの小さなボウル（火皿＝刻んだタバコを詰めるカップ部）に刻んだタバコをつめることで、一枚のタバコ葉は何度かに分けて無駄なく喫うことができるようになった。

石見銀山へタバコがもたらされた年代の特定はできないが、石見銀山を大永七年（一五二七）に船上から発見したと伝えられる博多の貿易商人・神屋寿禎は採掘が始まると銀鉱石を博多へ運び、朝鮮から伝えられた灰吹き法による精錬を行ったとされる。その後、天文二年（一五三三）には博多より灰吹き法の技術者二人を石見へ送り鉱石採掘地での精錬を開始した。

貿易商の神屋寿禎は朝鮮および中国への銀輸出にかかわっていたとする見方があるが、当時の朝鮮は倭銀の輸入を禁じ、明も海禁政策をとっていたことから、密貿易ということになる。小葉田淳は『石州銀山灰吹銀高覚』から「石州の鏈（銀鉱石）を鉛に吹きたて、博多へ運送」を引用し、「鏈（銀鉱石）を鉛に吹きたて」とは、鏈をある程度まで焼いた銀鉛鉱としている（小葉田 1995, 154）。

さらに朝鮮の『中宗大王実録』（一五二八年）から「倭の鉛鉄から銀を作る」を引用し、鉛鉄とは、この場合、銀を精錬抽出できる含銀鉛であるとしている（小葉田 1995, 153–154）。日朝あるいは日明の交易記録には、含銀鉛ばかりでなく精錬された銀の朝鮮・明への持ち込みが記されている（小葉田 1976, 2–3）。神屋寿禎は、日明貿易を独占していた大内氏が派遣した天文七年（一五三八）および同一六年（一五四七）の遣明船ともかかわりを持っていた記録が残っているが、神屋一族は第一次船の惣船頭として神屋主計を送り込んでいる（脇田 2007, 20）。

天文一九年（一五五〇）のポルトガル船の来航によって九州で始まるポルトガル商船との取引きは、当初は中国産の生糸と中国向けの石見銀・佐渡銀などの相対《あいたい》取引きが主であった。ポルトガル船の寄港地へ、各地から商人たちが集まって行われた相対取引きの形態は長く続かず、元亀元年（一五七〇）に長崎港が開港してポルトガル船の安定した基地が提供されて秀吉が絹取引きに関与し始め、さらに慶長六年（一六〇一）に家康がイエズス会の通事ジョアン・ロドリゲス（Rodrigues, João, S. J.）を通商代理人に指名し、ポルトガル商人との直接生糸取引きはすべてロドリゲスを間にたてることで姿を消した（鈴木 1999, 64・219）。それまでの短期間の相対取引きには、博多の神屋寿禎もこれにかかわっていたことが想定できる。

したがって、越後の出雲崎同様に早い時期に石見へもポルトガル船の乗員との私的交易によって葉タバコがもたらされていた可能性は十分にある。しかし、これを裏づける天文一九年（一五五〇）（最初のポルトガル船来航）以降、一六世紀後半のタバコ記述を石見銀山周辺の文書《もんじょ》からはまだみつかっていない。

いずれにしろ、中村家文書の『石州邑智郡大林村御縄打水帳』『石州邑智郡大林之銀山屋敷帳』は「タバコ」を記したものとしては、『越後國三嶋郡出雲崎村御水帳』『鹿苑日録』に次ぐ古い史料であることに間違いなく、一七世紀後半にあらわれ、現在にいたってもまだ流布するタバコ伝来の「慶長一〇年(一六〇五)説」の誤りを正す貴重な文書の一つである。

4　『琉球往来』(慶長八年＝一六〇三)

(1)最古の「キセル(烟筒)」記述

浄土宗法林寺の中興とされる袋中(良定/図9-28)が著わした『琉球往来』は慶長八年(一六〇三)の書であるが、横山重が昭和一〇年(一九三五)に東京大学所蔵の写本を『三田文学』(第一〇巻六~八号)でとりあげた。原本はなく、写本は東京大学の他に東北大学および無窮会が所蔵する(図9-29・30)。東京大学所蔵本は伴信友による写本を長沢伴雄が天保七年(一八三六)に写したものとされる(横山 1970, 148・429[三田文学第10巻8号 1935]/鈴木 1999, 70)。

無窮会所蔵の写本は上下巻が一冊にまとめられているが、虫喰いが目立つこの写本の第三二丁(下巻)に、次のような「烟草事」の記述がある(図9-29)。

烟草《タハコ》事

右出レ自二南蠻國一入二諸國一賓客饗應之興也剤《ハ》用レ細烟筒《キセル》専二掃除一或為レ毒或為レ薬人有二寒暑一禁好可レ依レ気本草不レ見好悪難レ定唯一座一薫而為二談笑具一者也

宗波先生　収　　漳州　生

この写本の奥書には(図9-30)、

慶長八年癸卯當大明萬歴(暦)三十一年頃。琉球國三年在留内依那覇港馬氏高明所請作之　咸中　良定　花押

文化六己巳年十二月於京師得之蔵　伴信友（花押）

とあり、さらに伴信友の注釈として、朱筆で、

信友按　咸中ハ俗中ナリ＼琉球へ行タル人也僧也ナホ傳考へシ琉球神道記ヲ作タル人之弁蓮社袋中ト云リ良定トアルハ字ナルカ

と記されている。

この無窮会写本には「烟草」にタハコ、「烟筒」にはキセルのルビが付されているが、どの時点で付されたものかは不明である。袋中の筆による目録には「琉球神道記五巻一帖付琉球往来一」（横山 1970, 385-387）とある

図 9-28　袋中上人

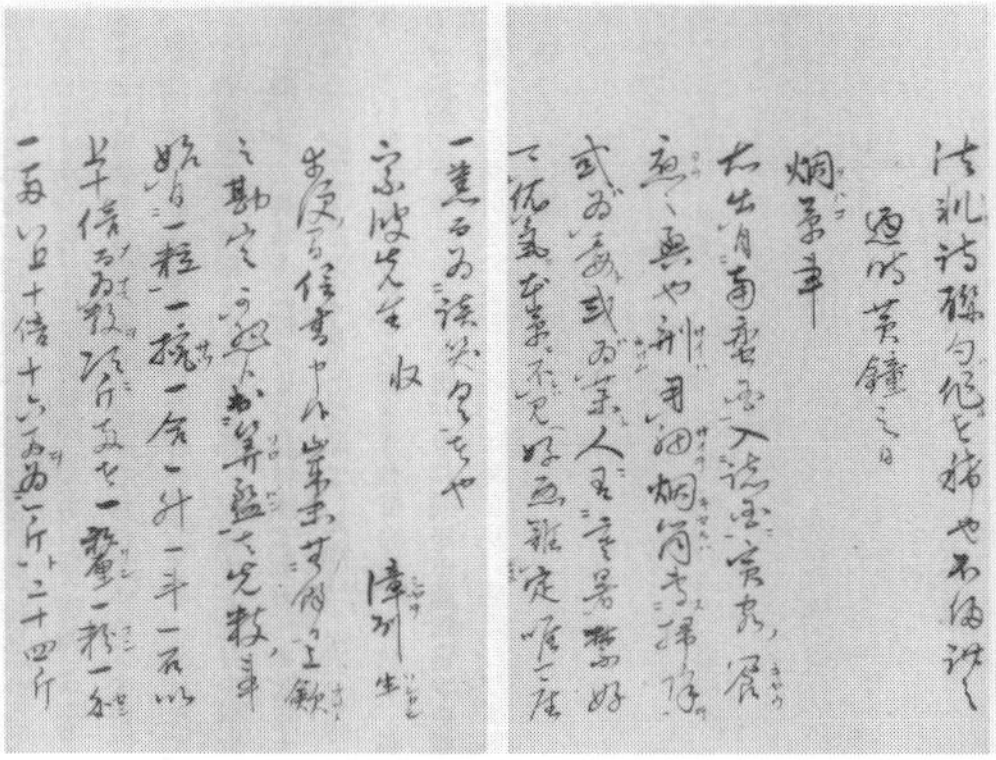

図 9-29　『琉球往来』写本第32丁表(右)・裏(左)

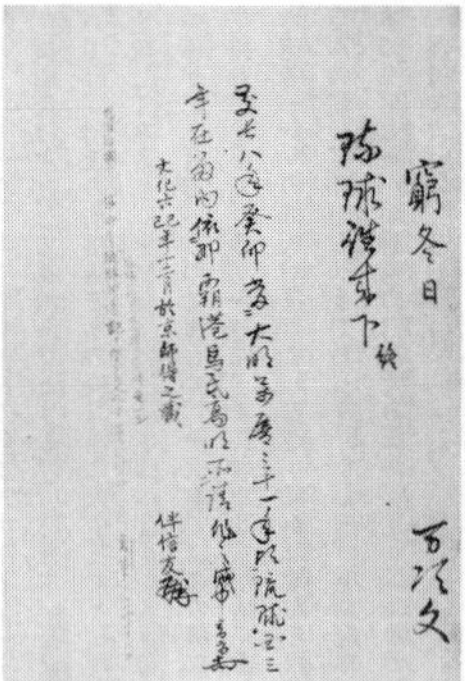

図 9-30　同上奥書

ので、慶長八から同一一年（一六〇三〜〇六）まで滞在した琉球でのみずからの撰文である（横山 1970, 431）。この『琉球往来』の「烟草時」の条が、差出人名を漳州生としていることから、漳州の中国人による書翰からの引用であるとして、「烟草」「烟筒」を中国のものとする説がある（奥田 1987, 10・11）。しかし、後述するように、『琉球往来』の撰文目的、その構成、中国の古文献にみる喫煙・烟草・烟筒などの初出年代を考察するなら、この説は成立しない。

これまで、わが国の文書にあらわれる「キセル」の初出は、『坂上池院日記』の慶長一四年（一六〇九）条とされてきたが、この『琉球往来』を再評価することで、「キセル」の初出が六年早まることになる。

横山重の後、昭和五二年（一九七七）には宇賀田為吉が『琉球往来』を『煙草文献総覧』に収載している。しかし、横山重以前の大正一一年（一九二二）には、すでに岡村金太郎が『往来物分類目録』（岡村 1922, 18）に収めている。それにもかかわらず、『琉球往来』に記される「烟草」および「烟筒」は、これまでわが国のタバコ史および喫煙史で脚光を浴びることがなかった。この「烟草」「烟筒」の黙殺が、流布する「慶長一〇年説」あるいはブルギヨス報告(37)に拘泥するあまり、いわゆる〝定説〟の枠からはみ出たものを除外しようとする力が働いた結果とは考えたくない。

『琉球往来』が、いわゆる「往来物《おうらいもの》」の一つ「庭訓往来《ていきんおうらい》」の類型であることは、前著『喫煙伝来史の研究』でも述べたが、ここで改めて「往来物」「庭訓往来」との関連から考察することにする。

(2)往来物

書翰文の形式をとった子弟教育の教科書を指し、戦国・江戸時代を経て、西洋式学校教育が始められる明治初年頃まで続けられた。一四世紀中葉にはすでにあらわれている。

その種類は対象によって極めて多岐にわたるが、習字手習い用の単語・単文を集めたもの、消息文例によって社会常識を教えようとするものなど、江戸時代には「……往来」と称する教科書は七〇〇〇種に達したとされる。

その名が示すように、初期に往復書翰形式の文例を多用したことによる呼称であるが、鎌倉時代を過ぎる頃から単語や単文を集めただけのものものもふくめて「往来」と称するようになった。すなわち、「往来」は初等教育の読本や習字の手習手本をふくめた教科書の総称である。

江戸時代に入るまでは、主として僧侶や公家衆が編著者であったが、江戸時代には、武士階級や庶民の家庭教育あるいは寺子屋教育が盛んになり、文人の輩出もみて、手習師範などが多く作るようになった。

江戸期以前の往来物の形態には、石川謙による「明衡往来型」「十二月往来型」「雑筆往来型」「庭訓往来型」「富士野往来型」などの分類もあるが、ここでは個々の解説は省略する。江戸期に入ると、寺子屋や家庭教育の普及にともなって歴史・地理・産業・経済・文学など、あらゆる分野の日常知識の文字手本も兼ねた教科書として普及したので、「江戸往来」「喫茶往来」「消息往来」「商売往来」「諸職往来」「百姓往来」など、実に多種の「往来」がみられるようになった。

(3)庭訓往来

庭訓とは家庭教訓ないしは家庭教育を指すのだが、「庭訓往来」は書翰形式の文例と単語を組み合わせて、書翰の体裁をとりながらカテゴリーごとの単語や熟語を配し、これらを通して日常社会や家庭生活に必要な語彙を学ばせようとする「往来」である。一五世紀にはすでにみられ、明治四年(一八七一)刊が最終とされるが、「明衡往来型」や「十二月往来型」のように、単に書状の模範文例を掲げるのとは異なり、文例に加えて題材にかかわる単語群を多く示し、教材としての体裁を整えたといえる。「十二月往来」にならって、月々の消息文例を配するものも多いが、江戸後期には、挿絵や図を入れるものが多くなり、今日に残るものでも二〇〇版におよぶ。石川謙によると、いわゆる「庭訓往来型」の原型となる「庭訓往来」は、室町時代の初期までに編まれたものと考えられている。

初期の往来物には、実際の書翰を引用した文例もみられたが、鎌倉時代以降の単語・単文を集めただけの「往来」があらわれる頃には、編著者の撰文が主体になったと考えられている。「庭訓往来型」も、その構成および内容からみて、明らかに編著者の撰文が主体である。

（4）琉球往来

袋中が馬高明（幸明）[38]の依頼により、その子弟の教育用に執筆したことは、袋中自身による奥書にも記されているが、その弟子・東暉による『飯岡西方寺開山記』（横山 1970, 332・565・566）の二つの写本にも次のような記述がある。

（本覚寺写本）

日本庭訓往来文ヲ乞フ。是以、児童ノ為ニ琉球往来一巻ヲ著ハス

（森本家写本）

日本ノ庭訓往来等ニナゾラヘ往来ノ文ヲ乞

このように、『琉球往来』が「庭訓往来型」の一つであることは明らかである。他の「往来物」同様に、形式上は書翰形態をとっているが、その内容は明らかに書翰文ではない。問題の「烟草事」の条には、みかけ上の差出人として「漳州生」を配したにすぎない。ところが、この記述によって「烟草事」の条を中国・漳州からの書翰とする、短絡的主張が生まれた。

「往来物」が五〇〇年以上にわたってわが国の初等教育の教材であったことを考察の対象からはずし、『琉球往来』を単なる書翰集として扱い、「烟草事」と題された条を差出人「漳州生」の書翰であるとするのである。袋中の撰文による『琉球往来』は、形式的には書翰の形態をとるものの、その内容は書翰文でないことは明白で、構成からみても「庭訓往来型」の典型的教材例である。

『琉球往来』は「十二月往来型」のように、月々の消息文例を配するものではないが、〃春始〃や〃年頭〃で始まり〃窮冬日〃で終わる構成をとり、同一類別の語彙を列記するという点からも、石川謙が定義する「庭訓往来型」の典型的な往来物である。

一方、上・下巻全一冊でわずかな丁数（東京大学所蔵写本では三〇丁）の『琉球往来』が何故上・下巻に分かれているかの疑問が残る。前著『喫煙伝来史の研究』でも触れたが、下巻は袋中上人が帰朝後に書き加えた可能性も指摘される。

『日本教科書体系』の「別巻・往来物系譜」に掲載されている一覧では、桃山時代までの中世に作られた「庭訓往来」三〇編のうち七編に複数巻がみられる。寛永以降では註釈が加わる註釈本系を除く八一編のうち、わずかに六編が分冊である。このことから、江戸期に入るまでは、少丁数でも上・下巻に分けるケースが、寛永期以降より多いようにみえる。『琉球往来』は奥書によると慶長八年（一六〇三）の執筆とされるが、ここにあげた事例をもって『琉球往来』が桃山時代の色を残した「庭訓往来」であるとは言いきれない。(39)

仮に「烟草事」をふくむ下巻が帰朝後に書き足されたとしても、稿本を持ち帰って改めて清書した『琉球神道記』は慶長一三年（一六〇八）であるから、『琉球往来』を同年としても、中国の古文献に「烟草」「烟筒」があらわれる前であり、『坂上池院日記』の「きせる」と同時代になる。寛永一六年（一六三九）没の袋中が晩年に書き足したとしても、「烟筒」表記は中国の現存するこの年代の資料にはまだあらわれていない。

しかし、この短編の「往来」が琉球滞在中は上巻だけの未完に終わり、帰朝後に下巻が書き足され、奥書に慶長八年と記される可能性はなかろう。『飯岡西方寺開山記』には、「琉球往来一巻ヲ著ハス」とあるが、これは横山重が指摘するように、現存する写本が上下一冊になっていることからみても、上下合冊の一巻とするべきであろう。

『琉球往来』に記されている「烟草」および「烟筒」は、わが国の喫煙史時間軸の基準目盛になる重要な記述であるが、「烟草事」の項を福建省の中国人の書状であるとする説によって葬り去られ、喫煙史が歪められることを危惧せざるを得ない。

中国の明代末期から清代初期に著わされたタバコに関する記述のある『露書』（一六一一）[40]『景岳全書』（一六二四）および『物理小識』（一六六四か）は、ともに「烟草」の表記を使用してはいないが、「煙草」の表記は『景岳全書』『物理小識』にみえる。「烟草」があらわれるのは、一六二〇年以降の刊とされる『本草彙言』で、図版とともに示されている。[41]『露書』および『物理小識』に掲げられる「淡把姑・淡巴菰・淡巴菰」または「金絲醺」の表記は、のちにはわが国へも伝わることになる（鈴木 1999, 74・75）。

中国への喫煙伝来については第13章2節で詳述するが（四二四頁以下）、マニラから最初に漳州へ伝えられたとする説が主流である。中国の初期タバコ表記には、先に述べたように「金絲醺」および「管」または「長管」がみられるが、「金絲」はまぎれもなく細かく刻んだタバコを意味し、管を通して喫うためのタバコである。第7章で述べたように（一八三～五・一九五・一九八・二〇〇頁）、この時代のスペイン人の巻いた葉による喫煙は極めて限定的であり、フィリピンでは喫煙がまだ行われていなかったことを無視した議論でしかない。一七世紀の中国の文書には、巻いたタバコによる喫煙はみられない。わが国および中国へのタバコ喫煙伝来を呂宋（フィリピン）からとする説は、この時代のメキシコおよびスペインにおける喫煙形態、そしてマニラにおけるタバコの使用状況を無視した説にほかならない。
ところで、『ウィンザーの陽気な女房達』に「ポテト」(42)を登場させたシェイクスピアが、同じく新大陸からもたらされた「タバコ」をまったくとりあげなかったことから、イングランドへのタバコやパイプ喫煙の伝来はシェイクスピア以後であるとする説を唱えるグループが一九世紀頃にあらわれたことがある。しかし、これは間もなく黙殺されてしまった。一方わが国にも、胃腸薬の原料「莨菪《ろうとう》」をタバコにしてしまった林羅山が、「烟草」の表記をとりあげていないことから、羅山の時代にわが国では「烟草」はまだあらわれていなかったとする説をみることがある。これは、前掲の『鹿苑日録』の「烟草」を「烟景」とする説と同様に、論拠を有しない「慶長一〇年(一六〇五)伝来説」に拘泥するあまり、一六世紀後半の伝来可能性を全否定することによるのであろうか。

タバコの表記として「烟草」あるいは「煙草」が定着するまでは、中国語もふくめて種々の表記を用いることで、後世に混乱を招いたことになる。先にあげた『隔蓂記』には、寛永一二年(一六三五)から寛文八年(一六六八)のわずか三〇年あまりの間に、タバコの呼称に「南霊草・莨菪・莨香根・永命草・長命草・延命草・多波古・田葉粉」などがランダムに使用されている。『隔蓂記』以外にも『鹿苑日録』『琉球往来』にあらわれる「烟草」などと異なる表記が使われていて、これが「煙草」に定着するのは後世になってからである。

『琉球往来』の「烟草事」の条を福建省の中国人からの書状を写したものとする説は、これまでに述べたように、次に掲げる理由から成立しない。
①袋中の撰文による慶長八年(一六〇三)の『琉球往来』は、形式上書翰の体裁をとっているが文面は書翰文ではなく、その構成は「庭訓往来型」を踏襲した「往来物」である。
②一六一一年の『露書』以前に、中国の古文献にタバコあるいは喫煙に関する記述はない。

③一六二〇年の『本草彙言』以前の中国の古文献に「烟草」表記をみない。
④中国の初期喫煙を記した古文献『露書』『漳州府志』『物理小識』には喫煙具として「管」または「長管」をみるが、「烟筒」表記は一七世紀の中国の資料にはまだあらわれない。

いずれにしろ、『本草彙言』（順治二年＝一六四五）以前の中国に「烟草」表記を用いた文献は出ていないとされることから、[43]『琉球往来』が著わされた慶長八年頃には、中国では「烟草」および「烟筒」表記はまだ用いられていなかったとみるべきである。したがって、袋中による『琉球往来』は慶長八年にはすでにわが国で喫煙具（キセル）の使用が始まっていたことを示すことになる。これは、キセル喫煙が広まりをみせた年代の下限を示すもので、第11章で述べるキセル（パイプ）伝来の年代と時間軸上で整合することになる。

（1）『當代記』（内閣文庫所蔵）は織豊期～江戸初期の編年記録書。成立年および著者は不明だが、徳川家康の外孫である姫路藩主松平忠明とする説がある。とくに第三巻および家康の大御所時代（一六〇五～一六）一〇年間の記述（第四巻）が詳しく、この時代の基本史料とされる（『国史大辞典10』〔吉川弘文館〕一九九四年、『日本史広辞典』〔山川出版社〕一九九七年）。

（2）『日本関係海外史料・イギリス商館長日記』原文編之下（一九八〇年）三一一頁。

（3）清中亭叔親は『めさまし草』の記述で「越後出雲崎天正一七・八年の頃の検地帳を見つるに……」としているが、出雲崎には天正一七～八年の検地帳あるいは御水帳は現存しない。

（4）Satow, Ernest Mason：英国駐日公使館在勤中（一八六二～八三）の一八七七年、横浜における日本亜細亜協会の年次総会で発表。

（5）『出雲崎編年史』（上巻）一六〇・一六一頁では、寛永元年（一六二四）とする。

（6）出雲崎では、慶長三年（一五九八）あるいは寛永期（一六二四～二八）に検地があったとされるが、史料は残っていない。

『出雲崎町史』（資料編Ⅰ）三六三・三六七頁。

（7）小林宏：天正一五年八月の「経田永付帳」は耕作農民を名請人とした越後最初の検地帳とする説。

金子達・米田恒雄：上杉氏の天正初年の軍役改訂作業にさいして、軍役負担の基礎となる恩給高とする説。

（8）木越隆三：石高制の成立については諸説があり「算面の作り物」ないしは極めて便宜的なものとする説にいたるまでの諸説が対立しているが、「まだまだ各々の地域の特殊性に即した石高の個別分析が必要な段階」としている。

（9）『出雲崎編年史』（上巻）には寛永一一年（一六三四）の尼瀬の大火の記載しか見当たらない。『北越史料　出雲崎』にも寛永一一年の尼瀬大火以前の記載なし。

（10）中野豈任「いわゆる『安田領検地帳』について」は、この検地帳を〝給分帳〟とする。

（11）慶長二～三年の下桐原村検地帳の現存は不明である。

（12）バスク出身のスペイン人。発音や日本語読みは実に多種にわたるが、バスク出身の上智大学教授故エセイサバレナ師によると、バスクの発音ではシャヴィエル（Xavier）に近い発音になる。一七世紀頃からはハヴィエル（Javier）とも呼ばれた。イグナティウス・デ・ロヨラ（Igunatius de Loyola）とともにパリでイエズス会を創設（一五三四年）。インドのゴアからマラッカを経て一五四九年に来日した。一五五一年まで滞在して多数の信者に洗礼を施し、その後のキリスト教（カトリック）布教の基盤を作った。その遺志により、来日三六四年後の一九一三年に上智大学（Sophia University）が日本に創立された。

（13）リスボン・文化アカデミーが所蔵する「船隊記録簿」でみる限り、一五五七年にはすでにポルトガル船のサン・パウロ号がブラジルからコーチンシナへ直接入港している。

（14）「小経屋」をタバコ屋とする説については、さらなる検証を要する。

（15）『鹿苑日録』第三巻、一二〇頁。初版：昭和一〇年（一九三五）、第二刷：同三六年（一九六一）、第三刷：平成三年（一九九一）。

（16）『相国寺蔵　西笑和尚文案』所載の「文禄中日記」では、残っている原本により璵を珍に修正。編者の解説には、「辻善之助編『鹿苑日録』を部分的に現存する原本で校訂しても、ほとんど誤植もなかったので、新知見があるわけではない。しかし、『鹿苑日録』では挿入・抹消などの体裁がほとんど無視されているため、現存部分のみであるが、原本の体裁に従って割付をし、また人名・地名には傍注を付した」とある（三一〇〜一頁）。

(17)『鹿苑日鹿』第三巻の翻刻初版（昭和一〇＝一九三五年）にはみられなかった烟草の傍注が、第三刷（平成三＝一九九一年）では〝草〟に（景）の傍注を付している。しかし、『相国寺蔵　西笑和尚文案』版の「文禄中日記」では〝草〟に（景）の傍注は付されていない。

(18)『鹿苑日録』第一巻、凡例。

東京大学史料編纂所の「所蔵史料目録データベース」の解題によれば、『鹿苑日録』は、「日用三昧」「日録」「日渉記」などの原題を持つ相国寺鹿苑院塔主やそれに近侍した人びとの日記の総称である。記主には横川景三・景徐周麟・西笑承兌など一〇人ほどいて、記事は長享元年（一四八七）より慶安四年（一六五一）におよぶ。原本はかつて相国寺慈照院に襲蔵されていたが、明治三八年（一九〇五）に東京帝国大学が購入し、付属図書館が所蔵していた。

大正一二年（一九二三）の関東大震災で同館が罹災し、たまたま史料編纂掛（史料編纂所の前身）に貸し出されていた五冊と、「残簡」として別に伝えられたもの以外は、一五三冊ことごとくが焼失してしまった。

慈照院は、慈照寺（銀閣寺）とは異なり、相国寺の古くからの塔頭。慈照寺および鹿苑寺（金閣寺）は、現在は山外塔頭。

(19) 伊藤真昭他編「文禄中日記」（『相国寺蔵　西笑和尚文案』所載）。

(20) 唐の崔塗の詩「春夕旅懐」より。

(21) ただし、第二刷刊行後に出した総索引（昭和三七＝一九六二年刊行）の正誤表ではすべてに（景）の傍注を付している。

(22)『鹿苑日録』収載の日記は、第三巻所載の天正一九年〜文禄五年は有節瑞保によるものだが、他は瑞保の筆ではないと考えられる。

(23) 日本たばこ産業元顧問・「たばこと塩の博物館」元館長の大河喜彦氏が大蔵省へ出向中の京都在任中に、『鹿苑日禄』の原本が関東大震災ですべて焼失したとする説に疑問を抱き、相国寺での調査で「文禄中日記」に文禄二年七月九日条の原本を発見した。

本稿所載の文禄二年七月九日条の写真は、二〇〇九年五月に同氏が再調査のさいに撮影したもの。

(24) 相国寺蔵「文禄中日記」、大河喜彦「『鹿苑日録』の「烟草」を検証する」(『たばこ史研究』一〇九号、八頁)。
写真：大河喜彦、二〇〇九年五月撮影。

(25) 東京大学総合図書館蔵(人間文化研究機構・国文学研究資料館所蔵マイクロフィルムより)。

(26) 拙著『喫煙伝来史の研究』七〇～二頁。
伴信友：一七七三～一八四六、本居宣長門下で若狭小浜の藩主酒井家の御文庫預を務めるかたわら古典研究を行う。古典考証に優れた人物とされる。
板倉篤太郎「考証学者としての伴信友翁」(九四～一〇九頁)。

(27) 東京大学史料編纂所蔵の謄写本にみる「ハタバコ一ワ」は、翻刻版では「ハ□バコ一ツ」と翻刻されている。『鹿苑日録』第三巻、二五〇頁。
奥田雅瑞は昭和五七年(一九八二)の『TASCマンスリー』掲載の「物語・タバコ史資料　鹿苑日録(2)」で、翻刻本の「ハ□バコ一ツ」から、「ハシバコ」または「ハリバコ」とも読めるとしている。しかし、謄写本でみる限り、虫喰い跡の文字が残っている部分からもシあるいはリとはなり得ず、「ハタバコ一ワ」とするべきである。「一ツ」は「一ワ(一把)」の読み誤りであろう。

(28) 年代特定ができていない伝聞記事であるが、『長澤聞書』(奥書元禄一五年＝一七〇二)、『改訂史籍集覧』第一六冊別記類・第五、五六頁に「某七八歳の頃には多葉粉一枚か三匁ほと宛仕候」の記述あり。
石崎重朗『たばこの本』(一九六七年)一九頁(後掲註36参照)。

(29) 隔蓂記研究会編『隔蓂記　総索引』二八九～二九〇頁。
鹿苑寺(金閣寺)の住職、鳳林承章が寛永一二年(一六三五)八月から寛文八年(一六六八)六月まで記した日記。

(30) 「銀山屋敷帳」の表題は原本では『石州邑智郡大林之銀山屋敷帳』(二九二頁の図9-22参照)であるが、謄写本(筆写本)では『石州邑智郡大林村之銀山屋敷帳』(同前図9-23参照)となっていて、原本には「村」が脱落している。本稿では、原本・謄写本それぞれの表記に従う。

(31) 「弥二郎」とする説もあるが、これは「郎」のくずし字の読み誤りによると思われる。

(32) 本章二五三頁参照。「出雲崎村御水帳」にあらわれる「たはこや」を屋号とする説。

(33) 平成二〇年（二〇〇八）一一月一日、仲野義文館長談。「戦乱のさい、奉行所が襲われる危険から逃れるため、大貫の旧家中村家へ移したものが、そのまま現在まで眠っていたものであろう」。

(34) 平成二〇年（二〇〇八）一一月一日、仲野館長談。

(35)『石見國銀山旧記』には、大永六年（一五二六）とあるが、小林准士（2007, 58）は大永六年は書き写しの誤りで、七年が正しいとする。田中圭一（2007, 152）も七年説をとる。

(36)「タバコの葉一枚が銀三匁」の記述は、喫煙史関連の書に多く引用されるので、注釈を加える。

長澤九郎右衛門の『長澤聞書』に次の記述がある。

たばこと云物関ヶ原陣の此より渡り申候由某七八歳の頃には多葉粉一枚か三匁ほと宛仕候たはこたねは大阪陣の頃渡り申候由
（無窮会神習文庫蔵、『改訂史籍集覧』）

宇賀田為吉『煙草文献総覧』和書之部(前篇)、三八頁。

石崎重郎『たばこの本』一九頁「慶長四年頃、たばこの葉一枚が銀三匁に価したという」

奥田雅瑞「長沢聞書(1)～(9)」(『TASC Monthly』昭和五六～五七年連載)

『長澤聞書』の成立年は元禄一五年（一七〇二）とする説もあり、このことから長澤九郎右衛門の七～八歳の年代特定の試みがなされ、奥田説は慶長七～一二年（一六〇二～〇七）、宇賀田説は元和末年（一六二三～二四）とする。しかし、『長澤聞書』記載のタバコ伝来、種子伝来時期はともに遅すぎるばかりでなく、「タバコの葉一枚銀三匁」の記述も、次頁に掲げる慶長・元和期の「米一石宛年平均相場表」を参照すると、誇張があるにせよ高価すぎることがわかる。

この相場表の時代に米の購入が可能な階層は、総人口の三分の一にも満たなかったであろう。したがって、実際の価値はさらに高かったとみる。慶長五年を過ぎる頃には、すでにキセルによる喫煙の広まりと相まって、タバコの栽培が急速に広がり始めた時代であり、時間軸上でみるなら『長澤聞書』のこの記述に資料価値を認めることはできない。

(37) 一六〇一年にフランシスコ会士ブルギヨスの報告による家康へのタバコ種子の献上。

拙著『喫煙伝来史の研究』第六章「フランシスコ会文書にみるタバコ種子伝来」参照。

これをもってわが国への最初のタバコ伝来とする説があり、『琉球往来』の「烟草・烟筒」記述は早すぎるとする説に繋がる。

米一石宛年平均相場表（自慶長元年至貞享二年）

年	銀匁（銭換算額）	銀相場（金一両に付）
慶長元年（1596）	9匁3分1厘	銀43匁8分
5年（1600）	10匁	—
14年（1609）	19匁2分五厘	銀50匁
元和2年（1616）	20匁	銀54匁
寛永元年（1624）	27匁6分7厘	銀62匁

出典：『日本貨幣史』（290頁）『江戸物価事典』（451頁）

(38)『袋中上人伝』『飯岡西方寺開山記』など「馬幸明」とするものもある。

(39)読本系・手本系に対して、頁数が多い註釈本系では、当然のことながら複数巻が目立つ。中世期の「庭訓往来」には、註釈本系はほとんどみられない。

(40)宇賀田為吉は『煙草文献総覧　漢書之部』で一六一三年（万暦四一）または一六二二年（天啓二）とするが、楊国安『中国烟業史匯典』（四頁）および中国煙草博物館（上海）は一六一一年とする。また、袁庭棟の『中国吸烟史話』（二〇〇七年）は最も早い文献は『露書』であるとしている。

本稿では中国の一六一一年説にしたがう。

田尻利は『清代たばこ史の研究』一五三〜四頁（脚注80）で、『露書』の成立を一六二四年（天啓四）以降とし、中国の最も古い〝たばこ〟記述は一六一三年（万暦四一）の序を付した『漳州府志』（一六二八＝崇禎元年刊）であるとするが、著者未見である。

(41)真柳誠、三〜五・七〜八頁。本書の成立を一六二〇年（万暦四八・泰昌元）とする（五頁）。

(42)"Let the sky rain potatoes."（天よポテトの雨を降らせてくれ）は媚薬としての甘藷で、ジャガイモではない。シェイクスピア時代のイングランドにはまだジャガイモのポテトはなく、potato は甘藷の学名 *Ipomaea batatas* から派生したと考えられている。かのローリィ卿がアイルランドにジャガイモを初めて植えたとする説は、今では支持されていない。

(43)宇賀田為吉は、『世界喫煙史』（1984, 160–162）で『本草彙言』（順治二＝一六四五年）に記された「烟草」が中国の文献にあらわれた最初の「烟草」表記であるとする（田尻 2006, 154・鈴木達也 1999, 73）。『本草彙言』の刊行年に関しては異説があり、真柳誠は万暦四八＝一六二〇年とする（真柳 1991, 7）。

第10章　タバコ・喫煙伝来マニラ（スペイン）説の諸問題

はじめに

慶長六年（一六〇一）にフランシスコ会士のポルトガル人ヘロニモ・デ・ヘスス（Jeronimo de Jesus de Castro, O.F.M.）がマニラから戻ったさい、伏見城で病いに伏していた徳川家康に薬類を献上した。そのなかにタバコの膏薬とその種子がふくまれていたことが、後述するようにブルギヨス（De Burguillos, Pedro O.F.M.）報告[1]によって明らかにされた（鈴木 1999, 157–200）。

これによって、わが国へのタバコおよび喫煙伝来を、スペインの総督府所在地のマニラからとする説が浮上し、中国のタバコ伝来「呂宋（ルソン）説」によって強化されたこの主張をしばしば目にするようになった。

スペイン王の庇護下にあったフランシスコ会と、ポルトガル王の支援を受けていたイエズス会との間では、日本での布教をめぐる教皇勅令の解釈や、先に日本で宣教を開始していたイエズス会の権益などによる抗争が繰り返されていた。スペイン王がポルトガル王を兼ねた同君連合時代（一五八〇～一六六八）にもこの争いは続いていた。しかし、イエズス会にスペイン人会士がいたのと同様に、フランシスコ会にもポルトガル人会士がいて、このヘロニモ・デ・ヘススもその一人である。

わが国へのタバコ・喫煙伝来に関する説の多くは、アーネスト・サトウ（Satow, Ernest M.）がすでに指摘しているように（鈴木1999, 13）、葉タバコあるいは巻いたタバコの形での伝来、薬用タバコの種子伝来、喫煙用タバコの種子伝来、そしてキセルの原形伝来によるキセル喫煙の普及を区別せずに、単に「タバコ伝来」として論議することが多い。伝聞・孫引きを主とする江戸時代の記述にその例を多くみるが、これらが今日にいたっても無批判に引用され続けているばかりか、これに追従する論考さえみることがある。しかし時間軸上の整合性からみると、パイプ（キセル）の伝来によって喫煙が広がり、広く認知された頃をもって「タバコ伝来」として記述された可能性を無視することはできない。

さて、タバコ・喫煙の本邦伝来は「スペイン人によりマニラからとする説」がその根拠とするところは、次に掲げる五点に絞られる。すなわち、

①ヘロニモ・デ・ヘススによる家康への薬用タバコの種子献上（一六〇一）

②中国への伝来の「呂宋(ルソン)」説

③メキシコ出土のパイプがスペイン人によってマニラへもたらされたとする考え

④わが国で流布する慶長一〇年（一六〇五）伝来説

⑤『越後國三嶋郡出雲崎村御水帳』（一五七六）『鹿苑日録』（一五九三）『琉球往来』（一六〇三）の否定をあげることができる。すでに前著『喫煙伝来史の研究』でその多くを扱ってはいるが、本章では、この説が包含する矛盾点を明らかにするとともに、個々の問題点についてさらなる考察を試みることにする。

なお、前掲の②は第13章2節（四二四頁）、③は本章の2節、⑤は第9章でとりあげているが（二五一頁以下・二七〇頁以下・二九七頁以下）、①および④は複数の章で適宜扱っている。

1　「薬用タバコの種子伝来」を「喫煙用タバコの伝来」と誤認

ブルギヨス報告のマイクロフィルム版は東京大学史料編纂所にあるが、その概要は昭和一七年（一九四二）、上智大学の欧文紀要 *Monumenta Nipponica*（Vol. V）にフランシスコ会士シリング・フォン・ドロテウス（Von Dorotheus, Schilling, O.F.M. Rom）のドイツ語論文によって紹介されている（Von Dorotheus 1942, 113–143・鈴木 1999, 186–190）。

ブルギヨス報告から明らかなように、ヘロニモ・デ・ヘススがもたらしたのは、あくまで薬用としてのタバコ膏薬とその種子であり、これをもって喫煙用タバコの種子伝来とするには無理がある。これは、この報告書をわが国で最初に発表したフォン・ドロテウスが、うかつにもその論文で喫煙用タバコの種子伝来と結びつけたことによる（Von Dorotheus 1942, 129・鈴木 1999, 191）。以後、「ヘロニモ・デ・ヘススが一六〇一年に献上した種子により喫煙用タバコの栽培が開始された」とする明確な表現を避けてはいるものの、流布する説の多くは、これによって慶長一〇年（一六〇五）説が裏づけられるとする立場をとる。

家康に献上されたタバコの種子の一部が喫煙用タバコの栽培に回された可能性は全否定できないが、仮にその事実があったとするなら、その時点ですでに喫煙がわが国で広まっていたことを意味する。すなわち、タバコの煙を喫うことがなかった当時のフランシスコ会士が、喫煙用にタバコを薦めることはあり得ないからである。

第9章でとりあげた慶長七年（一六〇二）の『石州邑智郡大林村御縄付水帳』『石州邑智郡大林之銀山屋敷帳』にすでに「たはこ」（二九一頁の図9–19／二九二頁の図9–24）、そして慶長八年（一六〇三）の『琉球往来』には「烟草《タハコ》」および「烟筒《キセル》」がみられることから（二九八頁の図9–29）、慶長六年（一六〇一）の種子伝来で喫煙が広まったとする説は時間軸からみても成立し得ない。「たはこ」および「烟草」の表記は天正四年（一五七六）

の『出雲崎村御水帳』、および文禄二年（一五九三）以降の『鹿苑日録』にすでに記されていることからみても、一六〇一年のブルギヨス報告をもってわが国へのタバコ伝来とする説は成立しない。

　医師でもあったブルギヨス修道士の「かの地では珍しいもの」（傍線筆者）という記述も（鈴木 1999, 188）、タバコ膏薬または種子に限定してはいないが、仮に植物としてのタバコを指していたとしても、薬用のタバコを意味するものと解釈すべきであろう。ブルギヨス報告にも、家康はタバコの膏薬やその種子などの献上品の効能や特性を訊《たず》ねすべてを記録させた、とある。

「かの地」と訳されている部分は日本を意味するとする立場をとり、日本ではタバコ喫煙が広まっていなかったとする説を唱える向きもある。しかし「かの地」が、ヘロニモ・デ・ヘススが家康に対して語った〝マニラ〟であることは明らかで、そして「珍しいもの」が植物としてのタバコを指すと仮定しても薬用に限定されることから、一六〇一年頃に日本でタバコ喫煙が広まっていなかったとする説はわが国の史料からみても成立しない。いずれにしろ、フィリピンで喫煙用タバコの栽培が始まるには一七世紀末まで待つことになる（第13章四一五頁）。

　前著『喫煙伝来史の研究』でとりあげたが、薬としてのタバコは一五八〇年代にはフランシスコ会のホアン・クレメンテ（Clemente, Bruder Juan, O.F.M.）がマニラで大成功を収めていたとされ（Von Dorotheus 1942, 128–129・鈴木 1999, 190）[2]、『フランシスコ会・イベリア・アメリカ史料集』にもフィリピンや日本でフランシスコ会士が薬用として使っていたとする報告がある（Von Dorotheus 1942, 129・鈴木 1999, 190）[3]。この頃は、モナルデスの一五七一年刊の『第二巻』によってヨーロッパ中に薬用としてのタバコへの関心が高まった時代であり、その後、スペインでは薬用の粉タバコ（嗅ぎタバコ）が薬局で調製されるようになった。スペイン本国で喫煙（葉巻）の広まりが兆《きざ》しをみせ始めるのは、日本より一世紀ほど遅れた一八世紀に入ってからである（一九七頁の表7-2・図7-11）。

日本のイエズス会には一五六〇年に「医療禁令通達」が届き、その後の医療活動は一五八三年以降の長崎以外では行われなかった。長崎のトードス・オス・サントス教会の所在地、桜の馬場近辺にもイエズス会の病院はなく（鈴木 1999, 229-230）、桜の馬場の薬草園にタバコが植えられたとする説にも根拠がないことになる。これは、大分にわが国最初の病院を開いたアルメイダが、のちに長崎のトードス・オス・サントス教会へ移ったことによる誤った推測にすぎない。

一方、フランシスコ会は、文禄三年（一五九四）にその最初の聖堂を都に建立した時から、わが国での宣教施設七か所すべてに病院または施療院を併設し、医療活動を重視していた。前述の『フランシスコ会・イベリア・アメリカ史料集』にみられるように、当然その薬草園には薬草としてのタバコが栽培されていたであろう。一六〇一年にフランシスコ会士が持ち込んだ薬用タバコの種子を、喫煙用タバコの伝来と結びつけることによって、その予断が史実を歪曲させることになり、これ以前のタバコ伝来の可能性を黙殺し、関連する文書を否定することになる。

2　伝播された喫煙形態の矛盾

本章の冒頭に掲げた「タバコ・喫煙伝来マニラ説」が根拠とする五項目の③は、メキシコ西部で土製のエルボウ・パイプ（L字型パイプ）が多く出土しているので、スペイン人がこれをマニラへ持ち込んでいるはずだから、これがわが国のキセルの起源になり得るとするものである（たばこ総合研究センター 2009, 32）。本節では、スペイン勢がマニラ（呂宋＝ルソン）経由でわが国と中国へもたらしたとするタバコの原産地、メキシコでの喫煙形態について考察する。

スペインがメキシコを攻略した一五二一年頃は、メキシコにおける後古典期の後期（Late Post-Classic）にあたるアステカ時代である（国本 2002, 43・45・狩野 1983, 18）。

シカゴのフィールド自然史博物館のJ・A・メイスン（Mason, J. Alden）の説によると、エルボウ・パイプ（L字型パイプ）はアステカ以前のトルテカ時代の特徴的喫煙具であり、スペインが侵攻した時代にはすでに巻いたタバコ、またはまっすぐなパイプ（テューブラー・パイプ＝tubular pipe）（一七頁の図1–11）が支配的であった（Mason 1924, 8–9・鈴木 1999, 212–213）。巻いた葉か、芦の茎にタバコを詰めて喫うことも行われていたことから、土製のテューブラー・パイプが作られるようになった。したがって、メキシコで出土するL字型の土製喫煙具の多くはスペイン侵攻以前のトルテカ時代のものということになる。

広い葉で柔らかな味のタバクム地域では、喫煙具を介しないで巻いたタバコが多く喫われ、強い喫味のルスティカ地域では喫煙具が多く用いられたとするR・ヘイマン（Heimann, Robert K.）説にしたがうと、メキシコの東海岸に多かったタバクム種が次第にルスティカ地帯の西岸へ広がり、スペイン侵攻時のアステカ時代にはエルボウ・パイプの使用をみなくなった（Heimann 1960, 10–11）[4]。すなわち、メキシコ西部でトルテカ時代に使用された土製エルボウ・パイプは、タバクム種の西海岸方面への広がりによって、スペインの侵攻時にはすでに使用されなくなっていたのである（一〇・一一頁の図5・6）。

一六二〇年にヨーロッパ最初のタバコ工場（嗅ぎタバコ用）がスペインのセビーリャに建設されたが、嗅ぎタバコが主体であったスペインでは、葉巻による喫煙が広く普及するのは一七世紀末にその兆しをみせたあと一八世紀後半まで待つことになる。しかし、スペインやポルトガルの船員あるいは新大陸で交易に携わっていた商人や植民たちは一六世紀後半にはすでに巻いたタバコを好んで喫っていたとされる。一五七〇年のマニラ侵攻以降にマニラへ伝えられたとされる喫煙も、パイプが主体であったとする史料・文献はこれまでのところみつかっていない。

米国の文化人類学の創始者の一人とも称せられるB・ラウファー（Laufer, Berthold＝ドイツ生まれなので自身はラウファーと発音していた）はフィールド自然史博物館の学芸員として、フィリピンなどアジア諸国の喫煙具の収集、そして喫煙風習の伝播に関する多くの論文を発表している。筆者は一九九九・二〇〇八年の二度にわたって、その収集によるフィリピンの喫煙具を同博物館の収蔵庫で調査する機会を与えられた。

フィールド自然史博物館はスミソニアン自然史博物館（ワシントンDC）・アメリカ自然史博物館（ニューヨーク）と並ぶ米国の三大自然史博物館の一つで、デパートで財をなしたマーシャル・フィールドが創設したものである。

一九九九年、B・ラウファーの後継者と目されるフィールド自然史博物館のB・ブロンソン（Bronson, Bennet）(5)と意見を交換する機会を得たが、同博物館が所蔵するフィリピンのパイプ（四二二頁の図13-1・2）は、スペインの影響を受けることが少なかったルソン島北西部のTinguinや北部のIgorot(6)で収集されたものが主である。Igorotのパイプには全金属製の延《の》べギセルのようなパイプもみられるが、形状的にはむしろオランダのクレイ・パイプに近似するとされるが、ルソン島の北方四五〇キロメートルほどに位置する台湾の影響も考える必要がある（鈴木 1999, 104–105）。フィリピンへのタバコ伝来に関しては第13章1節でとりあげることにする（四一五頁）。台湾については、第13章1節（四一九～二〇頁）・2節（四二九～三〇頁・四三九頁）を参照されたい。

ブロンソンによれば、マニラ周辺やルソン島南部およびルソン島以南の島嶼では、ルソン島北西部のTinguinや北部のIgorotで収集されたような「喫煙具」はみられなかったという。図10-1・2および図13-1・2（四二二頁）に掲げる図版からわかるように、火皿上端の内径は小さなもので一〇ミリメートル前後で、その大きさ

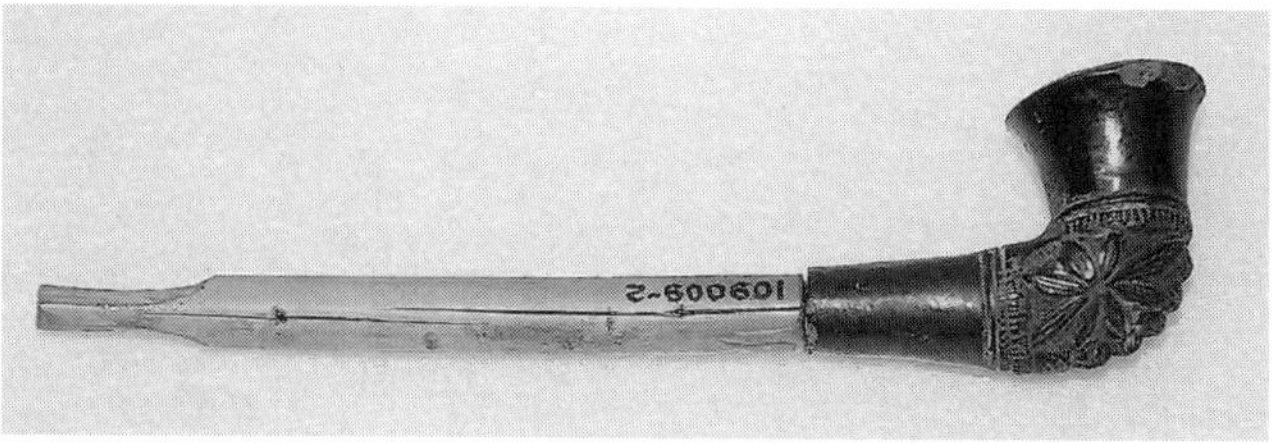

図10-1　ルソン島北西部 Tinguin のパイプ(19世紀)

図10-2　短く切った葉巻を詰めたルソン島北部 Igorot のパイプ(19世紀後半-20世紀初期)

はわが国のキセルに近いものもふくまれる。しかし、フィリピンのパイプの形状はわが国のキセルに比べてはるかに種類が多く、その多様性に目を見張るのだが、ルソン島の北方四五〇キロメートルほどに位置する台湾における喫煙具の多様性の影響も考える必要がある。

ラウファーは、フィリピンのパイプと中国キセルの類似を指摘しているが、中国キセルはわが国のキセルにより近いことに注意を払う必要がある（第13章四四五頁）。ルソン島の北端に位置するカガヤン河の河口は、わが国の交易船が多く訪れていたことで知られていて（岩生 1966, 214-217, 221・224）[7]、わが国のキセルから受けた影響を無視することはできない。とはいえ、わが国と中国のキセルは、フィリピンあるいは台湾のパイプに比較して、その形状および構造がはるかに近いことは明らかである。

フィールド自然史博物館の収蔵庫は、図10-1・2に示すような基本形のほかに、これを発展させた形状の大きな装飾性の高いパイプも各種所蔵している。

二〇〇八年五月に再び訪れたフィールド自然史博物館の収蔵庫で新たに確認できたのは、これら一九世紀末から二〇世紀始めのパイプの多くには、まだタバコが詰められた状態のものも多くみられ、そのほとんどが葉巻を短く切ってボウルに差し込んだものである。すなわち、日本・中国で用いられる刻みタバコではなく、巻いたタバコも使っていたことがわかる。図10-2にみるように、この目的のパイプ・ボウルは大きくなる。

一方、平戸藩主の松浦静山が著わした『甲子夜話《かっし》』の「ペラホ物語」は文政四年（一八二一）にパラオ（フィリピンのミンダナオ島から約七五〇キロメートル東方の群島、現ベラウ共和国 = The Republic of Belau）に漂着した岩手の船員の報告をまとめたものだが、次のような記述がみられる。

煙草は、きせるといふものはなし。木の葉を巻、筒として、先に煙草をつめて吸う也。

これは、まさしくJ・A・メイスンが記述したスペイン侵攻当時のアステカ時代の喫煙法の一つであるが、A・クレーマー（Krämer, A.）はパラオのタバコは比較的新しい時代に、距離的に近いフィリピンからもたらされたものとしている（高山 1993, 66–67・鈴木 1999, 213）(8)。

スペインは一五二九年にはすでにポルトガルとのサラゴサ条約で、現インドネシア領のモルッカ諸島の権利を放棄していた。一五七〇年になってマニラを武力制圧したスペインが、ここを基地に行った活動もメキシコから運んだ銀による中国との絹取引きが主であった。「ペラホ物語」にみるパラオの喫煙は、その喫煙形態からみても、距離的にあまり遠くないフィリピンから訪れたスペイン船の乗員がもたらしたものと考えることができる。

3　中国の初期喫煙形態とスペインの影響

わが国へのタバコ伝来がマニラ経由のスペイン勢によるとする説は、すでに述べたように中国への伝来が呂宋（ルソン）からとする説の影響を多分に受けたものであろう。

ラウファーはその論文（Laufer 1924, 24・鈴木 1999, 214）のなかで中国のキセルとフィリピンのパイプの類似性を指摘するにとどめ、中国キセルの起源がフィリピンのパイプであるとはしていない。ラウファーが言及しているフィリピンのパイプを確認するために訪れたのが、前述のフィールド博物館の収蔵庫である。

ところで、中国へのタバコ伝来ルートとして、これまでにあげられてきたのは以下の三ルートである。

①日本→朝鮮半島→中国東北部

②呂宋→福建省（漳州）

③呂宋→台湾→福建省（漳州）

①の朝鮮半島経由説は、一六一四年の『芝峯《しほう》類説』と一六三八年の『仁祖實録』などによるものだが、②および③の呂宋（ルソン）を起源とする説は、一五七〇年以降にスペインと中国の交易がマニラで行われていたこと、さらに一六二六〜四二年までの短期間、スペインが台湾北部に拠点を構えていたことが最大の根拠であろう。しかし、次のような矛盾点に留意しなければならない。

①これまでに知られている中国の初期喫煙を記した文書は、管・筒または刻んだタバコによる喫煙、すなわちキセルによる喫煙を示唆している（但し、伝来経路が異なる水パイプについては第8章二三五〜六頁参照）。

②スペイン侵攻時のメキシコにみられ、のちにフィリピンへ伝えられ、さらにパラオへもたらされたとされ、スペイン船の乗員たちが用いていた葉で巻いたタバコあるいは巻いたタバコの葉による喫煙が、中国の初期喫煙を記した古文献には見当たらない。

③一五七〇年にマニラへ進出したスペイン勢と直接交易を始めた中国に、タバコないしは喫煙の記述が最初にあらわれるのは一六一一年である。すなわち、わが国でキセルによる喫煙が広まってからである（第13章四二四頁以下）。スペインが一六二六年に台湾北部へ進出した時点では、すでに中国本土に喫煙が広まっていた。

④フィリピンへ喫煙用のタバコの種子（葉巻用）がもたらされ、栽培が始まったのは一七世紀末とされる（第13章四一五頁以下）。

この他に、次のルートが見逃されている。

⑤ヴェトナム→中国(雲南・広西)

後述するように（第13章四七一頁以下）、一六二六年のイエズス会文書にハノイから遠くないシノファイ近辺では、タバコがすでに盛んに栽培されていたとする記述をみる。第8章で述べたように、中国にはヴェトナムのフエ地方からもたらされたとするフエ・パイプと称する竹製の水パイプの存在がある（二三五頁の図8-16）。

前著にもとりあげているが第9章4節で示したように、袋中上人による一六〇三年の『琉球往来』の烟筒（キセル）記述と（二九八頁の図9-29）、巻いた葉による喫煙記述を持たない中国の古文献に「管」による喫煙記述が一六一一年以降にあらわれることによって、中国へのキセル伝播はわが国からであるとすると、時間軸上に矛盾なく収まることに注目したい。一九世紀末頃まではパイプ喫煙が広く行われることがなかったスペインあるいはポルトガルから中国へパイプ（キセル）喫煙が伝わることがないのは明白である。いうまでもなく、中国に残る太い竹筒を用いた喫煙具（水キセル）は別の起源であり、金属製の水キセル（二三五頁の図8-14）の伝来はさらに時代が下がって、ラウファー説にしたがうなら一八世紀に入ってからトルキスタン経由でもたらされたことになる。

一方、『羅山文集』（一六六一）『本朝食鑑』（一六九二）などの記述にみる本邦の初期喫煙形態として知られるのは、巻いたタバコの葉あるいは他の葉や紙で巻いたタバコで、これがキセルによる喫煙以前の形態として知られている。時代は下がるが、一六二〇年一〇月一一日付け英国商館長コックスの書翰には、捕らわれたポルトガル人が所持する〝タバコのように巻いた〟密書の記述がみられる（東大史料編纂所 原文編之下 1980, 311・鈴木 1999, 304）。

巻いたタバコによる喫煙が伝来したのは、第9章で述べたように『出雲崎村御水帳』の安易な切り捨てを否定する立場からも、時間軸上の考察からも、一五五〇年以降ほぼ毎年来航をみたポルトガルに比して、遭難船と避難船が各一隻わが国へたどり着いた以外に一七世紀以前の来航記録がないスペイン船が、わが国へタバコ喫煙をもたらしたとする説は成立し得ない。もちろん、喫煙をしない宣教師たちが自国船以外の船で来航することもあったが、彼らが喫煙をもたらすこともあり得ない。

いずれにしろ、喫煙が上層社会での流行によって広範に広まったイングランドのパイプ喫煙とは対照的に、スペインやポルトガルの喫煙は船員など非上層階級に限られたとするハビエール・ロペス（Lopez, Javier Linage）の記述から推量すると、この両国の一六～一七世紀の史料に本国での喫煙記述が欠落している事情がわかる（Lopez 1999, 49, 83–85・鈴木 1999, 169）。

一五八三年から八八年までポルトガル領のゴアで大司教の秘書役を務めていたオランダ出身のリンスホーテンの報告『リンスホーテン東方案内記』にも、現地の生活描写には喫煙階層である船員や商人の記述はあまりみられない。但し、一七世紀のスペインでのタバコ流行については、上流階級でもてはやされたスナッフ（嗅ぎタバコ）の流行が単にタバコと表記されることもあり、このことから喫煙と誤認した記述をみかけることがある。

4　在マニラ・スペイン総督府の対日政策とスペイン船の限られた来航

マニラから来航したスペイン勢とゴアからマカオ経由で来航していたポルトガル勢とは対日関係がまったく異なることに留意しなければならない。一五五〇年にポルトガル船の平戸への初来航をみて以来、例年一隻あるいは複数隻のポルトガル船またはポルトガル人船長による中国のジャンク船がわが国へ来航していた。これに対して、マニラからのスペイン人の到着は、一五八四年にマカオへ向かう途中のフランシスコ会士が立ち寄ったのが最初とされる。このフランシスコ会士は、ポルトガル人船長の船で立ち寄り二か月ほどわが国にとどまったとされる。ただし、ポルトガル王の庇護下にあったイエズス会士にはスペイン人もいたように、スペイン王の保護を受けていたフランシスコ会士にもポルトガル人がふくまれていた。またフィリピンには、イエズス会も拠点を持っていたことが知られている。

これまでに指摘しているように、マニラからのスペイン船の来航は、教皇勅令とイエズス会の抵抗もあって、最初のスペイン船は一五八七年（天正一五）に天草に漂着した難破船、次は一五八九年（同一七）に暴風を避けて薩摩へ入った避難船とされる。記録に残る一六世紀のスペイン船の来航はこの二隻だけである（岡本 1980, 293-514）。

スペイン国王の庇護下にあったフランシスコ会など托鉢修道会の修道士は、スペイン以外の船で来日することが多かったが、本国では喫煙がまだ広まっていなく、みずから喫煙を行わないにもかかわらず、彼らがタバコ喫煙を伝えることはあり得ない。したがって、一六世紀末に来航したスペイン人がわが国へタバコ喫煙をもたらした可能性は皆無といえよう。

中国の絹製品を得るため、純度に勝るメキシコ産の銀を大量に持ち込んでいたマニラのスペイン人にとって、貿易相手国としての日本は興味の対象ではなかった。一六世紀末のその主目的は、フランシスコ会などの托鉢修道会が中国で失敗していた宣教にあった。

イエズス会のヴァリニャーノ（Valignano, Alexandro, S. J.）によって、日本から天正遣欧使節がヴァチカンへ派遣された年の一五八五年には、教皇グレゴリウス一三世（Gregorius XIII）が発した小勅によって、日本におけるイエズス会の独占的布教活動が認められた（五野井 1990, 134）。したがって、一五八六年末に教皇シクストゥス五世（Sixtus V）がフィリピンのフランシスコ会へ書翰を出し、アジアと「中国の諸国」で修道院を開く許可を与えるまで、フランシスコ会士の日本での宣教は正式には認められていなかった（トマス・オイテンブルグ 1980, 32／マイケル・クーパー 1991, 98）。この「中国の諸国」には日本をふくむとされる。さらに一六〇〇年末には、教皇クレメンス八世（Clemens VIII）は他の修道会にもポルトガルからゴア経由で日本へ入ることを認め、すでにメキシコおよびフィリピン経由で入っていたイエズス会以外の修道士たちの退去を命じている（五野井 1990, 191）。このような背景から、一五八〇年代半ばをすぎるまでポルトガル系のイエズス会とポルトガル商船のみが日本を訪れていたのである。

一方、他に銀の供給源を持たぬポルトガルは、日本の銀なしでは利益の多い多国間貿易を遂行できなかったことから、マカオやゴアのポルトガル勢力にとってわが国はドル箱であった。その後、ポルトガルと入れ替わったオランダにとっても同様であるが、日本からの銀持出し禁止の後は主として銅や樟脳《しょうのう》などを積み出していた。日本がフィリピンへ使節を送りスペイン船の来航を促していたのは、メキシコの鉱山で採用されていた、効率の良い銀の精錬法（水銀法）を得る目的があった。このように、一六世紀末にはマニラを経由してやってきたスペインとわが国の交渉は、ゴアからマカオ経由で入ってきたポルトガルとは比較にならぬほど少なかった。

メキシコのアカプルコを出たスペイン船はマニラへ直行したのに対して、帰路は北西風を捕らえるために日本近海を北緯四二度近辺まで北上しなければならなかった。わが国へ立ち寄ったスペイン船の多くはアカプルコへの帰り船で、遭難船・漂着船または避難船が多かったのはこのためである。これらの帰り船は中国の絹製品を多く積載するが、マニラからタバコを積むことはあり得ない。アカプルコからわが国を目的地とした来航には、一六一一年のビスカイノ一行が乗ったサン・フランシスコ号がある。フランシスコ会士のマニラとわが国の往来は主として日本の交易船あるいは中国船またはポルトガル船によるものと考えられるが、その頻度は家康による朱印船制度が確立することで増えている。少なくとも、一七世紀に入るまではマニラのスペイン勢にわが国を訪れる交易上の目的はほとんどなかったといえよう。しかし、一七世紀に入ると、鎖国が完成するまではマニラからのスペイン船による貿易は増大した（高瀬 2002, 94）。

したがって、一七世紀に入るまでは実質的にはほとんど来航がなかったスペイン船、あるいはマニラへ入港する数が中国船の一〇分の一ほどの日本の交易船が（岡本 1983, 560–576／鈴木 1999, 159）、喫煙がほとんど行われていなかったと思われるマニラからタバコ喫煙をもたらしたとする説は成立しない。むしろ第13章で述べるように（四二〇～一頁）、ルソン島北部へのパイプ（キセル）による喫煙は、わが国の交易船によって直接または間接的にもたらされた可能性の方が大である。

5　私的交易によるタバコ伝来

わが国への喫煙伝来を、スペインの西インド諸島での商業的栽培開始とのリンクを試みる説もあるが、新世界でタバコの栽培をみるようになるのは、現地の植民たちの私的需要がその始まりである。船員や商人たちの私的交易による旧大陸への限定的流入が、新大陸での商業栽培を拡大したことはいうまでもない。イングランド・オランダのパイプ用需要およびその後のスペインでのスナッフ用需要がその対象であったが、新大陸で商業栽培が盛んになった頃には、わが国へはすでに喫煙が伝来していた。

イングランドにおけるパイプ喫煙も、俗説ではあるがウォルター・ローリィ卿が宮廷へ持ち込み上流階級に取り込まれるまでの十数年は、限られた階層でしか行われなかったと考えられ、一六〇七年にヴァージニアへ入植した第二次植民までは、イングランド植民地での商業栽培は行われなかった。

スペインにおいても、悪臭を放ち上流階層に忌避されていた葉巻による喫煙は、一七世紀の終わり頃から徐々に広まりをみせ始め、ロマン主義台頭の兆しとともに急速に拡散した。それまでは、新大陸航路の船員・商人たちや港湾労働者階級などの限られた階層にみられたが、一六七六年頃に葉巻の工場生産がセビーリャで極めて小規模に始まるまでは、葉タバコの調達は私的売買が中心であった。

スペインは、一五三〇年頃までには西インド諸島でタバクム種の栽培を始めていて、ポルトガルは一五三四年に植民地ブラジルのヴィセンテで開始していた。しかしいずれも、旧大陸への輸出はまだ対象ではなく、植民たちの自己消費が目的であった。商業目的の栽培は、ヨーロッパでの喫煙普及とスペインでのスナッフの広まりによって一七世紀に入ってから盛んになるのだが、イングランドの第二次植民地では一六一二年に西インド諸島からもたらされたタバクム種の栽培が本国向けに始められたことはすでに述べた。その頃のイングランドへは、すでにスペインの植民地から年間五万ポンド以上が輸入されていた（六八頁の表3-2）。

わが国への初期タバコ伝来が私的交易によることは、ヨーロッパ諸国への初期伝播の例からみても明らかで、私的な限定的流入を除外して、植民地での商業的栽培開始とわが国への伝来を結びつけることは時間軸上の矛盾を生じることになる。したがって、慶長一〇年（一六〇五）伝来説あるいは慶長六年（一六〇一）のタバコ膏薬とその種子伝来を、新大陸での商業栽培開始時期とリンクして論議するのはまったく意味を持たない。

6　慶長一〇年以前の史料否定と時間軸上の矛盾

第9章でとりあげたように、『出雲崎村御水帳』の否定論が十分な論拠を持たないこと、『鹿苑日録』のタバコ記述の否定論が原本および謄写本の読み誤りであること、そして『琉球往来』のキセル記述については中国からの書翰が原典だとする初歩的誤りを考えると、葉タバコあるいは巻いたタバコの形で伝来したタバコは、マニラからスペイン人あるいはスペイン船の来航が始まる以前に、ポルトガル船の乗員がもたらしたとする以外には、その可能性を見出すことはできない。このことは、その後の事項と時間軸上で整合することでも重要な意味を持つ。

マニラにあってスペイン王の庇護下にあったフランシスコ会などの托鉢修道会の来日は、スペイン以外の船によることが多かったが、この時代にこれら修道士たちが喫煙習慣を持ちわが国へ喫煙習慣をもたらすことはあり得ない。

慶長六年（一六〇一）、フランシスコ会のヘロニモ・デ・ヘススがマニラから三度目の来日で家康に献上したタバコの種子は薬用ではあったが、すでに喫煙が知られていたわが国でこれが喫煙用の栽培に回された可能性は否定しない。慶長七年（一六〇二）の『石州邑智郡大林之銀山屋敷帳』『石州邑智郡大林村御縄打水帳』にすでに「たはこ」が記載されていることを考えると、日本での栽培開始は一六〇一年以前でなければ時間軸上に矛盾が生じる。

慶長八年（一六〇三）には『琉球往来』に烟筒（キセル）および烟草（タバコ）記述があることから、キセルの製作および普及までに掛かる時間を考慮すると、遅くとも一五九〇年代の半ば以前には栽培が始まっていたとする仮説が成り立つ。しかも、『鹿苑日禄』の文禄二年（一五九三）の「烟草」記述（第9章二七〇頁以下）、および一五八五年に長崎を訪れたディルク・ヘリツゾン・ポンプ（第11章三四九頁以下）は、この時間軸に具合良く当てはまることになる。

当然のことながら、わが国で栽培が始まる以前に船員や商人がもたらすタバコの量には限りがあり、その価格も非常に高く、極めて限定的な取引きであったはずである。初期伝来のタバコの葉または巻いたタバコは商業行為としてもたらされたものではなく、商人たちの間で相対《あいたい》の取引きが可能であった時代に、主商品であるわが国の銀と中国産生糸とは別に、船員あるいは商人の私的交易品として少量が持ち込まれていたとみるべきであろう。したがって、これが広く知られることもなく、わが国の史料にあらわれるのは特定の地域または階層に限られることになる。

喫煙習慣をもたぬスペイン系のフランシスコ会の修道士（ポルトガル人）が一六〇一年にもたらし、家康に献上した薬用タバコの種子で喫煙あるいはタバコの栽培が始まったとする説は、一六〇二年の『石州邑智郡大林之銀山屋敷帳』『石州邑智郡大林村御縄打水帳』および一六〇三年の『琉球往来』を全否定しないかぎり仮説としても成立しないばかりか、わが国の喫煙伝来史の時間軸上の整合性も得られない。

7　慶長一〇年伝来説の矛盾とその解釈

わが国へのタバコ・喫煙伝来がマニラからスペイン人によるとする伝来説は、『和事始《やまとことはじめ》』『大和本草』などに記された慶長一〇年（一六〇五）説がもう一つの前提になっている。すでに述べているように、慶長一〇年を「タバコ」そのものの伝来時期とするには、『出雲崎村御水帳』『鹿苑日録』『石州邑智郡大林之銀山屋敷帳』『琉球往来』の否定が論理的になされなければならないが、仮にそれが可能であったとしても、他の事項との時系列的矛盾が生じる。

さらに、『英国商館長日記』のリチャード・コックスによる伝聞記述をもって慶長一〇年説を裏づけようとする試みもみられる。一六一五年八月七日に記された『英国商館長日記』の伝聞記述には「この国に初めて行われるのは十年にも満たぬが……」とあり、わが国での喫煙の広まりを慶長一〇年以降とする。これは『和事始』の記述同様に、喫煙用タバコの伝来とキセル喫煙の広まりを区別しない初歩的誤りである。

これらの慶長一〇年伝来説は、貝原益軒の甥、好古（耻軒）による『和事始』（一六九七年刊）に初出するが、益軒の『大和本草』（一七〇八年刊）にも天正初年（一五七三）説に加えて「或曰、慶長十年初テ来ル」と記されている。しかし、その史料価値は低い。すなわち、この時代の検証能力、記録の不正確さからみて一〇〇年近く前の事象を十分な検証にもとづいて記しえたとは考えられず、単なる伝聞記述でしかない。

むしろ、耻軒に始まった〝慶長一〇年〟説は、キセル喫煙が広く知られるようになった時期をもって〝タバコの伝来〟と短絡してしまったと解釈すべきであろう。これによって時間軸上の多くの矛盾が解消することになる。

ま と め

これまで述べてきたように、わが国および中国へのタバコ・喫煙伝来はスペイン人によるとする説は、多くの問題をふくむが、これを整理すると次のようになる。

①薬用タバコの種子伝来を喫煙用タバコの伝来と誤認
②スペイン侵攻時のメキシコでの喫煙形態、スペイン本国でのタバコ摂取形態、マニラ周辺および各島嶼へ伝播した喫煙形態と中国の初期喫煙形態との不整合
③一六世紀後半のマニラ（スペイン）の対日政策と、皆無に等しいスペイン船の来航
④ポルトガル植民地での私的栽培、ポルトガル船の乗員との私的交易によるタバコ伝来可能性の除外
⑤一六〇一年、マニラからの薬用タバコの種子伝来と『文禄中日記(鹿苑日録)』（一五九三）『石州邑智郡大林之銀山屋敷帳』（一六〇二）のタバコ記述および『琉球往来』（一六〇三）の「烟草《タバコ》」「烟筒《キセル》」記述との時間軸上の不整合
⑥キセル原形伝来とキセル普及までにかかる時間の無視
⑦「慶長一〇年(一六〇五)説」によるキセル喫煙の普及とタバコ・喫煙伝来の混同
⑧フィリピンでの喫煙用タバコ栽培開始時期（一七世紀末）の無視

一七世紀末になってからルソン島北部のカガヤンで喫煙用タバコの栽培が始まったとされるが、スペイン人が居住していたマニラ周辺での初期喫煙は、スペイン本国同様に葉巻によると考えられる（第13章四一八頁）。メキシコで葉巻とあわせて行われていたテューブラー・パイプ（一七頁の図1-11）による喫煙（Maison 1924,

212-213／宇賀田 1984, 23）がマニラでも行われていたとする報告または記録はこれまでのところ見当たらず、出土も報告されていない。マニラから離れていてスペイン人の影響が希薄なルソン島北部地方でのパイプ喫煙は、テューブラー・パイプ（ボウルを持たない筒型パイプ）ではなく日本のキセルあるいはオランダのクレイ・パイプ同様にボウルにステムが付いたL型（エルボウ）パイプ[9]であり、アステカ時代のメキシコの土製または石製のテューブラー・パイプが原型でないことがわかる。したがって、スペイン人がメキシコからもたらしたものではないことになる。

一六世紀末～一七世紀前半には、スペイン本国、メキシコおよびマニラ周辺では刻んだタバコによるL型パイプによる喫煙は行われていなかったことから、呂宋（ルソン＝フィリピン）から中国へタバコ喫煙がもたらされたとするなら、中国の初期喫煙を記した古文献には巻いたタバコの記述がなければならない。

したがって、呂宋からの伝来とされてきた中国の喫煙形態は、スペイン侵攻時のメキシコの喫煙形態およびマニラと周辺島嶼へもたらされた喫煙形態と整合しないことから、中国への伝来が呂宋からとする説は成立しない。既述したように、一九世紀～二〇世紀初期にルソン島北部ではL形パイプに葉巻を詰めて喫っていたことからスペイン人の喫煙とのかかわりは無視できない。しかし、フィリピンへスペインが侵攻した頃には既製の葉巻はなかったはずで、スペイン本国で既製の葉巻が広まりをみせ始めるのはセビーリャの工場で極めて小規模な手巻きの生産が始まる一七世紀末（一六七六～八〇）になってからである（一九七頁の表7-2・図7-11）。

スペイン船による商業行為あるいは私的交易行為としてのわが国へのタバコ伝来も、一六世紀末までの来航が難破船・避難船以外には皆無であることに加えて、他の事項との時間軸上の矛盾を考慮すると、その可能性もあり得ない。フランシスコ会士による薬用タバコの種子持ち込みをもって（あるいはその頃に）、喫煙用タバコの伝来とする説も、今日知られている最初の「烟筒」記述との時間軸上の整合性を考えると成立しない。

スペイン本国で葉巻喫煙が広がる兆しをみせるのは、前述したように一七世紀末になってからで、一六七六年頃にセビーリャで極めて小規模な手巻き生産が開始されてから、葉巻の消費量が嗅ぎタバコを越えるのは一〇〇年余りを経た一七七八年になってからである（前掲表7-2・図7-11）。フィリピンでの葉巻生産が本格化するのは、消費国であるスペインでの消費動向と期を一にするが、一七世紀末に喫煙用タバコの種子がもたらされたとするなら（第13章四一五頁）、マニラにスペインの総督府を置いてから約一世紀を経てからである。

わが国へタバコ喫煙が伝来した後、種子がもたらされ国内で栽培が開始するのは、キセルによる喫煙の始まりとの関連から考える必要がある。『鹿苑日録』の一五九三年にみる「烟草」記述、『石州邑智郡大林之銀山屋敷帳』（一六〇二）の「たはこ」記述を考慮すると、そして『琉球往来』（一六〇三）の「烟筒」初出までにその製造技術の確立および普及にかかる時間を推量すると、遅くとも一五九〇年代にはタバコの栽培がもたらされていなければならないことになる。

先に述べたように、『和事始』に始まる慶長一〇年伝来説は今日にいたるも多くの書に引用されるが、「キセルによる喫煙の広まりをもってタバコないしは喫煙の伝来とした」と解釈することで、その時系列的矛盾は他の事項との不整合性をもふくめて、一気に解消することになる。

このように、わが国および中国へのタバコ喫煙の伝来経路と年代は、ポルトガル・スペイン・オランダ・イングランドの喫煙史を照査することなく、誤った〝定説〟が流布してしまったことになる。

（1）　Burguillos は、地域差はあるもののスペイン語では〝ブルギヨス〟または〝ブルギジョス〟に近い発音になるので、ブルギヨスと表記した。

（2）　ホアン・デ・サンタマリア『聖ホセ管区の洗足の聖フランシスコ会年代記』第一部（マドリード、一六一五年）五九六頁。

（3）『フランシスコ会・イベリア・アメリカ史料集』第三四巻（一九三一年）六五頁。*Archivo Ibero-Americano. Estudios historicos sobre la Orden Franciscana en España y sus Misiones*, 1ff., Madrid, 1914 ff.

（4）Spinden, Herbert J. の *Tobacco is American* の図を用いてこの説を展開している。

（5）Bennet Bronson, Ph. D.：フィールド自然史博物館（シカゴ）のアジア文化人類学専攻の学芸員（夫人はヴェトナム出身で東南アジア陶磁器専攻の学芸員）。

（6）Igorot=Igorrotes（スペイン語）：ルソン島北部の山岳地帯を意味するスペイン語の呼称。また、この地帯の部族を指す。タバコの専売制（一七八一～一八八一）以前は、カガヤン渓谷の住民あるいは低地の部族はIgorotとの交易に通貨としてタバコを用いていた。J・マルバローサ（Malbarosa, José：De La Salle University, Manila 准教授）の著者宛September 9, 2014 付け e-mail より。

（7）Cagayan.：ルソン島の北部に位置し、一五八〇年頃から毎年のように日本船が訪れていて、日本人の居住もみられた。

（8）Krämer, A.：*Palau*, 1926.

（9）通常、L型あるいはエルボウ・パイプは、ボウル（火皿）がわが国のキセルより深くなるが、ボウルが浅いキセルも構造的にはボウルにステムを継いだL型ないしはエルボウ・パイプと同じである。

第11章　キセルの起源とその語源

本章は、前著『喫煙伝来史の研究』第四章と同題名であるが、その刊行後に得られた新しい資料をもとにさらなる考察を加えて増補改訂した。

1　「カンボジア語説」の考察

拙著『喫煙伝来史の研究』でキセルの語源を明らかにするまでは、アーネスト・サトウ（Satow, Ernest M.）によるカンボジア語説が定説とされていたことはすでに述べた。E・M・サトウは明治一〇年（一八七七）に横浜で開催された日本亜細亜協会の総会で"THE INTRODUCTION OF TOBACCO INTO JAPAN"を発表しているが、その後、マレー半島を旅行中に『仏語・カンボジア語辞典』からkhsierが喫煙用パイプを意味することを知り、渡辺修二郎にわが国の「キセル」の語源として伝えたとされる。渡辺が、これを明治三〇年（一八九七）の『外交通商史談』に発表し、大正一五年（一九二六）になってから新村出がこれをとりあげたのだが（宇賀田 1973, 130–131）、新村自身は同一二年の「煙草と煙管」（新村 1995, 95–102）では『めさまし草』の「考證雑話」を批判し林羅山に倣《なら》って、外来語であろうと述べているにすぎない。

坂本恭章編の『カンボジア語辞典』では発音は［k'si'ə］と表記されるが、Oxford の *A Concise Cambodian-English Dictionary* およびラオ・キム・リャンの『カンボジア語実用会話集』の発音表記は［khsiə］となる。

西川如見の『増補華夷通商考』(1)による、カンボジアの隣国ラオス産の斑竹を「ラオ」とする説と実に具合良くリンクして「キセル」語源の定説になってしまった。驚いたことに、「〝管〟の意味を持つkhsier」という事実に反するオマケがついて、新村出編の『広辞苑』にまで載せられて今日にいたっている。

カンボジアへのタバコ伝来の明確な時代特定は勿論できていないが、ポルトガルは一五一〇年にインドのゴア、つづいて一五一一年にはマレイ半島のマラッカを占領し、この拠点から主としてモルッカ諸島の香料、中国の生糸、日本の銀などの取引きに従事するようになる。一五九〇年代にはカンボジアとシャムの紛争に乗じて、マニラのスペイン勢力が短期間介入しているが、ポルトガル人の参加も知られている(石井&桜井1985, 226・227/フーオッ・タッt 1995, 116・117/鈴木1999, 84/北川2006, 114–115)。

パイプ喫煙国のオランダが東南アジアにあらわれたのは一五九六年であるが、一六〇二年にポルトガルの艦隊をジャワのバンテン沖で打ち破り、同年、アムステルダムに東インド会社が設立された頃から東南アジアにおけるオランダのプレゼンスが確立したといえる。わが国の朱印船貿易が一六三五年(寛永一二)の鎖国令によって翌三六年の朱印船を最後に途絶えた後は、オランダ船および唐船が朱印船に代わる役割を果たすようになった。もう一方のパイプ喫煙国イングランドの、東インド会社設立はオランダより早いものの実際に東南アジアに進出するのはオランダに遅れをとった。

『琉球往来』にみるキセル(烟筒)記述によって、一六〇三年にはキセルがすでにわが国で使われていたことが明らかになっている。カンボジアがスペイン人と接触を持ったのは、一五九六年から九八年にかけてのわずか二年の戦乱期にマニラのスペイン勢が介入した時である。しかし、パイプ喫煙を行わないスペイン人によってカンボジアにパイプ喫煙がもたらされ、そのパイプ(キセル)の呼称がわが国へ伝わったとする説は成立しない。この戦乱には、スペイン船に乗り組んだ日本人も関与したとされるが、一五九八年には交趾(コーチ＝ヴェトナム北部）経由の日本船も一隻カンボジアに入り、乗組員が騒乱に巻き込まれている（岩生 1966, 86–87）。

仮に、キセルの語源がカンボジア語であるとするなら、パイプによる喫煙が普及していて、必要なタバコの供給が定常的に行われていること、すなわち現地栽培が何らかのかたちでスタートしていなければならない。当時、スペイン人あるいはポルトガル人の商人や船員の喫煙は葉巻が主体であったことは本書で繰り返し述べているが、スペインまたはポルトガル人がパイプ喫煙をカンボジアに伝えたとするのは、スペイン・ポルトガルのわが国より遅れた喫煙の普及と、その異なる喫煙形態を無視する飛躍した推論にすぎない。

パイプ喫煙国のオランダがカンボジアへ進出を始めたのは一七世紀に入ってからで、わが国ではすでにキセルによる喫煙が国中に広まっていた。この頃、わが国の商人は朱印船によるカンボジアとの交易を開始していて、間もなく日本人町も二か所形成された。一五九八年にスペイン勢がカンボジアの戦乱から敗退すると、わが国のカンボジアとの交易は増え、武具用に珍重された鹿皮や鮫皮（実際にはエイの尾鰭《ひれ》）のほか、漆・象牙・蠟《ろう》・蜂蜜などが日本への輸出品であった（岩生 1985, 288）。わが国とカンボジアの交易については岩生成一の三著書[2]に詳しいが、永禄一二年（一五六九）と天正七年（一五七九）には、すでにわが国へカンボジアからも来航があったとする。但し、一五六九年はカンボジア経由のポルトガル船の来航とする見方もある。

カンボジアとの交易が本格化したのは徳川家康が慶長八年（一六〇三）にカンボジア国王に書翰を送り朱印船制度を通告して以来のことであるが、岩生成一は一六〇四年から三五年の鎖国までの間にカンボジアへ渡航した朱印船は四四隻を越えるとする。但し、この岩生の南禅寺の朱印帳による「朱印船統計表」および「元寛年代南洋渡航船数表」（岩生 1966, 10–11）「朱印船渡航地別集計表」（岩生 1985, 171）「年次別地方別渡航朱印船船数表」（岩生 1985, 127）などをみる限り、一六〇四年から〇七年まではカンボジアへの渡航船は年間三隻から五隻に達していたが、これをピークとして、以後年間一～二隻に減っている。この三一年間の統計期間中の朱印状下付記録からみた朱印船の総数は三五六隻になるのだが、第10章でも述べたように最も多く出ていたのはヴェトナム向けで、交趾《コーチ》へは七一隻、東京《トンキン》へは三七隻が記録に残っている。マニラ向けは五四隻、暹羅《シャム》（タイ）向けが五六隻となっている。おそらく、その実数は前記統計数を越えると思われるが、日本人町が形成されていた四地域向けだけで全体の六三％以上であった。岩生の推論にしたがうなら、この期間中に朱印船で渡航した日本人の総数は一〇万人超であったことになる。さらにその一〇％が現地にとどまったとすると、一万人程度が東南アジア地方に居住していたことになる。これらの日本人は安南（ヴェトナム）に二か所、東埔寨《カンボジア》に二か所、暹羅《シャム》に一か所、呂宋《ルソン》に二か所の計七か所で日本人町を形成していた（岩生 1966, 316）。

カンボジアには、メコン河の河口から約一二〇キロメートル上流の現首府プノン・ペン（Phnon Penh）とさらに二五〜二六キロメートルさかのぼったピニャール（Pinhalu/Pignalhu/Ponhealu）の二か所に日本人町が存在していた。ピニャールについてはオランダ船の船長ヘンドリク・ハーヘネール（Hagenaer, Hendrick）の一六三七年の航海誌（「遡航記」）によると、当時七〇〜八〇家族の日本人が居住していた（岩生 1966, 97）。これは、鎖国により最後の朱印船がカンボジアを離れた翌年のことである。また、日本からマカオへ戻っていたフランチェスコ・エウジェニオ（Eugenio, Francesco）はイエズス会総会長宛の報告書に、一六一八年（元和四）にカンボジア在住の日本人二名が連名でコーチ（交趾）のイエズス会士に宛てた書翰を、次のように引用している。

> カンボジアに在住する我々七十人のキリスト教徒は、聖なる教訓を遵守する為に必要な免罪と導きを受ける司祭がいない事に非常に失望している事を猊下に訴えます。当地には尚多くの日本人異教徒もいて、キリスト教徒にならんと欲しているが、聖職者がいない為に、如何ともし難い。我々は猊下に、我々を教え導く司祭を派遣して、この切なる願いを支持されん事を懇願いたします。（一六一八年五月二十日）
>
> （岩生 1966, 88, 118–119・355–356）(3)

禁教令による弾圧を逃れて脱出したキリシタンも多く居住していたものと思われるが、岩生成一はこれら日本人町の居住者と他の地域の雑居者をあわせると、一六三六年当時のカンボジアには三〇〇人から四〇〇人の日本人が居住していたであろうと推測している（岩生 1966, 100–101・331）。しかし、これは同じく岩生推計によるマニラの三〇〇〇人、シャムの一五〇〇人に比べるとはるかに少ない人数でコーチの三〇〇人に近い数字である。

これら日本人たちはカンボジア側が任命した日本人官吏によって自治統治を行っていたと考えられているが、日本人官吏は他の外国人居留民の管理にも当たっていたとされる。また、一六二三年と三二年のカンボジアとシャムの抗争にも在住日本人がこれに参戦し軍事的協力を果たしたことが知られているが、一六四二年には国内の治安維持にも活躍している。鎖国以前はカンボジアに居住していた日本人は主としてカンボジアに来航する日本をふくめた諸国の船との交易に従事していたが、一六三五年（寛永一二）の鎖国令によって翌三六年に帰国した日本船を最後に日本との直接交易は途絶してしまった。しかし、その後はオランダ船あるいはコーチを経由する中国船によって細々と日本との交易を続けていたことが知られている。

カンボジアから日本へ送り出された商品は、既述したように鹿皮・鮫皮（エイの尾鰭）のほか胡椒・砂糖・蜂蜜・蠟《ろう》などもふくまれていた。日本町の住民の大部分は交易に従事していたが、買い付けて集荷した商品を日本からの朱印船ないしは他国、主としてヨーロッパ船に売り渡していたのである。時には三国間貿易、すなわち朱印船と他国船との仲介貿易をも行っていたとされる。したがって中国の生糸もこの形で取引きされていて、ポルトガルの日本における生糸取引きの独占を一部崩していたことになる。これら在留邦人は日本的習慣を守り、衣食も本国から多く取り寄せていたとされる。一方、カンボジアに比べてより多くの朱印船が訪れていたヴェトナムの交趾《コーチ》では在留邦人の数は同程度であったが、日本人有力者の角屋七郎兵衛が故郷に注文した物品リストに次のようなものがふくまれている。

酒樽二、醤油樽二、大根漬樽二、奈良漬樽二、鰹節六十、干大根、黒豆、梅干、干瓢、わかめ、あらめ、いりこ、畳、碁盤、将棋盤、双六盤、……

(岩生 1966, 332)

これら日本人町の在留邦人の服装は依然として和服に髷・脇差しを守り、一八世紀に入ってからもマニラ在住の日本人は本国の風俗習慣を守っていたことが伝えられている。在外邦人が日本での生活習慣を変えられずに日本から物資を取り寄せ、現地で代用品を調達する様《さま》は現代もあまり変わっていないようである。しかし、これら日本人町は寛永期をピークにその五〇〜六〇年後には消滅してしまった。これは、鎖国政策によって人員の補充が途絶したこと、とくに女性の渡航者がなくなり、現地での同化が進んだことが主たる原因と考える。

岩生成一が寛永の鎖国以前の日本からの輸出品目をまとめた「地方別朱印船輸出入品目表」(岩生 1985, 288–289)をみると、

東埔寨《カンボジア》:銅、鉄、所帯道具、扇子、傘、硫黄、樟脳、薬鑵、

などが記載されている。これは他の地域、すなわちシャム、マニラ、コーチ向けなどとほとんど変わらない品目で、銅・鉄・硫黄・樟脳《しょうのう》といった品目以外は在外邦人向けの消費財が目立つ。同じく、岩生による一六三四年(寛永一一)および翌三五年のオランダ人報告をもとにした「市場販売日本品数量表」(岩生 1985, 293–294)でみると、

(一六三四)

銀、樟脳、ゴキ銅、鉄、煙草、机、椀、傘、扇、

(一六三五)

丁銀、茶、傘、机、鉄、麦粉、麦、粗製椀、ビスケット、煙草、薬鑵、塗皿

(樟脳・銅・扇は前年の在庫があり発注しなかった)

に示されるように煙草が出てくるのだが、翌三四年には三〇〇〇斤、翌三五年には一〇〇斤となっている。一六三五年に量が減っているのは、前年からの在庫残によるとされる。この他にエレミヤス・ファン・フリートによる『暹羅阿蘭陀商館日記』の一六三四年二月一九日条に、日本人二〇人とシナ人八〇人が乗船した日本船が到着し、その積み荷を次のように記している（岩生 1985, 265・313–323）。

　粗末な瀬戸物、銅、煙草など種々の商品

一六三三年にも日本船がコーチ経由でシャムへ煙草や粗末な陶器を運んだ記録が前掲『暹羅阿蘭陀商館日記』に記されている（岩生 1985, 313）。三〇〇〇斤のタバコにしても、『平戸英国商館日記』の一六一七年五月条にみられる国内取引きの数量と比較しても決して多くなく、商品とするよりは、むしろ在留邦人の消費用とするべき数量である。これは、カンボジアやタイ（シャム）をふくめたメコンデルタ地帯にはまだタバコの供給が十分でなかったか、喫煙がまだ現地人の間で十分に広まっていなかったようにみえる。しかし、嗜好性の強いタバコだけに、出身地のタバコを求めていた可能性もある。前掲の資料以前のデータはみつかっていないが、一七世紀後半になってオランダ本国から各地のオランダ商館へ十分な量のクレイ・パイプの供給が可能になる以前に[4]、カンボジアへはすでに日本からキセルとタバコが送られていたのである。

第12章1節で改めてとりあげるが（三六六頁以下）、宝永年間から正徳年間（一七〇四～一五）までの日本からの輸出品目を内閣文庫の『唐蛮貨物帳』でみることにする。この『唐蛮貨物帳』は長崎奉行が幕府に提出した輸出入報告であるが、作成は唐通事・蘭通事が行い奉行所に提出したものである。規格が定められた宝永六年（一七〇九）からの記録が残っているが、このなかで本稿に関連するのは、「唐船帰帆荷物買渡帳」と「阿蘭陀船日本ニて万買物仕、積渡寄帳」である。鎖国後七四年を経た宝永六年の記録をみると、

　七月一〇日付け「南京船帰帆荷物買渡帳」

銀、銅、他

（小間物色々）きせ留、扇子、帯留、櫛箱など一五点

その他、い里こ、干あわび、干貝、昆布などの食品

七月一一日付け「普陀山船帰帆荷物買渡帳」（普陀山：中国浙江省）

銀、銅

（小間物）の項の三四品目のなかにきせ留、脇息、帯留、櫛箱など

同日付け「南京船帰帆荷物買渡帳」

きせ留

九月一〇日付け「寧波船帰帆荷物買渡帳」（寧波《ニンポー》：中国浙江省東部）

きせ留の他にたばこ盆

同日付けの別の寧波船

同じくきせ留

ただし、これら唐船の積載貨物がカンボジアなど日本人町所在地へ運ばれたとする記述は見当たらない。

これらの唐船の記録には数量の記載がないのだが、阿蘭陀船の積み荷をみると、次のような記述がみえる。

九月二一日付け「阿蘭陀船日本ニて万買物仕、積渡寄帳」

きせ留六拾本の他に赤銅金焼付たばこ入四ツ

オランダ船には「銅、蒔絵道具色々、伊万里焼物色々」などの記載もある。興味深いのは、このオランダ船の「積渡寄帳」には「粕漬香物類海藻色々、味噌樽醤油」も記載されていることで、鎖国後七四年を経ても邦人向けの需要が続いていたことである。鎖国後、在外邦人は、交趾などを経由する中国船に託して日本への輸出ある

いは日本からの物資の調達を続けていたことはすでに述べたが、オランダ船もその役割を果たしていた。すでに日本人町が消滅し、在留邦人の現地同化が進んでいたと思われるこの時代になっても、日本の物資を求めていたことがわかる。

翌年の宝永七年（一七一〇）の台湾船の記録には刻みたばこの記載がみられるが、収載されている正徳四年（一七一四）までの記録の六一隻のうち三例を除き全船に、

きせ留、刻みたばこ、たばこ入れ

のいずれかの記載があり、オランダ船には数十本単位でキセルが積み込まれているのである。これらの船の船籍は「阿蘭陀《オランダ》船、唐船、台湾船、寧波《ニンポー》船、南京船、東京《トンキン》船（ヴェトナム）」などであるが、仕向地は「南京、普陀山、寧波、台湾、広東、広南、海南、バタヴィア(ジャワ)、厦門《アモイ》」などとなっている。

これらの記録から一七世紀に入ってキセル・タバコが広く日本で流行り始めると、朱印船で訪れる日本人がキセルとタバコを持ち込み、鎖国で朱印船が途絶えると在留邦人はオランダ船・南蛮船・中国船などに託して入手していたことがわかる。岩生成一の「朱印船乗組員数表」（岩生 1985, 273）によれば、朱印船の一隻当たりの乗員数はシャム行きだけでみても五〇名（一六三三年）から三九四名（一六二六年）にも達している。このようにみてくると、日本ですでに使われ始めていた「キセル」は、カンボジアの在留邦人が本国から調達する物資にともなって供給を受け続け、外来語「キセル」がカンボジア語に組み込まれたとする仮説が成り立つ。

2　「カンボジア語説」の語源学的検証

定説とされていた「キセルのカンボジア語説」が根拠とするカンボジア語の khsier には「管」の意味がないことはすでに述べた。アーネスト・サトウがみつけた khsier には、派生語あるいは khsier のもとになる語幹が

カンボジア語にみつからないばかりか、オックスフォード大学出版部の *A CONCISE CAMBODIAN-ENGLISH DICTIONARY* では khsiə = a pipe for smoking tobacco（タバコ喫煙用のパイプ）となっていて、その意味は限定されている。

「管」に相当する語は別にあり、「竹」の派生語と考えられるこの単語には tube・pipe（筒・管）の他に、「竹の節」などの意味があり接尾語が付くと「喉」の意味にもなる。Khsier のカンボジア語の他の語彙との関連性を考察したが、相互間のつながりはまったく認められない。

喫煙具のパイプは、北アフリカのアラビア語が語源とされるポルトガル語のカシンボ（cachinbo）を除いて、ヨーロッパ言語のいずれもが、英語の pipe を語源としているのに対して、日本語の煙管、中国語の烟筒なども煙（烟）・管・筒のいずれかをふくむ文字が用いられる。次に示すように、カンボジア語の「喫煙する」「煙」あるいは「タバコ」、または「管・筒」を意味する単語と khsier との間にはまったく関連性が認められない。

ខ្សៀ　khsiə *n.* pipe for smoking tobacco［タバコを喫うためのパイプ］

ជក់　cùək *v.* suck in；smoke（tobacco）；～ ba:rɤy smoke cigarettes；～ -cɤt(t) delighted with［吸う、～(シガレットを)喫う］

បំពង់　bɔmpùəŋ *n.* tube, pipe, node of bamboo；～ -kɔ:　throat［管、パイプ、竹の節、～(派生語)喉］

ផ្សែង　phsaeŋ *n.* smoke；～ hoy trəlò:m　the smoke rises up and up［煙、～(派生語)煙が立ちのぼる］

（*Concise Cambodian-English Dictionary*, Oxford Univ. Press, 1974）

左に示すのは、文字上の関連性を確かめるために四つの語彙を並べたものだが、個々の文字の比較からも関連性はまったく見出すことができない。

ខ្សៀ［タバコを吸うためのパイプ］　បំពង់［管］　ជក់［喫う］　ផ្សែង［煙］

最後に、カンボジア王国大使館のご厚意で本国の文化省に照会、確認していただいて得た書面による回答は、

khsier にはカンボジア語としての語源はみつからない

とするもので[5]、khsier には、

タバコないしは阿片を吸うための筒状の柄が付いた器具（an instrument with a pipe-handle used to smoke tobacco or opium）の意味しかない

とするコメントが付けられていた。

khsier に「管」の意味がなく、カンボジア語としての語源がないことから、語源学的には外来語とする結論に到達する。

3　「キセル」と「ラオ」の語源学的考察

「キセル」の語源がカンボジア語でないとすると、日本語に語源を求めたくなる。これは江戸後期にすでに「キセル」を蛮語としながらも試みられている。大槻玄沢の門下とされる清中亭叔親による『めさまし草』（文化一二年＝一八一五）の「考證雑話」には、次のような記述がある。

長崎詞にて人を打事をきせるといふよし、（中略）関東にて恩にきせるといふことばあり、（中略）羅山文集に曰く、らう竹に鍮の類をきせてつくれるゆえ、きせらうといひしがきせると呼べる事になりし。

（新村 1985, 20–21）

もっとも、この『めさまし草』を『海表叢書』に収載した監修者の新村出もさすがに、その著『南蛮沙羅』では、これを取るに足らぬ説としている（新村 1995, 99–100）。

「キセル」の起源が日本語にないとするなら、外来語である可能性は一六〇三年以前の一六世紀後半から、わ

が国と直接交渉を持ったポルトガルないしはスペインの言語系に求めるしかない。しかし、新村は何故か、キセルがすでに広く使われるようになってから接触が始まったオランダ語と、オランダ商館にドイツ人医師がいたためかドイツ語に当たっただけである。

拙稿「イエズス会文書に見る慶長中期の我が国の喫煙」（鈴木 1992, 42–44・1999, 222–229）で、日本のイエズス会文書にタバコが最初に出てくる一六一二年の「コウロス書翰」[6]（ポルトガル語）を初めて紹介したが、ここではタバコを「呑む」とする表記を用いているが、同時に「吸う」も使用している。ポルトガル語で「吸う」を意味する言葉は sorver であるが、スペイン語では sorber になる。ポルトガル・スペインではまだパイプによる喫煙が行われていなく、喫煙用パイプを示す言葉が存在していなかった時代である。コウロスは、この書翰で「これを吸う(sorver)にはある種の器具を用いる……」と表現している。ポルトガル語もスペイン語も k で始まる語彙は外来語や固有名詞のみで、使用されるのは qu- である。ポルトガル語・スペイン語もともに英語の関係代名詞的用法に que が使われるが、ポルトガル語では発音は[ki]、スペイン語では[ke]となる。喫煙用パイプを示す言葉がないことから、「吸うもの」の意味でポルトガル語の que sorver、すなわちキ・ソルヴェルが「キソル」→「キセル」に転訛したことが次に示すように、容易に理解できよう。

QUE SORVER ⇓ キ・ソルヴェル（ポルトガル語 吸うもの） ⇓ 転訛 ⇓ キセル（日本語 煙管） ⇓ 転訛 ⇓ khsier（カンボジア語 タバコを吸う筒）

スペイン語にはもっと近い発音の単語 queseria（ケセリア＝チーズ製造所）あるいは quesero（ケセロ＝蓋付きのチーズボード）もあるが、「キセル」との関連性は認められない。

ところで、『めさまし草』はアイヌ語でキセルを「セレンボウ」と称すると記しているが、馬場脩もその著『樺太・千島考古・民族誌』所載の英文論文“Smoking among the Ainu”（馬場 1979, 227）で伝来初期には樺太

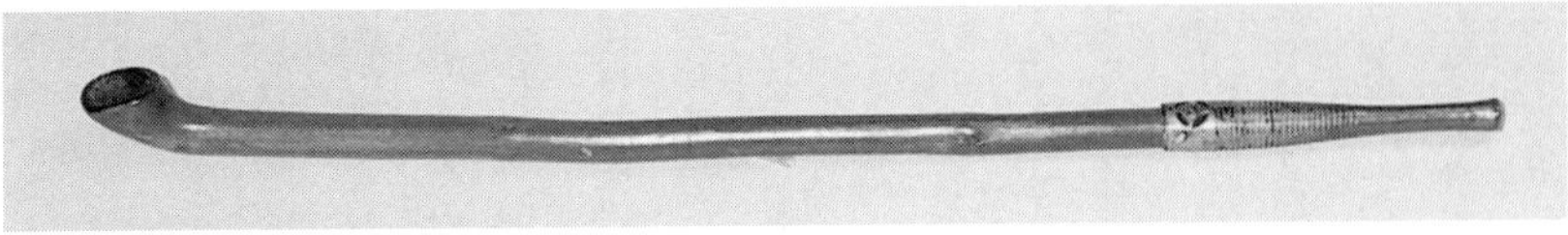

図11−1　アイヌ人が使用していたキセル（吸口は和人のキセルを流用）

（サハリン）および北海道ではserenboと呼んでいたが、のちに和人のキセルからキセリとなったとしている。この「セレンボウ」がsorverに近いのは注目に値する。これは、文字を持たなかったアイヌ語に和語を取り入れるさいに「n」の音が加わることがしばしばあるからである。但し、筆者の知る限り、アイヌ語には濁音がないかあるいは非常に弱いために「b」は「p」に近い発音になる。したがって、実際の発音はセレンポに近い発音であったであろう。萱野茂もタバコはタンパクと呼ばれていたとしている（萱野 1978, 24・247）。但し、タバコの入手が困難なことから河原母子草を乾燥させて喫うことも多かったとする。キセルは「セレンボウ」の他に、和人のキセルが多く入ってくるようになると、「ニキセリ」（似キセルの意か）と呼ばれるようにもなり、木の枝（ノリノキ）で作ったものを使用していたという（更科 1968, 94）（図11−1）。

蝦夷へ渡った最初のヨーロッパ人は、一六一八年（元和四）のイタリア人イエズス会士ジェロニモ・デ・アンジェリス（De Angelis, Jeronymo）であるが、続いて一六二〇年（元和六）にはポルトガル人のイエズス会士ディオゴ・カルヴァリョ（Carvalho, Diogo）が渡っている（チースリク 1962, 10, 18, 49–60・61–87）[7]。しかし、この頃はわが国に「キセル」がすでに広まっていた時代であり、前著第七章でとりあげたように、日本のイエズス会に禁煙令が出ていた時代である。

オランダ人が蝦夷に達したのは、一六四三年（寛永二〇）である（村上 1929, VII–IX）。これは、一六一二年（慶長一七）にスペインのビスカイノが日本の東方にあるとされた金銀島探検を試みたことに触発されたオランダ勢による二度目の探検である。バタヴィアを出た二隻のうち一隻が蝦夷・千島の東岸に達していた。アイヌ語の serenbo はポルトガル語・スペイン語の sorver（sorber）が語源であるとするにはさらなる検証が必要であるが、ここでは「キセル que sorver 説」の延長として述べるにとどめる。

馬場脩は蝦夷への喫煙伝来を、本州の東北地方経由と満州から樺太を経由したルートをあげている。但し、中国の東北地方（満州地方）への伝播はわが国から朝鮮半島を経由したもので、これがさらにシベリアへ伝えられたとするのが現時点では定説とされる。

「ラオ」については、既述した西川如見による『増補華夷通商考』のラオス説がある。宝永五年（一七〇八）刊行のこの書の羅宇（ラオス）の項には次のように記されている。

羅宇　日本ヨリ海上二千六百里

南天竺ノ内暹羅ノ西隣也暖國ニテ小國也唐ヲランタ往来ヲ不知シヤム人往来ス

土産

木綿嶋ノ類　班竹（大小色々小ハキセル竿ニ用則ラ宇竹是ナリ）

（宇賀田 1977, 42）

これがキセルの「ラオ」の Laos 説の魁《さきがけ》であるが、一〇〇年後の文化六年（一八〇九）には大槻玄沢が『蔫《えん》録《ろく》』に中国の羅浮説とともに西川如見(8)のラオス説を掲げている。新村出がとりあげたアーネスト・サトウの「キセル」カンボジア語説と実にうまくリンクして「ラオ」のラオス説が定着するにいたった。ところで、西川如見や大槻玄沢が生きた時代は、わが国のポルトガル・スペインとの交渉はすでに絶たれ、「キセル」や「ラオ」の語源をこの両国語に求める術《すべ》は失なわれていた。したがって、ラオス説なり羅浮説が出ても無理からぬことであろう。しかし、アーネスト・サトウの「カンボジア語説」を新村出が広く紹介した頃はすでにポルトガル語・スペイン語にアクセスできる時代であったにもかかわらず、俗説であるはずの「カンボジア語説」が定説化してしまったのである。

さて、「ラオ」の語源もポルトガル語とスペイン語に求めてみると、ポルトガル語ではraia(線・筋)・rabo(柄)があり、スペイン語にも同様にraya(線・筋)・rabo(軸)がみつかる。このうちraboが「柄」あるいは「軸」の意を持つことから、「ラオ」の語源であることが容易にわかる。

わが国の外来語にはポルトガル語のdiamante（ダイヤモンド）がガラスの意味のギャマンになり、同じくポルトガル語のmeiasがメリヤスになり、オランダ人のヤン・ヨーステン（Joosten, Jan）が八重洲になったりする例もあり、ポルトガル語のque sorver（キ・ソルヴェル）とrabo（ラボ）が「キセル」「ラオ」になるのは、当時のわが国でのヨーロッパ言語の聴解力を考えると極めて自然であろう[9]。

先に述べたようにqueの発音はポルトガル語では［ki］、スペイン語では［ke］であること、そして一六〇〇年以前のスペイン船の来航は、記録に残るのは難破漂着と暴風を避けたとする船をあわせて二隻しかないことからも、語源としてはポルトガル語ということになる[10]。ポルトガル勢は、ポルトガル船あるいはポルトガル人による中国のジャンク船によって、一五五〇年以降はほぼ毎年の定期的な来航であった。

さて、この頃、すなわち一六〇三年以前にポルトガル人ないしはスペイン人がパイプを用いて喫煙していたかどうかが問題になる。既述したように、わが国へ最初にもたらされた喫煙は葉巻状のタバコとされるが、本書の第7章で述べているようにポルトガル・スペイン両国の本土ではまだ喫煙の広まりはなく、主として新大陸航路の乗員・商人など限られた階層で、タバコの葉を巻いて喫うのがみられたとされる（一八一・五頁）。しかし、第3・4章で述べたようにイングランド・オランダの両国ではすでに一五七〇年代にはパイプによる喫煙が始まっていたのである（五五・九四頁）。そこで、イングランド人ないしはオランダ人がこの時期にわが国を訪れていたかどうかが問題になる。

ところで、東南アジアの喫煙についてアンソニー・リード（Reid, Anthony）は、東南アジアのタバコ栽培は一五七〇年代にメキシコからフィリピンに導入され、そこから一六〇一年にジャワ島に広がったとしている（アンソニー・リード 1997, 63-64）。ここでも、薬用タバコの栽培と喫煙用タバコが混同されているばかりでなく、ジャワ島へタバコをもたらしたのはフィリピンからとする説にも疑問が残る。既述したように、オランダは一五九六年には東南アジアへ進出し、ジャワ島西部のバンタム港に到達している。バンタムにはすでにポルトガル人が胡椒《こしょう》取引きのために訪れていたのであるが、一六〇二年にはオランダがバンタム沖でポルトガルを破っている。リードは一六〇六年のスコット（Scott）の報告を引用して、一六〇四年にはバンタム人のエリートたちはタバコを好んで喫っていたとしている。一七世紀にジャワ島の島民の間で流行っていたのはパイプよりは両切りの葉巻タバコであったとするものの、一六五六年のファン・ホエンス（Van Goens）を引用してジャワの宮殿ではヨーロッパ人をもてなす時にはオランダ風の長い芦のパイプでタバコを喫っていたとしている。これは、すでにポルトガル人により巻いた葉による喫煙がもたらされていたものの、オランダ人が使用するものに似せたパイプでもてなしたということであろうか。

さて、オランダ商船がわが国へ来航し平戸に商館を開設したのは一六〇九年（慶長一四）であるが、イングランドは四年遅れの一三年になってからである。しかし、パイプ喫煙国であるイングランドとオランダ両国からの公式来航以前に、キセルによるパイプ喫煙はすでに、わが国に定着していたのである。但し、イングランド人を乗せたオランダ船の最初の来航は一六〇〇年に三浦按針ことウィリアム・アダムズが搭乗したリーフデ号の豊後漂着であるが、難破船同然で到着した同船にパイプやタバコが残っていた可能性は極めて低いばかりか、リーフデ号の投錨後にその積み荷はほとんど盗られてしまったという。

仮に、リーフデ号で到着したイングランド人またはオランダ人の生存者の誰かがパイプ喫煙を最初にもたらしたとするなら、わが国での滞在が長いだけに「キセル」は英語のパイプ（pipe）ないしはオランダ語のペイプ（pijp）に近い呼称になっていたはずである。これは、ポルトガルを例外として、ヨーロッパ各国語のパイプ呼称は、ほとんどが pipe を語源としていることからも考えられる。いずれにしろ、一六〇三年の『琉球往来』に「烟筒《キセル》」が出てくるには、一六〇〇年の到着ではいかにも遅すぎる。

　ところが、インドのゴア在住のオランダ人リンスホーテン（Van Linschoten, J. H.）の『ポルトガル人航海誌』（リンスホーテン 1968, 615–616・625／岡本 1974, 215・234）の記述によると、同郷のエンクハウゼン（Enkhuizen）[11]出身のディルク・ヘリツゾン・ポンプ（Pomp, Dirck Herritsz.）がポルトガル船のサンタ・クルス号の砲手長として一五八五年（天正一三）七月末に長崎に到着し、翌八六年三月までの八か月ほど滞在していたことがわかる。

　このポンプが生まれた港町エンクハウゼンで一五八〇年二月に出された布告には教会の祝日にタバコの販売を禁止する項目がみられる。同様の布告はその後、何度か出されていることから効果はなかったようである。ポンプが最初にゴアへ渡ったのは一五六八年で約二〇年滞在したのち、一五九〇年にはエンクハウゼンに戻っていたとされる。ポンプは、一五九八年にウィリアム・アダムズと同じオランダ船隊で東アジアへ向かうのだが、彼の意見で最終的には目的地が日本になる。この航海の途中、彼自身は一五九九年にチリ沖でスペイン側に捕らわれてしまうのだが、四年ほどのちに一旦エンクハウゼンに帰り一六〇六年には再びインドへ戻っている。ポンプについてはリンスホーテンの報告の他には、一五九〇年にエンクハウゼンに帰郷していたことがわかっているものの、一五六八年から八五年までについてはまったく不明である。しかし、彼の一五八六年以降の行動をみると、一か所に二〇年もとどまっていたとは考え難い。ゴア滞在約二〇年とされる間に、リンスホーテンの記述にはないものの、一度ならずともエンクハウゼンへ帰っていた可能性はあろう。

現在、エンクハウゼン市には「ディルク・ヘリッゾン・ポンプ研究会」があることを知り、接触を試みたものの、筆者が所属する国際パイプ・アカデミーのオランダ人研究者たちの情報では新しい発表はまったくなされていないことを知り断念した。

もし、ポンプが何度か帰国していてエンクハウゼンからパイプ喫煙の習慣を持ち帰ったとするなら、または他のオランダ人がゴアへ持ち込んだとするなら、一五八五年から八六年にかけての日本滞在中にパイプでタバコを喫っていた可能性が考えられる。ゴアへはポルトガル船に搭乗したオランダ人がしばしば訪れているが、ポンプが一五八五年に日本へ向かう前年には、複数のオランダ人が砲手としてポルトガル船でゴアに到着していることをリンスホーテンが記録に残している（リンスホーテン 1968, 580）。今のところ、一六〇〇年以前の記録にみられるオランダ人の来日はポンプだけであるが、彼のポルトガル船での日本への来航は、この年のほかにもあったとされる（リンスホーテン 1968, 61, 註44）。

リンスホーテンの記録にみられるように、ポルトガル船にオランダ人が砲手として雇われるケースは多かったようだが、彼の記録には同郷のポンプ以外のオランダ人についての記述はみられない。とすると、長崎へ来航した他のポルトガル船にポンプ以外のオランダ人が乗船していた可能性も無視できない。

ただ、『松浦家正傳』には慶長二年（一五九七）にオランダ商船が平戸に来航し領主にさまざまな品物を献上したとあるが、今のところオランダにも、わが国にもこれを裏づける史料はみつかっていない。イングランド人の来日については、一六〇〇年のウィリアム・アダムズが最初とされ、それ以前の記録は見当たらない。しかし、『松浦家正傳』には天正八年（一五八〇）にイギリス船も平戸に来航したことが記されている（松浦史料博物館 1992, 13–15・93）。これも、イングランド側にその記録はないが、菅沼貞風はスペイン船の誤りとしている（菅沼 1940, 411）。しかし、この年のスペイン船の来航記録も見当たらない。西川如見による『長崎夜話艸』（一七二〇年刊）[12]の二之巻にも「エゲレス船日本に来る始之事」として次のように記されている。

諳厄利亜國は紅毛國に近き島國にて豊饒の水土およそ日本程の國なるよし此の國の船商賣として天正八年庚辰の夏初て平戸に来りて商賣し是より毎年渡海する事二十年計慶長五六年に至りて商物利徳すくなし。

天正八年は一五八〇年であるが、平戸に英国商館が開かれたのは慶長一八年（一六一三）で一〇年後の元和九年（一六二三）には閉鎖されているので、この『長崎夜話艸』の記述には根拠がない。

この頃、すなわち一六世紀末にオランダ人が喫っていたクレイ・パイプはイングランドから伝えられたもので、この当時のクレイ・パイプのボウルの径はまだ小さく、わが国の近代のキセルの火皿（ボウル）とほぼ同じであった。ステムは不釣り合いに太く短いものであった。ポンプが、もし長崎でクレイ・パイプを喫っていたとするなら、これがわが国のキセルの原形ということになろう。クレイ・パイプはイギリス・オランダともに、次第にステムが細く長くなり、タバコの価格低下と加工技術の進化によって、ボウルのサイズは次第に大きくなった（第3章七三頁以下・第4章九八頁以下・第12章三九〇頁以下）。

ところで、初期のキセルのボウル（雁首）はタバコの刻み方がまだ粗かったことから、その後のキセルより大きく作られていた。裁断技術の進歩により極細の刻みに進むにしたがい、火皿（ボウル）も小さく進化する。ところが、初期の大きめに作られた火皿のキセルが、風俗絵などに誇張されて描かれているのをみて、「南蛮ギセル」などと称し、南蛮人がもたらしたのは大きなキセルであるとする説を散見する。しかも、この説の「南蛮」はパイプ喫煙を行わないスペイン・ポルトガルを指すのである。一六〜一七世紀の南蛮屏風や風俗絵には、商業的理由から誇張された事物や事実に即しない表現をみることが多く、これらの絵図から歴史を語るのは注意を要する。

パイプ喫煙国のイングランドおよびオランダの初期クレイ・パイプは、タバコ葉がまだ高価であったこともあり、乾燥した葉を（湿気を帯びた葉は炭火のコンロで乾燥させてから）揉《も》んで粉状に近い状態にしてから小さなボウルに詰めていたことが知られている。したがって、一六～一七世紀のクレイ・パイプは、むしろわが国の初期河骨《こうほね》形キセルの火皿（ボウル）より小さかった。わが国では、タバコ葉の裁断技術がまだ進んでいなかった時代の初期キセルは、粗い刻みを用いたことでボウルは必然的に大きめであった。キセルはその後、裁断技術の発

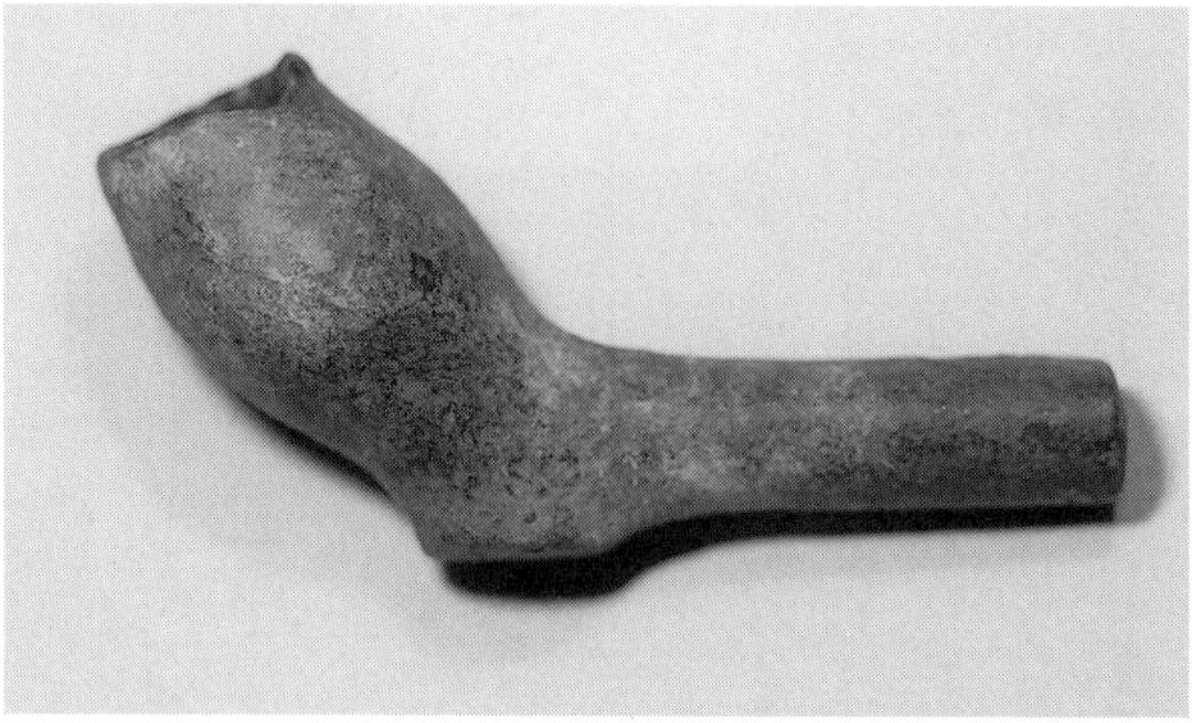

ロンドン製1600年頃(ボウル内径 φ8.5mm)

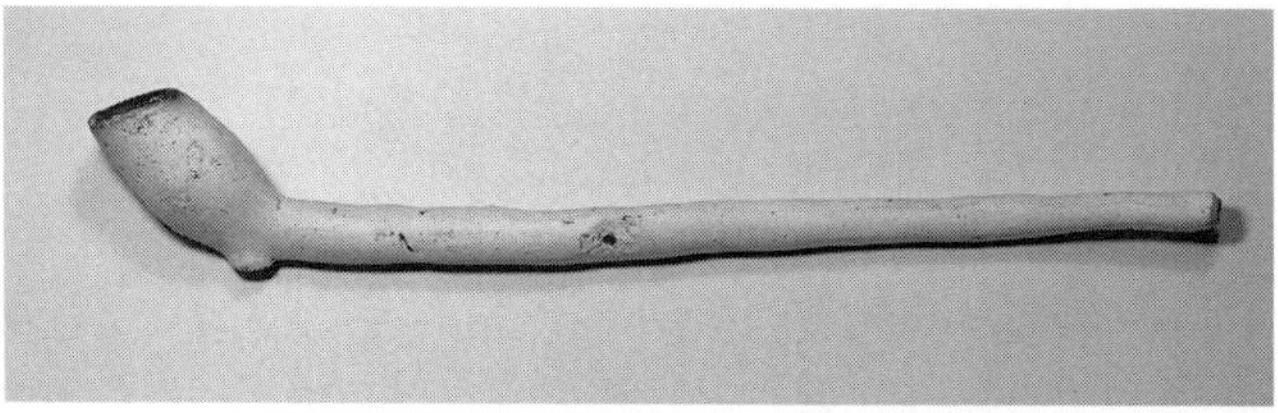

アムステルダム製1620年頃(ボウル内径 φ11.5mm)

20世紀初期製キセル(火皿 φ9.5mm)

図11-2　初期クレイ・パイプのボウルと20世紀のキセルの火皿(ボウル)

達にともない火皿のサイズが次第に小さく進歩することになる（図11-2および四四五頁の図13-6）。

4　キセルの起源

極めて興味深いことに、近年になって金属製のボウルに木製のステムが付いたパイプがオランダのロッテルダムで発掘された。これは、一九九八年一〇月の国際パイプ・アカデミーの年次総会の席上、当時ライデンにあったアムステルダム・パイプ博物館（元 Pijpenkabinet）の館長ドン・デュコ（Dr. Duco, Don）[13]が筆者に寄せた報告によるものだが、わが国で作り始められたラオ・ギセルの原形とするに十分な要素を持っている。ポンプが長崎へパイプを持ち込んだとするなら、ラオ・ギセルの原形となり得るこの形のパイプである可能性は大である。

わが国で流布する説は、初期の竹筒が進化して金属雁首のキセルになったとするもの、あるいは金属火皿の喫煙具は中国から移入されたとするものがあり、そのいずれもが修正を要することになる。これらの説は、わが国と交渉があった欧州のパイプ喫煙国、すなわちオランダおよびイングランドでは金属パイプが使用されなかったとする誤った認識によるものであろうか（第4章一一四頁以下）。すでに繰り返し述べているように、ポルトガル・スペインでは葉巻喫煙はおろかパイプ喫煙が広まる以前のことである。

ロッテルダムで発掘されたのは、ロッテ河に掘られた鉄道トンネルの掘削工事中の一九九〇年に出土したもので、一九九九年一月に送られてきた二葉の写真に示されるように、二つの異なる形状のパイプである（図11-3・4）。

図11-3は出土層から一五八〇年頃のものとされ、ボウルは鉛の含有量が高いピューター（錫・鉛・銅などの合金）製である。木製のステムがピューター製の継ぎ金具により緩やかなカーブでボウルに取り付けられているが、現代のブライアー・パイプにみられるプッシュ・インあるいはソケット・タイプと称される形に似た構造で

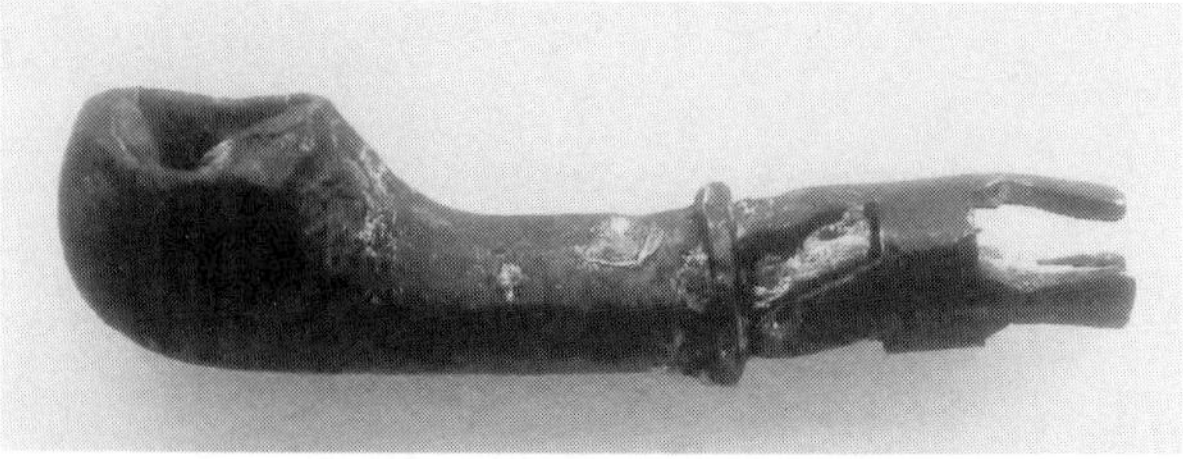

図11-3　ロッテルダム出土のキセルの原形とおぼしきパイプ（1580年頃）［ステムの木片が残るロッテルダム出土のピューター（錫・鉛合金）製パイプのボウル］

図11-4　ロッテルダム出土のピューター製パイプ（1600-30年）

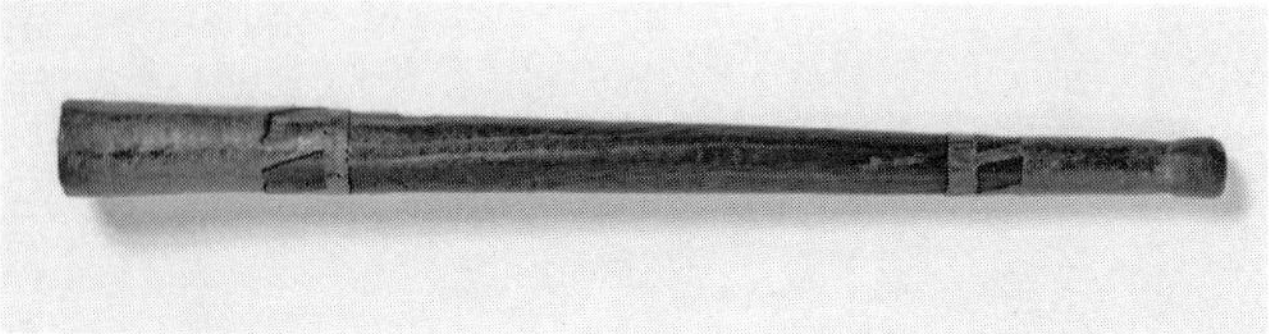

図11-5　アムステルダム1986年出土（1600-25年）
図11-3と同様構造のステム部［直径11mm & 7mm / L138mm］

ある。ロッテルダムでは吸い口の出土はないが、おそらくボウル同様にピューター製であろう。ボウル形状は丸みを帯びたもので、その時代のクレイ・パイプにはなかった形である。

図11-4は一六〇〇年から三〇年頃に作られたものとされるが、鋳造によるボウルにはヒール（ボウル底部の突起）が無いものの、この時代のクレイ・パイプに比較的近い形をとっている。図11-3と同じ構造の吸い口

（ステム＋マウス・ピース）は、後年になってアムステルダム市内で出土したとの報告を受け、アムステルダム市遺跡・考古局（Bureau Monumenten & Archeologie, Amsterdam）で実物を確かめることができた（図11-5）。同一構造のパイプが複数箇所で出土したことで、この種の金属（ピューター）パイプが多く作られていたことが推測できる。

図11-3・4はともに、ロッテルダム周辺で作られたものと推定されているが、そのボウル（火皿）の内径は当時のクレイ・パイプとほぼ同じである。

キセルの原形と目されるこの種のパイプがオランダで作られていた期間およびその数量は不明であるが、出土品からみると少なくとも一五八〇年前後から一六三〇年頃までは生産されていたことになる。D・デュコはその製造技術からみる限り一定の数量は生産されていたとする。この時代以後は、オランダのクレイ・パイプの生産量が徐々に国内需要を満たすレベルに達している。

しかし、図11-3・4の木製ステムを持つ金属パイプがオランダで発掘されたのはロッテルダムのこの二点が初めてで、一五九〇～一六三〇年頃のステムをふくむ全体が真鍮や青銅、あるいは銀製のパイプはわずかながら残っているものの（三五九頁の図11-10）、木製ステムを持つパイプは他にあまり類をみない。

ところが、最近になってアムステルダム市内、および前述のポンプの出身地エンクハウゼン近郊で金属パイプが続いて発見されたとする報告を受けた。エンクハウゼン郊外で出土したブロンズ（真鍮）製のほかは、すべてピューター製である。エンクハウゼン出土の一点は（図11-9）、一六一五～三〇年頃の製造とされるが、ボウルのみの出土で構造的には木製ステムのプッシュ・イン・タイプと同じであることがわかる。

アムステルダム出土の金属パイプのうち図11-6は、ロッテルダム出土の図11-3とボウル形状と構造が類似していて、年代は近いとみる。もう一点は（図11-7・8）、ステム部とボウル部の嵌合《かんごう》が差込み式（プッシュ・インまたはソケット・タイプ）ではなく、螺子《ねじ》込み式に進化していることから、ここにあげた他の出土品より年代は下がる。

脆《もろ》いクレイ・パイプが常に補給・買い替えを必要とする消耗品であったのに比して、はるかに耐久性に優れたこの種のパイプは、クレイ・パイプの供給が国内需要を満たすようになるまで、主として航海者たちが使用して

図11-6　アムステルダム2008年出土のステム付きピューター製パイプ

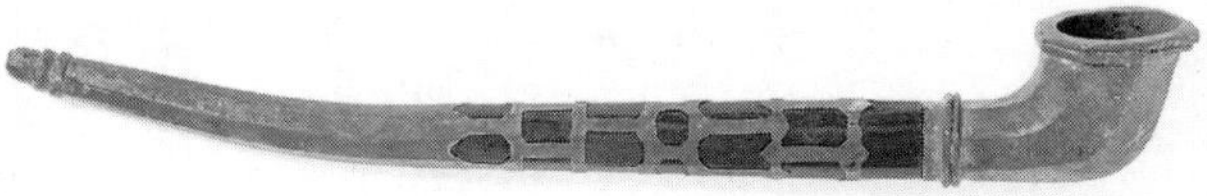

図11-7　アムステルダム2008年出土の螺子込み式ステム付きピューター製パイプ［L198mm］

図11-8　同上螺子込み部

図11-9　エンクハウゼン近郊2007年出土の鉛合金（ピューター）製パイプ・ボウル（1615–30年頃）［ボウル部20×20mm／ステム挿入部 L30mm］

いたとみる。しかし国内では、当然ながら喫味ばかりでなくコストに優位性のあるクレイ・パイプが広く普及した。

D・デュコは、ピューターすなわち鉛を多くふくむ軟らかな金属パイプの耐久性があまり長くないことから、遺物として残ることは少ないとしていた。しかし、船員や航海者用に製造されたことから国内に残された数量が極めて少なかったとする筆者の仮説について、後日同意を伝えてきた。

長崎出島のオランダ商館跡などオランダ東インド会社の海外拠点での金属パイプ出土は、これまでのところ極めて限定的にしか報告されていないが、近年になって、アユタヤ（タイ）のオランダ商館跡から形状的には年代が少々下がる金属パイプの出土がみられた（草野 2012, 97 図11）。

平戸に創設されたオランダ商館跡では、これまで部分的な発掘調査しか行われていないが、キセルの出土はあるものの、クレイ・パイプはみられない。その後に移転した長崎の出島跡では大量のクレイ・パイプの破片が出土していて、筆者も数度にわたってその調査に参加している。一六〇九年から四一年にかけての平戸時代は、本国でのクレイ・パイプの生産がまだ国内需要を十分に満たすレベルではなく、脆く壊れ易いクレイ・パイプを消耗品として多量に調達することができなかった時代である。長期航海でわが国へやってきた商館員たちが壊れ易いクレイ・パイプに代わるメタル・パイプを使い慣れていたなら、わが国のキセルを使用することに抵抗はなかったはずである（第12章三九七頁）。

オランダにおけるクレイ・パイプの製造は、一五八〇年以前にアムステルダムで始まっていたものの、その生産量は限定的であった。一五九六年に最初の輸出としてイングランドのブリストル向けの出荷が記録に残ってはいるものの、まだ国内需要を満たすレベルには達していなかったとされる。D・デュコによると、オランダでのクレイ・パイプの生産が国内需要を満たすようになるのは一六三〇年代以後のことであるが、その後の船舶の搭載貨物としての記録もあまりみつかっていないという。しかし近年、オランダのクレイ・パイプ研究者の間では、海外拠点や北米などへの輸出に関する研究が着実に進んでいるようであるから、国際パイプ・アカデミーなどでその成果の発表が待たれる。

『羅山文集』および『本朝食鑑』あるいは『本朝世事談綺（器用二）』にみられるように、竹で継いだ「ラオ・ギセル」や全体が金属の「延《の》べギセル」が作られるまで短期間ではあるが、わが国では竹管を使って喫煙していたとされている。しかしこれを、わが国独自の創意で作られた金属ギセルがあらわれる以前の喫煙具であるとするには根拠が乏しい。むしろ、高価な初期金属キセルを入手できなかった階層、あるいは急速な流行でキセルの供給が間に合わなかった短期間の代用品であったと考えるべきであろう。すなわち、竹筒ギセルは金属ギセルに並行して存在していたもので、金属キセルの価格低下にともなって消滅したとみる。したがって、竹筒が用いられたのはタバコそのものが極めて高価であった時代ではなく、タバコの国内栽培が進み庶民階層の手に届くレベルにまで価格が下がったものの、キセルの価格がまだ高かった短期間であったと考える。このことは、タバコ栽培の広がりが、当然ながら金属キセルの生産拡大より速かったことを示す。

オランダの金属パイプを目にすることなく、わが国独自の金属キセルが創案される可能性は低い。タバコの葉を巻いて喫うことから、パイプ喫煙を目にすることなく、葉を細かく刻んでボウル（火皿）に入れて火を点けるパイプ喫煙に変える発想の転換は、これまでにみてきたグローバルな喫煙伝播には例をみないからである。唯一の例外は、新大陸で行われていなかった水パイプが、インドで大麻用に用いられていたものが転用によってタバコ用としてあらわれているにすぎない（第8章二二八頁以下）。

しかし、オランダで出土する一六世紀末～一七世紀初の金属パイプとキセルの形状違いを理由に、オランダの金属パイプをわが国のキセルの祖形とする説に異を唱えるむきがある（古泉編 2013, 187）。一年に満たない短期

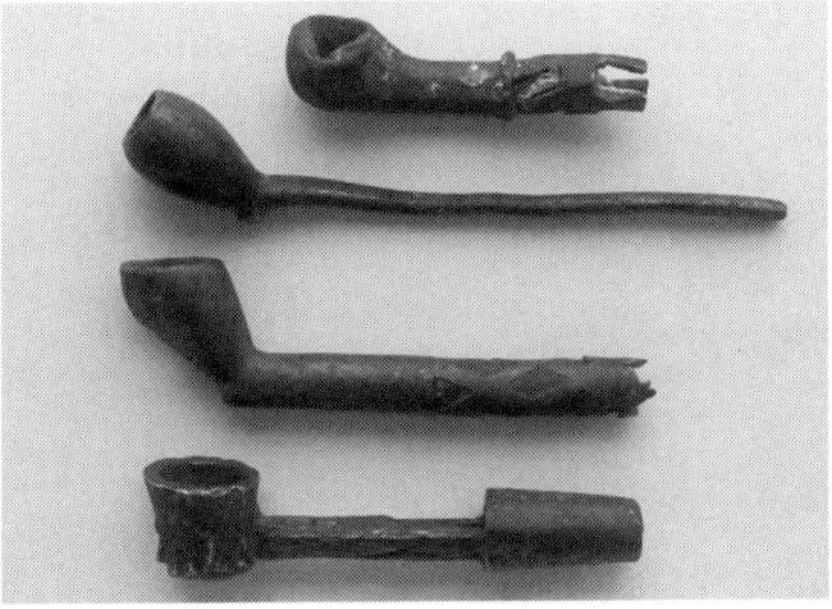

図11-10　ロッテルダム出土の各種金属パイプ
（ピューター・鉄・真鍮）

滞在のオランダ人が持つ金属パイプを、実物に触れることなく構造のみを模して作ったキセルの形状は、当然ながら違った形になったであろう。オランダの金属パイプが商品としてわが国へもたらされたことはなく、初期金属パイプの材料としてオランダで多く使われた軟らかなピューター（Pewter＝鉛・錫合金）を持たぬわが国では、異なる材質による製法の違いも形状の変化になってあらわれたであろう。そもそも、近年オランダの港湾都市で出土している一六世紀末〜一七世紀初の金属パイプの形状にも大きな違いがみられる（図11-3〜10）。これは、クレイ・パイプのようにハウダ（Gouda）に集中した金型《かながた》生産とは異なり、これら港湾都市周辺の異なる工房で個々に作られたからである。

素材と製造技術の違いがパイプの形状に大きく影響を与えることに留意する必要がある。一六世紀末から一七世紀初めにかけて製造されたオランダの初期金属パイプはピューターまたは真鍮の鋳造加工を主とするが（図11-10）、ピューターを持たぬわが国では、近代に入ってからの機械化または鋳造による量産を除いて、今日にいたるまで板金《いたがね》を叩き出す手法がとられる。しかし、わが国のキセルとオランダの初期金属パイプの重要な共通点は、いわゆるエルボウ・パイプ（L型パイプ）であって、木製または竹製のステムでボウル（火皿）とマウスピース（吸い口）を継ぐことにある。一七世紀後半以降にヨーロッパ各地にあらわれた金属パイプは木製ステムを用いない全金属製が主である。もっとも、わが国の初期河骨形キセルにはラオ（竹ステム）を用いない延《の》べギセルの原形もみられる。

イングランドのクレイ・パイプがオランダへ伝わったケースでは、イングランドの職人が金型を持ってオランダへ渡ったことが知られている。スウェーデンでのクレイ・パイプはオランダおよびイングランドからの輸入に依存した初期を過ぎると、オランダ人の職人による国産化が始まった（第5章一三九頁）。ドイツでの初期クレイ・パイプにはオランダで使用する金型に非常に近い型が使用されていたことが知られている。

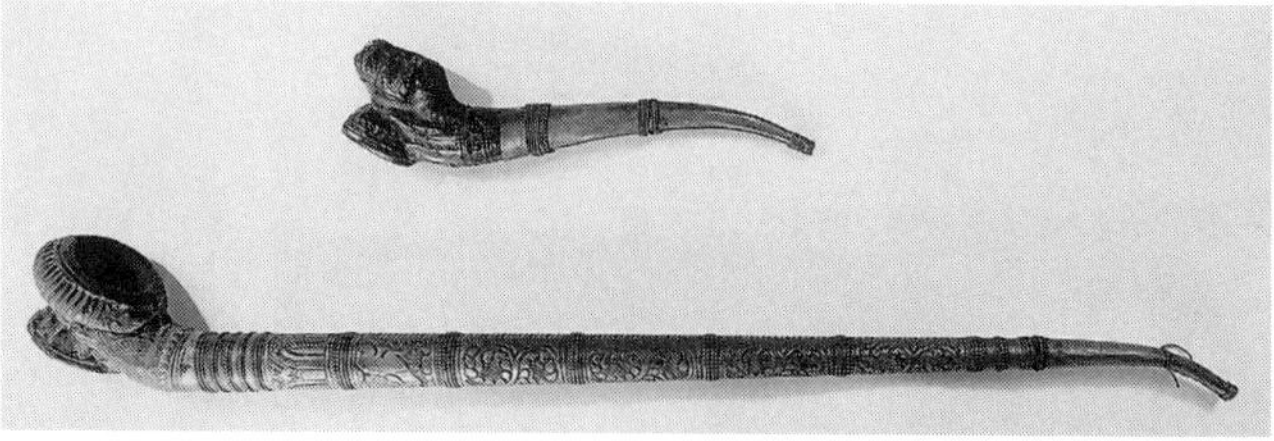
図11-11　タイ（上）とビルマ（現ミャンマー／下）のパイプ例

ところが、トルコをはじめとするイスラム圏・東欧諸国ではイングランド・オランダから伝わったとされるクレイ・パイプがまったく違った形であらわれていることは第6・8章を参照されたい（一四四頁以下・二〇六頁以下）。

わが国から多量のキセルが送られていた朝鮮半島・中国では、わが国のキセルに非常に近い形で煙管があらわれているが、第13章に示すようにルソン島北部（フィリピン）、カンボジア、タイ、ビルマ（図11-11）などは、わが国からパイプ（キセル）による喫煙が伝わったと考えられるものの、その形状は大きく変化し多様性にも富む。この多様性は、異なる材料および製作技術に加えて、部族間のカルチュアの違いが作用している。同様なことは、アフリカ大陸の喫煙具に多くみられる。

タバクム種のタバコに比べて辛いルスティカ・タバコ地帯で発生したパイプによる喫煙の伝播は、最初にイングランドへもたらされ、喫煙そのものがパイプ喫煙によってオランダをはじめヨーロッパ各地へ広まったことはすでに述べてきた。極めて限定的ではあったが、葉巻喫煙が早くからもたらされていたスペイン・ポルトガルでパイプ喫煙が広まるのは、ブライアー・パイプがヨーロッパで普及する頃まで、わが国のキセル喫煙開始より二五〇年ほど遅れるのである。

わが国へ最初にもたらされたパイプが、仮にクレイ・パイプであったとしても、その後『オランダ商館日記』にみられるようにオランダ人がタバコとクレイ・パイプを日本人に対する贈答品にしばしば用いているにもかかわらず（第12章四〇一頁）、クレイ・パイプあるいは焼物のキセルがわが国で普及することはなかった。古くから町民階級にいたるまで小物に趣向を凝らしていた人びとの気風が、一六世紀末にポルトガル船で来航したオランダ人が用いるラオ・ギセル的な金属パイプの構造を模しながらも、独特な喫煙具「キセル」を作りあげたのである。

江戸初期のいわゆる風俗絵屏風などにみる長大でボウルが異常に大きな、いわゆる「南蛮ギセル」は、絵師たちの商業的意図による誇張と創作にすぎないが、ポルトガル人がパイプによる喫煙を始めるのも、パイプをカシンボ（cachimbo）と称するようになるのも、一九世紀に入ってからのことである。ポンプが短期間（八か月程）しか滞在しなかったためにオランダ語の呼称（pijp＝ペイプ）が伝わらなかった喫煙具を、まだパイプの呼称を持たないポルトガル人あるいはポルトガル語を多少解していた通辞が単に「吸うもの」の意味で que sorver（キ・ソルヴェル）と呼んだことから「キセル」が生まれ、軸の意味の rabo から「ラオ」の呼称が生まれたとするのが、矛盾をまったく生じさせない結論である。これで、「キセル」の起源と語源が明らかになり、誤った定説が正されることになろう。

ところで、わが国へのキセルの導入は台湾経由だとする奇妙な説を唱える向きがある。第4章で詳述したように（九八頁以下）、ヨーロッパのパイプによる喫煙はイングランドに始まりオランダへもたらされたもので、この二か国のうち台湾に早くあらわれたのは、一六二二年に澎湖島を占領したライエルセン率いるオランダ艦隊である。これは、平戸にオランダ商館ができてから一三年も後のことである。

明国が澎湖島のオランダ城塞を攻め落とすのには二年もかかったのだが、台湾本島の南部へ逃れたオランダ勢は、ゼーランディア城を築き（一六三〇年竣工）バタヴィアの東インド会社管理下の植民地経営を始めた。一方、スペインも一六二六年にはマニラから台湾北部に入植したが、一六四二年にオランダに破れマニラへ撤退した。しかし、オランダの台湾支配もこの後長くは続かず、平戸生まれの鄭成功による九か月にわたるゼーランディア城の包囲作戦によって一六六二年に終焉を迎えた（殷 1996, 34・72–74／喜安 1997, 11–31）。

図11–12　台湾の原住民が用いたパイプ

したがって、日本へのパイプ（キセル）喫煙の伝来が台湾経由であるとするのは、一六〇三年の袋中上人の「烟筒」記述からみても、全く根拠のない説である。ただ、台湾の原住民の間で用いられたパイプをその多様な形からみると、オランダのクレイ・パイプの影響を受けたと思われる形状もふくまれる（図11–12）。しかし、これとて日本との交易のなかでキセルの影響を受けた可能性の方が大である。すなわち、ゼーランディア城の時代は、オランダ本国でのクレイ・パイプ生産が国内需要をやっと満たす程度であったうえに、台湾向け平戸出航のオランダ船には大量のキセルとタバコが積載されていた時代である（三七八頁の表12–1）。さらに、台湾中央研究院歴史言語研究所の劉益昌の報告では、現時点までのゼーランディア城跡の発掘作業ではわずか数本分のクレイ・パイプ片が出土しているだけである（劉益昌＆王淑津 2010, 50 & 2012, 104）。

第12章で詳述するが、平戸のオランダ商館が長崎の出島へ移された一六四一年の仕訳帳をみると、台湾のオランダ商館宛売掛として刻みタバコや葉タバコの他に銀製のキセル一五〇本が記帳されている。この銀製キセルは特注品で、材料の銀の価格と制作費が併記されている（三七三～四頁）。興味深いのは刻みタバコ一〇〇斤の価格が二一・五〇テールに対して葉タバコ一〇〇斤はわずか六・〇〇テールとなっていて四分の一にも満たない。刻みタバコは、この他に「細かい刻みタバコ」が記帳されている（平戸市 1998, 原文 122–123・189–190・訳文 312・360）。

粗い刻みタバコを使用していた時代の、わが国の初期キセルのボウル・サイズは、タバコの詰め易さから必然的に大きく、直径が近代のキセルの二倍ほどもあった（四四五頁の図13-6）。シャンクの径は、ボウル底部への蠟づけの作業性から細かったと考えるよりは、粗いタバコを詰めることによりボウル内のタバコの密度が低く、細いシャンクによって煙・空気の流速をあげることで喫煙を維持したと考えるべきであろう。江戸初期の風俗絵や南蛮屏風などにみる湯飲み茶碗ほどの大きな火皿（ボウル）に一メートル近くのステムを有する、ひどく誇張されて描かれたキセルでは、粗い刻みの乾いたタバコを喫煙するのは物理的に困難であろう。この例のように、商業的意図で誇張されがちな江戸期の風俗絵・屏風絵などで歴史を語るのは危険である。

キセルを用いるようになった初期の喫煙者は、タバコを葉タバコの形で購入しみずから刻んで用いていたとされるが、次第に客の求めに応じて売り手が店頭で刻み、加工ずみの刻みタバコを売るようになると、刻みの細度はさらに進んだ。

近代の直径一〇ミリメートル前後のボウル（火皿）は、細刻みタバコの巾が〇・一～〇・二ミリメートル程度に達した頃に到達したものであろう。刻みが細かくなると、ボウルは小さくなりボウル内のタバコ密度が上がることで、流速を押さえなければボウル内の燃焼温度が上昇して喫味が辛くなる。このことから、わが国のキセルはボウル・サイズの縮小とは逆に、流速を落とすために次第にシャンクが太くなりボウルへの接続構造も進化したと考える。初期河骨形のボウルが小さくなり始めた頃には、ボウル側面に一・五ミリメートル径ほどの穴が開けられたものをみることがある。この穴の目的は、これまでに解明されたことはないが、喫うさいにこの穴を指で押さえて喫ったとする奇妙な説もある。高温になっている金属ボウルを指で押さえて喫うことは実用に適さないばかりか、なぜ開けた穴を喫うさいに指で押さえるかの説明がない。しかし、シャンク径が十分に広がっていない時代には、この穴を付けることで流速を押さえ燃焼温度の上昇を抑えたと考えることができよう。刻みの細度とボウルの大きさ・シャンクの太さとの相関関係は、さらに検討する必要があるが、他の研究者の実験・調査の結果を俟ちたい。

(1) 元禄八年(一六九五)の無断発行版を西川如見自身により増補改訂版として宝永五年(一七〇八)に『増補華夷通商考』として再刊。
(2) 岩生成一『南洋日本町の研究』『続南洋日本町の研究』『朱印船貿易史の研究』
(3) *Lettera Annvale del Collegio di Macao, l'anno 1618. Da Macao,* 21 di Gennaio 1619, 402–403.
(4) 筆者が加わった、長崎出島オランダ商館跡出土のクレイパイプ調査では、一六四〇〜六〇年製の破片は僅少(出土数の二%以下)である(三八六頁の表12-2)。
(5) カンボジア王国大使館のPhay Mondara二等書記官のご厚意による(一九九七年)。
(6) Matheus de Couros, S. J. がイエズス会第五代総会長クラウディオ・アクアヴィヴァに宛てた一六一二年二月二五日付け書翰で、当時は長崎の有馬セミナリオの院長。一五九〇年七月に天正遣欧使節団の帰国と一緒にマカオから長崎へ着いた。
イエズス会の日本・中国関係文書(Japonica Sinica Series) ARSI, 2b, ff. 163v–164.
鈴木1992, 42–441, 1999, pp.222–226.
(7) ゲルハルト・フーベルは、『蝦夷切支丹史』で、最初の渡航を一六一六年とし、二度目を一六一八年、カルヴァリョを一六一七年としている(二〇頁)。さらに一六二一年を三度目の渡航としている(二四・二五頁)。
(8) 大槻玄沢は『蔫録』のなかで、『増補華夷通商考』を西川釣淵の撰としている。

（9）sorver および rabo の考察については、上智大学ポルトガル・ブラジル・センター（現：イベロアメリカ研究所）元所長の故V・ローシャイター教授（Lorscheiter, Vendelino S.J.）の校閲をいただいた。

（10）キ・ソルヴェルの-ver は v の音を持たぬ日本人の耳には聴き取り難かったであろう。

（11）Enkhuizen：日本語表記には、エンクハウゼンのほかエンクハイゼン、エンクホイゼンなどが用いられる。

（12）西川如見『長崎夜話艸』（享保五＝一七二〇年刊行）、長崎叢書（一）所載、二七頁。

（13）Duco, Don, Ph D: Pijpenkabinet（現アムステルダム・パイプ博物館）館長、国際パイプ・アカデミー会員。Pijpenkabinet は、ライデン市からアムステルダム市へ移転して、現在は Amsterdam Pipe Museum となっている。

第12章　長崎出島のオランダ商館とパイプ

1　一七・一八世紀のキセル輸出とオランダ商館
――アジアにおけるパイプ喫煙の伝播と拡散――

はじめに

パイプによる喫煙は北米原住民からイングランド、オランダ、アフリカ、アジア、シベリア、さらにアラスカのイヌイットを経て北米の西北岸の原住民にたどり着く経路で世界周航をなしとげたのだが、西北岸にはもともと喫煙の習慣はなく、北のイヌイットがパイプによる喫煙を伝えたとされる（Linton 1924, 21・West 1970, 46）。拙著『喫煙伝来史の研究』（鈴木 1999, 83–108）では一五八五年から翌八六年にかけて長崎に滞在したオランダ人のディルク・ヘリツゾン・ポンプ（Pomp, Dirrick Geritson）に光を当て、わが国へのキセル原形の伝来とキセルおよびラオの語源に関する考察を試みた。本稿ではキセルが中国をふくめた他のアジア諸国へのパイプ喫煙伝播にいかにかかわっていたかを「平戸オランダ商館仕訳帳」などを参照しながら考察したい。

（1）中国へのキセル伝播

わが国はアジアで最も早くタバコ喫煙が伝来した国の一つである。一六世紀後半にはポルトガル人船員あるいは商人がもたらした巻いたタバコによる喫煙がその魁《さきがけ》である。[1]『越後國三嶋《さんとう》郡出雲崎村御水帳』[2]および『鹿苑日録』[3]のタバコ記述は、天正・文禄時代に限られた量の葉タバコがもたらされていたことを示す貴重な史料である。『鹿苑日録』については、第9章に示したように（二七〇頁以下）、文禄二年（一五九三）以後「烟草」記述が繰り返されることから、この頃タバコの国内栽培が始まったとみる。さらに、慶長七年（一六〇二）には『石州邑智郡大林之銀山屋敷水帳』『石州邑智郡大林村御縄打水帳』に「たはこ」があらわれ（二九一頁の図9-19・20）、翌八年になると『琉球往来』に烟筒（キセル）が初出することになる（二九八頁の図9-29）。

　これらの文書が書かれた頃には、すでにポルトガル船およびスペイン船の乗員や中南米の植民たちは巻いたタバコ葉による喫煙を行っていたものの、本国では一七世紀に入る頃から嗅ぎタバコが先行し、葉巻による喫煙が広く普及するのは一八世紀後半まで待つことになる。これに対して、イングランドでは一五七一年にはすでにパイプによる喫煙が伝来していて、これがオランダにも伝えられて旧世界に二つのパイプ喫煙国が生まれたのである。

　前述したように、わが国の文書にキセルが最初にあらわれるのは慶長八年（一六〇三）で、琉球滞在中の袋中上人の撰文になる『琉球往来』の「烟草事」の条に「烟筒《キセル》」としてとりあげられている（鈴木 1999, 68–82 & 2000, 18–21）。これは、袋中が那覇の高官、馬高明（幸明）の子弟のために編んだ「往来物」[4]（鈴木 2000, 18–19）の一つであるが、この「烟筒」は知られている文書にあらわれるアジア最初の喫煙パイプの記述でもある。このように、一六〇二～〇三年には、すでにキセルによる喫煙がわが国で広まり始めていたことがわかる。

　一方、中国の文書に最初のタバコ（淡巴菰）およびパイプ（管）の記述をみるのは万暦三九年（一六一一）の『露書』[5]であるが、その記述には、

　呂宋國出一草曰淡巴菰一名曰醺以火焼一頭以一頭向口烟気従管中入喉能令人酔且可闢瘴気。有人携漳州種之。

今反多於呂宋。載入其國售之。　（傍点筆者、以下同）

とあり、「管」の表記を用いている。同書は中国におけるタバコ記述の魁とされるが、この「呂宋（ルソン）」記述をもって中国へのタバコ伝播は、フィリピンのスペイン人からとする説がこれまで支配的であった。

一六一一から六四年の五三年間にタバコ記述が認められる中国の代表的な文献六点[6]のうち三点は漳州を伝来地としてあげ、二点は福建省あるいは隣接の省をあげている。福建省の漳州は台湾海峡に面した貿易港廈門《アモイ》に近く、このことから、メキシコ産の銀で中国の絹を買い入れていたマニラのスペイン勢に中国へのタバコ紹介の栄誉を与えてしまったことになる。しかし、筆者は次に掲げる理由からこの説は成立しないとする立場をとる。

①この時代のスペインの船員や商人にパイプ喫煙の習慣はなかった[7]。

②この時代の中国の文書に巻いたタバコによる喫煙の記述がない。

③中国における最初のタバコまたはパイプ（管）の記述は一六一一年で、わが国の『琉球往来』（一六〇三年）に遅れること八年である。

④中国のキセルはわが国のキセルに極めて高い類似性を有する。

⑤『唐蛮貨物帳』（一六八〇年代から一七六〇年代）でみる限り、中国帰帆船の大多数にキセルが積載されている。その一部は東南アジアに居住する鎖国による残留日本人向けと思われるが、多くは中国での需要向けとみる。

一六〇三年にある程度のキセル喫煙の普及をわが国でみるには、キセルの原形はそのかなり以前にわが国へ伝来していなければならない[8]（鈴木 1999, 98–99）。いうまでもなく、前掲③の「八年」は中国への伝来の遅れを正確に示すものではない。

他に、『台湾府志』（呉 1986, 20）を根拠に台湾経由とする説もある。前掲の『露書』（一六一一）は、パイプ喫煙国であるオランダが台湾の西側に位置する澎湖島を占拠した一六二二年、さらに明国に敗退して台湾南部へ逃れた一六二四年以前に著わされているので、これも成立しない。ただし、『露書』の公刊年を万暦四一年（一六一三）あるいは天啓二年（一六二二）とする説もあるが、本書では中国煙草博物館（上海）の一六一一年説をとる。

ここで注目すべきなのは、一六八一年の撰文とされる黎士宏の『仁恕堂筆記』にある次の記述である。

煙之名始於日本、傳於漳州之石馬（タバコの名は日本に始まり、漳州の石馬に伝わった）　（夏 1991, 14）

中国東北部への伝播は一六一四年の『芝峯《しほう》類説』[9]（宇賀田 1984, 193-195 & 1981, 3／呉 1986, 17／鈴木 1999, 76）および一六三八年の『仁祖實録』[10]（呉 1986, 20／鈴木 1999, 76）に記述されるように、日本から朝鮮を経てもたらされたとする。中国東北部はシベリア東岸部と国境を接していて、中国へ伝来したキセルがシベリアへ伝わり、さらにロシア人商人によってアラスカへもたらされたとされる（West 1934, 46）（第1章二一・二二頁）。

イヌイットの初期パイプはアジアのパイプ（キセル）の特徴である小さなボウル（火皿）を持つことで知られている。イングランドおよびオランダの初期クレイ・パイプも小さなボウルであったが、タバコ加工の進化および価格の低下とともに大きくなった。これに対して、わが国のキセルはタバコを極めて細かく刻んで使用するように進化したので、刻みが粗かった初期を除いて、小さな火皿を維持した。

一方、シカゴのフィールド自然史博物館のB・ラウファーは、同館が所蔵するフィリピンのパイプ（図12-1）と中国キセルの類似性を指摘している（Laufer, Berthold 1924, 24）。筆者は一九九九年および二〇〇八年に同館の収蔵庫を訪れ、その所蔵品を確かめる機会を得た。同博物館のアジア文化人類学専攻の学芸員B・ブロンソン（Bronson, B.）によると、これらはすべてスペインの影響をあまり受けていないルソン島北部地域で収集されたもので、マニラをふくむ南部および南部の島嶼ではこのような喫煙具は得られなかったという。

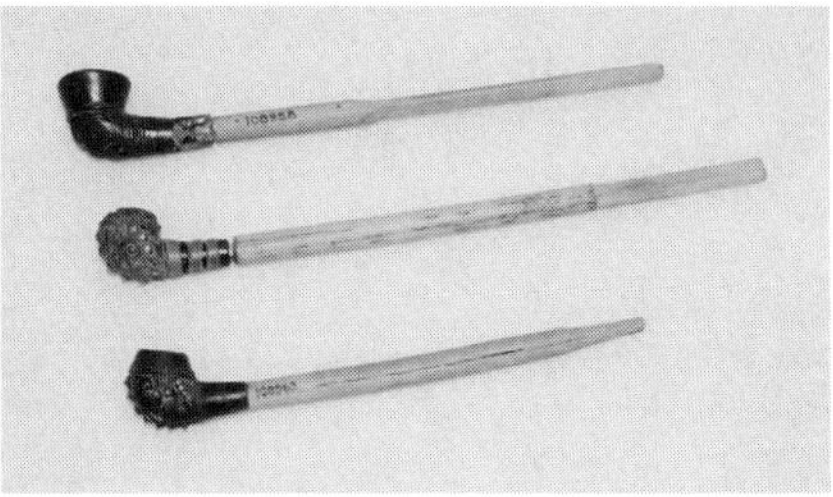

図12−1　北部ルソン島ティンギン（Tinguin）のパイプ（19世紀）

図12−1のパイプには、わが国のキセルの影響を認めることができるが、ルソン島の中・北部へは、一六世紀半ばから、わが国の交易船が銀と引き替えに鹿皮や金を得るために訪れている。北端のカガヤンへの渡航は、記録上は一五八六年以後にはみられないが、マニラ湾の北方二〇〇キロメートルほどの西岸に位置するリンガエン湾（Lingayen Gulf）の港Puerto del Japon（日本港）と呼ばれた良港には日本船が出入りしていて、スペイン人の報告書にも一七世紀前半まではPuerto del Japonとしてあげられている（岩生 1966, 218–220）。

一方、松浦《まつら》静山の『甲子夜話』に収載されている「ペラホ物語」には、文政四年（一八二一）にパラオ（現ベラウ共和国）に漂着した奥州南部の神社丸乗員の報告を次のように記している。

煙草は、きせるといふものはなし。木の葉を巻、筒として、先に煙草をつめて吸う也。

これは、まぎれもなくスペインの侵攻時にメキシコの原住民が行っていた主たる喫煙法である。A・クレーマー（Krämer, A.）はパラオのタバコは距離的に近いフィリピンから比較的新しい時代にもたらされたものとしている（高山 1993, 66–67）。このように、スペインの船員・商人はパイプ喫煙ではなく、巻いたタバコあるいは他の葉で巻いたタバコによる喫煙の伝播にかかわっていたのである。

したがって、中国南東部へのタバコおよびパイプ（管または筒）の伝播も、パイプ喫煙の習慣を持たぬマニラのスペイン人によるのではなく、福建省へもたらされたわが国のキセルによるとするのが、時間軸上からも矛盾を生じない。さらに南部への伝播についてヴェトナムからとする説は、他の章でとりあげているのでここでは割愛する（第13章四七一頁）。

（2）「平戸オランダ商館仕訳帳」にみるキセルの輸出

さて、キセルの原形伝来とタバコの栽培開始によって急速に普及したわが国の喫煙が、如何なる過程で他のアジア諸国へ伝播したかをみることにしたい。

これまでに知られる史料の範囲では、わが国からのタバコ輸出に関して最も早い記録は一六三四年の「シャム・オランダ商館日記」および Jeremias van Vliert の一六三四年六月八日付け書翰で、交趾《コーチ》経由で到着した日本船が「粗製陶器・銅ならびに煙草など種々の商品」を積んでいたとしている（岩生 1985, 313）[11]。さらに、一六三四年および三五年のシャム・オランダ商館の報告にもみることができる[12]。このオランダ人報告をもとにした、岩生成一の「シャム市場販売日本品数量表」によれば、次のような品目があげられる（岩生 1985, 293–294）。

◎一六三四年

銀、樟脳、ゴキ銅、鉄、煙草、机、椀、傘、扇

◎一六三五年

丁銀、茶、傘、机、鉄、麦粉、麦、粗製椀、ビスケット、煙草、薬缶、塗皿

同表によると、一六三四年には三〇〇〇斤、翌三五年には一〇〇斤のタバコが日本からシャムへ輸出されていることがわかる。オランダ船の日本からの主要積載貨物は銀・銅・鉄・樟脳などであるが、タバコや扇・机・薬罐などの雑貨も多く記録に残されていて、シャムの日本人町在留邦人を対象にした日用雑貨と思われる品目の記載がみられる。

オランダにおけるクレイ・パイプの生産が国内需要を満たすようになるのは、一六三〇年代に入ってからとされるが、金型《かながた》が一個どりから複数個どりになり木製から真鍮《しんちゅう》製に代わり、小規模工房の増加による量産であった。しかし、当初は国内需要を満たすのがやっとで、自国の海外拠点へ十分に供給できる規模ではなかった。脆《もろ》

くて壊れやすく耐久性に欠けるクレイ・パイプはキセルと異なり消耗品として扱われていて、需要を満たすには継続的な供給が必要であったにもかかわらず、平戸オランダ商館跡では長崎出島とは対照的に、クレイ・パイプの破片が、これまでに一片も発掘されていない。一六三八年から四一年までの「平戸オランダ商館仕訳帳」にも輸入貨物としてのクレイ・パイプの記載はみられない。いうまでもなく、商館員の消費財として持ち込まれるクレイ・パイプが積載貨物あるいは商品として記録されることはなく、脇荷としての記録も極めて少例しかみつかっていない。

このことから、少なくともオランダ商館の平戸時代、すなわち一六四一年以前にはまだクレイ・パイプの供給がなかったか、極めて不十分であったことがわかる。前掲の「シャム・オランダ商館日記」にはキセルの記載はみつからず、葉タバコか刻みタバコの区別も記されていないが、後述する一六三九年の台湾オランダ商館向け積載貨物にみるような刻みタバコであったと考えられる。

『平戸市史　海外資料篇Ⅰ・Ⅱ・Ⅲ』（一九八八～二〇〇四）は一六三五年から四一年までの「平戸オランダ商館仕訳帳」の翻刻と翻訳であるが、そのなかに次のようなタバコ、キセル、タバコ入れの記載をみる。訳文には筆者の解釈を加えて掲載した（［　］内は筆者補記）。

①一六三九年一二月二二日　フライト船ゾン号（Fluijtschip de Zon）に積載された台湾商館向けバタヴィア本社勘定の貨物

100 cattij fijne gecorven toback à 5 maes 3 condrijn 't cattij ....T. 53 : - : -
100 stx silvere toebacxpijpen, costen t' samen ....T. 81 : 2 : 7
　8 stx tabacxdooskens.........à 2 maes ider ....T. 1 : 6 : -

細かい刻みタバコ[13]　一〇〇斤［約一二五ポンド］　一斤当たり五マース三コンドリン

……………………………………〔計〕五三テール〔五三〇匁〕

銀ギセル　一〇〇本　仕入原価…………合計　八テール二マース七コンドリン〔八一二匁七分〕

タバコ入れ小箱　八ヶ　各二マース………………〔計〕一テール六マース〔一六匁〕

②一六四一年一月七日　フライト船レイプ号（Fluijtschip de Rijp）に積載された台湾商館向けバタヴィア本社勘定の貨物

200 cattij gecorven toebacq à T. 53 : 5 : - 't picol ……… T. 107 : - : -

100 stx silvere tobacxpijpen wegen in somma-silver ……… T. 56 : - : -

compt in schuijtgelt à 77 per cento ……… T. 63 : 2 : 8 [72 : 7 : 3]

voor maackloon van deselffde ……… T. 17 : - : -

T. 80 : 2 : 8

刻みタバコ　二〇〇斤〔約二五〇ポンド〕　一〇〇斤当たり五三テール五マース

………………〔計〕一〇七テール〔一〇七〇匁〕

銀ギセル　一〇〇本

〔ソマ銀で目方五六テール、一〇〇テールに付き七七テール替でのべ銀に換算すると〕

銀材料費…………計六三テール二マース八コンドリン〔六三二匁八分〕

〔正しくは、七二テール七マース三コンドリン〕

この品の加工賃……〔計〕一七テール〔一七〇匁〕

〔計〕八〇テール二マース八コンドリン〔八〇二匁八分〕

③一六四一年一〇月二四日　フライト船ロホ号（Fluijtschip de Roch）積載の台湾商館向けバタヴィア本社勘

定貨物

100 cattij gecorven toeback, cost ....T. 21 : 5 : -

100 cattij bladen toeback, cost ....T. 6 : - : -

50 stx silvere toebacx pijpen, wegen t'samen in sommasilver

T. 47 : - : -, compt in schuijtgelt......T. 61 : 1 : -

voor maackloon van deselffde...... T. 9 : - : -

T. 70 : 1 : -

刻みタバコ　一〇〇斤　仕入値　[計] 二一テール五マース [二一五匁]

葉タバコ　一〇〇斤　仕入値　[計] 六テール [六〇匁]

銀ギセル　五〇本　ソマ銀で目方合計四七テール、のべ銀に換算して

計六一テール一マース [六一一匁]

この品の加工賃　[計] 九テール [九〇匁]

[計] 七〇テール一マース [七〇一匁]

これらの記載は台湾商館向けとするものの、台湾商館内の需要か他地域の商館への供給であるかは明らかでない。いずれにしろ、左記の理由から記載されているキセル類は再販用ではなくオランダ人の自家用とみる。

①海外向けクレイ・パイプの供給は十分ではなかったが、本国ではすでにパイプ喫煙が盛んに行われていた。

②仕訳帳に銀ギセルの材料費および加工賃が記載されている例からみて、オランダ商館の特注品である。

③オランダ船に積載された銀ギセルは本国向けもふくむ可能性はあるが、同時にタバコも搭載されていることから、多くは東南アジア各地に点在するオランダ商館内の需要とみる。

興味深いのは、刻みタバコと葉タバコの価格に大きな開きがあり、刻みタバコにも価格差がみられることだが、この時代すでに産地間の価格差があったか、あるいは天候による価格変動かを判断する材料はない。

「平戸オランダ商館仕訳帳」とは対照的に、『唐蛮貨物帳』に記載された積載輸出貨物には、鎖国後に母国からの物品調達の道が絶たれ、唐船あるいはオランダ船によって運ばれた明らかに日本人向け日用雑貨・食品類の積載を多くみる。

(3)『唐蛮貨物帳』にみるキセルの輸出

一六三五年の鎖国令によって海外居住者の帰国の道が閉ざされ、七か所あった東南アジアの日本人町は一八世紀の初頭までには現地化して消滅したとされる。残留日本人は、交趾経由の中国船で母国と取引きを続けていたとされるが（岩生 1966, 123 & 338）、『唐蛮貨物帳』でみる限り、唐船ばかりでなくオランダ船にも日本人向けの日用雑貨が積み込まれていたことがわかる。

この貨物帳は通事の作成によるものだが、一七〇九年から一四年までの六年間に計六〇艘ほどの帰帆船の積載貨物が記されている[14]。うち五五船にキセル、タバコあるいはタバコ盆など喫煙関連品の積載が認められる。その一部を左に抜粋する。

①宝永六年（一七〇九）七月一〇日　南京船帰帆荷物買渡帳

小間物色々

蒔絵火鉢、厨子入観音、白粉、硯箱、櫛箱、扇子、きせ留、帯留など

その他

い里こ、干あわび、干貝、昆布など

②同右九月二一日　阿蘭陀船四艘万買物仕積渡寄帳

赤銅細工色々

　赤銅金焼付たばこ入　四ツ

銅器物小間物色々

　鏡　四八面

　白粉　三六箱

　きせ留　六〇本など

伊万里焼物色々

　灰吹　百五一

　鉢　一七、二九四

　筆駕　四五

　硯　一五など

　酒　四五五樽

粕漬香物類海藻色々

　味噌樽醤油　五九四樽

③正徳元年（一七一一）九月二一日　阿蘭陀船四艘万買物仕積渡寄帳

赤銅細工色々　銅・金物小間物色々

　赤銅金焼付たばこ入　七ツ

きせ留　八三本

針さし　一一個
白粉　四八箱
武者人形　一四など
伊万里焼物色々
　鉢　二六、一九八
　灰・吹　三六二など
　酒　二五五樽
酒粕漬香物類海藻色々
　味噌醤油　九六八樽など

これらの記録には、刻みタバコの記載も多くみるが、この時代のオランダ船の主たる積載貨物である銅や樟脳《しょうのう》などに加えて、「小間物色々」の項目には仕向地の記載はないものの、明らかに東南アジア在住の日本人向けと特定できる品目が多くふくまれている。しかし、『唐蛮貨物帳』に記載されている帰帆船の九〇%以上は表12-1に示すように唐船である。五七艘の帰帆唐船のうち五二艘までがキセルを搭載していることから、日本人向けばかりではなく、少なくとも一八世紀半ばまでは中国向けの需要が多かったことが推測できる。

表12-1は、『唐蛮貨物帳』『平戸市史　海外資料編Ⅰ・Ⅱ・Ⅲ』および在オランダのB・ファン・デア・リンゲン（Van der Lingen, Bert）のハーグ国立文書館での調査メモなどから、キセルおよび関連品を単純に抽出し出航順に並べたものである。主として架蔵する資料を用いたが、確認作業が残っているものや欠落がみられるものもあり、その精度や密度に多少の温度差があるものの、一七〜一八世紀のキセル輸出がある程度俯瞰できる。

表12-1　江戸時代貨物帳・仕訳帳などにみるタバコ・キセル関連品輸出一覧

西暦	和暦	船籍（出航先）	輸出品			出典
			キセル	タバコ	関連品	
1634	寛永11	日本船（シャム）		煙草		岩生, p.313
		阿蘭陀船（シャム）		煙草 3,000斤		岩生, p.294
1635	寛永12	阿蘭陀船（シャム）		煙草 100斤		岩生, p.293
1635・11		阿蘭陀船（シャム）		束ねタバコ 100斤		平戸・I, p.368
1636・11		阿蘭陀船（台湾）		刻みタバコ 100斤	刻みタバコ収納用箱１個	平戸・I, p.460
		阿蘭陀（バタヴィア）	銀ギセル 100本 キセル用漆塗りラオ 100本	細かい刻みタバコ 200斤		平戸・I, p.562
1637・12		阿蘭陀船（台湾）		細かい刻みタバコ100斤		平戸・I, p.566
1639・12	寛永16	阿蘭陀船（台湾）	銀ギセル 100本	細かい刻みタバコ100斤	タバコ入れ小箱　８個	平戸・II, p.434
1641・1	寛永18	阿蘭陀船（台湾）	銀ギセル 100本	刻みタバコ 200斤		平戸・III, p.312
1641・10		阿蘭陀船（台湾）	銀ギセル 50本	刻みタバコ 100斤 葉タバコ 100斤		平戸・III, p.369
1644・10		阿蘭陀船（シャム）	銀ギセル 50本	タバコ		Van der Lingen (inv. nr. 768)
1645・11		阿蘭陀船（シャム）	銀ギセル 25本			Van der Lingen (inv. nr. 769)
1646・10		阿蘭陀船（台湾）	銀ギセル 30本			Van der Lingen (inv. nr. 770)

1647・10		阿蘭陀船（台湾）	銀ギセル 30本	タバコ 400 Cattij		Van der Lingen (inv. nr. 771)
1649・10		阿蘭陀船（シャム）	キセル 20本 40本			Van der Lingen (inv. nr. 773)
1650・10		阿蘭陀船（シャム）	銀ギセル 50本			Van der Lingen (inv. nr. 774)
1651・10		阿蘭陀船（台湾）		タバコ 10, 535 Cattij		Van der Lingen (inv. nr. 775)
1652・10		阿蘭陀船（台湾）		タバコ 7, 043 Cattij		Van der Lingen (inv. nr. 776)
1653・11		阿蘭陀船（台湾）		タバコ 18, 225 Cattij		Van der Lingen (inv. nr. 777)
1654・10		阿蘭陀船（台湾）		タバコ 10, 223 Cattij 8, 223 Catti 2, 000dito		Van der Lingen (inv. nr. 778)
1655・10		阿蘭陀船（台湾）		タバコ 10, 165 Cattij		Van der Lingen (inv. nr. 779)
1656・10		阿蘭陀船（台湾）		タバコ 1, 630 Cattij		Van der Lingen (inv. nr. 780)
1681・12	天和元	台湾船		刻たばこ		永積, p.254
		台湾船		刻たばこ たばこ		
1681・10 ～82・10	天和元～2	唐船（10隻）	きせる	たばこ		永積, p.255
1682・7	天和2	南京船	きせる	たばこ		永積, p.256
1682・10 ～83・11	天和2～3	唐船（25隻）		刻たばこ たばこ		

1709	宝永6・7	南京船	きせ留			唐蛮, p. 4
		普陀山船	きせ留			唐蛮, p.10
		南京船	きせ留			唐蛮, p.17
	宝永6・9	寧波船	きせ留		たばこ入れ たばこ盆	唐蛮, p.33
		寧波船	きせ留			唐蛮, p.42
		阿蘭陀船	きせ留60本		赤銅金焼付たばこ入4ツ 灰吹(大小)151	唐蛮, pp.57, 58
		寧波船	きせ留 きせ留			唐蛮, pp.121, 122
1710	宝永7・12	台湾船	赤銅きせ留 きせ留	刻みたばこ		唐蛮, p.129
1711	正徳元・9	阿蘭陀船	きせ留83本		赤銅金焼付たばこ入7ツ 灰吹 362	唐蛮, pp. 604-606(唐蛮貨物帳七)
		(阿蘭陀船)*	(きせ留 83本)		(赤銅金焼付たばこ入7ツ 灰吹 362)	唐蛮, pp.14 19-20, 22(風説書貨物帳・長崎御用留二)
	正徳元・10	寧波船	きせ留	たばこ		唐蛮, p.556
		寧波船	きせ留	刻たばこ		唐蛮, p.748
		東京船	真鍮きせる			唐蛮, p.1457
		台湾船	きせる			唐蛮, pp.1464, 1466
		寧波船	きせる		黒塗たばこぼん	唐蛮, p.1469
		寧波船	きせる			唐蛮, p.1476
		寧波船	きせる	刻たばこ		唐蛮, p.1483
		南京船	きせる	たばこ	皮たばこ入	唐蛮, p.1504

		寧波船	きせる	刻たばこ かもじたばこ	蒔絵たばこぼん たばこ入	唐蛮 pp. 1515, 1516
		南京船			たばこ入	唐蛮, p.1520
		南京船	きせる		たばこぼん	唐蛮, p.1530
		寧波船	きせる			唐蛮, p.1546
		寧波船	きせる			唐蛮, p.1552
	正徳元・11	寧波船	きせ留	刻たばこ	たばこ入	唐蛮, p.622
		寧波船	きせる きせる	刻たばこ		唐蛮, p.1489
		厦門船	きせる	かもじたばこ		唐蛮, p.1495
		南京船	きせる		たばこぼん	唐蛮, p.1510
		南京船			皮たばこ入	唐蛮, p.1525
		南京船	きせる	刻たばこ かもじたばこ	皮たばこ入 たばこぼん	唐蛮, pp. 1540, 1541
		南京船	きせる	刻たばこ	皮たばこ入	唐蛮, p.1558
		南京船	きせる	刻たばこ	たばこぼん 皮たばこ入	唐蛮, pp. 1563, 1564
		寧波船	きせる	刻たばこ		唐蛮, pp. 1569, 1570
	正徳元・12	寧波船			たばこぼん	唐蛮, p.704
		南京船	きせ留	刻たばこ	真鍮たばこ入 皮たばこ入	唐蛮, p.712
		海南船	きせ留	刻たばこ		唐蛮, p.735
		寧波船		刻たばこ かもじたばこ		唐蛮, p.742
		台湾船	きせ留		赤銅たばこ入	唐蛮, p.757
		台湾船	きせ留	刻たばこ		唐蛮, p.764
		寧波船	きせ留			唐蛮, p.771
		台湾船		刻たばこ		唐蛮, p.780
		広東船	きせ留	かもじたばこ		唐蛮, p.789
		咬	きせ留		たばこぼん	唐蛮, p.798

1712	正徳2・9	阿蘭陀船			赤銅金焼付たばこ入9	唐蛮, p.1103
1713	正徳3・11	台湾船	きせ留	刻たばこ		唐蛮, p.1201
		南京船		刻たばこ		唐蛮, p.1209
		広東船	きせ留	箱たばこ	皮たばこ入	唐蛮 pp. 1217, 1218
		寧波船			提たばこぼん	唐蛮, p.1227
		南京船	きせ留		たばこ入	唐蛮, p.1235
		南京船	きせ留			唐蛮, p.1243
		廈門	きせ留			唐蛮, p.1250
		寧波船	きせ留	かもじたばこ		唐蛮, p.1259
		寧波船	きせ留	かもじたばこ100斤	皮たばこ入	唐蛮, pp. 1266, 1270
		咬	きせ留	たばこ		唐蛮, p.1275
		広東船	きせ留	箱たばこ		唐蛮, p.1283
		台湾船		刻たばこ		唐蛮, p.1291
1714	正徳4・5	寧波船	きせ留	刻みたばこ	たばこ入 たばこぼん	唐蛮, pp. 1327, 1328
1762	宝暦12・8	寧波船	きせる11本		たはこ入3ツ	中村, p.79
1765・12	明和2	Epha船			たばこ入	永積, p.267
		Epha船			たばこ入	永積, p.268
1766・6	明和3	Epha船			革製たばこ入	
		乍浦船			革製たばこ入	
1766・11		定海船			蒔絵たばこ入	永積, p.269
		定海船			蒔絵たばこ入	
		乍浦船			蒔絵たばこ入	
1769・7	明和6	乍浦船			革製たばこ入	永積, p.272
		乍浦船			革製たばこ入	

岩生：岩生成一『新版　朱印船貿易の研究』(1985)

平戸：平戸市『平戸市史　海外史料編』Ⅰ(2004)・Ⅱ(2000)・Ⅲ(1998)

唐蛮：内閣文庫『唐蛮貨物帳』

Van der Lingen：ハーグ国立文書館所蔵 *The Archive of the Dutch Factory in Japan. 1609–1860* の Bert van der Lingen による調査メモ（同氏の筆者宛て2001年2月13日付け書簡）より。（　）内は文書館の所蔵番号。

(inv. nr. 768) Ontvangen en afgesonden Facturen des Comptoirs Nangasackij van den jaer anno 1644.
(inv. nr. 769) Afgesonden ende ontvangene Facturen 't sedert 25e November anno 1644 tot 25e.
(inv. nr. 770) Ontvangen en afgesonden Facturen van't jaer 1646.
(inv. nr. 771) Ontvangen Facturen Ao 1647.
(inv. nr. 773) ersonden Facturen Anno 1649.
(inv. nr. 774) Facturen versonden van't Comptoir Nangasackij nae diverse quartieren Anno 1650.
(inv. nr. 775) Copia der versonden facturen des Comptoirs Nangasackij van den jaars 1651.
(inv. nr. 776) Copia der versonden facturen des Comptoirs Nangasackij van den jaare 1652.
(inv. nr. 777) Ontfangen en afgesonden facturen van den jaare 1653.
(inv. nr. 778) Ontfangen en affgesonden facturen van't jaer 1654.
(inv. nr. 779) Afgesonden facturen uijt Japan van't Comptoir Nangasackij anno 1655.
(inv. nr. 780) Afgesonden facturen uijt Japan van't Comptoir Nangasackij anno 1656.

永積：永積洋子『唐船輸出入品数量一覧1637～1833』（1987）
中村：中村質『近世貿易関係計数史料の集成的研究』（1995）

*「風説貨物帳・長崎御用留二」のこの記載は「唐蛮貨物帳七」と重複する。
『唐蛮貨物帳』記載の60艘の帰帆船中55艘にキセル・タバコあるいは関連品の積載が認められる。うち46隻にキセル、28隻にはタバコが積み込まれている。キセル・タバコなどを積載する55艘中３艘がオランダ船である。オランダ船はすべてに積載がみられる。但し、唐船の「貨物改帳」記載の来航船数と「荷物買渡帳」記載の帰帆船数とは一致しない。

*1635年のシャム向けオランダ船の積載タバコ100斤は、岩生資料には船名記載がないので平戸・Ⅰとの重複かも知れない。

*1636・1637・1639年のバタヴィア・台湾向けオランダ船積載の刻みタバコは、『平戸市史　海外史料編Ⅱ』では*fijn*を「上質の」と訳出しているが、この場合は「細かい」と訳すべきである。1636年のバタヴィア向けオランダ船積載の「キセル用漆塗り*rieden*」を「キセル用漆塗り吸い口」と訳出しているが、rijden は rieten(芦)で「キセル用漆塗りラオ」キセルの交換用の竹ラオを指す。吸い口に漆塗りはなく、替えラオの需要があったはず。

まとめ

中国への喫煙紹介は複数ルート経由でなされたが、一六四一年以前に朝鮮半島経由で東北部へ、一六一一年以前にわが国から直接あるいは琉球経由で南東部の福建省へ、さらに一六二六年以前にはヴェトナム経由で南部へなされたとみる（第13章四七一頁）。この頃、平戸のオランダ商館には、脆《もろ》くて壊れ易いクレイ・パイプの供給はまだなく、平戸の商館員は少なくとも一六四一年以前はキセルでタバコを喫っていたと思われる。これは、特注で作らせた銀ギセルを刻みタバコとともに、平戸から台湾向けオランダ船に積み出していることからも推測できる。『イギリス商館長日記』の一六二二年一一月二九日条にもコックスの銀ギセル四本の記述がみられるが、平戸オランダ商館跡から出土したキセルの数が少ないのは、商館員が好んで銀ギセルを使っていたことによるとみる[15]。

一七世紀初頭には東南アジアへ出かけていたわが国の朱印船の乗員たちは、当然のことながらキセルによる喫煙をその訪問先に広め始めていた。七か所にあったとされる日本人町[16]（岩生 1966, 16 & 316）の居住者も本国から取り寄せたキセルと刻みタバコで喫煙を続け、鎖国後も唐船あるいはオランダ船の供給に頼りながらも喫煙習慣を止めることはなかった。表12-1でみる限り、長崎オランダ商館扱いの台湾向けタバコは一六五〇年以降急速に増えている。一八世紀に入ってからも日本の刻みタバコを取り寄せていたとするなら、現地でのタバコ栽培がまだ十分に広まっていなかったとみることができる。しかし、一六二六年の日本からの「イエズス会報告」（五野井 1993, 129）では、トンキン（ヴェトナム北部）ではすでにタバコ栽培が広まっていることを伝えている。とすると、キセルに適した細かく刻んだタバコ、あるいは嗜好性が強いことから好みのタバコを母国に求めたのであろうか。

一六二四年から六二年まで台湾南部を占拠していたオランダは、クレイ・パイプの供給が十分に得られていいなかったことから、台湾の原住民の喫煙に影響を与えたのはオランダのクレイ・パイプとするよりは、むしろ日本から供給されたキセルであるとみる。四〇〇キロメートルほどしか離れていないフィリピン北部にも影響を与えたであろう。但し、図12-2に示したイゴロト=Igorot[17]の真鍮製パイプにみるボウル形状は、一八世紀中期のオランダ製クレイ・パイプの影響を強く受けているようにみえる。これは、ルソン島北部に喫煙がもたらされてから数十年以上の時間を経てからのことである。

わが国のキセルの影響は中国や朝鮮のほか、北部ルソン島など東南アジア各地にもみられるが、その後これらの地域と交渉を持ったイングランドおよびオランダのパイプ喫煙国からの影響も無視はできない。在外オランダ商館へのクレイ・パイプ供給が本国での喫煙流行にもかかわらず極めて遅かったことから、それに代わるわが国のキセルがオランダ船によって台湾をふくむ東南アジア各地のオランダの拠点へ運ばれていたと考える。すなわち、わが国のキセルがアジアにおけるパイプ喫煙の伝播にかかわり、朱印船と並んでオランダ船が極めて大きな役割を果たしていたことになる。

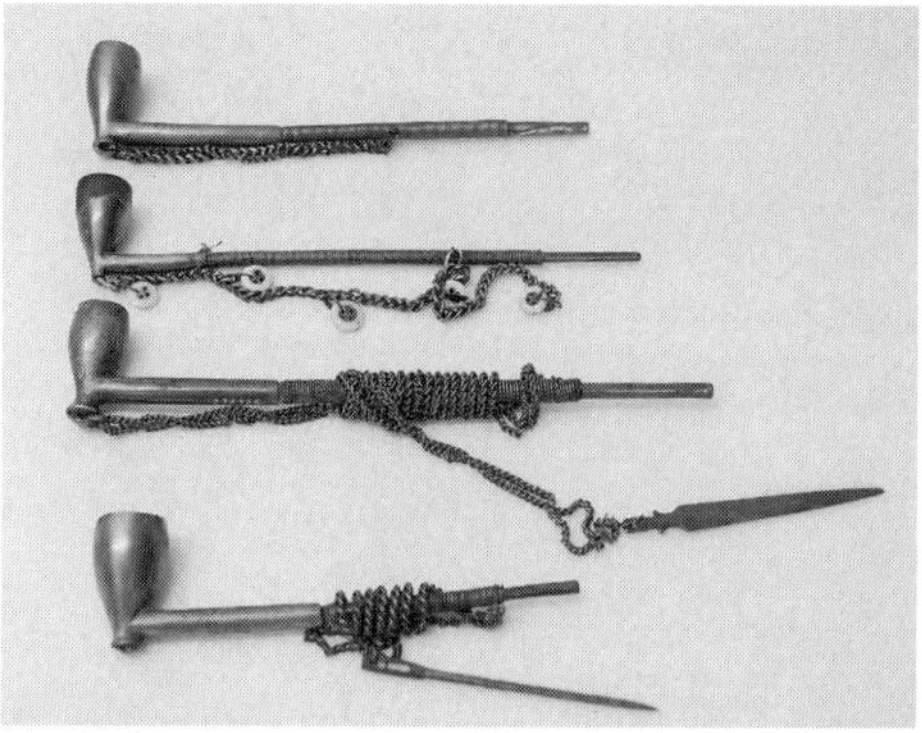

図12-2　北部ルソン島イゴロト(Igorot)のパイプ（19世紀）

第11章で筆者は、アーネスト・サトウが唱え新村出が広めた「キセルのカンボジア語説[18]」の検証を試みる過程で、カンボジア語のkhsierは外来語であって、逆に「キセル」がその語源であることを明らかにした（三三三頁）。これは、オランダ船あるいは朱印船が運んだキセルが、カンボジアにあった二つの日本人町ばかりでなく、現地人にも受け入れられていたことを示すもので、オランダのクレイ・パイプ（pijp＝ペイプ）より前にキセルがもたらされていたことを示唆する。

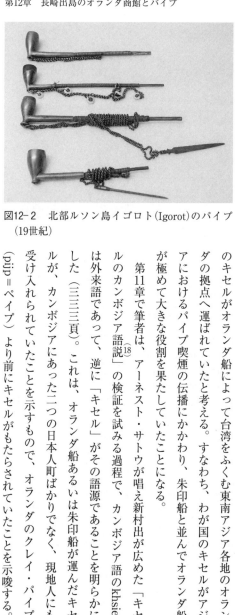

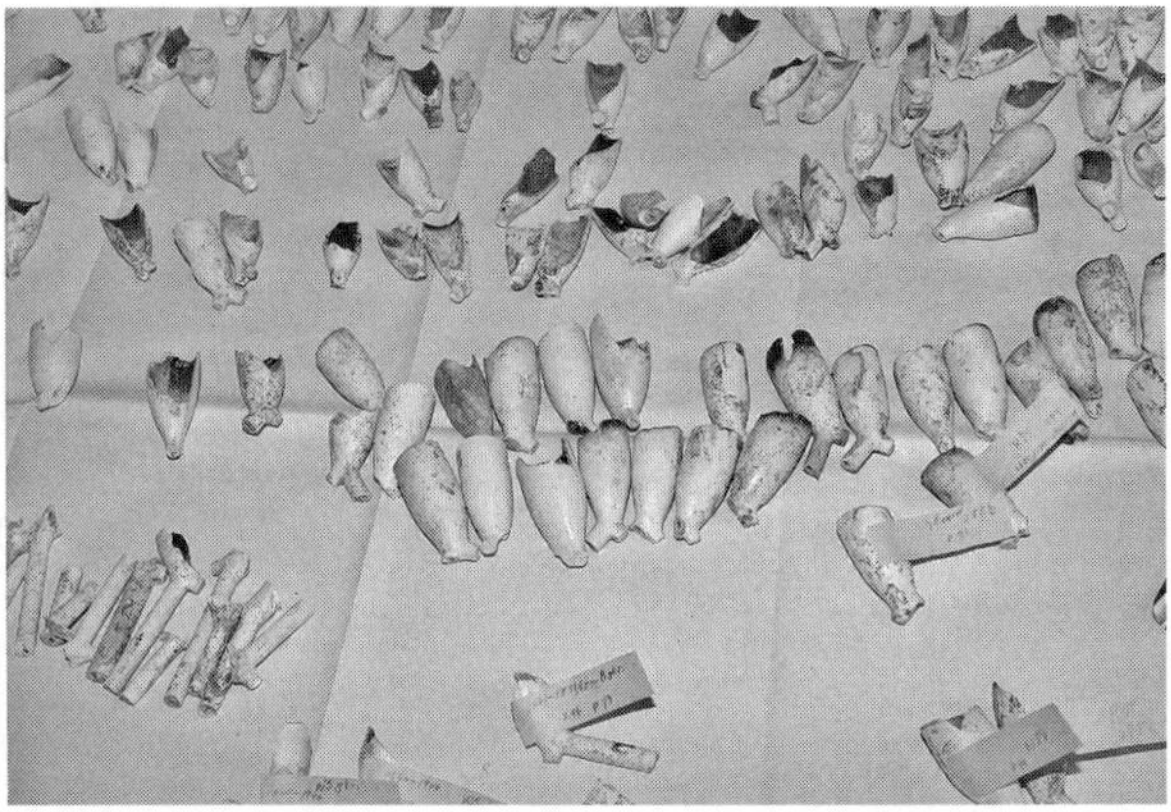

図12-3　長崎出島オランダ商館跡から出土した調査中のクレイパイプ破片（2001年８月）

表12-2　長崎出島オランダ商館跡出土のクレイ・パイプ破片の製造年代区分（1998-99年出土分）

年　代	ボウル形状	識別点数	比率（%）
1640-1660	conical shape	5	1.4
1670-1690	later conical shape	7	2.0
1690-1710	early funnel shape	135	37.8
1700-1735	later funnel shape	48	13.4
1730-1740	early ovoid shape	101	28.3
1740-1770	remaining ovoid shape	61	17.1

　長崎出島オランダ商館跡で多量に出土しているクレイ・パイプ破片（図12-3）の分類・整理に携わったB・ファン・デア・リンゲン(19)の報告では、一九九八年および翌九九年に発掘されたクレイ・パイプ三八〇点の破片のうち三五七点について年代識別がなされたが、二三点は識別不可とされている。その内訳を表12-2に示す(20)。

　五点のみが一六四〇年から六〇年代のものと特定されているが、同氏の筆者宛て書簡によると、これら五点のうち二点は一六四〇年代のアムステルダム製、二点は一六四〇〜五五年のアムステルダムまたはハウダ製、残り一点は一六五〇〜六〇年のハウダ製とされる。出島時代初期の一六九〇年以前の出土品は極端に少ないが、同氏の調査時点では出島初期の層の発掘が十分になされていなかった可能性も考慮する必要がある。

　在外オランダ商館向けのパイプ供給が脇荷として記録に残るかどうかは疑問であるが、これまでのところその記録は、わが国で一例のみ報告されている（中村 1995, 92・94・98-99・101-103）。しかし、オーストラリア西岸で引きあげられた一六五六年の沈没船フェルフルデ・ドラーク号（Vergulde Draeck）の貨物のなかに二二三本のクレイ・パイプが詰まった木箱が報告されていて（Green 1977, 162–168）、B・ファン・デア・リンゲンの調査結果からみても、一六六〇年以前にはクレイ・パイプの供給がすでになされていたことがわかる。[21] とはいうものの、その規模はまだ十分でなく、このことが平戸および出島時代初期のオランダ商館でのキセル喫煙をうながし、台湾をふくむ他地域の商館へもキセルを供給することで、オランダ商館も東南アジアでのパイプ喫煙の伝播・拡散に関与していたといえよう。

2　長崎出島オランダ商館内消費財としてのクレイ・パイプ
――VOCの供給開始とキセルからの転換――

はじめに

長崎市の「国指定史跡出島和蘭商館跡復元整備事業」にともなう同市教育委員会による同商館跡の発掘調査が一九九六年に開始され、これまでに大量のクレイ・パイプ破片の出土をみた（図12-3）。出島以外にも、東京・遠野・久留米などからも少量の出土がみられるが、その多くは調査や年代特定が不十分なまま、収蔵庫に収められることが多かった。

国際パイプ・アカデミー（Académie Internationale de la Pipe）およびオランダ・パイプ研究会（Pijpelogische Kring Nederland）会員のB・ファン・デア・リンゲンによる出土品の分類、年代特定などの現地調査には筆者も加わり、これまでに四度行われた。本節ではその中間報告[22]をふまえて、商館員の平戸時代のキセル使用と商館移転後のクレイ・パイプへの転向および商館内での消費について、またこれらオランダ・クレイ・パイプがわが国で受容されなかった事情などの考察を試みる。

（1）わが国とオランダの初期喫煙

わが国最古とされるタバコ記述は、天正四年（一五七六）の『越後國三嶋《さんとう》郡出雲崎村御水帳』（鈴木 1999, 33-35）[23]に記載される「たはこや　吉左エ門」である（二五二頁の図9-2）。その頃のポルトガルでの喫煙は、外洋航海の船員や商人たちの間で限定的に行われていた巻いたタバコに限られていた。わが国へもたらされた初期の喫煙形態も、『羅山文集』や『本朝食鑑』の記述にみるように、タバコの葉を巻くか、タバコを紙に貼り付け巻いて喫ったとされている。次にあらわれるのは、第9章2節にとりあげた文禄二年（一五九三）の『鹿苑日録』の「烟草」記述である（二七〇頁以下）。慶長六年（一六〇一）にはマニラから到着したフランシスコ会士ヘロニモ・デ・ヘスス（Jerónimo de Jesús de Castro）が伏見城の徳川家康へタバコ膏薬とその種子を献上している（Von Dorotheus 1942, 128-129／鈴木 1999, 188-189／榊 2000, 27-59）。同七年には、『石州邑智郡大林村御縄打水帳』『石州邑智郡大林之銀山屋敷帳』に「たはこ」が記される（二九一頁の図9-20・二九二頁の図9-25）。最初にキセルがあらわれるのは、琉球滞在中の袋中上人が同八年に高官、馬高明（幸明）の子弟のために著わした『琉球往来』の「烟草事」の条に記された「烟筒《キセル》」である（横山 1970, 123-148／鈴木 1999, 68-82 & 2000, 18-21）（二九八頁の図9-29）[24]。

一方、オランダにおける最古のタバコ記述は、一五八〇年二月にエンクハウゼン（Enkhuizen）で出された布告で、教会の祝日にタバコの販売や提供を禁止するものである（Bronger 1964, 21-22・Duco 1981, 114-137・鈴木 1999, 255）[25]。次いであらわれるのは、一五八八年からライデン大学で医学を学んだデルフトの医師ウィレム・ファン・デア・メール（Willem van der Meer）の書状（一六二一年一〇月付け）で、

一五九〇年以前は喫煙を目にしなかったが、在学中イングランドやフランス人の留学生が喫っていた。（Dickson 1954, 131／Brongers 1964, 19-20／Brooks 1999, 91より拙訳）

とある。[26]

オランダのクレイ・パイプ喫煙はイングランドからもたらされたのだが、出土品などの調査から、一五八〇年以前にはアムステルダムへ伝えられたとするのが現時点での定説である。クレイ・パイプによる喫煙は、主としてアムステルダム、エンクハウゼンやロッテルダムなどの港湾都市の周辺から船員たちによって始められ、次第に他へ広まったとされる。港を持たない大学町ライデンへは少し遅れて伝わったということであろうか。このように、喫煙形態および伝来経路は異なるものの、わが国とオランダには、ともにほぼ同時期に喫煙がもたらされていたことになる。

金型《かながた》成形による製造で量産に適したクレイ・パイプが、増加し続けるオランダ国内の需要を満たすようになるには、一六三〇年代まで待つことになる。一方、一個々板金を叩き出すわが国のキセルの単品生産では、工程数が多く生産量が限定されるので普及に要する年数はクレイ・パイプより長いと考えられがちである。しかし、非常に脆《もろ》い素焼きのクレイ・パイプは常に補給が必要であり、年間一人当たりのパイプ消費量は少なく見積もっても十数本以上と推定される。これに対して、耐久性に優る金属製キセルの耐用年数ははるかに長く、その普及に要した年数はむしろクレイ・パイプより短かったと考えることも可能である。

わが国のパイプ（烟筒《キセル》）記述の初出は前述したように慶長八年（一六〇三）の『琉球往来』[27]であるが、巻いたタバコによる喫煙をポルトガル人が伝えたあと、パイプ（キセル）喫煙が伝わるのは、普及に要する年数を考慮すると一五九〇年以前と考える。『琉球往来』のあと一六〇七年頃からわが国の文書にキセル喫煙があらわれるようになる。[28]

一六世紀後半のパイプ喫煙国はイングランドとオランダの二か国だけであるが、史料にあらわれる限りでは、パイプ喫煙国からわが国への最初の来航者は、一五八五年に長崎へ着いたエンクハウゼン出身のディルク・ヘリツゾン・ポンプ（Dirck Herritszon Pomp）である。

（2）オランダ・クレイ・パイプ小史

クレイ・パイプの製造は、一五八〇年頃にはすでにアムステルダムで始まっていて、一六〇〇年代に入って生産量が増えてはいたものの、一六三〇年代まで国内需要を十分には満たしていなかった。わが国には、イングランドのジェームズ一世の禁煙政策によってクレイ・パイプの生産がオランダへ移ったとする説がある。しかし、これは正しくない。ジェームズ一世王にはオックスフォード大学での有名な「タバコ排撃論」の講演（一六〇四）やその出版 *Counterblaste to Tobacco* があるものの、その治世下（一六〇三～二五）で喫煙が衰えることはなく、むしろ新大陸からの輸入タバコに課した高関税で王室の財政は潤い、一六一九年には王がクレイ・パイプ生産の特許状を発行するにいたり、イングランドでのパイプ生産量は急増している。

いずれにしろ、オランダのパイプ生産はイングランドから移った職人が始めたことには間違いなく、イングランドでの宗教紛争を避けた職人が一六世紀末から一七世紀前半にかけてオランダへ逃れパイプ作りに携わったとする説が最も有力である（Brongers 1964, 31）。D・デュコ（Duco, Don）あるいはR・デ・ハーン（De Haan, Ronald）およびW・クローク（Krook, Wiard）などは、一五九八年にアムステルダムへ移住したパイプ職人トーマス・ローレンス（Laurensz, Thomas）が市内の英国改革派教会の信徒名簿にロンドン出身者として登録されている例をあげている（Duco 1981, 144–145・391／De Haan & Krook 1986, 91・100）。テューダー朝からステュアート朝に代わったことで、テューダー側の職人がオランダへ逃れたとする見方もある（Brongers 1964, 33–35／Duco 1981, 376）[29]。このほかに、マウリッツの時代にエリザベス一世が送り込んだ兵が、一二年休戦条約（一六〇九）によって職を失ないパイプ作りに転じた例もある。実際にはこれらの動機が重なっていたとみるべきであろう。

エリザベス一世死後の一六〇三年からウォルター卿（Sir Walter Raleigh）処刑（一六一八年）の頃まではイングランドから移るパイプ職人が多く、この頃にオランダでのクレイ・パイプの生産が増えている。一六三〇年代をすぎて生産が需要を満たすようになると、一七世紀半ばまでにはボウルの形状やサイズなどの種類も増えて、好みのパイプが選べるようになった（Duco 1981, 372, 374-375）。

一七世紀中期になると、良質のパイプを作るハウダが生産の中心になり、急速に売り上げを伸ばした。しかし、このことがアルフェン・アーン・デン・レイン（Alphen aan den Rijn）など周辺地域での模造品の生産に拍車をかけることになった。したがって、上級品 fijne を多く生産したハウダでは、一七三九年にはその上位品の porseleine クラスのヒール側面にハウダの市章を刻印することが認められ、一七四〇年にはその下位品にも市章の上に普及品を意味する slegte の〝S〞マークを付けて出荷することが認められた（一〇五頁の図4-15）。porseleine クラスは金型で成形したあと、ボウル（火皿部）とステムの表面を瑪瑙《めのう》あるいはガラス製の研磨具で丁寧に磨いてから焼成することで、陶器に似せた表面仕上がりを施した。slegte クラスはボウルのみに磨きが施された。ただし、ボウルやステムにレリーフ装飾を付したものには瑪瑙やガラス棒による研磨は施さない。

ヒールの側面にハウダの市章が付いたパイプは一七三九年以後に生産されたものであるが、市章がないものもふくめてヒール底面に付けられた工房マーク（ヒール・マーク）がハウダのギルドに登録されている場合は年代特定が容易にできる。ボウル形状の編年が明らかなオランダ・クレイ・パイプは、これらの登録ヒール・マークによって共伴出土品の年代特定の基準資料にもなる。そのヒール・マークは極めて多種にわたり、長崎出島での調査の二〇〇一年分だけでも、これまでにギルド登録が確認されていないものをふくめて、約二五〇種が識別されている（一〇二・一〇五・一〇九頁の図4-7・15・17）。わが国では、このヒールに付けられた工房マーク

(ヒール・マーク)をホール・マークとする記事を散見するが、金・銀の純度証明のためにイングランドのGoldsmiths' Hall などが付けるホール・マークとはまったく異なる。

クレイ・パイプの生産に必要な白粘土(kaolien = カオリン)を産出しないオランダは、当初はイングランドからの輸入に依存したが、イングランドのカオリン輸出制限に加えてパイプの生産量が増える一六三〇年代に入ると、ドイツのケルン地方およびベルギーのドールニク(Doornik)地方から、一七三〇年代から一九世紀まではベルギーのアンデンヌ(Andenne)から調達していた。

パイプの形状にも進化がみられ、初期はタバコの高価格を反映して小さかったボウルが、価格の下落とタバコ加工の進化にともない次第に大きくなった。ボウルの大きさに不釣り合いな初期の太いステムも、次第にバランスのとれた細身へ進化し長さもました。

しかし一七五〇年代に入ると、嗅ぎタバコや葉巻、その後にくるシガレットの普及など、喫煙形態の変化にともない、その生産は次第に衰え一八五〇年代にはすっかり衰退してしまった。現在は、ドイツで作られた〝オランダのクレイ・パイプ〟が観光みやげとして店頭に並んでいるにすぎない。

(3)長崎出島オランダ商館跡出土のクレイ・パイプ

二〇〇一年および二〇〇二年にB・ファン・デア・リンゲンが実施した出土クレイ・パイプ破片の調査および年代特定作業には筆者も参加したが、同氏の二〇〇〇年および二〇〇一年の両調査報告(Van der Lingen 2000, 2001)から年代別出土数をまとめると表12-3のようになる。

発掘作業はその後も継続中であるが(二〇〇三年現在)、これまでの出土品の大多数はハウダ製である。ボウルの形状とヒール・マークから年代特定が可能な一六〇四点中、一六四〇~七〇年の製品はわずかに二七点

（一・七%）であることがわかる。この低い出土率は、オランダ本国でのクレイ・パイプ生産が一六三〇年代までは、国内需要を十分に満たしていなかったとするD・デュコ（Duco, Don）およびR・スタム（Stam, Ruud）[30]説を裏づけることにもなる。すなわち、一六四〇年代以前にオランダのクレイ・パイプが海外へ供給されることは稀で、デュコによれば、一五九六年にイングランドのブリストル向けに少量輸出されたのが、これまでに明らかになっている一七世紀初期までの唯一の輸出記録である（鈴木 1999, 103）。

表12-3でみるかぎり、最多出土は一七〇〇年代から四〇年代にかけて製造されたパイプの一〇〇二点で全体の六二・五%にのぼる。その後、出土数は減るのだが、これは既述したように、ハウダにおけるクレイ・パイプの生産量下降の時期と符合する。

長崎市教育委員会が実施する発掘作業は、復元整備事業の一環として行われているもので、商館初期の層の発掘は実施されないが、二〇〇二年までに調査がすんだクレイ・パイプ破片の約七五%が主道路下の土壙（捨て穴）からの出土で広範な攪乱がみられる。したがって、層序的分析は不可能であるが、土壙からの出土品は出島オランダ商館の通期を一通りカバーするものとみる。

表12-3　クレイ・パイプ破片の製造年代別出土数
（2000・2001年の調査）

製造年代	出土数	比率(%)
1640–1670	27	1.7
1670–1690	42	2.6
1690–1710	243	15.1
1700–1735	415	25.9
1730–1740	587	36.6
1740–1860	290	18.1
計	1,604	100

二〇〇〇年の調査ではハウダ製パイプの模造品は出ていないが、二〇〇一年の調査では、一七三九年以降のギルド登録ヒール・マークを付けながらハウダ市章を欠くものや、ヒール・マークが不鮮明なもの（中古の刻印型を使用したと思われるもの）など模造品・疑模造品一八点が出土している。これに一七四〇年以前の模造品を加えると四七点になり、全体の三%弱になる。ただし、模造品か否かの判定が困難なものは除外してあるので、実際の数字は多少増加する。いずれにしろ、このことはVOC（東インド

会社）が出島の商館へ基本的にはハウダ製純正パイプを供給していたことを示す。しかし、ＶＯＣへパイプを納めていた中間業者のなかには、ハウダ製パイプの下に模造品を混入させて不当な利益を得ていた者がいることが知られているので、出土品にみられる模造品・疑模造品はこのようなかたちで輸入されたとみることができる。

長崎出島に常駐していたオランダ人は平均して一〇人前後であるが、消耗品のクレイ・パイプの年間消費量は一人当たり一〇本内外とみる。これは、ＶＯＣが一七四二年（Jacobs 1991, 40・1997, 9）まで船上の乗員に貸与していたチェスト（木製櫃／一〇二頁の図4-8）にはパイプが約二〇本まで認められていたことから、[31]往復に要した約二年を考慮して、年間必要数量を約一〇本と割り出した。本国での消費量からみて少なすぎるとする見方もあるが、一人当たり年間消費量を一〇本内外とすると、出島全体で年間一〇〇本程度、二〇〇年余の出島オランダ商館の通期でみると、少なく見積もっても一五、〇〇〇本は出島で消費された計算になる。一九九六年からの発掘作業で出土した三〇〇〇点以上（二〇〇二年の調査時点で）はその一部にすぎない。[32]この数字には未調査分や年代特定不可能な破片などをふくむが、多くの場合、パイプ一点が複数片で出土している。

（4）平戸オランダ商館の喫煙とキセルの輸出

平戸市で実施されたオランダ商館跡の発掘作業は一部しか実施されていないが、ここではクレイ・パイプの破片は一点も出土がなく、真鍮《しんちゆう》キセル片が七点出土している（平戸市教育委員会 1988, 59・69）。その内訳を次に示す。

第一生活面（一六一八〜四一年頃）土壙……………二点
第一生活面と第二生活面の間…………………………三点
第二生活面（一六一八年からの短期間）……………一点

第三生活面（一六〇〇～一八年頃）…………………一点　（註：平戸のオランダ商館は一六〇九年から一六四一年以前、すなわちクレイ・パイプの供給不在、あるいは十分でなかった平戸時代のオランダ商館員たちがキセルでタバコを喫っていたことを記述した史料はこれまでのところ得られていないが、一六二三年に閉鎖される前の英国商館については、次のような史料がみられる。

①ウィリアム・アダムズの平戸からの第一回の航海日誌に付随して発見された購入品リスト（一六一四年）にキセル四本の購入記録。　（菊野 1977, 59／鈴木 1999, 274–275）

②英国商館長リチャード・コックスの日記（一六二一年一一月二九日条）：江戸参府にさいして携行する私物品のリストに銀製ラオギセル[33]二本および銀製の延《の》べギセル二本の記載。　（傍点筆者）

（東大史料編纂所 1974, 889・同原文編 207／鈴木 1999, 301–302）

「平戸オランダ商館日記」の一六三五・三六・三七年分にオランダ人館員の喫煙あるいはクレイ・パイプに関する記述はないものの、三五年四月の記述に徳川家光への献上品として金製キセル（een goude buijs）の記載[34]がみられる（永積 1969, 三輯 208／東大史料編纂所 1974, 訳文79・原文216）。一六三八年から四一年にかけての「平戸オランダ商館仕訳帳」（平戸市 1998, 2000）の輸入品目にもクレイ・パイプの記載はない。さらに、出島へ移ったあとの一六四五年一一月二九日の館長交代にともなう「長崎商館資産引継目録」（東大史料編纂所 2001, 261–267・1999, 204–207）にも、クレイ・パイプの在庫記載はなく、邦訳されている一六四五年一一月末までの平戸・長崎オランダ商館の日記にはクレイ・パイプの記載はまったく見当たらない。この期間にタバコ・パイプなどの記載があるのは、前述の家光に献上する金製キセルの他は、一六三六年と翌三七年のポルトガル船がもたらした「漆塗りタバコ盆」記述（東大史料編纂所 1975, 訳文173・1974, 原文137・1977, 訳文105・原文76／永積 1970, 32）と、一六四二年と翌四三年の二度にわたって出された「タバコ栽培禁令」と「米作転換令」の記述である（村上 1980, 185・219／東大史料編纂所 1987, 訳文1503・同1986, 原文129・同 1991, 訳文45・同 1989, 原文 47）。

一方、「平戸オランダ商館仕訳帳」には一六三六年のバタヴィア向けオランダ船に銀ギセル一〇〇本の積載があり、一六三九年と四一年には台湾向けに積み出された銀ギセルの記載がみられるが（三七八頁以下の表12-1）、一六三九年一二月には一〇〇本、四一年一月には一〇〇本、同年一〇月には五〇本が積み出されている。一六四一年の積載分には、材料費や加工費の記載もあり注文生産または特注品と思われるが、その高コストからみて東南アジア地方での交易用とは考えにくい。王侯・高官への献上品とする見方もあるが、数量の多さやキセル用の刻みたばこが同時に積載されていることから、喫煙用として積み出されたものとみる。その後一六五〇年まで、オランダ船には銀ギセルをふくむキセルが、ほぼ毎年二五～五〇本積載されている（表12-1）。

これらのキセルが、東南アジア各地に点在するオランダ東インド会社の商館員用であるかどうかは、さらに検証が必要である。しかし、母国からのクレイ・パイプの供給が行われるようになって一六五〇年をすぎると、表12-1に示したように長崎からのタバコの積み出しはあっても銀ギセルはみられなくなる。わが国の銀持出し禁止は寛文八年（一六六八）からであるが、一八世紀に入ると、オランダ船に積み込まれるタバコ盆などの喫煙具も赤銅製が目につくようになる。

すでに本国ではクレイ・パイプによる喫煙がかなり普及していたものの、海外拠点への供給が不十分、または不在であった平戸のオランダ商館員も、英国商館のキセル使用例をあげるまでもなく、キセルでタバコを喫っていたであろうことは十分に推察できる。平戸商館跡の部分的発掘作業でクレイ・パイプが出土しないのは当然であるが、銀ギセルも破棄されることがないので出土品にはみられない。

ここで、平戸オランダ商館でキセルによる喫煙が行われていたとする根拠を整理すると次のようになる。

①オランダ本国でのクレイ・パイプの生産が国内需要を満たす規模になったのが一六三〇年代に入ってからであり、海外拠点への供給はさらに遅れた。
②平戸英国商館では銀ギセルをふくむキセルの使用が記録されている。
③部分的調査発掘であるが、平戸オランダ商館跡からはクレイ・パイプの出土はなくキセルの出土がみられる。
④出島オランダ商館跡の出土クレイ・パイプの調査では、これまでに一六四〇年代以前製造のパイプ出土はなく、一六四〇～七〇年代の出土がわずかながらみられる（一・七％）。
⑤一六三五・三九・四一年の「平戸オランダ商館仕訳帳」など一六五〇年までのＶＯＣ史料に銀ギセルをふくむキセルの輸出が記載されているが（表12-1）、キセル用の刻みタバコも同時に積載されていることから喫煙用として商館員などへ供給されたとみる。
⑥クレイ・パイプの供給が始まった頃の一六五〇年以降一八世紀に入るまでオランダ船積載品にキセルをみなくなる（タバコの積載記録はある）。

一九九〇年にロッテルダムで、一五八〇～一六三〇年製とされる金属製ボウルと吸い口を木製ステムで継いだと思われるパイプ・ボウルが二点出土している（三五四頁の図11-3・4）。一九八六年には、アムステルダムでもまったく同じ構造の金属パイプのマウス・ピースが一点出土している（三五四頁の図11-5）。これは、クレイ・パイプの供給が十分でなかった時代には、往復に二年近くかかる東インド会社の長期航海に、脆《もろ》いクレイに代えて金属パイプを持ち込んだものと考える。主として航海用に作られたであろう金属パイプのオランダ国内での出土例は少なく、これまでのところロッテルダム、アムステルダム、エンクハウゼンの東インド会社が拠点を置いていた港湾都市またはその近郊のほかでは出土していない。

この仮説を裏づけるためには、日本をふくめた東インド会社の海外拠点でも金属パイプの出土をみる必要があるが、これまでのところタイのアユタヤ・オランダ商館跡からの出土品一点のほかには（四七七頁の図13-15）、わが国および東南アジア各地での出土報告に接していない。いずれにしろ、航海中に金属パイプを用いていたとすれば、館員の着任地である平戸で金属キセルへの転向に抵抗はなかったとみる。

（5）出島以外の出土クレイ・パイプ

関根達人（弘前大学）がまとめた国内のクレイ・パイプ出土例などを整理すると、左記の通りになる（関根2000）[35]。

遠　野：南部義興墓所（図12-4）
東　京：錦糸町北口、真砂町、丸の内三丁目、汐留、東京大学構内、新宿荒木町
久留米：両替町
長　崎：万才町（県庁新別館）、万才町（長崎家庭裁判所敷地）、金屋町、銅座町など
京　都：京都御苑内公家屋敷跡

遠野・南部家墓所の南部義興（安永五＝一七七六年没）の墓から出土したクレイ・パイプについては関根達人の詳細な報告があるが、これはその刻印からハウダ製品を模造した安価なパイプであることがわかる。

錦糸町駅北口遺跡出土の黒く着色したボウルのパイプはそのボウル形状とヒール・マークから一八世紀末〜一九世紀初めの製造とみる。真砂町出土の二点はいずれもヒール横に〝S〟なしのハウダ市章が付いている。うち一点はボウルに磨きが施されていて、もう一点は神聖ローマ帝国の女帝マリア・テレジアと紋章のレリーフをボウルに付けたもので、ヒール・マークは王冠付きコンロである[36]。丸の内三丁目出土品には市章がなくヒール・マークが風車（molen）なので、一七一五〜三五年のハウダ製であることがわかる。風車のヒール・マーク付き

は、これまでの出島跡発掘では最多の出土品であるが、二〇〇〇年と二〇〇一年の調査で合わせて九〇点出土している。汐留の出土品はその形状からイングランド製であることがわかる。

長崎市の万才町（県庁新別館）で出土した破片は、ヒール・マークが一七六九～一八九七年および一六八五～一八二五年のハウダ製をふくむが、写真でみるボウル形状から一八世紀前半および後半のものと考える（長崎県教育委員会 1995, 129 図版クレイ・パイプ）。同じ万才町（長崎家庭裁判所敷地）の出土品はボウル形状のみから判断すると、一八世紀後半から一九世紀初頭のものと思われる（長崎県教育委員会 1992, 41 Fig. 19の16–18）。金屋町では一点のみの出土であるが、ボウル形状とヒール・マーク（王冠Ｐマーク）から一八世紀後半のものであることがわかる（長崎市埋蔵文化財調査協議会 2002, 39, 65・111）。

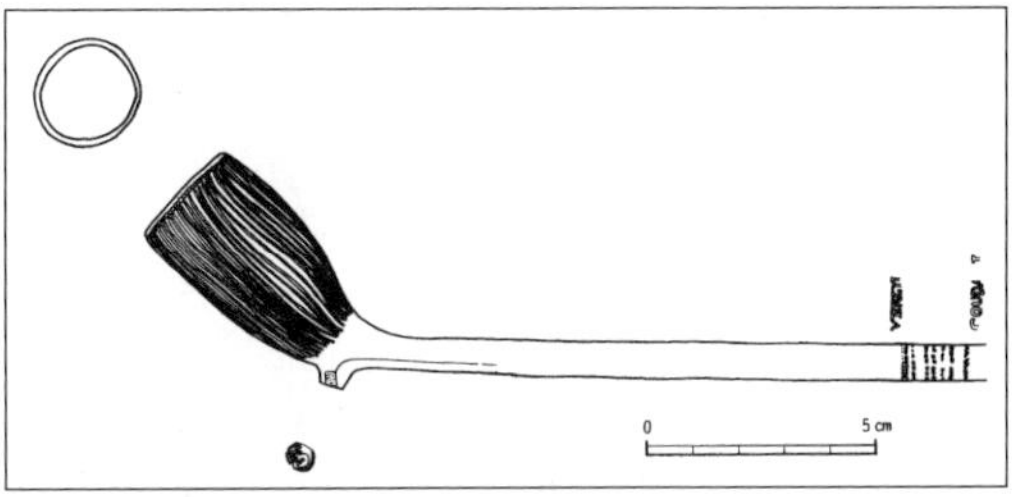

図12-4　遠野・南部義興墓所出土のハウダ製クレイ・パイプ(1750–75年)

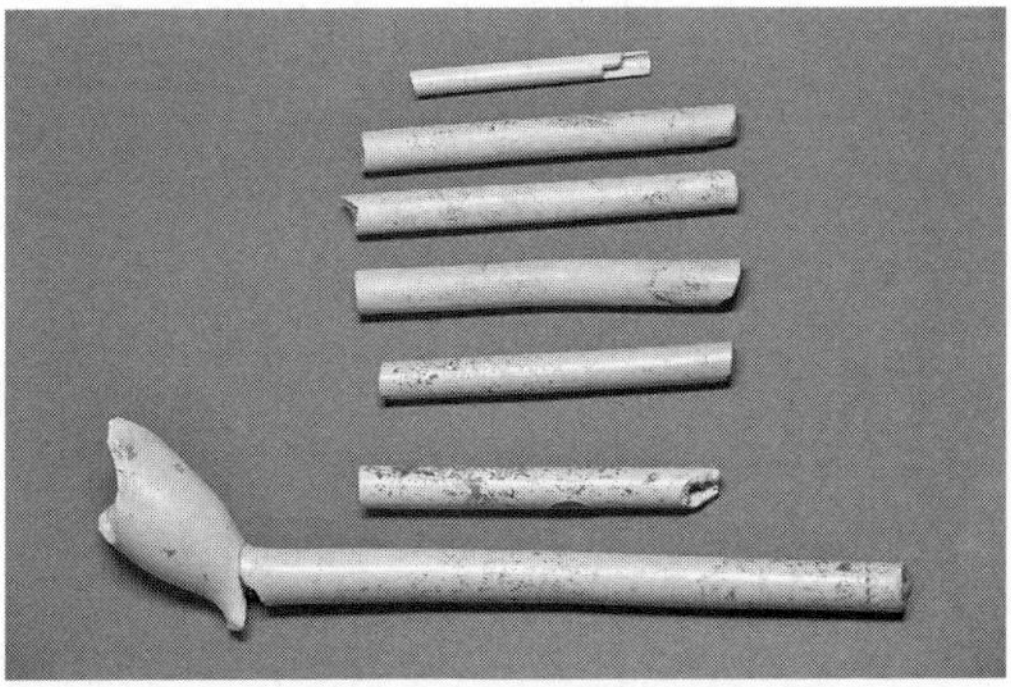

図12-5　京都御苑内公家屋敷跡から出土したハウダ製クレイ・パイプ(17世紀末–18世紀初期)

京都市の国立迎賓館建築にともなう公家屋敷跡（柳沢屋敷跡）の発掘調査で二〇〇一～二年にハウダ製ステム付きボウル一点およびステム破片六点が出土している。長崎のオランダ商館の館長が定期的に江戸参府をするさい、往復に宿泊していた京都では（図12-5）、これまで全くクレイ・パイプの出土がなかった。この出土が京都での最初の出土例である（京都市埋蔵文化財研究所 2004, 188)。筆者は二〇〇六～七年にこの出土資料の調査および年代特定を行った。六点のステム破片は、その径の違いから時代が異なる複数のパイプの破片であることがわかる。

　東京・築地の外国人居留地跡でも出土しているが、もちろんこれは開国後のものである。神戸市立博物館や仙台市立博物館の所蔵品にもクレイ・パイプがみられる。神戸市立博物館所蔵のＶＯＣマーク付きは近年のオランダでの購入品である。塩釜神社宮司の旧蔵で、仙台市立博物館が所蔵する「子平の長崎みやげ」とされる「伝林子平所蔵のパイプ」は、筆者の調査でボウルとヒールの形状およびボウルの装飾から一八三〇年頃のロンドンのBishop 工房の製品であることが明らかになった（Le Cheminant 1981, 147–148・Tatman, 2001, 21）。したがって、一七九三年没の林子平とは結びつかないことになる。仙台市立博物館が所蔵するこのロンドン製（ビショップ工房）のクレイ・パイプは、長いステムが緩やかなカーブを描く典型的なチャーチワーデン形パイプ（七七頁の図3-10）であるが、残念なことにステムは複数個に折れている。

　このようなチャーチワーデン形のパイプは一九世紀に入ってから作られるようになったのだが（第3章七八頁）、わが国には長いステムは折って回し喫《の》みをするためとする俗説がある。しかし、パイプを持たぬ他人にタバコを勧めるさいにステムの端を折って渡すことはあっても、回し喫みの風習はイングランドやオランダにはない。長いステムの最大の利点は煙の温度が下がりタバコの味が柔らかになることにあるとされる。しかし、これは携帯に不便なことから、長方形または楕円形の真鍮製タバコ入れに短いパイプを納めて持ち運ぶことが多かった（一一〇頁の図4-18）。下層階級では価格が低いこともあって短いステムのパイプが多用された。

　元来、クレイ・パイプは消耗品であって、容易に破損することから頻繁に新しいものと取り替えられていたので、オランダや英国では実に多くの出土がみられる。しかし、わが国でオランダのクレイ・パイプが商品として輸入され、限られた人たちの間で常用されていたとする記録はまったくなく、出島以外の国内各所の限られた点数の出土品の多くには喫煙痕がないことからも実用に供されていたとは考えられない。

（6）『長崎オランダ商館日記』にみるクレイ・パイプ

邦訳あるいは原文が翻刻されている一六四五年末までの『長崎オランダ商館日記』にはクレイ・パイプの記述は見当たらないが、一八〇一年度以降の日蘭学会編『長崎オランダ商館日記』（日蘭学会）[37]には一〇か所ほどにみられる。そのほとんどが江戸参府のさいに、その途次または江戸で贈呈品として渡されたものである。これを表12-4にまとめる。

この他に、オランダ人最後の江戸参府となった嘉永三年（一八五〇）の『嘉永三戌年二月参府阿蘭陀人逗留中詰切出役書留』の三月一八日条に町奉行の使者などへの「尤壱人江きせる弐本并煙草、蜜漬小壺壱ツ、差遣候……」の記述がある（片桐 2002, 25 & 34）。

表12-4に示した紀伊大納言（文化一五年二月）、番所の番頭たち（文化一五年二月）および幕府医師たち（文政五年二月）以外の共通点はすべて使者に対する贈呈である。すなわち、下級武士に対しクレイ・パイプ二本とオランダ・タバコを一包または二包を贈っているのである。オランダ人が奉行所から派遣された使者へ贈った二本の舶来クレイ・パイプは、おそらく稀少品として珍重されたことであろう。

しかし、すでにわが国のキセルの一部は単なる喫煙具から嗜好性の強い工芸品へと発展していて、キセルが所有者のステータスや趣味を示すアクセサリー的役割をも果たしていたばかりでなく、実用性からみても脆《もろ》く粗末な素焼きパイプが入り込む余地はほとんどなかったといえよう。

釉薬《ゆうやく》を施した陶器や磁器が盛んに作られていたわが国では、神事や焙烙《ほうろく》割り・焙烙試合などの遊び、あるいは調理用以外に素焼きが使用された例は多くない。焼き物のキセルとしては元和年間にピークを迎えた織部焼きの

表12-4　『長崎オランダ商館日記』のタバコ・パイプ記述一覧

日付	記述内容	記述者＊	訳文頁	和暦
1806・5・6	(江戸)老中ほかの使者達に慣例に従い蜜漬1壺、オランダ・パイプ2個、オランダ・タバコ1包ずつ贈呈	ヘンドリック・ドウフ・ユニア	第2巻 220頁	文化3年 3月
1806・6・6	(京都)町奉行の使者達に蜜漬1壺、オランダ・パイプ2個、タバコ1包贈呈	同	第2巻 224頁	文化3年 4月
1810・4・21	(江戸)使者達に慣習に従い、蜜漬1壺、オランダ・パイプ2個、タバコ1包贈呈	同	第5巻 24頁	文化7年 3月
1810・5・10	(京都)使者達に慣例に従い蜜漬1壺、オランダ・タバコ1包、長いパイプ2個贈呈	同	第5巻 26頁	文化7年 4月
1818・3・26	(京都)紀伊大納言の来訪を受け、パイプとタバコを所望。リキュール1本を添えて進呈	ヤン・コック・ブロムホフ	第7巻 64頁	文化15年 2月
1818・4・3	(浜名湖を渡るさい)番所の番頭達にリキュール酒2瓶とパイプ数本を贈呈	同	第7巻 70頁	文化15年 2月
1818・4・24	(江戸)使者の前に銀のタバコ道具を置いた。…銀の盆に載せた小壺の蜜漬、2本のパイプおよび1包のタバコを贈呈	同	第7巻 101頁	文化15年 3月
1818・5・21	(京都)所司代と両奉行の使者各々にパイプ2本、小壺入り蜜漬2本、タバコを贈った	同	第7巻 123頁	文化15年 4月
1822・4・9	(江戸)使者にパイプ煙草でもてなし、小壺に入れた蜜漬1個、2本のパイプおよび紙一包の煙草をめいめいに贈呈	同	第10巻 15頁	文政5年 2月
1822・4・12	(江戸)来訪の幕府医師達に慣例通りにタバコ用パイプ他贈呈	同	第10巻 18頁	文政5年 2月

(　)内は筆者。＊記述者名表記は日蘭学会編『長崎オランダ商館日記』による。

変わりギセルが、おそらく茶席のたばこ盆用として極めて短期間作られたことはあっても、これが喫煙用として普及することはなかった。もちろん、金属のキセルが普及するまでの間、安価な竹や土製のキセルで代用した事例はある。[38] 実用的には、きわめて脆《もろ》いクレイ・パイプ、とくに長いステムのパイプは、携行に不向きなことからもわが国で受容され定着することはなかった。

(7)オランダ・クレイ・パイプの海外輸出

すでに述べたように、「平戸オランダ商館仕訳帳」『唐蛮貨物帳』などに商品としてのクレイ・パイプの記載は見当たらない。しかし、金沢市立図書館所蔵の「紅毛船年々荷物書並ニ風説書等品々」所載の積荷差出（丑年1995, 92 & 94, 98–99, 101–103）には文政二年（一八一九）の「卯紅毛弐番船脇荷」の項に〃鼻たはこ入〃（嗅ぎタバコ入れ）三三個とともに〃きせる〃二〇本が記載されている。この〃きせる〃は明らかにクレイ・パイプを指すのだが、二〇本は極めて少数である。ところが、この前後に〃鼻たはこ入〃の記載が多くみられるほか、前年（文政元年）の「寅紅毛弐艘分脇荷物差出」には〃巻たはこ〃七〇〇〇の記載があるので、出島での喫煙にも本国同様にクレイ・パイプから嗅ぎタバコや葉巻への移行が進んでいたことがわかる。スペインに始まった紙巻きタバコがヨーロッパで広まるのはクリミヤ戦争（一八五三～五六）後であるから、上記の〃巻たはこ〃は葉巻（シガー）である。

オランダ・クレイ・パイプの海外輸出は国内需要に対応できるだけの生産体制が整ってからのことであるが、その輸出を記録する史料はこれまでのところあまりみつかっていない。北米向け輸出については、国際パイプ・アカデミーのオランダ人研究者が調査に着手したところである。アジア向け出荷については前述のB・ファン・デア・リンゲンが最近になってデン・ハーグの国立文書館で調査を開始したが（二〇〇三年時点）、これまでのところＶＯＣによる総計一〇、〇〇〇本ほどのバタヴィア向け船積みの記録とＶＯＣへのパイプ納入を記した文書の一部を発見しているが、他にアフリカ南部での交易用に購入されたと思われる、大量のクレイ・パイプの記録もみつけている。

一旦バタヴィアへ積み出されたあと、商館員用の貨物は脇荷として各地の商館に転送されたとすると、ＶＯＣ本社の文書に出島への供給が記載されていない可能性があるので、前掲の「紅毛船年々荷物書並ニ風説書等品々」の脇荷記載など、日本側やバタヴィアの史料が重要になる。

ファン・デア・リンゲンの国立文書館調査では、パイプ納入業者のディルク・エントフォーヘル（Entvogel, Dirck）が一七二四・三六・三七年に合計七二、〇〇〇点におよぶクレイ・パイプをＶＯＣへ納めていた記録がみつかっている（Van der Lingen 2001）。エントフォーヘルがＶＯＣへ納入した価格はグロス単位で二二ストイフェル（stuiver）であるが、同年代にハウダの業者はグロスあたり三八ストイフェルで納めていた。このエントフォーヘルはアルフェン・アーン・デン・レインのメーカーを多く抱えていたと思われるが、この町ではハウダの模造品が多く作られていて、出島跡出土品にもみられる。

オランダからのクレイ・パイプの海外輸出の研究はまだ緒に付いたばかりであるが、北米やアフリカの原住民との交易品として輸出されていたり、ニューアムステルダム（現ニューヨーク）へ供給されていたことは、現地での出土品から知られている。しかし、これまでに行われた調査ではその輸出記録はまだ多くはみつかっていない。クレイ・パイプは製造が比較的容易であり、需要が生じると早晩現地生産がスタートすることから、生産が開始されるまでの限られた期間の輸出であったことが記録に乏しい理由と考える。イングランドおよびオランダからパイプ喫煙が伝えられ、現在はブライアー・パイプの主生産地であるフランス、デンマークはもちろんのこと、ドイツ、ハンガリーやスウェーデンなど欧州各地のほか、トルコなどアラブ諸地域でもそれぞれのデザインによるクレイ・パイプの生産が行われていた。もちろん、ニューアムステルダムでも生産されていた。

(8)出島オランダ商館員のキセルからクレイ・パイプへの転換

一七世紀半ばにオランダからクレイ・パイプの供給が始まった頃、長崎オランダ商館からのキセルの輸出記録はみられなくなり、商館跡の発掘調査でもクレイ・パイプの出土を多くみるようになる。商館員のキセルからクレイ・パイプへの急速な転換は経済性、喫味、メンテナンスなどが主な要因であると考える。

経済性

表12-5は、一六四一年に平戸オランダ商館から台湾向けのオランダ船に積載された銀ギセルの価格と、出島跡から最も多く出土がみられる一七三〇年代にVOCが買い入れていたクレイ・パイプの価格との比較を示すものである。

同表に示したように、銀ラオギセル(a)のコストはハウダ製のクレイ・パイプ(d)の約一七三倍になる。さらに高価な延《の》べギセル(b)は三〇三倍以上になる。低価格の模造品(c)との比較では、それぞれ三〇〇倍と五二四倍にもなる。いずれにしろ、これだけの価格差では出島のオランダ商館員たちがクレイ・パイプの供給を受けるようになると、必然的に銀ギセルからの切り替えが起こる。ちなみに、出島跡からこれまでに最も多く出土(六二・五%)したのは一七〇〇~四〇年にかけてハウダで作られたパイプであるが、表12-5のハウダ製または模造品がVOCへ納入された年代と重なる。

ただし、平戸時代のオランダ商館員がすべて銀ギセルを喫っていたと断定はできない。前述のウィリアム・アダムズが一六一四年に江戸からの帰路に都あるいは堺で購入したと思われる四本のキセルは、合計一マース

表12-5　銀ギセルとクレイ・パイプの価格比較

年　代	品　目	買入価格	単　価	補　記
1641・1 (39)	(a)銀ギセル　100本 平戸から台湾へ積出し	80.28タエル tael	732ペニング penning	ラオギセルと思われる
1641・10 (39)	(b)銀ギセル　50本 平戸から台湾へ積出し	70.10タエル	1,279ペニング	延べギセルと思われる
1724 1736 1737 (40)	(c)Dirck Entvogel が VOC へ納入したクレイ・パイプ　約72,000本	22ストイフェル stuiver/グロス当たり	2.44ペニング	ハ ウ ダ Gouda の模造品(?) ("fijne" class)
	(d)GoudaのJohannes Kost, Hendrick Spelder他が納入したクレイ・パイプ	38ストイフェル／グロス当たり	4.22ペニング	ハウダ製 ("fijne" class)

VOC currency (41)
＊1 tael＝912penning (1636年以降)　＊stuiver (stuijver or stuyver)＝16penning　1グロス＝144

(mas) 二コンドリン (condrin) であるから単純に単価を求めると三〇ペニング (penning) になる。(42) 価格から判断すると、真鍮か赤銅製のキセルということになるが、これでもハウダ製クレイ・パイプの七・一倍になる。

喫　味

タバコの味は使用するパイプの材質に左右されることが多い。一般的に金属パイプは喫味の点では、他の材料すなわちブライアー、メアシャム（海泡石）、クレイなどに比べて劣ることは明らかである。世界的に金属パイプを常用していたのは、わが国のキセルおよびキセルを起源とする喫煙具を使用していた朝鮮半島や中国などをふくむアジアの諸地域が主である。もちろん、イングランドやオランダの王侯貴族がクレイに替えて銀でパイプを作らせていた例もある。既述したように、VOCの航海者たちも、脆《もろ》いクレイ・パイプの代わりに金属パイプを用いていたと思われる。初期は加工が容易な鉛・亜鉛合金のピューター製であったが、その後は銅合金のブロンズを使用するようになった。

オランダ商館の現地駐在員は本国から安価なクレイ・パイプの入手が可能になると、コストばかりでなく喫味からも、金属製のキセルからクレイ・パイプへの回帰が起こったと考える。

メンテナンス

金属ボウルは喫煙時に生じるタールやジュースを吸収しないので、煙道の詰まりが早く、頻繁な掃除が必要になる。慶長八年（一六〇三）に編まれた『琉球往来』の「烟草事」の条も「烟筒《キセル》は掃除を専らにする」（第9章二九七頁）と記している。キセルに比べてクレイ・パイプは吸水性が良く、金属パイプほど頻繁に掃除する必要がないうえに、この吸水性が喫煙の味を良くしている。

まとめ

ＶＯＣが出島の商館へクレイ・パイプの供給を開始したのは、オランダ本国での生産体制の確立時期、出島出土のパイプ破片の製造年代、平戸商館跡でのクレイ・パイプ未出土などから一六四一年の出島への移転後であることがわかる。それまでは、わが国のオランダ商館ではキセルを使用するとともにアジアの他の商館へも供給していたが、クレイ・パイプの供給が始まることによって経済性、メンテナンス、喫味など、実用的側面から急速に切り替えが起こった。一八世紀になると、オランダ船の銀製以外のキセル搭載を再び目にするが、鎖国により日本人町に残された日本人への供給のほかは、工芸品としての価値が主体で本国へ送られたものをふくむとみる。

安価な模造品クレイ・パイプを大量に買い付けていたＶＯＣは、これら模造品の出島での出土率がわずか三％前後であることから、主に北米、東南アジアあるいはアフリカでの交易品として用いたとみる。出島遺跡出土のクレイ・パイプ破片が、大きな土壙の発掘もあって、これまでに三〇〇〇点（二〇〇二年の調査時点で）にもおよぶことから、わが国への商業的輸入が論議される。しかし、これまでの調査ではＶＯＣおよびわが国の史料に商業貨物としての記載は見当たらない。出島以外の出土についても各二〜三点内外の少数に限られ、『長崎オランダ商館日記』などにみる下級武士へ贈られた二本ずつのパイプも実用に供する目的はなく、きわめて儀礼的贈呈であるとみる。これは、本国でクレイ・パイプの生産が衰退し、出島商館での喫煙形態も嗅ぎタバコや葉巻に移行した後も二本のパイプを贈呈している嘉永三年（一八五〇）の例からもわかる。出島以外での出土クレイ・パイプの多くに喫煙痕がみられないことも、実用に供されなかったことを示す。

わが国のキセルは寛永年間にはすでに装飾を施したものが作られていて、喫煙具としての機能ばかりでなくアクセサリー的要素も加味されるようになっていた。したがって、仮にレリーフなどの装飾が施されていたとしても、脆《もろ》くて粗末な素焼きパイプが入り込む余地はまったくなかったといってよい。

消耗品としてのクレイ・パイプが、オランダ商館内では一人当たり年間一〇本程度消費されていたことは、VOCが下級船員にも二〇本ほど船上持ち込みを認めていたことから容易に推定できるが、一〇人程度が駐在していた出島商館の通期では累積一五、〇〇〇本以上が消費されたことになる。これまでの出土はその半数以下である。(43)〝大量出土〟による「商業的輸入」論は、クレイ・パイプが継続的供給を必要とする消費財であることの認識を欠く論議でしかない。

仮に、オランダのクレイ・パイプがわが国で商業的に成功していたとするなら、当然のことながらわが国では陶器・磁器製のキセルが多く作られたことであろう。「織部煙管」として知られる織部焼のキセルは、上向き吸い口を持つなど喫煙には不向きな形が多くふくまれることから、茶席に供されるタバコ盆に置かれる飾りギセル的用途と考えるべきであろう。

（1）『羅山文集』（一六六二）、人見必大『本朝食鑑』（一六九二）に巻いたタバコによる初期の喫煙記述がみられる。

(2)　天正四年（一五七六）。「たはこや吉左ェ門」の記載あり。新潟県出雲崎町良寛記念館所蔵（二五二頁の図9-2）。

(3)　文禄二年（一五九三）七月九日条に「烟草」の記載あり。

近年『越後國三嶋郡出雲崎村御水帳』『鹿苑日録』の史料価値に疑問ありとする説がみられるが、そのいずれも在野の研究家によるものだが、考察を十分に尽くしたとはいえず、論拠も不十分とみる（第9章二五一頁以下）。

(4)　往来物（おうらいもの）：一四世紀中葉からみられる往復書翰形式の教科書の総称。その種類は極めて多岐にわたるが、学校教育が始まる明治初年頃まで続いた。

(5)　『露書』（一六一一＝万暦三九）および『景岳全書』（一六二四）の刊行年は中国煙草博物館（上海）によるものだが、宇賀田為吉は『煙草文献総覧　漢書之部』で『露書』を万暦四一年（一六一三）または天啓二年（一六二二）とする。『景岳全書』について鄭超雄は「合浦県の雁首とたばこの中国伝来」（『たばこ史研究』二九号、五頁）で〝景岳伝書〟とするが誤りであろう。揚国安編著『中国烟業史汇典』も『露書』の刊行年を一六一一年とする（四頁）。

(6)　ここでは、『露書』（一六一一）『景岳全書』（一六二四）『本草彙言』（一六四五）『本草洞詮』（一六六一）『仁恕堂筆記』（一六八二）『物理小識』（清代初め）の六書を代表例としてあげる。

(7)　スペインが領有地としていた中南米諸地域での喫煙形態は主としてタバコの葉を巻いたもの、あるいは他の葉で細かくしたタバコを巻いたもの、すなわちシガーまたはシガレットが主流であった。中国の絹と交換していた銀の産出地メキシコの喫煙もスペインが進出した一五二一年頃には、巻いたタバコまたは直線のテューブラー・パイプが主流になっていた。

鈴木達也「喫煙伝来マニラ(スペイン)説の諸問題」(『たばこ史研究』七三号→本書第10章)。

(8)　一五八〇年にすでに教会の祝日にタバコの販売および喫煙を禁止していたエンクハウゼン出身のオランダ人ポンプが一五八五～八六年の間に長崎へ金属ボウルと吸い口に木製ステムを継いだパイプを持ち込んだ可能性が考えられる。ロッテルダムでは、一五八〇年頃とされる金属製ボウルとマウス・ピースに木製ステムのパイプが発掘されている。エンクハウゼン近郊からも一六一五～三〇年とされるピュータおよびブロンズ製パイプ・ボウル各一点の出土が報告されている。これは、耐久性に劣るクレイ・パイプに対して、クレイ・パイプ供給が十分になるまでの長期航海用と考えることができる（三五六頁の図11-9）。

（9）「淡婆姑草名亦号南霊草近歳始出倭國」

（10）「我が國人潜かに南霊草を以て瀋陽に送りしが、清将の覚る所と為り、大いにほしいままに詰責さる。南霊草は日本國産する所の草なり。其の葉、大なるは七～八寸ばかりある可し。細かく之を截り而して之を竹筒に盛り、或いは銀・錫を以て筒を作り、火やし以て之を吸」

（11）Copie Missive door Jeremias van Vliert ard Japan in date 8 Junij A 1634. Indias op't Compt Siam（Kol. Archief 1025).

（12）Copie Missive door Joost Schouten met de flyt Schepen Warmont ende Huysdynen aen d'E. Couckebacker ard Japan gesonden, 30 July 1635（Kol. Archief 1030).

Memorie van verscheyden profitable Coopmanschappen die jaerlyck in Siam geslechten connen arden, 14 April 1634（Kol. Archief 1025).

（13）『平戸市史』の翻訳では fijne を〝良質な〟としているが本稿では〝細かい〟とした。

（14）『唐蛮貨物帳』下巻の「貨物帳風説書」は、その前半が「唐蛮貨物帳」と重複するので、後半の重複しない部分のみをカウントした。オランダ船については、四艘の積載貨物を一括記載しているので、一艘としてカウントした。

（15）平戸イギリス商館（一六一三～二三）のウィリアム・アダムズや館長コックスもキセルを用いていたことが記録に残っている。

鈴木達也『喫煙伝来史の研究』所収「第八章　三浦按針のパイプ」「第九章　『イギリス商館長日記』のパイプ」参照。

（16）シャム(1)、カンボジャ(2)、フィリピン(2)、交趾《コーチ》(2)。岩生は計一〇、〇〇〇人の日本人が住んでいたと推測している。

（17）Field Natural History Museum では“Irongot”としているが F. van Tienhoven（国際パイプ・アカデミー会員）は“Igorot”の誤りとする。De La Salle Univ.（Manila）の准教授 Malbarosa, J. M. A. C. も“Igorot”とする（Malbarosa の筆者宛二〇一四年九月九日付け e-mail)。

（18）Satow, Ernest M. がマレー半島を旅行中に『カンボジア語辞典』に khsier がパイプを意味することを知り、一八九七年に『外交通商史談』でとりあげられ、一九二六年に新村出がこれを追認して以来、今日まで広く定説とされてきた。

(19) Van der Lingen, Bert：国際パイプアカデミー、オランダ・クレイパイプ研究会（Pijpelogische Kring Nederland）各会員。長崎出島オランダ商館跡出土のクレイ・パイプの調査を筆者も加わり数度にわたり行う。
Tabakspijpen van de VOC-Handelspost te Dejima, Nagasaki, Japan（"Pijpelogische Krinederland" 23e jaargang nr. 91, januari 2001, pp.1261–1276.）
DUTCH CLAY TOBACCO PIPES EXCAVATED AT DEJIMA, NAGASAKI, JAPAN in 1998 and 1999（August, 2000）
右記論文の日付は英文版が先になっているが、執筆はオランダ語版が早く、英文版にはオランダ語版にふくまれていない調査品の完全な一覧表が付けられている。

(20) Van der Lingen 前註論文の英語版二頁、オランダ語版一二六三頁より作成。二〇〇一年出土の資料調査では、一六四一～九〇年製造のクレイ・パイプは一・七％にとどまる。

(21) 発掘されたクレイ・パイプの製造時期と出島へ供給された時期には、オランダからの直接来航でないこともあって、時間のずれがあることを考慮する必要がある。Van der Lingen は五点のうち二点は一六四〇年代の早い時期のもの、すなわち出島へ移って間もない時期のものと特定しているが、実際に出島へ供給されたのは多少時間的遅れがあるとみる。

(22) Van der Lingen, Bert（翻訳・解説　鈴木達也）
①「出島オランダ商館跡出土のクレイ・パイプ調査報告（一九九六年～一九九九年発掘分）」（『たばこ史研究』七七号、二〇〇一年）一七～三〇頁。
原題：*Dutch Clay Tobacco Pipes Excavated at Dejima, Nagasaki, Japan in 1998 and 1999*, 2000.
②「一九九八年・一九九九年の出島発掘作業による出土クレイ・パイプ調査報告」（『国指定史跡出島和蘭商館跡道路及びカピタン別荘跡発掘調査報告書』二〇〇二年、長崎市教育委員会）二一九～二四二頁。
原題：*Clay tobacco pipes from the 1998–1999 Dejima Excavation. A preliminary report*, 2001.
③「出島出土のクレイ・パイプについて」（『国指定史跡出島和蘭商館跡カピタン部屋跡他西側建造物群発掘調査報告書』第二分冊、二〇〇八年）五五～九七頁。

④「二〇〇二～二〇〇五年発掘調査による乙名部屋跡、南側・西側、護岸石垣および水門跡より出土のクレイ・パイプ」（『国指定史跡出島和蘭商館跡　南側護岸石垣発掘調査・修復復元工事報告書』第一分冊、二〇一〇年）三四五～三六五頁。

本節はこれらのうち、①および②の報告をふまえての考察である。

(23) 新潟県出雲崎町良寛記念館所蔵（前掲註2参照）。
鈴木達也『喫煙伝来史の研究』三三～五五頁。

天正四年の『越後國三嶋郡出雲崎村御水帳』記載の〝たはこや〟は後世に加筆されたものとする説があるが、その論拠は乏しい。

(24)『琉球往来』（慶長八年＝一六〇三）、伴信友による写本、第三三丁表（無窮会所蔵）。

(25) Brongers, George A.: *NICOTIANA TABACUM*, 21–22.
鈴木達也『喫煙伝来史の研究』二五五頁。
Duco, Don H.: *De Kleipijp in de Zeventiende Eeuwse Nederlanden* (The Archaeology of the Clay Tobacco Pipe V. Europe 2), BAR International Series 106 ii, 1981) 114, 371 [BAR = British Archaeological Reports]
（一五八〇年二月の布告第一一一項）

(26) Van der Meer, Wilem が Neander, Johann に宛てた書簡。Neander, J. の *Tabacologia* (1622) に収載。
Brooks, Jerome E.: *Tobacco, Its History Illustrated by the Books, Manuscripts and Engravings In the Library of GEORGE ARENTS* (Vol.II, 91, no.148) より拙訳。

(27) 〝烟筒〟記述がある「烟草事（タハコのこと）」の条以外にも、連歌・華道・茶道・蹴鞠・香道・囲碁・双六・将棋など都で広く行われていた事物を、関連用語とともに往来文のかたちで紹介する「庭訓往来」形式の教科書である。

(28) パイプによる喫煙を行わなかったポルトガル人が伝えた巻いたタバコによる喫煙は、わが国でのタバコ栽培以前のことで、タバコの価格が非常に高く極めて限定的にしか伝わらなかった。したがって、キセル喫煙が広く行われ目につくようになった慶長一〇年（一六〇五）頃をもってタバコまたは喫煙の伝来とする書が多い。これには、一個作りの金属キセルが出回るに要する時間の考慮が欠落している。

(29) オランダへ移ったあとも、パイプに王冠付きテューダー・ローズのマークを用いた例がみられる。テューダー・ローズのマークを使用する例は初期クレイ・パイプの他にもみられる。

(30) Duco, Don H., Ph D. (Pijpenkabinet = 現 Amsterdam Pipe Museum 館長) の筆者宛書簡（一九九九年一月六日付け）による。

Stam, Ruud：オランダ Night の称号を持つ。二〇一三年一〇月より国際パイプ・アカデミー会長。同アカデミー年次総会（二〇〇二年九月）での講演「ベルギーのクレイ・パイプ輸出」による。

(31) 上級船員には一〇〇本程度あるいはそれ以上の持ち込みが認められていたと考えられている（Blussé, Leonard, Leiden 大学教授談、二〇〇一年 Leiden 大学で）。

(32) 二〇一〇年までの出土総数は、複数点に折れたステム部をカウントしないで、六〇〇〇点は越えると思われる。

(33) 「ラオギセル」とは金属製の火皿と吸い口を竹のラオで継いだもの。「延《の》べギセル」はすべて金属製のキセル。

(34) オランダ語の「喫煙パイプ」の表記には通常 pijp を用いるが buijs（buis）を使うのは稀。

(35) 関根達人「遠野南部家墓所出土のオランダ産クレイパイプとその意義――国内出土のクレイパイプからみた紅毛文化の受容のあり方――」（『岩手考古学』一二号、二〇〇〇年）。

(36) 一七四八年の〝アーヘンの和約〟を記念したパイプであるが、ボウル正面のマリア／テレジアと夫君フランツ一世の像に KEYSERI（女帝）と KYSER（皇帝）の銘が入っている。裏面にはハプスブルグ家とハンガリーの紋章が刻印されている。ヒール／マークの〝王冠付きコンロ〟はハウダのパイプ職人ピーター・レンズ（Lens, Pieter）が一七四六年以前から一七七〇年頃まで使用していた。コンロはパイプ用タバコを乾燥する目的と点火用とされる。

(37) 日蘭学会編『長崎オランダ商館日記』一～一〇巻、雄松堂、一九八九～九九年。

(38) 土製キセルのボウル（火皿）の出土は青森県および長崎市（二例）でみられるが、いずれも一七世紀初頭のものと考えられる。しかし、その作りは極めて粗製であり、単なる試作品とみる（Suzuki 2009, 82-85, Fig. 4, 6-10）。

長崎市教育委員会『築町遺跡――築町別館跡地開発に伴う埋蔵文化財発掘調査報告書――』（一九九七年）五二・一〇九頁、カラー図版二頁。

この他に、長崎市教育委員会所蔵の一七世紀初頭のものとされる唐津焼とおもわれる土製キセルの雁首がある。

（39）表12-1。
（40）Van der Lingen, Bert: *Clay tobacco pipes from the 1998-1999 Dejima Excavation. A preliminary report*. 2001.
（41）『オランダ商館長日記』訳文編之一下、二二九〜二三〇頁の「度量衡竝びに價格の表記」。
ただし、一七三六年のわが国の銀価は一六二四年に比べて約一五％上昇している。
小野武雄『江戸物価事典』（展望社）二二九〜二三〇頁。
（42）1 tael = 1000 penning の一六三六年以前のレートで換算すると1 mas 2 condrin = 120 penning になる。
ただし、アダムズが購入したキセルが延べギセルかラオギセルか、あるいはその両方かはわからないので単純に四等分すると、単価は30 penning になる（1 tael = 10 mas = 100 condrin = 1000 penning）。
（43）二〇一〇年までの総出土数を六〇〇〇点とした場合。

第13章　アジアの近隣諸国へ

1　フィリピン

第10章では、中国のタバコ喫煙伝来「呂宋(ルソン＝フィリピン)説」およびわが国への伝来「マニラ(スペイン)説」に関連してフィリピンの喫煙形態について触れたが（三一五頁以下）、本章ではマニラの葉巻製造会社によるインターネット上の記述もふくめて整理することにする。

マニラの葉巻製造会社であるスペイン系のタバカレラによるウェブ上の記述は、フィリピンへ喫煙用タバコの種子がもたらされたのは、一七世紀末になってからガレオン船「サン・クレメンテ」がキューバの葉巻用タバコの種子二〇〇オンス（約五・七キログラム）を運んだのが最初であるとする。(1) 別のウェブ・サイトが示す説では、一五九二年頃に同じく「サン・クレメンテ」がキューバのタバコ種子五〇キログラム（約一一〇ポンド）をアカプルコ経由でフィリピンへもたらしたとする。(2)

両説とも出典を示していないが、カトリックの托鉢修道会がこれにかかわったとし、「一五九二年説」では最初は教会周辺に植えられたとする。一方、「一七世紀末説」では最初はカガヤン（Cagayan Valley）に植えられ、その後フィリピン各諸島へ広まったとする。

第10章でも述べたが、マニラの托鉢修道会の一つであるフランシスコ会は、一五八〇年代にタバコを薬として用いて大きな成功を得たと報告している。[3] 一五八〇年代あるいは一五九二年の時代には、中南米の植民および新大陸航路の船員・商人以外のスペイン人の間では喫煙はまだ極めて限定的にしか行われていなく、本国では一七世紀に入る頃になって、薬用としての嗅ぎタバコ（polvo）が使われ始めたのである。すなわち、一五七一年のモナルデスの『第二巻』（第2章三六・四三頁）によって、薬用としてのタバコがヨーロッパで広く試みられるようになった時代である。

興味深いことに、ガレオン船「サン・クレメンテ」が一五九二年説にも一七世紀末説にも出てくる。偶然の符合かも知れないが、マニラで一五八〇年代に薬用タバコで成功を収めていたのはフランシスコ会のB・J・クレメンテ（Clemente, Bruder Juan, O. F. M.）である。フィリピンの葉巻製造会社は、フィリピンにはタバコの伝来・初期葉巻製造の史料は残っていないとし、多くの古文書はスペイン本国にしかないとする。しかし、セビーリャ大学でスペイン史（タバコ史専攻）を講じるJ・M・R・ゴルディジョ（Gordillo, José Manuel R.）は、スペインにもフィリピンのタバコ史にかかわる史料はほとんどないとする。[4] このフランシスコ会文書のタバコ記述は極めて貴重な記録ということになろう。

一五九二年説は、前掲のフランシスコ会報告にみられるように、薬用としてのタバコを教会の周辺で栽培したことを示すもので、これをヘロニモ・デ・ヘススが徳川家康に献上した薬用タバコの種子同様に、喫煙用タバコの種子の伝来と解釈したのであろう。[5]

A・リード（Reid, Anthony）は、タバコがスペイン人によってルソン島へもたらされたのは一五七五年になってからとするが、その記述は植物としてのタバコとタバコ喫煙の区別がなされていない（リード 2002, II 44）。タバコ栽培に関しては、一五七〇年代にメキシコからフィリピンへもたらされたとするが、典拠を示していない（リード 2002, I 63）。これは一五七一年、マニラにスペイン総督府が置かれた頃にタバコがもたらされたとする単純な推測記述であろう。フランシスコ会に残る文書に、一五八〇年代にマニラで薬としてのタバコで成功を収めたとする報告が残っていることは前述したが、フランシスコ会がメキシコからマニラに到着したのは、一五七七年か翌七八年が最初と思われる（鈴木 1999, 160・193 註12）[6]。一五七五年にタバコが伝来したとするリードの説は論拠に欠ける。

一七世紀初頭のスペイン本国での葉巻喫煙は、新大陸航路の船員・商人あるいは港湾労働者など一部の階層の間で極めて限定的に行われていた。しかし、聖職・貴族などの上層階級は悪臭を嫌い忌避していたことから一般市民にまで広がることはなかった。喫煙の広まりが兆《きざ》しをみせ始めるのは一八世紀に入る頃まで待つことになる。

一六七六年頃にセビーリャの王立工場で、手巻きによる葉巻の極めて小規模な生産が始まるまでは、少人数の喫煙者はタバコの葉一枚をみずから手で巻いて喫っていたとされる[7]。工場生産が始まると、巻いたタバコの乾燥を防ぐ意味もあって、両端の片方を白い糸で、もう一方を赤い糸で綴じて売るようになった[8]。一六二〇年にセビーリャで嗅ぎタバコ（ポルボ、第7章二〇五頁の註11）の工場生産が私企業によって始まり、一六三六年にはこれが王立工場になって、不完全なかたちで専売制が施行される。前述したように、スペインで極めて小規模な葉巻生産が始まったのは一六七六年頃のセビーリャのサン・ペドロ工場である。しかし、スペインの葉巻の消費量がスナッフを越えるのは約一〇〇年後の一七七八年頃になってからである（一九七頁の表7-2・図7-11）。

一七八二年にフィリピンにも専売制がスタートしたが、一八八一年にはマニラの葉巻会社数社が統合し、一八八四年にバルセローナ資本のタバコ会社が新しく参入した[9]。フィリピンでの専売制スタートは、本国スペインで葉巻タバコの消費量がスナッフの消費量を越えた頃になる。

一八九八年の米西戦争の終了でキューバが米国の軍政下で独立し、一九一四年にパナマ運河が開通することで、マニラはスペイン本国へのもう一つの重要な葉巻供給基地になったのである。

「一七世紀末説」は、最初はポルボ用のタバコ葉を得るための栽培開始とみるが、この頃のスペイン本国では葉巻喫煙が広まる兆しはまだ微々たるもので、この頃に葉巻用タバコの栽培が始まったとするのは無理であろう。むしろ、一七世紀末にポルボ用のタバコ栽培が始まり、一八世紀に入ってから葉巻用タバコの栽培が開始したと考えると時間軸上の矛盾はなくなる。

一七世紀末に持ち込まれたとされるキューバ葉の種子は、最初はキューバの気候に近いということでルソン島北部のカガヤンで栽培が行われるようになり、これがフィリピン各諸島へ広まったとされる。

一五七二年(元亀三)以前から、このルソン島北部のカガヤン地方へ日本の交易船がすでに訪れていて、大量の銀を持ち込み、金や鹿皮などとの交易を行っていたとされる[10](岡本 1987, 550–556/鈴木 1999, 159)。この時代に日本の交易船が毎年数隻は訪れていたことがスペイン側の記録に残っている(岩生 1966, 214–215・217)[11]。カガヤン河の河口港には一時、日本人の居住地もあったが、マニラが発展するにしたがい日本船の寄航地は次第にマニラへ移行した。以下に述べるように、カガヤンをふくむルソン島北部では葉巻以前にパイプによる喫煙が刻んだタバコですでに始まっていたであろうと考えられる。

しかし、マニラのラサール大学(De La Salle University)のJ・マルバローサ(Malbarosa, José)は、マニラおよびその周辺では一七世紀前半には巻いたタバコによる喫煙が始まっていたとする考え方を二〇一三年の学会で発表した(Malbarosa 2013, 3/2015年1月6日付け筆者宛 e-mail/本章註9)。これは、一七八二年にフィリピンで施行された専売制に実効が望めるのは喫煙が一七世紀前半くらいには始まっていなければならないとする考え方である。定期的に来航するメキシコからのスペイン船の乗員が喫う巻いたタバコがマニラ在住の植民たちを魅了して、一七世紀前半に喫煙が始まっても不思議はない。しかも、中南米のスペインの植民の間では一六世紀にはすでに広まっていたことである。

実際には、各地へ伝えられたタバコ喫煙の普及は、スペイン・ポルトガルを例外として、「草原に放たれた火の如く」の表現がしばしば用いられるほどに急速な広まりをみせた。スペインでの巻いたタバコによる喫煙の普及には確かに一世紀ほどかかっているが（一九七頁の図7-11）、これはすでにポルボ（嗅ぎタバコ）が広く行われていたことと、貴族階級・聖職者によるタバコ喫煙に対する強い忌避があったからである。マニラ周辺での薬用目的以外のタバコ使用は本国でのポルボ流行を無視することができない。一六世紀前半に植民たちの間で始まった中南米でのタバコ喫煙の流行は、本国でポルボはおろか、薬用としてのタバコ使用もまだ始まっていなかった時代である。中国への嗅ぎ煙草伝来の年代（Cornforth & Cheung 2002, 14／本章註22）を考えると、マニラ周辺でのタバコの流行はポルボから始まったとするべきであろう。

ルソン島北部へのパイプ喫煙の伝播は、台湾を無視することはできない。しかし、台湾南部にオランダの東インド会社がゼーランディア城を築き拠点としていたのは、一六二四年から六二年までのわずか三八年間である。本国からのクレイ・パイプ供給が十分でない時代のオランダ商館へは、筆者が調査した一六三四年から五六年までの記録では、一六四一年までは毎年のようにオランダ船が平戸から、以後は長崎からキセルとタバコを運んでいることがわかる（三七八頁以下の表12-1）（鈴木 2001, 108-112）。オランダ船の台湾向け出航がなくなると、日本のキセル・タバコを積載する台湾船が記録にあらわれるようになる。台湾の原住民が使用していたパイプは実に多様であるが、オランダのクレイ・パイプを模したものとされがちである。しかし、台湾のオランダ商館への本国からのクレイ・パイプの不十分な供給、さらに、日本から台湾のオランダ商館向けに継続的にキセルと刻みタバコが積み出されていたことを考えると[12]、日本のキセルが主たる原型であったとみるべきであろう。

二〇〇三年と二〇〇五年に実施された台湾のゼーランディア城趾の発掘調査は部分的発掘ではあるが、出土したクレイ・パイプはわずか数点である（劉 & 王 2010, 50 & 2012, 101-129）。台湾南部に設けられたオランダ商館

（ゼーランディア城）時代の前半は、本国でのクレイ・パイプ生産が海外拠点での需要を十分に満たせなかった年代と重なる時期であり、初期長崎出島への供給も同様に少なかった。筆者が参加している出島遺跡でのこれまでの調査結果では、一六四〇〜七〇年製のクレイ・パイプは出土総数のわずかに一・七％の出土しかみられない（三九三頁の表12-3）（鈴木 2001, 114 & 2003, 64）。これ以前のオランダ商館所在地の平戸（一六〇九〜四一年）では部分的な発掘しか行われていないものの、クレイ・パイプの出土はみない。

第10章でとりあげたシカゴのフィールド自然史博物館のブロンソンにしたがえば、フィリピンでのパイプ使用はルソン島北部のみで、マニラ周辺および他のフィリピンの島嶼ではみられない。パイプによる喫煙は葉を刻むか乾燥した葉を揉《も》んで粉状にしたタバコ(13)による喫煙であるが、ルソン島北部へのパイプの伝来は葉巻用タバコの栽培が始まる以前であると考えるべきである。遅くとも、一七世紀前半とみる。とするなら、一七世紀末のタバコ栽培開始以前に、タバコの私的栽培がルソン島北部では始まっていた可能性がある。ルソン島北部への喫煙伝来は、次に示すいずれのケースでも、フィリピンでタバコの栽培がカガヤン地方で開始される以前であると考えることができる。

すなわち、早くからカガヤン地方を訪れていた日本船によるわが国のキセル、あるいは台湾経由のわが国のキセルまたはキセルを模した台湾原住民のパイプが原形になったとみる。しかし、オランダ製クレイ・パイプを模した台湾原住民のパイプの影響の可能性も無視はできない。

タバコ葉の栽培が一七世紀末にカガヤンで始められたのは、単にこの地方の気候がハバナに近いという理由ばかりでなく、すでにパイプ（キセル）による喫煙がある程度広まっていて、タバコの私的栽培が行われていた可能性を考慮する必要がある。

一九世紀末から二〇世紀初頭にかけて、カガヤンをふくむルソン島北部ではパイプに葉巻を詰めて喫っていたことは第10章で述べたが（三一八頁）、パイプ（キセル）による喫煙が伝わった後、刻んで用いていたタバコが現地生産の葉巻に置き換えられたのであろうか。喫煙形態が異なるパイプと葉巻が同時に伝わることは、本書でとりあげた各国への喫煙伝来のパターンにはみないケースである。すなわち、異なる喫煙形態が、異なる伝来ソースから同時代にもたらされることがなかったからである。第10章で述べたように、この時代のメキシコで用いられたテューブラー・パイプ（一七頁の図1-11）のマニラでの出土は報告されていない。ルソン島北部で用いられていたパイプは、基本的にはL形パイプである。スペインの侵攻以前のトルテカ時代に使用されていたL形パイプまたはその類似品も、北部ルソン島はおろか、マニラ周辺には出土がないとされる（マニラ・アテネオ大学 Malbarosa, José 談, March 16, 2014)。

わが国の初期キセル喫煙は、喫煙者がみずからタバコの葉を刻んで使用していたことが知られている。葉巻生産が始まる以前のカガヤン地方の初期喫煙も同様であったと考える。巻かれたタバコの入手が可能になると、これを短く切ってパイプのボウルに差し込んで喫う簡便さから使用タバコの転換が起こったとみる。一九世紀頃のフィリピン北部のパイプには、ボウルの径が日本の一七世紀後半以降のキセルより大きく、短く切った葉巻を差し込むサイズになっているものもみられる。しかし、刻みタバコでの喫煙も続いていたようで、キセル同様の小さなボウルを備えた、明らかに刻んだタバコを詰めたであろうパイプも残っている（図13-1)。

繰り返しになるが、一五九二年にマニラへもたらされたとする種子および一六〇一年に家康に献上されたタバコの種子は純粋に薬用植物としてのタバコの種子であり、これを喫煙と結びつけることはできない。本国のスペインで喫煙が広まっていない時代のフランシスコ会士が、喫煙を目的としたタバコの栽培、あるいは喫煙を広めることはあり得ないからである。したがって、フランシスコ会士のヘロニモ・デ・ヘススが家康に献上した種子によって喫煙用タバコの栽培がわが国で始まったとする説は成立しない。仮に、献上された種子が喫煙用タバコ

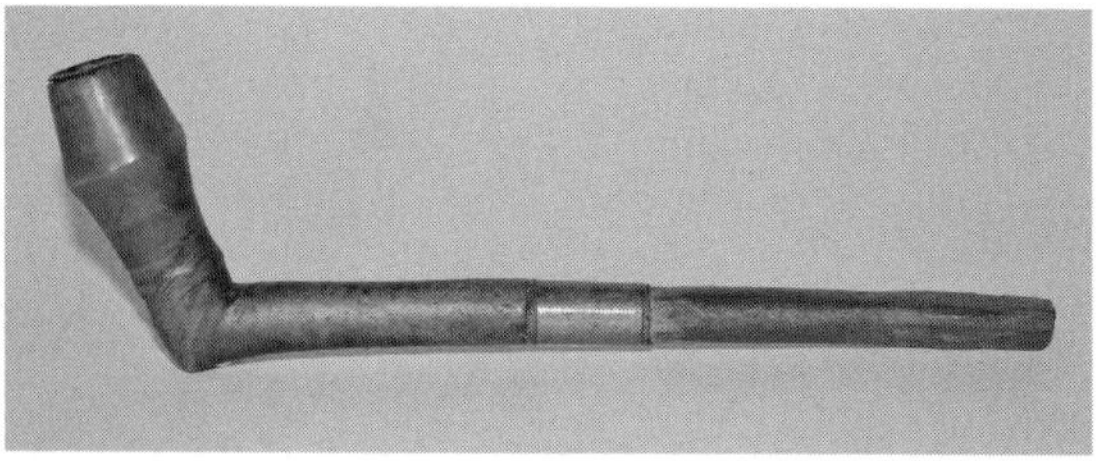

図13-1　ルソン島北部イフガオ族（Ifugaos）の木製パイプ。刻んだタバコを詰めるので、キセル同様に小さなボウルを持つ（1850–1910年）［パイプ全長：150mm／ボウル（真鍮内張）：全長46mm／内径9.5mm φ］

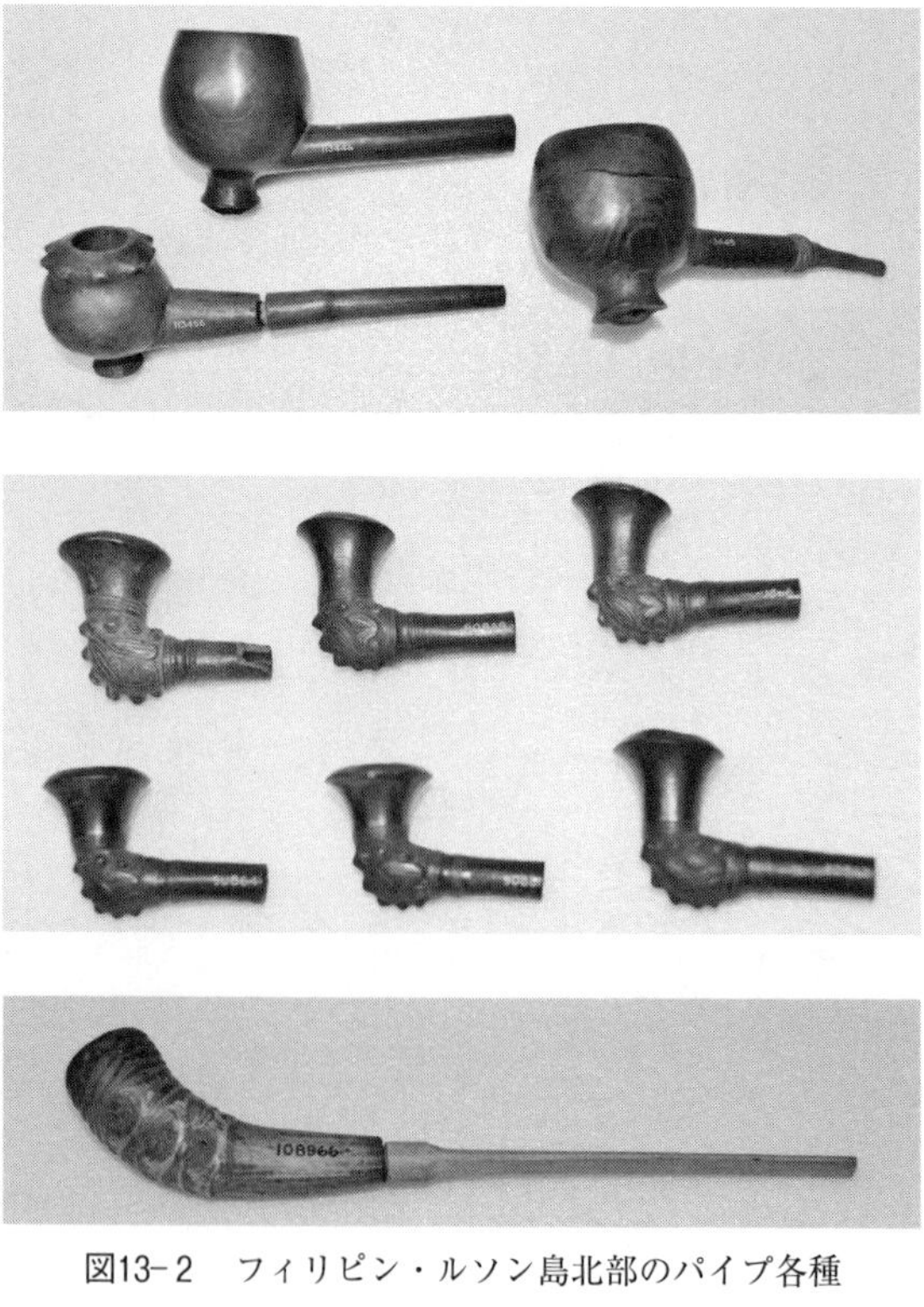

図13-2　フィリピン・ルソン島北部のパイプ各種

の栽培に転用されたとするなら、一六〇一年当時、すでに喫煙が広まっていたことを意味する。

一七世紀末にフィリピンへもたらされたとする種子は、スペイン本国で葉巻喫煙が広まる兆しをみせ始めた時期にあたることから喫煙を対象にしたものとされがちである。しかし、仮に一七世紀末説にしたがうなら、本国では依然として嗅ぎタバコ（ポルボ）が主流であったことから、最初は嗅ぎタバコが対象であった可能性もある。

一七世紀末説を唱えるマニラの葉巻会社の記述も托鉢修道会とのかかわりを述べているが、これは単なる一五八〇年代あるいは一五九二年説の誤引用ではなかろうか。一七世紀末説にしたがうなら、フィリピンで喫煙用

（葉巻用）タバコの商業的栽培が始まったのは、わが国で喫煙が広まってから一〇〇年近くを経た後ということになり、日本へのタバコ喫煙伝来のマニラ経由説には論拠がないことになる。

図13-2に示すルソン島北部のパイプ（キセル）は、台湾の原住民が使用したパイプ同様にその材料および形状は極めて多様で、台湾原住民の影響を示唆するとみることができる。しかし、伝来チャネルが日本および台湾の複数あることによる多様性とみることもできる。

ラサール大学（マニラ）のJ・マルバローサ（Malbarosa, José）によれば、マニラで製造され始めた葉巻には、フィリピンの変種である黒色タバコ（dark tobacco）も使用されて、フィリピン・タバコは高い評価を得た（Malbarosa 2013, 8）。この黒色タバコは、ルソン島北部のカガヤン渓谷およびイゴロト（Igorot）山岳地帯などで産出するタバコであるが、イゴロトの黒色タバコはスペイン本国へ輸出されてセビーリャの王立工場で葉巻や紙巻きタバコの高級品に使用されていた（Malbarosa 2013, 8 註26）。

タバコは栽培地の土壌・気候などに極めて敏感に影響されて、異なる特質をもつ品種が生まれることが多く、トルコやシリアなどのオリエント・タバコのほかアフリカで産出するタバコにもその好例をみる。なかには、固有種として誤認されるものもあった。わが国でも、固有種タバコの存在が信じられていた時代があった。これまでに知られているタバコ属は鑑賞用をふくめて南北アメリカとオーストラリアのほかに、ナミビア（アフリカ）と南太平洋諸島の一種を合わせて六七種に達する。しかし、フィリピンをふくむアジアではタバコ属の固有種はみつかっていない（日本たばこ産業 1994）。前述のカガヤンやイゴロトの黒色種は、フランシスコ会の修道士が、アジアでの宣教にともなって力を入れていた施療活動のために、教会・修道院の周囲に植えたタバコの種子が、母国での流行に影響されて、一七世紀半ばになって嗅ぎタバコ（ポルボ）用に転用されたとも考えられる。しかし、ルソン島北端のカガヤンを訪れていたわが国の交易船が、キセル（パイプ）による喫煙とともに持ち込んだ

表13-1　中国初期タバコ記述代表的文献一覧

書　名	編・著者	刊行年	タバコ記述	烟筒記述	伝来経路
露　書(14)	姚旅	1611(万暦39)	淡巴菰 醺・金絲醺	管	呂宋国出一草、有人携漳州
漳州府志(15)		1613(万暦41)序(16) 1628(崇禎元)	淡芭菰	管	淡芭菰種出東洋
景岳全書(17)	張介賓	1624(天啓4)	煙草・金絲煙		
物理小識(18)	方以智 (1611-1671)	1664(康熙3)序	淡巴姑・淡肉果 金絲烟・淡把姑 担不帰	長管	漳州・泉州
仁恕堂筆記(19)	黎士宏	1681(康熙20)	煙・金絲・蓋露		煙之名始於日本、傳於漳州之石馬

種の変種である可能性も無視できない。

2　中国へのタバコ・喫煙伝播

中国へのタバコおよび喫煙の伝来については、第10章(三一九頁)および第12章(三六六頁)に関連する記述を掲げたが、本節ではこれらをまとめながら、多少の重複はあるがその問題点を明らかにしたい。

(1)タバコ・喫煙伝来にかかわる諸文献

中国でのタバコ初出は一六一一年(万暦三九)の『露書』であるとされるが、初期のタバコ・喫煙を記した明・清代の代表的文献を表13-1に掲げる。

『露書』の刊行年には異説が多く、宇賀田為吉は一六一三年(万暦四一)または一六二二年(天啓二)とする(宇賀田 1981, 2)[20]。田尻利は『漳州府志』を中国におけるタバコに関する最古の文献とするが(田尻 2006, 154 注80)、本稿では楊国安の『中国烟業史汇典』(二〇〇二年刊)および上海の中国煙草博物館(二〇一一年一一月時点)の説にしたがい一六一一年説をあげることにする。『中国烟業

図13-3　『景岳全書』（康熙庚寅1710年版）

史氾典』には、『露書』以前の古文献は出ていない。袁庭棟による『中国吸烟史話』は、文献史料中で烟草記載が最も早いのは『露書』であるとする（袁 2007, 33）。『景岳全書』（図13-3）の刊行年についても中国煙草博物館にしたがう。明代刊行の『漳州府志』には、清代に入ってからも一六六二年〜（康熙年間）・一七九六年（嘉慶元）・一八七八年（光緒四）の版がある（宇賀田 1981, 66–67）。

中国の喫煙伝来史で多く引用される明・清代の文献は、表13-1にあげた『露書』『景岳全書』『物理小識』であるが、その記述を次に示す。

◎『露書』（姚旅／一六一一＝万暦三九年）

呂宋國出一草曰淡巴菰一名曰醺以火焼一頭以一頭向口烟気従管中入喉能令人酔且可闢瘴気。有人携漳州種之。今反多於呂宋。載入其國售之。淡巴菰今莆中亦有之俗曰金絲醺葉如荔枝搗汁可毒頭蝨根作醺

（宇賀田 1981, 2）

〔抄訳〕

呂宋国に淡巴菰という一草有り一名を醺とする。（中略）烟気は管中を通り喉に入りよく人を酔わす。（中略）ある人、漳州へこの種を携えた。（中略）俗に金絲醺と呼ぶ。

◎『景岳全書』（張介賓／一六二四＝天啓四年）

煙草は古より未だ聞かず。近ごろ我が明の万暦の時より、閩・広（福建と広東・広西）の間より出で、自ず

から後に呉・楚の地土皆之を種植するも、総て閩中の者の色微黄にして質細き若かず。名づけて金絲煙と為すは、力強く気勝れたるを優と為す。

（鈴木博 1986, 27／楊 2002, 164–165）

◎『物理小識』（方以智／一六六四＝康熙三年）

坦巴姑烟草、万暦未有携至漳泉者、馬氏造之、曰淡肉果。漸傳至九邊、皆銜長管而點火呑吐之。有酔仆者。崇禎之末嚴禁之、不止。其葉似春不老。葉大於菜、曝乾之後、以火酒炒之、曰金絲烟、北人呼爲淡把姑、或呼担不帰。（後略）

（宇賀田 1981, 13／夏 1991, 11）

〔抄訳〕

万暦の末、淡把姑を携えて漳州・泉州に至る者あり。馬氏之を造りて淡肉果と曰い、漸く伝わりて九辺（遼東・蘇州・宣府・大同・山西・楡林・寧夏・甘粛・固原）に至る。皆長き管を銜え、而して火点じて之を呑吐し、酔い仆るる者有り。（中略）曝して乾かし火酒を以て炒るを「金絲煙」と曰う。北人呼びて淡把姑と為し、或いは担不帰と呼ぶ。

〔訳文のママ〕（呉 1986, 17–18, 鈴木博訳）

これら三点の文献の記述に共通するのは、先行文献の引用があるものの、漳州または泉州など福建省へのタバコ喫煙伝来、タバコの呼称に「金絲醺」あるいは「金絲烟」の使用、そして『景岳全書』には記されていないが、他の二書には「管」または「長管」の使用が示されている点である。

伝来元として呂宋（ルソン＝フィリピン）を記すのは『露書』のみだが、伝来地としてはいずれも福建の漳州・泉州など台湾海峡に面した東岸をあげる。日本から朝鮮半島を経由した中国東北地方への伝来記述は明代の中国の古文献にはまだあらわれていないが、「呂宋（ルソン＝フィリピン）説」は、その後の文献に多くみるようになる。

一九二四年にシカゴのフィールド自然史博物館のB・ラウファーは、同博物館の文化人類学小冊子（*Anthropology Leaflet* 18）に発表した"Tobacco and Its Use in Asia"（「アジアにおけるタバコとその利用」）と題する論考に、中国へのタバコ伝来チャネルとして「ルソン→福建省」をあげている。その理由として、福建省からはスペインのマニラ侵攻はるか以前よりフィリピンへ出かけ交易を始めていたこと、中国にみられるタバコがN・ルスティカではなくメキシコにみられるN・タバクムであることをあげている（Laufer 1924, Leaflet 18, 2-5）。スペイン人が中国へ持ち込んだのではなく、中国人がフィリピンから持ち帰ったとする。ラウファーはまた、中国へのタバコ伝来の最初は喫煙用としてではなく薬用としての伝来であり、喫煙はその後に伝えられたとする立場をとる。

宇賀田為吉は、その著『世界喫煙史』で、ラウファーに従い中国へのタバコ伝来にかかわった国としてはポルトガルの可能性を否定する（宇賀田 1984, 169–170）。

ポルトガルは、一五四三年にわが国に達し、四九年にはポルトガル王の庇護下にあったイエズス会のフランシスコ・ザビエルが中国船でわが国に到着し、翌五〇年からはポルトガル商船（ポルトガル人船長による中国船をふくむ）が毎年のようにわが国へ来航したのに対して、ポルトガルと中国間の交渉は、確かに限定的でありタバコ喫煙の中国伝来にかかわった可能性は少ない。

宇賀田は、スペインに関してはスペイン人がタバコを中国へ持ち込んだとするより、交易目的にフィリピンを訪れていた中国人が持ち帰ったとするラウファー説を引く。このように、ラウファー説にしたがう宇賀田は、中国のたばこ伝来に関する「呂宋（ルソン＝フィリピン）説」を支持する。

一九八六年に『たばこ史研究』一七号に掲載された中国および日本の研究家の投稿あるいは翻訳記事も、基本的には呂宋説を支持する（田尻 1986, 2–14／呉 1986, 17／鈴木博 1986, 27）。その個々をとりあげる必要はない

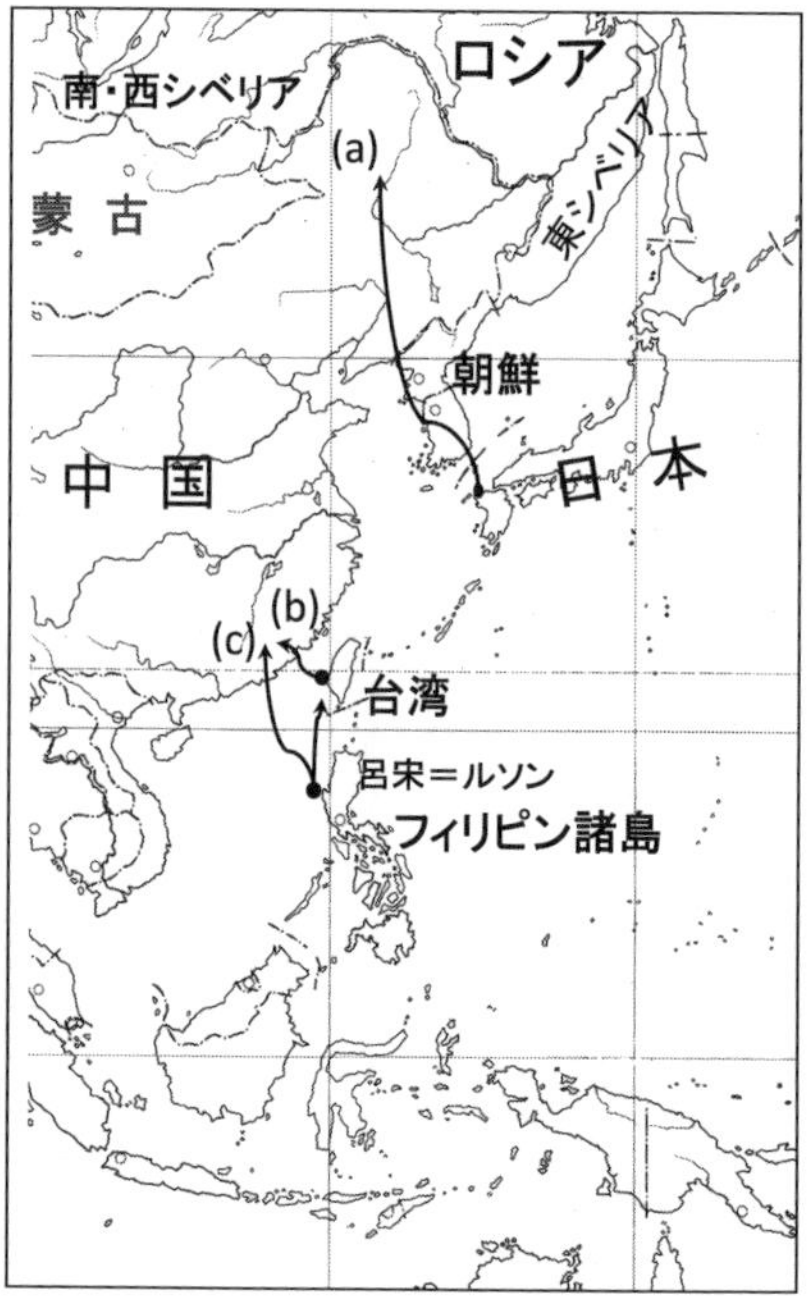

図13-4　中国喫煙伝播経路のこれまでの説

が、清代から近年にいたる中国のタバコ喫煙伝来にかかわる論考では、日本から朝鮮半島経由の中国東北地方への伝播以外は、次に示すように「呂宋（ルソン＝フィリピン）説」が主流になる。

①呂宋（ルソン＝フィリピン）→漳州・泉州（図13-4の(c)）
②呂宋→台湾→漳州・泉州（同右(b)）
③日本→朝鮮半島→中国東北地方（同右(a)）

呂宋説の多くは、明代の『露書』を踏襲するものと思われる。第10章2節「伝播された喫煙形態の矛盾」（三一五頁）および3節「中国の初期喫煙形態とスペインの影響」（三一九頁）ですでにこの問題をとりあげているが、中国へ伝来した喫煙形態をスペインのタバコ摂取形態と照査することなく、大前提の大きな違いを無視したまま今日にいたっているのが、中国の喫煙伝来史研究の現状である（図13-4）。第10章2・3節と第12章1節「（1）中国へのキセル伝播」（三六六頁）および本章の前節と重複する部分もあるが、以下にこれらを整理するかたちでまとめることにする。

（2）中国の初期喫煙形態

明代の文献にあらわれる中国のタバコの喫煙形態は、「管」と記されているように、主として金属の小さなボウル（火皿）に竹または木製などの長いステムを継いだパイプであり、わが国のキセル（煙管）に酷似する構造と形態を備えている。中国へ遅れて伝来した鼻烟壺を用いる嗅ぎタバコ、そしてトルキスタン経由で蘭州へ伝わった金属製の水パイプ（二三五頁の図8-14・15）、あるいは南のヴェトナム経由で伝来した竹製の水パイプ（二三五頁の図8-16）などとは異なる摂取形態である。

水パイプ以外の中国の喫煙具は、その材料と形状に大きな多様性をみるが、基本的には共通する構造を持っている。このことによって、スペイン船・ポルトガル船の乗員の間に行われていた巻いた葉による喫煙とは異なる喫煙形態であることが明確に示される。

わが国の初期喫煙形態は、伝聞記述ではあるが、『羅山文集』（一六六一）および『本朝食鑑』（一六九二）に記されるように、タバコの葉を巻くか紙に貼り付けて巻き、その一端に火を付けて喫っていたとされる。これは、まぎれもなく一五五〇年以降わが国へほぼ定期的に来航したポルトガル船の乗員の間で行われていた喫煙形態である。しかし、彼らの本国では、まだ喫煙が普及していなかった時代である。これは、スペイン王がポルトガル王をかねる同君時代（一五八〇～一六六八）を通して両国とも同じであった。

第7章で述べたように、スペイン本国で葉巻喫煙が広く普及するのは（タバコ消費総量に占める葉巻の消費量が五〇％を越えて嗅ぎタバコを凌駕するのは）統計上は一七七八年になってからであり（一九七頁の表7-2・図7-11）、パイプ喫煙が広まるのは、さらに遅れて一九世紀末になってからである。したがって、明代の中国人が「管」による喫煙に接したのは、スペイン人やポルトガル人を通してでないことは明らかである。前掲の中国への伝来チャネルの①は該当しないことになる。

この頃のパイプ喫煙国はイングランドとオランダが主であり、これらの国とくにイングランドの中国との交渉は、一六九九年までは厦門や台湾での単発的接触しかなかった（松浦 2010, 308）。オランダの台湾での拠点は、一六二二年に澎湖島を占領した後、中国との攻防戦に敗退して台湾南部へ逃れ、一六二四から六二年にかけて東インド会社が築いたゼーランディア城（オランダ商館＝一六三〇年竣工）である。この時には、「管」による喫煙はすでに中国側に伝わっていたばかりでなく、東インド会社が台湾に拠点を持っていた時代は、本国からのクレイ・パイプの供給がまだ不十分な時代で、筆者がアクセスし得た史料・文献からは一六五六年までは平戸・長崎でキセルと刻みタバコを調達していたことがわかる（三七八頁の表12-1）。オランダ東インド会社が台湾から撤退した後は、帰還台湾船がわが国の刻みタバコを積載する記録が残っている。

スペインも、一六二六年に台湾北部に入植したが、四二年にはオランダに敗れマニラへ撤退した。これまた、喫煙形態というよりはタバコの摂取方の違いから、中国のタバコ喫煙に寄与することはあり得なかった。この時代のスペイン本国は、まだ嗅ぎタバコの全盛時代であった。

台湾の原住民たちの間で行われたパイプによる喫煙は、わが国のキセルを模したもの、あるいは供給不足ではあったが限定的に使用されていたオランダのクレイ・パイプの影響を受けたと思われるが、その多様性はアフリカのパイプと一脈通じるものがある（三六二頁の図11-12）。このように、前掲の喫煙伝来チャネルの②も成立しないことになる。

フィリピンでの喫煙用パイプの使用についても、スペインが支配していたマニラ周辺および以南にはみられず、その影響力があまりおよんでいないルソン島北部に限定されていたことはすでに述べた（三一七・三一八・四二〇頁）。フィリピンを訪れた中国船は、マニラにスペインの総督府が置かれた後は、メキシコ銀を得るためにスペイン人が居留するマニラが目的地であった。ところが、巻いたタバコによる喫煙者をふくむスペイン船の乗員と接触する機会は、わが国の商人が平戸・長崎でポルトガル人に接触するよりはるかに少なかった。

すなわち、わが国では、ポルトガル船来航の初期には来航時に集まるわが国の商人たちとポルトガル商人との間で行われた相対《あいたい》の取引きであったのに対して、中国船は総督府が置かれたマニラに常駐するスペイン商人との取引きであったことから、マニラを訪れる中国船がメキシコからのスペイン船の来航時に行う相対取引きではなく、巻いたタバコの葉で喫煙をするスペイン人船員と接する機会は限られていたとみる。このことからも、「管」による喫煙の伝来が呂宋（ルソン＝フィリピン）からとするチャネル①の説は成立しない。

明代の中国文献には、わが国の『羅山文集』あるいは『本朝食鑑』にみる巻いたタバコの葉による喫煙はまったくみられない。もちろん、マニラを訪れた中国船の乗員が、スペイン船の船員による巻いた葉による喫煙習慣を持ち帰っていた可能性を全否定することはできない。仮にそのケースがあったとしても、明代の文献にあらわれることがなかったので極めて限定的であった。

（3）薬としてのタバコと嗅ぎタバコの伝来とスペイン

先にあげたB・ラウファーが唱える「薬」としてのタバコの伝来は、確かに『景岳全書』には前掲の条に続いて次の記述をみる。

〔抄訳〕　それを求めて服し始めたのは聞くところによると、征滇の役に旅団が空気が湿っぽく且つ暑い山林地帯に入ったとき、病気にかからない者がない中に、ただ一つの大隊だけ無事安泰である為、その理由を聞くと、皆煙草を吸っていたということであった。これから広範に伝わり、今でも南西の一帯では老幼を問わず朝夕かかさず煙草を吸っている。（鄭 1988, 5, 丸山智大訳）

これは、タバコ喫煙に薬用としての効果を認める記述であるが、筆者が一九九二年に『たばこ史研究』三九号に発表した一六一二年の「コウロス書翰」（鈴木 1992, 42–44 & 1996, 127–143 & 1999, 224）には、わが国のイエズス会の有馬セミナリオでも、日本人修道士たちが風邪の薬と称して「ある種の道具」で喫っていたことが記されている。しかし、この時代にスペイン人が使用していた薬としての「タバコ」には、喫煙によるタバコの摂取はふくまれていなかった。

一六〇一年（慶長六）にマニラから三度目の来日で徳川家康にタバコで作った膏薬とその種子を献上したフランシスコ会のヘロニモ・デ・ヘススについては第10章の冒頭で述べた（三一一頁）。わが国では、これをもって喫煙用タバコの種子と喫煙の伝来とする説を唱える向きもあった。当時のスペイン本国では、タバコは薬用として認知されていたにすぎず、嗅ぎタバコ（ポルボ＝polvo）はまだ薬局で調製されていた時代であった。マニラのフランシスコ会の記録にも、一五八〇年代にフィリピンで薬としてタバコを使用して大成功を収めた報告が残っていることはすでに述べた（Von Dorotheus 1942, 128・129／鈴木 1999, 190）[21]。この時代は、一五七一年のモナルデスの『第二巻』によって、薬用としてのタバコがヨーロッパで広く試みられるようになった時代である（第2章四三頁）。

フィリピンで喫煙用のタバコ栽培が始まったのは、1節で述べたように、現時点では一七世紀末とされることから、一七世紀の初め頃にはマニラ周辺ではタバコの喫煙が行われていなかったことになる。年に何度かメキシコのアカプルコから到着するスペイン船の乗員のなかに、巻いたタバコの葉で喫煙するものがいたものの、既述しているように本国では貴族・聖職者によって喫煙が忌避されていたことから、マニラ在住のスペイン人の間でも広まることはなかった。

このことは、中南米のスペイン人植民の間で喫煙が広まっていたのとは極めて対照的である。マニラへのタバコ伝来は「喫煙用」としてではなく、フランシスコ会による「薬用」としての導入が最初であり、中南米植民地での喫煙流行は本国での「薬用」の流行以前に植民の間で「喫煙」が流行《はや》り始めていたことによる。しかし、中南米のカトリック教会による喫煙禁令に対する反論は、タバコ喫煙の薬用効果を主張していた。

フィリピンでのタバコ使用開始についても1節で述べたが、一五八〇年代にはマニラのフランシスコ会が薬としてタバコを使用して成功を収めていて、栽培も教会または修道院周辺で行われていた。葉巻用のタバコの栽培が始まったのは一七世紀末とされていて、巻いた葉による喫煙がマニラ周辺で広がるのは、この前後か一八世紀に入る頃であろうと考えられがちである。しかし、マニラ周辺でタバコ使用が始まるのは本国での流行の影響を受けていたはずなので、葉巻喫煙の前には嗅ぎタバコが広まっていたとみる。これは、セビーリャで嗅ぎタバコの工場生産が始まった一六二〇年以後のことになる。既述したように、本国で葉巻喫煙が普及し始めるのは、一八世紀に入ってからであり、葉巻用タバコの消費量が嗅ぎタバコ用を越えるのは一七七八年になってからである（一九七頁の表7-2・図7-11）。

長崎出島のオランダ商館での喫煙が本国での流行に影響されていたことは第12章で述べたが（四〇三頁）、一八世紀に入ってからもマニラ在住の日本人が髷《まげ》・脇差しを守り、故国の風習にしたがっていたことは前著第四章にも述べてある（鈴木 1999, 88）。このように、マニラ在住のスペイン人も本国でのタバコ利用の流行に左右されていたと考えられる。

中国への嗅ぎタバコの伝来は、鼻烟壺の製造が始まったのが康熙年間（一六六二〜一七二二）とされることから（川床 1992, 7／Cornforth & Cheung 2002, 14）[22]、マニラでの流行はその前に始まっていたであろう。しかしその後、マニラ周辺で本国の影響を受けて葉巻が流行《はや》り始めても、すでにマニラより先にパイプ（煙管）による喫煙が広く行われていた中国で、これが広まることはなかった。マニラはその後、スペイン本国への葉巻の製造・供給基地の一つになる。

フィリピンへのタバコ伝来は、フランシスコ会による薬用から始まったことを述べたが、わが国のタバコ史研究家同様に、中国の研究者の間でも一六世紀末〜一七世紀初めのスペイン・ポルトガル本国ではすでに喫煙が広まっていたとする誤認があるようだ。実際には、ポルトガル船やスペイン船の乗員のなかにタバコの葉を巻いて喫う者がいた程度であった。この辺の事情は、第7章「スペインへの伝播」で詳述してある（一八一頁以下）。

マニラへ侵攻したさいに、スペイン人がメキシコからパイプによる喫煙を持ち込んだとする誤った仮説によって、パイプを使用しない呂宋（ルソン）のスペイン人によって、「管」による喫煙を漳州など福建省へ伝えたとする説がつくられたのであろう。中国での「管」による喫煙が、一六世紀末あるいは一七世紀前半には喫煙が広まっていなかったマニラから伝わることはない。仮に、マニラへの喫煙伝播がメキシコからであったとしても、アステカ時代のメキシコの喫煙にはL型パイプの使用はみられなくなり、巻いたタバコまたはメイズ（トウモロコシ）などの皮や葉で巻いて喫うか、テューブラー・パイプが使用されていたことはすでに述べた。

しかし、薬用としてのタバコおよび嗅ぎタバコは、呂宋から中国船によって伝えられたと考えることができる。「管」によるタバコ喫煙も、これと同じ経路で伝わったとする明代の文献に追従する記述が清代にも多くあらわれたことで、中国のタバコ喫煙伝来の誤った定説ができあがったのであろう。嗅ぎタバコがスペイン本国で急速な広まりをみせるのは、一六二〇年にセビーリャに旧世界最初のタバコ（嗅ぎタバコ）工場が創業した頃からであるから、フィリピンへ伝わるのはこの後になる。

先にあげたB・ラウファーによる中国へのタバコ伝来に関する記述は、論理的に無理がある。喫煙形態の違いと時間軸上の矛盾に考えがおよばなかったのは、シカゴのフィールド自然史博物館が所蔵する多くのフィリピン・パイプがルソン島北部に限られることを認識していなかったからではなかろうか。既述したように、同博物館のB・ブロンソンは、一九九九年に調査に訪れた筆者に、同館所蔵のフィリピン・パイプはルソン島北部にしかみられなかったとしている。

いずれにしろ、一八世紀に入って広まったスペイン本国での喫煙形態を中国へ伝えられた形態と比較することで、極めて簡単にその矛盾を認識することができたはずである。残念なことに、日・中両国の研究者の間で、このことが疎《おろそ》かにされていたのである。

（4）日本からの伝来を記す『漳州府志』『仁恕堂筆記』

中国へのタバコ喫煙伝来に関して、極めて注目すべき中国の文献には明代の『漳州府志』があり、清代には黎士宏による『仁恕堂筆記』がある。しかし、「呂宋（ルソン）説」が定説的に扱われることで、これに光を当てる研究書や論考の類はほとんど目にすることはない。

◎『漳州府志』（一六二八）

淡芭菰　種出東洋近多莳之者莖葉皆如牡菊而高大花如蒲公英有子如車前子取葉酒洒陰乾之細切如絲燃少許置管中吸其煙令人微醉云可辟瘴比外夷吐火之習閩左少年競效以豪擧然遂有眩仆者

（巻之二十七・風土志下・物産・草之属、全文）

〔抄訳〕　たばこ種は東洋から伝わった。（以下略）

◎『仁恕堂筆記』（一六八一）

煙之名始於日本、傳於漳州之石馬。天崇間禁之甚嚴、有犯者殺無赦、今則無地不種、無人不食。約之天下一歳所費、以千萬計。金絲蓋露之號、等於紫笋崎春、闤市什一之微、等於絲麻絹帛、朝夕日用之計、侔於菽粟酒漿。

（夏 1991, 14）

〔抄訳〕　たばこの名は日本に始まり、漳州の石馬へ伝わった。（以下略）

「呂宋説」が支配的な中国への喫煙伝来を記している文献のなかで、『仁恕堂筆記』のみが、「日本」からの伝来を明記している。『漳州府志』の「東洋」は中国では日本を指すが、万暦時代（一五七二〜一六二〇）には、福建南部より東側の、フィリピンやカリマンタン（ボルネオ）などの国々・地域を「東洋」としていた（松浦2010, 44・352）。しかし清代に入ると、東洋は明らかに日本を指すようになった。中国に残る史料によると、一六六〇年（順治一七）一一月九日に、同一船で密航して日本で密貿易を行った清国の商人三二人のうち、一四人が帰国後に斬罪になる前の供述記録には、到着地が長崎または東洋と記されている（石見銀山歴史文献調査団2002, 133-134）。次項（5）で触れるが、『漳州府志』に記されたこの「東洋」は間接的にも日本を指していたとみるべきである。[23]

この時代のパイプ喫煙国であるイングランドとオランダの船が難破船以外に東北アジアに到達する以前に、わが国の文書には「烟筒《キセル》」があらわれていた。喫煙形態からみると、中国へ「管」による喫煙を伝え得たのは、一七世紀初期のアジアでは日本以外にはなかった。

ところで、宇賀田為吉は、その著『世界喫煙史』の「煙草の日本伝来――アーネスト・サトウの論文批判――」のなかで、

中国から金属製の煙管が伝えられた。（中略）後年独特な発達をとげた日本の「きせる」はこの中国の煙管を原型としたものであるといわれている。（宇賀田 1984, 154）

さらに、「煙草の中国伝来」では、

日本の煙管が中国の煙管から由来していること、また一般的にいって、東洋における煙管と西洋諸国における「パイプ」とがまったくその起源を異にしているということは、すでに「煙草の日本伝来」の条において述べたところであるが、（下略）。（宇賀田 1984, 184）

と述べ、宇賀田はさらに、中国の煙管は、その起源を阿片用吸管に発しているとする説を、最も信憑性が高いとする。これらの説は時間軸上でみてもまったく成立し得ないのだが、宇賀田の論考の多くは典拠あるいは論拠を

示すことがなく、これらをここで論評する必要はない。しかし、宇賀田の説がわが国のタバコ史研究家たちに与えた影響は大きく、近年になって中国への伝来説として「呂宋説」がわが国でも無批判に支持されるようになったのは、このためであろう。

(5)日本の近隣国との交渉

中国へわが国のキセル喫煙が伝播するのは、すでに知られている朝鮮半島経由以外に、直接中国への可能性に加えて、近隣国経由のチャネルが考えられる。

◎中国

わが国のキセルの起源とその原形については、第11章「キセルの起源とその語源」で詳述したが（三三三頁）、中国へのキセル伝播については第12章1節「(1)中国へのキセル伝播」の項で概観を述べた（三六六頁）。第12章の「表12-1　江戸時代貨物帳・仕訳帳などにみるタバコ・キセル関連品輸出一覧」（三七八頁）に掲げたオランダ船・唐船などが積み出したキセルおよび煙草類は一六三四年以降の資料によるものだが、オランダ船の積載貨物リスト・唐蛮貨物帳にふくまれないわが国の朱印船にも当然ながらキセル・煙草類がより早い年代から積載されていたはずである。

オランダ船が平戸から積み出していた銀製キセルおよびタバコは、クレイ・パイプがまだ供給不足であった時代に、キセルを代用していたアジア各国のオランダ商館の僚友への供給がふくまれていたとみる。『唐蛮貨物帳』に記載される唐船の搭載貨物には鎖国により取り残された日本人町の在留邦人の求めに応じて運ぶ日用品の一部として積載されたものもふくまれていたであろう。表12-1がカバーしている年代は、すでに中国で「管」による喫煙が広まっていた時代であるが、わが国からのキセル供給はまだ継続していたとみる。

中国の海禁政策は、明代後期の万暦（一五七二〜一六二〇）には次第に緩和されたものの、倭寇の脅威を理由に、日本船の中国への往航と明船のわが国への来航は、ともに禁止が継続していた。しかし、福建・浙江・江蘇など沿海地域から密航する船数は増え、江戸時代に入る前にはすでに日本に居住するものもあらわれ、のちには当地で家庭を持つものが数千家族におよんだとされる。明末に来航する中国船は主として坊津（鹿児島）・博多津（福岡）・洞津（三重県・津）の三津をめざし、積載貨物には甘草を主とする薬剤・陶磁器・生糸などがふくまれた（松浦 2007, 57 & 2010, 32–33）。

小葉田淳は、天正に入る一五七三年頃から「東洋」へ出かける名目で日本へ密航する明船が増大し、とくに漳州船が大勢を占めていたとする（小葉田 1976, 243・264–265・272・284）。日本からは、銀が主たる積荷で、船上で溶解して加工したとする記述が残っている（松浦 2007, 61–63）[24]。これは、刻印や形状から生産国がわかる石見産銀などは溶解する必要があったからであろう。

このように、万暦年間には、中国船はとくに福建の漳州からわが国を訪れて、盛んに交易を行っていたことが知られている。このルートでわが国のタバコ喫煙が伝わったとしても、『漳州府志』には「東洋」と記されることになる。

一六三九年（寛永一六）になると、徳川幕府は中国船との取引きを長崎に限定したが、清代になると、日本からの積載品は銅が中心になる。しかし、日本船の中国への入港は禁止されたままであった。

一方、フィリピンへは明代からマニラ在住のスペイン人との取引きに中国船が往航していたが、銀などを積載してマニラへ来航する日本商人との間でも生糸などの交易が行われていた。中国船とのこのようなかたちの「出会貿易」はタイ、カンボジア、ヴェトナムでも行われ、日本人町が形成された。これによって、ポルトガルに独占されていた日本への生糸を主とする中国産品供給の牙城が一部崩されていたことになる。このように、フィリピンなどを意味する「東洋」で日本船の乗員からキセル喫煙が伝わる可能性も十分にあったが、前述の『漳州府志』に記される「東洋」は、実際には日本から伝わったものとみるべきである。

◎台湾

台湾へは、わが国の朱印船がルソン島など、東南アジアへの行き帰りに寄航することがあった。台湾の西側、台湾海峡に面する澎湖島では中国からの船を待ち受けて交易をしていた「出会貿易」が報告されていて（岩生 1987, 283-285）、一六〇二年（万暦二九）には日本船が澎湖島へ寄航した記録も残っている（岩生 1987, 284）。島津藩が琉球を攻略した一六〇九年（慶長一四）には、有馬晴信が幕府の諒承を得て澎湖島へ船を向かわせ、明国船との密貿易の可能性をさぐらせている（岩生 1985, 160 & 1987, 284）。台湾行きの船に対する朱印状の発給は、他地域向けよりのちになってから始まるが、徳川家康時代の台湾宛の朱印状はわずか数通で、澎湖島を対象とする朱印状の最初は一六一二年（慶長一七）とされる（岩生 1987, 298）。台湾から日本へ持ち帰る台湾産品は鹿皮が主であったが、海禁の影響を受けずに台湾へ来航する中国船は生糸・薬剤などを日本銀と交換していたことが知られている。

岩生成一によると、一六〇四年（慶長九）から〇七年までの四年間に台湾（高砂）へ渡った朱印船は総計三六隻におよぶ（岩生 1985, 171）[25]。ただし、これは他地域を目的地としながら台湾へ寄航したものをふくむとみる。この統計では、一七地域への渡航隻数があげられているが、コーチシナ（ヴェトナム）、アンナン（同上）、シャム（タイ）、カンボジア、ルソン（フィリピン）、高砂（台湾）の六地域がその八七%を占めている。

◎琉球

第9章では、一六〇三年の『琉球往来』に烟筒（キセル）が烟草（タバコ）とともに記されている例をあげた（二九八頁の図9-29）。この時、すでにキセル喫煙が琉球に伝えられていたか、あるいは『琉球往来』を著わした袋中が都で広まりつつあった喫煙を記したかを判断する材料はない。しかし、琉球の高官の依頼によってその子弟のために『琉球往来』を撰文したとするなら（鈴木 1999, 78）、現地でまだ行われていない烟筒による烟草喫煙をとりあげたとするには無理があろう。むしろ、琉球でもすでに目にし始めた新しい風習をとりあげたと考えるべきではなかろうか。

一六一五年（慶長二〇）には、三浦按針（Adams, William）が和船をみずから外洋向けに改造し平戸を出港したが、破損したので修理のために那覇へ立ち寄ったものの、約半年待たされた。その間に記したと思われる琉球言葉の覚え書きが、航海日誌の別紙に残されている。その一つに“tabaco foouke meshore = will you drink tobacco”が記されている（菊野 1977, 54／岡田 1984, 162・164／鈴木 1999, 279）。

一七一三年（正徳三）の『琉球国由来記』「巻三・事始乾」の動植門には、次に示すように「烟草」の記述がある。

> 常国萬曆年中、従二薩州一帶來、始栽レ之者歟。倭国、慶長十年ニ、始テ日本ニ渡ルト云フ。其後、諸人是ヲ賞飲ス。タバコトハ、和訓ニアラズ。漳州府志・蓬溪類説ニ淡婆姑ト稱ス（横山他 1940, 95）

同書はこれに続いて、『本草洞詮』『大和事始』『羅山文集』などの記述を引用して、烟草は万暦年間（一五七二～一六二〇）に薩摩からもたらされたとする。

一六〇九年（慶長一四）には島津藩が、船一〇〇隻に兵三〇〇〇人余（宮田 1996, 209）[26]の軍を送り琉球を攻略した。この後、琉球には島津藩士が常駐することになり、薩摩からの往来も増えた。タバコ喫煙がすでに琉球へもたらされていなかったとしても、一六〇九年以後は盛んに行われるようになったであろう。

薩摩の支配下に入るまで、琉球の対明の朝貢《ちょうこう》[27]貿易の正貢品は硫黄と馬であり、万暦年間には二年一貢が定められ、朝貢ごとに二隻が上陸地に定められた福建の閩《びん》へ入った（松浦 2003, 160）[28]。朝貢船の乗員は、赤嶺誠紀の

「明時代の貢船隻数及び搭乗員数」（赤嶺 1988, 13–14）[29]から得る数字によると、明代後期では一隻当たり約一〇〇名となる。これは、『大明会典』の記述にも符合する。

薩摩の侵攻三年後になってこれを知ったと思われる明朝は、琉球の朝貢を一〇年に一度に減じることを通知し、一六一二～一四年（慶長一七～一九＝万暦四〇～四二）に三年続けて朝貢を却還したという。琉球の尚寧王はこれを毎年の朝貢にすることを要求したが受け入れられず、清朝に代わってから二年一貢が再び認められた（宮田 1996, 211–213／赤嶺 1988, 13）。しかし、明代の陳仁錫による『潜確居類書』（原田 2004, 311）[30]の琉球の項には、「これといった珍しいものがないので、土地の産物を貢ぐには、おおむね他国で購入したものを当てている」とある。

松浦章の『清代中国琉球貿易史の研究』（松浦 2003, 191–204）は、清朝が琉球へ八度にわたって封舟冊封使《ほうせんさくほうし》[31]を送っていることを記しているが、その使節の随員は賃金の代わりにみずからが持ち込む貨物で行う交易が許されていた。琉球の朝貢船の乗員・随員にも同様のことが認められていたとするなら、これが中・琉貿易の一つのかたちであろう。明代にも行われていたとするなら、万暦後期に薩摩からもたらされたであろうタバコは、その格好の商品になり得たはずである。一六～一七世紀には華人海商による密貿易も行われていて、このチャネルも無視はできない（中島 2014, 26 表２）。

（6）日本から中国への喫煙伝播

前掲表13-1に示したように中国の初期喫煙は、明代末期から清代初期にかけて著わされた文献に「管」の記述をみるが、この記述のないものにはキセルに用いる細刻みのタバコである「金絲」が記されていて、喫煙方式がキセル喫煙であることがわかる。

一五一三年頃から東アジアへ進出し始めたポルトガル、そして一五七〇年にマニラを攻略し植民地としたスペインのいずれの国も、本国では葉巻による喫煙はまだ極めて限定的にしか行われていなく、フィリピンへメキシコから来航するスペイン船の乗員の一部が、巻いたタバコの葉で喫煙をしていたにすぎなかった。本国では貴族・聖職者階級に忌避されていたことで、これがマニラで普及するのは、早くても本国で葉巻による喫煙が広まりをみせ始めた一八世紀に入ってからである。

ルソン島で薬用タバコの栽培が始まるのは、一五八〇年代からマニラの教会あるいは修道院周辺であったが、喫煙用の栽培は一七世紀末にルソン島北部のカガヤンが最初とされる。これとて、初期は本国でまだ広く行われていた嗅ぎタバコ用であった可能性が高い。したがって、中国のキセル喫煙の伝来が一七世紀初頭あるいは一六世紀末に呂宋からとする説は成立しない。

一六世紀後半から一七世紀初めにかけてのパイプ喫煙国はイングランドとオランダであって、この二国がアジアに進出する以前にすでに金属パイプ（キセル）でタバコ喫煙を始めていたのは日本である。この日本へ海禁を破って密航する中国船は主として漳州・泉州からわが国の銀を求めて九州地方へ多く来航した。前述したように、日本へ向かう中国船は目的地を偽り、フィリピンなどを意味する「東洋」として出航することが多かったとされる。

わが国の朱印船も銀を積載して、海禁によって倭船に対して閉ざされていた中国を避けてフィリピン、ヴェトナム、シャム（タイ）、カンボジアなどへ出かけ中国船と「出会貿易」を行っていたことが知られている。直接日本からばかりでなく、フィリピンなどから帰航する中国船が日本人のキセルによる喫煙風習を持ち帰っているなら、「呂宋」からとする記述の他に、「東洋」もあらわれたであろう。鹿皮などを求めて高砂（台湾）あるいは澎湖島へ寄航する日本船が、中国船と「出会貿易」を行っていたことから、中国への喫煙伝来説に台湾もふくまれることになる。

一六〇三年に『琉球往来』を著わした袋中上人が滞在した琉球は、二年に一度の朝貢貿易では二隻の朝貢船で計二〇〇人ほどが福建の閩《びん》に入港し北京まで陸路をのぼったが、薩摩から伝えられたキセル喫煙を伝播する要素は十分にある。

朝鮮半島を経由して中国東北地方へ伝わったことは、朝鮮の文書に記されているが、一六二六年の日本イエズス会の報告（四七一頁）にヴェトナム北部でタバコ栽培が盛んに行われていたことが記されていることから、ヴェトナム経由で中国南部への伝播も考えられる。わが国の朱印船は早くからヴェトナムの北部地方を訪れていて、このイエズス会報告には日本人居住者の記述もあるのでキセル喫煙が早く伝えられたと考える。ヴェトナムから中国へ伝わった喫煙方法には、竹製水パイプのフエ（Hue＝ユエ）・パイプもある（二三五頁の図8−16）。これはインドが発信源である。

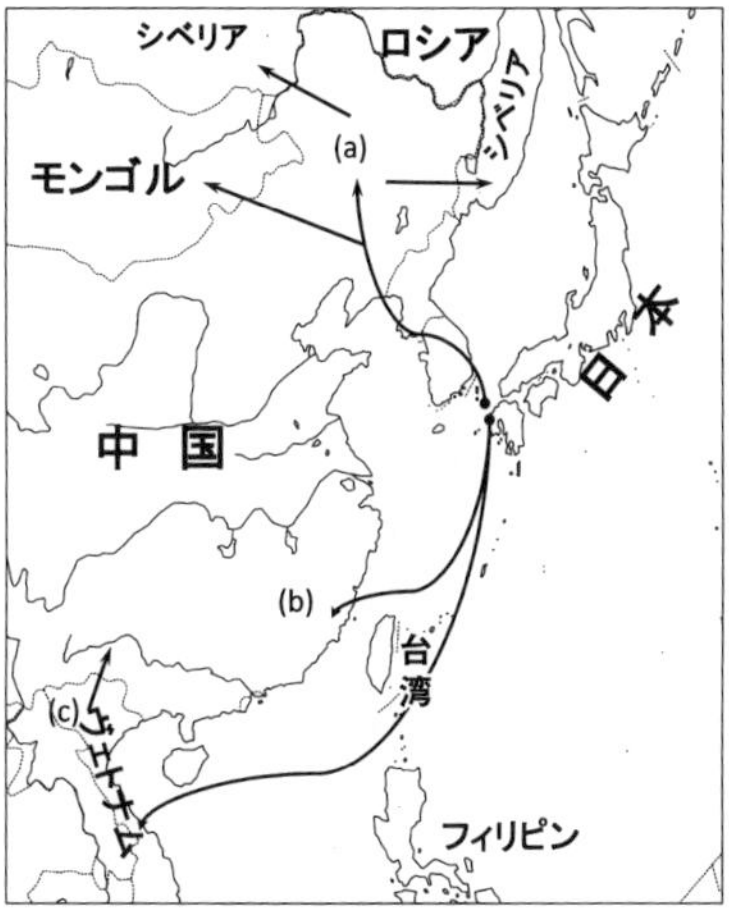

図13−5　わが国から中国へのキセル喫煙の伝播経路

キセル喫煙のわが国から中国への伝播は、日本人との接触頻度を考慮すると、主として漳州・泉州からの密航船によるケースが最も確率が高く、次いでマニラ・台湾など海外へ出かけた日本の朱印船と中国船の「出会貿易」による伝播が考えられる。

これらを総合すると、中国へのタバコ喫煙伝来の主なチャネルは次にあげる四ルートが考えられる（図13−5）。ただし、これには一八世紀に入ってからトルキスタン経由で蘭州（甘粛省）へ伝わった金属製水パイプ（二三五頁の図

8-14・15）およびヴェトナムから伝わったインド起源のフエ・パイプ（水パイプ）はふくまない。

①朝鮮半島を経由した東北地方（旧満州）への伝播（図13-5の(a)）

②九州地方へ交易目的に頻繁に来航した漳州地方を主とする中国の密航船による伝播（同右(b)）

③日本の朱印船によりキセル喫煙が伝わったヴェトナム北部から雲南・広西地方への伝播（同右(c)）

④台湾・フィリピンなど東南アジア諸地域の出会貿易を通してのわが国朱印船による伝播

この他に、中国へは喫煙とは異なるタバコ摂取方の「嗅ぎタバコ」が、一七世紀後半になって呂宋から伝来したとされている（川床 1992, 7）。これは、一六二〇年に旧世界最初のタバコ工場（嗅ぎタバコ＝ポルボ用）がセビーリャで稼働し、スペインでポルボ全盛期を迎えた頃である。フィリピンのカガヤンで喫煙用タバコの栽培が始まったのは一七世紀末とされるが、この時代の本国スペインでは嗅ぎタバコのポルボがまだ盛んであったことから、カガヤンでの栽培開始当初はマニラ在住のスペイン人による嗅ぎタバコ（ポルボ）需要を考える必要があろう。フィリピンから中国へ直接伝えられたタバコの摂取方は、嗅ぎタバコ以外にはあり得ないが、伝来後はスナッフが流行していた欧州各地へ中国製鼻烟壺（snuff bottle）の輸出が盛んに行われた。

（7）朝鮮半島および中国のキセルと日本のキセル

朝鮮半島のタバコ喫煙は、一七世紀前半に著わされた朝鮮の次の二文献に日本からの伝来が記されている。

◎『芝峯類説』（李睟光、号芝峯／一六一四＝万暦四二年）

淡婆姑草名亦号南霊草近歳始出倭国

◎『仁祖實録』一六三八年八月甲午条

わが国人潜《ひそ》かに南霊草を以て瀋陽に送りしが、清将の覚るところと為り、大いに肆《ほしいまま》に詰責さる。南霊草

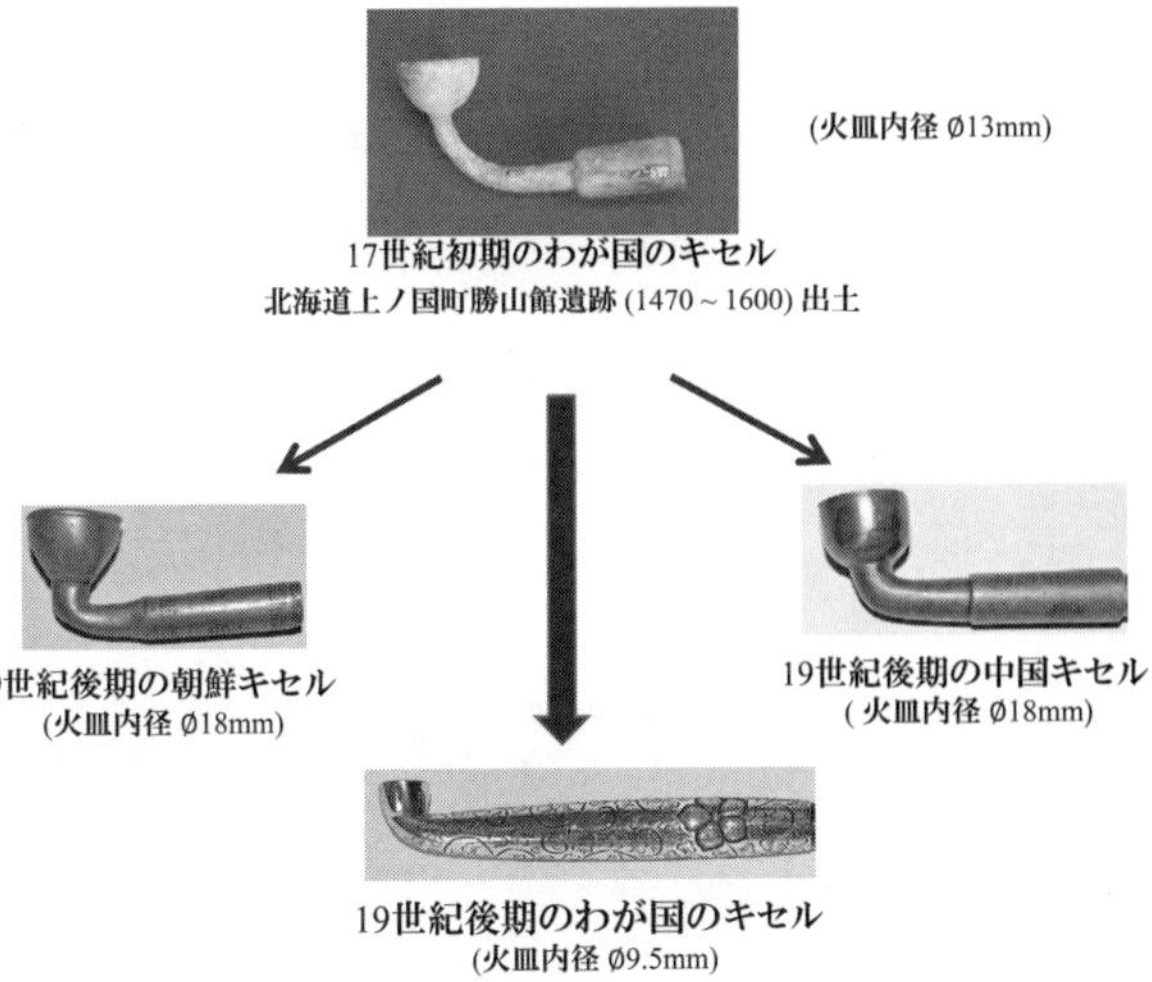

図13-6　わが国のキセルと朝鮮・中国キセルとの関連図

　は日本国産する所の草なり。其の葉、大なるは七～八寸許《ばかり》ある可し。細かく之をきり而して之を竹筒に盛り、或いは銀・錫を以て筒を作り、火《も》やして以て之を吸う。
（呉 1986, 20, 鈴木博訳）

『仁祖實録』には、わが国から伝えられたタバコが朝鮮半島から中国東北の瀋陽へ送られていたことが記されているが、同時に金属キセルの記述もみられる。朝鮮半島および中国の近現代の金属製キセルは、日本の初期キセルに類似する形状を持つことで知られるが、その主な類似点はボウル（火皿）に繋がるシャンク部（雁首）にみられる。図13-6にみるように一九世紀～二〇世紀の韓国・中国のキセルのシャンク部は、わが国の河骨形《こうほね》キセル同様の構造を持つ。ボウル（火皿）の底面中心部に垂直に繋がるシャンクは、わが国の初期河骨形キセルより太く年代が少々下がる一七世紀後半のキセルに近いが、火皿の大きさは初期河骨形と同様に内径が一八～一九ミリメートルもあり、粗い刻みのタバコを詰めるのに適した大きさである。中国・韓国の一七世紀のキセルには接していないが、近現代の両国のキセルがわが国の初期河骨形と異なる点は、図13-6に示すようにシャンクの長さと径にある。

　ところが、韓国・中国の近代のキセルには、わが国で起こったキセル進化の影響はみられず、大きなボウルの底面へシャンクを垂直に接続するなど、わが国から伝えられた河骨形の基本形をそのまま近代まで踏襲していた

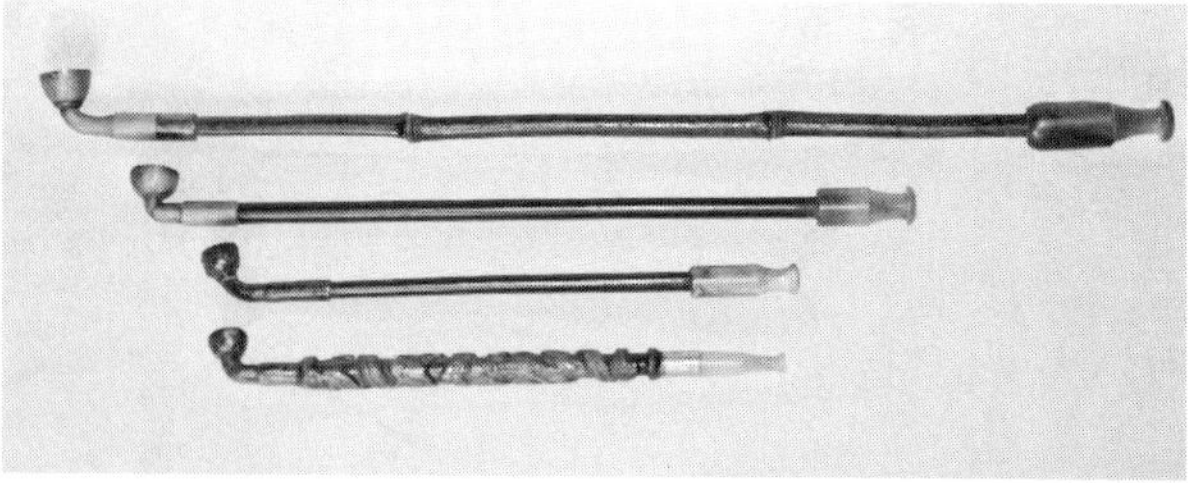

図13-7　玉製吸い口を持つ中国のキセル例

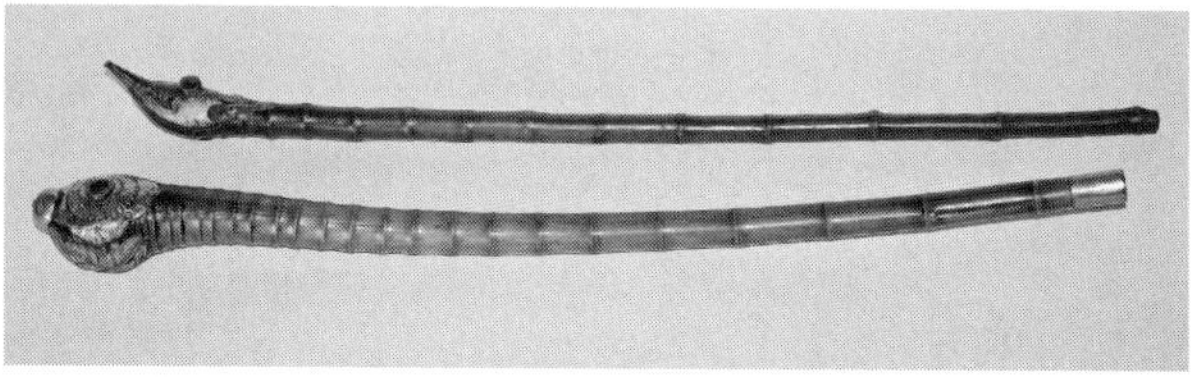

図13-8　中国の竹パイプ例

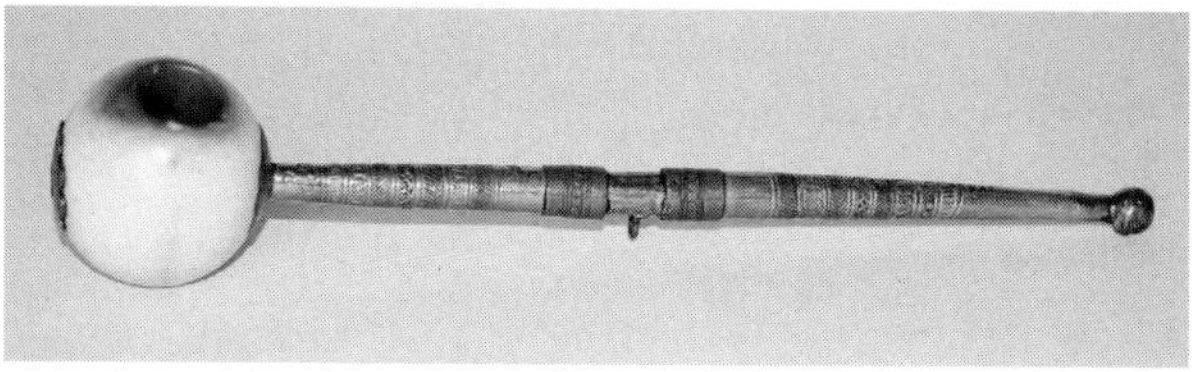

図13-9　大理石製ボウルの中国のパイプ例

といえよう。

中国・朝鮮で使用されていた刻みタバコの細度に関しては不明であるが、中国の古文献――『露書』（一六一一）『景岳全書』（一六二四）『物理小識』（一六六四）『仁恕堂筆記』（一六八二）――はタバコの表記に「金絲醺・金絲烟・金絲」などをあげていて、刻んだタバコが使用されていたことがわかる。このことから、中国へキセル喫煙が伝わったのは、わが国のキセル喫煙の初期の粗い刻みの時代から時間を経過した多少細かい刻みに進化した時代であるとする説も可能だが、「金絲烟」は単に刻んだタバコを指すものと考える。図13-6にみるように、中国キセルのボウル（火皿）に垂直に付くシャンクは、わが国の初期河骨形よりは太く、粗い刻みタバコが使用されていた時代の細さではない。初期の中国キセルは未見であるが、シャンクはより細かった可能性がある。

ただし、広大な領土を持つ中国の喫煙具には多様性がみられ、図13-7～9に例示するように、必ずしもわが国のキセルの影響を直接受けたと思えない形状もみる。わが国のキセルと明らかに異なるのは、一般的に吸い口

い形状である。

部が極めて肉厚なことである。これは吸い口に翡翠《ひすい》の類を用いることから始まったようで、朝鮮ギセルにはみな

これまで述べてきたように、中国への「管」によるタバコ喫煙の伝来は、一六世紀末に始まり一七世紀に入って急速に広まったわが国のキセル喫煙が、複数のチャネルを通して伝えられたもので、定説的に扱われてきた中国への「管」による喫煙が呂宋からとする説には根拠が皆無であるとする結論に達する。この時代には、マニラ周辺はおろか宗主国のスペインでは、パイプばかりでなく葉巻による喫煙すら広まっていなかったことが無視されているのである。

近年になって提起されたわが国への喫煙伝来をフィリピンからとする説も、スペイン本国での喫煙の広まりがわが国より一〇〇年以上も遅れていることに加え、喫煙の主体が葉巻であったこと、さらに一七世紀に入るまでマニラからわが国へのスペイン船の来航はほとんどなく、暴風雨を避けた避難船と難破船の二隻しかなかったことなど、史実および時間軸を認識しない説にすぎない。

3　シベリア

ロシアのシベリア進出は一六世紀に入ってからとされるが、中世から行われていたロシアの毛皮輸出の市場拡大にともない、毛皮の供給源の確保が主たる目的であった。しかし、このことがロシアの勢力拡大と帝政の確立につながることになる。一五五二年にロシアのイヴァン四世（雷帝）は、ウラル山脈に近い諸ハン国のひとつカザン・ハン国を征服したが、一五五五年にはこれを併合した。この年に、さらに東のシビル・ハンとは毛皮の貢納を条件に外敵に対する防護を約した。続いて周辺のハン諸国をも併合し、ウラル以東のシベリアへの足掛かりを得た。これが、のちのシベリア併合の布石となり、多民族国家そして帝国への第一歩を踏み出したことになる。

シベリアへの喫煙伝播に関してソヴィエト連邦時代の研究者たちは、ロシアから商人によってもたらされたとする説を支持していた。しかし、現在のロシアの研究者は、シベリアへの喫煙伝播は中国からとするのが一般的である。喫煙が厳しく制限されていた一七世紀前半に、シベリアではすでに広く行われていて、東シベリアおよび南・西シベリアの喫煙具の名称が中国語にたどることができることなどをその根拠とする（ヴァレーリエヴィチ 1997, 151–152）。

S・A・ヴァレーリエヴィチ(32)は、アジアにおける喫煙の出発地点を中国とし、中国からアジア全体に広がったとする立場をとる（ヴァレーリエヴィチ 1997, 152）。しかし、2節でもとりあげたように、これまでに明らかにされている中国および朝鮮半島に残る史料からは、わが国のキセルが朝鮮半島を経て中国東北部へ伝えられたことが知られている。

ほとんど手づかずの状態であったシベリアの喫煙伝播の研究は、一九七〇年代の未発表論文（ヴァレーリエヴィチ 1997, 134）(33)を例外として、ソヴィエト連邦崩壊後の一九九〇年代後半になってから論文の発表をみるようになった。一九九五年に東シベリアとアラスカのタバコの消費と喫煙具の比較分析を行ったYU・A・クゥピナは、シベリアを経由したアラスカ地方への喫煙伝播の経路を発表している（ヴァレーリエヴィチ 1997, 134–135）(34)。しかしこれは、一九七〇年以前にすでにG・A・ウェスト（West, George A.）によって発表されている（West 1970, 46）。

ヴァレーリエヴィチの論文(35)は、南・西シベリアの考古学資料をもとに考察したもので、このなかで強い興味をひくのは、モンゴルから西北方に位置する地域の墓跡から、明らかにわが国の初期河骨形《こうほね》に属するキセルが複数点出土していることである。約二センチメートル径の大型ボウル（火皿）を持つ延《の》べギセル三点のほかに、約一センチメートル径のボウルを持った一八世紀のラオギセルに属する出土品が二点みられる。初期河骨形のキセルは西シベリアのクィシトフカの一七～一八世紀の墓地跡から副葬品として出土したものだが、鋳造の青銅製とされる。クィシトフカの出土品を調査しなければ結論は出せないが、わが国で出土する河骨形キセルの鋳造例は、水口製の河骨形以外に筆者は接していない[36]（鈴木 1999, 141-144）。

ヴァレーリェヴィチのこの論文は、これらのキセルが日本製であることを認識していないばかりか、青銅製の中国式煙管として第一型式に分類している（ヴァレーリェヴィチ 1997, 148）。朝鮮半島へ伝えられたわが国の河骨形キセルが中国東北部を経由して隣接する東シベリアへもたらされているが、これがさらに南・西シベリアへ伝わったのか、あるいはモンゴルを経由したものかは明らかでない。東シベリアから南・西シベリアへは数千キロメートルの距離があるので、中国東北部から直接南シベリアへもたらされたか、西隣りのモンゴルを経由して南・西シベリアへ伝わったとみるのが自然であろう。

4節「朝鮮半島そして中国東北部へ」で扱う『仁祖實録』の一六三八年（仁祖一六）正月条には、朝鮮から蒙古へ牛の買入れ（貿牛）に出かけていたこと、さらに同年の『通文館志』巻六の戊寅条に、通過する中国東北部で、貿牛の代価としてタバコ・キセルの携帯が認められていたとする記述をみる（浦 1950, 205-206）。これは、戦乱が続いた朝鮮半島で不足していた農耕用牛を、蒙古から買い入れていたもので、モンゴルへ朝鮮半島からタバコ・キセルの供給があったことを示す。当然のことながら、わが国のキセルもこのルートでモンゴルへ渡っていたことが容易に推測できる。

2節でとりあげたように、中国のキセルは基本的にはボウル（火皿）の底面に垂直にシャンクが付くわが国の初期キセル（河骨形）に属する構造であるが、図13-11に掲げるヴァレーリェヴィチが図示する南・西シベリア出土の河骨形はわが国の初期キセルに極めて近い形状と構造を持つ。図示されている南・西シベリア出土のラオギセルの吸い口には二点ともにリップ（歯止め）が付いていて、年代的にはより新しい形状である。

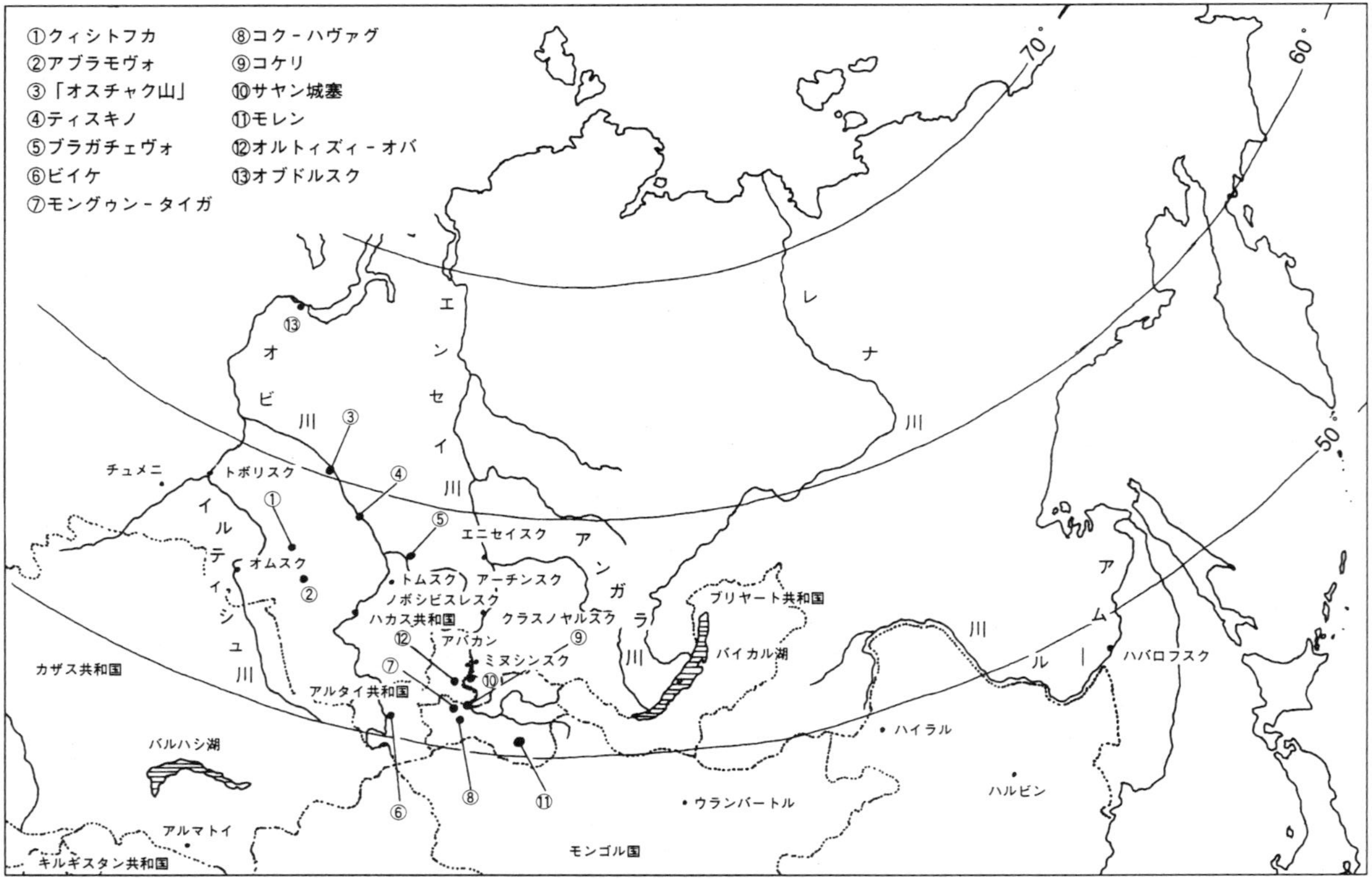

図13-10　わが国の河骨形キセルが出土した南・西シベリア（①⑦⑨⑫地点）

図13-11の①②⑤⑥⑧の五点がわが国の河骨形に属するキセルであるが、①②はクィシトフカ（図13-10の①地点）の一七〜一八世紀の墓跡からの出土であるが、ボウル（火皿）形状が日本で出土する河骨形と少々異なる。⑤はオルトィズィ-オバ（図13-10の⑫地点）の一七〜一八世紀初のシャーマンの墓跡からの出土品で、盗掘の形跡があり年代を特定できる共伴出土品はないとされるが、ラオ部（ステム）は革製とされる。このキセルは革

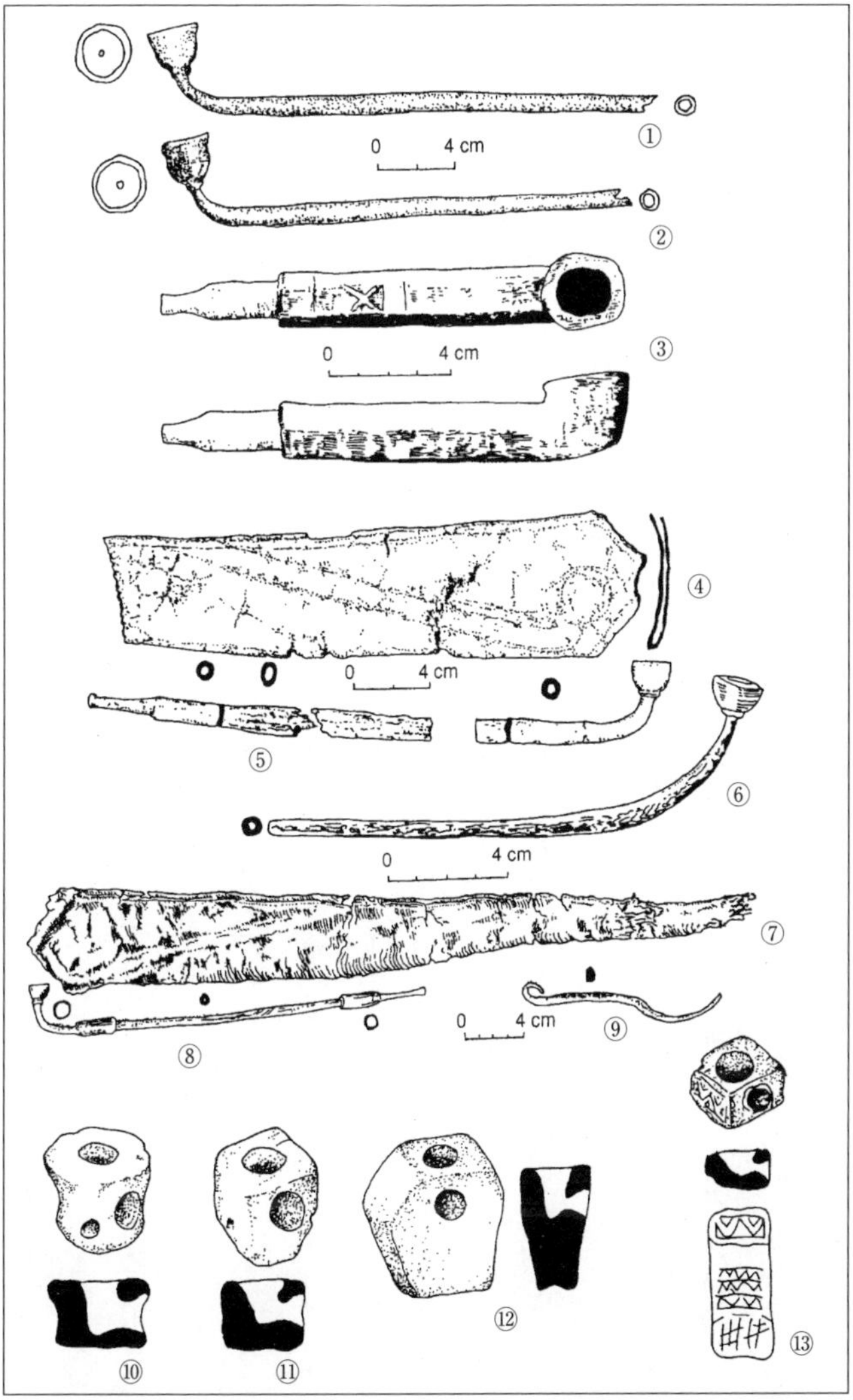

図13-11　南・西シベリアで出土した河骨形キセル（①②⑤⑥⑧）

製の袋に入れられた状態で出土している。⑥はコケリ（図13-10の⑨地点）の女性の墓跡から出土したキセルで、年代は共伴出土の中国清朝の康熙帝時代（一六六二～一七二二）の銭貨で特定されている。⑧はモングゥン－タイガ（図13-10の⑦地点）の女性の墓跡からの出土であるが、革製のタバコ入れと一緒に出土したもので、共伴出土の中国銭貨から年代は一八世紀とされている。ヴァレーリェヴィチは、革製のタバコ入れは女性用ではなく、通常女性は布製を用いたとする（ヴァレーリェヴィチ 1997, 140-143）。

⑤および⑧のラオギセルは、ステム部（ラオ）が木製または革製である。⑤のオルトィズィ－オバの革製ラオは他に例をみないが、筆者は破損した竹製ラオを革製の筒で代用したものと推測する。この二点は前述したように、吸い口のリップ部に歯止めが付いていることから、年代は他の資料より下がるが、⑧の年代が共伴出土の中国銭貨から一八世紀と特定されていることと符合する。

西シベリア出土の①および②については、ボウル形状がわが国で出土する河骨形とは異なる。この二点については、実物に接するまでは結論を保留したい。しかし、この二点の出土地であるクィシトフカは、モンゴル国境に比較的近い他の三地点（地図上では直線で数百キロメートルほど）に比べて、その三倍ほど離れていることから、伝来ソースが異なるパイプの可能性がある。本論文の邦訳は人名・地名などの固有名詞がすべてカナ表記であるが、翻訳者の好意で原論文の著者との接触が可能になりe-mailにより質問の回答を得ることができた。

さらに、わが国での翻訳発表でヴァレーリェヴィチとして紹介されたアンドレイ・シャポヴァーロフ（Shapovalov, Andrey）[37]は、二〇〇二年にノヴォシビルスクで発表した論文「シベリアにおけるタバコ消費の歴史と文化　一七世紀～二〇世紀前半」では、シベリアへのタバコ喫煙伝来に関して次のような見解を示す。本稿ではこれを邦訳稿（枡本哲）から要約する。

＊ロシア極東の国境にタバコがあらわれたのは一六世紀末で、一七世紀初めにはすでに日本・朝鮮・満州およ

び中国など東アジア全域で用いられていた。（Shapovalov 2002, 邦訳稿 24）

＊最初の流れは、日本から直接タバコを知ったアイヌ民族を経てサハリン経由で沿海地方へもたらされた。（邦訳稿 24）

＊ロシア極東にはタバコは海路ではサハリンとクリール諸島（千島列島）へ、陸路ではアムール河流域へ、二つの経路で伝わった。（邦訳稿 24）

＊アムール地方は一六五三年にロシアに併合されたが、実質的には下流域は満州族が支配していた。アムール河流域のダウール族は、満州族からタバコの栽培を習得した。（邦訳稿 24–25）

＊一七世紀前半にタバコは日本からアイヌ民族へ伝わり、彼らによりサハリンと千島列島へ持ち込まれ、ほぼ同時に、タバコは満州からアムール河流域地方へもたらされた。（邦訳稿 27）

＊ロシア人は一七世紀末になって、満州タバコを主とするタバコ交易に加わった。（邦訳稿 27）

シャポヴァーロフは、ここでは南・西シベリアに接するモンゴルに関して言及していないが、本節で前述しているように、一六四三年（崇徳八）には貿牛のために朝鮮から蒙古へタバコとキセルが運ばれていたことが知られている。このことから、わが国から朝鮮に伝えられたタバコ及びキセルがモンゴルへ運ばれ、さらに南・西シベリアへもたらされたことが容易に推測できる。ただし、ヴァレーリィヴィチ論文は、出土品にみられる一七世紀初期の河骨形キセルをふくむ日本製キセルを中国の烟筒とみなす。

これまでみてきたシャポヴァーロフ（ヴァレーリィヴィチ）論文二本から、広大なシベリアへのタバコおよびパイプ喫煙の伝播には、わが国のキセル喫煙が伝えられた少なくとも次の三系統のチャネルが存在したことがわかる。

①わが国からアイヌ民族に伝えられ、サハリンを経て沿海地方に達したチャネル。

②わが国から朝鮮半島に伝えられ、満州（中国東北地方）を経て東シベリア・極東シベリアおよびアムール河下流域へ伝わったチャネル。

③朝鮮半島から貿牛のためにモンゴルへもたらされたタバコとキセルが南・西シベリアに達したチャネル。

この他に、わが国から伝えられた中国のキセル・タバコが南・西シベリアの出土品にみられることから、中国経由のチャネルも存在したことになる。

なお、ヴァレーリエヴィチ論文には、わが国のキセルの他に台湾・沖縄などで多くの出土をみる石製のパイプ・ボウル（劉＆王 2012, 109, 117–118 図16–21／島 2012, 130・133–135／新垣 2012, 142–148）に酷似する砂岩系と思われるパイプ・ボウルが十数点図示されている（ヴァレーリエヴィチ 1997, 139・147）。これをアイヌ民族系の喫煙具とみなしているが、より近い形状の石製パイプを出土する台湾・沖縄とシベリア南西部との直接、あるいは間接的交渉の存在は知らない。シャポヴァーロフは、アイヌ民族が使用したキセルには、砂岩のボウルがみられるとする（Shapovalov 2002, 邦訳稿 26）。馬場修も軟石製キセルが北海道東部、樺太（現サハリン）、千島で出土することを報告している（馬場 1979, 136–140）。ヴァレーリエヴィチ論文にみる石製パイプは、前述の台湾・沖縄出土品に極めて類似するが、馬場報告の北千島出土品とは形状が異なる（馬場 1979, 140）。馬場が示す石製ボウルは、金属キセルの代用品として、入手可能で加工が容易な軟石を削ったものと考える。ヴァレーリエヴィチ論文に示される石製パイプ・ボウルと台湾・沖縄で大量に出土する石製の酷似性は新たな伝播チャネルを示唆するかどうかは、今後の課題としたい。

2節に掲げた中国への喫煙伝播にも、いくつかのチャネルがあり、東シベリアに接する中国東北部へは、朝鮮半島を経由してわが国のキセルが伝えられている（四四三頁の図13-5の(a)）。さらにシベリアを経由してアラスカへ渡り、喫煙の風習を持たなかったアラスカ西岸の先住民に伝わった。これが、元来タバコの喫煙風習を持た

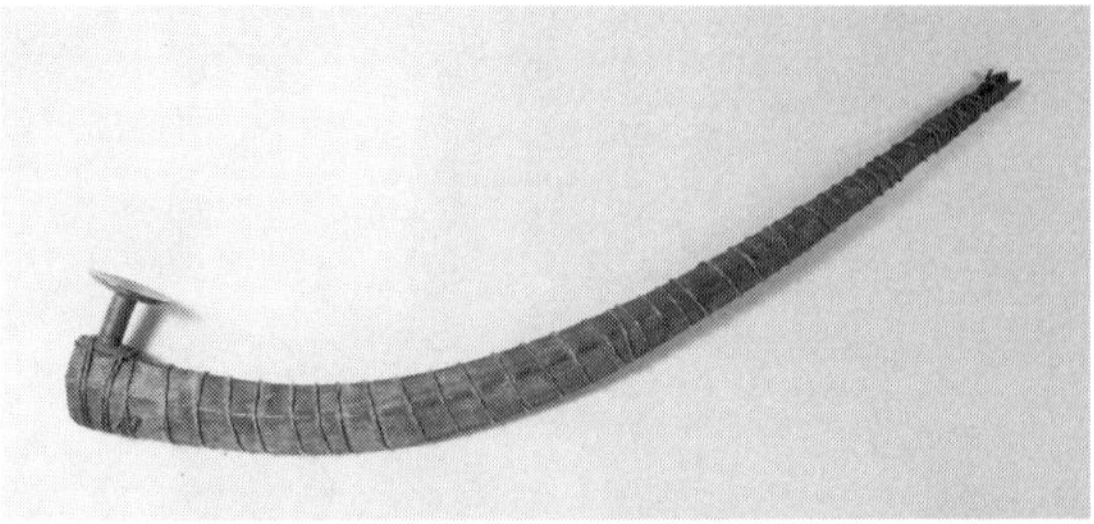

図13–12　イヌイットの革紐巻パイプ

なかった米国西海岸北部のネイティブ・アメリカンに伝わることで、パイプによる喫煙が二〇〇年ほどで世界一周を果たしたことになる（第1章二一～二二頁）。

図1-17（二二頁）に示すイヌイットのパイプの上二点は彼らが日常使用していたパイプではなく、むしろ交易用あるいは工芸品として海獣の牙などで作られたものだが、下の一点は金属ボウルに木製ステムを付けたものである。この一点を図13-12に再び示す。ステムを二つに割って煙道を彫ってから革紐《ひも》を巻いて固定する手法で作られた「革紐《ひも》巻パイプ」である。全く同じ形状・構造のパイプはシベリアにもみられる。

この方式のパイプは大英博物館の所蔵品に、シベリア・パイプとして分類される資料にもみられるが採取地はアラスカとなっていて、その起源がシベリアとアラスカのいずれにあるかは不明である。シャポヴァーロフは、「革紐巻パイプ」は一九～二〇世紀に東シベリアで広く普及していたとし、その原形をアメリカ原住民のカルメット・パイプにみるとする（Shapovalov, 枡本哲邦訳稿 2014, 57）。カルメットと「革紐巻パイプ」の間に関連性はないが、シャポヴァーロフはシベリアにはステムを二つに割らずに煙道の穴を通してから革紐を巻き付けた「擬革紐巻パイプ」が存在することを記している（Shapovalov, 58）。このことから、アラスカ起源が考えられる。

このパイプ（図13-12）も、ボウル内径は約八ミリメートルでアジア起源とされる小さなボウル・サイズである。とするなら、日本から朝鮮半島・中国東北部・東シベリア経由でアラスカへ伝わったキセルによる喫煙が、イヌイットによって考案された変わった形の「革紐巻パイプ」として東シベリアへ里帰りを果たしたことになる。

G・A・ウエストはその著書に、一八九三年に調査に訪れたアラスカでインタービューに応じたイヌイットの古老が、彼らの祖先がロシアの商人からタバコとアジアのパイプを受けとったと主張していたことを記している。ウエストが現地で収集したパイプには、日本または中国の喫煙具に極めて良く似た形をした、非常に小さなボウルのパイプがふくまれる（West 1970, 46）。

これまで述べてきたように、わが国の金属パイプ（キセル）がアイヌ民族を経てサハリン経由で東シベリアの沿海地方へ、さらに朝鮮半島を経由して中国東北部から東シベリアへ伝播したことが知られている。しかし、わが国のキセルに由来する喫煙具が南・西シベリアへも中国東北部から、あるいはモンゴル経由で伝えられていたことは、わが国から近隣アジア諸国へのキセルによる喫煙の伝播が東アジア・東南アジアばかりでなく東シベリア、南・西シベリア、さらにアラスカにまで、極めて広範な地域におよんでいたことを示すことになる。

4　朝鮮半島そして中国東北部へ

朝鮮半島を経由した中国東北部へのキセル喫煙の伝播についてはすでに述べたが、朝鮮半島そのものへの伝播については、2節にあげた二点の文献──『芝峯類説』（一六一四）『仁祖實録』（一六三八年条）──以外には、あまり史料にみることはなかった。わが国には、朝鮮出兵のさいに豊臣秀吉の将兵が朝鮮へ持ち込んだとする説と、逆に秀吉の将兵が持ち帰ったとする説もみられた（西野 1984, 37–38）。しかし、わが国への喫煙伝来の「慶長一〇年（一六〇五）説」が主流になると、朝鮮出兵のさいに秀吉の将兵が伝えたとする説もすっかり影が薄くなり、俗説的にとりあげられる程度になってしまった。しかし、本邦への伝来年代が改めて引きあげられると、この説が再び持ち出されるようになるかも知れない。

一方、日本国内の戦乱と秀吉の朝鮮出兵で途絶えていた朝鮮通信使は、一六〇七年（慶長一二）に復活し、その後一六一七年（元和三）・二四年（寛永元）と続き、一八一一年（文化八）の一二回目を最後に中止になった。この李朝の文書に初めてタバコがあらわれるのは、次に掲げる『芝峯類説』で、日本からのタバコ伝来が記されている。

これまで、朝鮮半島へのタバコ喫煙の伝播については前掲の二史料をあげるにとどまり、具体的な伝来年代を示すにいたる研究はなされていなかった。西野重利は、『たばこ史研究』一〇号に収載された「朝鮮たばこの起源」と題する論考で、申維翰の『海游録』にみる倭館経由の伝来説から伝来年代を特定することを試みている。

(1)『芝峯類説』

一六一四年（万暦四二・慶長一九）の李晬光（号芝峯）によるこの書は、朝鮮半島における最初のタバコ記述である。

（第十九飲食の部：薬類）
淡婆姑の名、亦南霊草と号《な》づく、近歳始めて倭国より出づ。葉を採り暴して乾かし、火を以て之を爇《あ》ぶる。病人竹筒を用いて其の煙を吸い、旋《めぐ》り即ち之を噴《ふ》けば、其の煙鼻孔より出づ。最も能く痰、湿下気を祛《とりさ》り且能く酒を醒ます。今、人多く之を種《う》え、其の法を用いて甚だ効あり。（西野 1984, 38）

ここにあげた一六一四年（万暦四二年七月自序）の『芝峯類説』に、「今、人多く之を種え」と記されていることから、一六一四年の数年前には伝来したものとみる。西野は、わが国から朝鮮へタバコがもたらされたのは一六〇九年（慶長一四）とする仮説を掲げている。これは申維翰による『海遊録』から次に示す記述を引用し（申 1996, 289）、釜山の倭館の再開を一六〇九年としたことによると思われる。西野は、この他の根拠はあげていない。

（2）『海遊録』付篇「日本聞見雑録」

『海遊録』は、一七一九年（享保四）（田代 1981, 129）の第九回通信使一行に加わった申維翰によるもので、その付編の「日本聞見雑録」に次に示す項がある。『海遊録』は『芝峯類説』の一〇五年後の記述である。

> 我が国のいわゆる南草（煙草）は、本来は東萊《らい》の倭館より得てきたもので、俗諺で淡麻古《たんまこ》と呼ぶのは、すなわち倭語でいう多葉粉の訛りである。倭人がそのように呼ぶのも、我が国の俗諺の如くであるが、その義はすなわち、多葉草から取って細粉にしたからだという。観るとかれらは、それを蒸して乾かして毒を殺し、糸の如くに細く切る。各人は必ず煙管をそなえ、取り替えながらこれを吸う。熱気を喉吻に逼《せま》らせないためである。食物の精を致すこと、かくの如くである。
>
> （姜在彦訳）

倭館は一五世紀初頭から四か所に設置されていたが、文禄・慶長の役後に消滅し、一六〇一年（慶長六）の仮倭館を経て、一六〇七年の末には釜山に再設された。これは、一六一四年の『芝峯類説』の七年前ということになる。中断していた朝鮮通信使が一六〇七年に再開して両国間の講和が成立したことで、同年末に釜山浦（豆毛浦）の約一万坪の敷地に倭館が正式再開したが、七一年後の一六七八年（延宝六）には約一〇倍の敷地面積を有する草梁倭館へ移転した（田代 2011, 16・17）。

倭館は、朝鮮半島での日本人の居留区であって日朝間の輸出入業務取り扱い機関でもあった。釜山は東萊府の管轄下にあって、一六〇七年再開時の豆毛浦も一六七八年に移設した草梁も東萊の倭館になるが、『芝峯類説』および後述する『仁祖實録』の記述から申維翰が記した東萊の倭館は、一六〇七年から七八年までの豆毛浦の倭館を指すことになる。

わが国でのタバコ栽培開始とキセルによる喫煙の普及は、第9章でとりあげた『鹿苑日録』『琉球往来』などの記述からみて、遅くとも文禄の役（一五九二＝文禄元年）の前には始まっていると考えられる。したがって、一六〇七年に釜山の倭館が再開された頃は、第9章でとりあげた『鹿苑日録』にみる文禄二〜三年（一五九三〜九四）の記述、『石州邑智郡大林村御縄打水帳』（一六〇二）、『琉球往来』（一六〇三）、「坂上池院日記」（一六〇七）（鈴木 1992, 42–44 & Suzuki 1996, 129–131 & 鈴木 1999, 18）、イエズス会文書の「コウロス書翰」（一六一二）（鈴木 1999, 222–229）、『イギリス商館長日記』（一六一五）（東大史料編纂所 1979, 33／鈴木 1999, 18, 291–292）などの文書・文献にみるように、キセルによる喫煙がわが国で急速に広まりつつあった時代である。

既述したように、『海遊録』の記述は倭館が再開された一六〇七年以降を指すのだが、西野重利が主張する倭館再開の年を一六〇九年としても大きな時間的矛盾は生じない。ただし、西野は朝鮮通信使の関与を否定しているが、再開第一回の一六〇七年に来日した通信使がキセルによる喫煙習慣を身につけて帰国した可能性は残る。

一七四七年（延享四）の『朝鮮来朝記・四』（浦 1950, 194–95）は、対馬藩から渡った倭館の居住者数を四〇〇〜五〇〇〇人（田代 1981, 172／伊 2011, 23）に達していたとする。当然のことながら、倭館再開まもなく一万坪ほどの敷地内の一部でタバコの自給用栽培が始まったであろう。一六〇七年末に再開した倭館でタバコの栽培が始まるのは早くても一六〇八年になってからであるから、西野重利の一六〇九年（慶長一四）説は、この観点からすると妥当な推測といえよう。西野は、一六〇九年の日朝間で締結された「己酉約条」（通交貿易条約）をもって倭館の再開としたようである。

いずれにしろ、一六〇七年以降に釜山（東莱）の倭館から伝えられたタバコは、李睟光の記述によると、一六一四年には多くの人びとが植えていたということになる。

(3)『仁祖實録』

この書は筆者未見であるが、西野重利によると『仁祖實録』は『李朝實録』にふくまれるもので、その一六三八年（仁祖一六）八月甲午条には、2節(7)に示したように、朝鮮半島からタバコが中国東北部の瀋陽へ送られた記述がみられる（四四四～五頁）。この文書は、瀋陽へのタバコの密輸に関する朝廷での協議の公式議事録と思われるもので、次に示す記述がある（西野 1984, 38・呉 1986, 20）。

◎『仁祖實録』巻三七・仁祖一六年八月甲午条

我國人潜以南霊草入送瀋陽。為清将所覚大肆詰責。南霊草日本國所産之草也。其葉大者可七八寸許。細截而盛之竹筒或以銀錫作筒。火以吸之。味辛烈謂之治痰消食。而久服往往傷肝気。令人目翳。此草自丙辰丁巳年間。越海来人有服之者。而不至於盛行。辛酉戌以来。無人不服。（浦 1950, 192）

（抄訳）

わが国人潜《ひそ》かに南霊草を以て瀋陽に送りしが、清将の覚るところと為り、大いに肆《ほしいまま》に詰責さる。南霊草は日本国産する所の草なり。其の葉、大なるは七～八寸許《ばかり》ある可し。細かく之をきり而して之を竹筒に盛り、或いは銀・錫を以て筒を作り、火《も》やして以て之を吸う。（鈴木博訳）

此の草丙辰、丁巳（一六一六・一七年）年間より海を越えて来り、人之を服する者有。而し盛行には至らず。辛酉、壬戌以来人服せざる無し。（西野重利訳）

この記述は、一六〇九年説とは七～八年遅れるが、二〇年以上も前の社会現象の記述であり、多少の時間ずれはあろう。「細かく之をきり而して之を竹筒に盛り、或いは銀・錫を以て筒を作り、火《も》やして以て之を吸う」とする記述で、わが国から伝えられた金属の筒（キセル）による喫煙が記されている。

（4）『朝鮮幽囚記』

わが国から朝鮮半島へタバコ喫煙が伝えられた年代に関して、オランダ人船員のヘンドリック・ハメル（Van

Gorcum, Hendrick Hamel）は、一六五三年に難破船で朝鮮に漂着し一六六六年に脱出して長崎へ逃れるまでの日誌に、次のように記している。

（一六六〇年の記述）

……彼等は我々オランダ人のことやオランダのことを何も知らず、日本人から南蛮国という名称を教わったのです。この名称は煙草を通じて彼等の大部分に知られています。しかし、五、六十年前までは彼等はそれを知りませんでした。彼等は喫煙の習慣と煙草栽培の方法を日本人から学んだのです。そして日本人は彼等に対して、その種子は最初南蛮国から来たのだと語りましたので、現在でもまだ多くのひとが煙草のことをナムバンコイと呼んでいます。当地では喫煙の風習が盛んになり、四、五歳の子供も喫煙しますし、現在一マスか、これと同じ価格の品物を支払います。……　　（ヘンドリック・ハメル，生田滋訳 2003, 54）

ハメルが一六六〇年の日誌に記した、タバコの伝来を五〇～六〇年前とする記述は、一六〇七年から一四年の間に倭館から伝えられたとする説に時間軸上でうまく整合する。

（5）「烟器」の朝鮮半島向け輸出

ここ数年来、わが国の研究者の間で、一七世紀には朝鮮半島へ膨大な数量のキセルが輸出されたとする説が試みられるようなった。これらは、対馬藩が作成した資料にあらわれる「烟器」をすべてキセルとみなすことによる。しかし、その膨大な数量は、対馬で作成された文書類の真偽もふくめて、慎重な考察が必要であろう。

素焼き（クレイ）のオランダ・パイプは脆弱で容易に破損するために、一人当たり年間最低一〇本程度の需要があったとされる。オランダからのクレイ・パイプの輸出記録として、オランダのハーグ国立文書館の史料からこれまでにわかっている最大の数量は、東インド会社がアフリカでの交易用として買い入れたと考えられる三年間の計七二、〇〇〇本が報告されている（第12章四〇四頁）[38]。耐久性に優る金属製ボウルとマウス・ピースを持つキセルは竹製のラオをすげ替えるだけで長期間使用できることから、実需要数はクレイ・パイプの一〇分の一以下と考える。

筆者が知る限りでは、これまでに公刊された「烟器」を扱った論文・論考は、浦廉一の「明末清初に於ける満・鮮・日関係の一考察」（浦 1950, 191–210）[39]が最初と思われる。この項では、わが国から朝鮮半島へ積み出された、この膨大な数量の「烟器」記述についてこの論考を参照しながら考察を試みることにする。浦廉一は、「烟器」を以下の史料で例示している。

対藩政事問答（『通航一覧』巻一二八所載）一六三〇年（宝永七）「日本より朝鮮へ差し渡し候代物」

一　煙器百挺に付百二十三匁二分程

一　切多葉粉百斤に付三百三十匁二分程

朝鮮側の史料である『通文館志』巻五、一六二七年（寛永四）条には邦船がもたらす公貿品として送られた品目にふくまれる烟管・烟器には、

假銀烟管十箇

裁判差倭の釜山別幅には、

朱竿烟器三十握

倭館の参議別幅には、

朱竿烟器三十握

などがあげられる（浦 1950, 193 & 194）。ところが、巻末の鶴見俊輔などの翻訳による英文レジメでは、「烟器」はタバコ入れを意味するpouch、烟管はpipeと区別した訳出になっている。

一方、『瀋陽日記』一六三七年（崇徳二・寛永一四）二月二八日・三月九日・七月二九日の各条には、瀋陽へ質子として送られた王子の清帝側の護衛に贈られた品目として、

南草・枝三草・銀烟竹・螺鈿竹

があげられている（浦 1950, 196）。

さらに、『瀋陽状啓』一六四三年（崇徳八・寛永二〇）五月一四日条では、瀋陽から朝鮮へ派遣する諸使節に対する待遇の軽減を命じ、その対象品として以下の品目があげられる（浦 1950, 207）。

正副　使臣	毎一員	細折南草	三十五袋	烟筒三十根
一等常随官	毎一員	細折南草	二　十袋	烟筒二十根
二等常随官	毎一員	細折南草	二　十袋	烟筒　六根
三等　常随	毎一員	細折南草	十　四袋	烟筒　六根

『通文館志』巻三・京外路費には、朝鮮半島から赴燕（北京へ向かう）の諸使節に持参させる品目として、

枝三草・螺鈿烟竹・銀大小烟竹・錫烟竹

などがあげられている（浦 1950, 209）。

これらを通覧してわかることは、「烟器」は対馬藩が用いる品名であり、朝鮮側は、主として「烟管」「烟筒」「烟竹」を使用していた。この時代の日本では、すでに一六〇三年初出の『琉球往来』の「烟筒」があり、その後「烟管」の使用がみられるようになる。対馬藩が国内においても文書類に「烟器」を使用していたのなら問題は簡単であるが、キセルを「烟器」と表記する宗家文書・対馬藩の国内史料の存在は知らない。

次に、田代和生による「近世日朝貿易における細物の請負屋の活動[40]――元禄期を中心に――」（田代 2010）で「烟器」をみてみよう。この論文は、対馬の宗家から倭館へ搬入される細物の請負屋にかかわる考察であるが、

表13-1　私貿易における「刻多葉粉」と「銀山煙器」の輸出表

輸出年	銀山煙器（挺）	刻多葉粉（箱）
1684（貞享元）	27, 307	9, 000
1685	88, 000	195, 000
1686	0	270, 000
1687	38, 000	199, 000
1688（元禄元）	30, 000	100, 000
1689	50, 000	250, 000
1690（元禄３）	136, 000	342, 000
1691	364, 000	370, 000
1692	100, 000	232, 000
1693	100, 000	193, 000
1694	0	0
1695（元禄８）	0	0
1696	0	165, 000
1697	0	40, 000
1698	0	90, 000
1699	0	110, 000
1700（元禄13）	0	1, 000
1701	0	3, 463
1702	0	7, 000
1703	0	3, 000
1704（宝永元）	0	3, 000
1705（宝永２）	0	2, 000
1706	0	5, 000
1707	0	0
1708	0	0
1709	0	0
1710（宝永７）	0	4, 000
総　計	933, 307	2, 593, 463

出典：田代和生 2010、表６より

図13-13　元禄期の「銀山煙器」と「刻多葉粉」の対朝鮮輸出

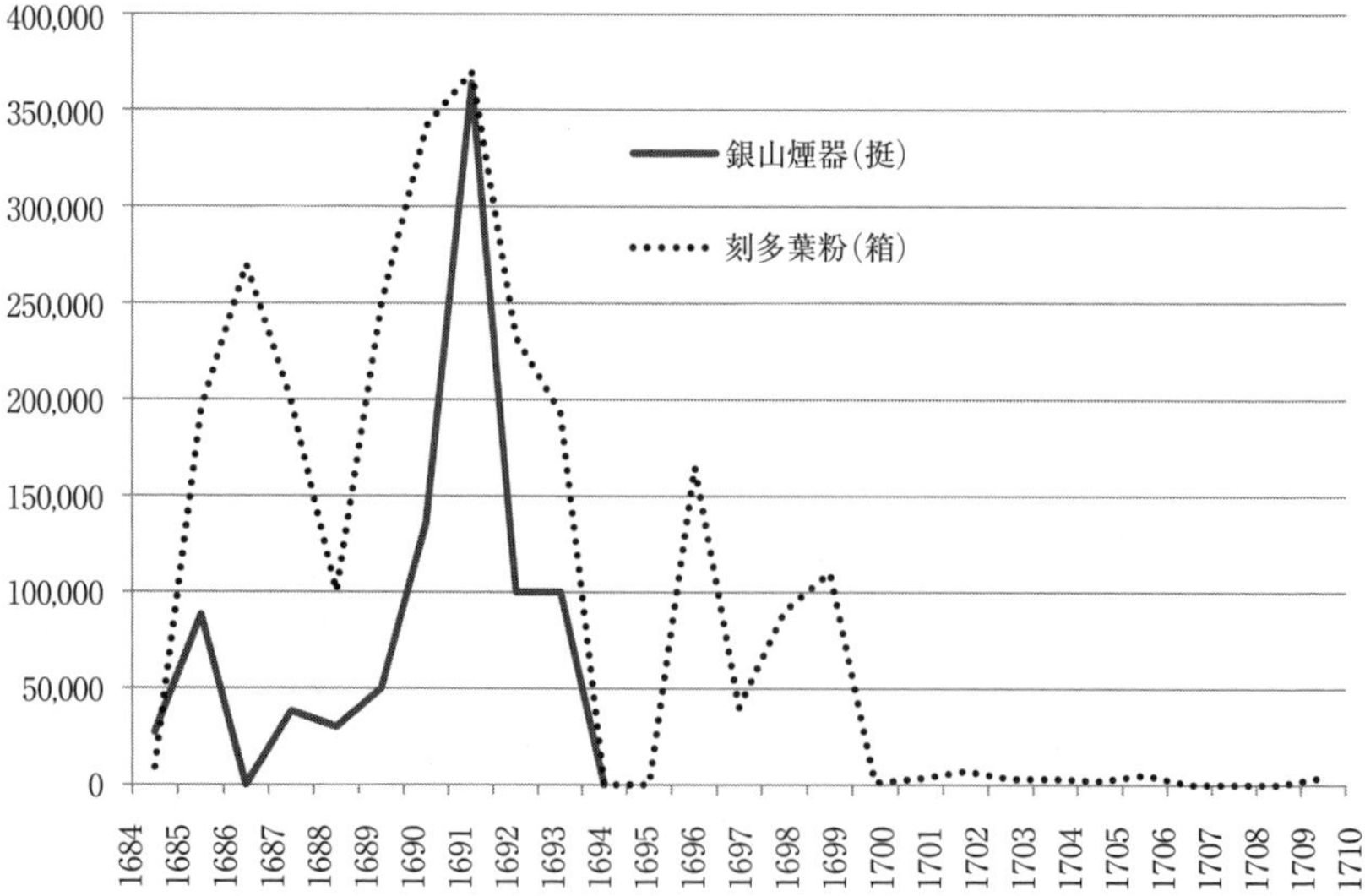

出典：表13-1と同じ

元禄期における対朝鮮の細物輸出の中心に「烟器（キセル）」を位置づけている（田代 2010, 16–17）。田代和生が国立国会図書館所蔵の宗家文書[41]より作成した表4・5・6によると、一六九一年（元禄四）の「銀山煙器」の対朝鮮向け積出しは、金額にして五八貫二四〇匁で、対朝鮮輸出細物金額全体の六五・七九％を占めることになる。田代による表6「私貿易における刻多葉粉・銀山煙器輸出表」をもとに作成した表と図（表13-1・図13-13）を前頁に示す。ここで扱われる「銀山煙器」はキセルと解釈されているが、一六八四年（貞享三）から九三年（元禄六）の一〇年間には驚くべき数量（総計九三万三三〇七挺）が朝鮮へ送り出されたことになる。元禄六年の後は記録が残っていないのか、倭館向けの送り出しが禁止になったかは不明である。

ところが、ここでみえてくるのは、キセルの膨大な数量とタバコの供給量の矛盾である。すなわち、朝鮮側にタバコの輸入禁止・喫煙禁止がなければ、あるいは国内栽培で良質なタバコが得られない限り、日本から朝鮮へ供給するタバコはこの膨大な数量のキセルに見合ったレベルで、政治的・経済的条件に影響されない限り、コンスタントに継続するはずである。朝鮮半島あるいは中国東北部では、国内栽培が広まった後も、わが国から供給されるタバコが好まれていたことは知られている。一六九四年および九五年（元禄七・八）の輸出実績ゼロは、ハイ・レベルで続いた供給による過剰在庫の調整であろうとの推測は可能である。しかし、一六九六年から四年間続いた二回目のピークに続く一七〇〇年からは、一割に満たない数量の供給になり、極めて低レベルに推移したままである。なんらかの規制あるいは現地での国産タバコの供給が天候などの事由で一時的に停滞しない限り不自然な数字である。現地のタバコ栽培については、七〇年ほど前の記述であるが、前掲の一六一四年の『芝峯類説』にみる「今、人多く之を種《う》え」は、すでに栽培が盛んに行われていたことを示している。

この資料で示されるタバコの輸出数量は、箱単位の表示であるため、キセルの数量から算出できるタバコの予想消費量との比較はできない。「烟器」とタバコの輸出は、一六八四〜九三年のピーク時には重なっているが、一六九六年からはタバコのみの輸出であり既輸出のキセルのための供給とみることも可能だが、このデータだけではまだ「烟器」をキセルと断定することはできない。

図13-13のピーク時から二〇年ほどさかのぼるが、石見銀山歴史文献調査団編の『石見銀山』「年表・編年史料綱目篇」に収載される韓国・国史編纂委員会所蔵の一六七〇年（寛文一〇）の「宗家記録」（石見銀山歴史文献調査団 2002, 139–143）にふくまれる「対馬藩が朝鮮へ渡した銀および私貿易の報告」七月二四日条には、次に示す記述がある。

朝鮮国江金銀渡員数公儀へ被仰上控　一六七〇年（寛文一〇）七月二四日

銀山きせる	同六貫七百九拾目ハ	銀山きせる七万挺代
		百挺ニ付九匁七分替
切多葉粉	同九拾六貫目ハ	切多葉粉之代
きせる	同拾四貫五百五十目ハ	きせる拾五万挺之代
		百挺ニ付九匁七分替
切多葉粉	同八十貫目ハ	切多葉粉之代
きせる	同拾四貫五百五十目ハ	きせる拾五万挺之代
		百挺ニ付九匁七分替
切多葉粉	同百五拾貫六百目ハ	切多葉粉之代
きせる	同弐拾九貫百目ハ	きせる三十万挺代
		百挺ニ付九匁七分替
切多葉粉	同九拾五貫三百五拾目ハ	切多葉粉之代

この条に示されたキセルの総数量は六七万挺になり、前出の表13-1にみる一〇年間で九三万三三〇七挺の七〇％以上を一年で輸出していたことになる。

石見銀山歴史文献調査団によって「きせる」として翻刻されている品目が「烟器」であるかどうかは、まだ原本との照査ができていない。しかし、本稿でとりあげた「烟器」と表記されている品目の数量単位に「挺」または「握」が使用されていることからみても、「きせる」と翻刻されている品目の原本での表記は「烟器」であるとみる。「烟器」がキセルであるとするなら、この二点の宗家文書からみると、一六七〇年（寛文一〇）の六七万挺と、一六九一年（元禄四）の三六万四〇〇〇挺の二回、わが国から朝鮮半島への烟器輸出に大きなピークがみられることになる。

キセル喫煙は一六〇七年以降に倭館経由でもたらされ、一六一四年の『芝峯類説』に「今、人多く之を種《う》え」と記されるほどに急速に普及するのだが、その六〇年後・八〇年後になって短期間のキセル需要の急増が起こるのは極めて不自然である。この時代の朝鮮半島、中国東北部の社会背景を考える必要があろう。

浦廉一論文の英文レジメは、先に述べたように「烟器」をpouch、「烟管」はpipeと訳出している。仮に「烟器」を「pouch＝たばこ入れ」としたところで、短期間にこの膨大な数量の「たばこ入れ」を必要とする社会的要素は考えられない。

さらに、わが国のキセルの供給可能数量を考慮する必要がある。すべて手作業による製造工程であるが、彫金加工を除外して最も単純な製造工程例で考えても職人一人当たりの日産数量は三本から最大で一〇本程度とされる(42)。六七万本を制作するには、一〇〇人の職人で二年から六年はかかることになり、当時の工房の規模を考えるとわが国の広範な地域からの調達が必要になる。量産には鋳造も考えられるが、3節で述べたように水口の鋳造キセル以外には、この時代にわが国で鋳造によって製造されたキセルの存在はこれまでのところ知られていいない。

しかし、「烟器」表記がいずれもが宗家文書によることから、対馬藩が何らかの事由で品名および数量を操作した可能性は否定できない。現時点では、この宗家文書の信憑性もふくめて、問題の提起にとどめたい。

(6)朝鮮半島から中国東北部へ

朝鮮半島から清朝成立前の中国東北部へタバコ喫煙が伝播した年代の特定はできていない。前述の浦廉一は、一六三八年(崇禎一一)の『亂中雑録』正月二九日条の記述、「清人初嗜南草。使命之行。私商無数載去」をあげる(浦 1950, 195)。さらに、一六三〇年(崇禎三)の『水使公瀋陽日記』の四月二六日条から「清帝の命を受けて朝鮮使節に南草を求索し、使節はこれに応ずるため、予め用意をしていた」とする例をあげている。先にあげた『仁祖實録』の一六三八年(仁祖一六)八月甲午条には、朝鮮半島から瀋陽へのタバコ密輸が報告されている。少なくとも、一六三〇年までには、清側にはタバコ喫煙が知られていたことになる。『清太宗實録』(巻二一)一六三四年(崇禎七)一二月甲辰条には、下層階級が窮乏にもかかわらずタバコのために浪費することを防ぐ目的ですでに禁煙令が布かれていたことが記されている。したがって、この禁令は上層階級には適用されなかった。

この禁令は、わが国やヨーロッパ各国で出された禁令同様に効果はなく、中国東北部でのタバコ喫煙の風習は急速に広まった。一六三八年と四三年(崇禎一一・崇徳八)に喫煙が原因で大火が起きていることから(浦 1950, 197)、その予防を目的とするところもあったであろうが、清の『清太宗實録』(巻五四)一六四一年(崇徳六)二月戊申条には、禁煙令が守られず次第に実効がなくなったとする記述がみられる(浦 1950, 208)。

さらに一六三九年(崇徳四)二月には、朝鮮に対してタバコ(南草および枝三味)の持込禁止を通達し、朝鮮側が受諾の意を伝えた（浦 1950, 200）。しかし違反は後を絶たず、摘発されたタバコは焼却処分に処せられた。ところが、入清の朝鮮人が瀋陽に滞在する間および行路での喫煙は黙認していたことが『通文館志』（巻九）一六三八年（浦 1950, 203）に記されているが、商人（密輸を除く）による売買も認めていた（浦 1950, 204）[43]。

3節「シベリア」でも述べたように、戦乱が続いた朝鮮半島では農耕用牛が不足し、蒙古まで貿牛（牛の買い付け）に出かけていたのだが、『瀋陽状啓』一六四三年（崇徳八）二月一四日条（浦 1950, 207）には、蒙古での貿牛のために、「短烟竹」「南草」および「枝三草」が必要であるとする記述がみられる。蒙古の北・西隣りの南・西シベリアで発掘されているわが国の河骨形キセルが、このようなルートを経由して供給されていたことが推測できる。

これまでに示してきた瀋陽文書にはタバコの表記に「南草」と「枝三」が併記されることが多い。これを単なる異表記の併記とは考えない。わが国の近世初期のタバコ表記に「南霊草」または「南草」をみることはあるが、「枝三」表記を用いたケースは知らない。瀋陽文書の「枝三」と「南草」の併記例をみると（浦 1950, 196・200・203・206–207）、「枝三・南草」「南草及枝三」の例が多く「枝三味南草二物」とするケースもある。『承政院日記』一六三八年（崇禎一一）二月一〇日条（浦 1950, 210）からは、日本産のタバコが朝鮮半島産より上質であるとされていたことがうかがえる。このことから、タバコの異なる表記は倭産タバコと半島産を区別した表記とみるが、さらなる検証が必要である。

本節では、主として浦廉一の論文を参照しながら、わが国から朝鮮半島へのタバコ喫煙の伝播、さらに前掲の『瀋陽状啓』にみる「短烟竹」の記述から、わが国から伝えられたタバコおよびキセルが中国東北部を経由してモンゴルへ貿牛の代価として供給されていたことが明らかになった。膨大な数量の「烟器」の朝鮮半島への供給が「キセル」を意味するかどうかは、今後の課題にしたい。

5 その他の近隣国

朝鮮半島・中国以外の近隣国との交渉は、一六世紀末から一六三六年までは主に朱印船によるもので日本人町が形成されていたフィリピン、ヴェトナム、タイ、カンボジアを主とする地域が対象であった。フィリピン、カンボジア、ヴェトナムの各二か所、タイの一か所の計七か所に存在したこれらの日本人町への積載貨物に、タバコの記録をみる。一六三六年以降はいわゆる鎖国によって朱印船の出航が止まると、オランダ船および唐船がその役割を果たすことになる。

第12章の表12-1に示すように（三七八頁以下）、タバコばかりでなくキセル、タバコ入れ、タバコ盆、灰吹きなど喫煙関連の物資が積載されるようになる。これらの積載品から、日本人町在住の同胞向けが主であるとみるが、一部は現地人向けもふくまれていたと考える。

ジョン・セイリス（Saris, John）を司令官とするイングランドの東インド会社のクローヴ号は、僚船二隻が香料を積んで帰国した後、日本への公式訪問を目的にバンタムを出航した。途中、モルッカ海のバチャン島（Bachian）でムーア人のケイ・マラダイアに会い（一六一三年三月六日）[44]、多量のタバコを他の品々とともに贈ったとする記述がその航海記に残っている（Sairis 1941, 92／セーリス 1944, 35／村川 1973, 39）。この島には、オランダがすでに城塞を築き拠点としていたことから、喫煙風習はオランダ人によって伝わっていたとみることも可能であろう。しかし、この時代は本国のクレイ・パイプ生産がまだアムステルダム中心で国内需要を満たすレベルに達していなかったことから、一六三四年以降のオランダ船のわが国からの積載貨物にみるように（前掲表12-1）、平戸のオランダ商館がわが国から積み出したキセルおよびタバコがバチャン島へも供給されていた可能性がある。この海域は、わが国の朱印船の主たる行動範囲ではないので、朱印船による喫煙伝播を考える必要はなさそうだ。

朱印船が定期的に訪れていて日本人町が形成されていた四地域のうち、カンボジアおよびフィリピンについては、すでに第4章および10・11章でとりあげているので、ここではヴェトナムとタイに関して述べることにする。

(1)ヴェトナム

五野井隆史による『一六二六年　日本イエズス会のトンキン報告書』(五野井 1993, 129)に、次のような興味深い記述がみられる。「一六二六年　古賀ジュリオ・ピアニのマカオからトンキンまでの旅行及びその帰還に関する短い報告」の項、シノファイ(Xinofai＝清華)に入港した後の記述。

彼等の菜園はほとんどすべてがタバコで溢れ、萵苣や(玉葱が若干あります。しかし、川の一方の側には、五斂子、レモン、辛菜、胡荾)及び桃の樹等があります。これらはほんの僅かにすぎず、菜園はすべてタバコからなっていると考えられています。

清華(シノファイ)はマカオからトンキン(現ハノイ周辺のヴェトナム北部地域)へ向かう途中の寄港地で、古賀はここで王の許可を得た後、二日かけてトンキンに達している。この報告書によれば、一六二六年頃にはすでに朱印船が訪れていて日本人居住者の記述もみられる。

一六〇四～三五年の朱印状発給記録からみた朱印船は総計三五六隻にのぼり、ヴェトナムの交趾《コーチ》向けが一番多く七一隻に達しているが、トンキン向けも三七ないし四〇隻ほどとなっていて、朱印船の渡航先としてはヴェトナムが圧倒的に多いことがわかる(岩生 1985, 127・171 & 1966, 10–11・316)。このことから朱印船による喫煙伝播の可能性はヴェトナムが非常に高いとみる。朱印船のヴェトナムへの渡航は、中国との出会貿易も大きな目的であった。

これに対して、スペイン勢の最も早いヴェトナム訪問は、一五九八年頃にカンボジアから敗退するさいにスペイン船が立ち寄った時とされる。宣教活動からみるとヴェトナム南部のコーチンシナは、すでにポルトガル勢力であるイエズス会が一五七二年に着手していたが（五野井 1991, 91 & 92）、マニラを拠点とするスペイン勢のフランシスコ会は一五八〇年代に入ってから、アウグスチノ会は一五九〇年代になってからとされる。五野井によると、ヴェトナム北部のトンキンにわが国のキリシタン宣教師が入ったのは、この一六二六年のイエズス会が最初と思われる。しかし、当然のことながら、これらの宣教師たちは喫煙の伝播にはかかわりがない。

中国に隣接するヴェトナム北部ですでに盛んに栽培されていたタバコが、いつどこからもたらされたかを特定できる史料はみつかっていない。しかしリスボン科学アカデミー所蔵の「船隊記録簿」(*Libro das Armada*) でみる限り、一五五七年にはすでにポルトガル船のサン・パウロ号がブラジルからコーチンシナへ直接入港しているので、ポルトガル人による可能性をあげることもできる。しかし、巻いたタバコの葉による喫煙を記した古文献がヴェトナムに存在することは知らない。

トンキンに渡航していた朱印船は年に一～三隻はあったことから、タバコ喫煙を日本人がもたらした可能性は大である。中部のコーチンへの朱印船の渡航数はこれをはるかに越えるので、南部から北部のトンキンへ伝播した可能性もある。いずれにしろ、中国へのタバコ伝来ルートの一つに、このイエズス会文書からヴェトナム経由の可能性を加えることができる。

一六二六年のイエズス会文書にみる北部ヴェトナムでの盛んなタバコ栽培の報告は、中国南部へのタバコ喫煙伝播がヴェトナム経由であることを示唆するが、朱印船の寄航地がトンキン＝東京およびアンナン＝安南（北部）、コーチ＝交趾（中部）など複数箇所あって、朱印船による喫煙伝播の可能性は大きい。したがって、わが国のキセルによる喫煙もヴェトナム経由で中国南部へもたらされたと考えるべき要素は十分にある（四四三頁の

図13-5の(c)。

一七世紀前半にはすでにヴェトナム中部のホイアン（Hoi An＝旧フェイホ Faifo）に日本人町が存在していたが、まだその場所は特定されていない（菊池 2003, 25–27 & 2010, 25）。わが国では、フェイホをふくむ地域を一七世紀には交趾《コーチ》と呼び、朱印船の渡航先としては最も多く、一六〇四から三五年の間に発給された朱印状でみると七一隻が渡航していた（岩生 1985, 127・151）。この数字は、同期間のカンボジア（四四隻）、フィリピン（五四隻）、タイ（五六隻）をはるかに越えている。朱印船の渡航先としてのヴェトナムは、わが国にとっては重要な交易対象地であった。岩生成一は、東南アジアへ移住した邦人数を七〇〇〇～一〇、〇〇〇人と推計しているが、前述期間の東南アジア向け朱印船の判明している総数は三五六隻とされるので（岩生 1966, 16）、交趾向けは約二〇％であるから移住邦人総数にこの比率を適用するなら、少なくとも最盛期には一〇〇〇人近くは交趾に居住していたと仮定することができる。[45]

一九九三年から菊池誠一がヴェトナムで実施した調査では、ホイアンで七点のクレイ（素焼き）・パイプのボウル部とマウス・ピース部が出土している。しかし、わが国のキセルなどの金属パイプあるいはオランダのクレイ・パイプの影響を示す出土は報告されていない（菊池 2010, 29）。

菊池はこの調査報告で、出土地点がホイアンの一七世紀の日本人町跡の有力候補地であることから、日本の金属キセルを模して作られたとする考え方を示す（菊池 2010, 33）。この報告によれば、金属パイプに関しては少数民族が使用していたとされる二点がホーチミン市内のアンティーク・ショップでみつかっているものの、形状にキセルの直接的影響はみられない。

北部のハノイ国立ヴェトナム歴史博物館・民族学博物館およびフンイエン市のフンイエン省博物館、中部ではフエ市のトゥアティエン・フエ省博物館、さらに南部のホーチミン市の国立歴史博物館のいずれにも、素焼き土

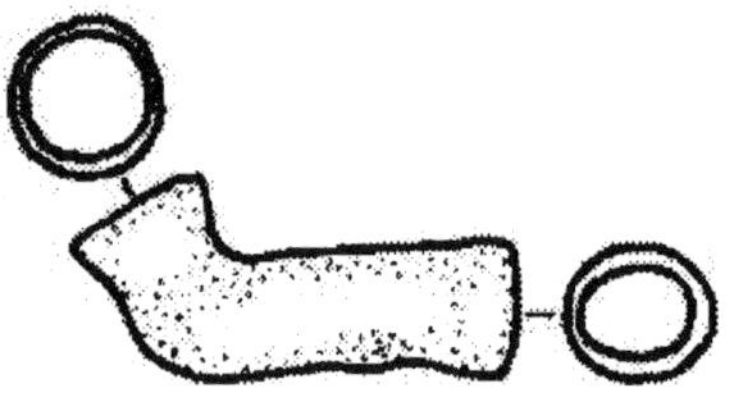

図13–14　ホイアン出土の土製(クレイ)パイプ

製パイプの収蔵品はあるが、金属パイプの収蔵はない（菊池 2010, 26–29）。ホイアンの日本人町跡の位置が将来特定されて、土壙（捨て穴）が発掘されるまでは金属キセルの出土は期待できないであろう。

ホイアン出土の土製パイプ（図13–14）に類する素焼きパイプは、一九八一年に青森県下北郡東通村の浜通遺跡で出土した土製キセルのボウル部四点とステム部六点（Suzuki 2009, 82–83／青森県教育委員会 1983, 157）、二〇〇一年に長崎市勝山町遺跡で出土した唐津焼きキセル雁首など、わが国でも各地で出土しているが、とくに沖縄諸島で多くみる（島 2012, 130–140 & 2010, 81–88）。いずれも、わが国の初期キセル喫煙時代の金属キセルがまだ十分に普及していない時代の代用品または模作品と考える。

ヴェトナムのフエ（Hue＝ユエ）から中国南部へ伝えられたとされる水パイプ「フエ・パイプ」はインドが起源とされる（二三五頁の図8–16）。しかし、その伝来時期に関する資料は見当たらない。菊池誠一の報告によれば、竹製の水パイプは、労働者階級・農民階級で現在も使用されているが、博物館の収蔵品には主として陶器製の水パイプが展示されている。中国に水パイプが伝わるのは一八世紀に入ってからであるが、これはイスラム教徒が多い蘭州（甘粛省）へ伝わった金属製水パイプである（二三五頁の図8–14）。

ヴェトナムのフエから伝わったとされる竹製水パイプが中国南部に伝来したのが蘭州と同時代とすると、インド起源の水パイプがヴェトナムへもたらされたのは金属パイプ（キセル）喫煙の伝来後とみる。前述した一六二六年のイエズス会報告にみる盛んなタバコ栽培は、水パイプが普及した頃である可能性も考えられる。すなわち、ヴェトナムの土壌・気候などの影響を受けて得られるタバコがトルコなどと同様に非常に辛いものであったとすると、タバコ喫煙は水パイプによって急速に広まったとする仮説が可能になる。これによって、ヴェトナム産のタバコは金属または土製パイプで直接喫うのに比較して、水を介して喫うことで喫味が柔らかくなり広く普及したとみる。しかし、この仮説は、現地栽培のタバコの調査をふくめたさらなる検証が必要である。

菊池は、ヴェトナムにはタバコ喫煙史にかかわる文書・史料・文献などはまったくないとする。しかし、これまでに述べてきたように、パイプによる喫煙が一七世紀前半にヴェトナムへ伝わる可能性があるのは、マニラに拠点を置くスペイン人あるいは、インドのゴアおよび中国のマカオに拠点を持つポルトガル人によるものでないことは明らかである。日本人町に居住するか朱印船で訪れる日本人、または東インド会社の拠点をもつオランダ人、あるいは寄航することがあったイングランド人が持ち込んだことになる。しかし、すでに述べているように、オランダはクレイ・パイプの国内需要が満たせるようになり、海外への供給が可能になる一七世紀後半までは、わが国のキセルを平戸・長崎から積み出していたのである。イングランド人もまた、ウィリアム・アダムズ（三浦按針）をふくめて、平戸英国商館では日本のキセルを使用していた記録が残っている（鈴木 1999, 273–276）。

（2）タイ（暹羅＝シャム）

岩生成一はその著『朱印船貿易史の研究』の「朱印船の貿易品」（岩生 1985, 303）で次のように述べている。

暹羅への輸出品中に煙草があげられているが、煙草は日欧交通開始と共にまず喫煙の風が輸入され、次いでその栽培が始まったのは慶長初年と思われる。この外来植物製品が早くも相当量輸出に振り向けられるようになっている。

わが国のタバコ栽培開始を慶長初年（一五九六）頃としているのは、『大日本史料』（東大史料編纂所 1902, 759–819）を参照してのことであるが、近年定説的にとりあげられる「慶長一〇年説」に対して、より考察を加えた結果であろう。岩生がここでとりあげた「外来植物製品の輸出」は、その著で掲げている朱印船の輸出品目にふくまれる「煙草」を意味するのだが、その例を次に示す（岩生 1985, 293–294・313・323／鈴木 1999, 89）。

一六三三年（シャム）　粗製陶器や煙草

一六三四年（シャム）　煙草三〇〇〇斤

一六三五年（シャム）　煙草　一〇〇斤

これは、シャムのオランダ商館員によるシャムに着いた朱印船の積載貨物に関する報告から引用したものであるが、一六三四年以降のオランダ船および唐船が平戸あるいは一六四一年以後に長崎で搭載したタバコ・キセルなど喫煙関連商品の一覧は三七八頁以下の表12-1に示した。カンボジア、タイ、ヴェトナム、フィリピンなどへ渡航した初期朱印船の積載貨物の一覧は、残念ながら筆者未見である。少なくとも、喫煙習慣を持つ日本人が朱印船で渡航し現地に居住し始めると当然、朱印船によるタバコの供給を受けることになる。その開始時期については、これからの課題としたい。

しかし、朝鮮半島および中国を除くこれらの地域の喫煙具には、わが国のキセルの影響を直接受けたと思われるものはあまり多くなく、とくにタイの代表的喫煙具は図11-11（三六〇頁）にしめすような土製のボウルに金属のステムを付けたものである。喫煙伝来初期には、現地の金属加工技術などの理由から、朝鮮半島・中国などと異なる形で喫煙具が作られたものと考える。

二〇一〇年六月に江戸東京博物館で開催されたシンポジウム「VOCと日蘭交流」で草野英信が発表したタイのアユタヤ・オランダ商館跡から出土しているブロンズ製パイプ（図13-15）（草野 2010, 39 & 2012, 97／長佐古 2010, 151 & 2012, 219）は、わが国のキセルとは構造的に異なるが、オランダ・エンクハウゼン近郊出土のピューター（鉛合金）製の鋳造パイプ（三五六頁の図11-9）（鈴木 2010, 99 & 2012, 162）のボウルの形状に類似する。

しかし、アユタヤ出土のボウルに付くシャンク部の取り付け位置がエンクハウゼンの資料とは多少異なる。アユタヤ出土品の写真に並べて示される折れたシャンクまたはステム部は太くふくらんでいることから、異なる資料のものとも考えられる（図13-15）。

オランダ本国のVOCの拠点があった港湾周辺で出土している木製ステムを付けた金属パイプには、鉛合金のピューターを多くみるが、ブロンズ製も出土している。このアユタヤ出土の金属パイプは、一六四〇年代に入るまで供給不足のクレイ・パイプに代えてオランダ船の乗員が遠洋航海に携行した金属パイプとみる。本国でのクレイ・パイプの供給が国内需要を満たすようになる一七世紀後半に入る前のパイプである可能性が高い。アムステルダム・パイプ博物館のD・デュコは、前掲のエンクハウゼン近郊出土のピューター製パイプは一六一五～三〇年に製造されたものとする。オランダ本国で一九九〇～二〇〇八年にかけて出土している木製ステムを使用する金属パイプが、東インド会社の海外拠点でみつかった報告はこれまでのところ出されていないが、筆者がみる限りこのアユタヤの報告はその最初であろう。

図13-15　アユタヤ出土のオランダ製金属パイプ

草野英信の報告では、アユタヤではクレイ・パイプも多量に出土しているが、ヒール・マークなどから特定された年代は一六九〇年から一七二〇年にかけての出土品が多いとされている。これは、長崎出島での出土クレイ・パイプと同じ傾向である（三九三頁の表12-3）。

一七世紀に入ると、アユタヤ王朝が交易上の理由から高い信頼を寄せたのはポルトガル人であって、イエズス会士が重要な役割を果たしていた（岡 2014, 392-393）。しかし、イエズス会士やポルトガル人がパイプによる喫煙をもたらすことはなく、訪れていたフランス人、ペルシャ人あるいはマニラから来航するスペイン人もパイプによる喫煙の伝播にかかわる可能性は少ない。したがって、日本人町の住民および朱印船で訪れる日本人がその役割を果たしたものとみる。アユタヤに東インド会社の拠点を持つオランダ人は、わが国の長崎出島遺跡の出土数からみても（前掲表12-3）、また平戸・長崎からの蘭船搭載貨物にみるキセルの数量から考えても（三七八頁以下の表12-1）、一七世紀末頃までは本国からのクレイ・パイプの供給が十分でなく、わが国のキセルまたは限られた数量のオランダ製金属パイプを使用していたと考えられる。したがって、タイにおけるパイプ喫煙の伝播には、わが国のキセルが主に寄与したとする結論に達する。

（1）http://www.philippinesbestcigars.com/lafldelasis.html (November 15, 2012にアクセス)
（2）http://www.cigarsmania.com/cigar_history.php (November 15, 2012にアクセス)
（3）Von Dorotheus, Schilling, O.F.M. Rom: "Der erste Tabak in Japan"（ホアン・デ・サンタマリア『聖ホセ管区の洗足の聖フランシスコ会年代記』第一部、五九六頁、マドリード、一六一五年）
（4）Gordillo, José Manuel Rodoriguez：二〇〇七年までSevilla大学法文学部でスペイン史（スペイン・タバコ史専攻）の講座を持つ。二〇〇七年一〇月一九日セビーリャ大学でのゴルディジョ談。
（5）この稿では「喫煙用タバコ」と「薬用タバコ」を分けて記しているが、タバコに喫煙用種と薬用種の区別はなく、用途の違いを記したもので、同一種が異なる目的に用いられた。
（6）フランシスコ会士のマニラ最初の到着には、一五七七年の一六人または一七人のほかに一五七八年の一五人説がある（*A Historical View of the Philippine Islands*, p. 65）。
（7）第7章3節「スペインに始まった嗅ぎタバコ（スナッフ）・葉巻（シガー）と紙巻タバコ」参照（一九五頁）。
（8）ゴルディジョ談（二〇〇七年一〇月一九日セビーリャ大学で）。
（9）Malbarosa, José Ma. Arcadio C.（ホセ・マルバローサ：ラサール大学＝De La Salle University）は *The Aesthetic*

Dimension of tobacco consumption and Manufacture in the Philippines, 1782–1930 で最初のフィリピン駐在の上級社員が一八八二年始めに到着したことで Tabacarela が実質的にスタートしたとする（Malbarosa 2013, 3)。

(10)　一五六七年七月六日付けセブー発の総督レガスピの書翰に、「ルソン島の北部地方へ支那船・日本船が来るがエスパニア人は北部へ行かないので……」とある（岡本 1987, 550)。

一五七二年のカピタン・ファン・パチェコ・マルドナルドの報告に「(日本は)……当ルソン島より富裕にして多量の銀採掘される。日本人の国は略々三百レグ距たる。毎年当島へ物資を積みたる日本人の船来る。その主なる交易は銀に由りて金を、銀二乃至二半マルコに由りて金一マルコを易ふ」とある（岡本 1987, 552)。

一五九八年六月八日付け「アントニオ・デ・モルガの報告書第五十五項」に、日本へ大量の鹿皮を積み出すために、多くの鹿が毛皮のみのために殺されて鹿の数が足りなくなってきていることが報告されている（岡本 1987, 554)。

(11)　Bazaco, Fr. E., p.50より。

(12)　一六五〇年までは、長崎から台湾のオランダ商館へ積み出されていた日本のキセルの多くは銀製であり、すべて台湾で使用されたとは考えられない。帳簿上の勘定はバタヴィア本店宛てになっていることから、商品扱いである。商館員の個人用積載貨物は仕訳帳に記載されることはないが、脇荷として積載されたものの記録は現時点ではほとんどみつかっていない。後年に長崎出島へ送られた大量の館員用のクレイ・パイプも、その積載記録は、日本側に残る脇荷の記録一件以外はみつかっていない。一六五〇年以後は、赤銅あるいは真鍮製か銀製表示のない「きせ留・きせる」の表示になる（三七八頁以下の表12–1)。

(13)　オランダでは乾いた葉を揉《も》んで粉状にして使用していたことが知られているが、湿気を帯びた葉は揉む前にタバコの葉を乾燥させるために用意される炭火のコンロを使用していた。その炭火はタバコの点火にも使われた。

(14)　宇賀田為吉『煙草文献総覧』漢書之部、一～二頁。

(15)　宇賀田為吉『煙草文献総覧』漢書之部、六六～六七頁。

(16)　田尻利『清代たばこ史の研究』一五三～四頁の註(80)。

(17)　楊国安『中国烟業史汇典』、七頁。

(18)　宇賀田為吉『煙草文献総覧』漢書之部、一三頁。

楊国安『中国烟業史汜典』、一一・一二頁。

(19) 楊国安『中国烟業史汜典』、五頁。

夏家駿(王怡・川床邦夫訳)「中国の文献中のたばこに関する抜粋資料」(『たばこ史研究』三五号、一九九一年、一四頁)。

(20) 宇賀田為吉『煙草文献総覧』漢書之部、二頁。

『露書』には複刻本が多く、その刊行年については、第9章三一〇頁の註(40)を参照。

(21) Bruder Juan Clemente, O.F.M. に関する報告。

ホアン・デ・サンタマリア『聖ホセ管区の洗足の聖フランシスコ会年代記』第一部、五九六頁(前掲註3)。

『フランシスコ会・イベリア・アメリカ史料集』第三四巻(一九三一年)六五頁(*Archivo Ibero-Americano. Estudios historicos sobre la Orden Franciscana en España y sus Misiones*, 1ff., Madrid, 1914 ff)

(22) 川床邦夫「見聞・中国と西洋の嗅ぎたばこ」(『たばこ史研究』三七号、七頁、一九九二年)。Cornforth, Trevor & Dr. Cheung Nathan, p.14. は明代の終わり一六三〇年代とする。

(23) 「日本へ密貿易に行った清国商人、斬罪に処される」(中国中央研究院歴史言語研究所篇『明清史料』丁編所収「刑部等衙門尚書覚羅雅布　等残題本」より)。

(24) 万暦年間について記した王在晋の『越鐫』の記述。

(25) 「朱印船渡航地別集計表」による。

(26) 一説に一五〇〇人とある(『薩藩旧記』後集二八・二九)。

(27) 朝貢貿易：中国は周辺国の入貢に対する報償のかたちで貿易を認めた。

(28) 『大明会典』巻一〇五の琉球国の条に「二年一貢、毎船百人、多不過一五〇人、貢道由福建閩県」とある。

(29) 表3「明時代の貢隻数及び搭乗員数」および表4「清時代の貢隻数及び搭乗員数」による。

(30) 『潜確居類書』(一六三二＝崇禎五年刊)。

(31) 封舟：冊封使を送る船。琉球の新王には明朝から冊封使を送り封爵を授けた。

(32) シャポヴァーロフ・アンドレイ・ワレーリェヴィチ(Shapovalov, Andrey)が正式名であるが、一九九七年に「シベリアにおける煙草の消費——伝統とその発生——」（枡本哲訳）の邦訳論文が『歴史民俗学』八号（一九九七年）に発表されたさいに、編集側の誤りでS・A・ヴァレーリェヴィチとして掲載された。

本稿では刊行翻訳論文に記されたS・A・ヴァレーリェヴィチの表記を便宜上使用する。しかし正しい表記は、原著者が筆者に示したShapovalov, Andrey（A・シャポヴァロフ：ノヴォシビルスク国立博物館館長）であって〃ワレーリェヴィチ〃はロシアで用いる父系の名前である（翻訳者枡本氏による）

(33) V・A・アントロポヴァ「シベリア諸民族のパイプ」（草稿／人類学民俗学博物館古文書保管所蔵）。

(34) YU・A・クゥビナ「北東シベリアおよびアラスカ諸民族のタバコの消費：伝統の民族文化的側面（『シベリアおよび北アメリカ古代文化の相互関係の体系的研究・精神文化』第二号、八五～一一五頁、サンクトペテルブルグ、一九九五年）。

(35) S・A・ヴァレーリェヴィチ（正しくはA・シャポヴァロフ）「シベリアにおける煙草の消費——伝統とその発生——」（前掲註32）。

(36) 水口製の鋳造キセルは伊勢参りの土産品として作られたと考えられるが、好事家向けに作られたレプリカ的作品をふくみ、水口が伊勢参りや東海道の宿場として栄える頃に始まったとみる。したがって、早くても寛永年間（一六二四～四四）の製造開始と考える（鈴木1999, 141–143）。

(37) 『シベリアにおけるタバコ消費の歴史と文化——一七世紀～二〇世紀前半——』（二〇〇二年、枡本哲訳）。なお邦訳論文は、本書刊行時点では未刊行。

(38) 第12章2節「(7)オランダ・クレイ・パイプの海外輸出」参照（四〇三頁）。B・ファン・デア・リンゲンの調査による。

(39) 浦廉一の「明末清初に於ける満・鮮・日関係の一考察」は、京都帝国大学元総長の羽田亨の還暦記念東洋史論文集に収載されて一九四二年（昭和一七）に上梓される予定であったが、戦中・戦後の混乱期を経て戦後、米国Harvard大学の援助で『羽田博士頌壽記念　東洋史論叢』として一九五〇年（昭和二五）に刊行された。このため巻末には鶴見俊輔などの翻訳による英文レジメが付されている。

(40) 〃細物〃は小間物を意味する。

（41）国立国会図書館所蔵「御商売御利潤并御銀鉄物渡并御代物朝鮮より出高之覚書」。
（42）二〇一三年八月の時点で、わが国に残る唯一のキセル職人とされる飯塚昇氏（当時七九歳）が働く新潟県燕市の飯塚金属の飯塚景造社長談によると、キセル職人一人当たりの日産数量は三本程度である。しかし、ここでは粗製品は数量が多少増えることを考慮して一〇本以下とした。
（43）浦廉一（前掲註39）二〇四頁。
（44）この時代のイングランドは三月二五日に年号を改めたので、セーリスの記述では一六一二年として記されている。
（45）最盛期にはマニラ三〇〇〇人、アユタヤ一五〇〇人の他フェイホ（交趾）には最低でも三〇〇人とする説がある（岩生 1966, 330–331）。

終章　総括および補遺

はじめに

本書の前編では、新大陸から旧世界のヨーロッパ、イスラム社会そしてアフリカ各地へタバコ喫煙がどのように伝播したかを、これまで定説的に扱われてきた諸説を可能な範囲で検証し、誤りまたは解釈違いと思われるものを指摘しながら、その概略を述べてきた。後編では、わが国と周辺アジア諸国への伝播を、欧州諸国の喫煙史と照合しながら検証してきた。わが国で定着したかにみえる諸説の多くにその大前提の誤認があり、わが国に喫煙を伝えたとされる諸国の喫煙史とリンクしないことを明らかにした。

本書で扱う喫煙史の概観を理解しやすくするために図版を多く取り入れることに努めたが、ここで改めて前編・後編の概略を補遺を加えながら総括することにした。

(1)　前　編

南北アメリカのタバコ摂取形態（第1章）

南アメリカ・北アメリカの原住民にとってタバコの喫煙は、宗教上の儀式・祭事、医療などに加えて、快楽を目的にする行為でもあった。その喫煙形態にはタバコの葉を巻くか他の植物の葉などでタバコを巻いて行う手法と、器具（パイプ）を使用する方法がある。喫煙の他には、乾いた葉を挽《ひ》いて粉状にするか、縄状に巻き上げたロール・タバコや固めたタバコを摺《す》り下ろして鼻から吸入する嗅ぎタバコ（スナッフ）、あるいは固めたケーキ状のタバコを用いる噛みタバコなども知られている。喫煙をふくむタバコの各種摂取方法は、広大な南北アメリカの地域、気候、タバコ属の種の違い、また個々の部族の宗教、習慣、社会形態などをふくむ文化の違いが大きく作用している。

しかし、最も大きな要素は自生あるいは栽培するタバコの種の違いにあって、西岸を除く南アメリカの大部分および中央アメリカの東岸では、タバクム種が支配的に存在していたとされる。メキシコの中・西部ではトルテカ時代が終わる頃までは、ルスティカ種が主であった。ここでは、北アメリカの北西岸を除く大部分の地域と同様に、真っ直ぐな筒状あるいはボウル（火皿）が付いたパイプを介する喫煙が行われていた。しかし、スペインが侵攻したアステカ時代には、葉が広く柔らかな喫味のタバクム種が西岸にまで広がることで巻いたタバコの葉あるいはタバコをトウモロコシの皮や他の植物の葉で巻いて喫う方法、または葉巻の形に似たテューブラー・パイプを介する喫煙方法に変わっていた。

北アメリカではルスティカ種およびアテヌアタ種が喫煙に使用されたが、この二種はタバクム種に比べて葉が小さく強いタバコとされ、巻いて喫うには適さず器具を介する方法が行われた。

タバコの煙を喫う器具（パイプ）には、材料や喫煙目的の違いから多種の形状が生み出された。タバクム種が支配的であった南アメリカにおいても、神事・祭事にはパイプが用いられていたことが出土品あるいは残されている石彫などから知ることができる。

北アメリカのロッキー山脈を境とする西岸では、メキシコに接する南西部で使用するパイプはテューブラー・パイプに限られていた。北西岸ではパイプによる喫煙は行われていなく、噛みタバコが支配的であった。北西岸でパイプによる喫煙が始まるのは、ロシアの交易商人がアラスカのイヌイットに毛皮取引用に持ち込んだアジア系の小さなボウル（火皿）のパイプ、あるいはイングランドやオランダ人がもたらしたクレイ・パイプが伝えられて喫煙が始まったとするのが、現在では支配的な説である。

このアジア系のパイプは、わが国のキセルによる喫煙が朝鮮半島を経由して中国の東北地方（満州）へもたらされ、東シベリアの沿海地域に伝わったものとされる。小さなボウルのパイプには、細刻みあるいは揉《も》んで粉状にしたタバコを使用するのが特徴である。

旧大陸へのタバコの紹介（第2章）

現在知られるヨーロッパの古文書・文献にあらわれる最も古いタバコ記述は、一四九六年にコロンブスの第二回航海に同行したラモン・パネ（Pane, Ramon）の報告にみる嗅ぎタバコとおぼしき cohoba であるが、その稿本の所在は不明である。コロンブスの第一回航海を記して最初に公刊された書は、航海の七九年後に、その子エルナンド・コロン（Colón, Hernando）による『コロンブス提督伝』がエルナンドの死後、一五七一年になってからイタリアのベネチアで刊行された。しかし、そのもとになったコロンブスの第一回航海誌は、女王に献呈されたものの原本・写本ともに所在不明のままである。一九世紀に入るまで稿本が紛失していたラス・カサスによる『航海日誌』・『インディアス史』もエルナンド同様にコロンブスの第一回航海誌の写本をもとに記したと考えられているが、ともにタバコと喫煙の記述がみられる。

エルナンドの書は、イングランドでパイプ喫煙が始まった頃、ラス・カサスはパイプ喫煙の時代を経て葉巻タバコ（シガー）がヨーロッパに急速に広まり始めた頃になってからの公刊である。ラス・カサスによる『インディアス史』にみる第一回航海にかかわる記述は、自身が新大陸へ渡って（一五〇二年）から二五年、コロンブスの第一回航海からは三五年を経てからの執筆開始（一五二七年）であって、その二著作の記述には矛盾がみられる。この矛盾がのちにコルティィやブルックスによってスペインの喫煙史に混乱をもたらすことにもなる。第2章四六頁以下に掲げた「ロドリゴ・デ・ヘレス喫煙の真偽」はその一例である。

植民地からの積載貨物にタバコが初めて記録されるのは、一五四八年にブラジルから本国ポルトガルへの貨物リストに記載された*fumo*（タバコ）である。ポルトガル語で煙を意味する*fumo*がタバコに用いられたのは、植民地でタバコ喫煙が行われていたことを示すことになるのだが、本国で巻いたタバコによる喫煙が広く行われ始めるのは、一八世紀に入る頃からである。

フランスのジャン・ニコー（Nicot, Jean）がポルトガルのリスボンで得たタバコを薬用として母国へ紹介したのは一五五九～一五六〇年のことであるが、ヨーロッパでタバコの薬用効果を喧伝《けんでん》したのは、セビーリャのモナルデス（Monardes, Nicolas）による一五七一年刊行の『第二巻』である。

パイプによる喫煙を最初に紹介したのは、一五四五年にフランスのカルティエ（Cartie, Jacques）による『第二回航海記録』の報告である。これには、カナダで目撃した石または木製の角状パイプを使った喫煙が記されている。一五二六年のオビエドによる『西インド総史』にはY字形パイプの記述はあるが、類似パイプは嗅ぎタバコにも使用されている。巻いたタバコ（葉巻＝シガー）の初出は、一五五七年刊行のフランスのテーヴェ（Thevet, André）による『南極フランス異聞』である。

イングランドのパイプ喫煙とその拡散（第3章）

イングランドがパイプを用いたタバコ喫煙を旧世界で最初に広めたのだが、これがイングランドで書物にあらわれるのはフランス人の医師ド・ローベル（De l'Obel）が一五七一年に女王に献呈した『新植物誌』である。

イングランドの航海者が新大陸でのパイプ喫煙を始めて報告したのは、一五八六年に帰還したハリオットであるが、一五八八年刊行の『ヴァージニア報告』でクレイ・パイプでの喫煙を報告している（二八頁）。一方、ホーキンズ（Sir John Hawkins）は一五六五年に帰還し、フロリダでフランス人入植者がパイプで喫煙していたことを報告している（第3章六〇頁）。しかし、刊行が一五八九年になってからなのでハリソン（Harrison, William）に次ぐ二番目の報告になる。

ハリオットが失敗に終わった第一回ヴァージニア入植から帰還した翌年（一五八七年）に執筆した『ヴァージニア報告』で「近ごろ、身分高き人や学識ある医者を含めて多くの人たちがタバコを服用するようになったが……」とするイングランドでのタバコ喫煙を記しているが、一五七一年のド・ローベルもイングランドのパイプ喫煙を記している。

一五九三年刊行のハリソン著『大年代記』（*The Great Chronologies*）は、一五七三年の項にパイプ喫煙の流行を記している。

このように、イングランドにおけるパイプ喫煙の開始は、遅くとも一五七〇年以前にパイプ喫煙がもたらされていたことになる。

エリザベス一世の後を継いだステュアート朝のジェームズ一世は一六〇四年の『タバコ排撃論』（*A Counter-blaste to Tobacco*）で有名であるが、わが国にはこれによってクレイ・パイプの生産がオランダへ移ったとする俗説がみられる。実際には、王の排撃論にもかかわらずイングランドでのパイプ喫煙は衰えるところを知らず、エリザベス時代のタバコ一ポンド当たり二ペンスの輸入関税を六シリング一〇ペンスへ大幅に引き上げても、イングランドのパイプ喫煙が衰退することはなく、王室の財政は高額関税によって大きく潤《うるお》うことになった。一六一九年にはその三年前にロンドンに組織されたパイプ・メーカーのギルドに勅許状を発給することで、クレイ・

パイプの製造が国中に広まることになった。

一六〇七年には、第二次ヴァージニア植民が入植し、一六一二年にはトリニダードおよびベネズエラのカラカスからタバクム種の種子を取り寄せ、翌一三年には見本を本国へ出荷したものの、タバコの質がスペイン領からのタバコに劣るとして失敗した。タバコ葉のキュアリング（乾燥方法）を改善することで市場の評価を受けるようになった。それまでスペインの植民地からのタバコは年間五〇、〇〇〇ポンドも輸入されていたが、一六一八年にはヴァージニアから二〇、〇〇〇ポンド、二〇年には四〇、〇〇〇ポンドが輸入されるようになった。

イングランドのロンドンで製造が始まったクレイ・パイプの初期のボウルは、わが国の近代のキセルのボウルに近い大きさであったが（一六二〇年頃で約一〇ミリメートル）、タバコの価格低下と加工の進化とともにボウル・サイズは大きくなり、ステム長も一七世紀後半から伸び始める。ステムの煙道径も一七世紀後半から小さくなり、一八世紀後半には初期の約二分の一にまで縮小した。

イングランドのパイプ・ボウルが大きくなったのは、オランダのオラニエ公ウィレム三世がイングランド王ウィリアム三世に即位（一六八九年）することでオランダ・パイプの影響を受けたとする説がある。しかし、実際にはイングランドでボウル・サイズおよびステム長が大きくなり始めるのは一六七〇年頃であり、ウィリアム三世即位の二〇年ほど前になる。カーブした長いステムのクレイ・パイプは英国教会の教会委員（churchwarden）がよく喫っていたことからチャーチワーデンと呼ばれたとされるが、一九世紀末にはステム長が四五センチメートルを超えるものがあらわれた。

イングランドでもメアシャム・パイプの製作が試みられたが、一九世紀後半にはウィーンから職人を呼んで本格的生産が行われるようになった。一八七六年刊行のシュタインメッツの *Smoker's Guide* にはメアシャム・パイプが記されている。

一八五九年頃にはブライアー・パイプがもたらされた。これはフランスのサン・クロードでブライアー・パイプの製造が始まってからわずか五年ほどのちのことである。シガーがイングランドで広まり始めたのは、イベリア半島のナポレオン戦争（一八〇〇〜一四年）に出兵したイギリス兵がすでにスペインで流行していたシガーを持ち帰ったことからとされるが、輸入禁止が解かれると急激に輸入が増えた。

シガレットをイングランドで流行らせたのは、クリミア戦争（一八五三〜五六年）に出兵した英兵が簡便な喫煙法を持ち帰ったとするのがこれまでの定説である。しかし、一八四〇年代後半にはすでに紙巻タバコの小規模な製造が行われていたが、一八五七年にはギリシャ人がイングランドで手巻きの紙巻タバコを始めていて、一九世紀末にはウィルズ社によって米国のボンサック機による機械巻シガレットの生産が始まった。

オランダへのパイプ喫煙伝播（第4章）

イングランドのジェームズ一世王（在位一六〇三〜一六二五年）の禁煙政策によって、オランダへ移ったとする説を〝俗説〟としたのは、ジェームズ一世以前にすでに、クレイ・パイプの生産はアムステルダムで始まっていて、D・デュコによる一五八〇年以前とする説が支配的である。ジェームズ一世の戴冠年にはオランダのクレイ・パイプ工房の数も増え始めていた。

オランダの史料に最初にあらわれるパイプ職人の一人は、一五九八年頃にイングランドから移住してきたトーマス・ローレンスであるが、アムステルダムの英国改革派教会の信徒名簿にその名が登録されていることから、イングランドの宗教紛争を逃れてきたとする説がある。エリザベス一世のテューダー朝からジェームズ一世のステュアート朝に代わったことで、テューダー朝に仕えていた職人が移ったとする説もある。これは、オランダ初期のクレイ・パイプのヒール・マークにテューダー・ローズが多く使われていることからだが、スペインとの戦乱にオランダへ送ったエリザベス一世の援軍が一六〇九年の一二年休戦条約で職を失ない、パイプ作りに転じた例などもある。イングランドからのパイプ職人のオランダへの移住は、これら複数の動機が重なっていたとみるべきであろう。

脆《もろ》く壊れやすいクレイ・パイプは頻繁に買い替える必要があって、一人当たり少なくとも年間一〇本以上の需要があったとみる。そのため、アムステルダムなどでのパイプ生産は一六三〇年代を過ぎる頃までは国内の需要を十分に満たすことはできなかった。わが国の長崎出島のオランダ商館跡で出土するクレイ・パイプの破片は、この時代に製造されたパイプと特定できるものは、全出土数のわずかに二％程度であって、オランダ商館の平戸時代には駐在オランダ人はわが国のキセルを用いていた。平戸時代の一六三五年から長崎へ移転の四一年までの台湾向けのオランダ船に積載された貨物には頻繁に一〇〇本単位のキセル、一〇〇斤単位の刻んだタバコがみられるので、日本からアジア各地のオランダ商館へ供給されていたとみることができる。

オランダは、ハウダに良質なクレイ・パイプの生産が集中し、外国への良質パイプの供給国として生産の増加をみるのだが、タバコの加工・集散地としての役割をも果たすようになる。しかし、クレイ・パイプの生産は、一七五〇年をピークとして、輸出先での現地生産の増加、輸入制限、高関税などに加えて喫煙形態の変化によって打撃を受けることになる。このように、イングランドに始まった旧世界最初のパイプ喫煙はオランダにも伝播して、一六〇〇年までには旧世界に二つのパイプ喫煙国が生まれたのである。これに続いたのは、わが国のキセルである。

オランダのタバコは、宗主国スペインの植民地から輸入していたが、国内栽培はユトレヒト近郊で一六一五年頃に開始され、一六三〇年には同近郊のアーメルスフォールトで一二〇戸がタバコ栽培に従事していたという。オランダは品質が劣る国産タバコにイングランドの植民地産タバコを混ぜて販売するようになり、ヴァージニア・タバコとして再輸出することで、ヨーロッパにおけるタバコの加工をふくめた一大集散地となった。国産タバコは他にロール・タバコの生産にも使われ、嗅ぎタバコなどの原料にあてられた。一八世紀の終わりには、葉巻（シガー）が次第に普及し始めたが、国産葉が葉巻のラッパーには適さないことから国内栽培のタバコは打撃を蒙《こうむ》ることになる。しかし、一九世紀末までには蘭印（現インドネシア）の植民地、スマトラ東海岸や西ボルネオ（西カリマンタン）のプランテーションでシガー用葉タバコの栽培を始めた。

イングランドとオランダからヨーロッパ各地へ（第5・6章）

一六一八年にプラハ（チェコ）の宗教紛争を発端に始まった三〇年戦争がパイプ喫煙をヨーロッパに広く伝播したとされるものの、ポルトガル・スペインのイベリア半島に影響を与えることはなかった。戦争が喫煙の拡散に寄与したとされる例は多くあげることができる。しかし、喫煙の広まりは戦争だけが動機ではなさそうである。

ポルトガルおよびスペインの商船の乗組員が寄航地でタバコを喫ってみせることで、喫煙への関心を醸成したことは、オランダへの喫煙伝来が港町からであることからもわかる。しかし、ポルトガル・スペインの船員たちの喫煙は巻いたタバコによることから、パイプ喫煙の伝播にはかかわりがなかったといえる。イングランドおよびオランダは前後して東インド商会を設立しアジア・アフリカに拠点を設置したことが、これらの国々に喫煙をもたらしたとする考え方もあろう。

しかし、この二つの国がアジアにあらわれる前に、すでにパイプ（キセル）による喫煙が始まっていたわが国は、朝鮮・中国など近隣諸国に朱印船の乗員たちによる喫煙伝播の役割を果たしていた。後述するように、中国に関しては、その海禁によってわが国の船の往航は認められず、中国から非合法的にわが国へ来航するか、わが国に住みついた中国人が喫煙を母国へ伝えたケースを無視できない。

フランスへのタバコ紹介には、リスボンに国王の大使として駐在していたジャン・ニコーが引き合いに出される。しかし、ニコーは薬草としてタバコを紹介したにすぎず、喫煙とは全くかかわりはない。ニコーが嗅ぎタバコをカトリーヌ・ド・メディシスに贈ったことでフランス王室から始まり、フランス国中に嗅ぎタバコが広まり、これが欧州全体に拡散したとする説をみるが、事実は異なる。フランスへの嗅ぎタバコの伝来は、一六二五年頃に西インド諸島からもたらされたとする説が支配的である。フランスの嗅ぎタバコ製法も乳鉢や石臼でタバコを挽くスペインのポルボ（polvo）とは異なり、固めたタバコをおろし金で摺りおろすラペ（râpé）が主流であり、これが他のヨーロッパ諸国へも伝わった。フランスのパイプによる喫煙はスペインより早く三〇年戦争の頃からとされる。

ドイツでのパイプ喫煙は、三〇年戦争以前にすでに行われ始めていて、この戦争以前のクレイ・パイプの金型《かながた》も残っている。戦争の影響は喫煙の開始動機というよりは、喫煙の拡大に寄与したことである。これは、フランス、北欧諸国などでも同様である。

北欧諸国　北欧諸国への喫煙伝播は、主にイングランドやオランダ船の乗員が喫煙の風習をもたらしたことによる。スウェーデンのフィデクスヴァルには一五九五年の税関記録にタバコの記述が残るが、これはスウェーデンに喫煙が広まる以前であり薬用タバコの輸入と考えられている。

スウェーデンで最も古い喫煙用タバコの記録は、ストックホルムに残る一六一六年の盗品記録である。一六二七年にポーランドとの海戦で沈没した戦艦ソーレン号からは大量のクレイ・パイプが引き上げられている。一六二八年に処女航海で沈没した戦艦ヴァサ号からは、当時の乗員が使用していたクレイ・パイプがみつかっているが、パイプの形状からイングランド製であることがわかる。一六七六年沈没の戦艦クローナン、一七〇〇年頃の貨物船ユトルムの例からもイングランド製パイプが主であることがわかる。ユトルムからみつかったクレイ・パイプ一三六点の三分の二はイングランド製、三分の一がオランダ製であることが報告されている。スウェーデンのパイプ輸入は一八世紀前半まではイングランド製が主であるが、その後は次第にオランダ製の比率が増えている。

スウェーデンは、一六三八年に北アメリカのデラウエアに植民地を獲得しタバコの栽培を試みたものの、市場の期待に応えることができず依然として輸入に頼ることが多かった。加工技術を持たなかったスウェーデンは、国内加工もオランダから職人を雇い入れて開始するしかなかった。クレイ・パイプの国内生産も一七〇八年になってからであるが、一九世紀初頭までには需要のピークはすぎ、全ての工場は閉鎖された。

シガーがスウェーデンの文献にあらわれるのは、一八一四年のイェーテボリの裁判所の報告書で六〇〇〇ポンドのシガー生産が記録されている。輸入シガーの最初の記録は一八二五年の一八〇〇本でその後微増が記録に残っている。北欧の紙巻タバコの最初の記録は一八五二年のヘルシンキにみられるが、これは一八五三年のクリミア戦争の直前である。ロシアの支配下にあったフィンランドがロシアの影響を受けたものであろう。このことからもわかるように、クリミア戦争で紙巻タバコが広まったとする俗説は、正しくはクリミア戦争が紙巻タバコの普及を促進したということであろう。

デンマークに残る最も古いパイプ記述は、エルシノアに残る一六〇六年の雑貨店の財産目録である。デンマーク最初のクレイ・パイプ工房は一六五五年没のクリスティアンとされる。しかし、コペンハーゲンからの出土デンマーク・パイプには一六一一年の刻印が入っているものがみられる。初期は白粘土（カオリン）がみつからず釉薬を施したパイプを作ったものの、品質が劣るデンマーク・パイプの出土は国内とその領土であったノールウェイやグリーンランドなどに限られている。一九世紀に入る前にデンマークのクレイ・パイプ生産は消滅した。

ノールウェイは一五三六年にデンマークの一州として併合されたが、一六〇八年にベルゲンの裁判記録に「タバコ・パイプ」の記述が残っている。オスロ（旧クリスティアニア）の発掘現場からは一七～一八世紀前半のクレイ・パイプ破片が八〇〇〇点ほど出土している。わずかに二七九点のボウル破片以外は製造国・年代などが特定できない破片であって、オランダ製が二一四点、イングランド製は五三点が識別されている。この出土サイトからはデンマーク製のパイプはみつかっていない。一七五一年にはノールウェイでもクレイ・パイプの国産が始まっているが、一七七〇年には売却され第二次大戦前まで小規模の生産は続いた。

スペインへのタバコ伝播（第7章）

近年、わが国および中国への喫煙伝播をスペインの植民地・マニラからとする極めてユニークな説を目にすることがある。中国に関しては、同国の明時代の古文献を無批判に踏襲したにすぎない。しかし、わが国にみられるこの類の説は、スペイン・フィリピンやメキシコのタバコ史を無視したものといわざるを得ない。

本書は、一六四二年の教皇ウルバヌス八世の勅令（タバコ禁止令）の誤った解釈、およびこの勅令によってセビーリャで発布された教皇大使による布告の矛盾などを、原典の翻訳を通して精査するとともに、第10章と13章（1節）ではフィリピンのタバコ史との時間軸上の整合性を考えながら、明代の文献から進んでいなかった中国の喫煙伝来史を見直すことに努めた。

スペインにみる最初のタバコ喫煙の記述は、コロンブスの航海誌の写本をもとにラス・カサスが著わした『コロンブス航海誌』と『インディアス史』にみるが、後書はコロンブスの第一回航海から三五年も経ったのちに執筆を始めたもので、その記述には矛盾が多い。両稿とも一九世紀に入るまで行方不明になり、前書の公刊は一八二五年、後書は一八七五年である。従って、コロンブスの第一回航海誌に記されていたと思われる二人の斥候が目撃した現地人のタバコ喫煙の報告は、スペインでは一九世紀に入るまで知られることがなかった。

従って、一五二六年セビーリャで公刊されたオビエドの『西インド総史』がスペイン本国で刊行されたタバコの喫煙を記した最初の書である。しかし、オビエドはその記述でタバコの喫煙を有害なものとして批判し、今日の概念のパイプ喫煙の記述はなくY字形喫煙具が示されただけである。このことから、タバコの喫煙がスペインで注目されることはなかった。

新大陸航海から帰った乗組員たちがタバコの葉を巻いたシガーの原形で行う喫煙は、高位聖職者と王侯貴族から悪臭をともなう悪魔の行為として忌避されることで、ヨーロッパの他の諸国で急速に広まりつつあった喫煙がスペイン・ポルトガルで普及することはなかった。むしろセビーリャの医師モナルデスが一五七一年に著わした『第二巻』がタバコの薬としての効用を喧伝することで、嗅ぎタバコ（ポルボ）が薬局で調製されるようになり、乳鉢あるいは石臼で挽いたポルボに香料を加えるなどの製法の進化で大流行をもたらした。一六二〇年にセビーリャに建築された世界最初のタバコ工場はポルボ専用の工場としてスタートした。

一六七六〜八〇年頃になると、極めて小規模の葉巻生産がこの工場で行われるようになることで、ようやく葉巻タバコによる喫煙が広まりをみせ始めた。とはいうものの、スペインにおける葉タバコ消費量の葉巻用がポルボ用を越えるのは一〇〇年後の一七七八年になってからである。

この時代になっても、スペインではパイプ喫煙はまだ広く行われていなかった。北アフリカやイスラム圏あるいは植民地のキューバ・アルゼンチンなど向けのクレイ・パイプの製造はみられたものの、スペインでパイプ喫煙が普及するのは一九世紀後半に入ってからとされる。スペイン北部のビスケイ湾に面した地域で、オランダ製パイプが多量に出土したことから、スペインでのパイプ喫煙を主張する説をみるが、大西洋へ出るオランダ船が宗主国スペインへ立ち寄っていたことによるのであろう。

この頃、タバコの葉を巻くかトウモロコシの皮などでタバコを巻いて喫っていたメキシコでは、タバコを紙で巻いて喫うことがみられるようになった。これが紙巻タバコ（シガレット）の発祥とされ、セビーリャでは、葉巻生産で発生する屑タバコの利用法として紙巻タバコの製造が試みられ、一八四五年になって手巻きによる量産が小規模ながら始まった。クリミア戦争（一八五三〜五六年）後、紙巻タバコはヨーロッパ各地、そして北アメリカで広まるようになったとされる。しかし、一八四〇年代後半にはイングランドではすでに手巻き用の紙巻タバコがあらわれていて、トルコおよびロシアでもクリミア戦争以前に手巻きによる紙巻タバコが始まっていた。紙巻きの機械化は米国で始まり、一八八五年にデューク社がボンサックの機械巻き機で量産を開始し、同じ頃にイングランドでもボンサック機による生産がウィルズ社によって始まった。

イスラム諸国・アフリカ（第8章）

オスマン・トルコ　イングランドに残る一五九九年の記録では、イスタンブールへ向かうイングランド船が遭遇したトルコ海軍船艦の士官にタバコとパイプを所望されたとする記事をみる。ハンガリーの資料には、一五七六年にオスマン・トルコから遠征してきたサルタン・ムラド三世一隊の喫煙を目撃したとする記述がある。一方、オスマン帝国第二の都市ソフィア（現：ブルガリアの首都）では、一六〇四年にはパイプ・メーカーのギルドが組織されたとされる。

これらの記述はイングランド・オランダの喫煙伝来からみると如何にも早すぎるようにみえる。しかし、イスラム社会への喫煙伝播はオスマン・トルコ経由であるとするのが支配的な説である。イングランドあるいはオランダのクレイ・パイプがトルコの特徴的なチブーク・パイプに進化するに要する時間を考えると、遅くとも一五九〇年頃ということになろう。この説もまた、イングランドまたはオランダ経由とするなら極めて早い時期ということになる。このことから、ポルトガル・スペイン経由の伝来説も出ているが、喫煙形態の違いから否定される。今日比較的多く目にするのは、わが国の慶長一〇年伝来説と同じ年の一六〇五年説である。

オスマン・トルコの初期のパイプは、イングランドまたはオランダのクレイ・パイプを模したL形ボウルに芦などのステムを差し込んだ素朴なパイプで、カオリンを産しないことからグレイに近い白色のパイプが作られたとされる。これが発展して、オスマン独特の赤いテラコッタ製の花弁型ボウルのチブーク・パイプが生まれる。一六八〇年までに厳しい禁制が完全に撤廃されると、贅沢な装飾が施され、ジャスミンの枝などの長いステムを付けた大型チブーク・パイプがあらわれる。一七六〇年になると、チブーク・パイプ製造者のギルドがムスタファ三世によって正式に認可された。

このチブーク・パイプはその後、東欧諸国ばかりでなく西ヨーロッパ各国のパイプにも影響を与えることになる。ドイツ、オーストリア、デンマーク、ノールウェイなどでは長いステムを有するメアシャムあるいはポーセリン（陶器）製の大型ボウルのパイプが作られるようになる。これらはオスマン・パイプまたはチブーク・パイプと区別してソケット・パイプあるいはロング・パイプと呼ばれることもある。トルコのチブーク・パイプは紙巻タバコなど喫煙形態の変化にともない衰退の道をたどり、一九二八年に最後のチブーク・パイプ工房が姿を消した。

ペルシャ（現：イラン）　ペルシャへのタバコ喫煙の伝来は、トルコと戦火を交えていたアッバース一世（一五八七～一六二九年）の時代とされる。すなわち、トルコへ割譲していたアゼルバイジャンを含む領土を奪還した一六〇三年頃であろう。奪還した領土に広まっていたトルコの喫煙風習が伝わったとするのだが、この時代の喫煙風習に関する記述はほとんど見当たらない。

伝来に関しては、ポルトガルの船員・商人によるとする説を掲げる一八世紀のペルシャの薬理辞典があるとされるが、一六一七年にスペイン人がもたらしたとする説もみられる。しかし、トルコと異なり地中海に面していないペルシャへの伝来は、ポルトガルまたはイングランドやオランダから直接伝わる可能性は極めて少ない。従って、既述のトルコからの領土奪還の戦いにともなう伝来とする説の可能性が高い。これらの奪還地域へは、トルコ人以外にイングランド人およびオランダ人が訪れていたことが知られているので、これらパイプ先進国の影響を考える必要がある。

トルコ同様に、ペルシャでも喫煙の禁令が繰り返されたがその効果がみられないばかりか、サフィー一世の時代（一六二九〜四二年）には宗教界にも喫煙擁護派があらわれ、禁制は有名無実になった。

水パイプは他のイスラム社会に先がけて、ペルシャで広く普及しこれが他のイスラム諸国へ伝播したことで知られる。このことから、水パイプはペルシャで考案されたとする説をみる。

アフリカ　広大なアフリカへの喫煙伝播には、多くの経路とさまざまな国の関与がみられる。北アフリカへの伝播は、トルコ人およびアラビア人がかかわっている。一六〇一〜〇三年頃にアラビア商人またはトルコ人がエジプトへもたらしたとする記述がアラビアの文献にみられる。

サハラ砂漠以南のアフリカには文字による記録はなく、ヨーロッパ人あるいはアラビア商人の記録にわずかに喫煙の記述をみるだけである。アフリカ西岸へ巻いた葉による喫煙をもたらしたのは奴隷貿易を始めたポルトガル人であるが、スペイン人の関与も無視できない。イングランド人およびオランダ人も、奴隷貿易に携わっていたので、アフリカへのパイプ喫煙の伝播にかかわっていたことになる。タバコと酒はアフリカでの交易の重要な品目であった。

ヨーロッパに残るアフリカのタバコ記録で最も早いのは、一六〇七年のイングランド人フィンチによるシエラレオネ（北西岸）でのタバコ栽培記録である。一六八二年には西岸のギニアを訪れたドイツ人のフランシスコ会士フォン・デル・グレーベンもシエラレオネの喫煙風習を記録に残している。一七世紀後半にはギニアの北に接するセネガルやガンビアなど西岸の喫煙が記録されている。一六九二年にはイタリア人のカプチン会士がギニアより南方の西岸ではタバコの呼称にポルトガル語の *fumo* が使われていることを記している。ところが、ここにあげた記録・報告はすべて巻いたタバコではなく、長いステムを有するパイプによる喫煙である。

〝タバコ〟の呼称に *fumo* が使われたことは、タバコの伝播がポルトガル人によることを示すものである。もたらされたタバクム種の現地栽培が異なる特質のタバコを生み出したことで、パイプの使用が生まれた可能性がある。しかし、喫煙具の使用に関してはイングランド人とオランダ人の影響を無視できない。

アフリカ最南端の喜望峰は、オランダ東インド会社がオランダ船の補給基地にするために一六五二年に入植した。一六四三年に長崎のオランダ商館に駐在していたファン・リーベークが入植後すぐにタバコの栽培を始めた記録が残っている。オランダ船隊の補給基地として、タバコなどで肉用の生きた家畜を得るのが目的であったが、現地栽培のタバコばかりでなく積載してきたロール・タバコも交易用に使われた。オランダ製のクレイ・パイプも交易用としては低価格のハウダの模造品が大量にＶＯＣに納入されていた。

水パイプ　水パイプの発祥に関してさまざまな説があげられるのだが、このユニークな喫煙方法は他のすべてのタバコ摂取法が新大陸からもたらされたのに対して、旧大陸で始められた喫煙法である。水パイプの呼称がすべてペルシャ語を起源とすることから、発祥はペルシャ（現：イラン）とする誤った説、タバコ伝来以前にペルシャおよびその周辺で水パイプが大麻に用いられていたとする説などがみられる。しかし、タバコ伝来以前にペルシャで大麻を使用していたとする記述、あるいは一七世紀以前の大麻の使用が描かれた絵画はみつかっていないことから、水パイプを用いて大麻を喫う習慣はタバコ伝来後であるとする説が有力である。

最も多く用いられる水パイプの呼称はナーギル（椰子の実の意）であるが、ペルシャ語とされるこの言葉の語源は正しくはサンスクリットであって、サンスクリットが使われていたインドを起源とする大麻（バング）の使用がアフリカの東岸でも行われ、インドに語源を有するbangが大麻の呼称に使われている。インドで生まれた初期の水パイプには椰子の実が用いられるが、インドから伝来したとされる中国の竹製水パイプにもバングの呼称が残っている。これらを総合すると、インドで始まった椰子の実を利用した大麻吸引目的の水パイプの原形が、ペルシャ、アフリカ東岸、中国などへ伝わったとするのが矛盾のない結論であろう。

(2) 後　編

わが国および近隣アジア諸国への伝播

イベリア半島のスペイン・ポルトガルの両国は、タバコの摂取形態が他のヨーロッパ諸国とは異なり、薬用としての嗅ぎタバコが先行した。喫煙の広まりは、嗅ぎタバコから一〇〇年ほど遅れて葉巻タバコのかたちで始まった。

船員などの限られた階層を除いてタバコの喫煙が行われることがなかったスペインでは、一六七六〜八〇年頃に極めて限られた数量の葉巻タバコの製造がセビーリャのポルボ用工場で開始された。スペインの葉巻がタバコ葉消費量全体の五〇％を越えるのは、一〇〇年後の一七七八年になってからである。イベリア半島でのパイプを介しての喫煙はさらに一〇〇年ほど遅れて、一九世紀後半になってからである。

この事実を無視して論じられてきたのが、わが国および中国のタバコ・喫煙伝来史である。本書の後編は、前編で論じてきた旧大陸の伝播史を前提に、わが国および近隣アジア諸国のパイプ主体の喫煙伝播史にみる矛盾を質《ただ》すことを試みるものである。

日本への喫煙伝播(第9章)

江戸中期に入ってから多く著わされたわが国のタバコ関連記述は、その多くは伝聞あるいは孫引きによるもので、筆者が対象とするテーマの資料にはなり得ない。しかし本書でとりあげた四点および前著で扱った『坂上池院日記』および筆者が発表した「コウロス書翰」を加えた六点が史料価値を持つばかりでなく、これらの天正・文禄期および江戸初期の史料はわが国の喫煙伝来史上の重要史料として扱われるべきである。

『越後國三嶋郡出雲崎村御水帳』(天正四年=一五七六)　この史料の正否論議は八項目に集約できるが、その論点の不正確さ、宝暦一三年(一七六三)の京屋反論の理解不足、出雲崎が持つ漁村としての地形的条件を考慮せずに農村と混同することなどから、本書ではこの史料の否定論が現地調査と原典調査を欠いた論議でしかないことを指摘した。

『鹿苑日録』(文禄二年=一五九三)　『鹿苑日録』にみる「烟草」表記を「烟景」の誤りであるとする説が、『たばこ史研究』に繰り返し掲載されたが、わずかに残る原本以外は、謄写本による翻刻であり、東京大学付属図書館と京都・相国寺に残る原典の調査を十分に行わないままになされた論議である。二か所に残るわずかな原典の注意深い調査で、個々の文字の分析と比較によって、正しい結論が得られることを示した。

『琉球往来』(慶長八年=一六〇三)　「往来物」を単なる書翰文の写しとし、書翰形式で著わされていることから、便宜上記されている発信人名から中国発信の書翰とすること、さらに記されている「烟草」「烟筒」表記をわが国では慶長八年には使われていなかったとすることなどで、この書の史料価値を否定する主張である。タバコ伝来の慶長一〇年説に拘《こだわ》る故に、その枠に収まらない文書排除の意志が働いたようにもみえる。

表9-1(二四六頁)にみるように、林羅山の『羅山文集』(寛文元=一六六一年)以後、明治二一年(一八八八)の金井俊行の『長崎年表』までの代表的古文献には天正説が数件あらわれるものの、フォン・ドロテウスに

よる慶長六年（一六〇一）のタバコによる膏薬とその種子伝来の記述以来、慶長五年（一六〇〇）あるいは同一五年（一六一〇）説を多くみるようになる。

『越後國三嶋郡出雲崎村御水帳』『鹿苑日録』『琉球往来』の史料価値を確認することによって、わが国の喫煙伝来史ばかりでなく中国の伝来史をも書き替えることになる。

マニラ（フィリピン）(第10章・第13章1節)

史料が残っていないフィリピンの喫煙史・タバコ史は旧宗主国スペインと、朱印船を送りマニラに在留邦人が多くいたわが国に史料を求めるしかない。しかし、スペインに残る史料はフランシスコ会など托鉢修道会に残る限られた文書しかなく、わが国に残るのは朱印状の発行記録あるいはフィリピン周辺の島嶼に流れ着いた遭難船の帰還報告程度しかみることがない。

シカゴのフィールド自然史博物館の文化人類学部門と収蔵庫での筆者の調査によって、フィリピンのパイプ喫煙はルソン島北部に限定的であり、スペイン人植民が住むマニラとその近辺そして周辺島嶼ではパイプ喫煙がなかったことが明らかになった。

マニラへ来航するスペイン船はメキシコのアカプルコを出航基地としていたが、スペインが侵攻したアステカ時代のメキシコでの喫煙は、タバコの葉あるいはトウモロコシなどでタバコを巻く喫煙が主で、葉巻の形に似たチューブラー・パイプの使用もみられた。このことから、メキシコでの喫煙形態がマニラを経由して中国でL型のボウルを持つキセル喫煙に変わることはあり得ない。マニラ・ラサール大学のJ・マルバローサは、チューブラー・パイプがマニラ周辺で出土した報告はないとする。

喫煙習慣を持つスペイン船の乗員は、タバコの葉を巻いたシガーの原形で喫煙していたことが知られている。

しかし、マニラ在住のスペイン人植民の生活が、日本人町に居住する日本人同様に、本国での生活習慣・流行の影響を受けていたことが知られている。本国スペインでは喫煙が忌避されていて、一七世紀前半から一八世紀後半まではポルボ（polvo）が流行していたことを考慮しなければならない。葉巻による喫煙がスペインで広まりをみせるのは、一九七頁に示すように一八世紀に入る頃まで待つことになる。一六一一年の刊行とされる『露書』（一六一一＝万暦三九＝慶長一六年刊）に初出する筒（キセル）を用いた刻んだタバコによる喫煙は喫煙形態上からも、マニラの植民あるいは来航スペイン船の乗員のタバコ使用形態とはリンクしない。

中国のタバコ喫煙伝来をルソンからとする明代中国の古文献の一部に拘泥《こうでい》することでスペインの喫煙史を無視し、わが国への伝来史にまで歪みを生じさせてきた喫煙史・タバコ史研究に終止符を打たねばならないと考える。マニラにみる一五八〇年代の薬用タバコ使用の記述はフランシスコ会の文書にみられるが（三二四頁）、本国で大流行をみたポルボ（嗅ぎタバコ）の記述をマニラ周辺にみることはない。フィリピンで薬用以外のタバコ栽培が始まったとする一七世紀末は本国スペインでは、依然としてポルボ流行の全盛期にあって、喫煙が船員などの間でみる以外は極めて稀であった時代である。従って、一七世紀後半のルソン島北部のカガヤン渓谷におけるタバコ栽培開始は、当初は本国スペイン向けあるいはマニラ周辺のポルボ需要のための原料用であったとみる。

キセル（第11章）

E・サトウおよび新村出による〃キセル〃の語源をカンボジア語とする説について、逆にわが国の〃キセル〃がカンボジア語 *khsier* の語源であるとする筆者の反論は、前著『喫煙伝来史の研究』および本書の第11章で述べてある。この一例にみるように、定説にされてしまった誤った推論を訂正するのは、エネルギーと時間を要する作業である。しかしその過程で、キセルがわが国で独自に開発された喫煙具であるか、あるいは他に原形が存在するかが新たな課題になった。

一六世紀後半から一七世紀初頭にかけてヨーロッパからの来航は、喫煙具を使用しない船員が乗るポルトガル船と一七世紀に入るまでに難破船と避難船のわずか二隻しか記録にみないスペイン船であるが、一六〇〇年にオランダの難破船で辿り着いたイングランド人のウィリアム・アダムズ（三浦按針）とインドのゴアからポルトガル船で一五八五年をふくめて複数回来朝したオランダ人のＤ・Ｈ・ポンプの二人が目に付く。この二人はいずれもパイプ喫煙国からの来邦である。

難破船で着いたＷ・アダムズの到着後、船に残った品々はすべて盗《と》られている。その後、わが国に定着し、自身用のキセル四本の購入記録が残されている（菊野 1977, 59／鈴木 1999, 274-5）。すなわち、アダムズの到着前後にはわが国ではすでに金属パイプであるキセル使用による喫煙が始まっていたことがわかる。

一方、一五八五年に来航して長崎に滞在したポンプの行動記録は残っていないが、出身地のエンクハウゼンでは一五八二年に教会によるタバコの販売禁止布告が出されていることで、同地ではすでに喫煙が普及していたことが知られている。ポンプが長崎向けにインドのゴアを出航する前年には、数人のオランダ人がポルトガル船の傭員としてゴアへ到着していることから、故国の事物に触れる機会は多かったとみる。

クレイ・パイプは極めて脆《もろ》く、年間に少なくとも一〇本ほどの頻繁な買い替えを必要としていた。このことから、東インド会社（ＶＯＣ）の船など遠洋航海の乗員は金属製のボウルとマウス・ピースを木製のステムで継いだパイプを持参していたと考えられる。これは、オランダでの金属パイプの出土がＶＯＣの拠点がある港町に限られることからも推測できる。

これら出土金属パイプの大多数は軟らかで加工が容易なピューター（錫・鉛などの合金）の鋳造品であって、ピューターを持たないわが国で作られた類似品は、銅・鉄の板金を使用する加工技術の違いからも形状に違いが出てくるのは当然であろう。金型《かながた》で量産するクレイ・パイプを例外として、パイプによる喫煙の伝播先での喫煙具のローカル生産で形状が大きく違ってくる例は少なくない。朝鮮・中国にみる、わが国のキセルに酷似する金属パイプは、むしろ例外的である。いずれにしろ、わが国のキセルはオランダの出土品にみる金属パイプと構造が同じであり、違いは材料と加工技術である。乾いたタバコの葉を揉《も》んで粉状にして詰めていたオランダに対して、わが国では葉を細かく刻んで用いた違いもある。

長崎出島のオランダ商館（第12章）

この章は、日蘭学会（二〇一二年解散）の会誌に掲載された二本の拙論を増補・改訂したものである。1節は、一六三四年（寛永一一）から四一年（寛永一八）にかけて平戸オランダ商館から積み出された主として銀ギセルと、一六六八年（寛文八）の銀持渡し禁止後に長崎から積み出された銅合金製キセルの考察である。

銀持渡し禁止までのオランダ船積載のキセルは、接することができた史料からはすべて銀製であることがわかるが、材料費・加工賃が記載されている特注品と思《おぼ》しきものも含まれる。基本的には、母国からクレイ・パイプの調達が十分でなかったアジア各地に点在する商館員用と考える。一六六八年の銀持渡し禁止後は赤銅・真鍮製キセルに変わる。ただし鎖国時代に入ると、東南アジアの七か所の日本人町の在外邦人が朱印船で調達していた日用品などの供給が途絶えたことで、オランダ船・唐船がその役割を果たすことになった。

一方、オランダの国内需要を十分に満たしていなかったクレイ・パイプの生産がハウダを中心に生産量が増加すると、海外向け出荷が増えることで急速に日本の高価な銀ギセルからクレイ・パイプへの回帰が起こったことが、筆者が参加した長崎出島遺跡の出土品調査でわかる。従って、一七世紀後半からのオランダ船積載の赤銅・真鍮など銅合金のキセルは旧日本人町の需要とみることができる。アクセスできた史料でみる限り、一七一一年

（正徳元）以後のオランダ船積載品にキセルなど喫煙関連品は見当たらない。しかし、唐船には依然としてキセルと刻みタバコの積載が多くみられる。

このように、鎖国後も母国からキセル・タバコを取り寄せていた東南アジアの旧日本人町の在留邦人は在留各地でのパイプによる喫煙の伝播に寄与したに違いない。鎖国以前の朱印船の乗員もまた、その役割を果たしていたことであろう。

2節は、筆者が参加した長崎出島オランダ商館跡出土のクレイ・パイプ片の調査からみた、輸入クレイ・パイプの消費状況の考察である。

極めて脆《もろ》いクレイ・パイプは、一人当たり年間少なくとも一〇本は必要な消費材であることから、オランダ商館での累計消費量は少なく見積もっても一五、〇〇〇点ほどに達する計算になる。これまでに出土しているのは、折れた破片として一本が複数個で出土しているものの一〇、〇〇〇点ほどの破片しか確認できていない。

しかし、これらのパイプ片の出土をもって、大量のクレイ・パイプが輸入されたのは商用目的があったとする説をみる。オランダ商館が出島へ移転した一六四一年（寛永一八）から閉鎖までの消費量は、一八世紀に入ってからの本国での喫煙形態の変化などの影響を考えると、先にあげた一五、〇〇〇点より少ない可能性がある。

出島内での商館員による消費以外に江戸参府のさいの宿泊地で贈答品として渡す二本のクレイ・パイプなどの他には出土記録が極めて少ないこと、出島以外の出土クレイ・パイプはほとんどが喫煙痕のない未使用パイプであること、オランダ船の積載品に商品としてのパイプの記録をみないことなどから、商品としての輸入でないことは明らかである。

商館員への供給品としてのクレイ・パイプは脇荷として扱われるはずだが、これまでに脇荷の記録はほとんどみつかっていないが、一八一九年（文政二）の脇荷として二〇本、一八三二年（天保三）に二〇本がみつかっているだけである（中村 1995, 99・140）。この時代はすでに出島オランダ商館の喫煙形態が本国の流行の影響を受けて、嗅ぎタバコと葉巻に変わっているので、同じ脇荷記録には「鼻たはこ入、一一六瓶」、「巻たはこ、七〇〇〇」（中村、94・98）などの記録をみる。いうまでもなく、「鼻たはこ」は嗅ぎタバコであり、「巻たはこ」は葉巻タバコを指す。

アジアの近隣諸国へ（第13章）

アジアで最も早く始まったパイプ喫煙は、わが国のキセル喫煙である。このキセルが近隣国の喫煙伝播にいかに関与したかを考察した。

中国

中国の明代に刊行された文献類の大半は、タバコ喫煙の伝来を呂宋（ルソン＝フィリピン）とするものの、間接的にスペインからの喫煙伝来を示唆している。最も早い記述は一六一一年（万暦三九＝慶長一六）刊行とされる『露書』であるが、繰り返し述べているように、この時代のスペインはポルボ（嗅ぎタバコ）が流行の兆《きざ》しをみせていたにすぎず、喫煙は上位聖職者・王侯貴族によって忌避されていたため、新大陸航海の乗員など極めて限られた階層で葉巻の原形である巻いたタバコの葉を使用する喫煙がわずかにみられた程度であった。葉巻による喫煙がポルボの消費量を越えるのは一七七八年になってからであり、パイプ喫煙がみられるようになるのは一九世紀後半まで待つことになる。

『露書』には喫煙に〝管〟の使用が記されているが、これは日本のキセルに極めて近い喫煙具である。葉巻を用いた喫煙はこれまでに知られる明代の文献にみることはない。

ルソン島北部ではパイプによる喫煙が行われていたことが知られているが、これはスペイン以外からの伝来である。スペインの植民が住んでいたマニラ周辺およびルソン島南部と島嶼部ではパイプによる喫煙はみられなかった。一七世紀末に薬用以外のタバコ栽培がルソン北部のカガヤン地方で始まったとするが、これも本国スペインではまだポルボ全盛時代であり、当初はポルボ用の栽培とみるべきである。喫煙用としての利用は、スペイン本国での葉巻の普及度合いから推測するなら一八世紀の終わり以降である。

海禁によりわが国との交易を禁じていた明朝時代の中国ではあるが、朝鮮半島を経て東北部（旧満州）にわが国のキセル（パイプ）喫煙が伝わっていたことは朝鮮の文書により知られている。さらに、明代の『漳州府志』（一六二八年）には、東洋から伝わったとする記述がある。「東洋」は明代にはフィリピン、カリマンタンなど福建南部の東側に位置する諸国を意味していたが、明代の終わり頃から日本を意味するようになった。わが国へ密航する中国船は「東洋」を目的地として出港していた事例が多かったことからも、この書に記される「東洋」は日本を間接的に指していることが理解できる。

清代にはいると、『仁恕堂筆記』（一六八一年）には「タバコの名は日本に始まり、漳州の石馬へ伝わった」と記される。日本から伝来したと記述する文献が明代・清代にあらわれているにもかかわらず、「呂宋説」が主流をなしていた理由はわからないが、この説がわが国への喫煙伝来・タバコ伝来をマニラからとする説に波及するのである。

この他に、海禁によって中国の台湾海峡に面する地域に入港できなかった朱印船を含むわが国の船が、台湾本島や澎湖島で中国船との出会い交易を行っていたことが知られている。このルートでの喫煙伝播も考えられるが、琉球の朝貢貿易の品目にタバコ・キセルが入っていた可能性も否定できない。

シベリア　朝鮮半島を経て中国東北部へ伝わったキセル喫煙は、時間をおかずして国境を接する東シベリアの沿海州へ伝わり、これがロシアの毛皮交易の商人を通してアラスカのイヌイットへ伝わったとする説は、イヌイットのパイプ・ボウルがキセル同様に細かくしたタバコを用いるために小さな径であることからも理解できる。

東シベリアの沿海州へはわが国からアイヌ民族をへてサハリン経由で伝わっているとする説は、ノヴォシビルスク国立博物館館長のシャポバーロフも記すところである。シャポバーロフ論文の枡本哲による邦訳稿本には、満州民族がキセル喫煙を伝えているとする記述もみる。南西シベリアで発掘された墓跡からは、わが国の初期河《こう》骨《ほね》形キセルの他に時代が下がるキセルが数点出土している。

他に流入経路としては、朝鮮民族が不足する牛を買い入れにモンゴルへ出掛けていた記録があり、タバコ・キセルを代価として持参したことが記されていることから、モンゴル経由も考えられる。ヴァレーリェヴィチの邦訳論文の図版でみる限り、中国産と思《おぼ》しきキセルもみられるので、中国経由でもたらされた可能性もある。

シベリア各地へは、イングランドおよびオランダ産のクレイ・パイプも伝わっているが、アラスカへ伝わったボウルの小さなアジア系パイプとは逆に、イヌイットが自ら製作したパイプが東シベリアへ伝わっているなど、多様な形式のパイプがみられる。

ヴェトナム　一六二六年の日本人イエズス会士の報告書に、ヴェトナム北部に位置するトンキン（東京）近くのシノファイ（清華）で盛んにタバコが栽培されていたことが記されている。日本人居留者の存在も報告されているが、ヴェトナム向け朱印船は記録によれば、一六〇四～三五年の三一年間に総計三五六隻に達していて、アジア最大の朱印船の仕向地である。したがって日本のキセル喫煙も当然伝播していたであろう。

中国南部と国境を接する北ヴェトナムからもキセル喫煙が伝わった可能性がある。インド起源の水パイプがフエ・パイプとしてヴェトナムから中国南部へ伝わっているが、同種の水パイプはヴェトナムばかりでなくミャンマー、ラオス、カンボジアなどにもみられるので、インドからこれらの地域を経て伝わったと考えることができる。バング・パイプと呼ばれる竹製の水パイプも北ヴェトナムに接する雲南省などで今日も目にする。中国北部の蘭州に金属製水パイプがあらわれたのが一八世紀に入ってからとされることを考え合わせると、ヴェトナムから中国南部に入ったフエ・パイプは、わが国のキセル喫煙が伝わった後であると考える。

タイ（シャム）

第13章のタイの項（四七六頁）に示したように、朱印船の積載貨物にはタバコが含まれているが、これはシャムのオランダ商館の報告からの引用であって、朱印船の渡航および海外渡航者の帰国を禁止する直前の記録である。わが国の朱印船の一六～一七世紀の積載貨物リストを探し求めているが、まだその存在すら摑めていない。しかし、七か所の日本人町の居留邦人が七〇〇〇～一〇、〇〇〇人とする岩生成一に従うなら、タバコばかりでなく喫煙具を含めた喫煙関連品が朱印船によって頻繁にわが国から運ばれていたはずである。これは、鎖国後の日本人町が唐船およびオランダ船を介して本国から日用品を多く取り寄せていた事実からみても、鎖国以前はより頻繁に行われていたであろうと推測する。

なお、朝鮮半島およびカンボジアについては、第10章と13章を参照頂きたい。

あとがき

前著『喫煙伝来史の研究』で十分に記述できなかった事項、その後の調査でアクセスできた史料・文献などを通して得られた情報・材料を整理・考察する過程で、新たな角度の光で浮かびあがった事実を整理しながら、前著で論じた事項の補強を目的としてまとめたのが本書『世界喫煙伝播史』である。

国際パイプ・アカデミー（英国）、日蘭学会などで発表した論文を増補・改訂するかたちで載せたもの以外に、前著に収載した項目の内容をさらに充実させて同じタイトルで再掲載した章もある。

前編は、喫煙の伝播・伝来史を学ぶためには、その発信元の歴史を十分に理解する必要があることから多くの頁を割《さ》いた。とくにイングランドとオランダ、そして中国の伝来史にかかわるフィリピンの旧宗主国であるスペインを、それぞれ独立した章でとりあげた。これまで、定説的にとりあげられてきたヨーロッパの伝来史にみる誤りは、できる限り訂正して収載することを心がけた。

後編では、わが国および近隣アジア諸国への伝播をとりあげた。とくに、わが国および中国の喫煙伝来史は、それぞれ一七世紀に著わされた文献に依存することで極めて視野が狭い考察に終始していたことを考えると、本書が一石を投じる役を果たせるなら望外の喜びである。

筆者の偏った思い込み、解釈の誤り、検証不足、そして稚拙な論理の組み立てなど、独断的な結論の出し方について識者の忌憚のない異見を戴ければ幸いである。

本書の刊行にあたって、筆者の我が儘と無理を通してくださり、遅れがちな入稿・校正作業にもかかわらず、前著に続いて多大なご協力を戴いた思文閣出版の林秀樹氏とスタッフの諸氏に心から感謝したい。

二〇一五年七月

著　者

◎著者略歴◎

鈴木達也（すずき・たつや）

1938年北海道に生まれる
1963年上智大学外国語学部卒業
半導体メーカに入社，1975年にトランステクネ・インターナショナル株式会社を設立，社長に就任現在にいたる．

1980年よりイングランドの喫煙伝来史研究に着手，1990年に国際パイプ・アカデミーの終身会員に推挙されたのを機に我が国の喫煙伝来史研究に取りかかる．

国際パイプ・アカデミー（英国・リヴァプール大学内）理事
国際パイプ・クラブ委員会副会長（仏）
サン・クロード・パイプマスター・コンフレリー（仏）会員
ジャン・ニコー・コンフレリー（仏）会員
日本パイプクラブ連盟名誉会長

【主要著書】
『喫煙伝来史の研究』（思文閣出版，1999）
共著『パイプ大全』（日本パイプクラブ連盟編，未知谷，2009）
The First English Pipe Smoker in Japan（英語・仏語）（国際パイプ・アカデミー，1997）
共著 *SMOKE~A Global History of Smoking*（Reaktion Books, London, 2004）
（その他の著書・論文は「主な著作・論文・初出等一覧」を参照）

世界喫煙伝播史《せかいきつえんでんぱし》

2015（平成27）年 8 月 10 日発行

定価：本体8,500円（税別）

著　者　鈴 木 達 也
発行者　田 中　大
発行所　株式会社　思文閣出版
〒605－0089　京都市東山区元町355
電話 075－751－1781（代表）

装　幀　上野かおる
印　刷
製　本　亜細亜印刷株式会社

ISBN978-4-7842-1799-1　C3020

索　　引

【人　名】

む

め

も

や

よ

ら

り

る

れ

ろ

わ

【地　名】

あ

い

う

て

と

な

に

ぬ

め

も

ゆ

よ

ら

り

る

れ

ろ

わ

【事　項】

さ

し

と

な

に

引用・参考文献(*Bibliography*)

【外国語文献】 (編・著者姓アルファベット順)

**BAR*＝*British Archaeological Reports*＝英国考古学会報
**JAIP*＝*Journal of the Academie Internationale de la Pipe*＝国際パイプ・アカデミー紀要
**The Pipe Year Book*＝国際パイプ・アカデミー紀要(1994–2008)

Ahlefeldt-Laurvig, Jorgen: Clay Pipes from Denmark, *The Archaeology of the Clay Tobacco Pipe IV, BAR, International Series 92* ……Oxford, 1980
Åkerhagen, Arne: 'Sweden', *JAIP, Vol. 2* ……Liverpool, 2009
Alford, B.W.E.: *W.D. & H.O. Wills and the development of the U.K. tobacco industry 1786–1965* ……Methuen, London, 1973
Apperson, G.L.: *The Social History of Smoking* ……Martin Secker, London, 1914
Arents(Brooks, J. ed.): *Tobacco / Its History Illustrated By The Books & Manuscripts In The Library of GEORGE ARENTS, Jr. Vol. 1–5* ……(原著 1937)複刻 1999
Arents 追補: *Tobacco / A Catalogue of the Books, Manuscripts and Engravings Acquired since 1942, Part I–X* ……New York Public Library, 1958–1969
Arents, George: *The Seed from which Virginia Grew*(The College of William and Mary での講演レジュメ) ……1939
Atkinson, D. R.:
・*Sussex Clay Tobacco Pipes and the Pipemakers* ……(刊年不記載)
・*Tobacco Pipes of Broseley Shropshire* ……1975
Atkinson, David & Oswald, Adrian: London Clay Tobacco Pipes, *The Journal of the British Archaeological Association Vol. XXXII,* ……1969
Baldwin, John: *Tomahawks*(*Pipe Axes of the American Frontier・Early American Artistry-Trading Company*) ……Michigan, 1995
Balka, Erdinç: *Tophane Lüleciligi*(*The Pipe-making Industry of Tophane*) ……DISBANK, Istanbul, 1993
Bardenfleth, Niels Gustav: DENMARK, *JAIP, Vol. 2* ……Liverpool, 2009
Bastien, Andre-Paul: *Von der Schönheit der Pfeife*(仏語原著 1973) ……Heyne, 1987
Bazaco, Fr. E.: *Historia Documentada del Real Colegio de San Juan de Lefrán* ……Manila, 1933
Beaver, Patrick: *The Match Makers*(*The Story of Bryant & May*) ……Henry Melland, London, 1985
Bell, Walter George:

・*The Great Plague of London*……The Folio Society, London, 2001
・*The Great Fire of London in 1666*……The Folio Society, London, 2003
Billings, E. R.: *TOBACCO, Its History, Varieties, Culture, Manufacture and Commerce* ……American Publishing, 1875
Blussé, Leonard, et al:
・*The Deshima Dagregisters*, Vol XI 1641–1650 ……Institute for the Hisory of European Expansion, Leiden, 2001
・*The Deshima Diaries Marginalia 1700–1740*……日蘭学会、1992
・*The Deshima Diaries Marginalia 1740–1800*……日蘭学会、2004
Bonds, G.: Clay Pipes from Ryssviken(The pipe factories in Stockholm) *The Archaeology of the Clay Tobacco Pipe IV BAR, International Series 92*……Oxford, 1980
Brongers, Georg A.: *Nicotiana Tabacum*……Niemeyer, Amsterdam, 1964
Brooks, Jerome E.: *The Mighty Leaf*(*The Story of Tobacco*) ……Alvin Redman, London, 1953
Brooks, Jerome E. ed.: *Tobacco, Its History Illustrated by the Books, Manuscripts and Engravings In the Library of GEORGE ARENTS, Jr.* ……The New York Public Library, 1914(復刻版, 1999)
Cannon, John, ed.: *The Oxford Companion to British History* ……Oxford University Press, 1997
Cederlund, Carl Olof: The Oldest Clay Pipes in the Warship WASA *The Archaeology of the Clay Tobacco Pipe IV, BAR, International Series 92*……Oxford, 1980
Le Cheminant, Richard: Clay Tobacco Pipes from London and the South East *The Archaeology of the Clay Tobacco Pipe VI, BAR, British Series 97*……Oxford, 1981
Cole, Jacques W.:
・*In The Beginning*(Myths & Legends about Pipes) ……(Pipe Line Guide No. 3). Hill Park Publications, UK, 1990
・*In The Beginning*(Myth & Legends about Pipes) (Pipe Lore Collection No. 1 補訂版)……Hill Park Publications, UK, 2005
・*The GBD*(*St. Claude Story*)……Cadogan Investments, London, 1976
Comin, Francisco C., Aceña, Pablo Martin: *Tabacalera y el Estanco*(*Del Tabaco en España 1636–1998*)……Fundación TABACALERA, 1999
Cook, J. M.: *The Persians*……The Folio Society, London, 2003
Cornforth, Trevor & Cheung, Dr. Nathan: *Chinese Snuff Bottles* ……Schiffer Publishing, 2002
Corr, William: *Adams The Pilot*……Japan Library, Kent, 1995
Corti, Count: *A History of Smoking*(英訳版 Paul England 1931) ……初版 Harrap, London, 1931 ……英語復刻版:Bracken Books, London, 1996

Corti, Conte : *Geschichte des Rauchens*(原著ドイツ語版 1930)
……………………………………………………………復刻版 : Insel Verlag, Frankfurt, 1986
Cowie, Leonard W. : *The Age of Drake* ………………Wayland Publishers, London, 1780
Cremer, Wolfgang : *Tabak und Schamanismus bei den Indianern in Südamerika*
…………………………………………………………………………Baum-Publications, 2007
Dallal, Diane : (S. Rafferty & R. Mann ed.) Smoking Culture, *The Archaeology of Tobacco Pipes in Eastern North America*
……………………………………………The University of Tennessee Press, Knoxville, 2004
Davey, Peter : SCOTLAND, *JAIP, Vol. 2* …………………………………Liverpool, 2009
Davey, Peter ed. : *The Archaeology of the Clay Tobacco Pipe I BAR, British Series 63*
……………………………………………………………………………………………1979
Deetz, James : *An Archaeology of Early American Life* (*In Small Things Forgotten*)
…………………………………………………(First Edition 1977) Anchor Books, 1996
De Haan, Ronald and Krook, Wiard : Thomas Laurensz (1581–1625) Tobacco Pipemaker te Amsterdam,. *Pijpelogische Kring Nederland nr. 32* ……………………1986
De Haan, Ronald : Amsterdam Clay Pipe Production, *The Pipe Year Book 2004*
……………………………………………………………………………………Paris, 2004
De Haan, Arjan R. : 19th Century Clay Chibouks made in Tophane, *The Pipe Year Book, 2004* ……………………………………………………………………Paris, 2004
Delon, René : *Le Tabac Dans le Sud-Ouest* (*Historie D'une Culture et D'une Économie*)
………………………………………………………………………Editions Sutton, 2014
Dickson, Sarah Augusta : *Panacea or Precious Bane* (*Tobacco in Sixteenth Century Literature*) Arents Tobacco Collection, Publication No. 5
…………………………………………………………The New York Public Library, 1954
Duco, Don H. :
・De Kleipijp in de Zeventiende Eeuwse Nederlanden, *The Archaeology of the Clay Tobacco Pipe V Europe 2, BAR, International Series 106 ii* ………………1981
・*Merken van Goudse pijpenmakers 1660–1940* ……………………De Tijdstroom, 1982
・*Vve Hasslauer successeur de GAMBIER* …………………Pijpenkabinet, Leiden, 1987
・*Merken en merkenrecht van de pijpenmakers in Gouda* ……………Amsterdam, 2003
Dunhill, Alfred H. :
・*The Pipe Book* ……………………………………………A. & C. Black,, London, 1924
……………………………………………………………………Macmillan, New York, 1924
…………………………………………………………Arthur Baker Limited, London, 1969
…………………………………………………………………………………Lyons, N.Y., 1999
……………………………………………………………………………Gramercy Books, 2000
・*Gentle Art of Smoking* ……………………………………Max Reinhardt, London, 1961
Dunhill, Mary : *Our Family Business* ……………………………………Bodley Head, 1979

Espuche, Albert Garcia : *Drogues, dolços i tabac Barcelona 1700*·········Barcelona, 2010
Fairholt, F.W. : *TOBACCO : Its History & Associations*·······················London, 1876
Fisher, Robert Lewis : *The Odyssey of Tobacco*
···The Prospect Press, Connecticut, 1939
Friederich, Door F. H. W. : *Pijpelogie,(Vorm, Versiering en Datering van de Hollandse)*
····································Archeologische Werkgemeenschap voor Nederland, 1975
Gaastra, Femme S. : *The Dutch East India Company(Expansion and Decline)*
···Walburg Pers, 2003
Gaulton, Barry : CANADA, *JAIP, Vol. 2*··Liverpool, 2009
Gordillo, José Manuel Rodríguez :
・*La Difusión del Tabaco en España Dies Estudios* ·······Universidad de Sevilla, 2002
・*Historia de la Real Fábricade Tabacos de Sevilla* ····························Sevilla, 2005
・*El Monopolio Espanol de Tabacos en el Siglo XVIII(Consumos y Valores : Una Perspectiva Regional)* ···Los Libros de Altadis, 2007
Gould, Alicia B. : *Nueva lista documental de los tripulantes de Cristóbal Colón en 1492*
···Real Academia de la Historia, Madrid, 1984
Graves, Charles : *A Pipe Smoker's Guide* ··························Icon Books, London, 1969
Green, J. N., *The Loss of the Verenigde Oostindische Compagnie Jacht Vergulde Draeck, Western Australia 1656, BAR, S36(i)* ··1977
Haider, Edit : *The Meerchaum Pipe*, The History of the Hungarian Pipemaker's Art
·····································Hungarian National Museum, Balatoni Museum, 2000
Haider, Edit and Ridovics, Anna : *Pipagyüjtemény a tápiószelei Blaskovich Múseumban*
··Szentendre, 2005
Harley, Laurence S. : *The Clay Tobacco-Pipe in Britain*
···························The Essex Field Club at the Passmore Edwards Museum, 1963
Hamilton, A. E. : *This Smoking World* ·······The Century Co., London, New York, 1927
Hariot, Thomas : *A Brief and True Report of the New Found Land of Virginia*
···London, 1588
··復刻版 Theatrum Orbis Terrarum, Amsterdam, 1971
Haritatos, Manos / Giakoumakis, Penelope : *A History of the Greek Cigarette*
································The Hellenic Literary and Historical Archive, Athens, 1997
Harm, Stevens(ed) : *Dutch Enterprise and the VOC 1602～1799*(by Annebet van Duinen) ·······································Rijksmuseum Amsterdam, Walburg Pers, 1998
Heege, Andreas : SWITZERLAND, *BAR, Vol. 2* ·····························Liverpool, 2009
Heimann, Robert K. : *Tobacco & Americans* ··················McGrawhill, New York, 1960
Herodotus(Translated by Aubrey de Sélincourt) : *THE HISTORIES*
························(First published by Penguin Books, 1954)The Folio Society, 2006
Herrera V., Jose Joaquin : *El Dios L "El Fumador"* ·······················Mexico City, 2004

Heward, Edward Vincent : *St. Nicotine* ····················George Routledge, London, 1909
Higgins, David : ENGLAND, *JAIP, Vol. 2* ·····································Liverpool, 2009
Hirschfelder, Arlene B. : *Encyclopedia of Smoking and Tobacco* ·········Oryx Press, 1999
Holmes, George, K. : *Some Features of Tobacco History* Annual Report of the American Historical Association ···1919
Hungarian National Museum :
・*Two Hundred Years' History of Hungarian National Museum and its Collections* ···Budapest, 2004
Historical Exhibition of the Hungarian National Museum
・Guide 3(18th and 19th centuries) ···Budabest, 2001
・Új Szerzemények a Magyar Nemzeti Museumban I ····················Budapest, 2000
・Új Szerzemények a Magyar Nemzeti Museumban II ···················Budapest, 2004
Hvass, Lone : Anne Didrichs' Pipes, *The Pipe Year Book 2005–2006* ·········Paris, 2006
Jackson, R.G. & Price, R.H. : *Bristol Clay Pipes(a study of makers and their marks)*, Bristol City Museum Research Monoograph No. 1 ·······································1974
Jacobs, Els M. :
・*In Pursuit of Pepper and Tea* ··1991
・*Dutch East Indiaman 'Amsterdam'* ··1997
Javier López Linage & Juan Hernández Andreu : *Una Historia del Tabaco en España* ·····························Ministerio de Agricultura Pesca y Alimentacion, Madrid, 1990
Kaijser, I. : Clay Pipes from Three Eighteenth Century Wrecks in Sweden, *BAR, International Series 92* ···Oxford, 1980
King James I : *A Counterblaste to Tobacco*(1604)
···復刻版 A. Constable and Co., Westminster, 1895
Counterblaste to Tobacco(1604) ··································復刻版 Amsterdam, 1969
Kinross, Lord : *The Ottoman Empire* ······················The Folio Society, London, 2003
Koskowski, W., Professor at Alexandria University : *The Habit of Tobacco Smoking* ···Staples Press Ltd., London, 1955
Kristensen, J. E. T. : *Johan Adolph Rømers tabakspibefabrik i Nørresundby, med et udsyn over Tabaksrygningens og pibemageriets histoirie i Danmark indil c. 1800*, Sprog og Kultur Tyveførs bind haefte 3–4, 79–124
···Universitetsforlaget I Aarhus, 1959
Kügler, Martin : *Report of the 17th session of the Arbeitskreis Tonpfeifen held from May 2 to 4, 2003 in Heidelberg*
···(ドイツ・クレイ・パイプ学会第17回総会報告), 2003
Kulikoff, Allan : *Tobacco & Slaves*(The Development of Southern Culture in the Chesapeake, 1680–1800) ··························The University of North Carolina, 1986
Laufer, Berthold :

・*Tobacco and Its use in Asia*, Anthropology Leaflet 18
……………………………………………………Field Museum of Natural History, 1924
・*Introduction of Tobacco into Europe*, Anthropology Leaflet 19
……………………………………………………Field Museum of Natural History, 1924
Laufer, Berthold / Linton, Ralph / Hambly, Wilfrid D.: *Tobacco and Its Use in Africa*, Anthropology Leaflet 29 ……………………Field Museum of Natural History, 1930
Lauring, Palle: *A Hhistory of Denmark* ……………………Høst & Søn, Copenhagen, 1995
Lawrence, Simon: York Pipes and Their Makers, *The Archaeology of The Clay Tobacco Pipes I,. BAR, British Series 63* ……………………………………Oxford, 1979
Leclaire, André: FRANCE, *JAIP, Vol. 2*…………………………………Liverpool, 2009
Jean-Leo: *Les Pipes en Terre Françaises, Le Grenier du Collectionneur*
……………………………………………………………………………Bruxelle, 1971
Levárdy, Ferencné: *Our Pipe Smoking Forebears*(English translation by A.C. Rouse and Imre Éliás) ……………………………………………Budapest-Pécs-Velburg, 1994
Linton, Ralph: *Use of Tobacco Among North American Indians* Anthropology Leaflet 15……………………………………………Field Museum of Natural History, 1924
Livro das Armada, *Memoria das Armadas*(船隊記録簿)
……………………………………………………………Instituto Cultural de Macau, 1995
Loades, David: *The Tudor Court*…………………………………B.T. Batsford, London, 1986
Lockyer, Roger: *The Early Stuarts, A Plotitcal History of England* 1603–1642
……………………………………………………………………Longman, London, 1989
Loewe, Walter: *Petum Optimum*…………………………Norma Publishers, Sweden, 1990
Loewe, Walter et al.: *From Swedish Matches to Swedish Match*(Sweden's Match Industry 1836–1996)…………………………………………Wahlström & Widstrand, 1997
Lopes, José Manuel: *Pipes ~ Artisans and Trademarks* …………Quimera Editores, 2004
López, Javier & Hernández, Juan: *Una Historia del Tabaco en España*·····Madrid, 1990
Luccieanno, Antion: *Meerschaum Pipes*…………………………Private publication, 1995
Ludvigsen, Børre: NORWAY, *JAIP, Vol. 2*…………………………………Liverpool, 2009
MacInnes, C. M.: *The Early English Tobacco Trade*
………………………………Kegan Paul, Trench, Trubner & Co., Ltd., London, 1926
Malbarosa, Jose Ma. Arcadio C.: The Aesthetic Dimension of Tobacco Consumption and Manufacture in the Philippines, 1782–1930, *6th Annual National Arts Congress*
……………………………………………………………De La SalleUniversity Manila, 2013
Martin, Eric: 1545, The First Reference to Tobacco in a French Work, *The Pipe Year Book 2000* …………………………………………………………………Paris, 2000
Mason, J. Alden: *The Use of Tobacco in Mexico and South America,* Anthropology Leaflet 16……………………………………………Field Museum of Natural History, 1924
Matthee, Rudi: Tobacco in Iran, *SMOKE*(*A Global History of Smoking*)

……………………………………………………………………Reaktion Books, London, 2004
McGuire, Joseph D.: *Pipes and Smoking Customs of the American Aborigines, based on Material in The U.S. National Museum*,(Herodotus: Book I, p.88 translated by Henry Cary, New York, 1855.) ………Smithsonian Institution, Washington, D. C., 1899
Monardes, Nicolas: *Joyful Newes out of The Newe Founde Worlde*, London, 1577 …………………………(英訳本)復刻版：Theatrvm Orbis Terrarvm, Amsterdam, 1970
Norton, Joe: IRELAND, *JAIP, Vol. 2* ……………………………………………Liverpool, 2009
Norton, Marcy: *Sacred Gifts, Profane Pleasures*(A History of Tobacco and Chocolate in the Atlantic World) ……………………………………………Cornell Univ. Press, 2010
Osskó, Irnák / Haider, Edit et al.: *The History of the Hungarian Pipemaker's Art* ……………………………………………Hungarian National Museum, Balatoni Museum, 2000
Oswald, Adrian:
・The Archaeological and Economic History of Clay Tobacco Pipes, *Journal of British Archaeology Associations, XXIV* ……………………………………………1960
・Clay Pipes for The Archaeolologist, *BAR 14*…………………………………Oxford, 1975
Palliser, D. M.: *The Age of Elizabeth*(*England under the later Tudors* 1547–1603) ……………………………………………………………………Longman, London, 1983
Paper, Jordan: *Offering Smoke*(*The Sacred Pipe and Native American Religion*) ……………………………………………………………University of Idaho Press, 1988
Pascual, Antonio: 'Clay Pipes in Spain', *The Pipe Year Book 2003*……………Paris, 2003
Peacy, Allan: *The Development of the Clay Tobacco Pipe Kiln in the British Isles BAR, British Series 246*……………………………………………………………Oxford. 1996
Penn, W.A.: *The Soverane Herbe*(*A History of Tobacco*) ……………………London, 1901 ……………………………………………………………E.P. Dutton, New York, 1902
Peterson, Harold L.: *American Indian Tomahawks,* Museum of the American Indian, Heye Foundation ……………………………………(1st published in 1965), 1971
Pettersen, Anneken and Alsvik, H.: *Pipefabrikken på Bragernes og den grunnlegger Jacob Boy*……………………………………………………………Drammen, Norway, 1944
Philips, Edward: African Smoking and Pipes, *Journal of African History, XXIV* …1983
Polo, Marco(translation by Ronald Latham, 1958): *The Travel of Marco Polo* ……………………………………………………………The Folio Society, London, 1991
Pollner, Otto: Tobacco and Cigar at Bünde, Germany, *The Pipe Year Book 1998* ……………………………………………………………………………Paris, 1998
Porter, Muriel N.: Pipas Precortesinas, *Acta Anthropologica III: 2* …Mexico, D.F., 1948
Porter, Stephen: *The Great Fire of London* ……………Sutton Publishing, London, 1996
Price, Jacob M.: The Tobacco Adventure to Russia(Enterprise, Politics, and Diplomacy in the Quest for a Northern Market for English Colonial Tobacco, 1676–1722), *Transactions of American Philosophical Society Vol. 51, Part 1* …………1961

Puktörne, T.: *Tobakspipor frå Gouda och Varberg*……Varberg Museum Årsbok, 1968
Rapaport, Benjamin:
・*The Nicotiana Network & Nexus*, Vol. 26, No. 4 ……………………Winter 2005–2006
・*A complete guide to collecting Antique Pipes*
……………………………………………Schiffer Publishing, Pennsylvania, 1979
Raphaël, Maurice:
・*La pipe en terre son périple à travers la France* ………………………Marseille, 1991
・*La Pipe en Terre à Marseille*……………………………………………Marseille, 2003
Ridovics, Anna:
・Hungary (including former territories), *JAIP*, Vol. 2…………………Liverpool, 2009
・True or false, in the wake of a legend: the so called 'pipe of the first meerschaum carver, Károly Kovács, In the Hungarian National Museum? *JAIP, Vol. 4*
……………………………………………………………………………Liverpool, 2011
・Historic Themes on Pipes and Pipe Stems, *The History of Pipemaker's craft / Hungarian History through the Pipemaker's Art*
…………………………………………………………Hungarian Ntional Museum, 2000
・Meerschaum pipes in eighteenth and nineteenth- century Hungary, *JAIP, Vol. 3*
……………………………………………………………………………Liverpool, 2010
Robert, Joseph C.: *The Story of Tobacco In America*
…………………………………………………………Alfred A. Knopf, New York, 1952
Roberts, Allen F.: Smoking in Sub-Saharan Africa, *SMOKE (A Global History of Smoking)* ……………………………………………………Reaktion Books, London, 2004
Robicsek, Francis: *The Smoking Gods (Tobacco in Maya Art, History, and Religion)*
…………………………………………………………University of Oklahoma Press, 1978
Robinson, Rebecca: Clay Tobacco Pipes from the Kerameikos, ドイツ考古学会会誌第98巻……………………………………………………………………Berlin, 1983
Rowse, A. L.: *Sir Walter Ralegh – His Family and Provate Life*
……………………………………………Greenwood Press, Publisher, Connecticut, 1962
Saris, John: *The First Voage of the English to Japan by John Saris*……東洋文庫、1941
Schantl, Alexander N. W.: *Magnificent Meerschaum Pipes (The Phenomenon of magnificent pipes and holders from the middle of the 19th century)*
……………………………………………国際パイプ・アカデミー年次総会レジュメ、2007
Schávelzon, Daniel: ARGENTINA, *JAIP, Vol. 2* …………………………Liverpool, 2009
Schrier, Garry B.: *The History of The Calabash Pipe*…………Privately published, 2006
Schroeter Weilly: *CALUMET*
…………………………Verlag für Amerikanistik Wyk auf Foehr, West-Germany, 1989
Skre, Dagfinn: Clay Pipes from the Excavaton in Reviersstredet 5–7, OSLO, *The Archaeology of the Clay Tobacco Pipe IV, BAR, International Series 92*

……………………………………………………………………………………Oxford, 1980
The Smoker's Guide(著者不明)…………………Hardwicke & Bogue, London, 1876, 1877
Spinden, H.J.: *Tobacco is American*, Arents Tobacco Collection, Publication No. 2
……………………………………………………The New York Public Library, N.Y., 1950
Stam, Ruud:
・BELGIUM', *JAIP, Vol. 2*……………………………………………………Liverpool, 2009-a
・THE NETHERLANDS, *JAIP, Vol. 2*…………………………………Liverpool, 2009-b
・GERMANY', *JAIP, Vol. 2*……………………………………………………Liverpool, 2009-c
Steinmetz, Andrew: *TOBACCO(Its History, Cultivation, Manufacture, and Adulterations)*………………………………………………Richard Bentley, London, 1857
Suzuki, Barnabas T.(鈴木達也):
・The Maruyama Collection of KISERU and kiseru making in Tsubame, *The Pipe Year Book* 1994 ……………………………………………………………Paris, 1994
・Tobacco Smoking in Japan in the Early 17th Century as appeared in the Jesuit Documents, *The Pipe Year Book 1996*……………………………………………Paris, 1996
・The First Tobacco Seeds brought into Japan as recorded in the Franciscan Documents, *The Pipe Year Book 1999*……………………………………………Paris, 1999
・Introduction of Pipe(KISERU)Smoking into Japan, *The Pipe Year Book 2001*
……………………………………………………………………………………Paris, 2001
・Early KISERU Export from Japan in the 17th Century *The Pipe Year Book* 2002
……………………………………………………………………………………Paris, 2002
・Importation of Dutch Clay Pipes into Japan in the 17th and 18th Centuries, *The Pipe Year Book* 2003 ……………………………………………………………Paris, 2003
・Die Versorgung Holländisch Auswanderer in Japan Mit Tonpheifen im 17 und 18. Jahrhhundert, *Knaster KOPF Band* 17…………………………………………2004-a
・Development of Smoking Culture in Japan, *The Pipe Year Book*……Paris, 2004-b
・Tobacco Culture in Japan, *SMOKE(A Global History of Smoking)*
………………………………………………………………Reaktion Books, London, 2004-c
・同上中国語翻訳版「日本的烟草文化」『吸烟史』
……………………………………………………………………北京市、九州出版社、2008
・JAPAN, *JAIP, Vol. 2*……………………………………………………………Liverpool, 2009
・Dutch influences on the Japanese smoking, *JAIP, Vol. 4*……………Liverpool, 2011
・The introduction of smoking into China, *JAIP, Vol. 6*………………Liverpool, 2013
Tatman, Colin: The History and Development of the Tobacco Pipe Makers Arms 1663-1956, *Society for Clay Pipe Research News Letter 56*…………………………2001
Taylor, Colin F.: *Native American Weapons*………University of Oklahoma Press, 2001
Tomka, Gábor: *Pipe Types, Excavated Pipes from the 16th to the 18th Century in Hungary*, The History of the Hungarian Pipemaker's craft, Hungarian History

through the Pipemaker's art……………………………Hungarian National Museum, 2000
Thevet, Andre: *The New Found Worlde, or Antarctike* (Thomas Hacket, London, 1568) …………………………英訳復刻版 Theatrum Orbis Terrarum, Amsterdam, 1971
Thompson, John M.(ed.): The Journals of Captain John Smith, *National Geography* ……………………………………………………………National Geographic Society, 2007
Thomson, George Malcom: *Sir Francis Drake* ……….William Morrow, New York, 1972
Tilley, Nannie May: *The Bright Tobacco Industry 1860–1929* …………………………………………………………University of North Carolina Press, 1948
Trevelyan, G. M.:
・*History of England* ……………………………………………Longman, London, 1985
・*English Social History*…………………………………………Allen Lane, London, 2002
Trevelyan, Raleigh: *Sir Walter Raleigh*…………………………Allen Lane, London, 2002
……………………………………………………………………Henry Holt, New York, 2004
Vandalis, Georges E.: *Water Pipes*……………Ithomi Publications, Athens, Greece, 2000
Van der Lingen, Bert:
・Tabakspijpen van de VOC-Handelspost te Dejima, Nagasaki, Japan, *Pijpelogische Kring Nederland* 23e jaargang nr.91 ………………………………januari, 2001
・*Dutch Clay Tobacco Pipes Excavated at Dejima, Nagasaki, Japan in 1998 and 1999* ………………………………………………………………………………………2000
・Smoking in the Ottoman Empire and an Introduction to the Clay Tobacco Pipes from the Beirut Souks Excavation, *Berytus Archaeological Studies* Volume XLVII ……………………………………………………The American University of Beirut, 2003
Voges, Ernst: *Tobacco Encyclopedia* …..Tobacco Journal International, Germany, 1984
Von Dorotheus, Schilling, OFM, Rom: Der erste Tabak in Japan, *Monumenta Nipponica, Vol. V*…………………………………………Sophia University＝上智大学, 1942
American History and Politics………………………Praeger Publishers, New York, 1971
Walker, Iain C.: *History and Archaeology* 11a, 11b, 11c, 11d ……….Parks, Canada, 1977
Watkins, E.: Clay Tobacco Pipes Found in Dorset, *Proc. Dorset Natur. Hist. Archaeol. Soc. LXXXVIII* ……………………………………………………………………1966
West, George A.: *Tobacco, Pipes and Smoking Customs of the American Indians* (Part I & II)ミルウォーキー市立博物館紀要]再版
…………………………………………………………Greenwood Press, Connecticut, 1970
[ファクシミリ版 vol. 1 & 2]………………………………………Hart Publications, 2001
Wilbert, Johannes: *Tobacco and Shamanism in South America* ……………………………………………………………………Yale University Press, 1987
Williams, Norman Lloyd: *Sir Walter Raleigh* …………Cassell Publishers, London, 1962
Wills, W.D. & H.O.: *Tobacco, Its Culture and Manufacture* ……………………………………………………Mardon, Son & Hall, Bristol (2nd ed.), 1936

Young, William W.: *The Story of the Cigarette*………D. Appleton, London(刊年不記載)
東京大学史料編纂所(日本海外関係史料)
『イギリス商館長日記』原文編之上……………………………東京大学出版会　1978
『オランダ商館長日記』原文編之一………………………………………………1974
『オランダ商館長日記』原文編之二………………………………………………1974
『オランダ商館長日記』原文編之三………………………………………………1977
『オランダ商館長日記』原文編之六………………………………………………1986
『オランダ商館長日記』原文編之七………………………………………………1989
『オランダ商館長日記』原文編之九………………………………………………1999

【中国語文献】

楊国安編著『中国烟業史匯典』…………………………北京市・光明日報出版社　2002
袁庭棟『中国吸烟史話』……………………………………済南市・山東画報出版社　2007

【邦文・邦訳文献】　(編・著者アイウエオ順)

青木巖『ヘロドトス「歴史」物語』OD 版(底本／現代教養文庫1968)……文元舎　2004
青木康征訳『完訳・コロンブス航海誌』……………………………………平凡社　1993
青森県教育委員会『浜通遺跡発掘調査報告書』(青森県埋蔵文化財調査報告書第80集)
……………………………………………………………………青森県教育委員会　1983
青山和生『古代マヤ　石器の都市文明』…………………………京都大学学術出版　2013
青山和夫・猪俣健『メソアメリカの考古学』……………………………同成社　1997
赤松俊秀編『隔蓂記』巻1……………………………………………思文閣出版　1997
赤松俊秀編『隔蓂記』全6巻……………………………………思文閣出版(二刷)　2006
赤嶺誠紀『大航海時代の琉球』………………………………………沖縄タイムス社　1988
浅野仁・牧野正憲・平林孝裕編『デンマークの歴史・文化・社会』………創元社　2006
阿部洋輔編『上杉氏の研究』(戦国大名論集9)…………………………吉川弘文館　1984
有馬頼底「相国寺とその歴史」(『相国寺』)……………………………………淡交社　1976
アラン・ブールドン／アルベール(福嶋正徳・広田正敏訳)『ポルトガル史』
……………………………………………………………………………白水社　1998
B・アルムグレン『ヴァイキングの歴史』………………………………………原書房　1990
I・アンデション／J・ヴェイブル(潮見憲三郎訳)『スウェーデンの歴史』
……………………………………………………………………………文眞堂　1985
伊川健二『大航海時代の東アジア―日欧通交の歴史的前提―』…………吉川弘文館　2007
池本幸三・布留川正博・下山晃『近代世界と奴隷制』……………………人文書院　1999
石井米雄、・桜井由躬雄『東南アジア世界の形成』…………………………講談社　1985
石川謙『庭訓往来についての研究』(東京教育大学教育学会)……………金子書房　1950
　　　『古往来についての研究』………………………………………………講談社　1949
石川謙・石川松太郎『日本教科書体系・往来編(別巻・往来物系譜)』……講談社　1970

石川松太郎『往来物の成立と展開』……………………………雄松堂フィルム出版　1988
石崎重郎『にこちあな　煙草考』……………………………………………東京書房　1958
　　　　『たばこの本』…………………………………………………………求龍堂　1967
石村勝郎『新　石見銀山物語』…………………………………石見銀山遺跡研究会　1971
出雲崎町史編さん委員会『出雲崎町史』資料編Ⅰ　原始・古代・中世・近世(1)
　…………………………………………………………………………………出雲崎町　1988
板倉篤太郎「考証学者としての伴信友翁」(『史林』第2巻第4号)
　……………………………………………………………………京都大学史学研究会　1917
市木武雄編『五山文学用語辞典』………………………………続群書類従完成会　2002
伊藤孝之ほか『ポーランド・ウクライナ・バルト史』(新版世界各国史20)
　…………………………………………………………………………………山川出版　1998
伊藤真昭他編「文禄中日記」(『相国寺蔵　西笑和尚文案』)……………思文閣出版　2007
伊藤章『マニラ航路のガレオン船―フィリピンの征服と太平洋―』…………鳥影社　2008
今泉淑夫校訂『鹿苑院公文帳』(続)…………………………………群書類従完成会　1996
岩生成一『南洋日本町の研究』……………………………………………岩波書店　1966
　　　　『続　南洋日本町の研究』……………………………………………岩波書店　1987
　　　　『新版　朱印船貿易の研究』………………………………………吉川弘文館　1985
石見銀山歴史文献調査団編『石見銀山』研究論文篇／年表・編年史料綱目篇
　………………………………………………………………………………思文閣出版　2002
殷允芃(丸山勝訳)『台湾の歴史』…………………………………………藤原書店　1996
S・A・ヴァレーリェヴィチ(枡本哲訳)「シベリアにおける煙草の消費[伝統とその発生]」(『歴史民俗学』No. 8)……………………………………………………………批評社　1997
P・H・ウイルスン(山本文彦訳)『神聖ローマ帝国』……………………岩波書店　2005
上里隆史『琉日戦争一六〇九―島津氏の琉球侵攻―』……………ボーダーインク　2009
上田信「明清時代　海と帝国」(『中国の歴史』09)…………………………講談社　2005
ウェッジウッド／C・ヴェロニカ(瀬原義生訳)『ドイツ三十年戦争』……刀水書房　2003
宇賀田為吉『煙草』(C. Cortiの英語版の翻訳本)……………………………隆章閣　1934
　　　　　『タバコの歴史』……………………………………………………岩波書店　1973
　　　　　『煙草文献総覧』和書之部(前篇)……………たばこ総合研究センター　1977
　　　　　『煙草文献総覧』漢書之部……………………たばこ総合研究センター　1981
　　　　　『世界喫煙史』………………………………………………………東峰書房　1981
　　　　　『煙草文化誌』………………………………………………………専売弘済会　1984
宇田川洋「北方地域の煙管と喫煙儀礼」(『東京大学文学部考古学研究室研究紀要』第10)
　……………………………………………………………………………………………1991
浦廉一「明末清初に於ける満・鮮・日関係の一考察」(羽田博士還暦記念会編『羽田博士頌壽記念　東洋史論叢』)…………………………京都大学文学部東洋史研究会　1950
H・B・エーヴァ(渡邊昭子・岩淵周一訳)『ハプスブルグとハンガリー』
　…………………………………………………………………………………成文社　2003

江村洋『ハプスブルグ家』 ……………………………………………………講談社　1990
　　『ハプスブルグ家史話』 ……………………………………………東洋書林　1999
及川亘「中村家文書の近世前期の土地帳簿」(『桜江古中文書を現代に活かす会報告書―中村家古文書あらかると―』)
トマス・オイテンブルグ(石井健吾訳)『16～17世紀の日本におけるフランシスコ会士たち』 ……………………………………………………………………中央出版社　1980
大岡昇平『富永太郎……書簡を通して見た生涯と作品』 ………………中央公論社　1974
　　「富永太郎……書簡を通して見た生涯と作品」(『大岡昇平全集17』)
　　……………………………………………………………………………筑摩書房　1995
大垣貴志郎『物語　メキシコの歴史』 ……………………………中央公論新社　2008
大河喜彦「『鹿苑日録』の「烟草」を検証する」(『たばこ史研究』No. 109)
　　……………………………………………………………たばこ総合研究センター　2009
大津留厚『ハプスブルグ帝国』 ……………………………………………山川出版社　2000
岡倉登志『アフリカの歴史』 ……………………………………………………明石書店　2001
岡田章雄『三浦按針』(岡田章雄著作集Ⅴ) …………………………………思文閣出版　1984
岡美穂子『商人と宣教師　南蛮貿易の世界』 ………………………東京大学出版会　2010
　　「ポルトガル人のアジア交易ネットワークとアユタヤ」(中島楽章編『南蛮・紅毛・唐人』) ……………………………………………………………思文閣出版　2013
岡村金太郎『往来物分類目録』 ……………………………………………啓明会事務所　1922
岡本弘道『琉球王国海上交渉史研究』 ………………………………………榕樹書林　2010
岡本良知『十六世紀日欧交通史の研究』 ………………………………(復刻版)原書房　1980
　　(高瀬弘一編)『キリシタンの時代―その文化と貿易―』………八木書店　1987
奥田雅瑞「物語・タバコ史資料　鹿苑日録(４)」(『たばこ史研究』No. 1)
　　……………………………………………………………………たばこ史研究会　1982
　　「『鹿苑日録』の「烟草」について」(『たばこ史研究』No. 22)
　　……………………………………………………………………たばこ史研究会　1987
　　「『鹿苑日録』の「烟草」考」(『たばこ史研究』No. 30)
　　……………………………………………………………………たばこ史研究会　1989
　　「天正四年　出雲崎御水帳の検証」(『たばこ史研究』No. 53)
　　……………………………………………………………………たばこ史研究会　1995
小澤卓也『コーヒーのグローバル・ヒストリー』 …………………ミネルヴァ書房　2010
小野田武雄『江戸物価事典』 ……………………………………………………展望社　1992
夏家駿(王怡・川床邦夫訳)「中国の文献中のたばこに関する抜粋資料」(『たばこ史研究』No. 35) ……………………………………………………………たばこ史研究会　1991
隔蓂記研究会編『隔蓂記』総索引 ………………………………………思文閣出版　2006
ラス・カサス(長南実訳)『インディアス史(１)』(大航海時代叢書第Ⅱ期21)
　　……………………………………………………………………………岩波書店　1981
片桐一男「阿蘭陀人逗留中詰切出役書留について」(『日蘭学会会誌』第26巻第２号)

……………………………………………………………………………………日蘭学会　2002
加藤雅彦『ハプスブルグ帝国』 ……………………………………………河出書房新社　2006
ブライアン・ガードナー(浜本正夫訳)『イギリス東インド会社』 …リブロポート　1989
門脇輝夫訳『修道女が見聞した17世紀のカナダ』 …………………………東信堂　2006
金七紀男『ポルトガル史』 …………………………………………………………彩流社　1996
　　　『エンリケ航海王子』 ……………………………………………………刀水書房　2004
金子達・米田恒雄「三条闕所御帳・三条同名・同心・家風給分御帳」(阿部洋輔編『上杉氏の研究』(戦国大名論集９) …………………………………………吉川弘文館　1984
加納啓良ほか編『東南アジア史６植民地経済の繁栄と凋落』………………岩波書店　2001
狩野千秋『マヤとアステカ』 ……………………………………………………近藤出版社　1983
カルチェとテヴェ(西本晃二訳)『フランスとアメリカ大陸(１)』(大航海時代叢書第Ⅱ期19) ……………………………………………………………………………岩波書店　1982
川北稔編『イギリス史』(新版世界各国史11) ……………………………山川出版社　2001
川床邦夫「見聞・中国と西洋の嗅ぎたばこ」(『たばこ史研究』No. 37)
……………………………………………………………………………たばこ史研究会　1992
萱野茂『アイヌの民具』 …………………………………………………すずさわ書店　1978
喜安幸夫『台湾の歴史』…………………………………………………………原書房　199
菊池誠一『ベトナム日本町の考古学』 ……………………………………高志書院　2003
　　　「ベトナムにおける十七世紀の喫煙具の考古学的研究」(『たばこ総合研究センター助成研究報告』) ……………………たばこ総合研究センター　2010
菊池良生『神聖ローマ帝国』 ……………………………………………………講談社　2003
　　　『戦うハプスブルグ家』 ……………………………………………………講談社　1995
菊野六夫『ウイリアム・アダムズの航海誌と書簡』 ……………………南雲堂　1977
木越隆三『織豊期検地と石高の研究』 ……………………………………桂書房2000
　　　「加賀藩成立期の石高と免」(児玉幸多監修・若林喜三郎編『加賀藩社会経済史研究』地方史研究叢書10) ……………………………………名著出版　1980
北川敦編『イタリア史』(新版世界各国史15) ……………………………山川出版社　2008
北川香子『カンボジア史再考』 …………………………………………………連合出版　2006
北九州たばこ耕作連合協議会編『煙草史　福岡・佐賀・長崎』 ……煙草史刊行会　1976
木村英造『大航海時代の創始者―航海者エンリケ伝―』 ……………………青泉社　1971
木村靖二編『ドイツ史』(新版世界各国史13) ……………………………山川出版社　2001
草野英信「タイ・アユタヤ　オランダ商館跡の発掘調査とその意義について」(『シンポジウム VOC と日蘭交流 VOC 遺跡の調査と嗜好品』)
……………………………………………たばこと塩の博物館・江戸東京博物館　2010
　　　同上(『たばこと塩の博物館研究紀要第10号　VOC 遺跡の調査とたばこ』)
……………………………………………………………………たばこと塩の博物館　2012
マイケル・クーパー(松本たま訳)『通辞ロドリゲス』(*RODRIGUES, The Interpreter An Early Jesuit In Japan and China*) ………………………………………原書房　1991

国本伊代『メキシコの歴史』 ……………………………………………………新評論　2002
雲浦生編『北越史料　出雲崎』 …………………………佐藤書店　1906　復刻版1977
倉田稔『ハプスブルグ歴史物語』 …………………………日本放送出版協会　1994
桑山隆『キリスト教の伝統を継承しよう—礼拝で用いられる香について—』
　……………………………………………………………………………聖公会出版　2007
古泉弘編『事典　江戸の暮らしの考古学』 ……………………………吉川弘文館　2013
マイケル・D・コウ(寺田和男・加藤泰建訳)『マヤ』……………………………学生社　1975
呉晗(鈴木博訳)「たばこについて」(『たばこ史研究』No. 17)
　…………………………………………………………………………たばこ史研究会　1986
『国史大辞典』第10巻 ……………………………………………………………吉川弘文館　1994
『鹿苑日禄』、国文学研究資料館(人間文化研究機構)蔵マイクロフィルム版、原本東京大学付属図書館蔵
小谷汪之「インド洋交易の発展」「インド洋交易の変容と東インド会社」(辛島昇編『南アジア史』) ………………………………………………………………山川出版社　2004
児玉幸多「なぬし・しょうや」(『国史大辞典』10) ……………………吉川弘文館　1988
小寺雅夫『石州の歴史と遺産』 …………………………………………………渓水社　2009
五野井隆史『日本キリスト教史』 ………………………………………吉川弘文館　1990
　「イエズス会日本管区によるトンキン布教の始まり」(『史学』第60巻4号)
　……………………………………………………………………………1991
　『徳川初期　キリシタン史研究』(補訂版) …………………吉川弘文館　1992
　「1626年、日本イエズス会士のトンキン報告書」(『東京大学史料編纂所研究紀要』第3号) …………………………………………………………………………1993
　「日本キリシタン教界と宣教師」(『大村史談』第50号) ……大村史談会　1999
　『日本キリシタン史の研究』 ………………………………………吉川弘文館　2002
　『支倉常長』 ……………………………………………………………吉川弘文館　2003-a
　『大航海時代と日本』 ……………………………………………………渡辺出版　2003-b
　「16・17世紀ヴェトナムにおけるキリスト教布教について」(『英知大学キリスト教文化研究所紀要』第22巻第1号) ……………………………………2007
　『キリシタンの文化』 ………………………………………………吉川弘文館　2012
小葉田淳『中世南島通航貿易史の研究』 ……………………………………刀江書院　1968
　『金銀貿易史の研究』 …………………………………………………法政大学出版局　1976
　『日本鉱山史の研究』 …………………………………岩波書店　1995(第1刷1968)
小林准士「文献にみる石見銀山の成立」(『別冊太陽　石見銀山』) …………平凡社　2007
小林宏「中使考」(阿部洋輔編『上杉氏の研究』戦国大名論集9) ……吉川弘文館　1984
小林道憲『文明の交流史観』 ……………………………………………ミネルヴァ書房　2006
フランシスコ・コミン・C/パブロ・M・アセーニャ編(林屋永吉監訳[TASC訳])『タバカレラ　スペインたばこ専売史1636－1998』 ……………………………山愛書院　2005
小村弌「天正十五年経田永付帳」(『越佐研究』第8号) …………新潟県人文研究会　1954

「近世前期の佐渡海運」(地方史研究協議会編『佐渡―島社会の形成と文化―』)
……………………………………………………………………………………雄山閣　1977
「幕藩成立史の基礎的研究」(小村弌先生退官記念事業会編『越後佐渡の史的構造』)……………………………………………………………………………………1984
『近世日本海海運と港町の研究』……………………………………国書刊行会　2002
コンテ・コルティ(訳者不詳)『喫煙の歴史』(出版社、刊行年は不詳だが、用語、活字、装丁などから1950年頃の出版と推定)(Corti, Conte のドイツ語原著からの翻訳)
(濱野修訳)『煙草の歴史』(ドイツ語原著より訳出)……建設社　1933
(宇賀田為吉訳)『煙草』(C. Corti の英語版の邦訳本)……隆章閣　1934
エルナンド・コロン(吉井善作訳)『コロンブス提督伝』………………朝日新聞社　1992
榊玲子「ブルギーリョスの報告書、翻刻・訳出の試みと今後の課題」(『たばこと塩の博物館研究紀要』第7号)……………………………………………………………2000
相良英輔編『出雲と石見銀山街道』…………………………………………吉川弘文館　2005
櫻井正一郎『サー・ウォルター・ローリー(植民と黄金)』………………人文書院　2006
桜井万里子『ヘロドトスとトゥキュディデス―歴史学の始まり―』……山川出版社　2006
桜井万里子編『ギリシア史』(新版世界各国史17)………………………山川出版社　2005
佐口透『ロシアとアジア草原』……………………………………………吉川弘文館　1982
佐藤吉太郎『出雲崎編年史』(上・中・下)………………………………良寛記念館　1972
『良寛の父　橘以南』………………(復刻版)出雲崎史談会　1981(初版1935)
更科源蔵『歴史と民俗　アイヌ』……………………………………………社会思想社　1968
三嶋郡教育會『三嶋郡誌』(初版1937、復刻版『新潟県精髄三嶋郡誌』)……千秋社　2000
島弘「沖縄諸島出土のきせるについて」(『シンポジウム VOC と日蘭交流 VOC 遺跡の調査と嗜好品』)…………………………たばこと塩の博物館・江戸東京博物館　2010
同上(『たばこと塩の博物館　研究紀要第10号　VOC 遺跡の調査とたばこ』)
………………………………………………………………たばこと塩の博物館　2012
志水有子『近世日本とルソン―「鎖国」形成史再考―』…………………東京堂出版　2012
下山晃『毛皮と皮革の文明史』………………………………………ミネルヴァ書房　2005
A・シャポヴァーロフ(枡本哲訳)「シベリアにおけるタバコ消費の歴史と文化　十七世紀～二十世紀前半」　(邦訳本2015年7月現在未刊行)ノヴォシビルスク　2002
申維翰《シンユハン》(姜在彦訳)『海游録　朝鮮通信史の日本紀行』(東洋文庫252)………平凡社　1996
新村出『南蛮更紗』(東洋文庫596)……………………………………………平凡社　1995
『海表叢書』巻4「めさまし草」…………………………(復刻版)成山堂　1985
菅沼貞風『大日本商業史』……………………………………………………岩波書店　1940
杉中浩一郎『熊野中辺路・歴史と風土』…………………………熊野中辺路刊行会　1991
鈴木宣明『ローマ教皇』……………………………………………………河出書房新社　2001
鈴木達也「イエズス会文書に見る慶長中期のわが国の喫煙」(『たばこ史研究』No. 39)
……………………………………………………………………………たばこ史研究会　1992
『喫煙伝来史の研究』……………………………………………………思文閣出版　1999

「喫煙伝来マニラ(スペイン)説の諸問題」(『たばこ史研究』No. 73)
……………………………………………………………たばこ史研究会　2000-a
「琉球往来考」(『たばこ史研究』No. 74) ………………たばこ史研究会　2000-b
「十七・十八世紀のキセル輸出とオランダ商館―アジアにおけるパイプ喫煙の伝播と拡散―」
…………………(『日蘭学会会誌』第26巻第1号／通巻48号)日蘭学会　2001
「オランダ商館内消費財としてのクレイ・パイプ―VOCの供給開始とキセルからの転換―」
…………………(『日蘭学会会誌』第28巻第1号／通巻51号)日蘭学会　2003
「一六四二年教皇ウルバヌス八世の勅書(タバコ禁令)の考察」(『たばこ史研究』No. 89) ………………………………………………たばこ史研究会　2004-a
「ロドリゴ・デ・ヘレス喫煙説の真偽」(『たばこ史研究』No. 90)
……………………………………………………………たばこ史研究会　2004-b
「一六四二年　教皇ウルバヌス八世勅書の再考察」(『たばこ史研究』No. 95)
………………………………………………………………たばこ史研究会　2006
「わが国の喫煙形態とオランダ・パイプ」(『VOCと日蘭交渉』シンポジウム・レジュメ集) ……………………………………………………………2010
同上(『たばこと塩の博物館研究紀要第10号　VOC遺跡の調査とたばこ』
……………………………………………………………………………2012
鈴木博「中国のたばこ―若干の見聞―」(『たばこ史研究』No. 17)
………………………………………………………………………たばこ史研究会　1986
関口一郎『コーヒー伝播史』 ……………………………………………いなほ書房　1992
関哲行『スペインのユダヤ人』 ……………………………………………山川出版社　2003
関根達人「遠野南部家墓所出土のオランダ産クレイパイプとその意義―国内出土のクレイパイプからみた紅毛文化の受容のあり方―」(『岩手考古学』12号) ……………2000
J・セーリス(村川堅固訳)『日本渡航記』………………………………十一組出版部　1944
曽我重郎『東西喫煙史』 ………………………………………………………雄山閣　1933
高瀬弘一郎『キリシタン時代の貿易と外交』 …………………………八木書店　2002
高山純『江戸時代パラウ漂流記』 ………………………………………三一書房　1993
武田龍夫『物語スウェーデン史』 …………………………………………新評論　2003
『物語北欧の歴史』 ……………………………………………中央公論新社　1993
田尻利「清代タバコ研究史覚書」(『たばこ史研究』No. 17) ………たばこ史研究会　1986
「陳琮『煙草譜』について」(『たばこ史研究』No. 57) ……たばこ史研究会　1996
『清代たばこ史の研究』 ……………………………………………………筑波書房　2006
田代和生『新・倭館―鎖国時代の日本人町―』…………………………ゆまに書房　2011
『日朝交易と対馬藩』 …………………………………………………創文社　2007
「近世日朝貿易における細物請負屋の活動」(『史学』第79巻)
……………………………………………………………………慶応義塾大学　2010

立石博高編『スペイン・ポルトガル史』(新版世界各国史16) ……………山川出版 2000
田中圭一「佐渡に於ける近世初頭の検地」(『上杉氏の研究』戦国大名論集9)
……………………………………………………………………吉川弘文館 1984
『天領佐渡(1)—村の江戸時代史・上—』…………………………刀水書房 1985
『佐渡金銀山の史的研究』…………………………………………刀水書房 1991
『帳箱の中の江戸時代史(上)』……………………………………刀水書房 1999
「石見銀山から佐渡金銀山へ」(『別冊太陽　石見銀山』)……………平凡社 2007
田中圭一ほか『新潟県の歴史』……………………………………山川出版社 1998
田中健夫・石井正敏『対外関係史辞典』…………………………吉川弘文館 2009
田中健夫・田代和生校訂『朝鮮通交大紀』…………………………名著出版 1978
田中富吉「「出雲崎村御水帳」は後世に補修」(『たばこ史研究』No. 23)
……………………………………………………………………たばこ史研究会 1988
たばこ総合研究センター訳『アレンツ文庫・世界タバコ文献総覧』(Arents 原著1937年刊の邦訳版)………………………………たばこ総合研究センター 1992-1998
森平雅彦『モンゴル覇権下の高麗』………………………………名古屋大学出版会 2013
伊裕淑《ユンユスク》『近世日朝通交と倭館』…………………………………………岩田書院 2011
たばこと塩の博物館『めさまし草』(たばこと塩の博物館所蔵資料翻刻集・第1集)
……………………………………………………………たばこと塩の博物館 1996
壇上寛『明代海禁＝朝貢システムと華夷秩序』……………………京都大学出版会 2013
A・ダンヒル(団伊玖磨訳)『ダンヒルたばこ紳士』…………………朝日新聞社 1967
H・チースリク『北方探検史』………………………………………吉川弘文館 1963
趙《ちょう》明春(田尻利訳)「タバコ伝来考〜タバコの中国伝来は漳州にはじまる」(『たばこ史研究』No. 54)…………………………………………………たばこ史研究会 1995
褚《ちょ》逢椿・顧禄(田島淳訳)『烟草録』(「たばこ産業資料」第4号)
…………………………………………………………たばこ総合研究センター 1981
辻善之助編『鹿苑日録』第1〜3巻…………………………………大洋社 1934-37
……………………………………………………………………続群書類従完成会 1961
……………………………………………………………………続群書類従完成会 1991
鶴田啓『対馬からみた日朝関係』……………………………………山川出版社 2012
鄭超雄(丸山智大訳)「合浦県の雁首とたばこの中国伝来」(『たばこ史研究』No. 29)
……………………………………………………………………たばこ史研究会 1989
(鈴木稔昭訳)「続・合浦県のキセル雁首とたばこの中国伝来」(『たばこ史研究』No. 54)……………………………………………………………たばこ史研究会 2002
寺島良安編『和漢三才図会』17(東洋文庫527)…………………………平凡社 1991
屠《と》地(鈴木博訳)「明・清交代期の喫煙について」(『たばこ史研究』No. 17)
……………………………………………………………………たばこ史研究会 1986
土肥恒之『ロシア・ロマノフ王朝の大地』(興亡の世界史14)………………講談社 2007
東京大学史料編纂所(日本海外関係史料)

『イギリス商館長日記』訳文編(上・中・下)………………東京大学出版会　1978-1982
『イギリス商館長日記』訳文編之下………………………………………………1974
『オランダ商館長日記』訳文編之二上……………………………………………1975
『オランダ商館長日記』訳文編之三上……………………………………………1977
『オランダ商館長日記』訳文編之六………………………………………………1987
『オランダ商館長日記』訳文編之七………………………………………………1991
『オランダ商館長日記』訳文編之九………………………………………………2001
東京大学史料編纂所『大日本史料』第十二編之三 …………………東京大学出版会　1992
徳永恂『ヴェニスからアウシュヴィッツ』 ……………………………………講談社　2004
土肥恒之『ロシア・ロマノフ王朝の大地』(興亡の世界史14) ………………講談社　2007
J・B・トレンド(丹羽光男訳)『スペイン文明史』 ……………………みすず書房　1972
『唐蛮貨物帳』……………………………………………………………………内閣文庫　1970
長崎県教育委員会『万才町遺跡—長崎県庁新別館建替えに伴う発掘調査報告書—』…1995
長崎市教育委員会『長崎家庭裁判所敷地埋蔵文化財発掘調査報告書』 ………………1992
長崎市埋蔵文化財調査協議会『金屋町遺跡—オフィスメーション(株)ビル建設に伴う埋蔵文化財発掘調査報告書—』 …………………………………………………2002
長崎市教育委員会『築町遺跡—築町別館跡地開発に伴う埋蔵文化財発掘調査報告書—』……………………………………………………………………………………1997
長佐古真也「EDX 分析による金属製喫煙具の合金組成—きせるの祖形を求めて」(『シンポジウム VOC と日蘭交流—VOC 遺跡の調査と嗜好品—』)
…………………………………たばこと塩の博物館・江戸東京博物館　2010
同上(『たばこと塩の博物館研究紀要第10号　VOC 遺跡の調査とたばこ』)
……………………………………………………たばこと塩の博物館　2012
中島楽章編『南蛮・紅毛・蛮人　一六・一七世紀の東アジア海域』 …思文閣出版　2014
永積洋子『平戸オランダ商館の日記』第3輯 ………………………………岩波書店　1969
『平戸オランダ商館の日記』第4輯 ………………………………岩波書店　1970
『唐船輸出入品数量一覧1637～1833』 ………………………………創文社　1987
中田易直編『近世対外関係史論』 ……………………………………………有信堂高文社　1979
永田雄三『西アジア史Ⅱ』(新版世界各国史9イラン・トルコ)…………山川出版社　2002
中野豈任「いわゆる『安田領検地帳』について」(阿部洋輔編『上杉氏の研究』戦国大名論集9) ……………………………………………………………………吉川弘文館　1984
仲野義文「近世石見銀山領における諸鉱山の概要とその支配」(『日本鉱業史研究』第35号) ……………………………………………………………………………………1998
「江戸中期における石見銀山の経営」(『石見銀山』) …………思文閣出版　2002
『世界遺産　石見銀山を歩く』 ……………………………………………山と渓谷社　2007
「江戸中期における石見銀山の支配と経営について」(『たたら製鉄・石見銀山と地域社会—近世近代の中国地方—』) ……………………………清文堂　2008
『銀山社会の解明—近世石見銀山の経営と社会—』……………………清文堂　2009

中務哲郎(ヘロドトス)『歴史』 ……………………………………岩波書店　2010
中村質『近世貿易関係計数史料の集成的研究』 ……………………九州大学　1995
新垣力「遺跡出土の「柱状形煙管」からみた琉球の喫煙文化」(『たばこと塩の博物館紀要第10号　VOCと日蘭交流 VOC遺跡の調査とたばこ』)
……………………………………………………………たばこと塩の博物館　2012
新潟県『新潟県史』別編2・資料所在目録 ……………………………………1989
資料編3・中世1 ……………………………………1982
資料編4・中世2 ……………………………………1983
資料編5・中世3 ……………………………………1984
資料編7・近世1 ……………………………………1981
通史3・近世1 ……………………………………1987
新潟県人文研究会『越佐研究』第8集 ……………………………………1954
西川如見(子・釣淵編　享保5・1720年刊行)『長崎夜話艸』(長崎叢書1所載)
…………………………………………………………………長崎市役所　1926
西野重利「朝鮮たばこの起源」(『たばこ史研究』No. 10) …………たばこ史研究会　1984
日本学術協会『図説　日本貨幣史』(田辺秀雄『日本貨幣史』、1966復刻版)
………………………………………………………………………展望社　1991
『日本史広辞典』……………………………………………………………山川出版社　1997
日本たばこ産業(株)編『タバコ属植物図鑑』 …………………………誠文堂新光社　1994
日本パイプクラブ連盟編『第三版　パイプ大全』 …………………………未知谷　2009
日蘭学会編『オランダ商館日記』1～10……………………………雄松堂　1989-1999
二文字屋脩「狩猟採取民ムラブリのたばこ文化と市場経済化をめぐる変化の社会人類学的研究」(『たばこ総合研究センター助成研究報告』)
…………………………………………………………たばこ総合研究センター　2010
野村常重「鹿苑日録雑話」(『史学雑誌』第49編第7号)
……………………………………………………東京帝国大学文学部史学会　1938
函館博物館『アイヌの喫煙用具』(整理報告書第3編) ……………市立函館博物館　1977
橋本淳『デンマークの歴史』 ……………………………………………創元社　1999
長谷川利平次『佐渡金銀山史の研究』 ……………………………………近藤出版　1991
服部伸六『黒人売買の歴史』 ………………………………………………たいまつ社　1977
邊土名《へとな》朝有『琉球の朝貢貿易』 …………………………………………校倉書房　1998
馬場脩『樺太・千島考古・民族誌1』(北方民族歴史文化叢書)
…………………………………………………………北海道出版企画センター　1979
濱野修訳『煙草の歴史』(C. Cortiのドイツ語原著より訳出)…………………建設社　1993
D・バーミンガム(高田有現・西川あゆみ訳)『ポルトガルの歴史』…………創土社　2002
ヘンドリック・ハメル(生田滋訳)『朝鮮幽閉記』(ワイド版　東洋文庫132)
……………………………………………………………………(初版1969)平凡社　2003
林田芳雄『蘭領台湾史―オランダ治下38年の実情―』(汲古選書56) ……汲古書院　2010

林屋永吉他訳『航海の記録』(大航海時代叢書１）…………………………岩波書店　1965
『コロンブス航海誌』…………………………………………岩波文庫　1977
(監修)『タバカレラ・スペインたばこ史1636-1998』………………山愛書院　2005
原田禹雄『明代琉球資料集成』………………………………………………榕樹書林　2004
ハリオット(平野敬一訳)『イギリスの航海と植民(２)』(大航海時代叢書第Ⅱ期18)
……………………………………………………………………………………岩波書店　1994
W・バンガード／上智大学中世思想史研究所監修『イエズス会の歴史』…原書房　2004
マシュー・バンソン(長崎恵子・麻子訳)『ローマ教皇事典』………………三交社　2000
人見必大(島田勇雄訳注)『本朝食鑑』2(東洋文庫312)………………………平凡社　1988
平戸市教育委員会『平戸市の文化財』25号…………………………………平戸市　1988
平戸市史編さん委員会編『平戸市史』海外史料編Ⅰ…………………………同上　2004
海外史料編Ⅱ…………………………同上　2000
海外史料編Ⅲ…………………………同上　1998
平山篤子『スペイン帝国と中華帝国の邂逅―十六・十七世紀のマニラ―』
…………………………………………………………………………法政大学出版局　2012
B・ファン・デア・リンゲン(Van der Lingen, Bert)(翻訳・解説：鈴木達也)
「出島オランダ商館跡出土のクレイ・パイプ調査報告書」(『たばこ史研究』No. 77)………………………………………………………たばこ史研究会　2001
「1998年・1999年の出島発掘作業による出土クレイ・パイプ調査報告」(『国指定史跡出島和蘭商館跡―道路及びカピタン別荘跡発掘調査報告―』)
……………………………………………………………長崎市教育委員会　2002
「出島出土クレイ・パイプについて」(『国指定史跡出島和蘭商館跡　カピタン部屋跡他西側建造物群発掘調査報告書』)………長崎市教育委員会　2008
「2002－2005年発掘調査による乙名部屋跡、南側・西側護岸石垣および水門跡より出土のクレイ・パイプ」(『国指定史跡出島和蘭商館跡南側護岸石垣発掘調査報告書』)……………………………長崎市教育委員会　2010
フーオッ・タット(在カンボシア大使：今川幸雄訳)『アンコール遺跡とカンボジアの歴史』…………………………………………………………………………めこん　1995
福井憲彦編『フランス史』(新版世界各国史12)…………………………山川出版社　2001
伏島正義『新大陸発見物語』……………………………………………………大空社　1998
藤井美男『ブルゴーニュ国家とブリュッセル』……………………ミネルヴァ書房　2007
藤縄謙三『ヘロドトス』…………………………………………………………魁星出版　2006
ゲルハル・フーベル『蝦夷切支丹史』…………………………………………光明社　1939
プリニウス(中野定雄・里美・美代訳)『プリニウスの博物誌』(縮刷版Ⅴ)
……………………………………………………………………………………雄山閣　2012
J・E・ブルックス(TASC訳)『マイティ・リーフ』………………………山愛書院　2001
古曳正夫、ヘロドトス『歴史』(読書地図帳　CD-ROM地図)……東海大学出版会　2009
R・ブレジンスキー(小林純子訳)『グスタヴ・アドルフの歩兵―北方の獅子と三十年

戦争—』……新紀元社　2001
堀内敬三編『名曲解説全集14』(歌劇下)……音楽の友社　1965
モーリス・ブロール(西村六郎訳)『オランダ史』……白水社　1997
M・ペンダーグラスト(樋口幸子訳)『コーヒーの歴史』……河出書房新社　2002
ニック・マカーティ(久松武宏訳)『マルコ・ポーロ』……BL 出版　2009
クリス・マクナブ(増井志津代監訳)『アメリカ先住民　戦いの歴史』……原書房　2010
増田義郎『太陽と月の神殿』(沈黙の世界史12)……新潮社　1969
増田義郎・山田睦男編『ラテン・アメリカ史①』……山川出版社　1999
松浦史料博物館『史都平戸—年表と史談—』……1992
松浦章『清代中国琉球貿易史の研究』……榕樹書林　2003
『江戸時代唐船による日中文化交流』……思文閣出版　2007
『東アジア海域の海賊と琉球』……榕樹書林　2008
『近世東アジア海域の文化交渉』……思文閣出版　2010
『近世東アジア海域の帆船と文化交渉』……関西大学出版部　2013
『近世中国朝鮮交渉史の研究』……思文閣出版　2013
松田毅一『天正遣欧使節』……臨川書店　1990
『慶長遣欧使節』……朝文社　1992
松平千秋訳(ヘロドトスス)『歴史』上・中・下(岩波文庫)……岩波書店　1971-1972
的場節子『ジパングと日本』……吉川弘文館　2007
ダニエル・P・マニックス(土田とも訳)『黒い積荷』……平凡社　1976
真柳誠「『本草彙言』と烟草」(『たばこ史研究』No. 36)……たばこ史研究会　1991
G・マルクス(江村洋訳)『ハプスブルグ夜話』……河出書房新社　1992
マルコ・ポーロ(青木一夫訳)『全訳　マルコ・ポーロ東方見聞録』……校倉書房　1960
南塚信吾編『ドナウ・ヨーロッパ史』(新版世界各国史19)……山川出版社　2002
宮田俊彦『琉明・琉清交渉史の研究』……文献出版　1996
『琉球・清国交易史』……第一書房　1984
宮本正興・松田素二篇『新書アフリカ史』……講談社　2002
村上直次郎『長崎オランダ商館の日記』第1輯(1641・6～1644・11)…岩波書店　1980
『ドン・ロドリゴ日本見聞記、ビスカイノ金銀島探検報告』(異国叢書)
……駿南社　1929
村川堅固『セーリス日本渡航記』(新異国叢書6)……雄松堂　1973
ジャン・メイエール(猿谷要訳)『奴隷と奴隷商人』……創元社　1993
百瀬宏ほか編『北欧史』(新版世界各国史21)……山川出版社　1998
森田安一編『スイス・ベネルクス史』(新版世界各国史14)……山川出版社　1998
森永貴子『ロシアの拡大と毛皮交易　16～19世紀シベリア・北太平洋の商人世界』
……彩流社　2008
『イルクーツク商人とキャフタ貿易　帝政ロシアにおけるユーラシア商業』
……北海道大学出版会　2010

森秀之「北海道の遺跡から出土した金属製煙管の実年代」(『北海道考古学』第29輯)
……………………………………………………………………北海道考古学会　1993
山本英史編『近世の海域世界と地方統治』………………………………汲古書院　2010
横山重編著『琉球神道記　弁蓮社袋中集』………………………………角川書店　1970
「書物捜索—雑筆十一—」(『三田文学』第10巻第8号)……三田文学会　1935
横山重他編「琉球國由來紀」(『琉球史料叢書』第1)…………………名取書店　1940
吉井善作訳『コロンブス提督伝』……………………………………………朝日新聞社　1992
吉成直樹「琉球列島に於ける儀礼的喫煙に関する文化史的研究」(『たばこ総合研究センター助成研究報告』)…………………………たばこ総合研究センター　2011
「琉球列島における喫煙習俗の多角的けんきゅう」(『たばこ総合研究センター助成研究報告』)…………………………たばこ総合研究センター　2009
ジョン・ラーナー(野崎嘉信・立崎秀和訳)『マルコ・ポーロと世界発見』
……………………………………………………………………法政大学出版局　2008
李瀚雲(呉萬煌訳)「タバコの中国伝来考」(『たばこ史研究』No. 57)
……………………………………………………………………たばこ史研究会　1996
L・E・リヴァシーズ(君野隆久訳)『中国が海を支配したとき—鄭和とその時代—』
……………………………………………………………………新書館　1996
アンソニー・リード(平野秀秋・田中優子訳)『大航海時代の東南アジア』I・II(原著：*SOUTHEAST ASIAN IN THE AGE OF COMMERCE*, 1450–1680)
……………………………………………………………………法政大学出版局　2002
劉益昌・王淑津「十七世紀台湾に輸入された喫煙文化—考古学による予備的考察—」(『シンポジウム　VOCと日蘭交流—VOC遺跡の調査と嗜好品—』)
……………………たばこと塩の博物館・東京都江戸東京博物館　2010
同上(『たばこと塩の博物館　研究紀要第10号』)
……………………………………………………たばこと塩の博物館　2012
リンスホーテン(岩生成一ほか訳)『東方案内記』(大航海時代叢書Ⅷ)
……………………………………………………………………岩波書店　1968
P・レクリヴァン(鈴木宣明監修)『イエズス会』…………………………創元社　1996
脇田晴子「大航海時代の世界経済と石見銀山」(『別冊太陽　石見銀山』)…平凡社　2007
渡辺美季『近世琉球と中日関係』…………………………………………吉川弘文館　2012
和田春樹編『ロシア史』(新版世界各国史22)……………………………山川出版社　2002

【使用外国語辞典類】

【ラテン語】

國原吉之助『古典ラテン語辞典』……………………………………………大学書林　2005
田中秀央『羅和辞典』…………………………………………………………研究社　1966
水谷智洋編『羅和辞典』(改訂版)……………………………………………同上　2009
James T. Bretzke, S.J.: *Consecrated Phrases, A Latin Theological Dictionary*

……………………………………………………………………The Liturgical Press, 2003

D.R. Howlett : *Dictionary of Medieval Latin from British Sources*
……………………………………………………………………Oxford Univ. Press, 2001

D.A. Kidd : *Latin Concise Dictionary* ……………………………Harper Collins, 1997

C.T. Lewis : *Elementary Latin Dictionary* ……………………Oxford Univ. Press, 10刷

James Morwood : *Oxford Latin Dictionary*……………………Oxford Univ. Press, 2001

D.P. Simpson : *Cassell's Latin Dictionary* ……………………Cassell Publishers, 2000

Jon R. Stone : *Latin Quotations* ………………………………………Routledge, 2005

【オランダ語】

日蘭学会『オランダ語辞典』 ……………………………………講談社　1994

南親会編『蘭和大辞典』 …………………………………………第一書房　1986

佐倉オランダ語同好会『和蘭用語集』(改訂版) ………………佐倉日蘭協会　2003

Fernand G. Renier : *Dutch Dictionary* ……………………………Routledge, N.Y., 1999

Yolande Spaans『実用オランダ語文法』 ……………………………日蘭学会　2009

【英語】

新英和大辞典 ……………………………………………………………研究社　2002

新和英大辞典 ……………………………………………………………同上　2003

Chambers 20th Century Dictionary ………………………………………Suffolk, 1983

The Random House Dictionary of the English Language, Second Edition
…………………………………………………………Random House, New York, 1987

Oxford Compact Thesaurus ……………………………………Oxford Univ. Press, 2001

Compact Oxford English Dictionary, Second Edition……………Oxford Univ. Press, 2002

【ポルトガル語】

カーザ・オノ商会『ローマ字　ポ和辞典』 ……………………………柏書房　1991

『ポルトガル語小辞典』…………………………………………………大学書林　1995

『現代ポルトガル辞典』…………………………………………………白水社　1998

【ドイツ語】

『独和大辞典』……………………………………………………………小学館　1985

『現代独和辞典』…………………………………………………………三修社　1989

Concise Oxford-Duden German Dictionary ……………………Oxford Univ. Press, 1998

【フランス語】

『新仏和中辞典』…………………………………………………………白水社　1973

『スタンダード佛和辞典』………………………………………………大修館　1979

『仏和大辞典』……………………………………………………………白水社　1982

【カンボジア語】

『カンボジア語辞典』……………………………………………………大学書林　1988

Smyth, David and Kien,Tran : *Practical Cambodian Dictionary*…Charles E. Tuttle, 1995

Jacob, Judith M. : *CONCISE CAMBODIAN- ENGLISH DICTIONARY*

…………………………………………………………………………Oxford Univ. Press, 1974
【イタリア語】
『新伊和辞典』……………………………………………………………………白水社　1990
【スペイン語】
『現代スペイン語辞典』……………………………………………………………同上　1991

主な著作・論文・初出等一覧

[著　書]

1978 『パイプ大全』(共著、日本パイプスモーカーズクラブ編)　東京・森林書房
1983 『新版　パイプ大全』(共著、日本パイプスモーカーズクラブ編)　東京・森林書房
1997 *The First English Pipe Smoker in Japan*(英語・フランス語版)
国際パイプ・アカデミー, Paris
1999 『喫煙伝来史の研究』　京都・思文閣出版
2004 Tobacco Culture in Japan, *SMOKING - A Global History of Smoking*(共著、米国イリノイ州立大学 Sander L. Gilman 編)　Reaktion Books, London
2008 『吸烟史』(共著)　"*SMOKING*"の中国語翻訳版　北京・九州出版
2009 『第三版　パイプ大全』(共著、日本パイプクラブ連盟編)　東京・未知谷

[邦文論文・論考]　◎印は本書に収載した論文・論考の初出

1992 「イエズス会文書に見る慶長中期のわが国の喫煙」
『たばこ史研究』No. 39(たばこ史研究会)
1997 「三浦按針と平戸英国商館のパイプとタバコ」　『たばこ史研究』No. 60
2000 「伝来史上の仮説構築と時間軸」
『TASC マンスリー』No. 295(たばこ総合研究センター)
2000 「喫煙伝来」　『日本経済新聞』 3月8日付朝刊文化欄
◎2000 「タバコ・喫煙伝来マニラ(スペイン)説の諸問題」
『たばこ史研究』No. 73(第10章)
◎2000 「琉球往来考」　『たばこ史研究』No. 74(第9章4節)
◎2001 「十七・十八世紀のキセル輸出とオランダ商館―アジアにおけるパイプ喫煙の伝播と拡散―」　『日蘭学会会誌』第26巻第1号(第12章1節)
◎2003 「オランダ商館内消費財としてのクレイ・パイプ―VOC の供給開始とキセルからの転換―」　『日蘭学会会誌』第28巻第1号(第12章2節)
◎2004 「1642年　教皇ウルバヌスⅧ世の勅令(たばこ禁令)の考察」
『たばこ史研究』No. 89(第7章2節)
◎2004 「ロドリゴ・デ・ヘレス喫煙説の真偽」
『たばこ史研究』No. 90 (第2章3節)
◎2006 「1642年　教皇ウルバヌスⅧ世の勅令再考察」
『たばこ史研究』No. 95(第7章2節)
◎2007 「イスラム社会とアフリカへの喫煙伝播と水パイプ」
『たばこ史研究』No. 100(第8章)

◎2010 「わが国の喫煙形態とオランダ・パイプ」
『シンポジウムVOCと日蘭交流』(たばこと塩の博物館・江戸東京博物館)(第11章4節)
◎2012 「わが国の喫煙形態とオランダ・パイプ」
『たばこと塩の博物館・研究紀要』第10号(たばこと塩の博物館)(第11章4節)

[欧文論文・論考]

1991 "*Smoking Introduction into Japan*" 入会時国際パイプ・アカデミー提出
1994 "The Maruyama Collection of KISERU and Kiseru Making in Tsubame"
PIPE YEAR BOOK, 1994.(国際パイプ・アカデミー紀要)
1996 "Tobacco Smoking in Japan in the Early 17th Century as appeared in the Jesuit Documents"
PIPE YEAR BOOK, 1996.(国際パイプ・アカデミー紀要)
1999 "The First Tobacco Seeds Brought into Japan as Recorded in the Franciscan Documents" *PIPE YEAR BOOK, 1999.*(国際パイプ・アカデミー紀要)
2001 "Introduction of Pipe(KISERU)Smoking into Japan"
PIPE YEAR BOOK, 2001.(国際パイプ・アカデミー紀要)
◎2002 "Early KISERU Export from Japan in the 17th Century"
PIPE YEAR BOOK, 2002.(国際パイプ・アカデミー紀要)(第12章1節)
◎2003 "Importation of Dutch Clay pipes into Japan in the 17th and 18th Centuries"
PIPE YEAR BOOK, 2003.(国際パイプ・アカデミー紀要)(第12章2節)
2004 "Die Versorgung Holländischer Auswanderer in Japan mit Tonpfeifen im 17. und 18. Jahrhundert"
KnasterKOPF BAND 17(ドイツ・クレイパイプ学会紀要)
2004 "DEVELOPMENT OF SMOKING CULTURE IN JAPAN"
PIPE YEAR BOOK, 2004.(国際パイプ・アカデミー紀要)
2010 "USE OF CLAY PIPES IN JAPAN"
JOURNAL OF ACADEMIE INTERNATIONALE DE LA PIPE, VOL. 2.
(国際パイプ・アカデミー紀要2)
◎2011 "DUTCH INFLUENCES ON THE JAPANESE SMOKING HABIT"
JOURNAL OF ACADEMIE INTERNATIONALE DE LA PIPE, VOL. 4.
(国際パイプ・アカデミー紀要4)(第11章4節)
◎2014 "INTRODUCTION OF SMOKING INTO CHINA"
JOURNAL OF ACADEMIE INTERNATIONALE DE LA PIPE, VOL. 6.
(国際パイプ・アカデミー紀要6)(第13章2節)

[翻訳および解説]

2001 B・ファン・デア・リンゲン「出島オランダ商館跡出土のクレイ・パイプ調査報告」 『たばこ史研究』No. 77

2002　B・ファン・デア・リンゲン「1998年・1999年の出島発掘作業による出土クレイ・パイプ調査」
『出島和蘭商館跡(道路及びカピタン別荘跡発掘調査報告書)』
(長崎市教育委員会)

2008　B・ファン・デア・リンゲン「出島出土のクレイ・パイプについて」
『出島和蘭商館跡(カピタン部屋跡他西側建造物群発掘調査報告書)』(同上)

2010　B・ファン・デア・リンゲン「2002―2005年発掘調査による乙名部屋跡、南側・西側護岸石垣および水門跡後より出土のクレイ・パイプ」
『出島和蘭商館跡(南側護岸石垣発掘調査・修復復元工事報告書)』(同上)

◆挿図一覧◆

第１章　コロンブス以前の喫煙

図１－１　オシリス神とホルス神に香を捧げるセトス１世王………(Corti 1931, 28)……　*4*
図１－２　デルフォイ神殿遺跡…………………………………………(写真：筆者 1990)……　*4*
図１－３　「十字の神殿」のレリーフ(パレンケ遺跡)…………………(Spinden 1950)……　*7*
図１－４　タバクム種…………………………………………………………(Seita 提供図版)……　*9*
図１－５　*tabacum* 種の分布図……………………………(Spinden 1950, plate 7)……*10*
図１－６　*rustica* 種の分布図………………………………(Spinden 1950, plate 5)……*11*
図１－７　BC１世紀前後とされるアルゼンチン出土の石製パイプ［人面］
　……(D. Schávelzon 2009, 5／M. Goretti collection／写真：J. L. Martinez)……*14*
図１－８　BC５世紀前後とされるアルゼンチン出土の土製パイプ［動物］…(同上)……*14*
図１－９　骨製パイプ…………………(Dr. F. Baylaender 旧蔵／写真：筆者 2008)……*17*
図１－10　エルボウ(elbow)・パイプ　…………………(筆者蔵／写真：筆者 2014)……*17*
図１－11　テューブラー(tubular)・パイプ………………………………………(同上)……*17*
図１－12　モニター(monitor)・パイプ……………………………………………(同上)……*18*
図１－13　ディスク(disk)・パイプ…………………………………………………(同上)……*18*
図１－14　エフィジー(effigy)・パイプ……………………………………………(同上)……*18*
図１－15　カルメット(calumet)・パイプとカトリナイト(catlinite)製ボウル‥(同上)……*19*
図１－16　トマホーク(tomahawk)・パイプ(19世紀初フランス製)…………(同上)……*20*
図１－17　イヌイット・パイプ………………………………………………………(同上)……*22*
図１－18　オビエドの『西インド総史』(1547年サラマンカ版)に掲げられたＹ字形喫煙具の模式図…………………………………………(McGuire 1899, 365)……*24*
図１－19　嗅ぎタバコ用吸引具………………………………………………………(同上)……*24*
図１－20　ブラジル・インディオのシガー喫煙図
　………………………(アンドレ・テーヴェ『南極フランス異聞』1557年刊)……*26*

第２章　新大陸からヨーロッパへ

図２－１　ジャン・ニコー
　……………(Hendrick Goltzius による銅版画1558／Brongers 1964, 24)……*38*
図２－２　カトリーヌ・ド・メディシス
　………………………………………(ルーブル美術館蔵／写真：筆者 2013)……*38*
図２－３　王宮サン・ジョルジュ城内の王立文書館跡(ユリシーズの塔)
　…………………………………………………………………(写真：筆者 2010)……*39*
図２－４　ダミアン・デ・ゴエス…………………………………………(The Graphische

Sammlung Albertina(Wien)蔵／Albrecht Duerer画／鈴木 1999, 207)……*41*
図2－5　王立文書館に隣接して王宮内に設置されていた牢獄跡(城壁内側からみる旧牢獄の外観)……………………………………………(写真：筆者 2010)……*44*
図2－6　モナルデス『第二巻』挿入のタバクム図……………………………………………*44*
図2－7　1620年のセビーリャの嗅ぎタバコ工場(部分図)
…………………………(Simancas, Archivo General 蔵／Gordillo 2005, 41)……*45*

第3章　旧大陸最初の喫煙国：イングランド

図3－1　ウォルター・ローリィ卿
……………………(National Portait Gallery 蔵, London／鈴木 1999, 253)……*56*
図3－2　ド・ローベルの木版図(イングランド最初の *tabacum* 図)
…………(Chirist Church Library 蔵, University of Oxford／同上 243)……*58*
図3－3　マティアス・ド・ローベル像
………………………………(The British Museum 蔵, London／同上 244)……*58*
図3－4　イングランド17–18世紀のクレイ・パイプ形状編年図
………………………………………………………(Lawrence 1979, 69–70)……*70*
図3－5　1620–30年頃とされるロンドン製クレイ・パイプ
………………………………………………………………(筆者蔵／写真：筆者)……*70*
図3－6　ロンドンのタバコ屋(1617)
………………………(Brathwait, *Smoking Age*, 1617／Penn 1902, 中表紙)……*71*
図3－7　1601–20年代のイングランドのクレイ・パイプ生産地
…(Higgins 2009, 42=P. Davey の未刊資料より／P. R. Tomlinson 作図)……*72*
図3－8　1681–1700年代のイングランドのクレイ・パイプ生産地…………(同上)……*72*
図3－9　オランダのクレイ・パイプ形状編年図……………(Duco, Don 1982, 111)……*74*
図3－10　チャーチワーデン・パイプ(オランダ製)…………(筆者蔵／写真：筆者)……*77*
図3－11　1909–10年の Louis Blumfeld(L–B/BBB マーク)琥珀ステム………(同上)……*89*
図3－12　1910–11年の Albert Baker & Co.製(AB&C マーク)エボナイト・ステム
…………………………………………………………………………(同上)……*89*
図3－13　カラバッシ・シェープのブライアー・パイプ
…………………………………………………(Tom Eltang 2004年作品／同上)……*89*

第4章　ヨーロッパの集散・加工基地：オランダ

図4－1　ロール・タバコ図………………………………(Wiard Krook 提供図 2010)……*96*
図4－2　ロール・タバコはナイフで削ってパイプで喫うか、ラープで摺りおろして嗅ぎタバコとして使用する…………………(筆者蔵／写真：筆者 2014)……*96*
図4－3　オランダ1623年の喫煙図…………………………………………(*Een korte beschrijvinge van het wonderlijcke Kruijt Tobacco*, 1623／Bronger 1964, 80)……*96*
図4－4　現存する最古のアムステルダム製クレイ・パイプ(1592年)…………(Bureau

Monumenten & Arcaeologie(Amsterdam)蔵／写真：Wiard Krook)……99
図4－5　アムステルダム製の初期クレイ・パイプ(1620年)
……………………………………………………(筆者蔵／写真：筆者 2014)……99
図4－6　イングランドとオランダの初期クレイ・パイプ…………………(同上)……100
図4－7　テューダー・ローズのヒール・マーク例(長崎出島オランダ商館跡出土品)
…………………………………(長崎市教育委員会蔵／写真：筆者 2002)……102
図4－8　1742年までVOCが船員に貸与していた私物を収納するチェスト
…………(アムステルダム市海事博物館蔵／同館発行の絵はがきより)……102
図4－9　ロッテルダム出土の金属製パイプのボウル(1)
……………………………………(Amsterdam Pipe 博物館提供写真)……103
図4－10　ロッテルダム出土の金属製パイプのボウル(2)…………………(同上)……103
図4－11　アムステルダム出土の金属パイプ(1)…………………………………(Bureau
Monumenten & Arcaeologie(Amsterdam)蔵／写真：Wiard Crook)……103
図4－12　アムステルダム出土の金属パイプ(2)…………………………(同上)……103
図4－13　エンクハウゼン出土(2007年)の鉛合金製パイプ
…………………………(Amsterdam Pipe 博物館蔵／写真：筆者 2010)……104
図4－14　クレイ・パイプ製造用具……………………(筆者蔵／写真：筆者 2014)……105
図4－15　ヒール側面のハウダ市章にSが付いたクレイ・パイプ
…………………………………(長崎市教育委員会蔵／写真：筆者 2008)……105
図4－16　長崎出島のオランダ商館跡出土のハウダ製クレイ・パイプ
…………………………………(長崎市教育委員会蔵／写真：筆者 2001)……106
図4－17　タバコの葉を乾燥させるコンロに王冠が付いたヒール・マーク
…………………………………(長崎市教育委員会蔵／写真：筆者 2004)……109
図4－18　真鍮製タバコ入れに納められたパイプ……(筆者蔵／写真：筆者 2012)……110
図4－19　クレイを型に流し込む製法で作り、釉薬を施したポーセリン・パイプ
……………………………………………………(筆者蔵／写真：筆者 2014)……110
図4－20　18世紀にフランスの騎兵が携帯したとされる鉄製パイプ………(同上)……114
図4－21　店頭に置かれた摺りおろしたスナッフを入れる壺(snuff jar)
………………(Niemeyer 博物館旧蔵／オークション・カタログ 2011)……115
図4－22　メアシャム製のシャールート・パイプ各種
……………………………………………………(筆者蔵／写真：筆者 2014)……117

第5章　北欧諸国の喫煙

図5－1　ヴァサ号とともに引き上げられたクレイ・パイプ…(写真：筆者 2001)……135
図5－2　ヴァサ号の船室で発見されたパイプ…………………(Bonds 1980, 254)……135
図5－3　ヴァサ号の上甲板および船倉で発見されたパイプ…………(同上 255)……135
図5－4　30年戦争の戦場でクレイ・パイプを喫うスウェーデン兵士(スネイヤーズ画／
部分／1640年代)…………………………(ブレジンスキー 2001、32)……136

第6章　他の欧州諸国への伝播

第7章　スペインへの伝播

第8章　イスラム社会・アフリカへの伝播と水パイプ

第9章　日本への喫煙伝播

…………………………(新潟県出雲崎町良寛記念館蔵／写真：筆者 2014)……252
図9－4　『越後國三嶋郡出雲崎村御水帳』の42丁裏・43丁表の「たはこや」記述頁の割印……………………………………………………………………(同上)……259
図9－5・7・8　『鹿苑日録』文禄2年7月9日条(原本)
……………………………(京都・相国寺蔵／写真：大河喜彦 2009)……278～9
図9－6～8　『鹿苑日録』文禄3年正月8日条(原本)
(東京大学付属図書館蔵／国文学研究資料館蔵マイクロフィルム 2012)……278～9
図9－9　東京大学史料編纂所蔵の謄写本(文禄2年7月9日条・文禄3年正月8日条)
……………………………………………………(東京大学史料編纂所蔵)……279
図9－10・29・30　『琉球往来』……………………………………………………(無窮会所蔵／拙著1999、69図3－1・2／写真：山岸マイクロ写真商会 1998)…279・298
図9－11・12　謄写本(東京大学史料編纂所蔵)の天文6年の「景」と他の条の文字との比較……………………(東京大学史料編纂所蔵マイクロフィルム2012)……280
図9－13　「草」の拡大比較……………………………………………………(筆者作)……281
図9－14　文禄3年正月条の「草」と「景」…………………………………(同上)……281
図9－15　東京大学史料編纂所「電子くずし字字典」の「草」検索例(2014年12月)
….(http://clioz39.hi.u-tokyo.ac.jp/ships/ZClient/W34/z_srchDo.php)……282
図9－16　『鹿苑日禄』謄写本にあらわれる「草」「景」一覧……………(筆者作)……283
図9－17　『鹿苑日録』(謄写本)慶長4年8月16日条にみる「ハタバコ一ワ」の記述
……………………(東京大学史料編纂所蔵マイクロフィルムより、2012)……286
図9－18～20　『石州邑智郡大林村御縄打水帳』原本
…………………………………………(中村家文書／写真：筆者 2008)……291
図9－21　同上　謄写本……………………………………………………(同前)……291
図9－22・24・25　『石州邑智郡大林之銀山屋敷帳』原本……………………(同前)……292
図9－23・26　『石州邑智郡大林村之銀山屋敷帳』謄写本……………………(同前)……292
図9－27　『石州邑智郡大林之銀山屋敷帳』原本の割印…………………………(同前)……293
図9－28　袋中上人…………………………………………………(京都・袋中庵蔵)……298

第10章　タバコ・喫煙伝来マニラ(スペイン)説の諸問題

図10－1　ルソン島北西部 Tinguin のパイプ(19世紀)
…………………(Field Natural History Museum 蔵／写真：筆者1999)……318
図10－2　短く切った葉巻を詰めたルソン島北部 Igorot のパイプ(19世紀後半-20世紀初期)……………………………………………(同上／写真：筆者2008)……318

第11章　キセルの起源とその語源

図11－1　アイヌ人が使用していたキセル…………(筆者蔵／写真：筆者2014)……345
図11－2　初期クレイ・パイプのボウルと20世紀のキセルの火皿(ボウル)‥(同上)……352
図11－3　ロッテルダム出土のキセルの原形とおぼしきパイプ(1580年頃)

図11-4	ロッテルダム出土のピューター製パイプ(1600-30年)…………(同上)……*354*
図11-5	アムステルダム1986年出土(1600-25年)
	…………(アムステルダム市遺跡・考古局蔵／写真：Crook, Wiard)……*354*
…………(Amsterdam Pipe Museum所蔵／写真：筆者2010)……*356*
図11-10	ロッテルダム出土の各種金属パイプ(ロッテルダム博物館旧蔵／写真：Duco, D. 提供)………………………………………………*359*
図11-11	タイとビルマのパイプ例…………(筆者蔵／写真：筆者2014)……*360*
図11-12	台湾の原住民が用いたパイプ………………………(同上)……*362*

第12章　長崎出島のオランダ商館とパイプ

図12-1	北部ルソン島ティンギン(Tinguin)のパイプ(19世紀)
	…………(シカゴ・フィールド自然史博物館所蔵／写真：筆者1999)……*370*
図12-2	北部ルソン島イゴロト(Igorot)のパイプ(19世紀)…………(同上)……*385*
図12-3	長崎出島オランダ商館跡から出土した調査中のクレイパイプ破片(2001年8月)
	…………………………(長崎市教育委員会蔵／写真：筆者2001)……*386*
図12-4	遠野・南部義興墓所出土のハウダ製クレイ・パイプ(1750-75年)
	(関根達人「遠野南部家墓所出土のオランダ産クレイパイプとその意義」『岩手考古学』12号、2000)………………………………………*399*
図12-5	京都御苑内公家屋敷跡から出土したハウダ製クレイ・パイプ(17世紀末-18世紀初期)…………(京都市埋蔵文化財研究所蔵／写真：筆者2007)……*399*

第13章　アジアの近隣諸国へ

図13-1	ルソン島北部イフガオ族(Ifugaos)の木製パイプ
	………………………………………(筆者所蔵／写真：筆者2010)……*422*
図13-2	フィリピン・ルソン島北部のパイプ各種
	…………(シカゴ・フィールド自然史博物館蔵／写真：筆者2008)……*422*
図13-3	『景岳全書』(康熙庚寅1710年版)
	……………………………(中国煙草博物館蔵／写真：筆者2011)……*425*
図13-4	中国喫煙伝播経路のこれまでの説…………(作図：筆者2013)……*428*
図13-5	わが国から中国へのキセル喫煙の伝播経路…………(同上)……*443*
図13-6	わが国のキセルと朝鮮・中国キセルとの関連図………(作図：筆者2014)……*445*

挿 図 一 覧

図13-7　玉製吸い口を持つ中国のキセル例…………(筆者蔵／写真：筆者2014)……*446*
図13-8　中国の竹パイプ例………………………………………………(同上)……*446*
図13-9　大理石製ボウルの中国のパイプ例…………………………(同上)……*446*
図13-10　わが国の河骨形キセルが出土した南・西シベリア
　　　………(『歴史民俗学』第8号、1997、137頁第2図／作図：枡本哲1997)……*450*
図13-11　南・西シベリアで出土した河骨形キセル
　　　……………………………(同上139頁第3図／作図：A. Shapovalov)……*451*
図13-12　イヌイットの革紐巻パイプ………………(筆者蔵／写真：筆者2015)……*455*
図13-13　元禄期の「銀山煙器」と「刻多葉粉」の対朝鮮輸出
　　　……………………………………(田代和生2010、表6より筆者作図)……*464*
図13-14　ホイアン出土の土製(クレイ)パイプ……………(菊池誠一2010、29図)……*474*
図13-15　アユタヤ出土のオランダ製金属パイプ
　　　…………(草野2010、44・2012、97／アユタヤ考古局所蔵／写真：同局)……*477*